기초를 제대로 쌓고 실무 예제로 완성하는

엑셀과 파워포인트 2021

김지연 지음

지은이 **김지연** jykim629@daejin.ac.kr

인하대학교에서 공학박사 학위를 받았고 대우정보시스템㈜, LG전자㈜에 근무하면서 그룹전산화와 공정관리시스템, 이동통신시스템 개발 업무를 수행하였습니다. University of North Texas에서 방문 연구원으로 무선통신 분야를 연구하였고, 현재는 대진대학교에 재직하고 있습니다. 저서로는 『엑셀 2019』, 『파워포인트 2019』, 『액세스 2019로 배우는 데이터베이스 기초와 실습』, 『문제해결을 위한 컴퓨팅 사고와 파이썬』 등이 있습니다.

엑셀과 파워포인트 2021

초판발행 2025년 1월 20일
2쇄발행 2025년 3월 25일

지은이 김지연 / **펴낸이** 전태호
펴낸곳 한빛아카데미㈜ / **주소** 서울시 서대문구 연희로2길 62 한빛아카데미㈜ 2층
전화 02-336-7112 / **팩스** 02-336-7199
등록 2013년 1월 14일 제2017-000063호 / **ISBN** 979-11-7340-002-5 93000

총괄 박현진 / **책임편집** 김성무 / **기획·편집** 안비단 / **교정** 신꽃다미 / **진행** 안비단
디자인 김진민, 최연희 / **전산편집** 이소연 / **제작** 박성우, 김정우
영업 김호철, 김태진, 김성삼, 이정훈, 임현기, 이성훈, 김주성, 심지연

이 책에 대한 의견이나 오탈자 및 잘못된 내용은 출판사 홈페이지나 아래 이메일로 알려주십시오.
파본은 구매처에서 교환하실 수 있습니다. 책값은 뒤표지에 표시되어 있습니다.

홈페이지 www.hanbit.co.kr / 이메일 question@hanbit.co.kr

Published by HANBIT Academy, Inc. Printed in Korea

기초를 제대로 쌓고 실무 예제로 완성하는

엑셀과 파워포인트 2021

김지연 지음

한빛아카데미
Hanbit Academy, Inc.

제대로 익혀서 정확히 활용하는 엑셀과 파워포인트 2021

마이크로소프트의 엑셀과 파워포인트는 1980년대 중반에 첫 버전이 출시된 이후로 데이터 관리와 프레젠테이션을 비롯한 다양한 업무 처리에 유용하게 활용되고 있습니다.

엑셀은 수치 데이터를 계산하기 위해 만들어진 프로그램입니다. 행과 열로 이루어진 워크시트 공간에 데이터를 입력하여 편리하게 연산하고 정보를 분석할 수 있습니다. 더 나아가 업무 양식을 작성하거나 그래픽과 차트를 이용하여 문서를 시각화함으로써 데이터를 효과적으로 파악할 수 있습니다. 특히 엑셀 2021 버전에서는 계산의 효율성을 높이기 위한 동적 배열 기능 및 검색과 계산의 편의성 향상을 위한 함수들을 추가로 제공하고 있습니다.

파워포인트는 청중을 대상으로 발표를 하기 위해 만들어진 프로그램입니다. 파워포인트는 프레젠테이션에 다양한 시청각 효과를 설정하고, 멀티미디어 자료를 활용하거나 여러 가지 동적 효과를 구현할 수 있도록 지원합니다. 또한 미리 만들어진 주제별 디자인 테마를 활용하면 적절한 디자인을 직접 설계하기 어려운 경우에도 근사한 발표 자료를 손쉽게 만들 수 있습니다. 파워포인트 2021 버전에서는 아이콘이나 3D 모델 외에도 스티커, 스톡 이미지 등 프레젠테이션의 시각적 품질을 높이기 위한 새로운 콘텐츠를 제공하고 있습니다.

엑셀과 파워포인트 프로그램에는 사용자의 편의를 위한 기능이 계속 추가되고 있으며, 기능을 정확히 알고 용도에 맞게 활용하면 작업의 효율성과 결과물의 완성도를 훨씬 더 높일 수 있습니다. 오늘날 생성형 AI 도구가 다양한 분야에 도입되어 작업 효율성을 높이고 있으며 마이크로소프트의 오피스 프로그램에서도 AI를 기반으로 문서 요약과 데이터 시각화, 슬라이드 구성이나 디자인 추천을 지원하고 있습니다. 이렇게 문서 작업이 자동화되고 있음에도 엑셀과 파워포인트를 학습해야 하는 이유는 무엇일까요? 만약 데이터 분석에 AI를 활용하는 경우, 데이터 분석의 기본 개념과 데이터의 구조를 이해하지 못한다면 분석 결과를 예측할 수 없고 문제 해결의 방향을 AI에 정확하게 지시하기도 어렵습니다. 프레젠테이션을 위한 슬라이드를 만들 때도 마찬가지로 반복적인 작업은 AI가 더 잘할 수 있겠지만, 발표 내용에 대한 이해를 바탕으로 하는 창의적인 스토리텔링이나 메시지 전달력을 강력하게 하는 디자인 작업은 사람이 주도할 수밖에 없습니다.

『엑셀과 파워포인트 2021』은 엑셀과 파워포인트를 처음 다루는 사람도 쉽게 접근할 수 있도록 기본적인 내용과 응용 과정을 함께 소개합니다. 먼저 엑셀과 파워포인트의 다양한 기능을 단계별로 설명하고, 기능별 이해를 돕기 위한 기본예제를 다룹니다. 다음으로 학습한 내용을 전반적으로 정리하고 복습하기 위한 종합예제를 제공합니다. 종합예제에서는 각 단계에서 소개한 기본 기능 외에 실무에 바로 적용 가능한 유용한 기능들도 추가로 설명하고 있습니다. 마지막으로, 각 장에서 학습한 내용을 스스로 점검하는 연습문제를 풀어보면서 학습 효과를 스스로 진단할 수 있고 습득한 지식을 다양한 문제 해결에 사용함으로써 응용력을 기를 수 있습니다.

이 책에서 다루는 모든 예제는 오피스 2021 버전을 기준으로 했지만, 몇 가지 새로운 기능을 제외하면 이전 버전에서도 충분히 학습할 수 있습니다. 최근 많이 사용하는 클라우드 서비스 방식의 Microsoft 365는 항상 엑셀과 파워포인트의 최신 버전을 구독하도록 새 기능이 지속적으로 업데이트됩니다. 그러나 프로그램의 기본 메뉴와 핵심 기능은 버전이 바뀌어도 크게 달라지지 않으므로 이 책의 내용을 어떤 버전에서도 익힐 수 있습니다.

이 책을 통해 엑셀과 파워포인트의 활용 능력과 응용력을 길러 자격증 취득이나 업무 활용 등 목표로 하는 일에 좋은 결과를 얻기를 바랍니다. 책이 나오기까지 도와주신 한빛아카데미(주) 관계자분과 안비단 선임님께 감사의 마음을 전합니다.

지은이 **김지연**

실습 자료

실습에 필요한 자료는 다음 주소에서 내려받을 수 있습니다.

http://www.hanbit.co.kr/src/41002

연습문제 해답 안내

이 책은 대학 강의용 교재로 개발되었으므로 연습문제 해답을 제공하지 않습니다.

이 책의 구성요소

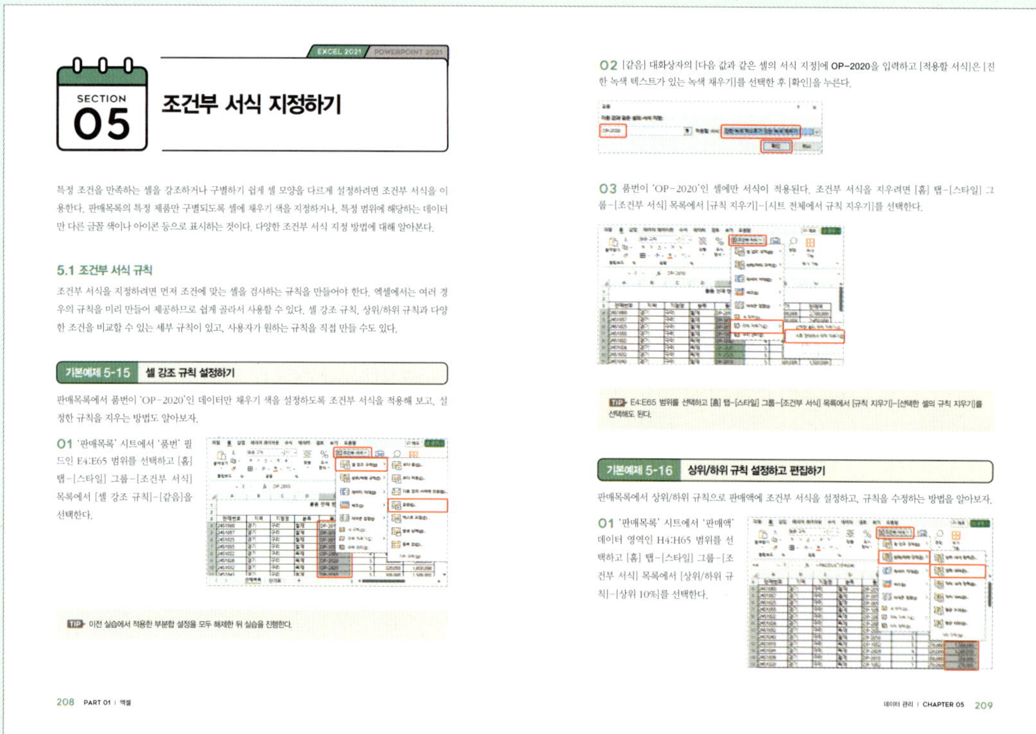
EXCEL 2021 POWERPOINT 2021

SECTION 05 조건부 서식 지정하기

특정 조건을 만족하는 셀을 강조하거나 구별하기 쉽게 셀 모양을 다르게 설정하려면 조건부 서식을 이용한다. 판매목록의 특정 제품만 구별되도록 셀에 채우기 색을 지정하거나, 특정 범위에 해당하는 데이터만 다른 글꼴 색이나 아이콘 등으로 표시하는 것이다. 다양한 조건부 서식 지정 방법에 대해 알아본다.

5.1 조건부 서식 규칙

조건부 서식을 지정하려면 먼저 조건에 맞는 셀을 검사하는 규칙을 만들어야 한다. 엑셀에서는 여러 경우의 규칙을 미리 만들어 제공하므로 쉽게 골라서 사용할 수 있다. 셀 강조 규칙, 상위/하위 규칙과 다양한 조건을 비교할 수 있는 세부 규칙이 있고, 사용자가 원하는 규칙을 직접 만들 수도 있다.

기본예제 5-15 셀 강조 규칙 설정하기

판매목록에서 품번이 'OP-2020'인 데이터만 채우기 색을 설정하도록 조건부 서식을 적용해 보고, 설정한 규칙을 지우는 방법도 알아보자.

01 '판매목록' 시트에서 '품번' 필드인 E4:E65 범위를 선택하고 [홈] 탭-[스타일] 그룹-[조건부 서식] 목록에서 [셀 강조 규칙]-[같음]을 선택한다.

TIP 이전 실습에서 적용한 부분합 설정을 모두 해제한 뒤 실습을 진행한다.

208 PART 01 | 엑셀

02 [같음] 대화상자의 [다음 값과 같은 셀의 서식 지정]에 OP-2020을 입력하고 [적용할 서식]은 [진한 녹색 텍스트가 있는 녹색 채우기]를 선택한 후 [확인]을 누른다.

03 품번이 'OP-2020'인 셀에만 서식이 적용된다. 조건부 서식을 지우려면 [홈] 탭-[스타일] 그룹-[조건부 서식] 목록에서 [규칙 지우기]-[시트 전체에서 규칙 지우기]를 선택한다.

TIP E4:E65 범위를 선택하고 [홈] 탭-[스타일] 그룹-[조건부 서식] 목록에서 [규칙 지우기]-[선택한 셀의 규칙 지우기]를 선택해도 된다.

기본예제 5-16 상위/하위 규칙 설정하고 편집하기

판매목록에서 상위/하위 규칙으로 판매액에 조건부 서식을 설정하고, 규칙을 수정하는 방법을 알아보자.

01 '판매목록' 시트에서 '판매액' 데이터 영역인 H4:H65 범위를 선택하고 [홈] 탭-[스타일] 그룹-[조건부 서식] 목록에서 [상위/하위 규칙]-[상위 10%]를 선택한다.

데이터 관리 | CHAPTER 05 209

핵심 기능 소개

엑셀과 파워포인트의 핵심 기능을 소개합니다. 예제를 통해 다시 학습할 수 있으니 가벼운 마음으로 읽어 보세요.

기본예제

예제를 통하여 엑셀과 파워포인트의 기본 기능 및 활용 방법을 학습합니다. 설명과 그림을 보며 따라 해보세요.

TIP

실습할 때 알아두면 좋은 내용입니다. 실무 활용 팁도 얻을 수 있으니 꼼꼼히 살펴보세요.

강의 보조 자료

한빛아카데미 홈페이지에서 '교수회원'으로 가입한 분은 인증 후 교수용 강의 보조 자료를 제공받을 수 있습니다. 한빛아카데미 홈페이지 상단의 [교수전용공간] 메뉴를 클릭하세요.

http://www.hanbit.co.kr/academy

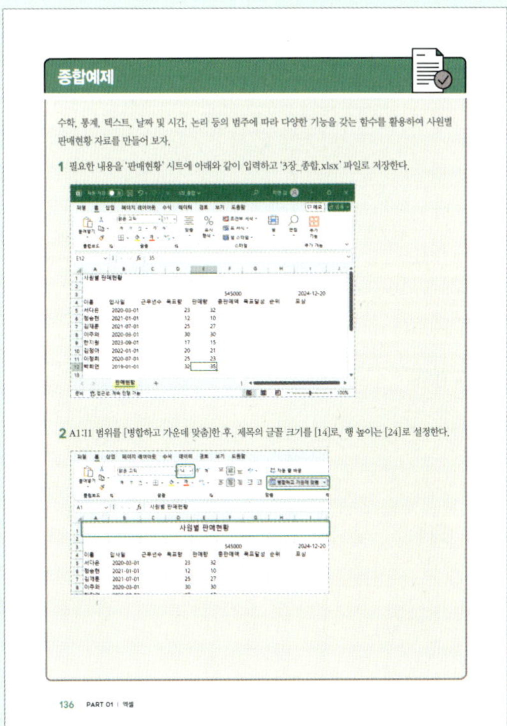

종합예제

수학, 통계, 텍스트, 날짜 및 시간, 논리 등의 범주에 따라 다양한 기능을 갖는 함수를 활용하여 사원별 판매현황 자료를 만들어 보자.

1 필요한 내용을 '판매현황' 시트에 아래와 같이 입력하고 '3장_종합.xlsx' 파일로 저장한다.

2 A1:I1 범위를 [병합하고 가운데 맞춤]한 후, 제목의 글꼴 크기를 [14]로, 행 높이는 [24]로 설정한다.

136 PART 01 | 엑셀

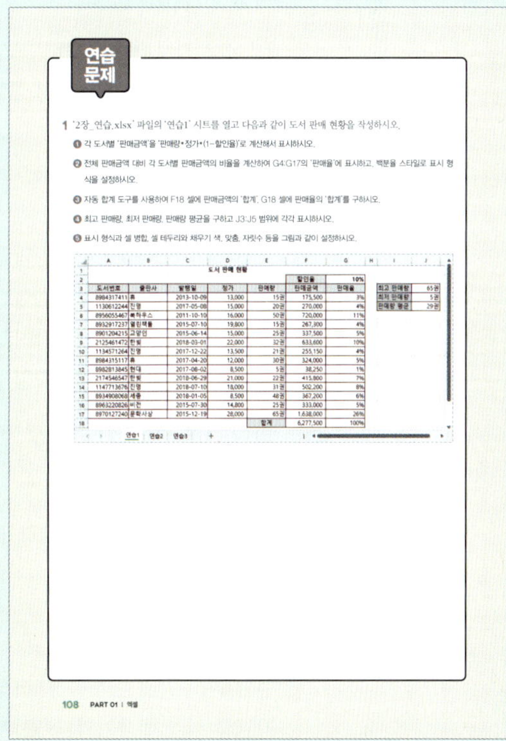

연습문제

1 '2장_연습.xlsx' 파일의 '연습1' 시트를 열고 다음과 같이 도서 판매 현황을 작성하시오.

❶ 각 도서별 '판매금액'을 '판매량*정가*(1−할인율)'로 계산해서 표시하시오.

❷ 전체 판매금액 대비 각 도서별 판매금액의 비율을 계산하여 G4:G17의 '판매율'에 표시하고, 백분율 스타일로 표시 형식을 설정하시오.

❸ 자동 합계 도구를 사용하여 F18 셀에 판매금액의 '합계', G18 셀에 판매율의 '합계'를 구하시오.

❹ 최고 판매량, 최저 판매량, 판매량 평균을 구하고 J3:J5 범위에 각각 표시하시오.

❺ 표시 형식과 셀 병합, 셀 테두리와 채우기 색, 맞춤, 자릿수 등을 그림과 같이 설정하시오.

108 PART 01 | 엑셀

종합예제

각 CHAPTER에서 배운 내용을 문서 하나에 적용하는 예제입니다. 파워포인트의 기본 기능을 빠르게 공부하고 싶을 때 활용해 보세요. 배운 내용을 복습하려는 학습자, 수업 중 과제가 필요한 강의자에게 유용합니다.

연습문제

각 CHAPTER의 핵심 내용을 제대로 이해했는지 확인할 수 있는 문제입니다. 먼저 예시 화면을 보고 어떻게 만들지 구상한 후 상세 조건을 따라 작업하면서 오피스 활용 능력을 키울 수 있습니다.

PART 01 엑셀

CHAPTER 01 엑셀 개요 및 기본 기능

CHAPTER 05 데이터 관리

CHAPTER 07 차트

PART 02 파워포인트

CHAPTER 08 파워포인트 기본 기능

PART

01

엑셀

CHAPTER

01

엑셀 개요 및 기본 기능

학습목표

- 엑셀의 특징과 기능, 메뉴 구성을 이해한다.
- 워크시트와 셀을 다룰 수 있다.
- 문자와 숫자, 날짜와 통화 데이터를 입력할 수 있다.
- 자동 채우기로 데이터를 입력하고 사용자 지정 목록을 만들 수 있다.

SECTION 01

엑셀 소개하기

엑셀(Excel)은 표 모양으로 된 계산용 프로그램인 스프레드시트(spreadsheet) 프로그램의 하나이다. 엑셀에서는 행과 열로 이루어진 워크시트라는 공간에 데이터를 입력하고, 입력된 값에 식을 적용해 계산하거나 분석 및 시각화 등의 여러 작업을 할 수 있다. 구글 시트(Google Sheets), 애플의 넘버스(Numbers), 한글과 컴퓨터의 한셀, 아파치(Apache)의 오픈소스 소프트웨어인 오픈오피스(OpenOffice) 등 많은 종류의 스프레드시트 프로그램이 있다. 이 가운데 엑셀은 마이크로소프트(Microsoft)에서 개발한 스프레드시트 프로그램으로 오피스 제품에 포함되어 파워포인트나 워드 등의 프로그램과 손쉽게 연동되는 장점이 있다.

1.1 엑셀의 특징

엑셀에서는 셀(cell)이라는 데이터 입력 공간이 모여 하나의 작업 영역인 워크시트(worksheet)를 이룬다. 데이터나 수식을 입력할 수 있는 각 셀은 열과 행이 교차하는 곳에 위치하며, 열 번호와 행 번호를 조합한 이름을 셀 주소로 사용한다.

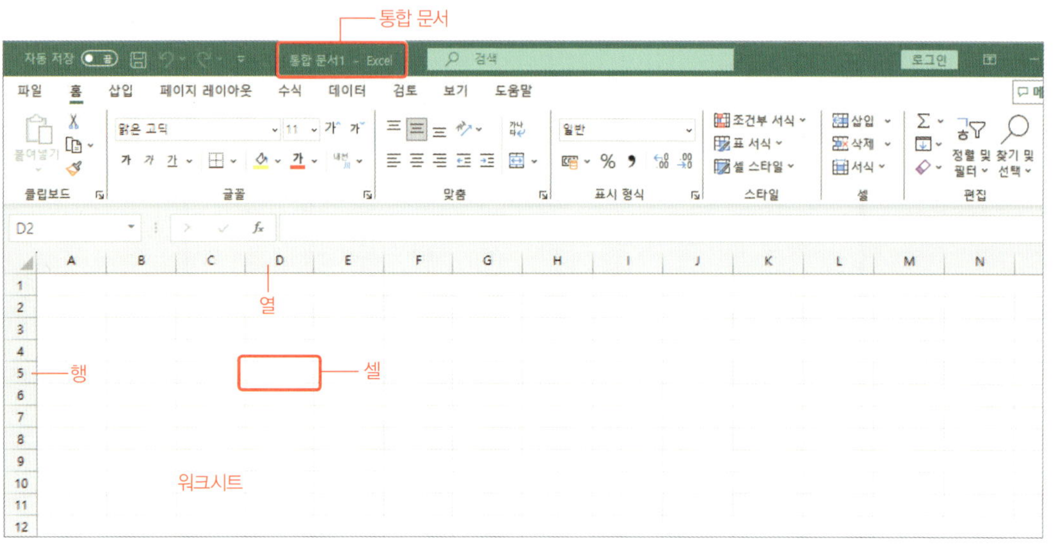

1,048,576개의 행과 16,384개의 열을 조합한 1,048,576×16,384개의 셀이 모여 하나의 워크시트가 되며 파일 하나에 최대 255개의 워크시트를 생성할 수 있다. 엑셀 파일은 통합 문서 단위로 저장되는데, 통합 문서 안에 여러 개의 워크시트를 묶어 관리할 수 있어서 연관된 내용의 다른 시트를 참조하거나 비교·분석하기 편리하다. 엑셀의 주요 특징은 다음과 같다.

- 데이터를 입력하고 수식으로 자동 계산할 수 있다.
- 계산 외에도 도형이나 그림 등을 이용한 문서 작성에도 사용할 수 있다.
- 셀에 입력된 데이터를 다양한 차트와 그래프로 시각화할 수 있다.
- 데이터 분석 도구를 활용하여 데이터를 정제하고 통계 분석에 활용할 수 있다.
- 데이터베이스나 웹에서 필요한 데이터를 가져와 처리하고 다양한 형식으로 저장할 수 있다.
- VBA(Visual Basic for Application)를 사용하여 필요한 기능을 직접 작성하고 자동화할 수 있다.

1.2 엑셀 2021의 새 기능

엑셀에서는 수치 계산을 위한 기능뿐 아니라 서식이나 차트를 사용하여 데이터를 이해하기 쉽게 표시하는 기능, 데이터를 요약 및 분석하고 예측하는 데 유용한 기능을 다양하게 제공한다. 특히 엑셀 2021에서는 생산성을 높이는 데 중점을 두어 몇 가지 기능을 추가하고 도구를 개선하였다. 새로 추가된 기능은 다음과 같다.

- **동적 배열(Dynamic Arrays):** 동적 배열은 엑셀 2021의 가장 큰 변화인데, 하나의 수식을 입력하면 값 배열을 반환함으로써 결과를 여러 셀로 자동 확산하는 기능이다. 엑셀 2021에서는 이전 버전에서 작성한 배열 함수나 영역에 대한 수식이 실행될 때 결과를 자동 확산할 뿐 아니라, 다음과 같이 동적 배열 관련 함수 6가지를 추가로 제공하고 있다.

함수명	설명	구문
FILTER	조건에 맞는 데이터를 필터링	= FILTER(범위, 조건 검사 결과 범위, [결과가 없을 경우 반환할 값])
SORT	지정한 범위의 데이터를 오름차순이나 내림차순으로 정렬	= SORT(범위, [정렬 기준 행/열 번호], [정렬 순서], [정렬 방향])
SORTBY	대응되는 범위나 배열을 기준으로 값을 정렬	= SORTBY(범위, 정렬 기준 범위, [정렬 순서], [정렬 기준 범위2], [정렬 순서2])
UNIQUE	중복을 제거하고 유일한 값을 반환	= UNIQUE(범위, [비교 방법], [검사 옵션])
SEQUENCE	일련의 연속된 숫자 목록을 생성	= SEQUENCE(행, [열], [시작값], [증가값])
RANDARRAY	지정한 범위에 해당하는 난수를 생성	= RANDARRAY([행], [열], [최소값], [최대값], [반환값 종류])

- **새로운 함수 추가와 기존 함수의 성능 향상:** XLOOKUP, LET, XMATCH 함수가 추가되어 기존 함수의 기능을 개선하였으며 SUMIF, COUNTIF 등 기존 함수의 계산 속도가 향상되었다. 새로 추가된 함수의 기능은 다음과 같다.

함수명	설명	구문
XLOOKUP	데이터를 양방향으로 검색	=XLOOKUP(찾을 값, 검색 범위, 반환 배열, [찾을 없는 경우], [일치 유형], [검색 모드])
LET	수식 내 변수를 정의하고 재사용	=LET(변수1, 값1, 변수2, 값2, 계산식)
XMATCH	범위나 배열에서 지정된 항목의 상대적 위치를 반환	=XMATCH(찾을 값, 검색 범위, [일치 유형], [검색 모드])

- **워크시트 숨기기 기능 개선:** 필요에 따라 하나 이상의 워크시트를 빠르게 숨기거나 숨기기 취소를 할 수 있다. 숨겨진 워크시트의 데이터는 표시되지 않아도 통합 문서의 다른 워크시트에서 계속 참조할 수 있다.

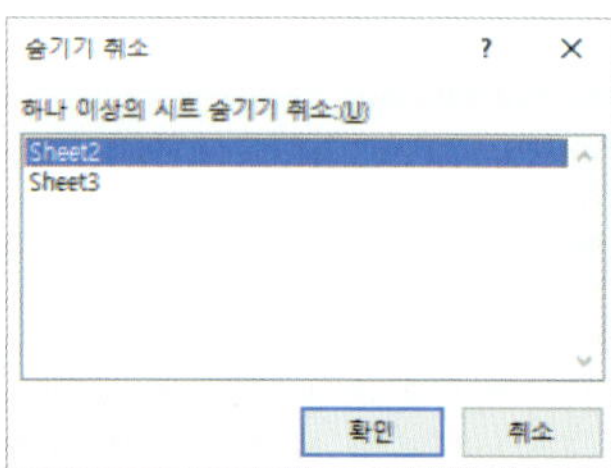

- **통합 문서 통계:** 검토 도구에서 제공하는 통합 문서 통계 기능을 이용하면 현재 통합 문서에 있는 워크시트의 개수나 시트에 입력된 데이터와 수식의 정보를 요약해서 볼 수 있다.

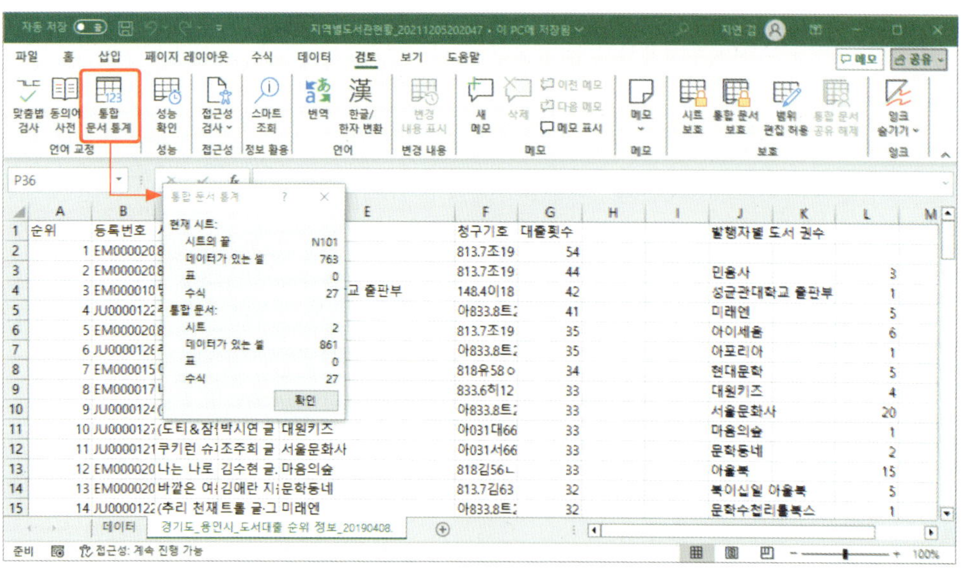

- **자동 저장과 공유 기능:** 하나의 엑셀 파일을 여러 사람이 공동으로 작성하며 협업할 수 있다. 원드라이브 폴더에 파일을 저장하고 변경 내용의 자동 공유를 활성화하면 특정 사용자 또는 여러 사용자와 실시간으로 문서를 공유할 수 있다.

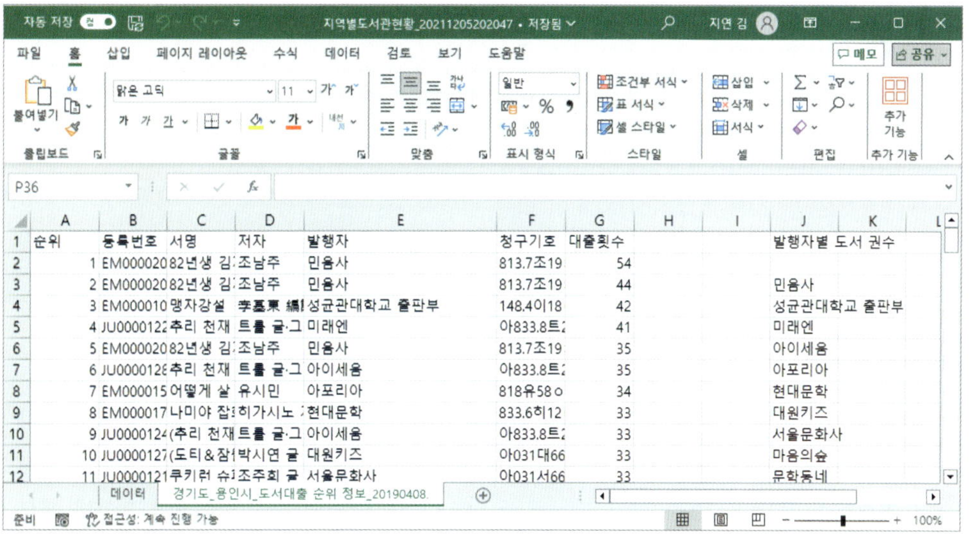

SECTION 02

엑셀 시작하기

미리 만들어 제공되는 다양한 서식 파일을 사용하면 엑셀 문서를 쉽고 빠르게 만들 수 있다. 서식 파일을 이용해 새 문서를 만들고, 엑셀 기본 화면과 메뉴 구성, 파일 저장과 인쇄 방법에 대해 알아본다.

2.1 엑셀 서식 파일

엑셀을 실행하면 일반적인 새 문서 작성에 이용하는 [새 통합 문서] 메뉴가 시작 화면에 나타난다. 그 외에도 최근 작업했던 항목과 서식 파일 목록도 표시되는데, 원하는 종류의 서식 파일을 선택하거나 추가 서식 파일을 검색하여 다양한 모양의 엑셀 문서를 손쉽게 만들 수 있다. 서식 파일을 사용하면 엑셀 통합 문서를 간편하게 만들 수 있지만, 용도나 목적에 맞게 수식이나 모양을 수정해야 할 필요도 있으므로 엑셀의 기본 기능을 먼저 학습해 두는 것이 더 좋다.

기본예제 1-1 서식 파일로 새 통합 문서 만들기

원하는 종류의 서식 파일을 검색하여 새 엑셀 통합 문서를 만들어 보자.

01 엑셀 프로그램을 실행하고 시작 화면에서 [추가 서식 파일]을 누른다.

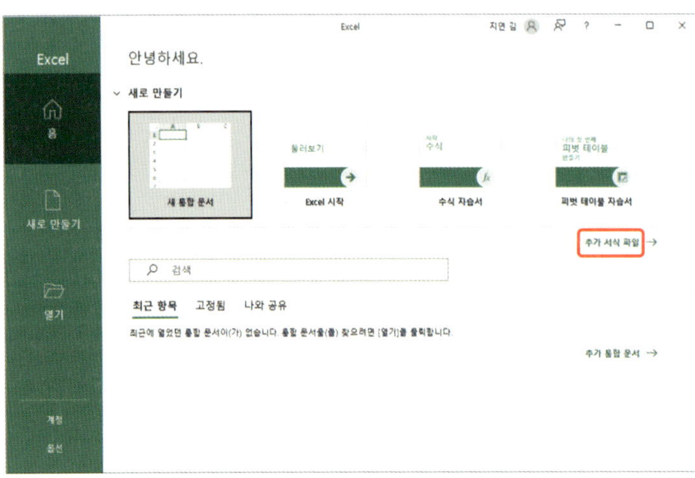

TIP 엑셀 2021 프로그램은 Microsoft 365(가정용, 비즈니스용, 엔터프라이즈용 등) 외에 오피스 2021 LTSC(Long-Term Servicing Channel)를 통해서도 사용할 수 있다. 구독형으로 서비스되는 Microsoft 365에서는 항상 최신 버전을 사용할 수 있고, 오피스 2021 LTSC 라이선스는 일회성 구매로 영구 사용 가능하다는 특징이 있다. 라이선스나 버전 업그레이드에 따라 화면 모양에 차이가 있지만, 기본적인 기능과 구성은 동일하다.

02 검색란에 **영업 보고서**라는 키워드를 입력하고 Enter를 누른다.

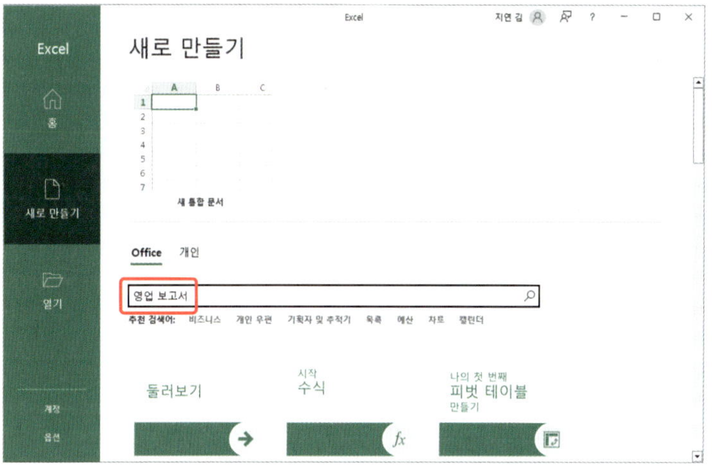

03 검색 결과가 나타나면 '월간 영업 보고서'를 선택한다.

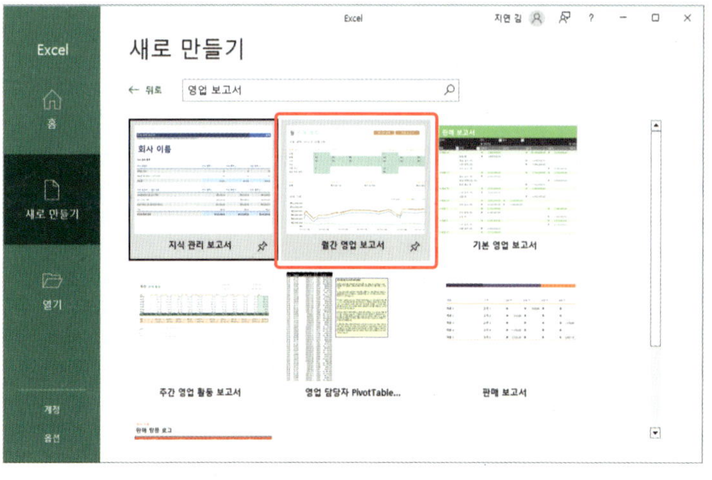

TIP 서식 파일이 검색되지 않는 경우, 예제 소스로 제공하는 파일(월간 영업 보고서.xlsx)를 다운로드하거나 다른 종류의 서식 파일을 이용해도 된다.

04 [만들기]를 누르면 새 문서가 만들어진다.

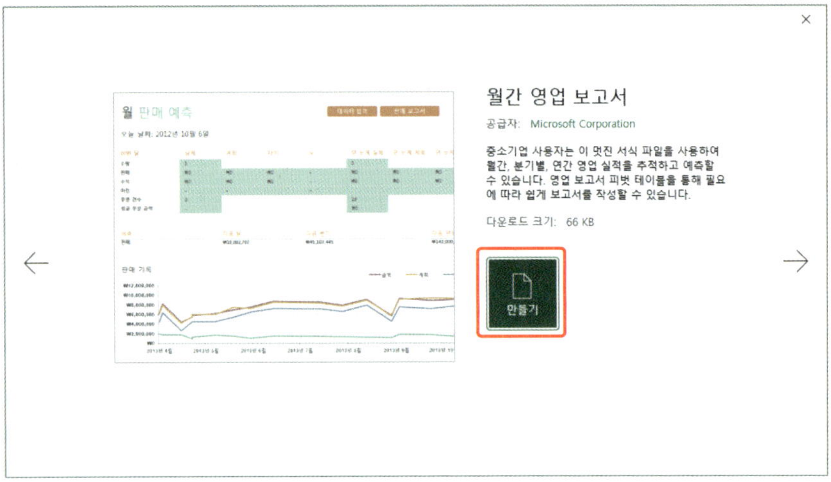

05 '월간 영업 보고서1'이라는 이름으로 엑셀 통합 문서가 만들어진다.

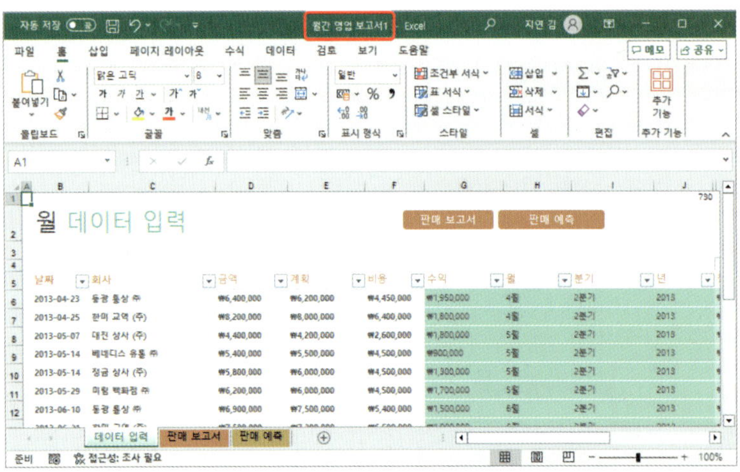

2.2 엑셀 기본 화면

엑셀 화면은 다음과 같이 ❶ 빠른 실행 도구 모음과 제목 표시줄, ❷ 메뉴, ❸ 이름 상자와 수식 입력줄, ❹ 작업 영역, ❺ 시트 탭, ❻ 상태 표시줄로 구분할 수 있다.

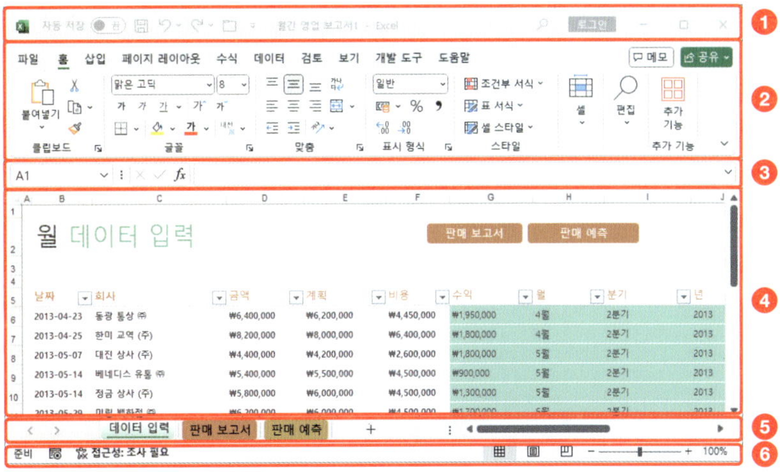

❶ **빠른 실행 도구 모음과 제목 표시줄:** 현재 작업 중인 엑셀 문서 이름이 표시되고, 좌우에는 자동 저장과 빠른 실행 도구 모음, 검색과 로그인 정보가 각각 표시된다. 빠른 실행 도구 모음에는 자주 사용하는 기능들을 모아 놓을 수 있고, 검색 상자를 이용하면 필요한 명령이나 파일을 찾을 수 있다.

❷ **메뉴:** 기능별로 분류된 탭 메뉴와 명령들이 제공된다. 탭 메뉴를 누르면 해당 메뉴와 관련된 도구 아이콘들이 나타나는 리본 메뉴 형태이다.

❸ **이름 상자와 수식 입력줄:** 작업 영역에서 선택 중인 셀의 주소나 정의된 이름을 보여주는 이름 상자가 왼쪽에 있고, 오른쪽에는 수식을 입력하거나 선택한 셀에 적용된 수식을 표시하는 수식 입력줄이 있다.

❹ **작업 영역:** 화면 가운데에 위치한 작업 영역은 데이터나 수식을 입력하거나 차트나 그림 등을 삽입할 수 있는 셀들로 이루어져 있다.

❺ **시트 탭:** 워크시트 이름이 표시되는 곳으로, 워크시트 삽입, 삭제, 이름 바꾸기, 이동/복사 등을 수행할 수 있다.

❻ **상태 표시줄:** 화면 하단의 상태 표시줄에는 접근성 권장 사항, 작업 중인 시트의 보기 형식, 확대/축소 비율을 지정하는 도구가 표시된다.

2.3 엑셀의 메뉴 구성

화면 상단에 보이는 메뉴 탭은 기능별로 분류되어 있으며, 각 탭을 누르면 관련된 도구 아이콘들이 리본 메뉴로 나타나고 아이콘을 누르면 원하는 명령이 실행된다. 메뉴 탭에는 작업 영역에서 선택한 개체를 편집하기 위한 확장 메뉴가 추가로 표시된다.

2.3.1 홈

[홈] 탭은 가장 많이 사용되는 서식 관련 도구로 구성되며, 붙여넣기와 복사, 글꼴과 맞춤 설정, 표시 형식 및 스타일, 삽입과 삭제 등을 수행할 수 있다.

2.3.2 삽입

[삽입] 탭은 표, 그림, 도형, 차트, 피벗 테이블, 3D 맵, 기호, 수식과 같이 다양한 종류의 개체를 삽입하기 위한 도구로 구성되어 있다.

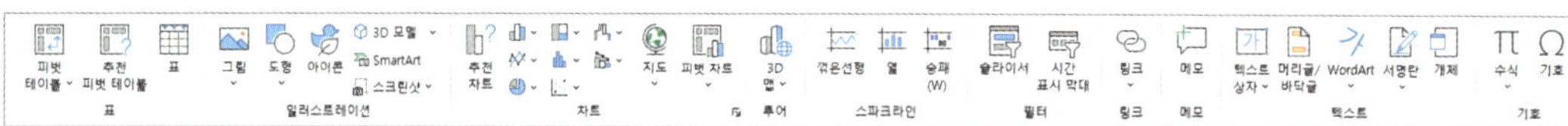

2.3.3 페이지 레이아웃

[페이지 레이아웃] 탭은 시트에 적용하는 테마, 페이지 설정, 인쇄 옵션, 시트의 보기 옵션, 개체의 정렬 방법 등을 설정하는 도구로 구성되어 있다.

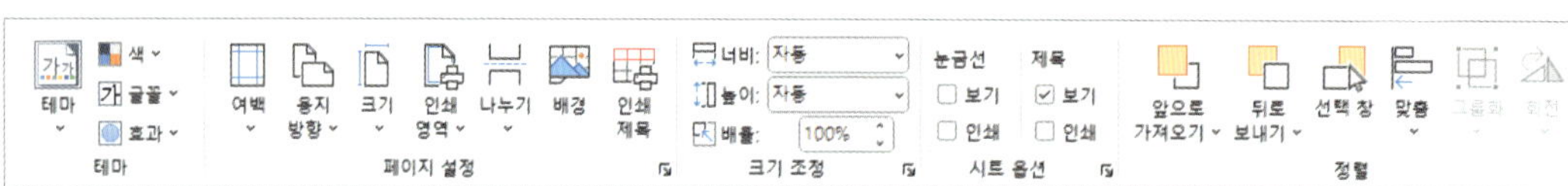

2.3.4 수식

[수식] 탭은 함수 마법사를 실행하거나 기능별로 분류된 함수 라이브러리 목록에서 함수를 선택하는 도구, 이름을 정의하고 관리하는 도구, 수식 분석이나 오류 검사 등으로 구성되어 있다.

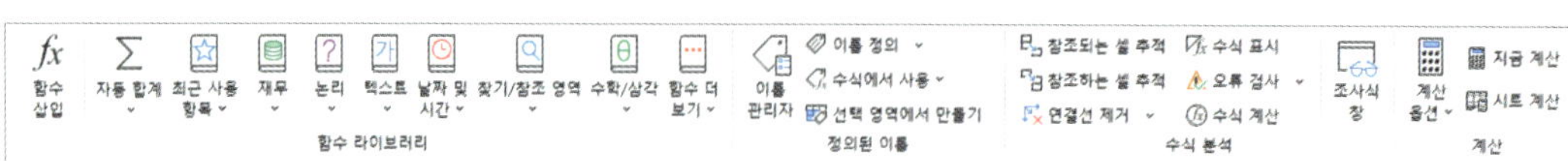

2.3.5 데이터

[데이터] 탭은 다른 엑셀 파일이나 텍스트 파일, 웹페이지 등의 외부 데이터를 가져오거나 변환 또는 연결하는 도구, 시트에 표시된 데이터를 정렬하거나 필터링하는 도구, 데이터를 관리하고 분석 또는 예측하는 도구 등으로 구성되어 있다.

2.3.6 검토

[검토] 탭은 맞춤법 검사나 동의어 사전, 통합문서 통계, 번역과 한자 변환, 검토용 메모와 시트 보호를 위한 암호 설정 도구 등으로 구성되어 있다.

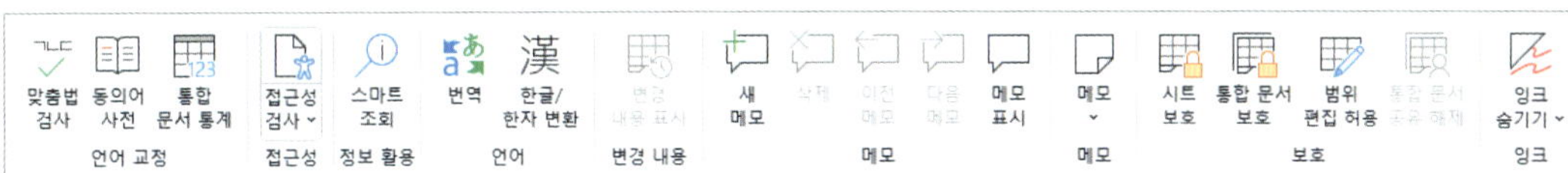

2.3.7 보기

[보기] 탭은 문서의 보기 형태를 선택하거나 확대/축소하는 도구, 창 정렬이나 창 전환 도구, 매크로 도구 등으로 구성되어 있다.

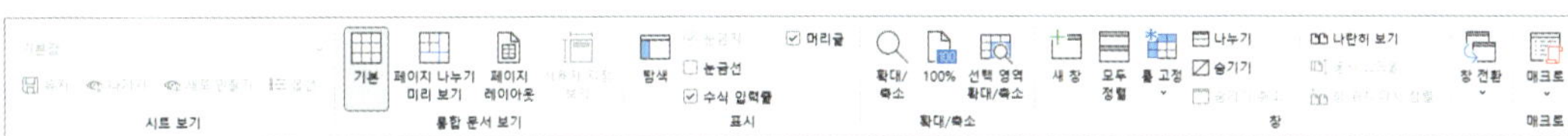

TIP 메뉴에서 [파일] 탭을 누르면 엑셀 시작 화면인 백스테이지(backstage)로 전환된다. 이 화면은 파일 저장, 인쇄, 공유 등의 작업에 필요한 도구와 계정, 옵션 등 엑셀 프로그램의 환경 설정에 필요한 도구로 구성되어 있다.

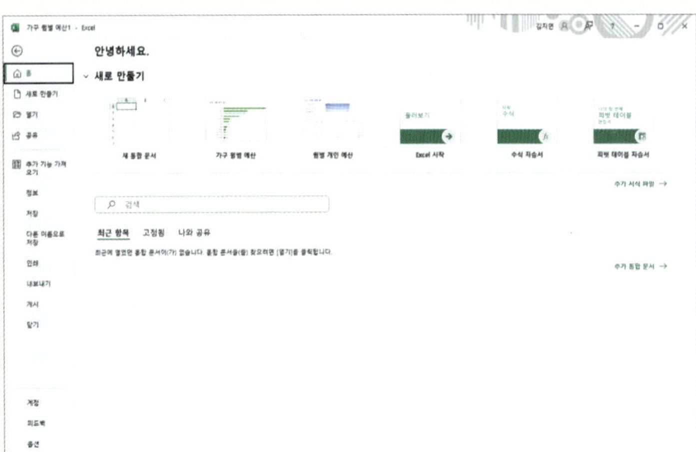

2.4 저장과 인쇄

엑셀 파일은 여러 시트가 하나로 묶여 저장되는 통합 문서이며, 파일 확장자는 '.xlsx'이다. 엑셀 파일에 저장되는 내용을 보호하기 위해 문서에 암호를 설정할 수도 있다. 다양한 파일 관리 및 저장 기능을 살펴보고 문서 인쇄 옵션도 알아보자.

기본예제 1-2 엑셀 문서 저장과 종료하기

편집이 끝난 엑셀 파일을 저장하거나 종료할 때는 빠른 실행 도구 모음이나 시작 화면 메뉴를 이용한다. 엑셀 파일을 저장하고 프로그램을 종료해 보자.

01 [파일] 탭을 누르고 시작 화면에서 [저장]을 선택한다.

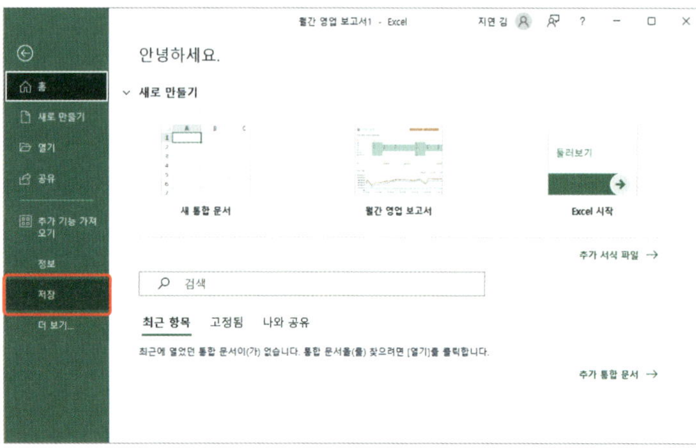

02 파일을 처음 저장할 때는 [다른 이름으로 저장] 화면이 나타난다. [찾아보기]를 눌러 파일 저장 위치를 설정한다.

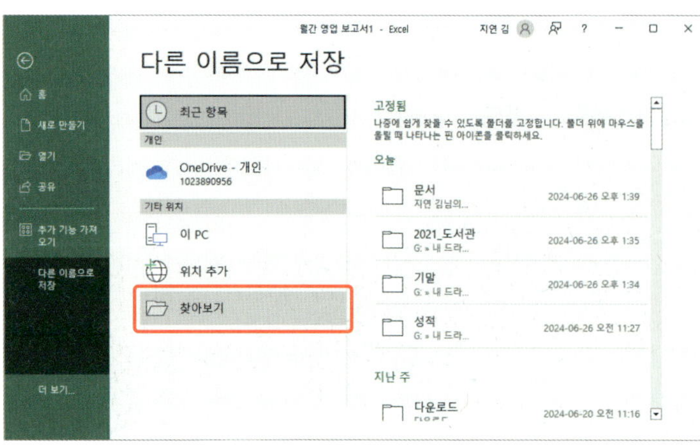

TIP 편집 화면 상단의 빠른 실행 도구 모음에서 [저장] 단추를 누르거나 단축키 Ctrl+S를 눌러도 파일을 저장할 수 있다.

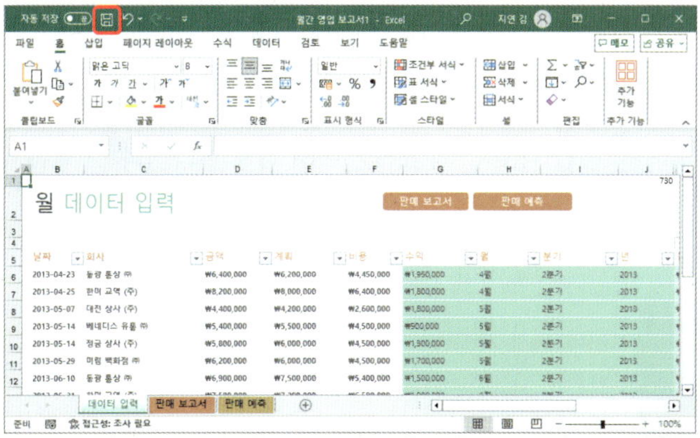

03 파일을 저장할 위치를 선택하고, 파일 이름에 **월간 보고서**라고 입력한 후 [저장]을 누른다.

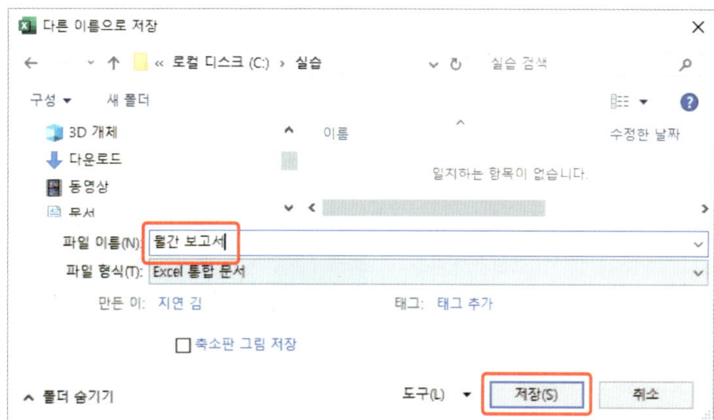

04 [파일] 탭–[닫기]를 선택하거나, 단축키 Ctrl+F4를 누르면 작업 중이던 문서가 닫힌다. 문서를 닫을 때 엑셀 프로그램도 종료하려면 단축키 Alt+F4를 누르거나 엑셀 창의 [닫기] 단추를 누른다.

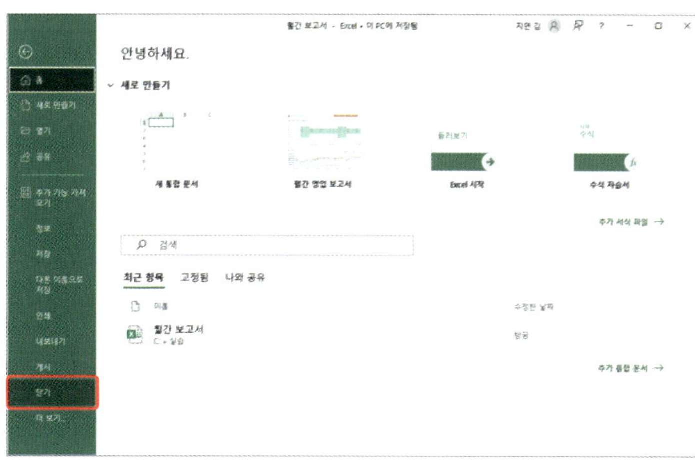

기본예제 1-3 파일에 암호 설정하기

엑셀 통합 문서를 보호하기 위해 암호를 설정할 수 있다. 문서를 열거나 변경한 내용을 저장하기 전에 암호 확인 과정을 통해 정보를 보호하도록 설정해 보자.

01 엑셀 시작 화면의 [최근 항목] 목록에서 '월간 보고서' 파일을 선택해 다시 연다. [파일] 탭을 누르고, 시작 화면에서 [정보]를 선택한다.

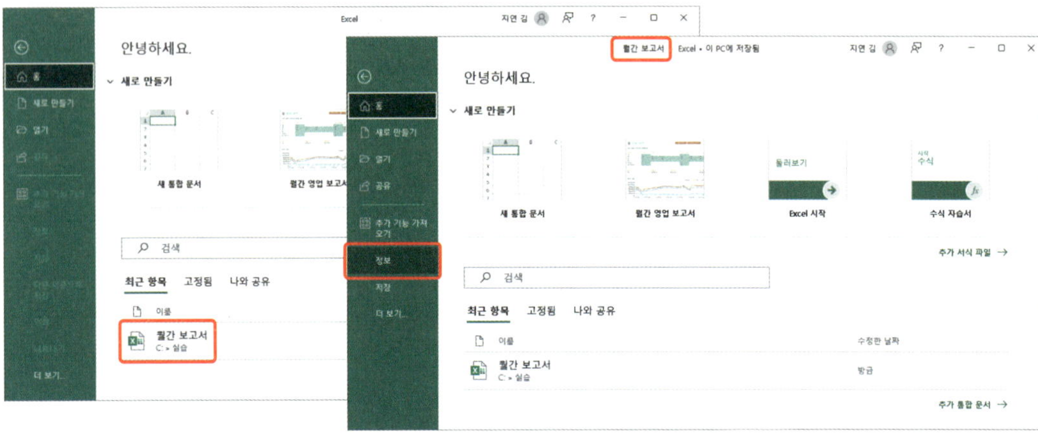

02 [통합 문서 보호]-[암호 설정]을 선택한다.

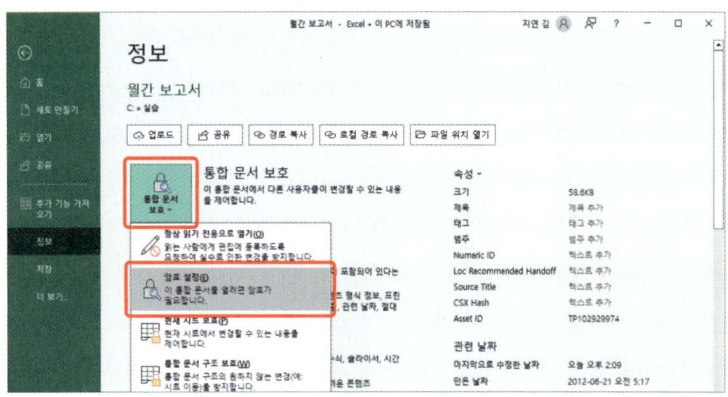

03 [문서 암호화] 대화상자가 나타나면 [암호]에 원하는 값을 입력하고 [확인]을 누른다. [암호 확인] 대화상자에서 동일한 암호를 한 번 더 입력하고 [확인]을 누른다.

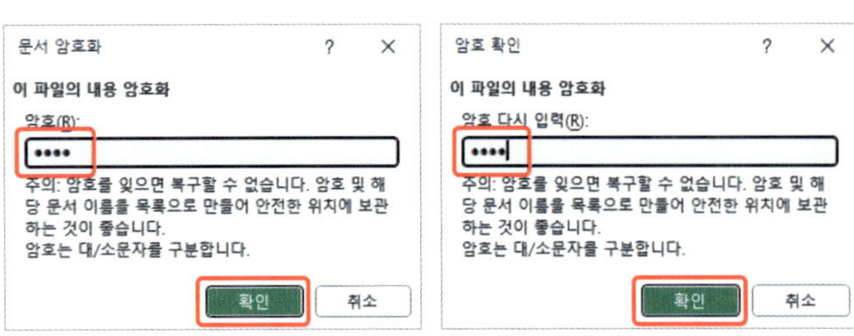

04 [저장]을 눌러 변경된 내용을 저장하고 단축키 Ctrl+F4를 눌러 파일을 닫는다.

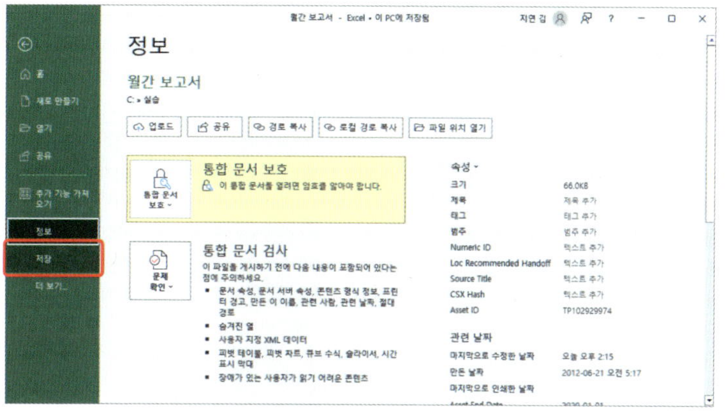

05 [파일] 탭–[최근 항목]에 있는 '월간 보고서' 파일을 선택해서 다시 열어본다.

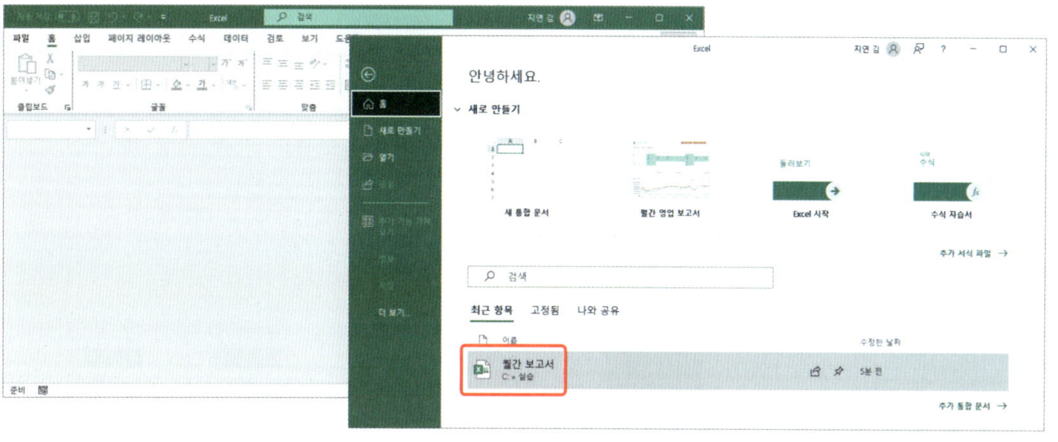

06 [암호] 대화상자가 나타나면 설정한 암호를 입력하고 [확인]을 눌러야 파일을 열 수 있다.

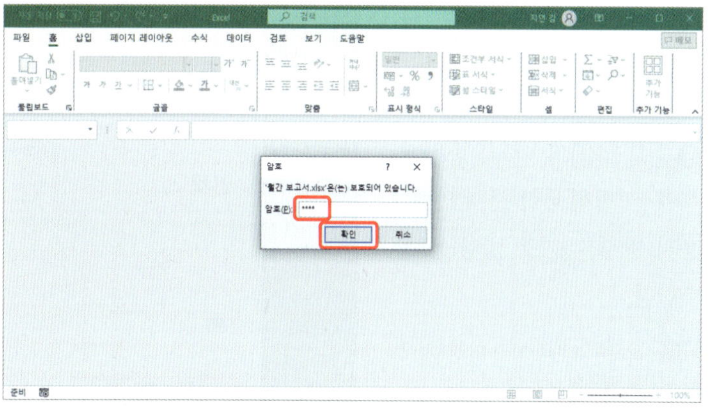

TIP 설정한 암호를 해제하려면 단계 **03**의 [문서 암호화] 대화상자에서 입력된 암호를 삭제하고 [확인]을 누른다.

TIP 파일에 암호를 설정하는 다른 방법

[다른 이름으로 저장] 대화상자에서 파일을 저장할 때도 암호를 설정할 수 있다. [도구]–[일반 옵션]을 선택하고 [일반 옵션] 대화상자에서 [열기 암호]나 [쓰기 암호]를 지정하면 열기와 편집에 앞서 암호를 확인하여 파일을 보호할 수 있다.

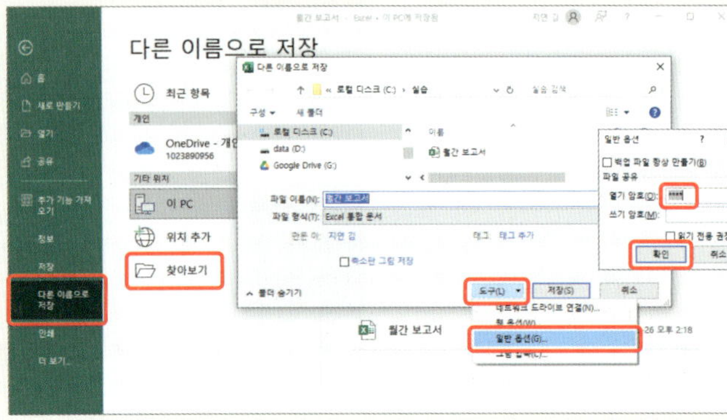

기본예제 1-4 통합 문서 인쇄하기

엑셀 프로그램에서는 워크시트나 전체 통합 문서를 인쇄 영역으로 설정하여 종이에 인쇄하거나 다른 형식의 파일로 변환할 수 있다. 현재 작업 중인 통합 문서 전체를 인쇄해 보자.

01 [파일] 탭–[인쇄]를 선택한다.

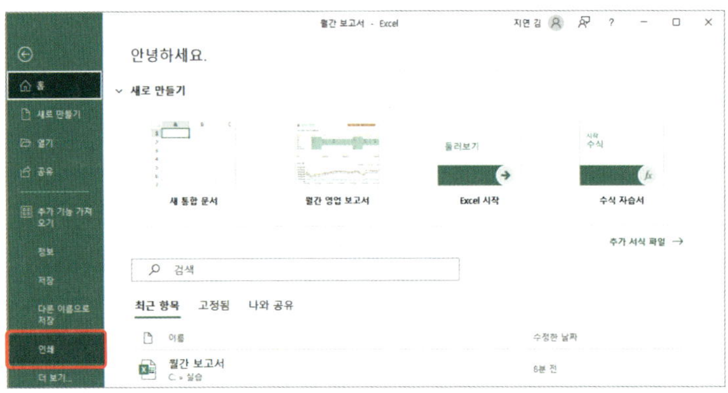

02 [설정]의 인쇄 영역 목록에서 [전체 통합 문서 인쇄], 용지 방향은 [가로 방향]을 선택한다.

TIP 오른쪽의 미리 보기 화면에서 인쇄 모양을 확인할 수 있다.

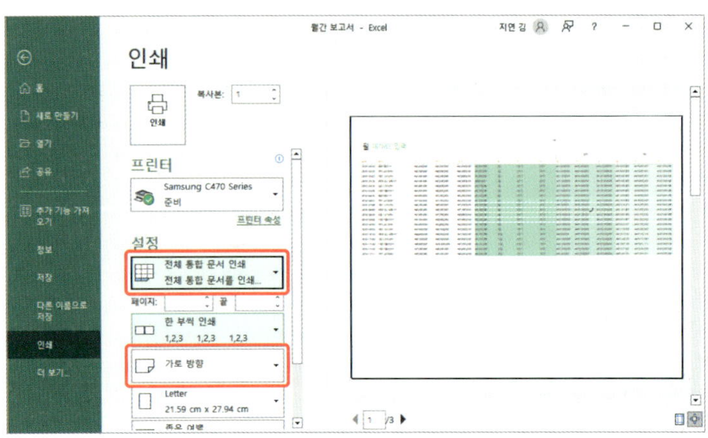

03 배율 옵션은 [한 페이지에 시트 맞추기]로 선택한다.

TIP 데이터 범위가 용지 크기와 맞지 않아 여러 페이지로 출력되지 않게 하려면 [한 페이지에 시트 맞추기], 또는 [한 페이지에 모든 열 맞추기]나 [한 페이지에 모든 행 맞추기]로 설정한다.

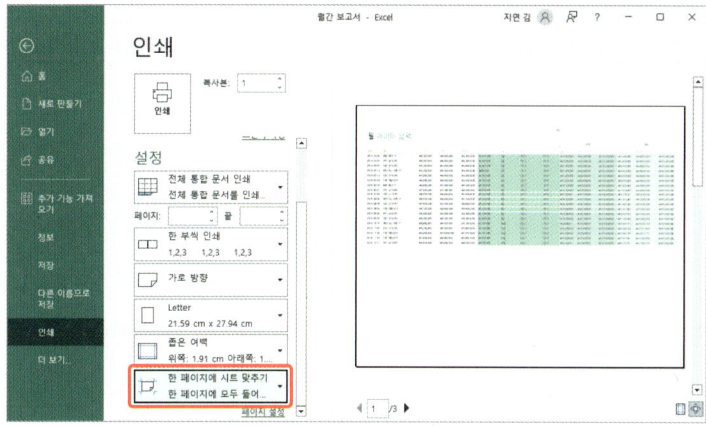

04 인쇄 설정을 마쳤으면 준비된 프린터를 목록에서 선택하고 [인쇄]를 누른다.

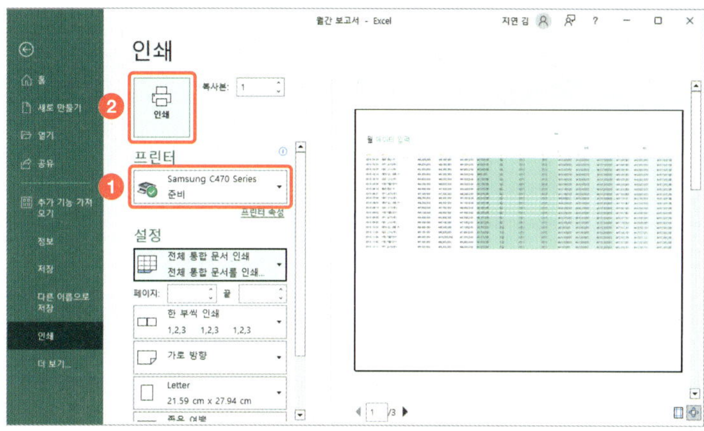

TIP 프린터 목록에서 Adobe PDF, Hancom PDF, Microsoft Print to PDF를 선택하면 종이로 인쇄하는 대신 PDF 파일 형식으로 변환하여 저장할 수 있다. PDF 파일을 이용하면 엑셀 프로그램이 설치되어 있지 않은 컴퓨터에서도 엑셀 파일의 내용을 확인할 수 있다.

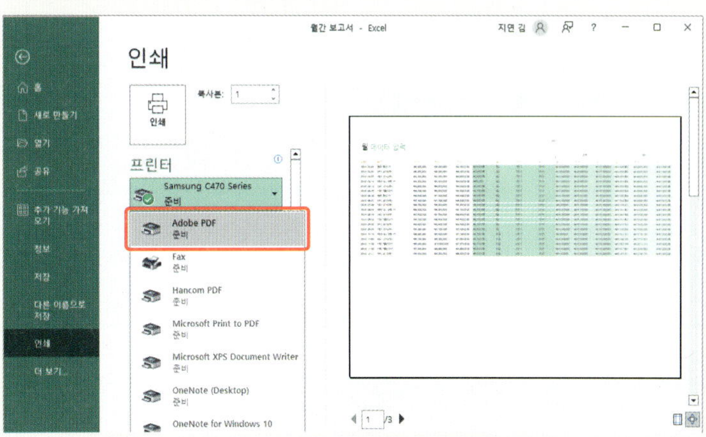

기본예제 1-5 인쇄 영역과 모양 설정하기

워크시트의 특정 범위를 선택하여 인쇄 영역으로 설정하거나, 페이지 여백, 제목, 머리글/바닥글 등의 인쇄 옵션을 설정하는 방법을 알아보자.

01 워크시트에서 인쇄할 영역을 마우스로 드래그하여 설정하고, [페이지 레이아웃] 탭–[페이지 설정] 그룹–[인쇄 영역] 목록에서 [인쇄 영역 설정]을 선택한다.

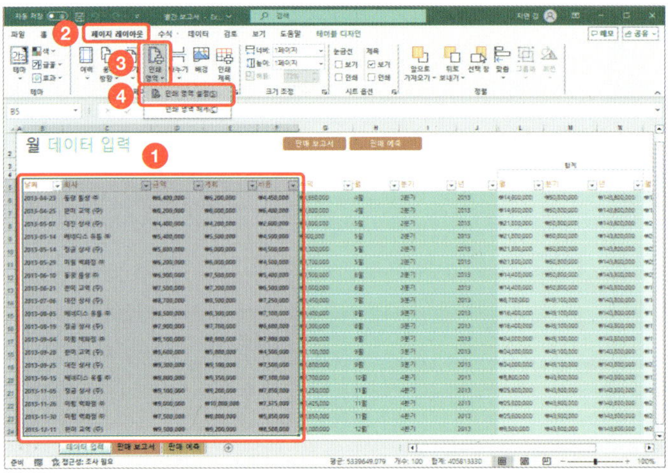

> **TIP** 인쇄 영역을 해제할 때까지는 설정된 범위만 계속 인쇄되므로, 전체 시트를 인쇄하려면 [인쇄 영역] 목록에서 [인쇄 영역 해제]를 반드시 선택해야 한다.

02 [페이지 레이아웃] 탭–[페이지 설정] 그룹의 [대화상자 표시] 단추를 눌러 [페이지 설정] 대화상자가 나타나면 [여백] 탭을 선택한다. [머리글]과 [바닥글]의 값을 1.5로 변경하고, [페이지 가운데 맞춤]은 [가로]와 [세로] 모두 선택한다.

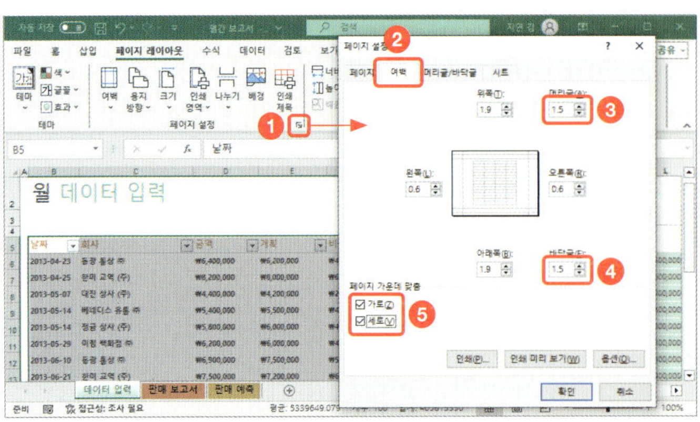

03 [머리글/바닥글] 탭-[머리글 편집]을 누르면 [머리글] 대화상자가 나타난다. [가운데 구역]에 **판매 데이터 상세**라고 입력하고 [확인]을 누른다.

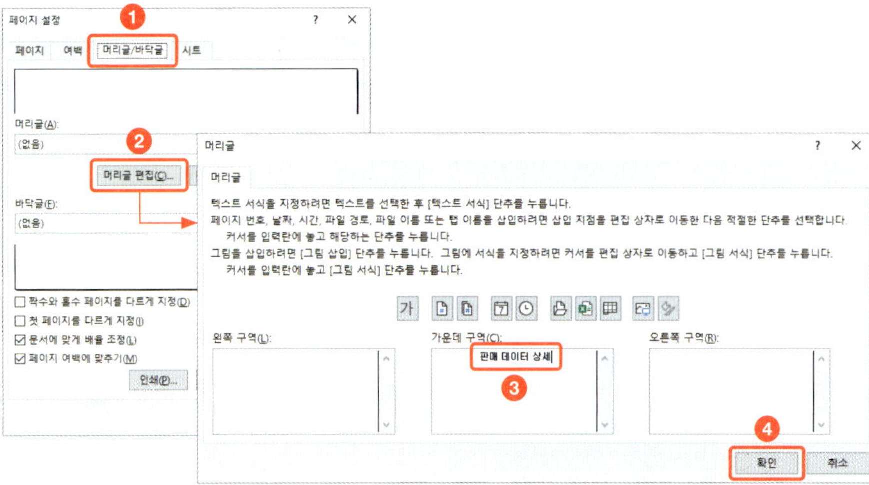

04 [페이지 설정] 대화상자에서 [바닥글 편집]을 누르면 [바닥글] 대화상자가 나타난다. [가운데 구역]을 클릭하고 [페이지 번호 삽입] 단추를 눌러 설정한다. 마찬가지로 [오른쪽 구역]에는 [날짜 삽입] 단추를 눌러 설정하고 [확인]을 누른다.

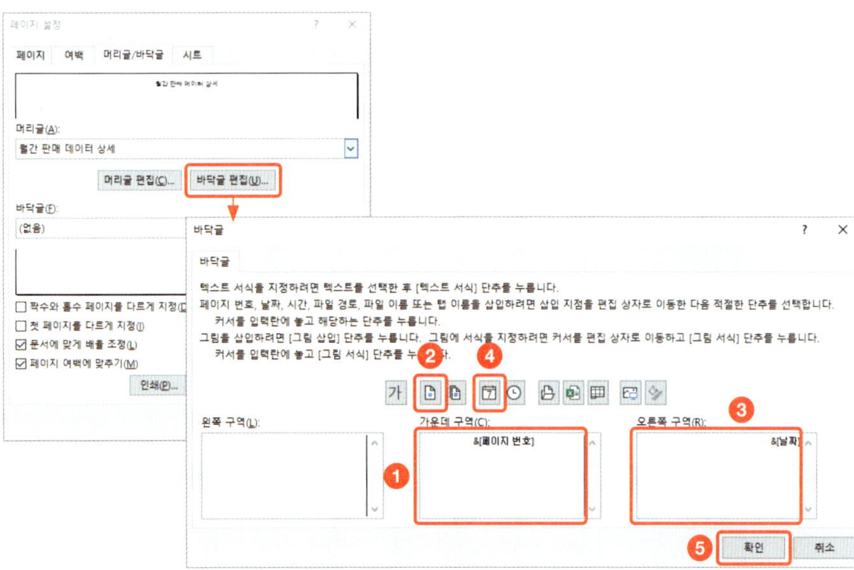

05 [페이지 설정] 대화상자에서 [시트] 탭–[인쇄 제목]–[반복할 행] 상자를 클릭한다. 워크시트의 행 번호 5를 클릭해 제목 행으로 설정하면 페이지가 바뀔 때마다 반복 인쇄된다.

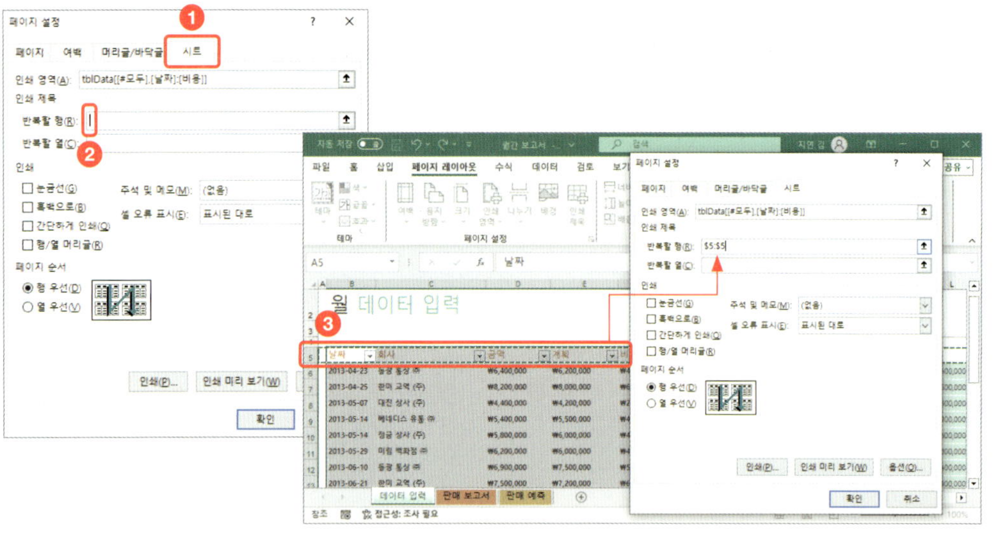

TIP 대화상자에 가려 워크시트의 선택할 행이 잘 보이지 않을 때는 [반복할 행] 상자 오른쪽의 [대화상자 축소] 단추를 눌러 대화상자를 축소하면 워크시트를 선택하기 편리하다.

06 [인쇄 미리 보기]를 누르면 시작 화면에 인쇄 모양이 표시된다.

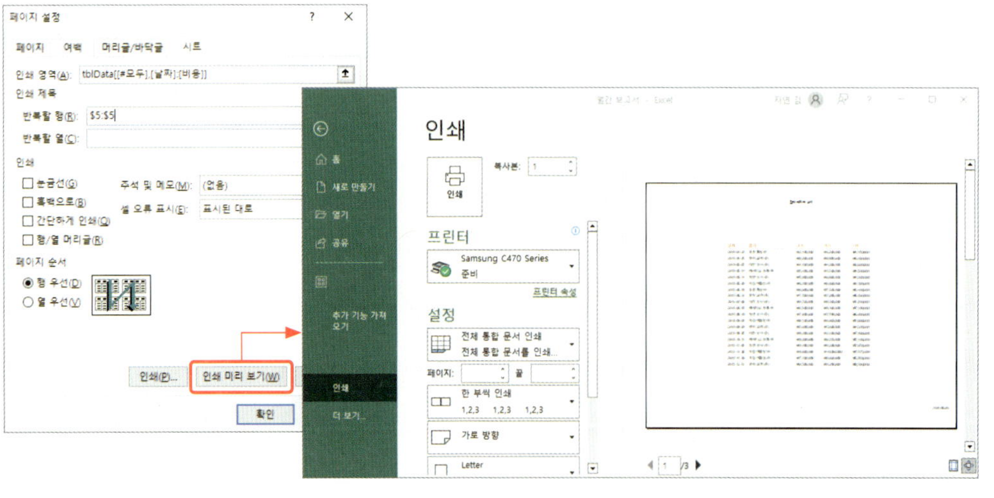

TIP 인쇄 미리 보기 화면 오른쪽 하단의 [여백 표시] 단추를 누르면 문서에 설정된 여백을 확인할 수 있고, [페이지 확대/축소] 단추를 누르면 내용을 확대하거나 축소해 모양을 확인할 수 있다.

SECTION 03

워크시트 다루기

엑셀 파일은 하나 이상의 워크시트로 이루어진다. 워크시트란 행과 열로 구성되는 작업 공간으로, 워크시트마다 이름과 색을 다르게 설정해 구분하기 쉽게 할 수 있다. 또한 삽입과 삭제, 이동/복사 등의 도구로 워크시트를 관리할 수 있다.

3.1 워크시트 관리

엑셀 화면 하단에 있는 시트 탭을 마우스 오른쪽 단추로 누르면 워크시트를 관리하기 위한 단축 메뉴가 표시된다. 워크시트 삽입, 삭제, 이름 바꾸기, 이동/복사 등을 수행할 수 있다. 또한 여러 장의 종이 서류를 하나의 파일에 넣어 관리할 때 라벨에 이름을 적거나 색을 다르게 하여 구분하듯이, 여러 개의 워크시트를 구별하기 쉽도록 이름과 탭 색을 다르게 설정할 수도 있다.

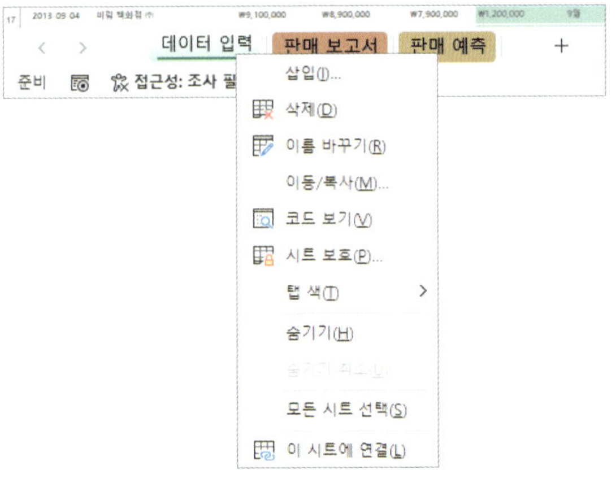

TIP [홈] 탭–[셀] 그룹의 [삽입], [삭제], [서식] 메뉴에도 워크시트 관련 기능이 제공된다.

기본예제 1-6 워크시트 설정과 관리하기

워크시트의 이름과 탭 색을 변경하거나 워크시트를 삽입하고 삭제하는 방법, 워크시트의 순서를 바꾸거나 복사하는 방법을 알아보자.

01 '데이터 입력' 시트 탭을 마우스 오른쪽 단추로 누르면 단축 메뉴가 나타난다. [이름 바꾸기]를 선택하고 **판매 데이터**라고 입력한다. [이름 바꾸기]를 선택하는 대신 시트 탭을 더블클릭해서 이름을 수정해도 된다.

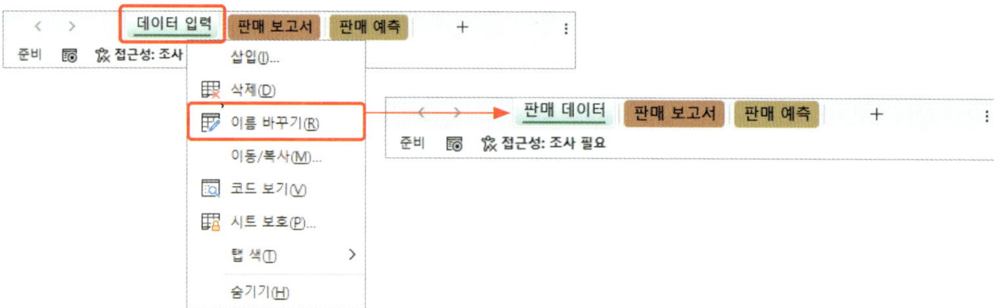

02 '판매 데이터' 시트 탭을 마우스 오른쪽 단추로 누르고 단축 메뉴에서 [탭 색]을 선택한다. 원하는 색을 선택하면 탭 색이 바뀐다.

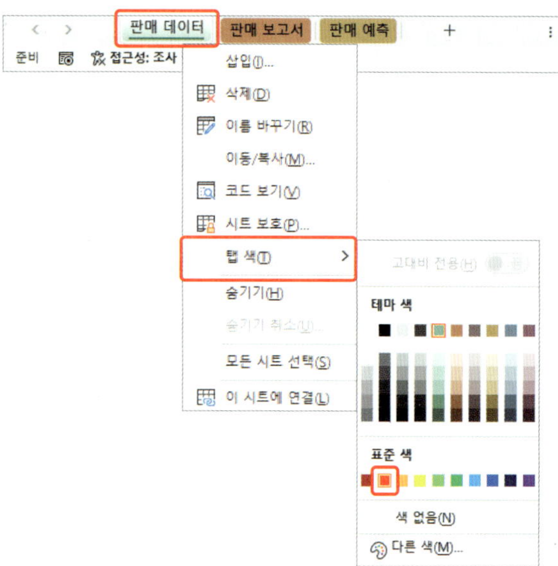

03 시트 탭의 오른쪽에 있는 [+ 새 시트] 단추를 누르면 현재 워크시트 뒤에 새 워크시트가 추가된다.

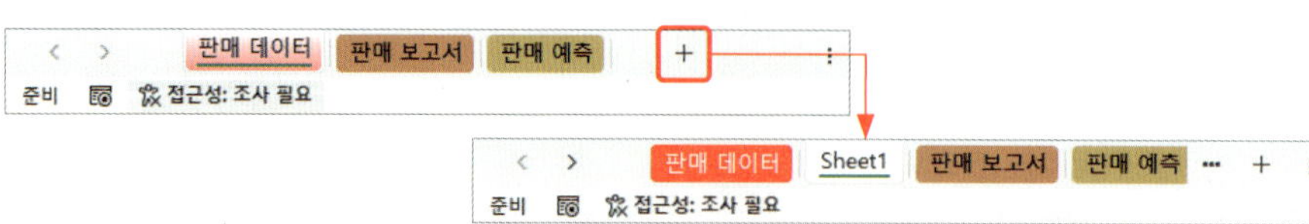

TIP 시트 탭을 마우스 오른쪽 단추로 누르고 단축 메뉴에서 [삽입]을 선택해도 된다.

04 시트 탭을 마우스 오른쪽 단추로 누르고 단축 메뉴에서 [삭제]를 선택하면 워크시트가 삭제된다.

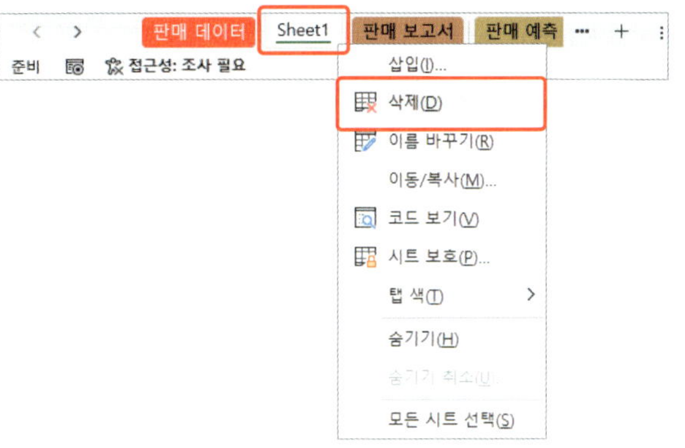

05 워크시트를 원하는 위치로 이동하거나 복사하려면 단축 메뉴에서 [이동/복사]를 선택한다.

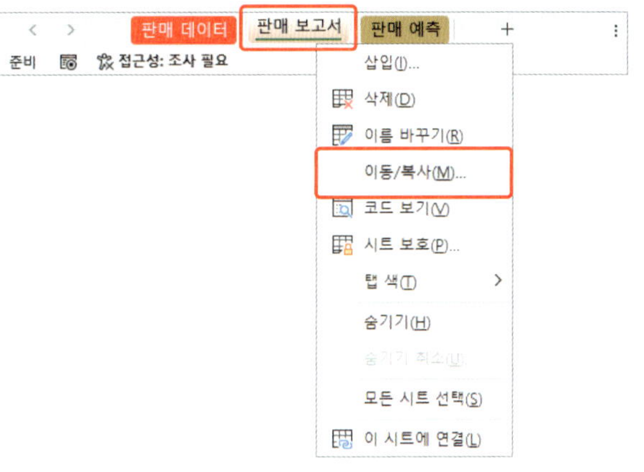

TIP 시트 탭을 드래그해서 원하는 위치로 이동할 수도 있다.

06 [이동/복사] 대화상자가 나타나면 워크시트를 이동/복사할 위치를 선택한 후 [복사본 만들기]에 체크하고 [확인]을 누른다.

TIP [복사본 만들기]에 체크하지 않으면 워크시트가 이동된다.

SECTION 04

셀 다루기

워크시트를 구성하는 많은 셀 중에서 데이터를 입력할 셀을 선택하고 이동하거나 추가나 삭제, 병합 등 셀을 관리하는 방법을 알아본다.

4.1 셀 선택과 편집

워크시트에 데이터를 입력하려면 셀을 선택해야 한다. 또한 입력한 데이터를 편집할 때 셀을 추가, 삭제하거나 병합이나 분할 또는 셀의 내용을 복사, 이동하는 작업도 필요하다.

기본예제 1-7 셀 선택과 데이터 입력하기

셀을 선택하려면 마우스로 원하는 셀을 클릭하거나 키보드의 방향키를 이용한다. 원하는 셀을 선택하는 방법과 데이터를 입력하거나 지우는 방법을 알아보자.

01 [파일] 탭을 누르고 시작 화면에서 [새 통합 문서]를 선택한다.

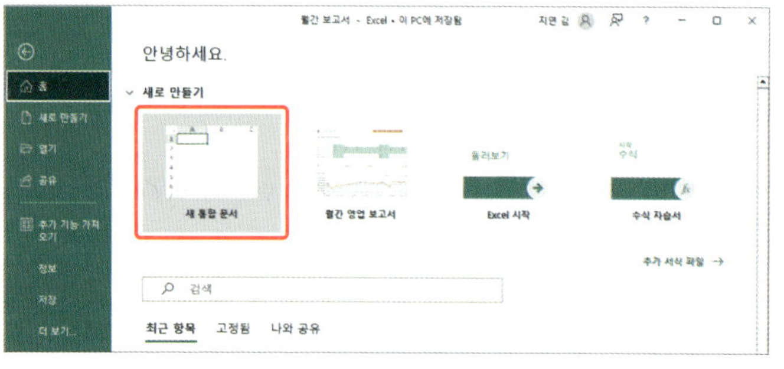

02 워크시트의 편집 영역에서는 마우스 포인터가 ✥ 모양으로 바뀐다. 이 상태에서 원하는 셀을 선택하고 데이터를 입력한 후 Enter를 누른다.

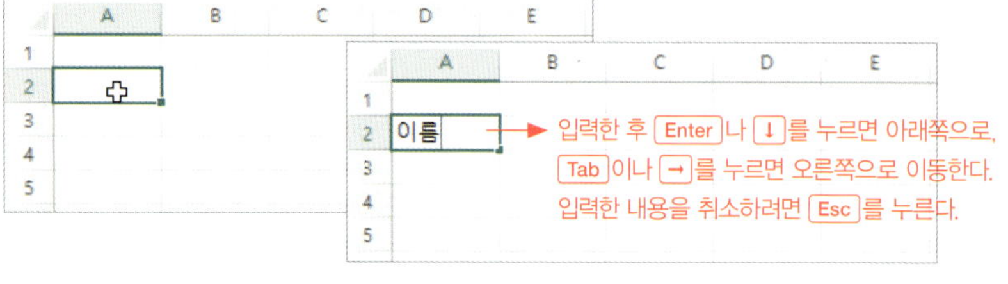

TIP 입력한 데이터의 일부분을 수정하려면 셀을 선택하고 [F2]를 누르거나 더블클릭해 셀 편집 상태로 만든 후 필요한 부분을 수정한다. 셀의 전체 내용을 바꿀 때는 셀을 선택하고 새로운 내용을 바로 입력한다.

데이터를 입력하면서 셀을 이동할 때는 마우스보다 키보드를 사용하는 것이 더 편리하다. 키보드를 이용해 셀을 이동하는 방법은 다음 표를 참고한다.

키	이동 방법
[Enter]	아래쪽으로 이동
[Tab]	오른쪽으로 이동
[Shift]+[Enter]	위쪽으로 이동
[Shift]+[Tab]	왼쪽으로 이동
방향키([↑], [↓], [←], [→])	위, 아래, 왼쪽, 오른쪽으로 이동
[Page Up], [Page Down]	페이지 단위 위쪽, 페이지 단위 아래쪽으로 이동
[Alt]+[Page Up], [Alt]+[Page Down]	페이지 단위 왼쪽, 페이지 단위 오른쪽으로 이동
[Ctrl]+[Home]	워크시트의 첫 번째 셀(A1)로 이동
[Ctrl]+[End]	데이터가 입력된 범위 중 마지막 셀로 이동
[Ctrl]+[↑], [Ctrl]+[↓]	현재 위치한 열의 1행, 해당 열의 마지막(1,048,576) 행으로 이동
[Ctrl]+[←], [Ctrl]+[→]	현재 위치한 열의 1열, 해당 행의 마지막(XFD) 열로 이동

03 셀 하나를 선택하고 드래그하거나, [Shift]를 누른 상태에서 키보드의 방향키를 사용하면 연속적인 여러 셀을 선택할 수 있다.

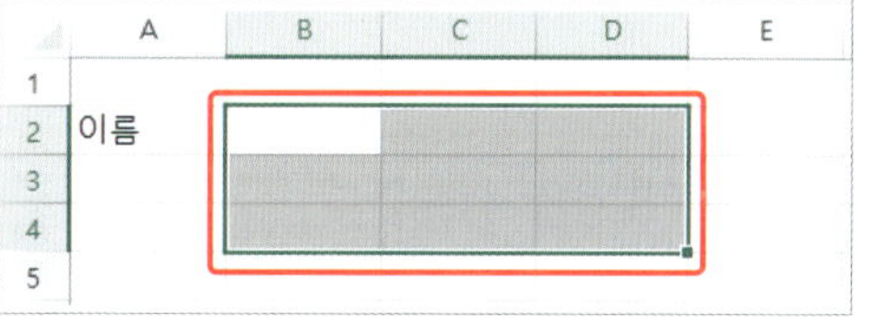

TIP 선택하려는 범위의 첫 번째 셀을 클릭하고, [Shift]를 누른 상태에서 마지막 셀을 클릭해도 된다.

04 열 머리글이나 행 머리글의 특정 열 번호나 행 번호를 클릭하거나 드래그하면 해당 열이나 행의 모든 셀을 선택할 수 있다.

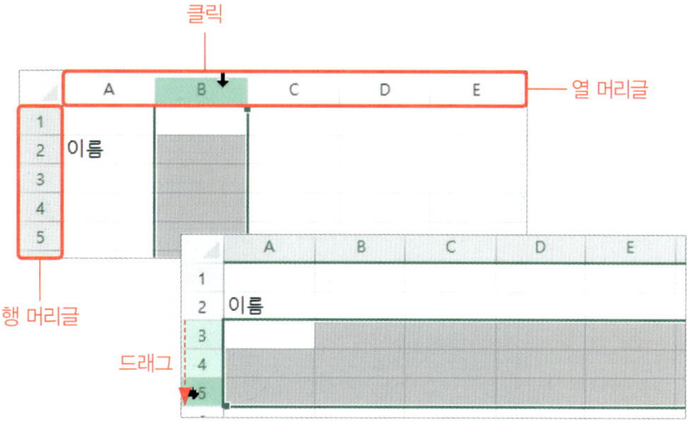

05 Ctrl 을 누른 상태에서 클릭하거나 드래그하면 불연속적인 여러 셀을 선택할 수 있다. 여러 셀이 선택된 상태에서 데이터를 입력하고 Ctrl + Enter 를 누르면 모든 셀에 동일한 데이터가 입력된다.

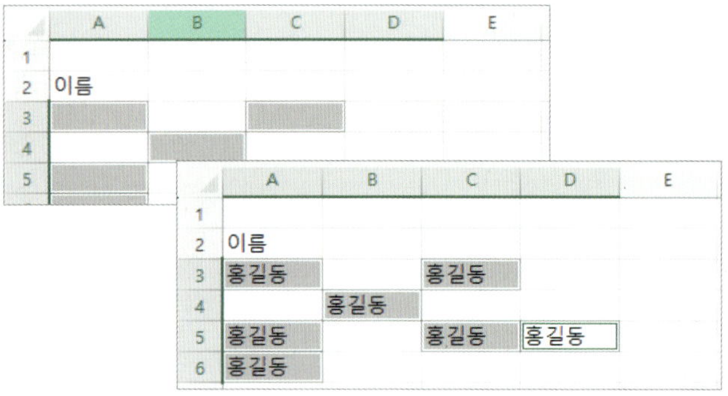

06 입력한 데이터를 지우려면 셀을 선택하고 Delete 를 누르거나, 마우스 오른쪽 단추를 눌러 [내용 지우기]를 선택한다.

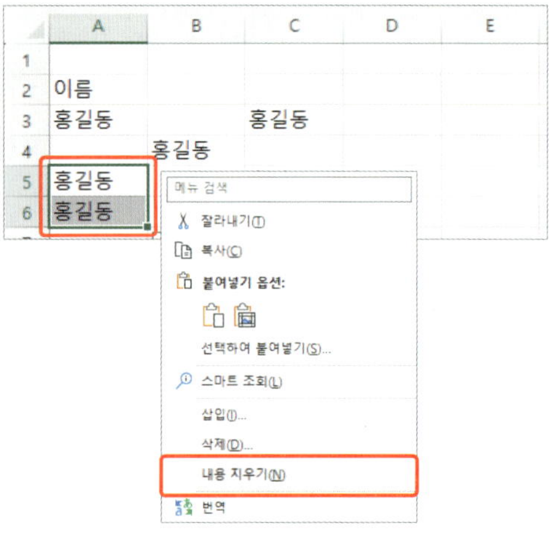

기본예제 1-8 셀 추가와 삭제하기

작업 공간인 워크시트에서는 필요한 만큼 셀을 추가하거나 삭제할 수 있다. 또한 열이나 행 단위로 셀을 추가하거나 삭제할 수도 있다.

01 셀을 삽입할 위치를 선택하고 [홈] 탭-[셀] 그룹-[삽입]의 [목록] 단추를 누르고 [셀 삽입]을 선택한다.

TIP 마우스 오른쪽 단추로 셀을 누르면 나타나는 단축 메뉴에서 [삽입]을 선택해도 되고, 단축키 Ctrl + + 를 이용해도 된다.

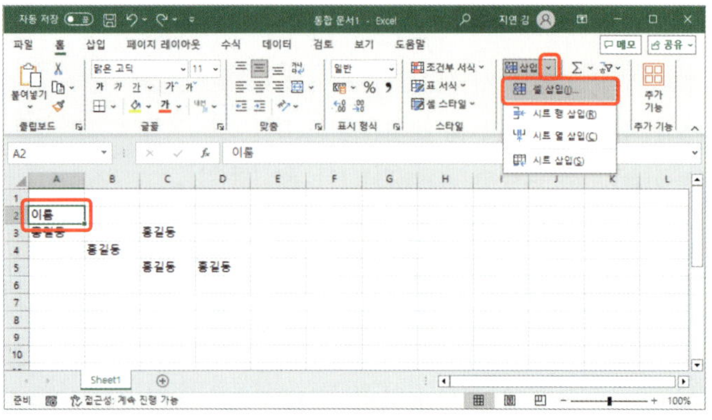

02 [삽입] 대화상자에서 [셀을 아래로 밀기]를 선택하고 [확인]을 누르면 선택한 방향으로 워크시트에 셀이 추가된다.

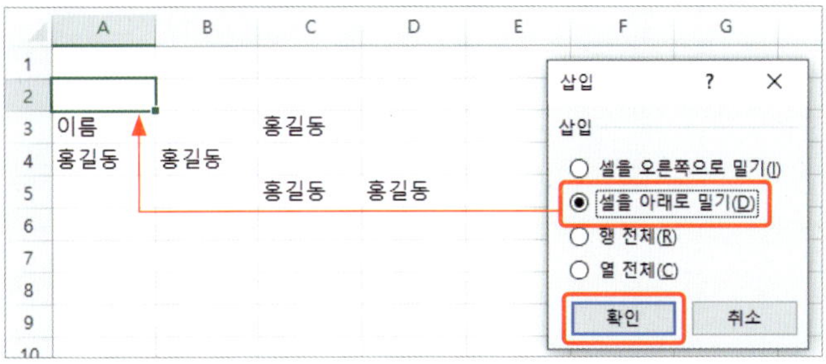

03 셀을 삭제하려면 삭제할 셀 혹은 범위를 선택하고 [홈] 탭-[셀] 그룹-[삭제]의 [목록] 단추를 누르고 [셀 삭제]를 선택한다.

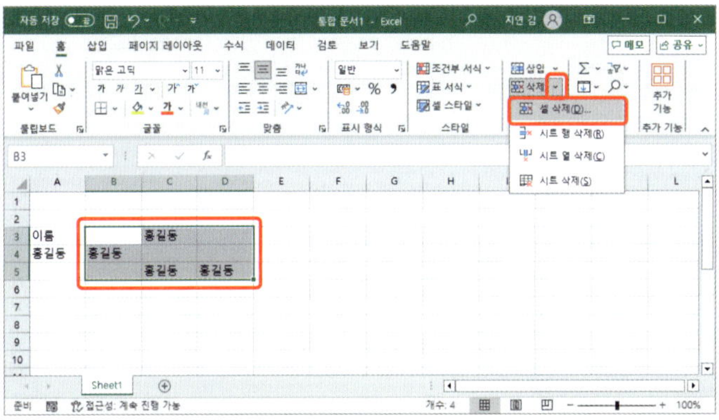

TIP 마우스 오른쪽 단추로 삭제할 셀 혹은 범위를 누르고 단축 메뉴에 있는 [삭제]를 선택해도 되고, 단축키 Ctrl+-를 이용해도 된다.

04 [삭제] 대화상자에서 [셀을 왼쪽으로 밀기]를 선택하고 [확인]을 누르면 선택한 셀이 모두 삭제된다.

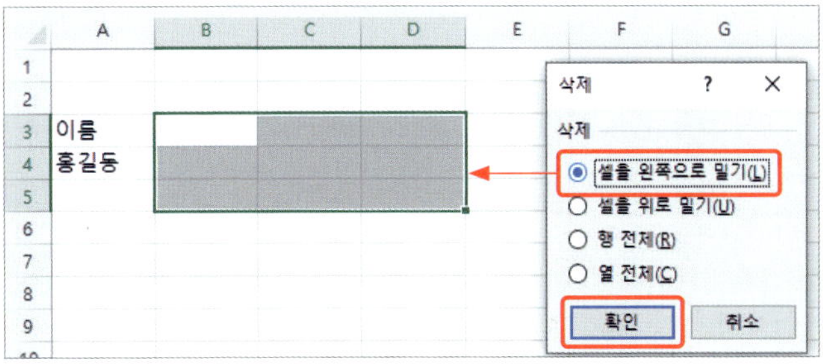

05 맨 앞에 열을 추가하기 위해 A열의 셀을 하나 선택한다. [홈] 탭–[셀] 그룹–[삽입]의 [목록] 단추를 누르고 [시트 열 삽입]을 선택한다.

TIP 현재 선택한 셀을 기준으로 열은 왼쪽, 행은 위쪽에 추가된다.

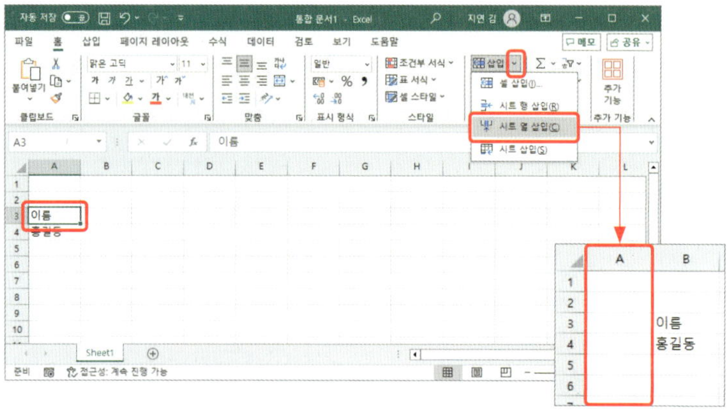

06 삽입한 열을 삭제하기 위해 A열 머리글을 클릭해 A열 전체를 선택한다. [홈] 탭–[셀] 그룹–[삭제]의 [목록] 단추를 누르고 [시트 열 삭제]를 누르거나, 단축키 Ctrl + - 를 누르면 열 전체가 삭제된다.

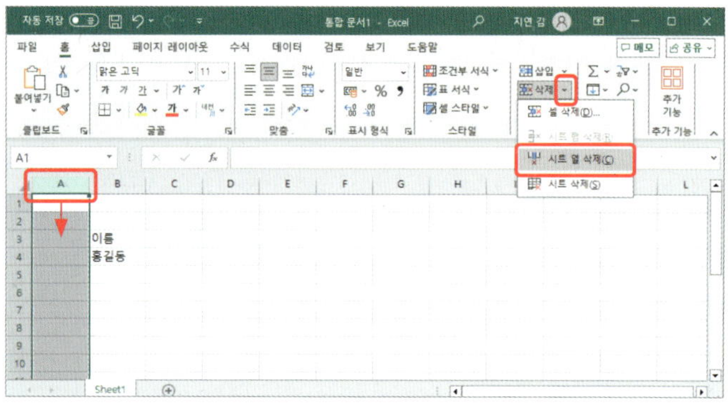

기본예제 1-9 셀 이동과 복사, 병합과 분할하기

셀에 입력한 데이터를 다른 위치로 이동하거나 복사해서 붙여넣는 방법을 알아보자. 또한 제목을 만들 때 여러 셀을 병합하는 방법과 병합된 셀을 다시 원래 형태로 분할하는 방법도 알아보자.

01 그림과 같이 데이터를 입력하고 이동할 셀 범위(A3:B6)를 선택한다. 선택한 영역의 테두리에 마우스를 위치시켜 마우스 포인터가 십자 모양으로 바뀌면 이동할 위치(B3:C6)로 드래그한다.

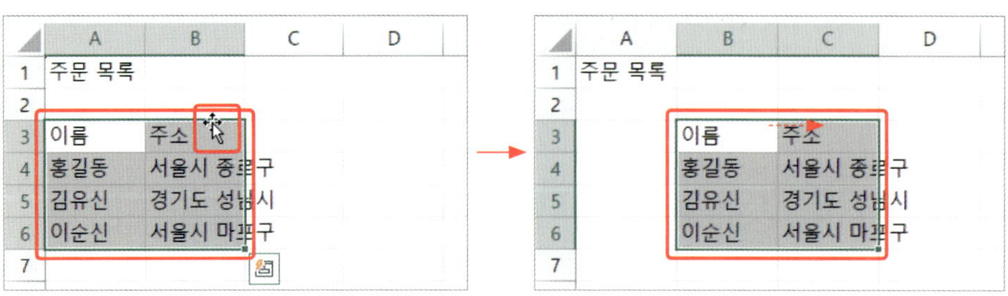

TIP 엑셀에서는 연속적인 여러 셀로 이루어진 범위를 표시할 때 A3:B6와 같이 셀 주소 사이에 콜론(:) 기호를 사용한다.

TIP 자동 완성 기능

셀에 데이터를 입력할 때 이미 입력된 데이터를 이용해 나머지 내용을 자동으로 완성할 수 있다. 가령 C6 셀에 **서**라고 입력하면 나머지 내용이 자동 완성 기능으로 표시되는데, Enter를 누르면 그대로 입력된다. 입력할 데이터가 다른 내용이면 끝까지 계속 입력하거나, Delete을 눌러 불필요한 부분만 지우고 입력한다.

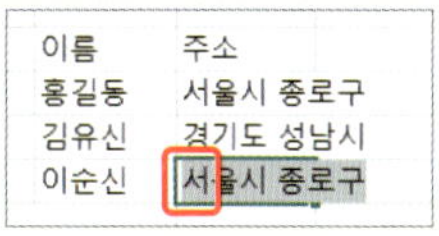

동일한 내용이면 자동 완성 기능을 이용

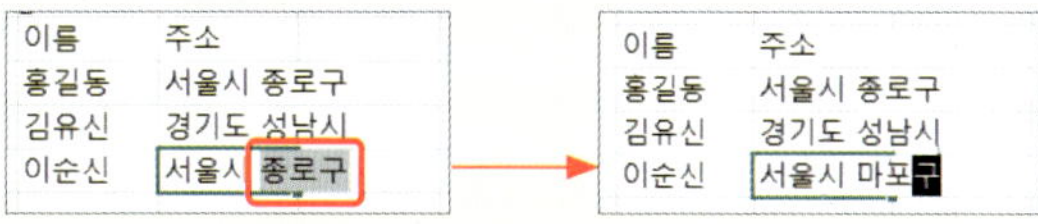

다른 내용이면 전체 데이터를 모두 입력하거나,
Del로 '종로구'를 지우고 나머지를 입력

02 열 단위 복사를 위해 B열 머리글을 선택하고 [홈] 탭–[클립보드] 그룹–[복사] 단추를 누른다.

TIP 복사할 셀을 선택하고 단축키 Ctrl+C를 눌러도 된다.

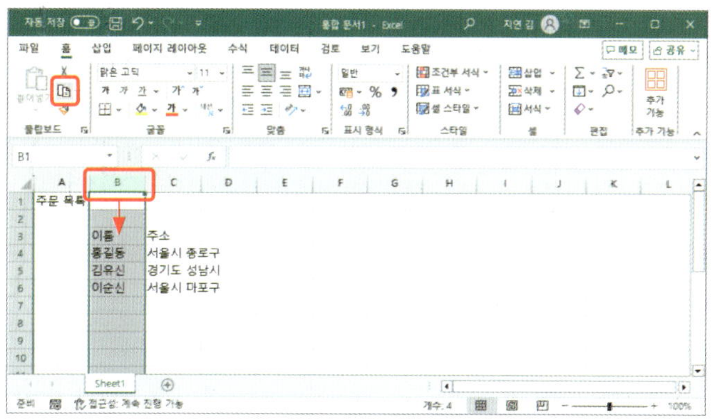

03 [홈] 탭–[셀] 그룹–[삽입]을 누르면 현재 위치를 기준으로 왼쪽에 새로운 열이 추가되면서 복사한 내용이 채워진다.

TIP 열 추가 없이 복사한 내용만 붙여넣으려면 위치를 선택하고 [홈] 탭–[클립보드] 그룹–[붙여넣기]를 누르거나 단축키 Ctrl+V를 이용한다.

TIP 선택 영역을 취소하려면 단축키 Esc를 누르거나 임의의 셀을 더블클릭한다.

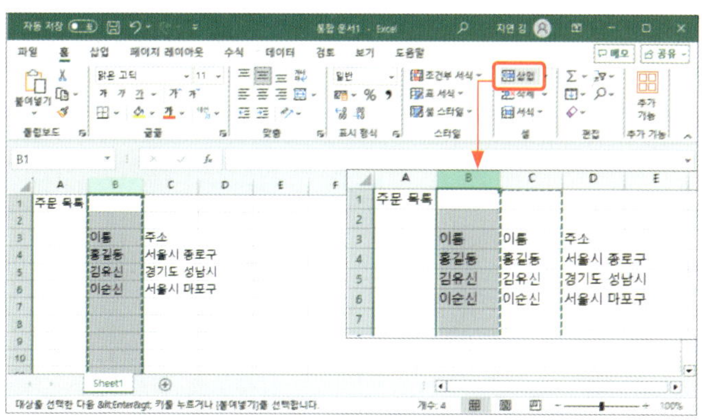

04 병합할 범위(A1:F2)를 선택하고 [홈] 탭-[맞춤] 그룹-[병합하고 가운데 맞춤]을 누른다.

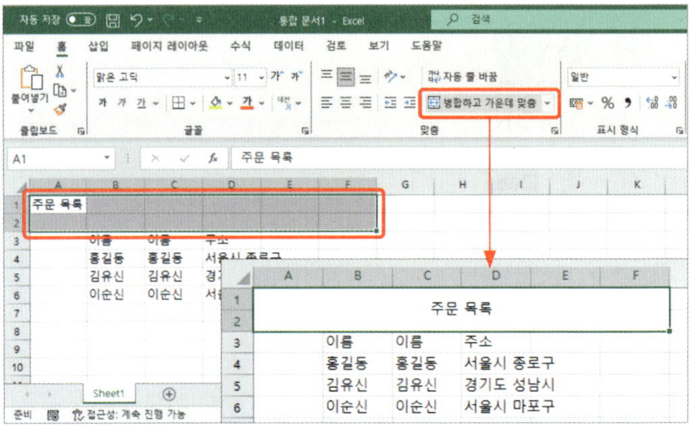

TIP [병합하고 가운데 맞춤]의 [목록] 단추를 누르면 네 가지 병합 방법이 표시된다. [전체 병합]과 [셀 병합]을 적용했을 때의 결과는 다음을 참고한다.

- [전체 병합]을 선택하면 행별로 셀이 병합된다.

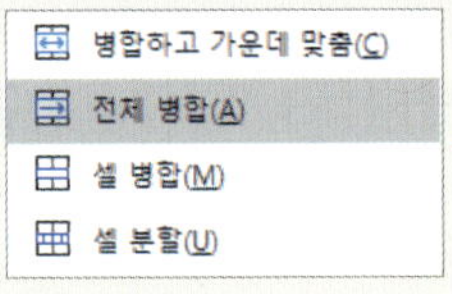

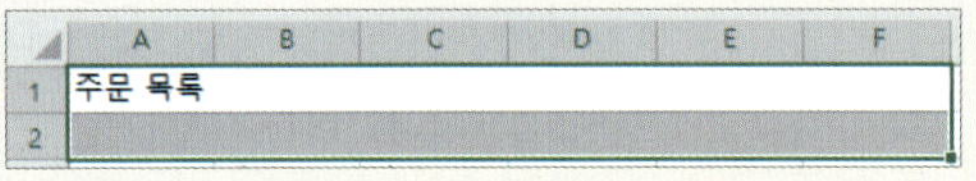

- [셀 병합]을 선택하면 맞춤 설정 없이 하나의 셀로 병합된다.

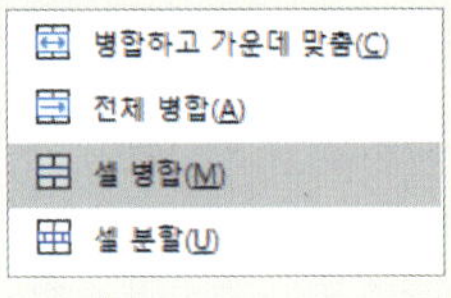

05 병합된 셀을 선택하고 [홈] 탭-[맞춤] 그룹-[병합하고 가운데 맞춤]을 다시 누르면 셀이 분할되어 병합 전 상태가 된다.

TIP [병합하고 가운데 맞춤]의 [목록] 단추를 누르고 [셀 분할]을 선택해도 된다.

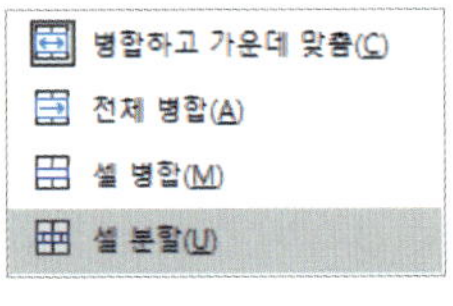

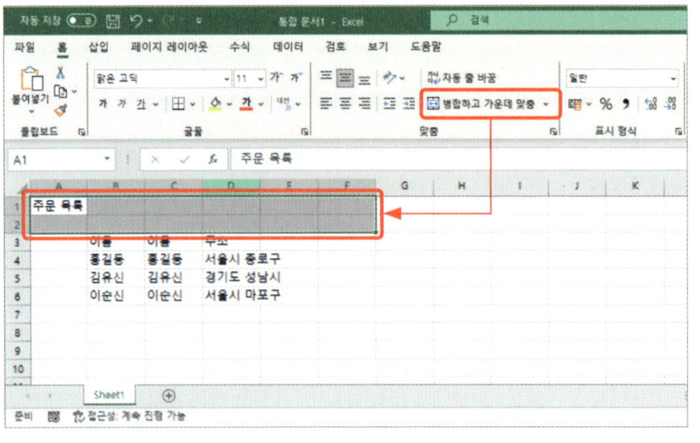

SECTION 05

데이터 입력과 자동 채우기

셀에 입력할 수 있는 데이터는 문자와 숫자를 비롯해 날짜와 시간, 한자와 기호 등 그 종류가 다양하다. 다양한 종류의 데이터를 입력해 보고 데이터의 종류에 따라 나타나는 특징과 연속적인 셀에 데이터를 입력할 때 유용하게 사용되는 자동 채우기 기능을 알아본다.

5.1 데이터 입력

엑셀에서 다루는 다양한 종류의 데이터를 셀에 직접 입력해 보고 문자나 숫자, 날짜와 시간 등 데이터의 종류에 따라 입력 방법이나 표시 형식과 같은 특징을 알아본다.

기본예제 1-10 문자 입력하기

한글이나 영어, 한자나 기호 등을 셀에 입력하면 엑셀에서는 문자 데이터로 인식해 왼쪽 맞춤으로 기본 정렬된다. 숫자를 문자와 함께 입력하는 경우 문자 데이터로 분류된다. 여러 가지 문자 데이터를 셀에 입력해 보자.

01 다음과 같이 E열에 **상세주소**를 추가한다. E3 셀부터 데이터를 입력하고 Enter를 눌러 아래쪽 셀로 이동하면서 입력한다.

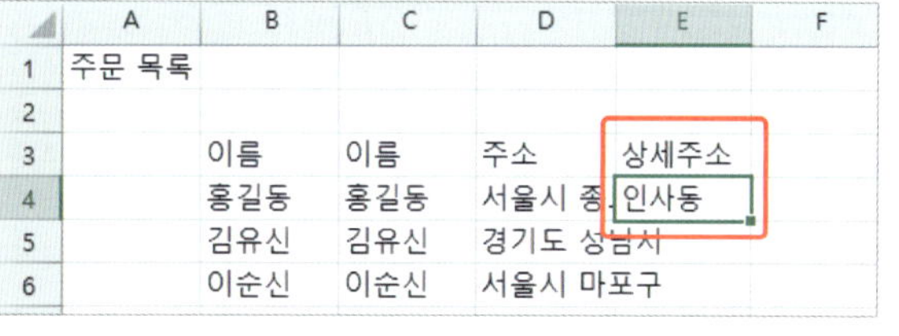

02 D열의 '주소' 데이터가 가려지므로, 열 번호 사이의 경계선을 드래그해서 D열의 너비를 넓힌다.

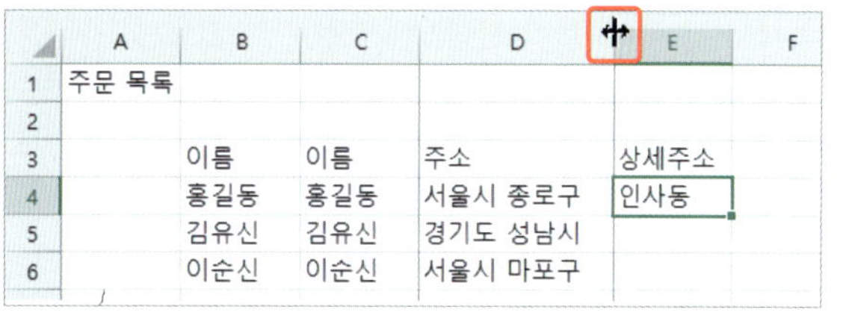

TIP 열 번호 사이의 경계선을 더블클릭하면 자동으로 열 너비가 조정된다.

03 문자 길이가 긴 경우 셀 안에서 줄을 나눠 입력할 수도 있다. E5 셀에 **판교로**를 입력하고 단축키 [Alt]+[Enter]를 눌러 줄바꿈한 후 **1234번길**을 입력하고 [Tab]이나 [Enter]를 눌러 입력을 종료한다.

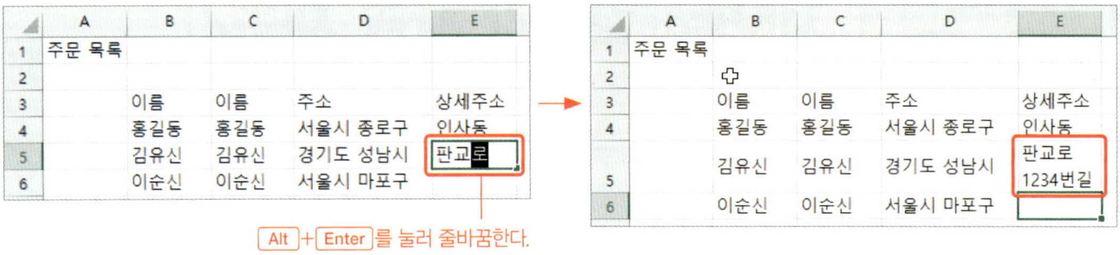

04 C3 셀을 선택한 다음 **한자이름**으로 수정하고 [Enter]를 누른다. C4 셀에서 [F4]를 눌러 '홍길동' 뒤에 커서를 둔 채 [한자]를 누른다.

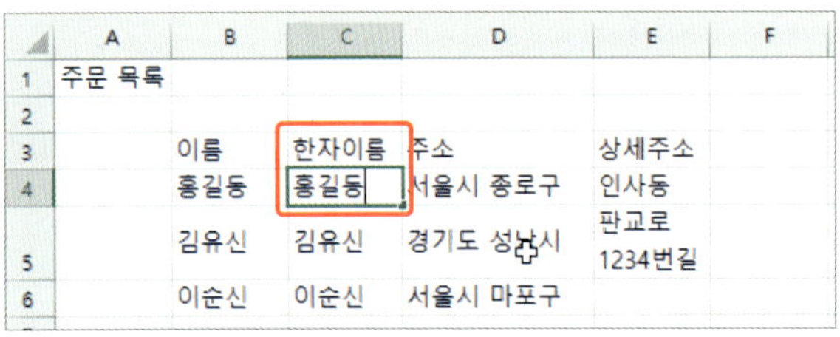

05 [한글/한자 변환] 대화상자가 열리고 등록되어 있는 한자 목록이 표시된다. 적합한 한자를 선택하고 [입력 형태]에서 [漢字]를 선택한 후 [변환]을 누른다. 같은 방식으로 C열의 이름을 모두 변환한다.

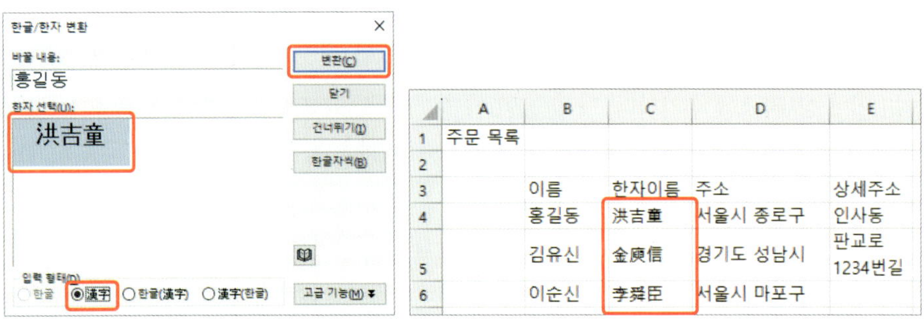

TIP 한자는 일반적으로 한글로 입력한 후 변환할 부분을 드래그하여 선택하거나 글자 뒤에 커서를 두고 [한자]를 누른다. 한자 사전에 자주 사용하는 단어를 미리 등록해 두면 한 글자씩 변환하지 않아도 된다.

06 F3 셀을 선택하고 **연락처(ㅁ**을 입력한 후 [한자]를 눌러 기호 목록이 나타나면 전화기 기호를 선택한다. 그리고 닫는 괄호)를 입력하고 [Enter]를 누른다.

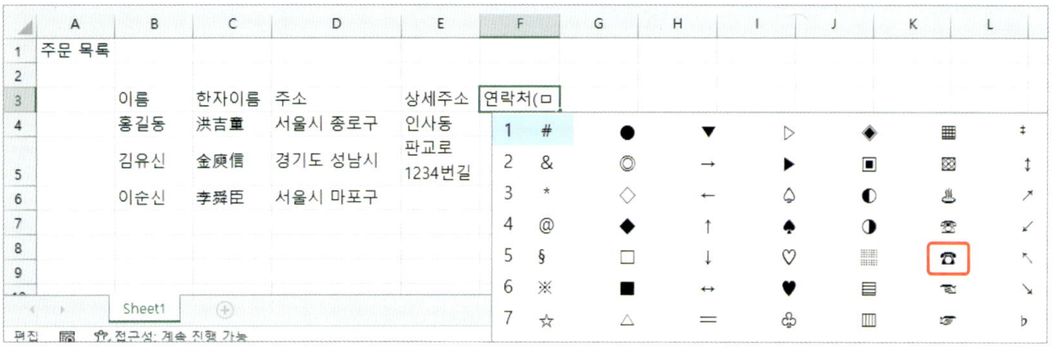

TIP 기호는 [삽입] 탭의 [기호] 메뉴를 이용해 입력해도 되고, 한글 자음을 입력하고 [한자]를 눌러 원하는 기호를 선택해도 된다. 다음은 기호를 입력할 때 자주 사용하는 한글 자음이다. 이 외에 시옷(ㅅ)이나 이응(ㅇ) 등 몇 가지 다른 자음도 기호 입력에 사용할 수 있다. 또한 윈도우(田)와 마침표(.)를 함께 누르면 이모지 등 다양한 특수 문자를 입력할 수 있다.

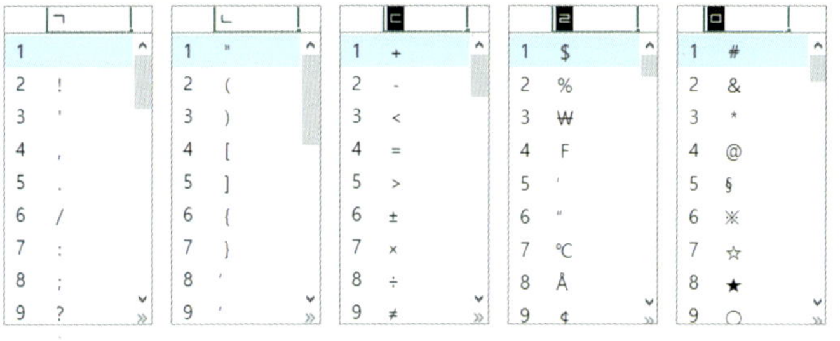

기본예제 1-11 숫자 입력하기

셀에 숫자 데이터를 입력하면 오른쪽 맞춤으로 정렬된다. 숫자 데이터는 음수, 백분율, 통화 등의 다양한 형식으로 표시할 수 있다. 다양한 형식의 숫자 데이터를 입력해 보자.

01 전화번호를 **01023456789**처럼 기호 없이 입력하면 숫자로 인식되어 맨 앞의 0이 사라지고 오른쪽 맞춤으로 표시된다. 입력한 값 그대로 앞자리 0을 표시하려면 아포스트로피(')를 데이터 앞에 붙인다.

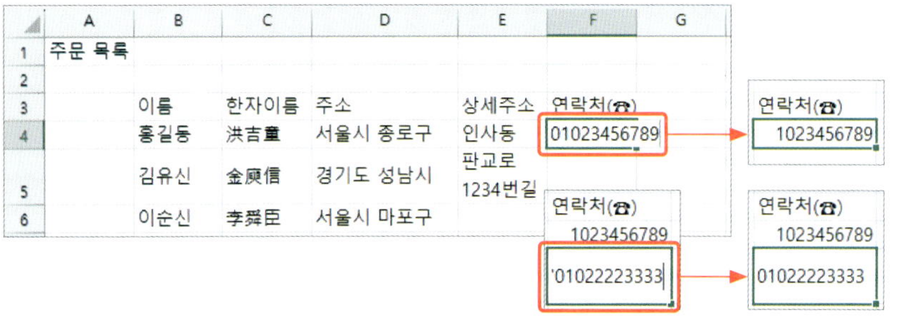

TIP 숫자 앞에 아포스트로피(')를 붙이고 데이터를 입력할 때 [⚠ 오류 표시] 단추가 나타나는 경우, 단추를 누르고 [오류 무시]를 선택하면 오류 표시를 제거할 수 있다. 전화번호를 입력할 때마다 오류 표시가 계속 나타나지 않게 하려면 [오류 검사 옵션]을 선택하여 [Excel 옵션] 창이 열리면 [앞에 아포스트로피가 있거나 텍스트로 서식이 지정된 숫자] 옵션을 해제하고 [확인]을 누른다.

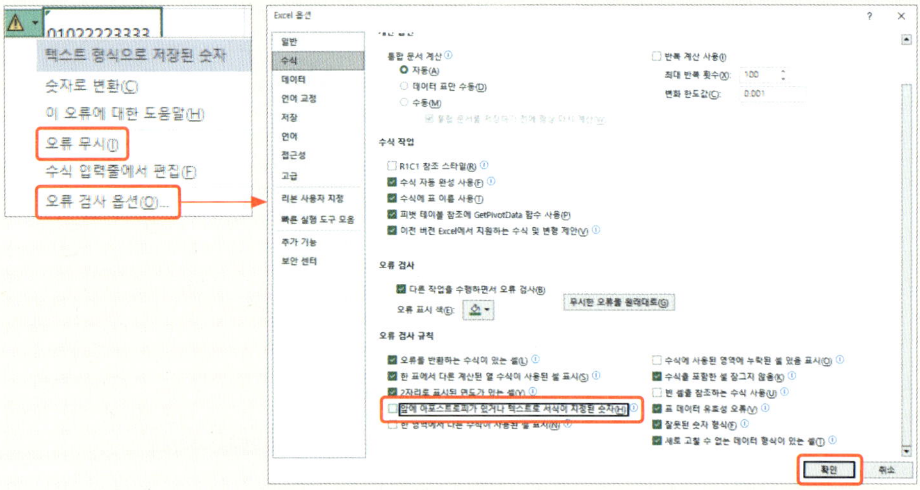

02 G열에는 다음과 같이 주문금액을 숫자로 입력해 보자. **123456789012**를 입력하면 지수 형식으로 표시된다. 자릿수가 12자리 이상으로 크거나 셀의 너비가 좁을 때 숫자 데이터가 지수로 표시된다.

03 숫자 세 자리마다 콤마(,)를 추가하여 **123,456,789,012**라고 입력하면 숫자가 지수로 표시되지 않고 셀의 너비가 자동 조절된다. 이때 표시 형식이 '통화'로 설정된다.

TIP 콤마 외에도 숫자 데이터를 ₩, $ 등 통화 기호와 함께 입력하면 표시 형식이 '통화'로 설정된다.

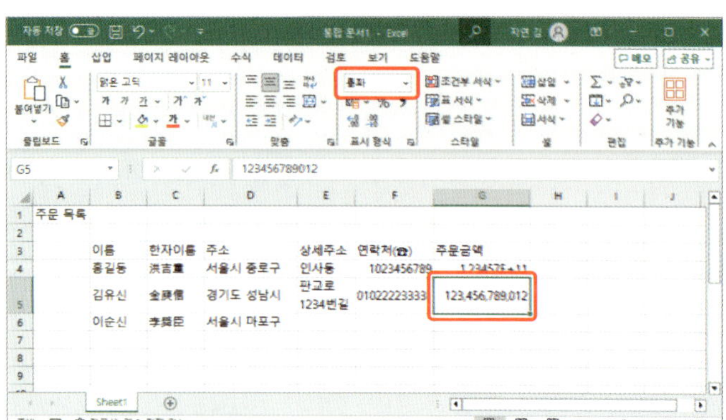

04 열 너비를 좁히면 일반 숫자와 다르게 통화 형식의 숫자는 ##…#으로 표시된다.

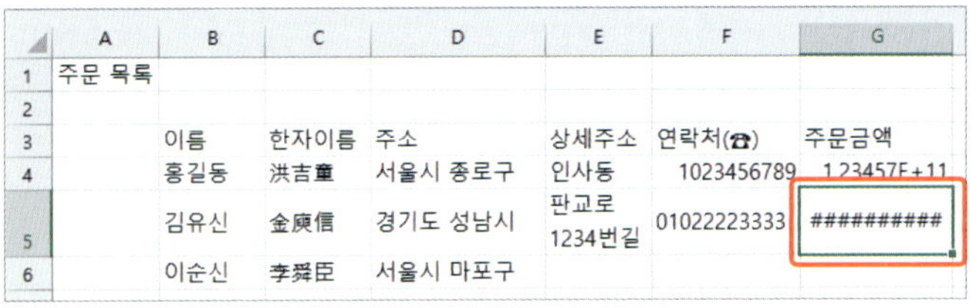

TIP 열 너비를 조정하려면 열 번호 사이의 경계선을 드래그한다.

05 음수는 **-12345**와 같이 하이픈(-) 기호와 값을 함께 입력한다.

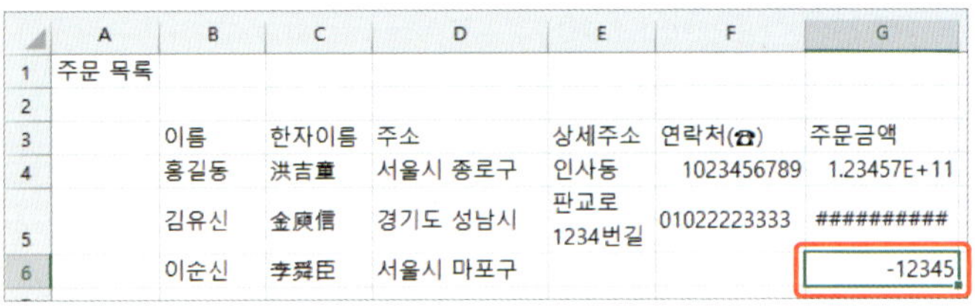

TIP 음수는 **(12345)**처럼 괄호 안에 숫자를 적어도 된다.

06 숫자와 함께 백분율 기호(%)를 입력하면 표시 형식이 '백분율'로 설정된다. H열에 **할인율**을 추가하고 **20%**를 입력한다.

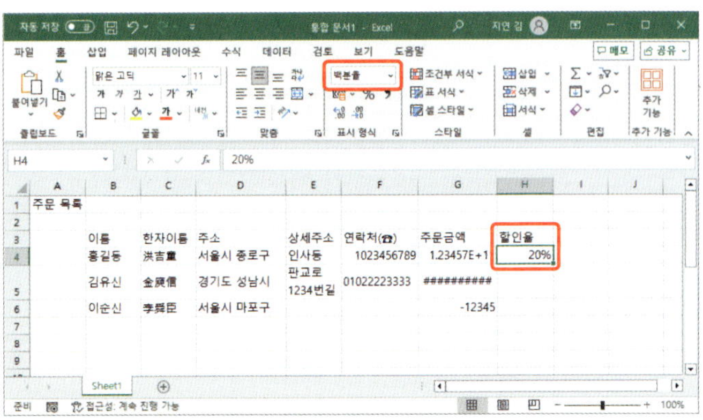

TIP 백분율 값 20%는 숫자 0.2와 동일한 값으로 계산에 사용된다.

07 분수 1/3을 셀에 표시하려면 **0 1/3**이라고 입력한다. 정수 0은 없어지고 분수 1/3만 표시되며, 계산할 때는 0.3333....으로 사용된다.

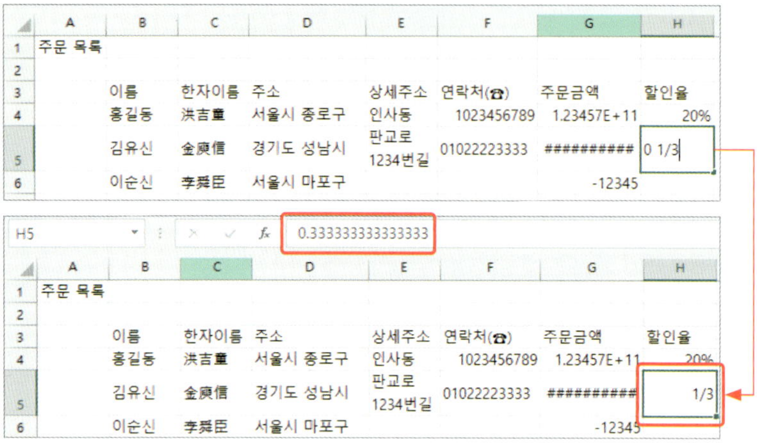

TIP 분수를 **1/3**이라고 입력하면 날짜 데이터로 처리되어 셀에 '01월 03일'로 표시된다.

기본예제 1-12 날짜와 시간 입력하기

생년월일이나 입사일, 작업 시간 등 날짜나 시간 데이터는 연, 월, 일, 시각을 나타내는 숫자와 슬래시(/), 하이픈(-), 콜론(:) 등의 구분 기호를 함께 입력한다.

01 I열에 **주문일**을 추가하고 **3/20**을 입력한다. Enter를 누르면 '03월 20일'로 표시된다. 연도 값은 시스템 시간을 기준으로 하여 현재 연도로 저장된다.

TIP 날짜를 입력할 때는 슬래시(/)나 하이픈(-)을 구분 기호로 사용해야 한다. 만약 **3월 20일**이나 **3.20**과 같이 입력하면 문자나 숫자 데이터가 되므로 날짜 계산에 사용할 수 없다.

02 연도까지 입력하려면 연-월-일, 또는 연/월/일 형태로 입력한다. **24-6-15**라고 입력하면 '2024-06-15'로 표시된다.

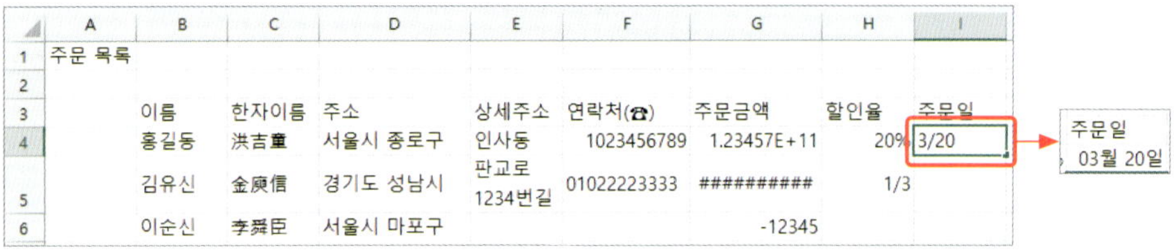

03 G1 셀에 **작성일 :**이라고 입력하고 H1 셀에는 단축키 Ctrl+; 를 눌러 현재 날짜를 입력한다.

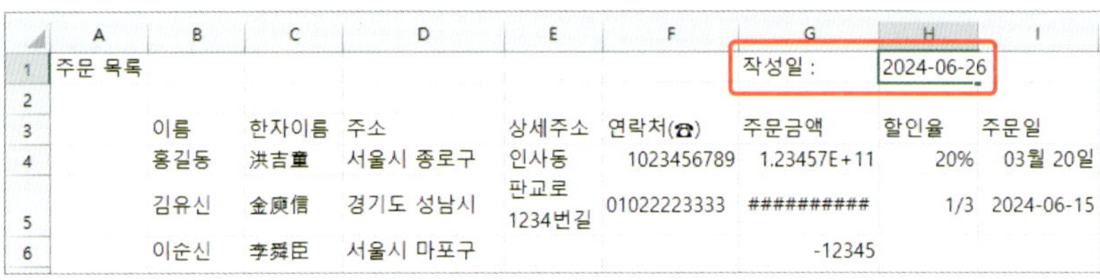

04 콜론(:) 기호를 사용하여 I1 셀에 시간 데이터 **9:30**을 입력한다. 수식 입력줄을 확인해 보면 '9:30:00 AM'으로 값이 표시된다.

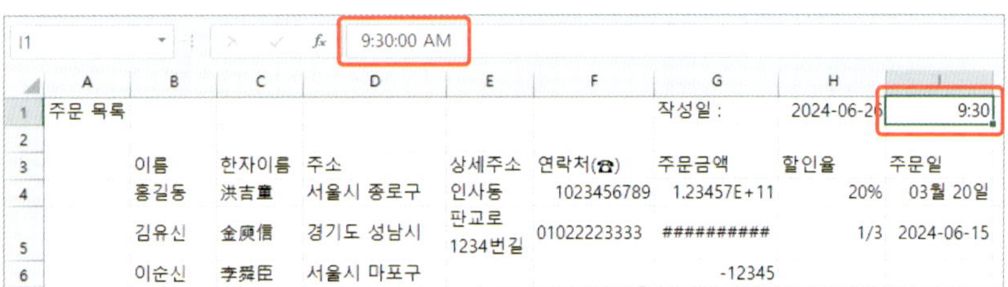

TIP 현재 시각을 입력하려면 셀을 선택하고 단축키 Ctrl+Shift+; 을 누른다.

5.2 자동 채우기와 셀 서식 설정

셀에 동일한 데이터를 연속해서 채우거나 일련번호처럼 규칙적으로 증가하는 값을 손쉽게 입력하려면 자동 채우기 기능을 이용하는 것이 좋다. 숫자뿐만 아니라 규칙적으로 채워 넣을 문자나 단어도 사용자 지정 목록에 등록해 두고 자동 채우기를 활용하면 빠른 입력이 가능하다. 셀에 데이터를 입력한 뒤에는 글꼴이나 맞춤 변경, 테두리나 채우기 등의 셀 서식을 설정해 가독성을 높이고 보기 좋게 만들 수 있다.

기본예제 1-13 채우기 핸들로 자동 채우기

규칙적으로 증가하는 값을 입력하는 자동 채우기 기능은 채우기 핸들을 이용해 실행한다. 채우기 핸들은 다음 그림과 같이 셀을 선택했을 때 오른쪽 아래에 나타나는 작은 사각형을 말한다.

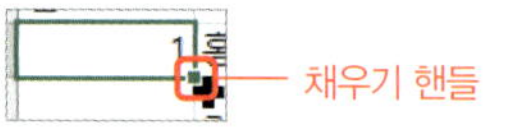

01 A3 셀에 **번호**, A4 셀에는 **1**을 입력한다. A4 셀을 선택하고 채우기 핸들에 마우스를 가져가면 마우스 포인터가 작은 십자형으로 바뀌는데, 이때 아래로 드래그한다.

TIP 채우기 핸들을 더블클릭해도 된다. 인접한 다른 열에 있는 데이터 범위만큼 채워진다.

02 데이터가 같은 값으로 복사되는데, [자동 채우기 옵션] 단추를 누르고 [연속 데이터 채우기]를 선택한다. Ctrl을 누른 채로 채우기 핸들을 드래그해도 된다.

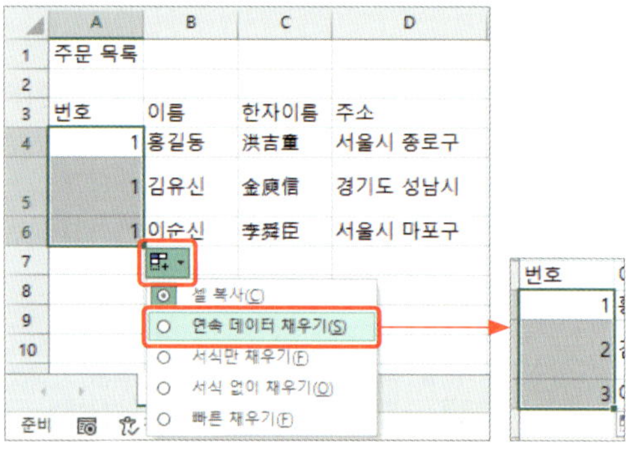

TIP 번호 간격을 2로 하여 홀수로만 연속해서 채우려면, 1과 3을 셀에 각각 입력한 후 두 셀을 모두 선택하고 채우기 핸들을 드래그한다. 숫자가 포함된 문자도 연속 데이터 채우기를 사용할 수 있다.

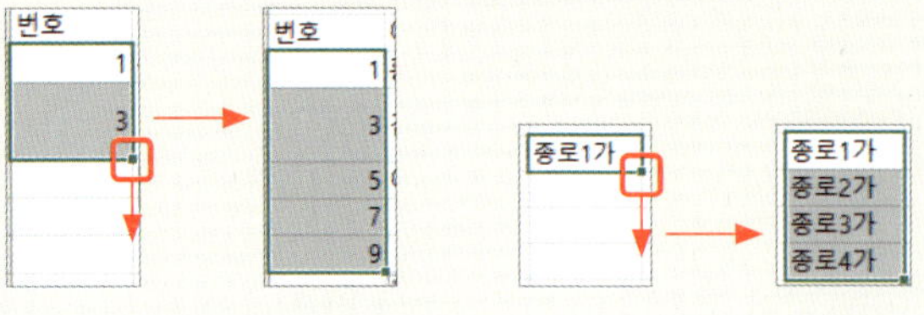

TIP **[자동 채우기 옵션] 단추가 표시되지 않는 경우**

채우기 핸들을 드래그한 후 [자동 채우기 옵션] 단추가 표시되지 않는다면 [파일] 탭–[옵션]을 선택하고 [고급] 범주의 [잘라내기/복사/붙여넣기]에서 [콘텐츠를 붙여넣을 때 붙여넣기 옵션 단추 표시]에 체크한다.

03 날짜 데이터가 입력된 I4 셀을 선택하고 채우기 핸들을 드래그하면 일 단위의 연속 데이터로 채워진다.

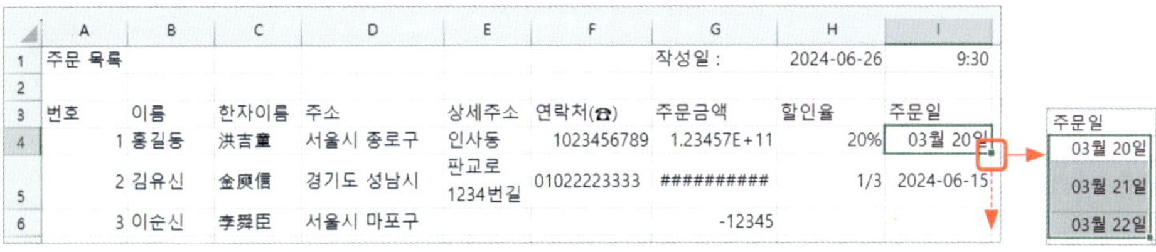

04 날짜를 월 단위로 바꾸려면 [자동 채우기 옵션] 단추를 눌러 [월 단위 채우기]를 선택한다.

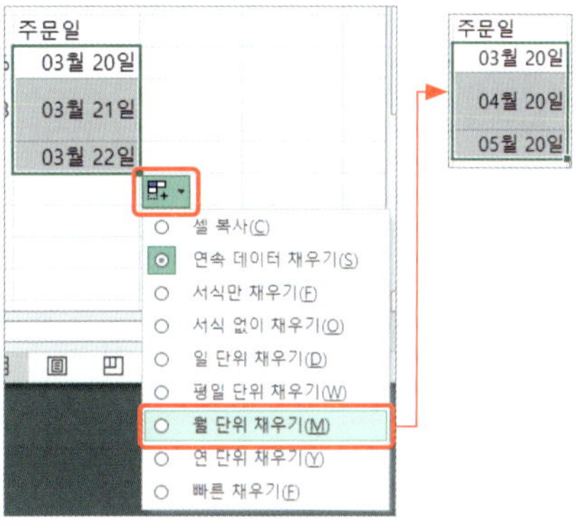

기본예제 1-14 사용자 지정 목록 만들기

번호나 날짜, 요일 등 연속 데이터 채우기가 자동으로 지원되는 데이터도 있지만 '상, 중, 하' 같은 값 목록은 자동 채우기를 사용할 수 없다. 자주 사용하는 연속 데이터가 있다면 사용자 지정 목록에 등록해 두고 자동 채우기로 손쉽게 입력할 수 있다.

01 [파일] 탭-[옵션]을 선택한다.

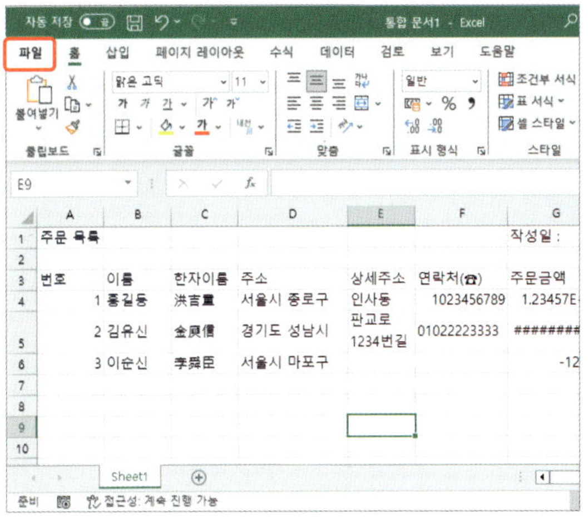

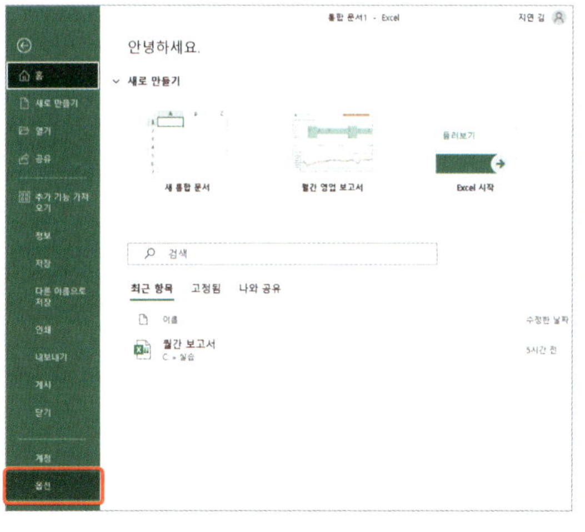

02 [Excel 옵션] 대화상자가 나타나면 [고급]을 선택하고 화면 하단의 [일반] 그룹–[사용자 지정 목록 편집]을 누른다.

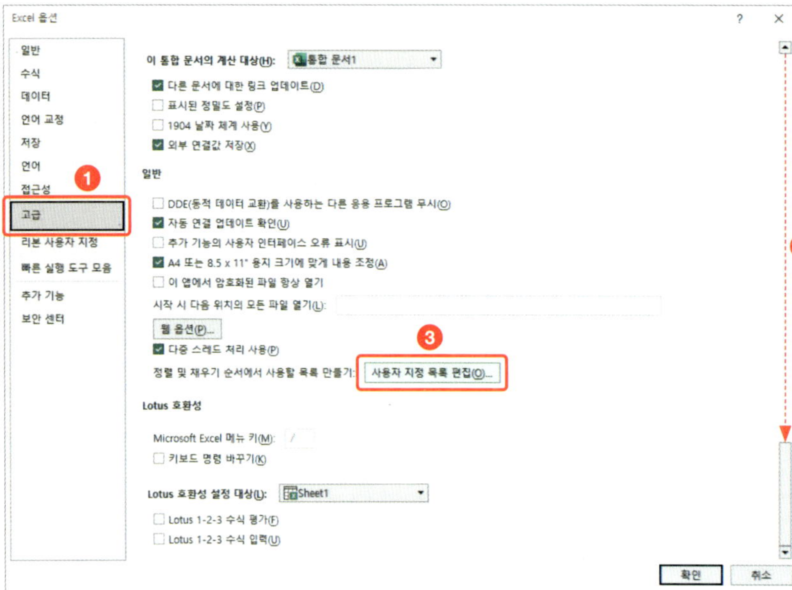

03 [사용자 지정 목록] 대화상자의 [목록 항목]에 추가할 값으로 **상**, **중**, **하**를 다음과 같이 입력하고 [추가]를 누른다.

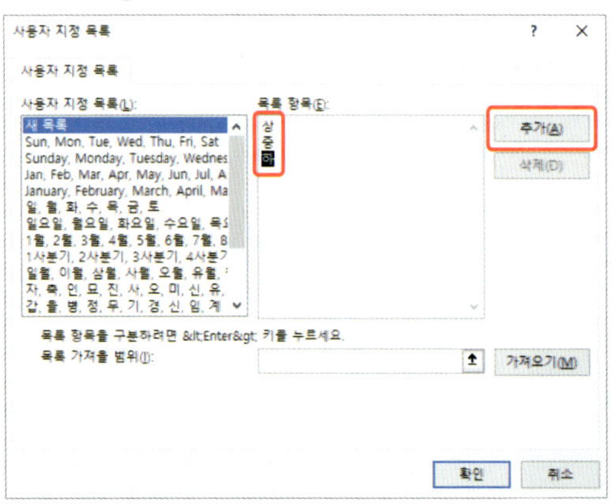

TIP 워크시트에 입력된 값이 있으면 [가져오기]를 눌러 목록을 가져올 수 있다.

04 [사용자 지정 목록]에 추가한 값이 표시되면 [확인]을 눌러 대화상자를 닫고, [Excel 옵션] 대화상자에서도 [확인]을 눌러 옵션 설정을 종료한다.

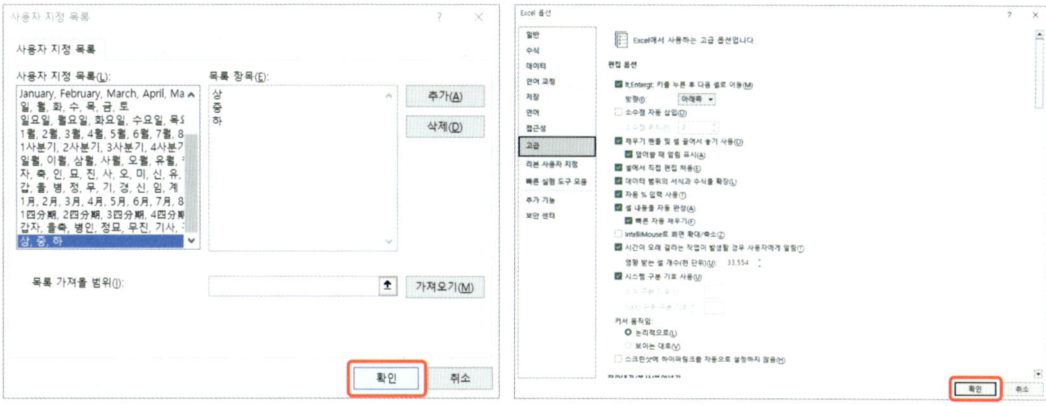

05 J3 셀에 **회원등급**을 입력한다. J4 셀에 **상**을 입력하고 채우기 핸들을 드래그하면 목록에 등록해 둔 값이 자동으로 채워진다.

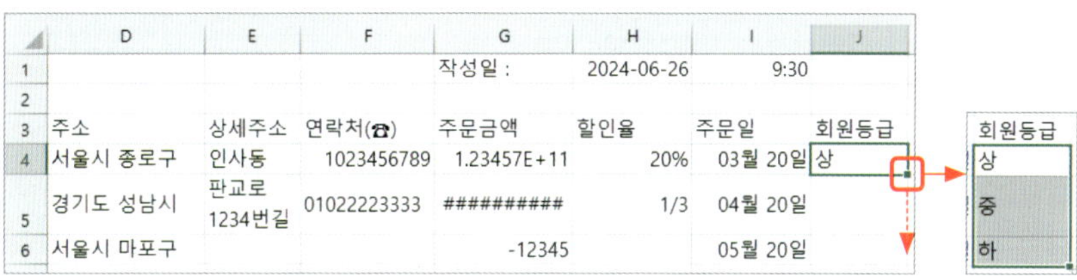

TIP 연속 데이터 채우기에 사용되는 목록의 값은 순서대로 증가한 후 다시 반복된다(상–중–하–상).

기본예제 1-15 셀 서식 설정하기

셀에 입력한 내용에 맞게 행과 열의 높이와 너비를 조정하고 셀 테두리나 스타일 등 셀 모양을 설정하는 방법을 알아보자.

01 열 번호 사이의 경계선을 드래그하여 원하는 너비로 조정하거나, 경계선을 더블클릭하여 입력된 데이터의 길이에 맞게 자동 맞춤한다.

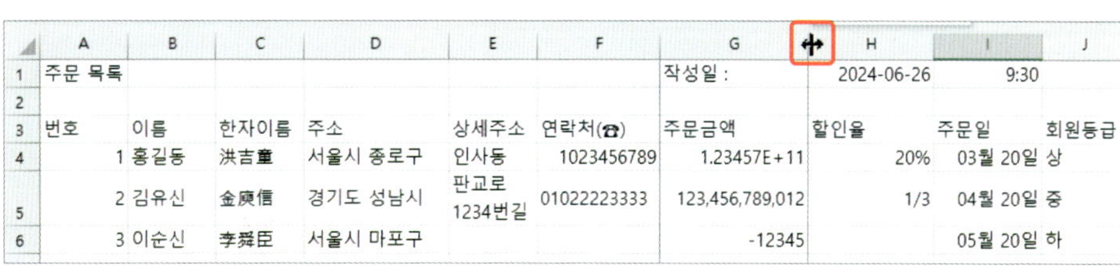

02 행 머리글에서 여러 행을 선택하고 경계선을 드래그하면 선택한 모든 행의 높이가 동일하게 조절된다.

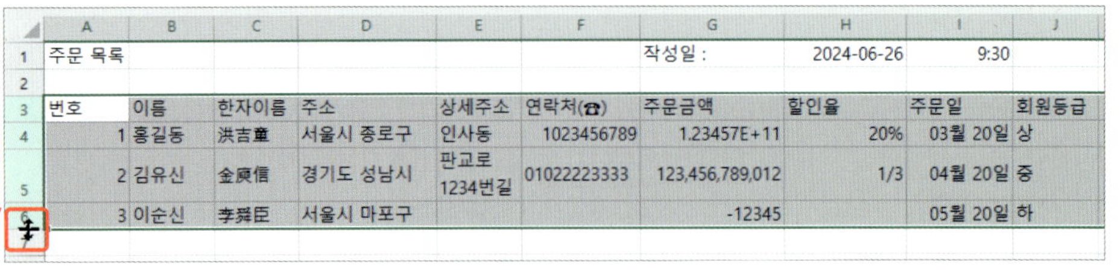

TIP 경계선을 더블클릭하면 입력된 데이터에 맞게 높이가 자동으로 설정된다.

03 A3:J6 범위를 선택하고 [홈] 탭–[글꼴] 그룹–[테두리] 목록에서 [모든 테두리]를 선택한다.

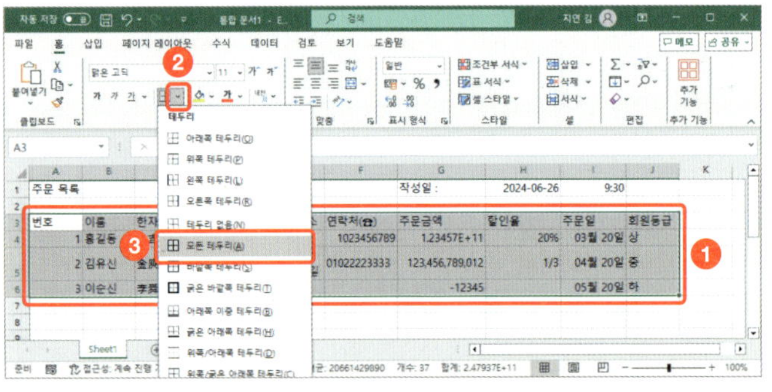

TIP A3:J6 범위의 모든 셀을 선택하려면 마우스로 드래그해도 되지만, 데이터가 입력된 범위 내에서 아무 셀이나 선택하고 단축키 Ctrl+A를 눌러도 된다.

04 열 제목에 해당하는 A3:J3 범위를 선택한다. [홈] 탭–[글꼴] 그룹–[채우기 색] 목록에서 원하는 색상을 선택하고, [맞춤] 그룹–[가운데 맞춤]을 누른다.

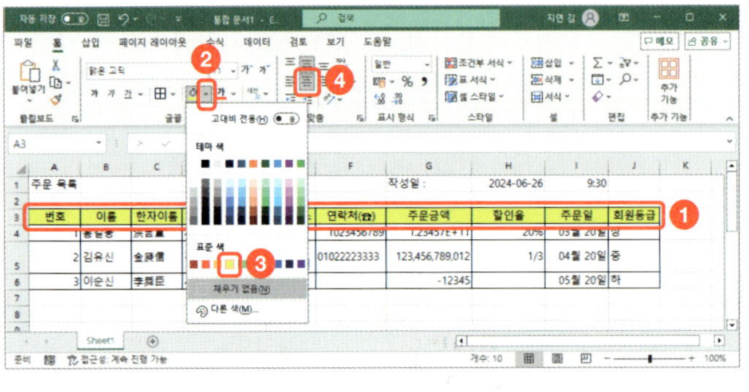

TIP 테두리와 채우기 색, 맞춤 등 셀의 모든 서식 설정은 [셀 서식] 대화상자를 이용할 수 있다. [셀 서식] 대화상자를 표시하려면 셀을 마우스 오른쪽 단추로 눌러 표시되는 단축 메뉴에서 [셀 서식]을 선택하거나, 단축키 Ctrl+1을 누른다.

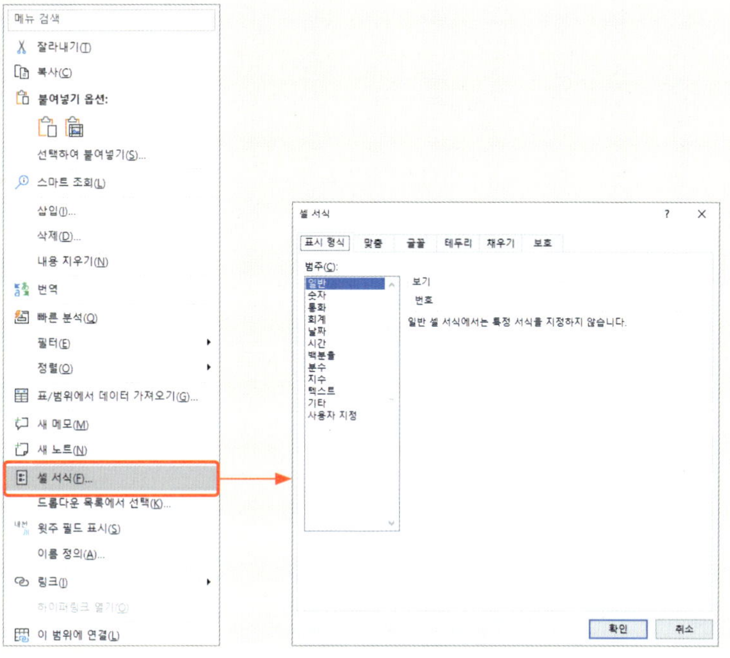

05 A1:J1 범위를 선택하고 [홈] 탭-[스타일] 그룹-[셀 스타일]을 눌러 [제목 2]를 선택한다.

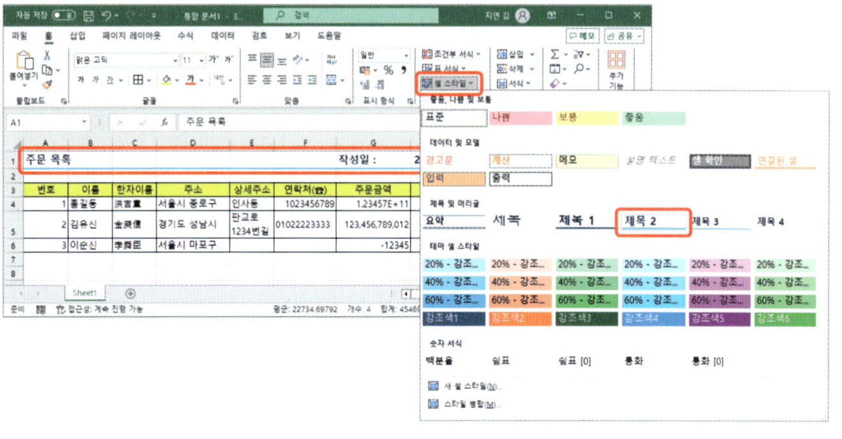

종합예제

문자, 숫자, 날짜, 기호 등의 데이터를 입력하고 자동 채우기 기능, 맞춤과 병합 기능, 셀 편집 기능 등을 사용하여 교통비 청구서 양식을 만들어 엑셀 파일로 저장해 보자.

1 교통비 청구서 양식에 필요한 데이터를 아래와 같이 입력한다.

TIP 작성일에는 단축키 Ctrl+;를 사용하여 현재 날짜를 입력한다.

2 '번호'는 채우기 핸들을 드래그하여 [연속 데이터 채우기]로 입력한다. '번호' 아래에 '합계'를 추가한다.

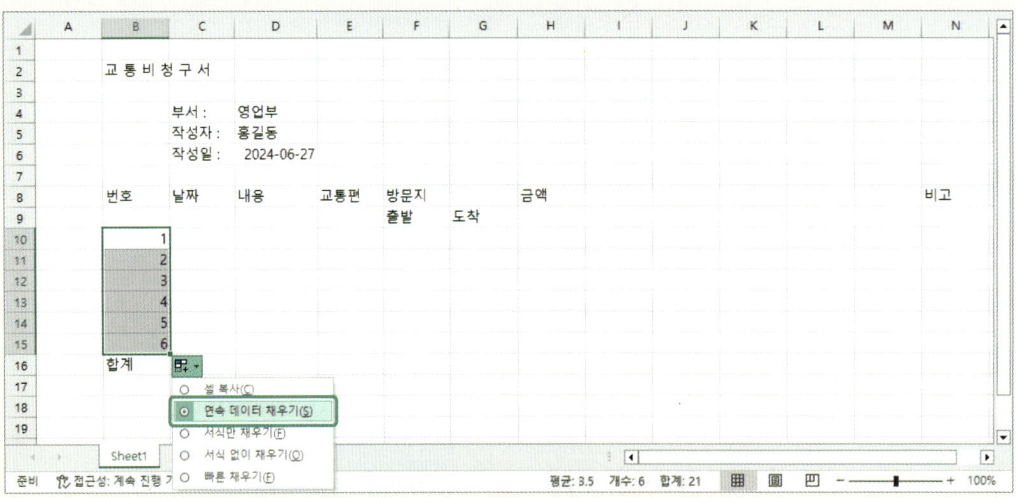

3 사용자 지정 목록에 '十萬(십만), 萬(만), 千(천), 百(백), 十(십), 一(일)'을 등록하고, 등록한 목록으로 '금액' 항목을 자동 채우기한다.

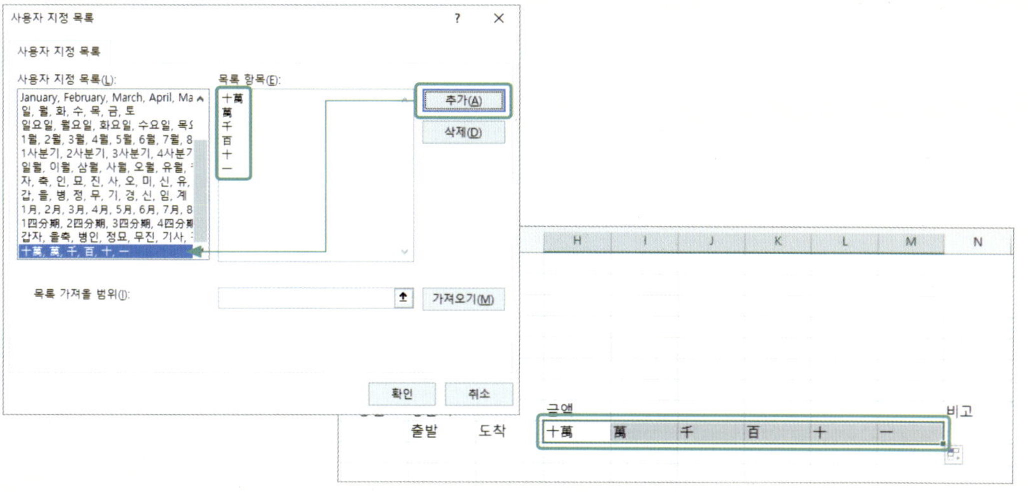

TIP [사용자 지정 목록] 대화 상자를 표시하려면 [Excel 옵션]–[고급] 메뉴를 이용한다.

4 그림과 같이 글꼴, 텍스트 맞춤, 셀 병합, 행/열의 높이와 너비를 조정하고, 셀 테두리와 채우기 색을 설정한다.

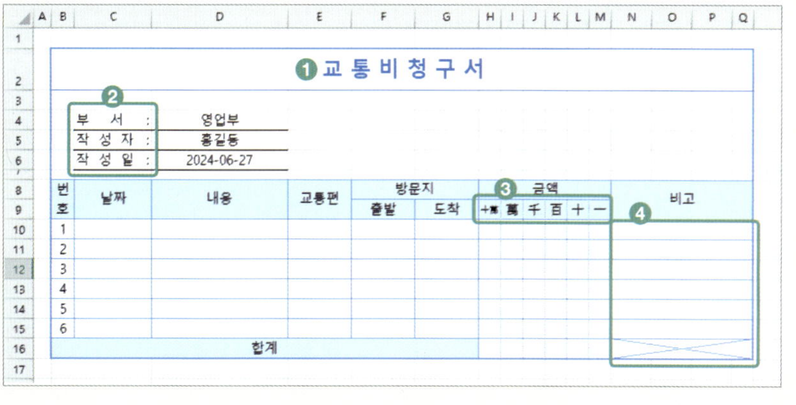

❶ 제목 글꼴은 [맑은 고딕], [굵게], 글꼴 크기는 [18pt], 글꼴 색은 [파랑]으로 설정하고, B2:Q2 셀을 병합한다.

❷ '부서 :', '작성자 :', '작성일 :'은 [셀 서식] 대화상자에서 [맞춤] 탭–[텍스트 맞춤]–[가로]–[균등 분할(들여쓰기)]로 설정한다.

❸ '금액'의 한자 숫자는 [셀 서식] 대화상자에서 [맞춤] 탭–[텍스트 조정]–[셀에 맞춤]으로 설정한다. 셀 너비가 좁을 때 글꼴 크기를 바꾸지 않아도 자동으로 글자 크기가 조절된다.

❹ N10:Q16 범위는 [맞춤] 탭–[병합하고 가운데 맞춤] 목록의 [전체 병합]을 이용해 행별로 셀을 병합한다.

종합예제

5 M4:P6 범위에 결재란을 추가하고 모양에 맞게 맞춤과 병합, 셀 테두리와 채우기 색을 설정한다.

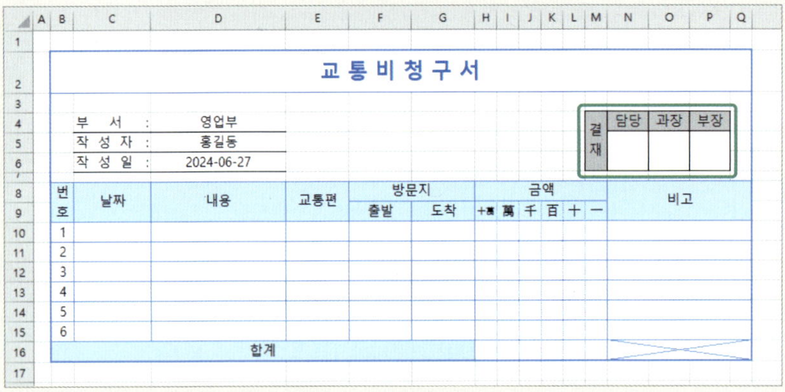

6 양식에 내용을 입력하고 [가운데 맞춤]으로 설정한다.

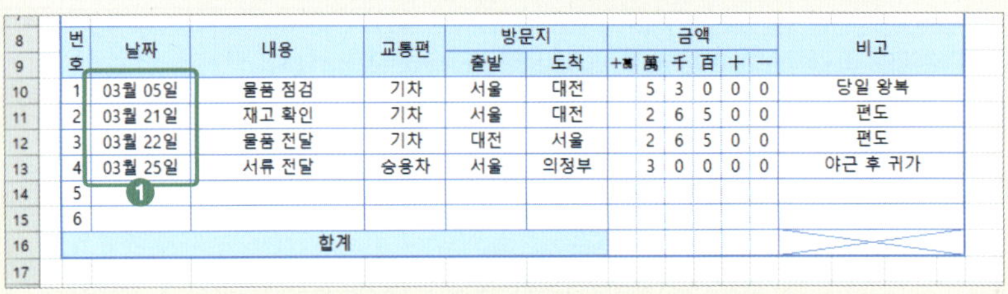

❶ 날짜는 3-15나 3/15처럼 '월-일' 또는 '월/일' 형식으로 입력한다.

TIP 양식에 데이터를 입력할 때, 입력 범위를 먼저 선택하고 Tab 을 누르면서 값을 입력하면 순서대로 셀 위치를 이동할 수 있다.

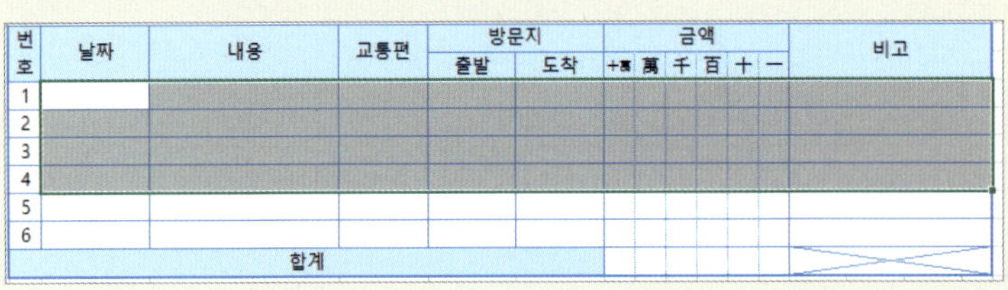

7 시트 이름을 '3월'로, 시트 탭 색을 '빨강'으로 설정하고, [보기] 탭-[표시] 그룹-[눈금선]을 해제한다.

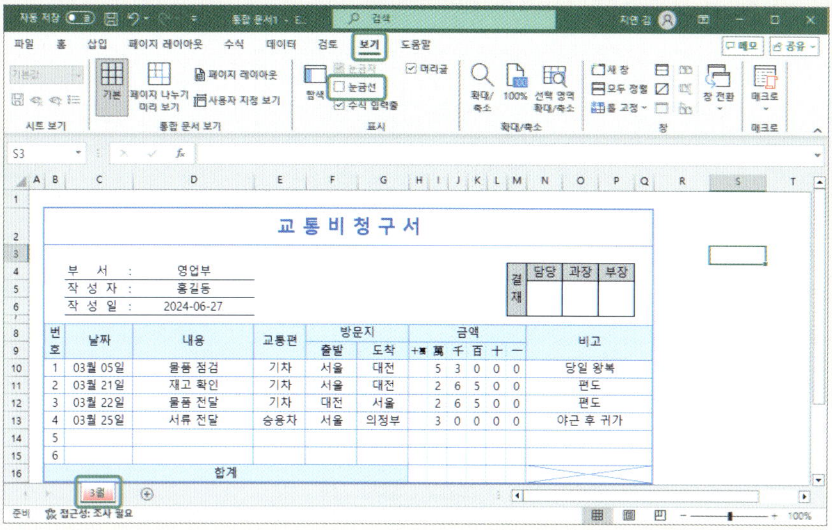

8 작성한 내용을 '교통비청구서' 엑셀 통합 문서로 저장한다

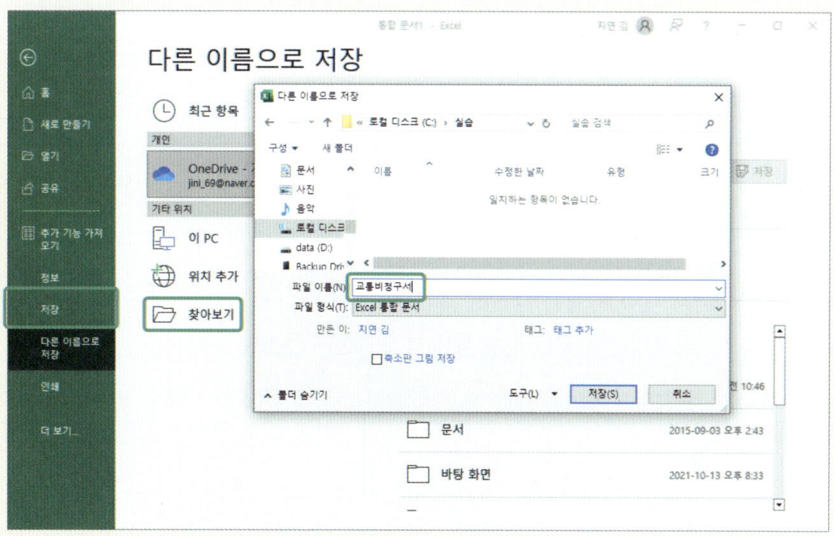

연습문제

1 서식 파일을 이용하여 아래와 같이 월간 일정표를 작성하시오.

❶ '월간 개인 플래너' 서식 파일을 검색하여 엑셀 문서를 만들고, '3분기 일정.xlsx'으로 저장하시오.

❷ 시트를 복사하여 '7월', '8월', '9월'로 이름을 바꾸고, 탭 색을 각각 다르게 설정하시오.

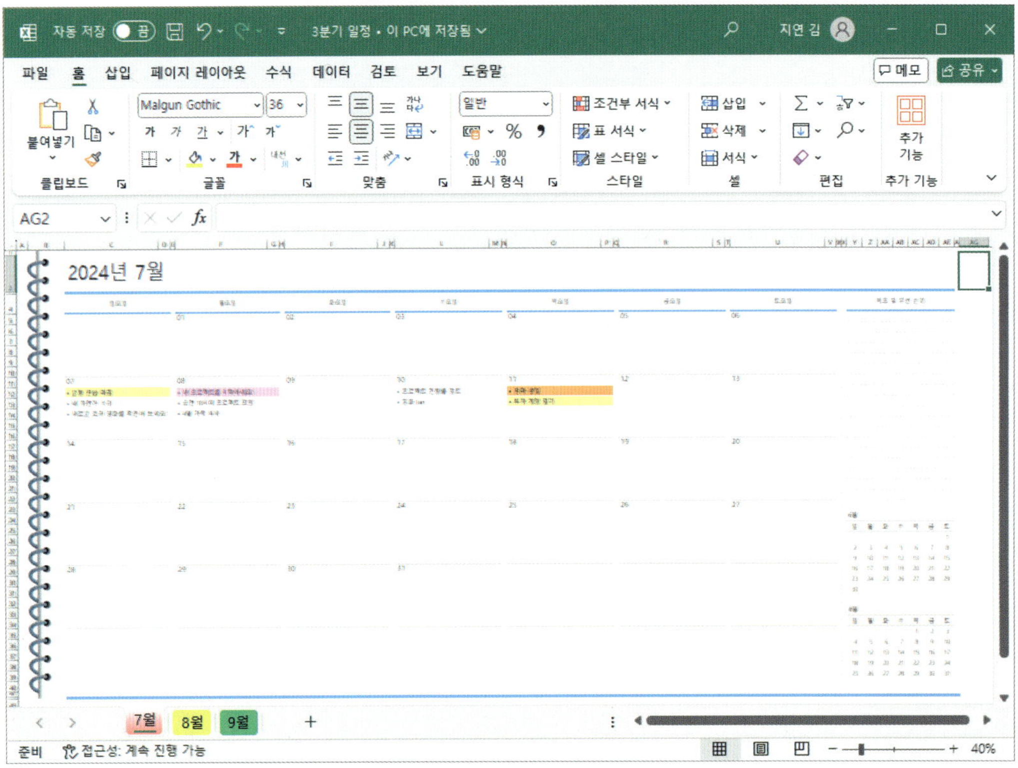

2 연습문제 **1**의 '3분기 일정.xlsx' 파일을 열고 다음과 같이 설정하시오.

❶ 암호를 입력해야 파일을 열 수 있게 통합 문서 보호 기능을 설정하시오. 암호는 **1234**로 설정하시오.

❷ 한 페이지에 시트 내용이 모두 들어가도록 모양을 설정한 후, 7~9월까지 시트 3개를 모두 PDF 파일로 인쇄하여 '3분기 일정.pdf' 파일을 만드시오.

3 아래의 조건에 맞게 매장 관리표를 작성하시오.

❶ '지점'(1호점~10호점)을 자동 채우기로 입력하시오.

❷ B4 셀에 **우수**, C4 셀에 **보통**, D4 셀에 **나쁨**을 각각 입력하시오. 입력한 B4:D4 범위를 선택하고 채우기 핸들을 드래그해 '서비스'와 '위생' 항목도 입력하시오.

❸ 기호 '√'가 필요한 셀을 모두 선택하고 단축키 Ctrl+Enter를 이용해 한 번에 모두 입력하시오(복사 후 붙여넣기를 활용해도 됨).

❹ 제목 스타일과 셀 병합과 맞춤, 셀 테두리와 채우기 색 등 셀 서식을 설정하시오.

❺ 시트 이름을 '매장관리'로 변경하시오.

매장 관리표

지점	맛			서비스			위생		
	우수	보통	나쁨	우수	보통	나쁨	우수	보통	나쁨
1호점	√			√			√		
2호점		√			√		√		
3호점		√		√			√		
4호점	√			√				√	
5호점	√				√			√	
6호점			√		√			√	
7호점		√			√		√		
8호점		√			√			√	
9호점	√				√		√		
10호점		√		√				√	

매장관리

4 아래의 조건에 맞게 연습실 예약 현황표를 작성하시오.

❶ 시트 이름을 'A실'로 변경하시오.

❷ '일자'와 '시간'은 채우기 핸들을 이용해 연속 데이터 채우기로 입력하시오.

❸ '연습실 예약 현황' 제목의 글꼴 모양은 [이중 밑줄]로 설정하시오.

❹ '기준일'은 [맞춤]–[균등 분할(들여쓰기)]로 설정하고, H2 셀에는 단축키 Ctrl+;을 이용해 현재 날짜를 입력하시오.

CHAPTER 02

수식과 표시 형식

학습목표

- 수식을 입력하는 기본 형식과 연산자의 종류를 설명할 수 있다.
- 자동 합계 도구로 수식을 입력할 수 있다.
- 상대 참조와 절대 참조의 개념을 이해하고 활용할 수 있다.
- 셀의 이름을 정의하고 사용할 수 있다.
- 표시 형식의 사용법을 알고 사용자 지정 표시 형식을 설정할 수 있다.

SECTION 01

수식 입력하기

엑셀을 사용하는 가장 큰 이유는 수식을 사용하여 많은 데이터를 자동으로 계산하기 위해서이다. 셀을 참조하는 수식을 만들어 두면 셀에 입력된 값을 손쉽게 계산할 수 있고, 셀 값이 바뀌더라도 수정된 값으로 자동 계산되므로 수식을 다시 작성할 필요가 없다.

1.1 수식 입력 형식

엑셀에서 사용하는 수식은 반드시 등호(=)로 시작해야 하고 연산자와 피연산자로 구성된다. 연산자의 종류에 따라 피연산자의 개수나 데이터형이 다르다. 데이터형으로는 숫자, 문자 혹은 참/거짓과 같은 논리형이 있다.

= 피연산자 연산자 피연산자

피연산자는 값을 직접 사용할 수도 있지만 A1, B1과 같이 셀 주소를 사용하면 수식에서 셀 값을 참조할 수 있다. 값 대신 셀 주소를 사용하면 값이 변하더라도 수식을 바꿀 필요 없이 새로운 값을 참조하게 된다.

1.2 연산자의 종류

수식에 사용하는 연산자는 기능에 따라 산술 연산자, 비교 연산자, 연결 연산자로 구분할 수 있다. 다음과 같이 A1:D1 범위에 입력된 데이터로 수식을 만들어 E1 셀에 입력하는 경우를 가정해 보자.

	A	B	C	D	E
1	5	3	서울	특별시	

→ =A1+B1과 같은 수식 입력

다음 표는 수식에 사용하는 각 연산자의 기능과 수식 형식, 셀에 표시되는 계산 결과를 정리한 것이다.

종류	연산자	기능	수식	표시 결과
산술 연산자	+	더하기	=A1+B1	8
	−	빼기	=A1−B1	2
	*	곱하기	=A1*B1	15
	/	나누기	=A1/B1	1.666667
	^	제곱	=A1^B1	125
비교 연산자	<	작다	=A1<B1	FALSE
	<=	작거나 같다	=A1<=B1	FALSE
	>	크다	=A1>B1	TRUE
	>=	크거나 같다	=A1>=B1	TRUE
	=	같다	=A1=B1	FALSE
	< >	다르다	=A1< >B1	TRUE
연결 연산자	&	텍스트 연결	=C1&D1	서울특별시

기본예제 2-1 연산자를 이용한 수식 작성하기

산술 연산자와 비교 연산자를 이용해 수식을 입력하고 계산 결과를 표시해 보자.

01 '2장_실습.xlsx' 파일을 열고 '수식' 시트를 선택한다.

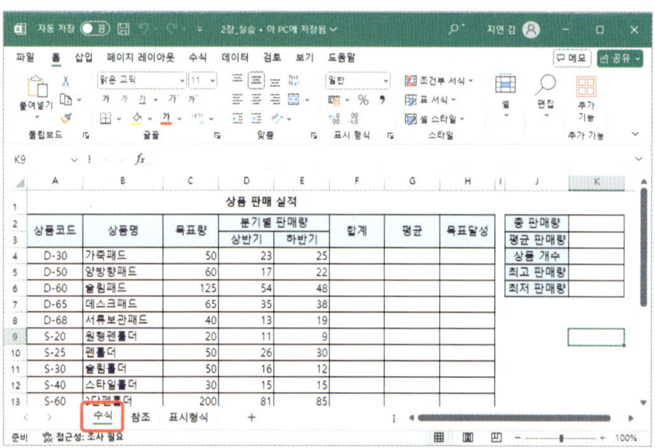

02 상품별 판매량 합계를 표시하는 F4 셀에 **=D4+E4** 수식을 입력하고 Enter 를 누른다. 셀 주소 D4와 E4는 직접 입력해도 되고 마우스로 해당 셀을 눌러 수식에 적용해도 된다.

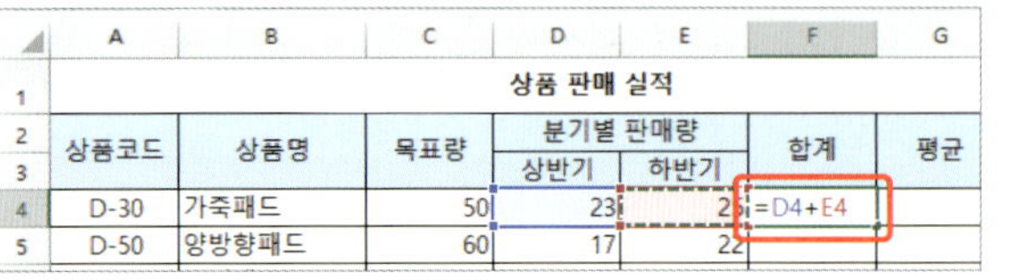

TIP F4 셀을 선택하고 수식 입력줄에 수식을 입력해도 된다. 작성한 수식을 변경할 때는 셀을 더블클릭해서 수정하거나 셀 선택 후 수식 입력줄에서 수정한다.

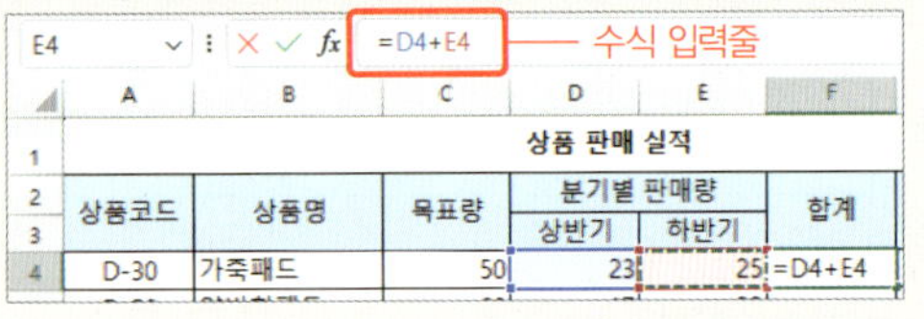

03 F4 셀의 채우기 핸들을 더블클릭하여 합계를 자동으로 채운다.

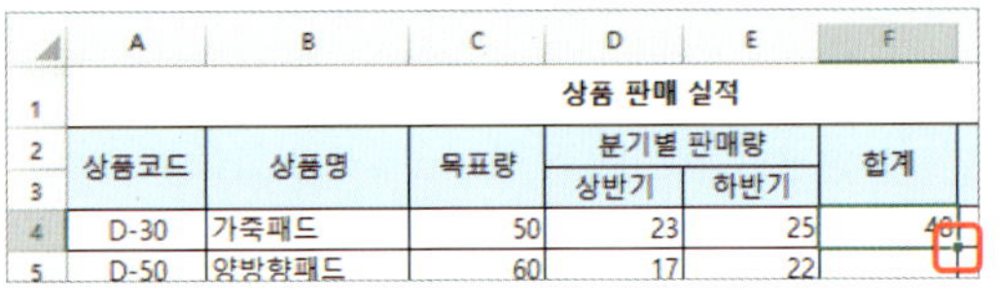

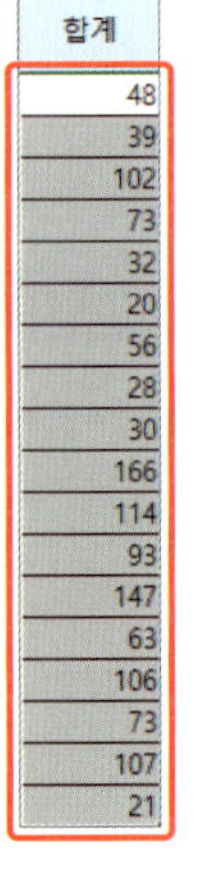

TIP F4 셀의 채우기 핸들을 F21 셀까지 드래그해도 자동 채우기가 실행된다.

04 G4 셀에 **=F4/2** 수식을 입력하고 Enter 를 눌러 평균을 계산한다.

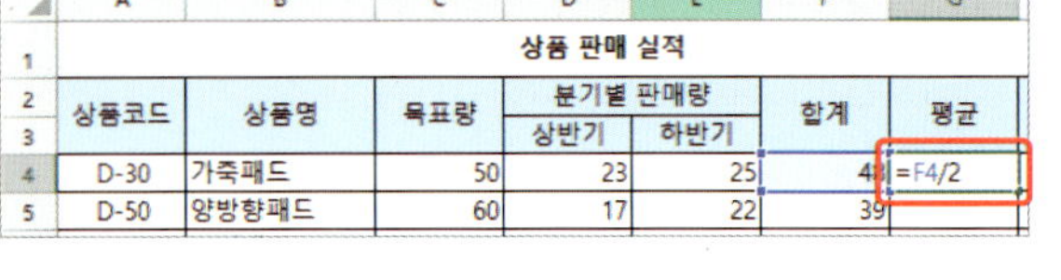

TIP 평균을 구하는 수식을 **=(D4+E4)/2**로 입력해도 된다. 일반적인 수학식처럼 엑셀에서도 괄호 안에 작성한 식이 우선순위가 높아 먼저 계산된다.

05 G4 셀의 채우기 핸들을 더블 클릭하거나 드래그하여 나머지 셀의 평균을 자동 채우기로 구한다.

상품 판매 실적							
상품코드	상품명	목표량	분기별 판매량		합계	평균	목표달성
			상반기	하반기			
D-30	가죽패드	50	23	25	48	24	
D-50	양방향패드	60	17	22	39	19.5	
D-60	슬림패드	125	54	48	102	51	
D-65	데스크패드	65	35	38	73	36.5	
D-68	서류보관패드	40	13	19	32	16	
S-20	원형펜홀더	20	11	9	20	10	
S-25	펜홀더	50	26	30	56	28	
S-30	슬림홀더	50	16	12	28	14	
S-40	스타일홀더	30	15	15	30	15	
S-60	3단펜홀더	200	81	85	166	83	
S-65	메모홀더	150	64	50	114	57	
S-70	핸드폰홀더	80	38	55	93	46.5	
T-20	다용도함	120	68	79	147	73.5	
T-40	다기능 트레이	80	28	35	63	31.5	
T-45	서류정리함	150	61	45	106	53	
T-50	3단서류정리함	100	38	35	73	36.5	
T-55	1단서류정리함	100	52	55	107	53.5	
T-60	프리미엄서랍	20	10	11	21	10.5	

TIP 연속적인 여러 셀에 같은 수식을 사용할 때는 범위를 한꺼번에 선택한 후에 수식을 입력하고 단축키 Ctrl+Enter를 눌러도 된다. [기본예제 2-1]의 단계 **04~05**에서 평균을 구할 때 아래와 같이 작업할 수 있다.

① G4:G21 범위를 모두 선택한다.

상품 판매 실적						
상품코드	상품명	목표량	분기별 판매량		합계	평균
			상반기	하반기		
D-30	가죽패드	50	23	25	48	
D-50	양방향패드	60	17	22	39	
D-60	슬림패드	125	54	48	102	
D-65	데스크패드	65	35	38	73	

② **=F4/2** 수식을 입력한다.

상품 판매 실적						
상품코드	상품명	목표량	분기별 판매량		합계	평균
			상반기	하반기		
D-30	가죽패드	50	23	25	48	=F4/2
D-50	양방향패드	60	17	22	39	
D-60	슬림패드	125	54	48	102	
D-65	데스크패드	65	35	38	73	

③ 단축키 Ctrl+Enter를 눌러 선택한 모든 셀에 수식을 적용한다.

상품 판매 실적						
상품코드	상품명	목표량	분기별 판매량		합계	평균
			상반기	하반기		
D-30	가죽패드	50	23	25	48	24
D-50	양방향패드	60	17	22	39	19.5
D-60	슬림패드	125	54	48	102	51
D-65	데스크패드	65	35	38	73	36.5

06 H4 셀에 **=F4>=C4** 수식을 입력하고 Enter 를 누른다.

	A	B	C	D	E	F	G	H
1	상품 판매 실적							
2	상품코드	상품명	목표량	분기별 판매량		합계	평균	목표달성
3				상반기	하반기			
4	D-30	가죽패드	50	23	25	48	24	=F4>=C4
5	D-50	양방향패드	60	17	22	39	19.5	

TIP 판매량 합계가 목표량 이상인 경우 목표를 달성한 것으로 판단하는 수식이다. 이처럼 비교 연산자를 사용한 계산 결과는 논리값(TRUE나 FALSE)이 된다.

07 H4 셀의 채우기 핸들을 더블클릭하거나 드래그하여 나머지 항목에도 값을 표시한다.

	A	B	C	D	E	F	G	H
1	상품 판매 실적							
2	상품코드	상품명	목표량	분기별 판매량		합계	평균	목표달성
3				상반기	하반기			
4	D-30	가죽패드	50	23	25	48	24	FALSE
5	D-50	양방향패드	60	17	22	39	19.5	FALSE
6	D-60	슬림패드	125	54	48	102	51	FALSE
7	D-65	데스크패드	65	35	38	73	36.5	TRUE
8	D-68	서류보관패드	40	13	19	32	16	FALSE
9	S-20	원형펜홀더	20	11	9	20	10	TRUE
10	S-25	펜홀더	50	26	30	56	28	TRUE
11	S-30	슬림홀더	50	16	12	28	14	FALSE
12	S-40	스타일홀더	30	15	15	30	15	TRUE
13	S-60	3단펜홀더	200	81	85	166	83	FALSE
14	S-65	메모홀더	150	64	50	114	57	FALSE
15	S-70	핸드폰홀더	80	38	55	93	46.5	TRUE
16	T-20	다용도함	120	68	79	147	73.5	TRUE
17	T-40	다기능 트레이	80	28	35	63	31.5	FALSE
18	T-45	서류정리함	150	61	45	106	53	FALSE
19	T-50	3단서류정리함	100	38	35	73	36.5	FALSE
20	T-55	1단서류정리함	100	52	55	107	53.5	TRUE
21	T-60	프리미엄서랍	20	10	11	21	10.5	TRUE

SECTION 02

자동 합계 도구로 수식 만들기

자동 합계 도구는 엑셀에서 자주 사용하는 합계나 평균 등의 계산 기능을 메뉴로 모아놓고 선택하면 바로 실행되도록 하는 간편한 기능이다. 수식 입력 방법을 몰라도 간단한 통계 계산을 빠르게 수행할 수 있다.

2.1 자동 합계 도구의 종류

자동 합계 도구는 합계와 평균, 숫자 개수, 최대값과 최소값을 계산하는 함수로 구성되어 있다. 함수란 계산식을 미리 만들어 놓고 쉽게 사용하도록 하는 기능이다. 예를 들어 A1 셀에서 A10 셀까지 합계를 구할 때 **=A1+A2+A3+…+A10**처럼 수식을 입력하는 대신 합계를 구하는 함수를 이용해 **=SUM(A1:A10)**으로 입력하면 된다. 이처럼 함수를 이용하면 길고 복잡한 수식을 사용하지 않고도 쉽게 계산할 수 있다.

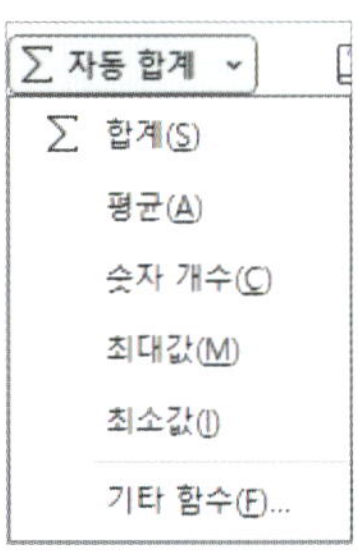

종류	함수명	기능
합계	SUM	지정 범위의 숫자 합계를 반환
평균	AVERAGE	지정 범위의 숫자 평균을 반환
숫자 개수	COUNT	지정 범위의 숫자 개수를 반환
최대값	MAX	지정 범위에서 가장 큰 값을 반환
최소값	MIN	지정 범위에서 가장 작은 값을 반환

TIP 자동 합계 도구는 [홈] 탭이나 [수식] 탭에서 선택할 수 있다.

기본예제 2-2 합계와 평균 구하기

자동 합계 도구의 합계 함수와 평균 함수를 이용해 총 판매량과 평균 판매량을 구해 보자.

01 K2 셀을 선택하고 [수식] 탭-[함수 라이브러리] 그룹-[자동 합계] 목록에서 [합계]를 선택한다.

TIP 더하기 연산자(+)를 활용하여 합계를 계산할 수도 있지만, 판매 상품 수가 많으면 수식 작성이 매우 번거로워진다.

02 K2 셀에 **=SUM()** 수식이 만들어지면 합계를 구할 값으로 F4:F21 범위를 드래그한다. 선택한 범위가 괄호 안에 자동 입력되어 **=SUM(F4:F21)** 수식으로 바뀐다.

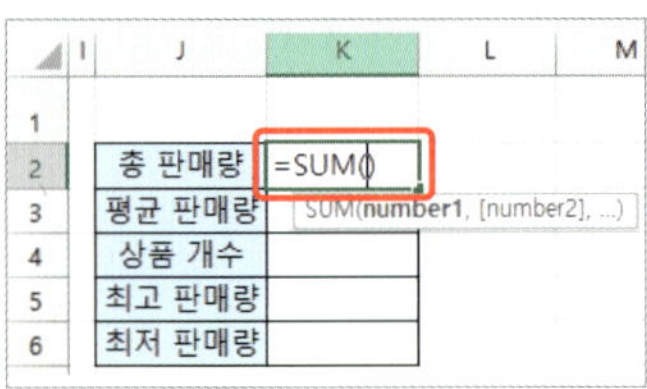

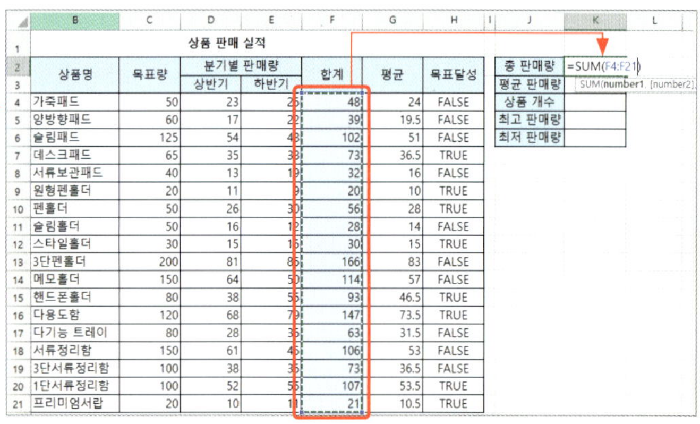

TIP 함수의 괄호 안에는 값이나 셀 이름 혹은 셀 범위를 설정하면 된다. 연속적인 셀을 범위로 설정할 때는 콜론(:) 기호를 사용한다.

03 [Enter]를 누르면 계산 결과가 표시된다.

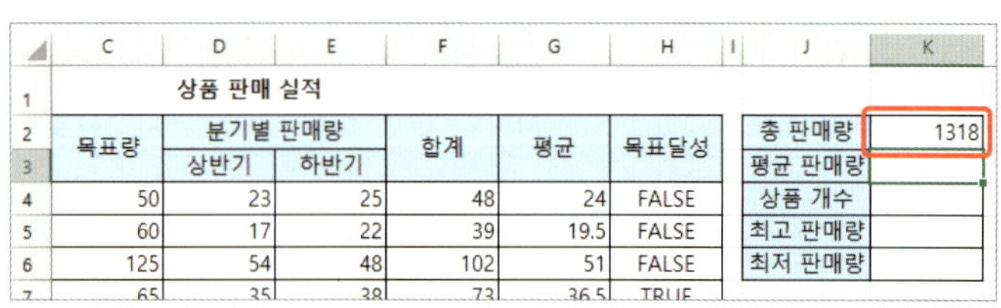

04 K3 셀을 선택하고 [수식] 탭-[함수 라이브러리] 그룹-[자동 합계] 목록에서 [평균]을 선택한다.

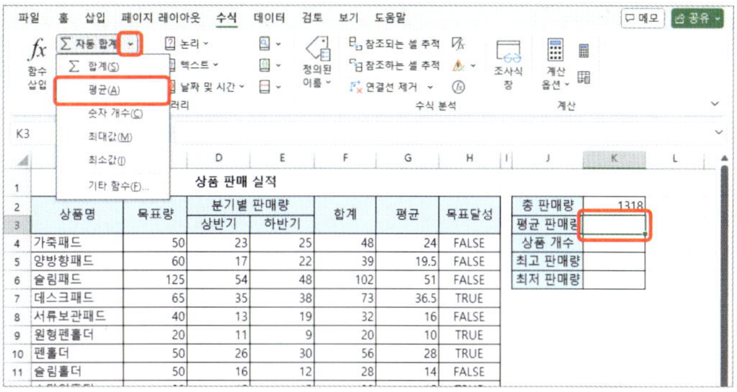

05 F4:F21 범위를 드래그하여 **=AVERAGE(F4:F21)** 수식을 만들고 Enter 를 누른다

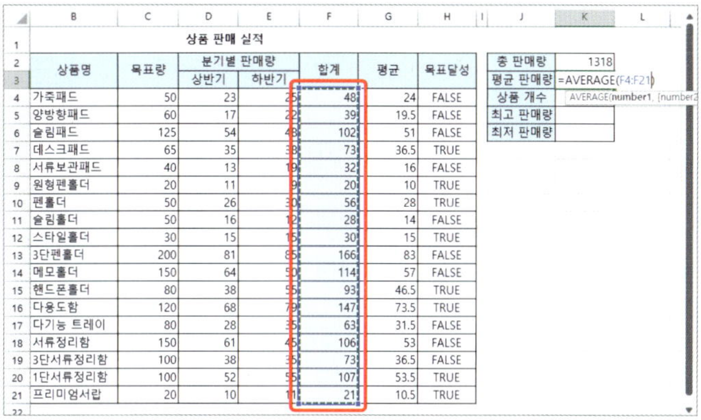

06 K3 셀에 표시되는 결과를 확인한다. 소수점 자릿수를 줄이려면 [홈] 탭-[표시 형식] 그룹-[자릿수 줄임]을 누른다.

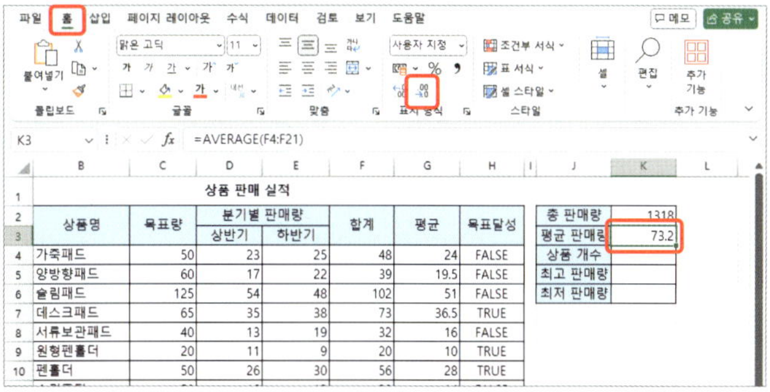

기본예제 2-3 숫자 개수와 최대값, 최소값 구하기

자동 합계 도구의 숫자 개수 함수와 최대값, 최소값 함수를 사용하여 상품 개수, 최고 판매량 및 최저 판매량을 구해 보자.

01 상품 개수를 표시할 K4 셀을 선택하고 [수식] 탭–[함수 라이브러리] 그룹–[자동 합계] 목록에서 [숫자 개수]를 선택한다.

02 F4:F21 범위를 드래그해 선택하면 **=COUNT(F4:F21)** 수식이 K4 셀에 작성된다.

TIP 범위를 목표량(C4:C21)이나 평균(G4:G21)으로 설정해도 상품 개수를 구할 수 있다. 하지만 상품코드(A4:A21)나 상품명(B4:B21)과 같은 문자 데이터는 COUNT( ) 함수에 사용할 수 없다. 문자가 입력된 셀도 계산할 수 있는 COUNTA( ) 함수는 CHAPTER 04에서 설명한다.

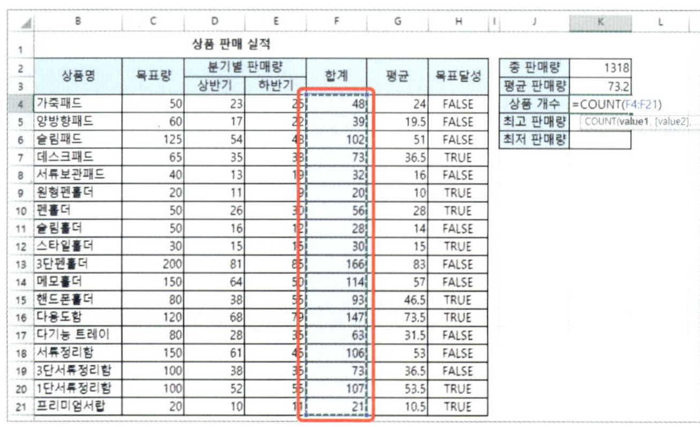

03 Enter 를 눌러 계산 결과를 확인한다.

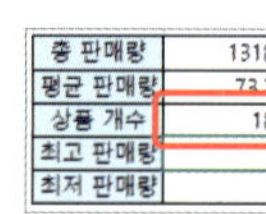

04 최고 판매량을 표시할 K5 셀을 선택하고 [수식] 탭–[함수 라이브러리] 그룹–[자동 합계] 목록에서 [최대값]을 선택한다.

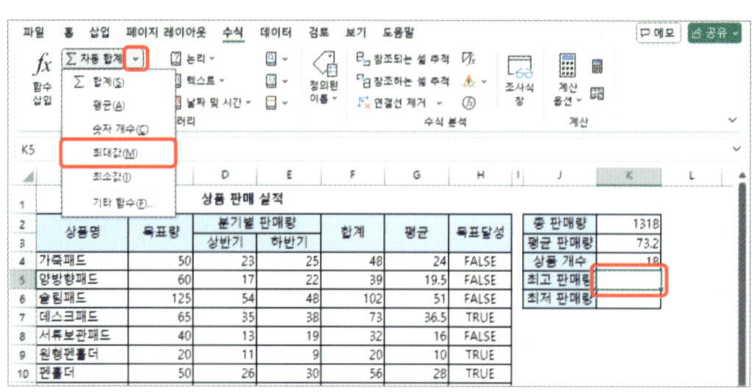

05 F4:F21 범위를 드래그해 선택하면 **=MAX(F4:F21)** 수식이 만들어진다. Enter를 눌러 계산된 최고 판매량을 확인한다.

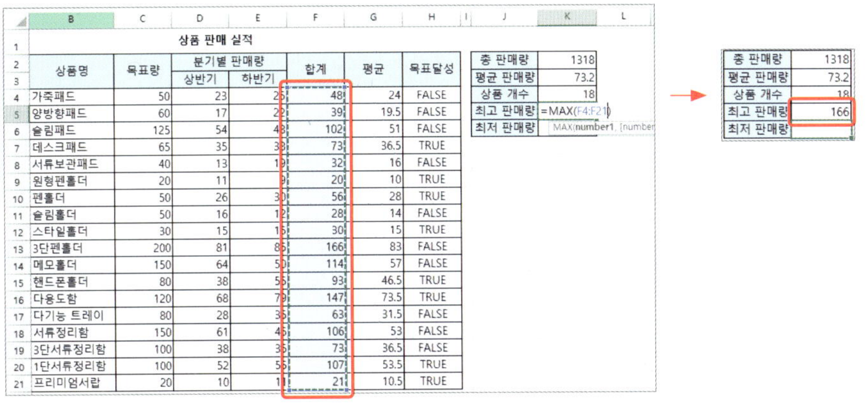

06 최저 판매량을 구할 K6 셀을 선택하고 [수식] 탭–[함수 라이브러리] 그룹–[자동 합계] 목록에서 [최소값]을 선택한다. F4:F21 범위를 드래그해서 **=MIN(F4:F21)** 수식을 만들고 Enter를 누른다.

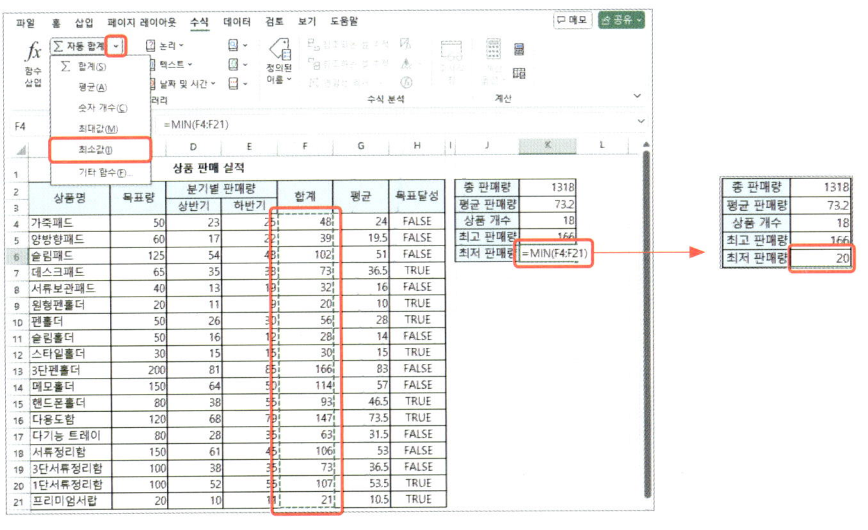

SECTION 03

상대 참조와 절대 참조 이해하기

엑셀에서는 셀에 입력된 값을 직접 사용하는 것보다 셀 주소를 수식에 사용하는 것이 일반적이다. 셀에 입력된 값이 변경되더라도 수식을 바꿀 필요 없이 계산 결과에 바로 적용할 수 있기 때문이다. 셀 주소를 수식에 사용하여 값을 가져오는 것을 참조라고 한다. 참조를 통해 셀 값이 입력되거나 변경될 때 새로운 값이 바로 적용된다는 것이 엑셀 프로그램의 큰 장점이다.

3.1 상대 참조

자동 채우기로 수식을 복사할 때는 채우기 핸들을 드래그하는 방향에 따라 수식의 형태가 변경된다. 수식에서 참조하고 있는 셀 주소가 수식이 복사되는 위치에 맞게 자동으로 변경되는 것을 상대 참조라고 한다. 엑셀에서 수식을 복사할 때 기본으로 사용하는 참조 방식이다.

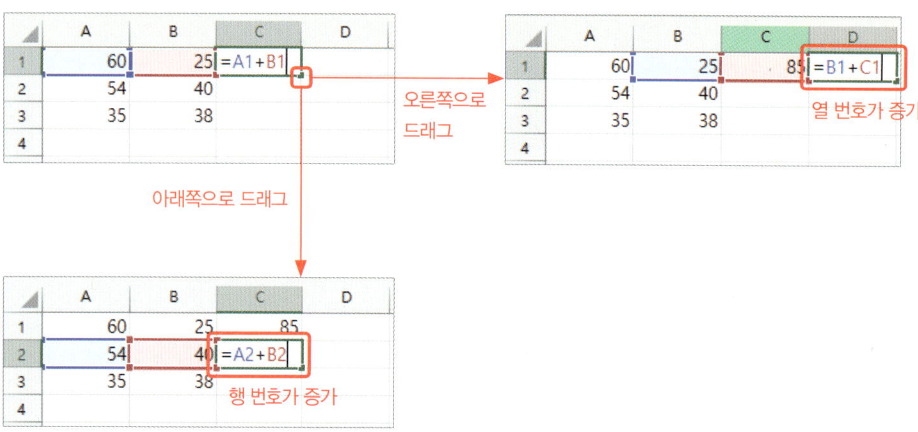

기본예제 2-4 상대 참조를 이용한 수식 만들기

자동 채우기로 수식을 복사하면서 상대 참조에 의해 수식이 변경되는 것을 확인해 보자.

01 '2장_실습.xlsx' 파일의 '참조' 시트를 열고, 총 재고를 표시할 D4 셀을 선택한다.

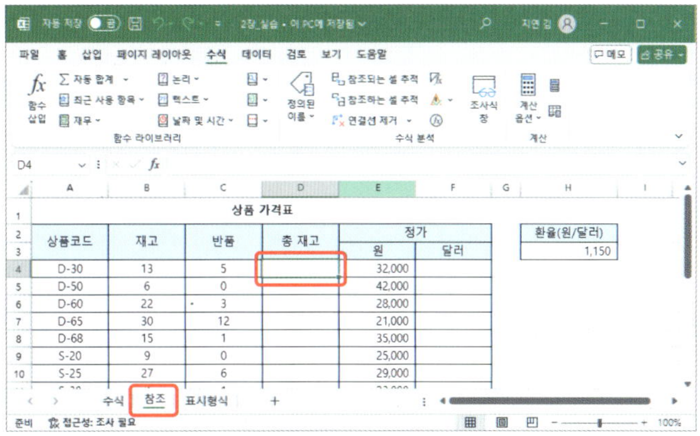

02 총 재고는 재고와 반품의 합계로 계산하도록 **=B4+C4** 수식을 입력하고 Enter를 누른다.

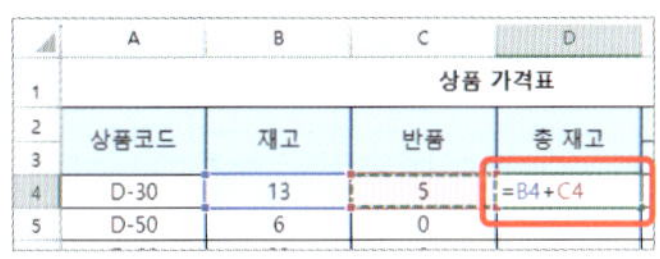

03 계산 결과가 표시되면 D4 셀의 채우기 핸들을 더블클릭하거나 드래그해서 수식을 복사한다.

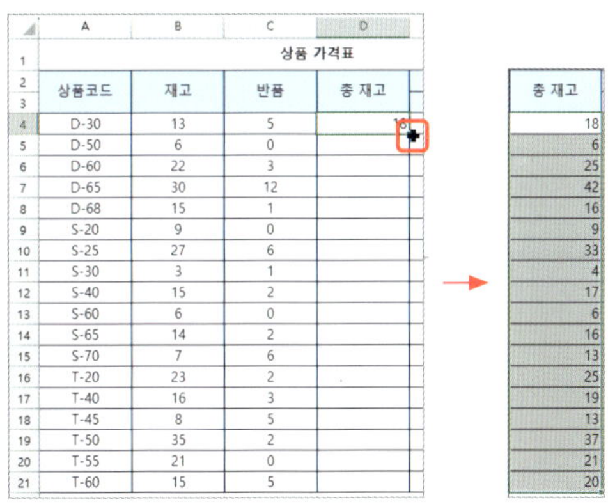

04 D21 셀을 더블클릭해 보면 수식이 복사될 때 상대 참조가 적용된 것을 확인할 수 있다.

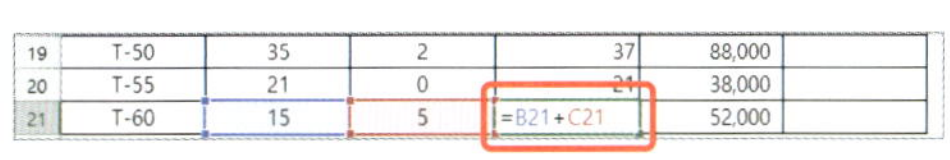

3.2 절대 참조

절대 참조는 수식을 복사할 때 셀 주소가 바뀌지 않도록 참조하는 방식이다. 참조하는 셀 주소(H3)에 '$H$3'처럼 달러($) 기호를 붙여 수식을 복사할 때 변경되지 않는 부분임을 표시한다.

TIP 달러($) 기호는 직접 입력해도 되지만 [F4]를 눌러 자동으로 붙일 수 있다. 또, 셀 주소의 열 번호나 행 번호 중에서 하나만 $ 기호를 붙이는 형태($H3 혹은 H$3)를 혼합 참조라고 한다. 가령 $H3의 경우 열 번호(H)가 고정되어 수식을 복사해도 바뀌지 않는다.

기본예제 2-5 절대 참조의 필요성 알기

상품 가격을 달러로 환산하기 위해 '원' 단위 정가와 H3 셀의 '환율'을 이용해 수식을 작성해 보자.

01 F4 셀에 **=E4/H3** 수식을 입력하고 [Enter]를 누른다.

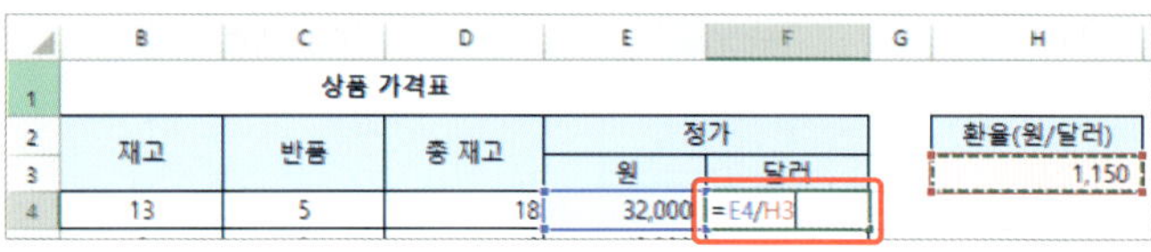

02 F4 셀의 채우기 핸들을 더블클릭해 수식을 복사한다.

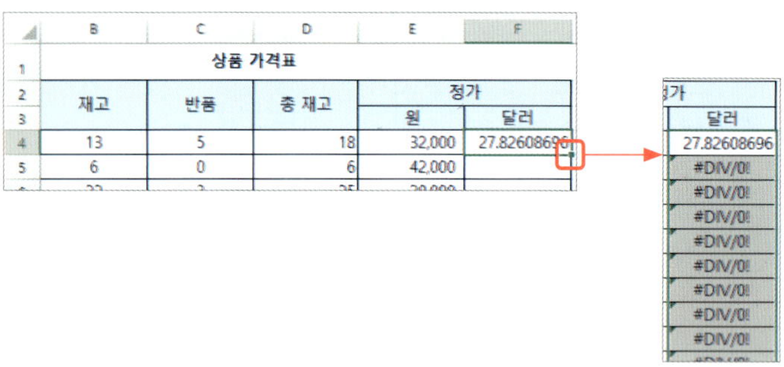

03 F5 셀을 더블클릭해 보면, 복사될 때 수식이 변경되었음을 알 수 있다. 비어 있는 셀을 수식에서 참조하고 있어서 올바르지 않은 계산 결과가 표시된다.

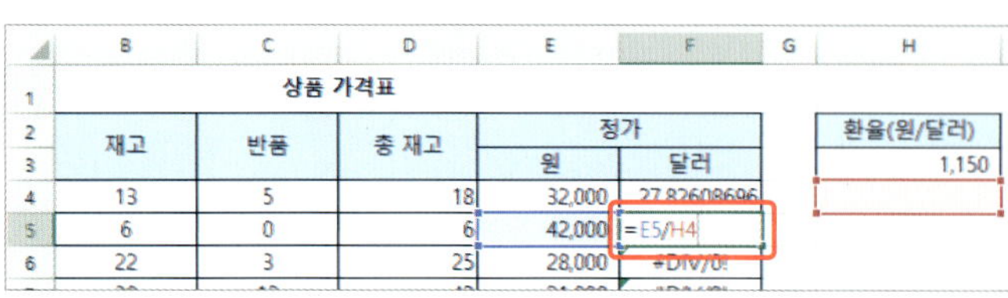

기본예제 2-6 절대 참조를 이용한 수식 만들기

[기본예제 2-5]에서는 수식이 복사될 때 참조하는 셀 주소가 변경되어 올바르지 않은 결과가 표시되었다. 셀 주소가 바뀌지 않도록 수식을 절대 참조 형식으로 변경해 보자.

01 F4 셀을 선택하고 **=E4/H3** 수식을 입력한다. 그 다음 F4를 눌러 **H3**이 **$H$3**이 되도록 한 후 Enter를 누른다.

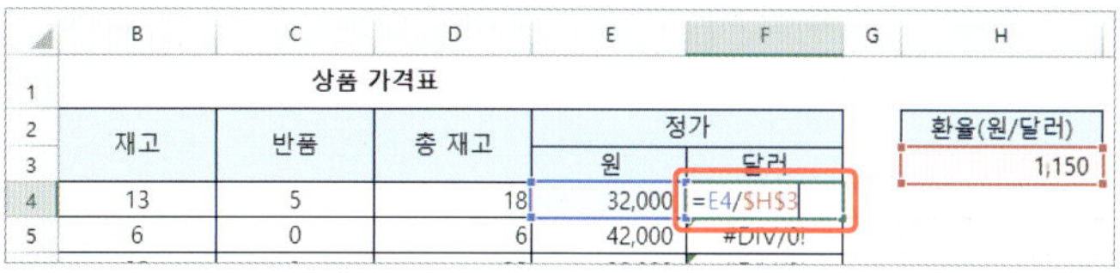

02 F4 셀의 채우기 핸들을 더블클릭하여 수식을 복사한다.

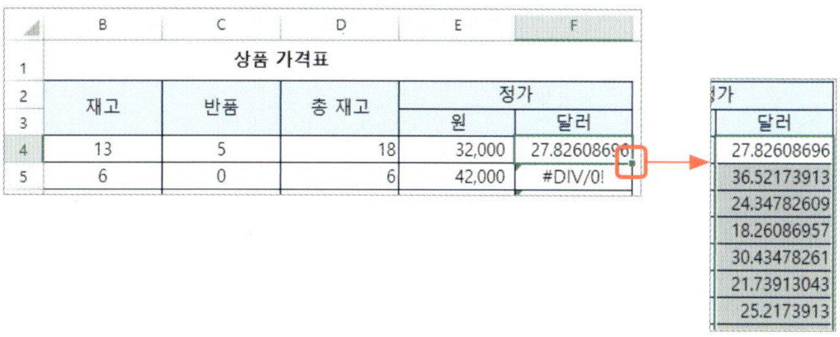

03 F4:F21 범위를 선택하고 [홈] 탭-[표시 형식] 그룹-[자릿수 줄임]을 눌러 소수 자릿수를 두 자리로 표시한다.

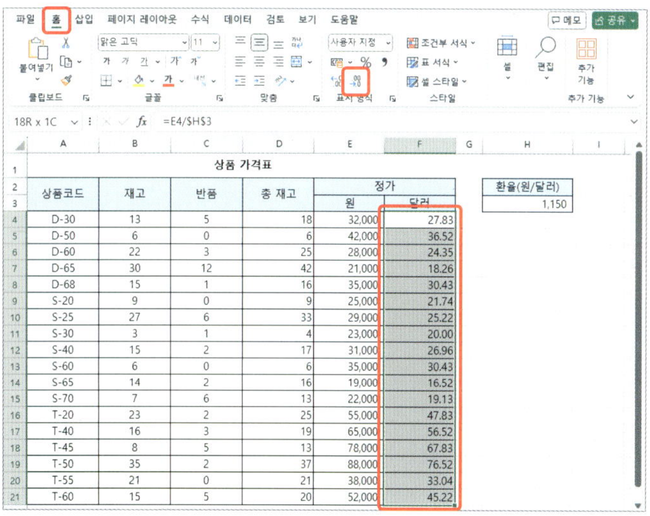

04 F5 셀을 더블클릭하면 수식에서 참조하고 있는 영역이 표시된다. 수식이 복사될 때 H3 셀이 고정되어 계산 결과를 모두 올바르게 구한 것을 확인할 수 있다.

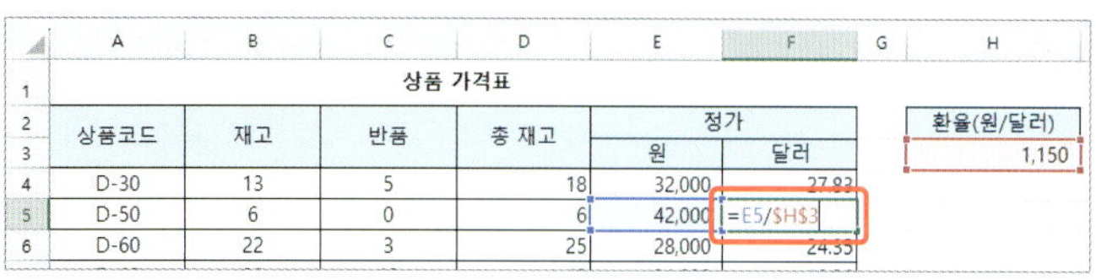

SECTION 04

이름 정의하기

엑셀의 모든 셀에는 열과 행의 번호가 조합된 고유한 주소가 있지만 따로 이름을 정의할 수 있다. 특정 셀에 이름을 붙일 수도 있고, 여러 개의 셀을 범위로 지정하여 이름을 붙일 수도 있다. 이름을 정의하고 활용하는 방법에 대해 알아본다.

4.1 셀 이름

셀에 이름을 정의하고 수식에 사용하면 절대 참조처럼 수식을 복사할 때 변경되지 않는다. 또한 '환율'이나 '할인율'처럼 의미를 쉽게 파악할 수 있는 이름을 만들어 수식에 사용하면 셀 주소를 사용할 때보다 더 이해하기 쉬워진다.

기본예제 2-7 셀 이름 정의하고 사용하기

[기본예제 2-6]에서 사용한 절대 참조 대신 셀에 이름을 정의하고 수식에 활용해 보자.

01 H3 셀을 선택하고 [수식] 탭-[정의된 이름] 그룹-[이름 정의]를 누른다.

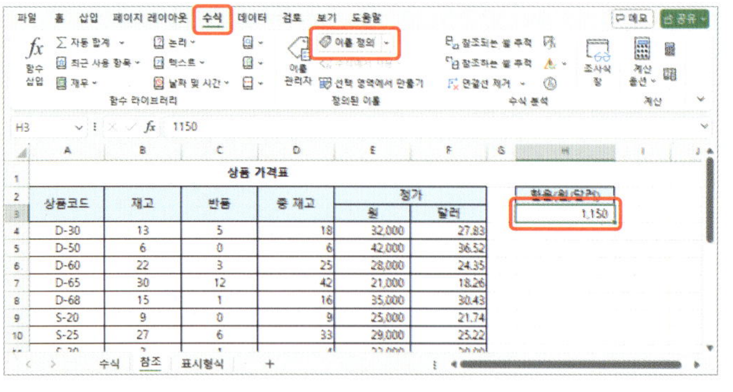

02 [새 이름] 대화상자에서 [이름]을 **환율**로 변경하고 [확인]을 누른다.

TIP 셀 이름은 숫자로 시작할 수 없고, 이름 중간에 공백을 사용할 수 없다. 그리고 이름 사용 범위를 [통합 문서]로 설정하면 통합 문서 내의 다른 시트에서 같은 이름을 정의하지 않도록 주의해야 한다.

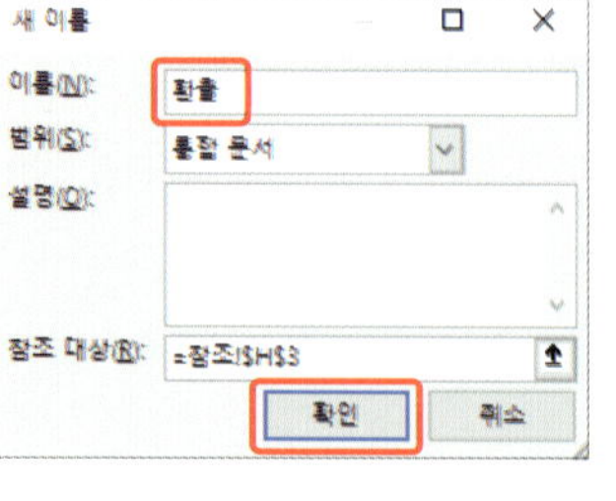

03 이름 상자의 [목록] 단추를 눌러 보면 정의한 이름이 추가된 것을 확인할 수 있다.

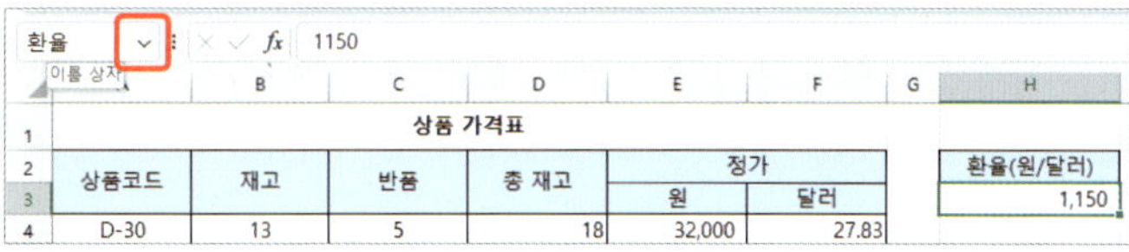

TIP 이름을 정의할 H3 셀을 선택하고 이름 상자에 직접 이름을 입력해도 된다.

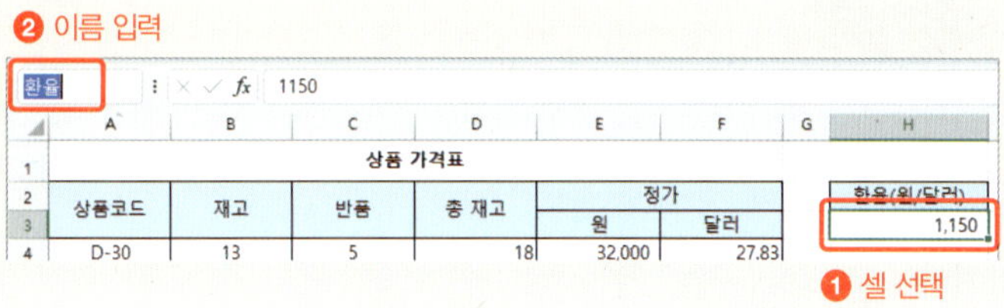

04 F4 셀을 선택하고 **=E4/환율** 수식을 입력하고 Enter 를 누른다.

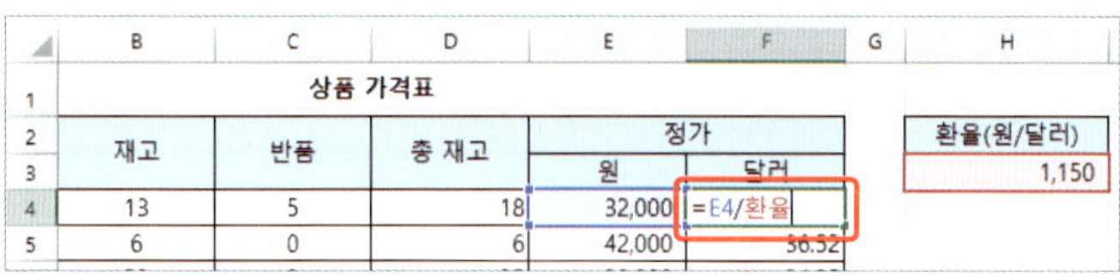

05 F4 셀의 채우기 핸들을 더블클릭해 복사한다.

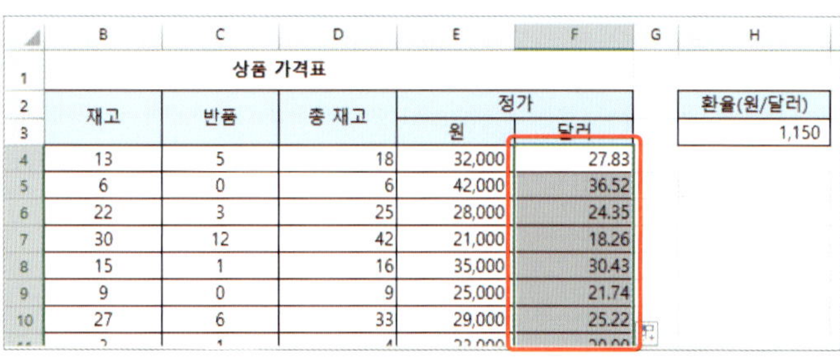

06 [수식] 탭-[수식 분석] 그룹-[수식 표시]를 눌러 보면 정의한 이름을 수식에 사용해 셀을 참조하고 있는 것을 확인할 수 있다. [수식 표시]를 다시 누르면 셀에 값이 표시된다.

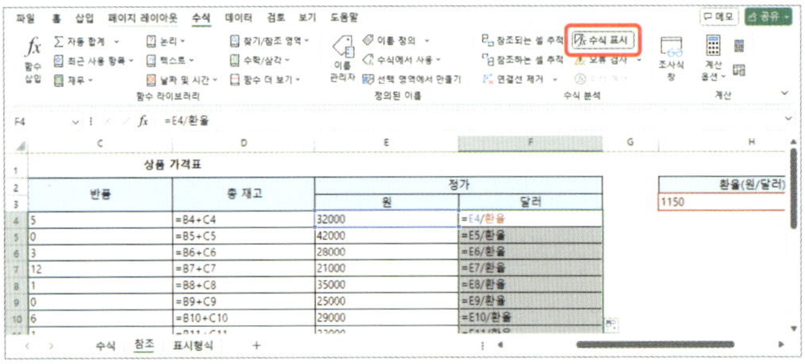

4.2 영역 이름

하나 이상의 셀로 이루어지는 데이터 범위에는 영역 이름을 정의할 수 있다. 이름 상자 목록에서 영역 이름을 클릭하여 해당 데이터 범위를 빠르게 지정하거나 수식을 간편하게 작성할 수 있다. 수식 작성에 셀 이름이나 영역 이름을 사용하면 수식의 의미를 명확하게 표현할 수 있다는 장점도 있다.

기본예제 2-8 영역 이름 정의하고 사용하기

데이터 범위에 이름을 정의하고 수식에 활용해 보자.

01 B4:B21 범위를 선택하고 [수식] 탭-[정의된 이름] 그룹-[이름 정의]를 누른다.

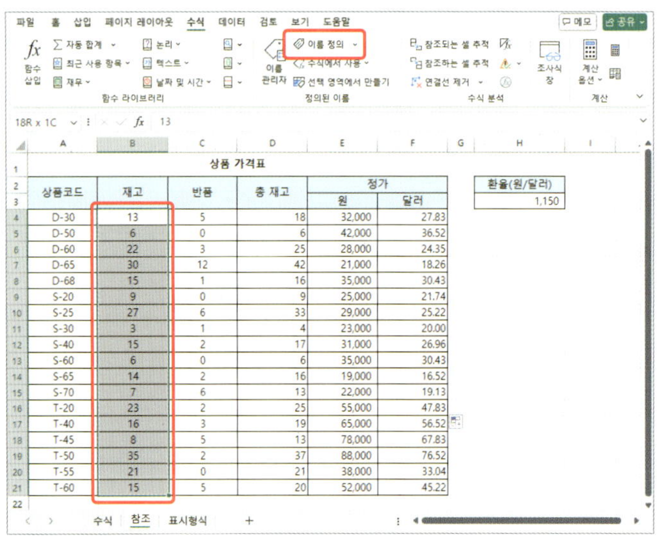

02 [새 이름] 대화상자에서 [이름]을 **재고**로 변경하고 [확인]을 누른다.

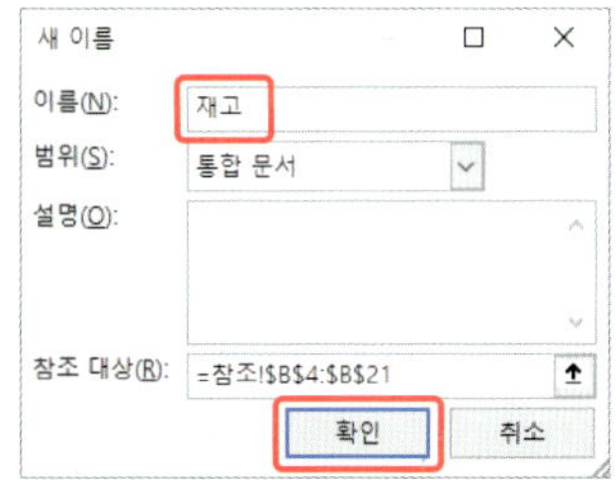

03 반품 데이터에도 영역 이름을 정의해 보자. C4:C21 범위를 선택하고 이름 상자에 **반품**을 입력한 후 [Enter]를 누른다.

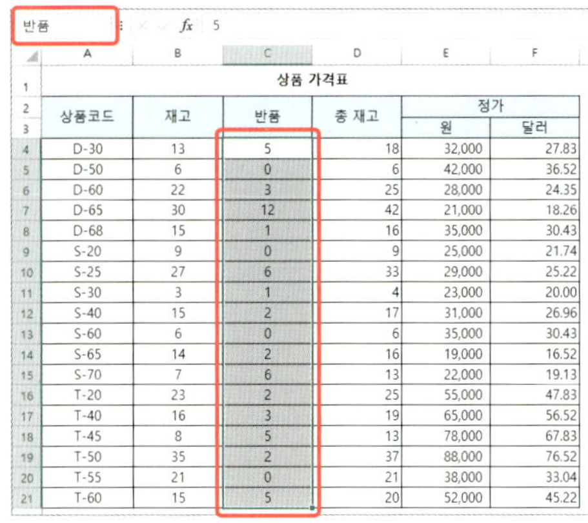

04 D4:D21 범위를 선택하고 [Delete]를 눌러 셀에 있는 기존 값을 모두 지운 다음, **=재고+반품**을 입력하고 [Enter]를 누른다.

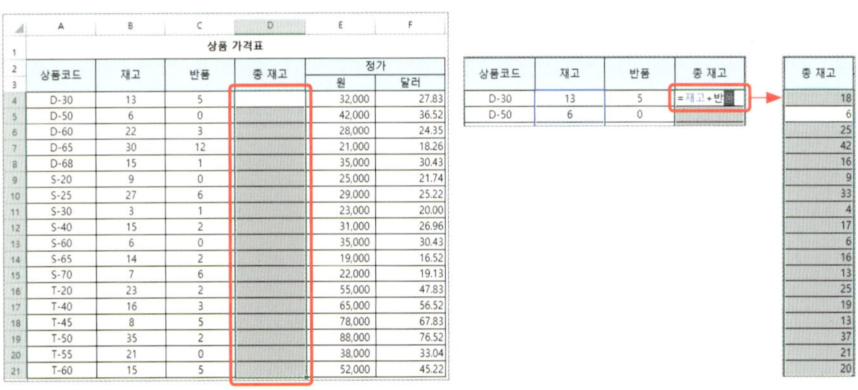

TIP 기존 값을 모두 지우지 않고 수식을 적용하는 경우, 동적 배열 수식을 지원하는 365 버전이나 2021 버전에서는 '#분산!' 오류가 발생한다. 이 오류는 수식이 적용된 결과가 배열인 경우 그 확장 범위에 다른 데이터가 있어 확장할 수 없다는 의미이다. D4 셀의 영역 이름을 사용한 수식이 D4:D21 범위로 자동 확장되기 때문에 해당 영역의 값을 미리 지우고 수식을 실행해야 한다.

05 [수식] 탭–[수식 분석] 그룹–[수식 표시]를 눌러 영역 이름이 참조된 수식을 확인한다.

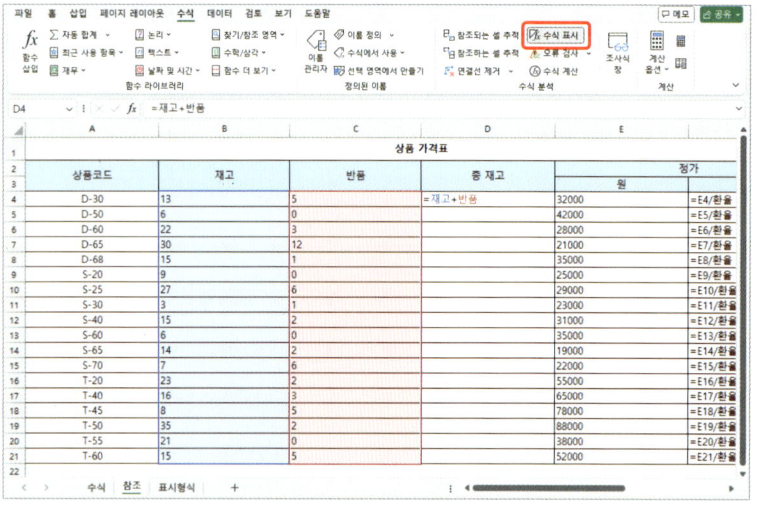

TIP D4 셀의 수식 결과가 확장된 D5:D21 범위에는 수식이 표시되지 않는다.

TIP 이름 상자 목록을 열어 정의된 이름을 확인할 수도 있고, [수식] 탭–[정의된 이름] 그룹–[이름 관리자]를 이용하면 셀이나 영역의 이름을 편집하거나 삭제할 수 있다.

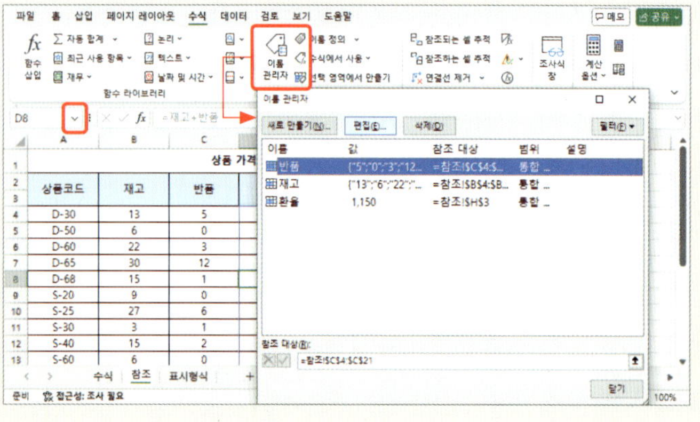

SECTION 05 표시 형식 사용하기

숫자를 표시할 때 세 자리마다 콤마(,)를 넣어 구분하거나 통화 기호(₩, $) 또는 여러 가지 단위 기호를 함께 표시하면 숫자의 의미가 좀 더 명확해지고 보기도 쉽다. 숫자나 문자, 날짜와 같은 데이터의 표시 형식을 지정하는 방법을 알아본다.

5.1 표시 형식

표시 형식이란 셀에 입력한 데이터에 단위나 특정 형식이 표시되도록 하는 기능이다. 표시 형식을 지정하면 숫자를 천 단위 또는 백만 단위 등으로 표시할 수 있고 통화나 회계 형식, 쉼표 스타일 등을 지정할 수 있다. 날짜 데이터에 표시 형식을 지정하면 연, 월, 일을 원하는 모양으로 표시할 수 있고 요일을 함께 표시하는 등 다양한 형식으로 구성할 수 있다.

기본예제 2-9 셀에 표시 형식 지정하기

자릿수 구분 콤마 기호, 백분율 기호, 통화 기호, 소수 자릿수 맞춤 등을 셀에 적용하여 숫자를 명확하고 보기 좋게 표시하는 방법을 알아보자.

01 '2장_실습.xlsx' 파일의 '표시 형식' 시트를 열고 영역 이름을 먼저 정의하자. A2:G16 범위를 선택하고 [수식] 탭-[정의된 이름] 그룹-[선택 영역에서 만들기]를 누른다.

TIP 영역 이름을 정의하면 표시 형식을 설정할 범위를 간편하게 선택할 수 있다.

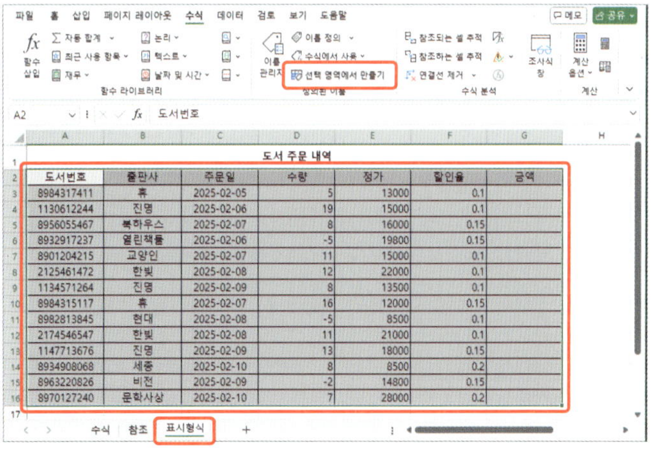

02 [선택 영역에서 이름 만들기] 대화상자가 나타나면 [첫 행]을 선택하고 [확인]을 누른다. 이름 상자 목록에 '도서번호', '출판사', '주문일', '수량', '정가', '할인율', '금액'이 추가된 것을 확인할 수 있다.

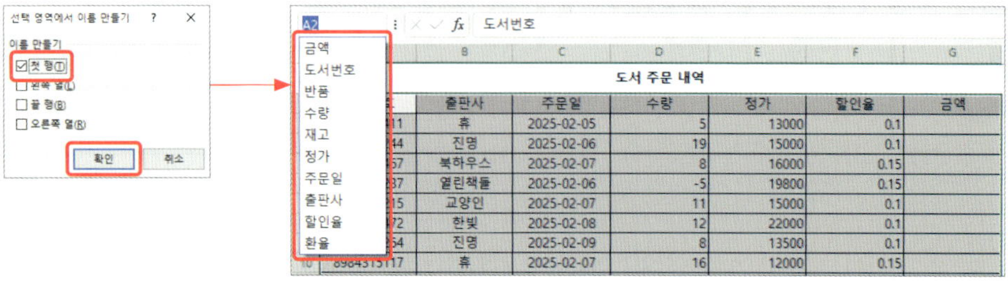

03 이름 상자 목록에서 '정가'를 선택하고 [홈] 탭–[표시 형식] 그룹–[쉼표 스타일]을 누른다.

TIP 설정한 표시 형식을 취소하려면 [홈] 탭–[표시 형식] 그룹–[표시 형식] 목록에서 [일반]을 선택한다.

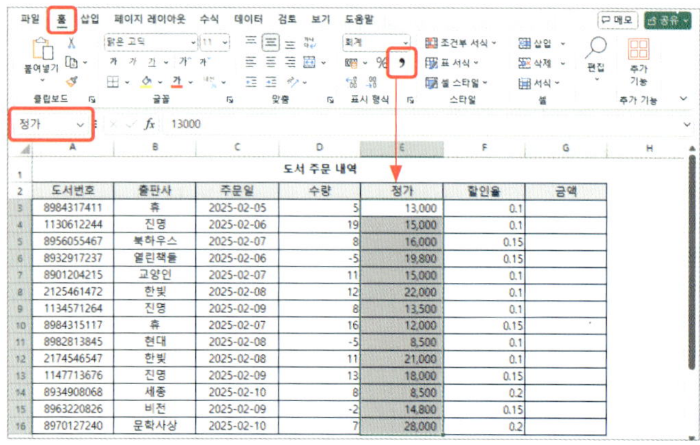

04 이름 상자 목록에서 '할인율'을 선택하고 [홈] 탭–[표시 형식] 그룹–[백분율 스타일]을 누른다.

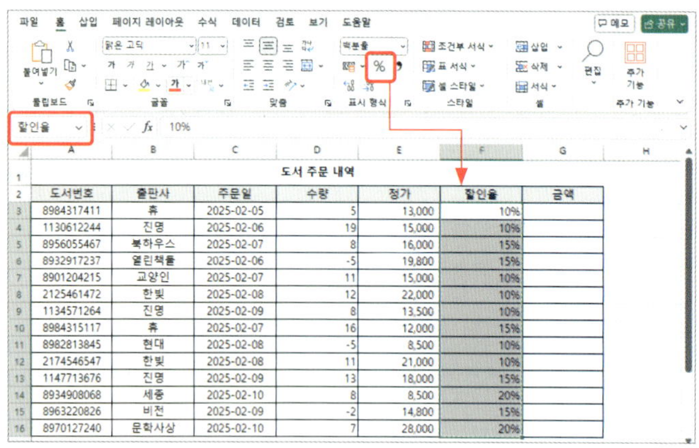

05 이름 상자 목록에서 '금액'을 선택하고 **=수량*정가*(1-할인율)** 수식을 입력한 다음 Enter를 누르면 계산 결과가 모든 셀에 표시된다.

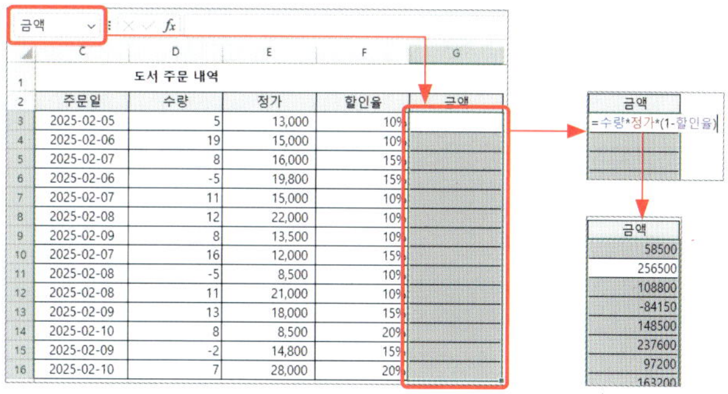

06 '금액'은 [홈] 탭-[표시 형식] 그룹-[회계 표시 형식] 목록에서 [₩ 한국어]를 선택한 후 [자릿수 줄임]을 눌러 소수 자릿수가 표시되지 않게 한다.

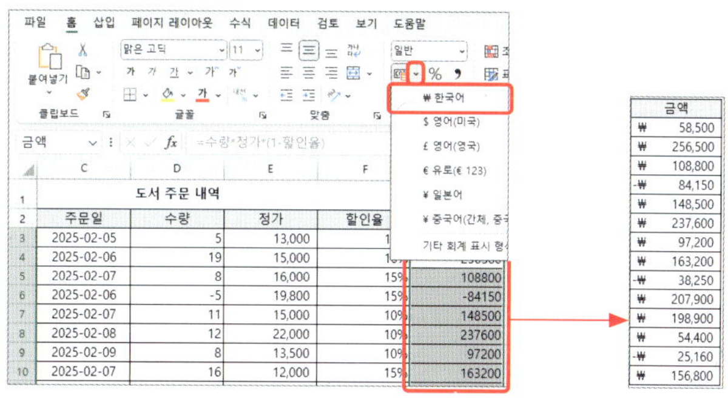

07 이름 상자 목록에서 '정가'를 선택하고 [홈] 탭-[표시 형식] 그룹-[표시 형식] 목록에서 [통화]를 선택해 표시 형식을 변경해 본다.

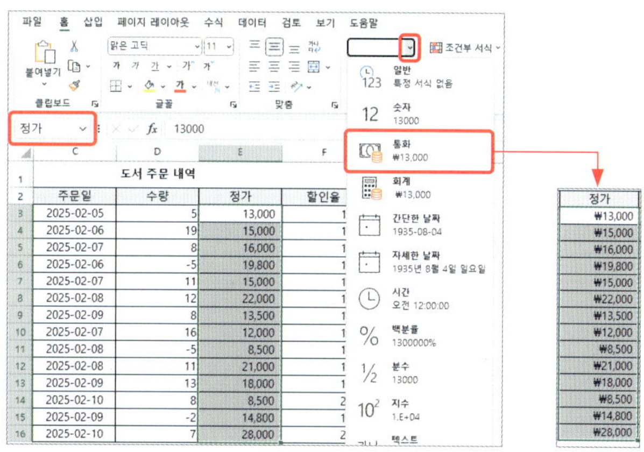

TIP 통화 서식을 적용하면 첫 번째 숫자 바로 앞에 통화 기호가 표시된다. 회계 서식과의 차이는 다음 그림으로 알 수 있다.

통화		회계
₩1,234,567	양수	₩ 1,234,567
(₩1,234,567)	음수	-₩ 1,234,567
₩0	0	₩ -

5.2 사용자 지정 표시 형식

사용자 지정 표시 형식은 엑셀에서 제공하는 표시 형식 외에 필요한 형식이 있는 경우 직접 설정하는 방법이다. 엑셀에서 미리 정해놓은 기호를 사용하여야 하며, 숫자, 날짜, 문자 등 데이터의 종류에 따라 사용하는 기호가 다르다.

데이터	기호	설명
숫자	#	유효 숫자만 표시(예 010에서 앞의 0이나 0.10에서 뒤의 0을 표시하지 않음)
	0	유효 숫자가 아닌 경우 0으로 표시하여 자릿수를 맞춤
	?	유효 숫자가 아닌 경우 공백으로 표시하여 자릿수를 맞춤
	,	서식 중간에 사용하면 세 자리마다 콤마(,) 기호를 넣고, 서식 마지막에 사용하면 세 자리를 제외하고 천 단위로 표시
날짜	y	연도를 표시
	m	월을 표시
	d	일을 표시하거나 요일을 영문으로 표시
	a	요일을 한글로 표시
연결	@	입력 문자 그대로 표시
	*	'*' 기호 뒤에 오는 문자를 셀의 공백에 반복하여 채움
	_	'_' 기호 뒤의 문자를 공백으로 표시

기본예제 2-10 숫자에 사용자 지정 표시 형식 만들기

책 수량 뒤에 '권'을 붙여 데이터의 의미를 더 명확하게 표시하거나 금액을 '천원' 단위로 표시하는 등 숫자 데이터에 사용자 지정 표시 형식을 설정해 보자.

01 이름 상자 목록에서 '수량'을 선택하고 [홈] 탭-[표시 형식] 그룹의 [대화상자 표시] 단추를 누른다.

TIP Ctrl+1을 눌러 [셀 서식] 대화 상자를 나타나게 할 수도 있다.

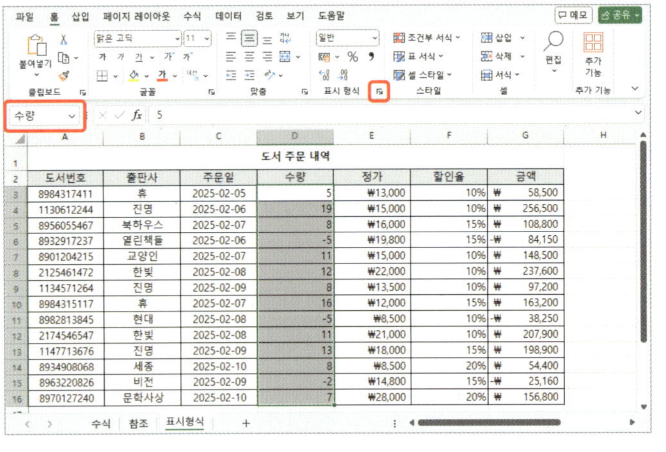

02 [셀 서식] 대화상자가 나타나면 [표시 형식] 탭–[범주]에서 [사용자 지정]을 선택한다.

TIP [범주] 목록에서 원하는 모양과 비슷한 형식을 먼저 선택한 후 [사용자 지정]에서 변형한다.

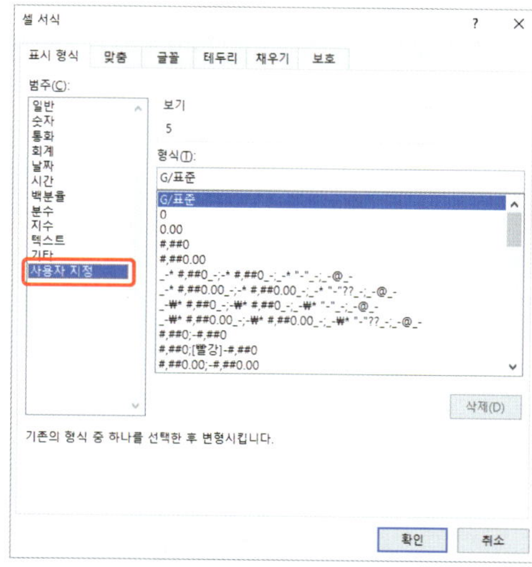

03 [형식] 입력란에 **G/표준"권"**을 입력하고 [확인]을 눌러 [셀 서식] 대화상자를 닫는다.

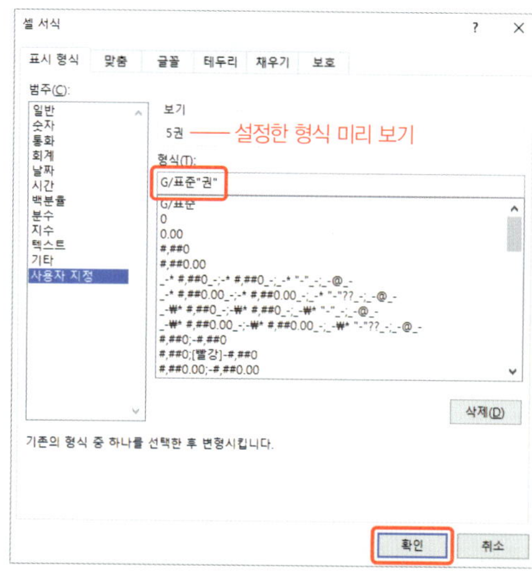

TIP 만약 수량의 숫자 뒤에 **권**을 직접 입력하면 숫자가 아닌 문자 데이터가 되므로 금액을 계산할 때 오류가 발생한다.

표시 형식으로 설정한 셀

수량	정가	할인율	금액
5권	₩13,000	10%	₩ 58,500
19권	₩15,000	10%	#VALUE!

"19권"이라고 입력한 셀 → 계산 오류

04 이름 상자 목록에서 '금액'을 선택하고 단축키 Ctrl+1을 눌러 [셀 서식] 대화상자를 연다.

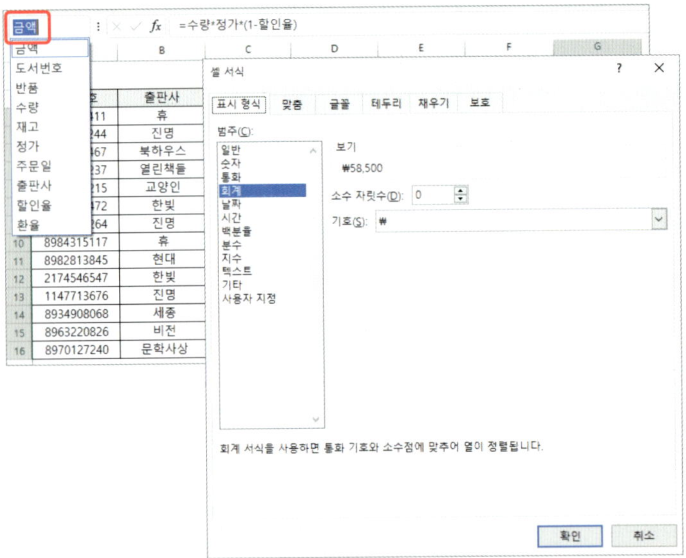

TIP [범주] 목록에는 현재 설정되어 있는 [회계] 형식으로 나타난다.

05 [범주]에서 [사용자 지정]을 누르고 [#,##0] 형식을 찾아 선택한다. [형식] 입력란에서 형식을 **#,##0,"천원"**으로 수정하고 [확인]을 누른다.

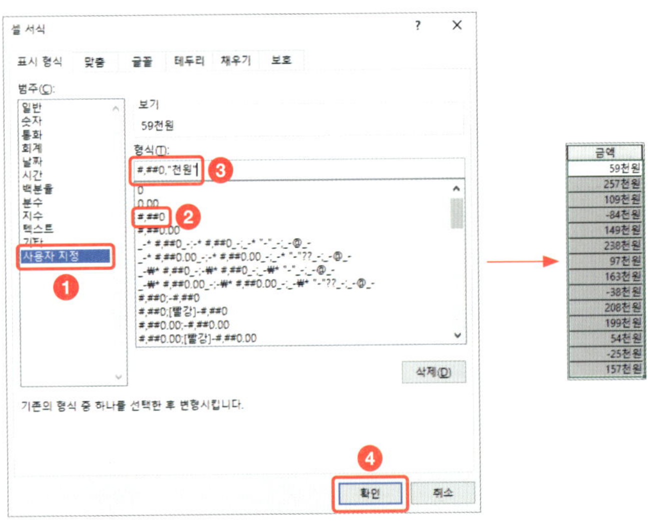

06 이름 상자 목록에서 '도서번호'를 선택하고, 마우스 오른쪽 단추를 눌러 단축 메뉴에서 [셀 서식]을 선택한다.

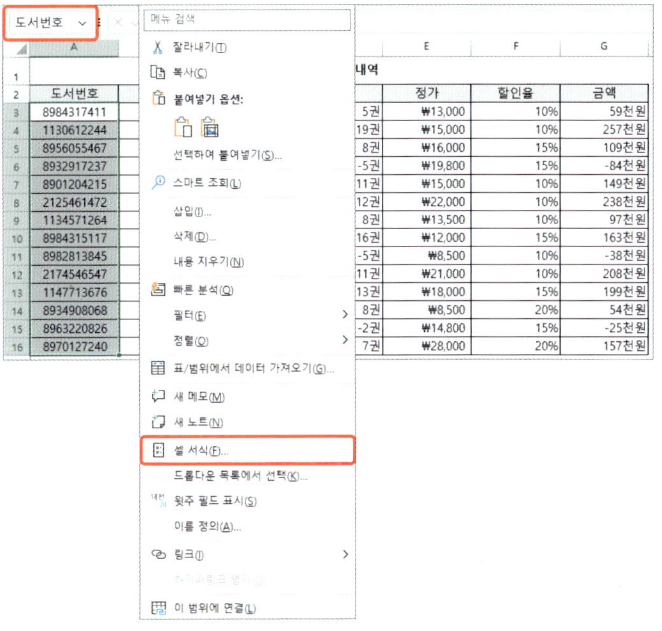

07 [셀 서식] 대화상자의 [표시 형식] 탭-[범주]-[사용자 지정]을 선택하고 [형식] 입력란에 **000-000-0000**을 입력한 후 [확인]을 누른다.

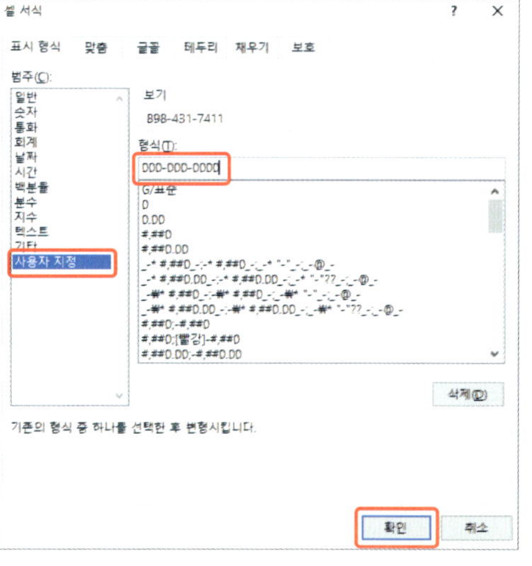

08 설정한 형식으로 도서번호가 표시된다. 이제 도서번호 값을 수정하거나 추가할 때 10자리 숫자만 입력하면 '-' 기호가 자동으로 추가된다.

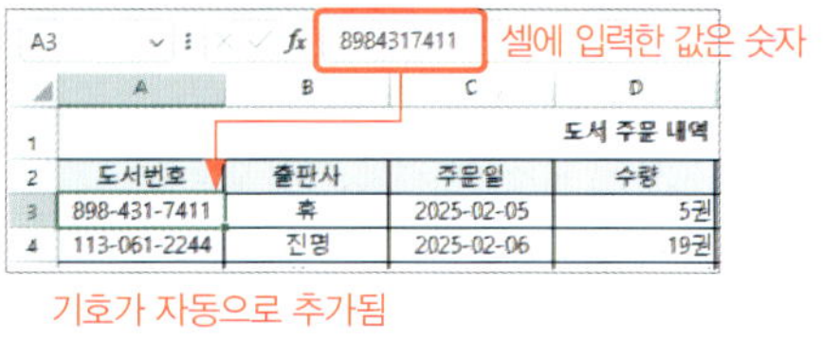

TIP 다음은 엑셀 작업에 많이 사용되는 몇 가지 숫자 서식의 예이다.

셀의 값	서식	셀의 표시 결과	설명
35	G/표준 "명"	35 명	
	"총" G/표준 "권"	총 35 권	
0	#,###		0을 유효하지 않은 숫자로 처리하여 표시하지 않음
	#,##0	0	
1234567	#,##0,"천원"	1,235천원	1,000으로 나눈 결과를 반올림하여 표시
	#,##0,,"백만"	1백만	1,000,000으로 나눈 결과를 반올림하여 표시

기본예제 2-11 날짜에 사용자 지정 표시 형식 만들기

날짜와 시간의 표시 형식에 사용하는 기호와 표시 결과는 다음과 같다. 기호를 사용하여 날짜에 사용자 지정 표시 형식을 만들어 보자.

데이터	기호	서식	표시 결과	설명
날짜	y	yy	17	연도를 두 자리로 표시
		yyyy	2017	연도를 네 자리로 표시
	m	m	1	월을 1~12로 표시
		mm	01	월을 01~12로 표시
		mmm	Jan	월을 영문 세 자리(Jan~Dec)로 표시
		mmmm	January	월을 영문(January~December)으로 표시
	d	d	1	일을 0~31로 표시
		dd	01	일을 01~31로 표시
		ddd	Sun	요일을 영문 세 자리(Sun~Sat)로 표시
		dddd	Sunday	요일을 영문(Sunday~Saturday)으로 표시
	a	aaa	일	요일을 한글 한 자리(일~토)로 표시
		aaaa	일요일	요일을 한글(일요일~토요일)로 표시
시간	h	h	1	시간을 0~23으로 표시
		hh	01	시간을 00~23으로 표시
	m	m	0	분을 0~59로 표시
		mm	01	분을 00~59로 표시
	s	s	0	초를 0~59로 표시
		ss	01	초를 00~59로 표시

01 이름 상자 목록에서 '주문일'을 선택하고 단축키 Ctrl+1을 누른다.

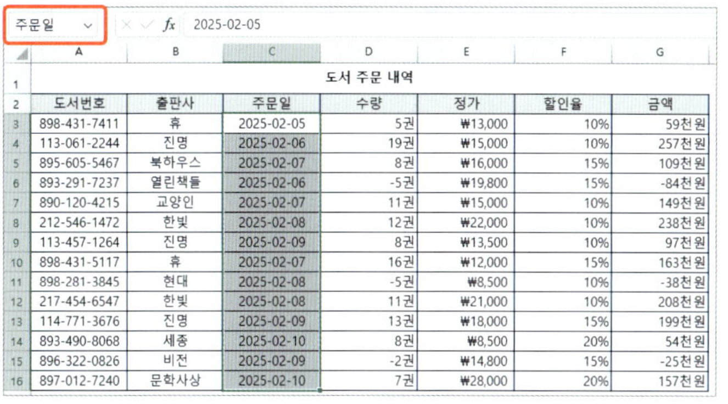

	A	B	C	D	E	F	G
1				도서 주문 내역			
2	도서번호	출판사	주문일	수량	정가	할인율	금액
3	898-431-7411	휴	2025-02-05	5권	₩13,000	10%	59천원
4	113-061-2244	진명	2025-02-06	19권	₩15,000	10%	257천원
5	895-605-5467	북하우스	2025-02-07	8권	₩16,000	15%	109천원
6	893-291-7237	열린책들	2025-02-06	-5권	₩19,800	15%	-84천원
7	890-120-4215	교양인	2025-02-07	11권	₩15,000	10%	149천원
8	212-546-1472	한빛	2025-02-08	12권	₩22,000	10%	238천원
9	113-457-1264	진명	2025-02-09	8권	₩13,500	10%	97천원
10	898-431-5117	휴	2025-02-07	16권	₩12,000	15%	163천원
11	898-281-3845	현대	2025-02-08	-5권	₩8,500	10%	-38천원
12	217-454-6547	한빛	2025-02-08	11권	₩21,000	10%	208천원
13	114-771-3676	진명	2025-02-09	13권	₩18,000	15%	199천원
14	893-490-8068	세종	2025-02-10	8권	₩8,500	20%	54천원
15	896-322-0826	비전	2025-02-09	-2권	₩14,800	15%	-25천원
16	897-012-7240	문학사상	2025-02-10	7권	₩28,000	20%	157천원

02 [셀 서식] 대화상자에서 [표시 형식] 탭-[범주]에서 [사용자 지정]을 선택한다.

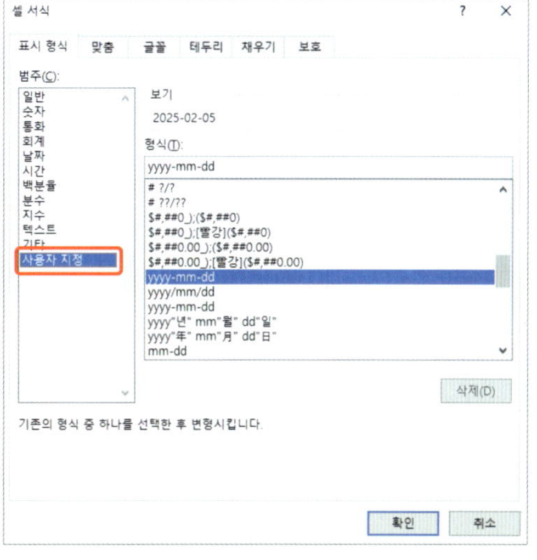

03 [형식]을 **yyyy-mm-dd(aaa)**로 수정하고 [확인]을 누른다.

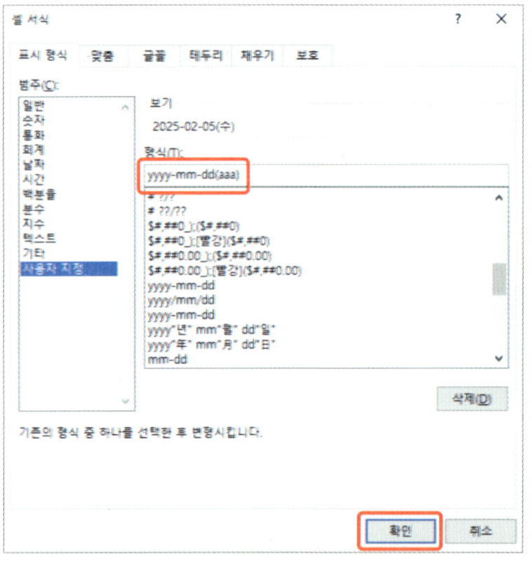

04 설정한 날짜 형식으로 주문일이 표시된다.

	A	B	C	D	E	F	G
1	도서 주문 내역						
2	도서번호	출판사	주문일	수량	정가	할인율	금액
3	898-431-7411	휴	2025-02-05(수)	5권	₩13,000	10%	59천원
4	113-061-2244	진명	2025-02-06(목)	19권	₩15,000	10%	257천원
5	895-605-5467	북하우스	2025-02-07(금)	8권	₩16,000	15%	109천원
6	893-291-7237	열린책들	2025-02-06(목)	-5권	₩19,800	15%	-84천원
7	890-120-4215	교양인	2025-02-07(금)	11권	₩15,000	10%	149천원
8	212-546-1472	한빛	2025-02-08(토)	12권	₩22,000	10%	238천원
9	113-457-1264	진명	2025-02-09(일)	8권	₩13,500	10%	97천원
10	898-431-5117	휴	2025-02-07(금)	16권	₩12,000	15%	163천원
11	898-281-3845	현대	2025-02-08(토)	-5권	₩8,500	10%	-38천원
12	217-454-6547	한빛	2025-02-08(토)	11권	₩21,000	10%	208천원
13	114-771-3676	진명	2025-02-09(일)	13권	₩18,000	15%	199천원
14	893-490-8068	세종	2025-02-10(월)	8권	₩8,500	20%	54천원
15	896-322-0826	비전	2025-02-09(일)	-2권	₩14,800	15%	-25천원
16	897-012-7240	문학사상	2025-02-10(월)	7권	₩28,000	20%	157천원

기본예제 2-12 문자에 사용자 지정 표시 형식 만들기

숫자나 날짜 외에 문자에도 표시 형식을 설정할 수 있다. 문자 데이터에 표시 형식을 설정하면 의미를 명확하게 파악할 수 있을 뿐 아니라 입력을 간편하게 할 수 있다는 장점도 있다. 문자 데이터인 출판사 이름에 표시 형식을 설정해 보자.

01 B3 셀을 선택하고 단축키 Ctrl + 1 을 눌러 [셀 서식] 대화상자를 연다.

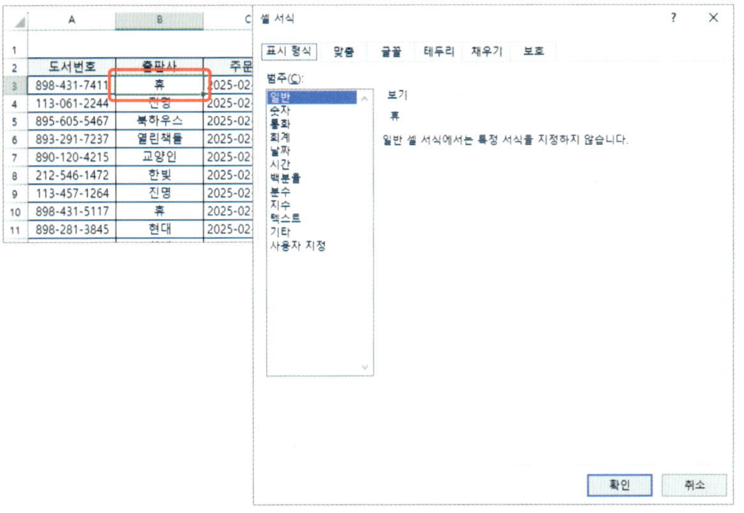

TIP '출판사' 범위를 모두 선택해 표시 형식을 동일하게 설정해도 되지만, 이번 실습을 통해 채우기 핸들로 서식만 복사하는 방법을 알아본다.

02 [표시 형식] 탭–[범주]에서 [사용자 지정]을 선택하고 [형식] 입력란에 **[파랑]@ "출판"**을 입력한 후 [확인]을 누른다.

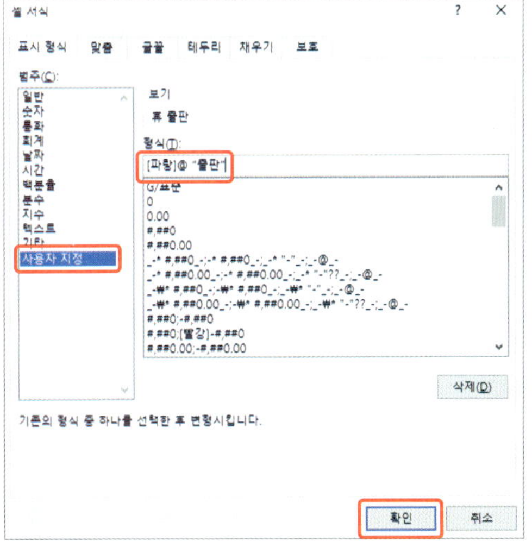

TIP 색을 지정할 때는 형식 가장 앞부분에 대괄호([ ])와 함께 색 이름을 입력한다. 사용 가능한 색 이름은 [검정], [녹색], [흰색], [파랑], [자홍], [노랑], [녹청], [빨강] 여덟 가지다.

03 B3 셀의 채우기 핸들을 B16 셀까지 드래그하거나 더블클릭한다.

04 [자동 채우기 옵션] 목록에서 [서식만 채우기]를 선택한다.

05 기존에 입력된 데이터는 바뀌지 않고 설정한 표시 형식만 적용된다.

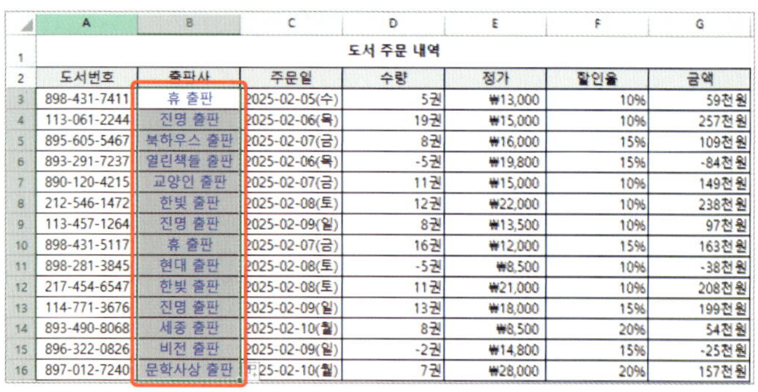

종합예제

수식과 자동 합계 함수, 셀 참조 및 표시 형식을 이용하여 거래명세서 양식을 만들어 보자.

1 새 통합문서를 열고 '거래명세서' 시트를 만든다. 거래명세서 양식을 아래와 같이 입력하고 글꼴 색을 [파랑]으로 설정한다.

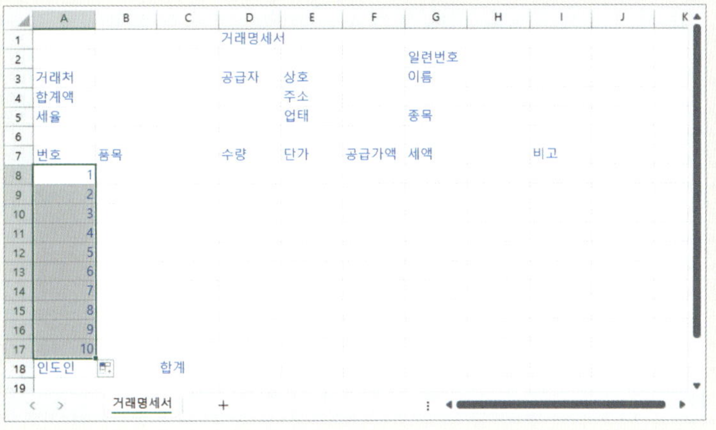

TIP 번호 항목은 채우기 핸들을 드래그하여 연속 데이터 채우기로 입력한다.

2 D1:E1 범위에 [병합하고 가운데 맞춤]을 적용하고, 글꼴 크기는 [16pt]로 수정한다. [테두리 그리기]의 선 색을 [파랑]으로 하여 [아래쪽 이중 테두리]를 설정한다.

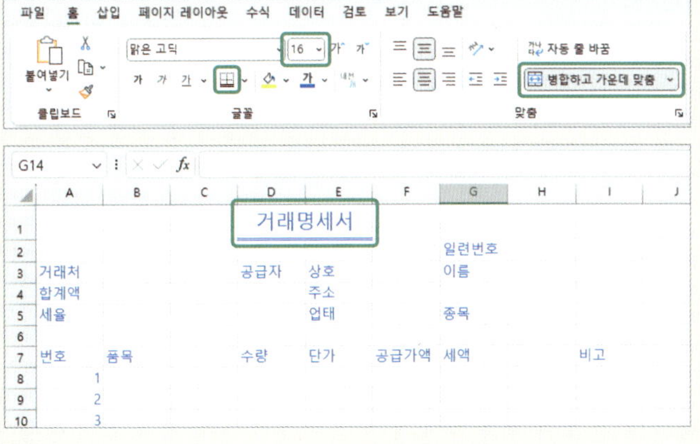

종합예제

3 양식의 모양에 맞게 열 너비를 조정하고 셀을 병합한 후 테두리와 맞춤을 설정한다.

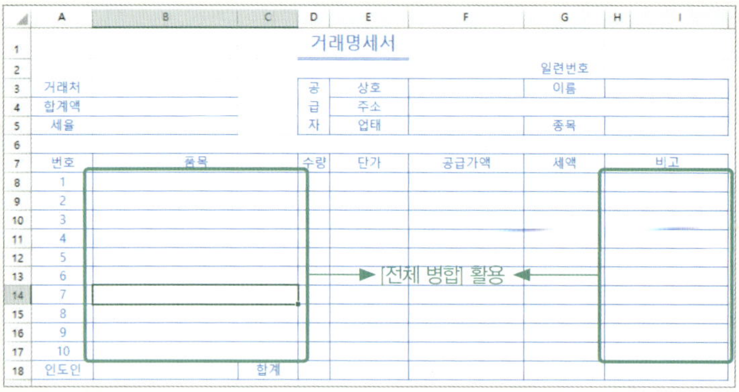

4 A2:B2 범위를 [병합하고 가운데 맞춤]한 후 날짜를 입력하고 [셀 서식] 대화상자를 연다.

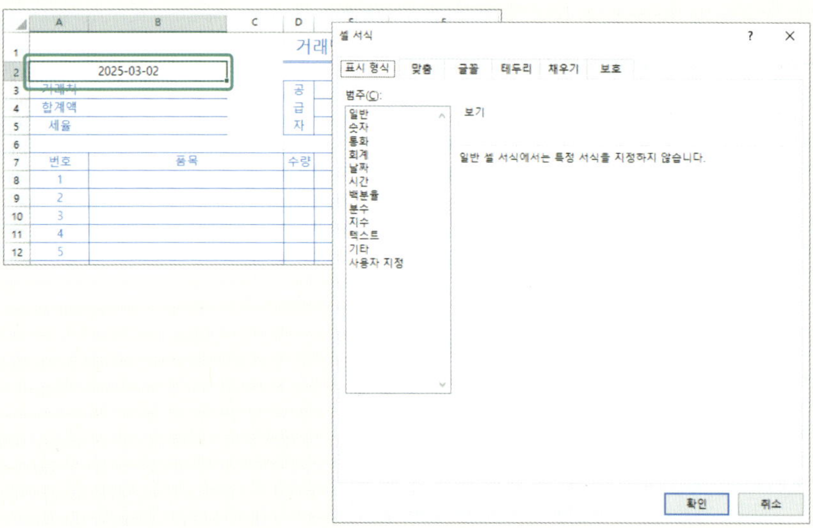

5 [표시 형식] 탭-[범주]에서 [사용자 지정]을 선택한다. [형식] 입력란에 **yyyy"年" m"月" d"日"(aaaa)**를 입력한 후 [확인]을 누른다.

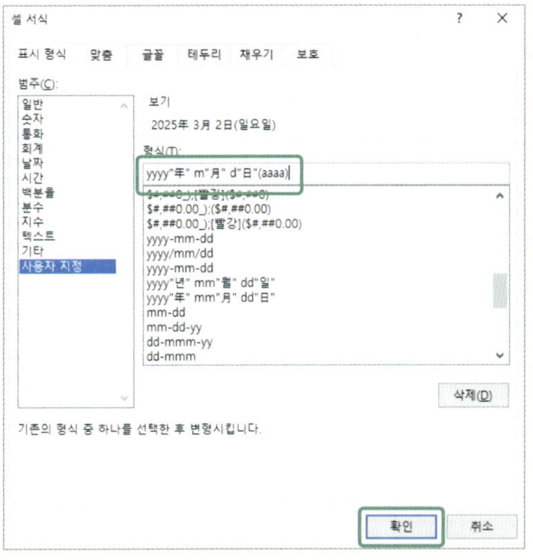

TIP [사용자 지정]-[형식] 목록에서 yyyy"年" mm"月" dd"日"을 찾아 선택한 다음 수정하면 편리하다.

6 H2 셀을 선택하고 [셀 서식] 대화상자에서 [사용자 지정] 형식으로 **000000-00**을 입력한다. [확인]을 눌러 [셀 서식] 대화상자를 닫고, 일련번호로 **25030201**을 입력한다.

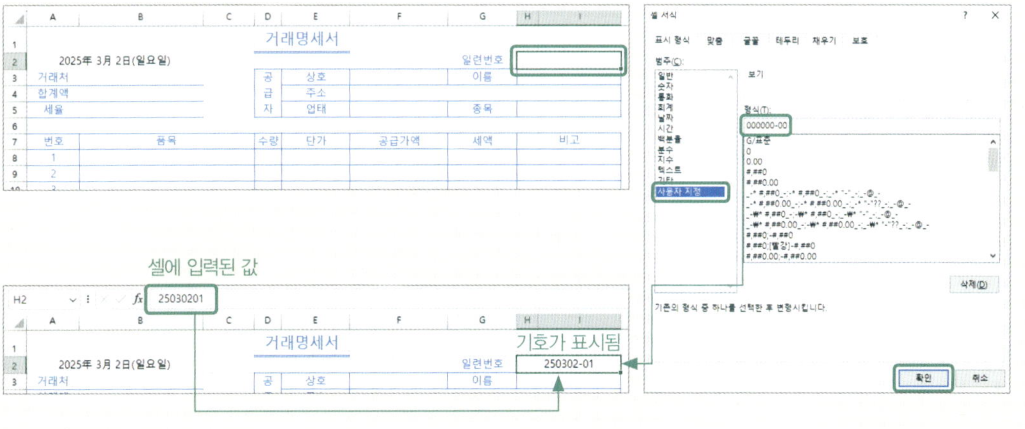

종합예제

7 다음과 같이 셀 서식을 설정하고 셀에 값을 입력한다.

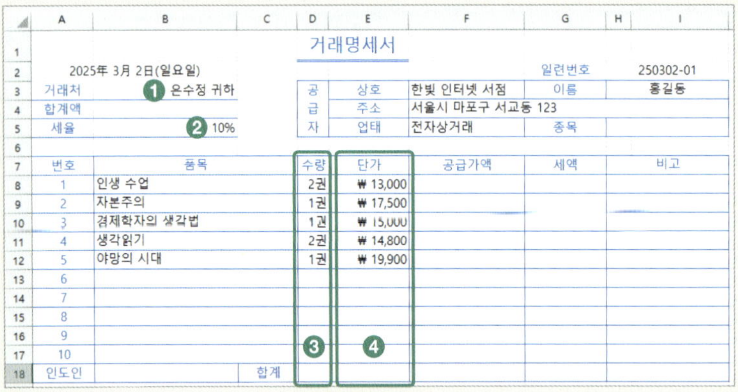

❶ B3:B5 범위를 [오른쪽 맞춤]으로 설정한 후, B3 셀의 표시 형식을 **@ "귀하"**로 설정하고 **은수정**을 입력한다.

❷ B5 셀의 표시 형식을 [백분율]로 설정하고 **10**을 입력한다.

❸ 수량을 입력하는 D8:D18 범위의 표시 형식을 **G/표준"권"**으로 설정하고 값을 입력한다.

❹ E8:G18 범위의 표시 형식을 **[=0]"";₩ #,##0**으로 설정하고 단가를 입력한다. 이때 **[=0]“”;**의 의미는 셀 값이 0이거나 없는 경우 빈칸으로 표시한다는 것이다.

8 수식을 작성해 항목별 공급가액과 세액을 구하고 수량의 합계, 공급가액의 합계, 세액의 합계도 구한다(세율, 수량, 단가, 공급가액, 세액에 영역 이름을 정의하면 수식 작성이 편리하다).

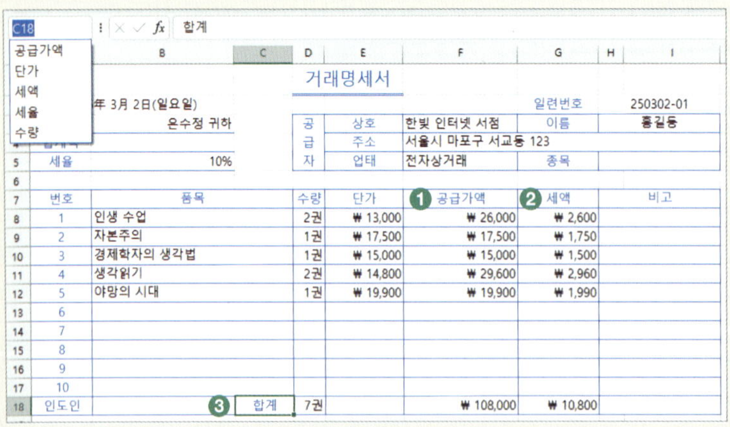

❶ 공급가액은 **수량*단가**로 계산한다.

❷ 세액은 **공급가액*세율**로 계산한다. 이름을 정의하지 않으면 =F8*$B$5 수식처럼 세율(B5)을 절대 참조로 설정한다.

❸ 수량, 공급가액, 세액의 합계는 [수식] 탭–[함수 라이브러리] 그룹–[자동 합계] 목록에서 [합계]를 선택하여 구한다.

9 B4 셀의 합계액을 계산하고 [셀 서식] 대화상자의 [표시 형식] 탭–[범주]에서 [기타]–[숫자(한글)]을 선택한다. [범주]에서 다시 [사용자 지정]을 선택하고 [형식]을 **[DBNum4][$-koKR]G/표준 "원정"**으로 수정한 후 [확인]을 누른다.

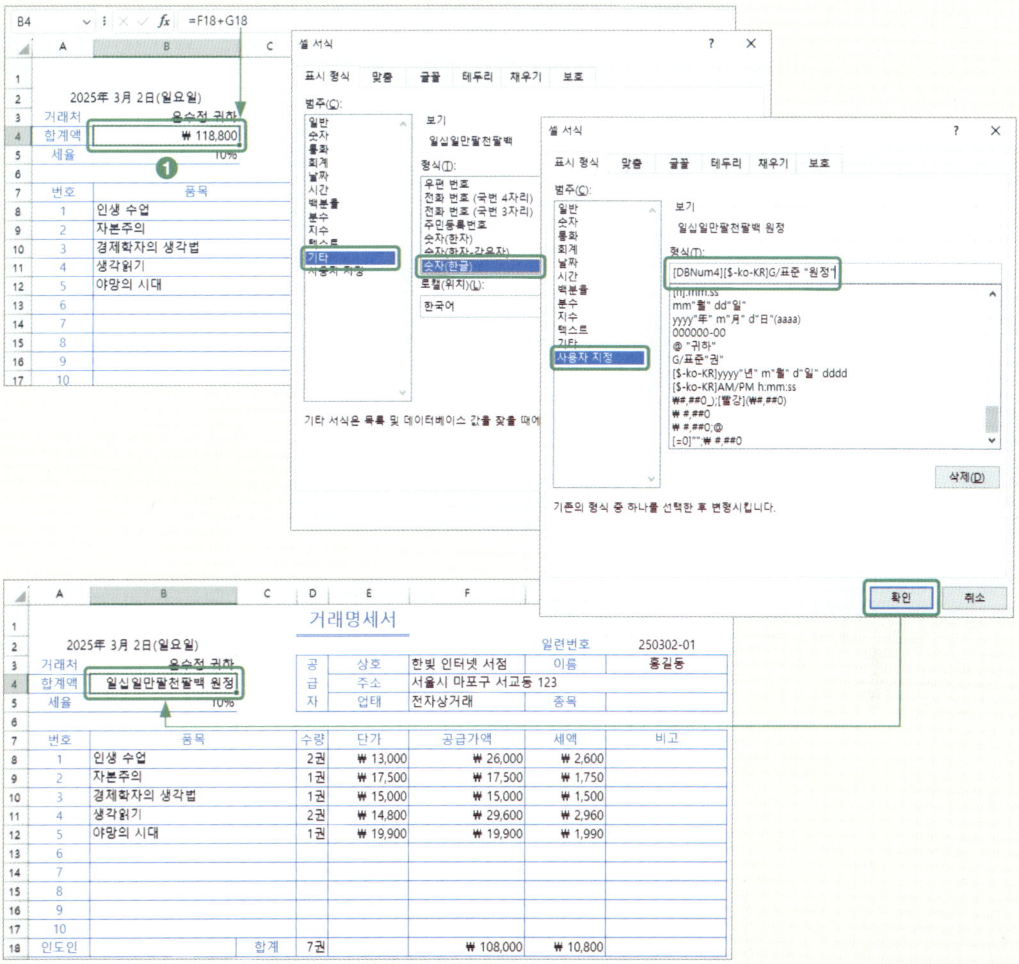

❶ B4 셀의 합계액은 **=F18+G18** 수식을 입력하여 '공급가액의 합계+세액의 합계'로 계산한다.

연습문제

1 '2장_연습.xlsx' 파일의 '연습1' 시트를 열고 다음과 같이 도서 판매 현황을 작성하시오.

❶ 각 도서별 '판매금액'을 '판매량*정가*(1-할인율)'로 계산해서 표시하시오.

❷ 전체 판매금액 대비 각 도서별 판매금액의 비율을 계산하여 G4:G17의 '판매율'에 표시하고, 백분율 스타일로 표시 형식을 설정하시오.

❸ 자동 합계 도구를 사용하여 F18 셀에 판매금액의 '합계', G18 셀에 판매율의 '합계'를 구하시오.

❹ 최고 판매량, 최저 판매량, 판매량 평균을 구하고 J3:J5 범위에 각각 표시하시오.

❺ 표시 형식과 셀 병합, 셀 테두리와 채우기 색, 맞춤, 자릿수 등을 그림과 같이 설정하시오.

도서 판매 현황

					할인율	10%
도서번호	출판사	발행일	정가	판매량	판매금액	판매율
8984317411	휴	2013-10-09	13,000	15권	175,500	3%
1130612244	진명	2017-05-08	15,000	20권	270,000	4%
8956055467	북하우스	2011-10-10	16,000	50권	720,000	11%
8932917237	열린책들	2015-07-10	19,800	15권	267,300	4%
8901204215	교양인	2015-06-14	15,000	25권	337,500	5%
2125461472	한빛	2018-03-01	22,000	32권	633,600	10%
1134571264	진명	2017-12-22	13,500	21권	255,150	4%
8984315117	휴	2017-04-20	12,000	30권	324,000	5%
8982813845	현대	2017-08-02	8,500	5권	38,250	1%
2174546547	한빛	2018-06-29	21,000	22권	415,800	7%
1147713676	진명	2018-07-10	18,000	31권	502,200	8%
8934908068	세종	2018-01-05	8,500	48권	367,200	6%
8963220826	비전	2015-07-30	14,800	25권	333,000	5%
8970127240	문학사상	2015-12-19	28,000	65권	1,638,000	26%
				합계	6,277,500	100%

최고 판매량	65권
최저 판매량	5권
판매량 평균	29권

연습1 연습2 연습3

2 '2장_연습.xlsx' 파일의 '연습2' 시트를 열고 다음과 같이 지역별 도서관 현황표를 작성하시오.

❶ 1관당 평균 좌석수, 평균 도서수, 평균 방문자수를 모두 구해 빈 셀에 각각 표시하시오.

❷ 좌석수, 도서수, 방문자수에 알맞은 표시 형식을 그림과 같이 설정하시오.

❸ 셀 테두리와 채우기, 맞춤 등을 그림과 같이 설정하시오.

지역	지역별 도서관 현황						
	도서관수	좌석수	평균 좌석수	총 도서수	평균 도서수	총 방문자수	평균 방문자수
서울	180관	46,185석	257석	14,977천권	83천권	66,727천명	371천명
부산	44관	17,622석	401석	5,935천권	135천권	15,530천명	353천명
대구	43관	13,882석	323석	4,561천권	106천권	12,700천명	295천명
인천	53관	18,760석	354석	4,785천권	90천권	16,201천명	306천명
광주	23관	10,291석	447석	2,658천권	116천권	7,097천명	309천명
대전	26관	10,348석	398석	3,030천권	117천권	7,258천명	279천명
울산	19관	6,317석	332석	2,098천권	110천권	5,936천명	312천명
세종	11관	2,216석	201석	489천권	44천권	1,351천명	123천명
경기	277관	106,155석	383석	32,784천권	118천권	79,076천명	285천명
강원	58관	15,189석	262석	5,165천권	89천권	7,446천명	128천명
충북	48관	10,017석	209석	4,445천권	93천권	7,399천명	154천명
충남	63관	18,410석	292석	5,995천권	95천권	10,013천명	159천명
전북	59관	17,804석	302석	4,950천권	84천권	8,234천명	140천명
전남	70관	21,234석	303석	6,480천권	93천권	8,883천명	127천명
경북	66관	22,378석	339석	6,334천권	96천권	11,503천명	174천명
경남	72관	24,056석	334석	7,772천권	108천권	15,716천명	218천명
제주	22관	6,800석	309석	2,616천권	119천권	3,342천명	152천명

연습1 | 연습2 | 연습3

3 '2장_연습.xlsx' 파일의 '연습3' 시트를 열고 다음 조건에 맞는 견적서를 작성하시오.

❶ D5 셀과 I10 셀에 사용자 지정 서식을 설정해 그림과 같이 날짜와 환율을 표시하시오.

❷ '수량*단가' 수식으로 '금액' 열의 값을 모두 구하고 I10 셀의 환율 값을 사용해 계산한 달러 금액을 '금액(달러)' 열에 표시하시오.

❸ H17 셀과 I17 셀에는 자동 합계 도구를 사용하여 '금액' 열과 '금액(달러)' 열의 합계를 각각 표시하시오.

❹ '수량', '단가', '금액', '금액(달러)' 열에 그림과 같이 사용자 지정 표시 형식을 설정하시오.

❺ 그림과 같은 모양이 되도록 셀 병합과 테두리, 채우기 색을 설정하고 글꼴과 맞춤을 설정하시오.

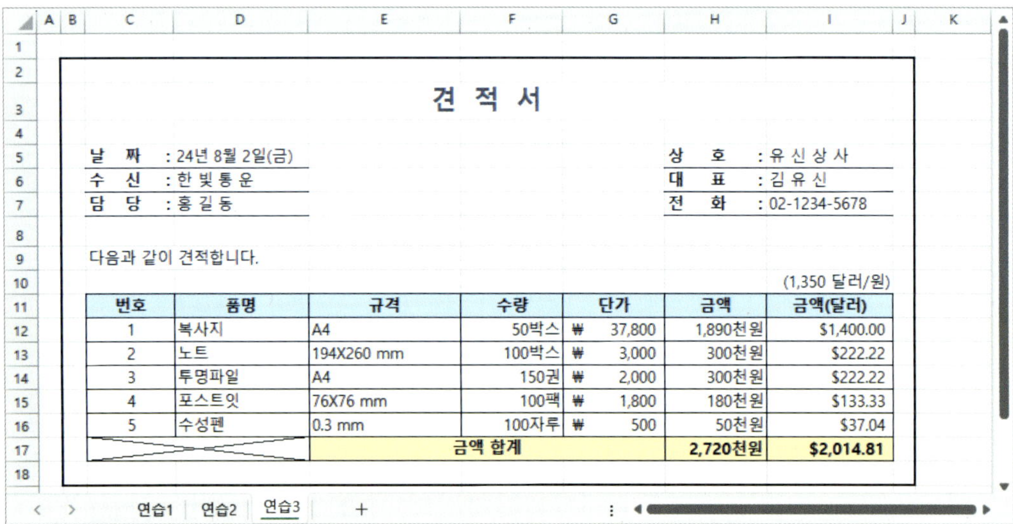

견 적 서

날 짜 : 24년 8월 2일(금) 상 호 : 유 신 상 사

수 신 : 한 빛 통 운 대 표 : 김 유 신

담 당 : 홍 길 동 전 화 : 02-1234-5678

다음과 같이 견적합니다.

(1,350 달러/원)

번호	품명	규격	수량	단가	금액	금액(달러)
1	복사지	A4	50박스	₩ 37,800	1,890천원	$1,400.00
2	노트	194X260 mm	100박스	₩ 3,000	300천원	$222.22
3	투명파일	A4	150권	₩ 2,000	300천원	$222.22
4	포스트잇	76X76 mm	100팩	₩ 1,800	180천원	$133.33
5	수성펜	0.3 mm	100자루	₩ 500	50천원	$37.04
		금액 합계			**2,720천원**	**$2,014.81**

연습1 연습2 연습3

CHAPTER

03

기본 함수

학습목표

- 함수의 형식과 함수의 종류를 설명할 수 있다.
- 수학 함수와 통계 함수를 사용할 수 있다.
- 텍스트 함수와 날짜/시간 함수를 활용할 수 있다.
- 조건을 선택하고 결합하는 논리 함수를 사용할 수 있다.

SECTION 01 함수의 기본 이해하기

수식을 직접 만들어 계산할 수도 있지만 엑셀에서 제공하는 다양한 함수를 사용하면 여러 가지 계산을 쉽게 할 수 있다. 합계나 평균, 표준편차 등을 구하는 다양한 함수가 미리 만들어져 있어서 함수명과 인수를 이용해 편리하게 작성할 수 있다.

1.1 함수의 형식

엑셀 함수는 수학 함수처럼 원하는 결과를 얻기 위한 계산식을 미리 정의해 놓은 것이다. 함수 f를 f(x)=x+2로 정의하는 경우, x의 값에 따라 결과는 달라지고, 이때 x를 함수의 인수라고 한다. 엑셀에서 함수를 이용할 때는 등호 '='를 먼저 입력하고 함수명 뒤에 괄호 '()'를 사용하여 필요한 인수를 적는다.

$$= \text{함수명}(\text{인수}_1,\ \text{인수}_2,\ \cdots,\ \text{인수}_n)$$

인수의 개수와 데이터 형식은 함수에 따라 다르게 정의된다. 함수명과 인수를 일일이 기억하기 어려우면 엑셀에서 제공하는 함수 마법사나 함수 라이브러리를 이용하면 편리하다.

1.2 함수의 종류

엑셀에서 제공하는 함수는 기능에 따라 다음과 같은 범주로 분류할 수 있다. 이 중에서 많이 활용되는 함수를 사용하여 엑셀 통합 문서를 만들어 보기로 한다.

범주	함수
수학	SUM, SUMIF, SUMPRODUCT, SUMIFS, ROUND, ROUNDUP, ROUNDDOWN, RANK.EQ, RANK.AVG, PRODUCT
통계	AVERAGE, AVERAGEIF, AVERAGEIFS, COUNT, COUNTA, COUNTBLANK, COUNTIF, COUNTIFS, MAX, MIN, LARGE, SMALL, MEDIAN, STDEV.S, STDEV.P, VAR.S, VAR.P
텍스트	LEFT, MID, RIGHT
날짜 및 시간	TODAY, NOW, YEAR, MONTH, DAY, DATE, WEEKDAY, DATEDIF
논리	AND, OR, NOT, IF
찾기/참조 영역	VLOOKUP, HLOOKUP, CHOOSE, INDEX, MATCH
재무	FV, PMT

SECTION 02

수학 함수와 통계 함수 사용하기

합계나 평균 계산에 함수를 사용하지 않고 =A1+B1+C1+D1+E1...과 같이 수식을 만들면, 처리할 데이터의 개수가 많아질수록 입력 작업이 번거로워진다. 수식 계산에 가장 많이 사용되는 합계, 반올림, 내림 등을 구하는 수학 함수와 평균, 표준편차 등을 구하는 통계 함수를 사용하는 방법을 알아본다.

2.1 수학 함수와 통계 함수

CHAPTER 02에서 살펴본 자동 합계 도구로 제공되는 합계(SUM), 평균(AVERAGE), 개수(COUNT), 최대값(MAX), 최소값(MIN) 함수를 사용해 보기로 한다. 또, 반올림(ROUND), 표준편차(STDEV.S), 분산(VAR.S), 중간값(MEDIAN)을 구하고 순위를 구하는 함수(RANK.EQ)도 사용해 본다.

기본예제 3-1 합계와 평균, 개수, 최대값과 최소값 구하기

수치 데이터의 계산에 가장 많이 사용되는 합계와 평균, 몫과 나머지 등의 함수를 사용해 보자. 함수의 인수 형식과 기능은 다음과 같다.

함수명과 인수	기능
SUM(number1, [number2], …)	인수의 합을 구함. 인수에는 숫자나 셀 이름, 셀 영역을 최대 255개까지 지정할 수 있음
AVERAGE(number1, [number2], …)	인수의 평균을 구함
QUOTIENT(numerator, denominator)	나눗셈 몫의 정수 부분을 반환
MOD(number, divisor)	나눗셈의 나머지를 구함
PRODUCT(number1, [number2], …)	인수들의 곱을 구함
SUMPRODUCT(array1, array2, …)	배열 또는 범위 내에서 대응되는 값끼리 곱해서 그 합을 구함 배열은 2개에서 255개까지 지정할 수 있음
COUNT(value1, [value2], …)	지정한 인수에서 숫자가 포함된 셀의 개수를 구함
MAX(number1, [number2], …)	지정한 인수 중에서 최대값을 구함
MIN(number1, [number2], …)	지정한 인수 중에서 최소값을 구함

TIP 함수 형식에서 대괄호([ ])로 묶어서 표시한 인수는 생략할 수 있다.

01 '3장_실습.xlsx' 파일을 열고 '점수표' 시트를 선택한다.

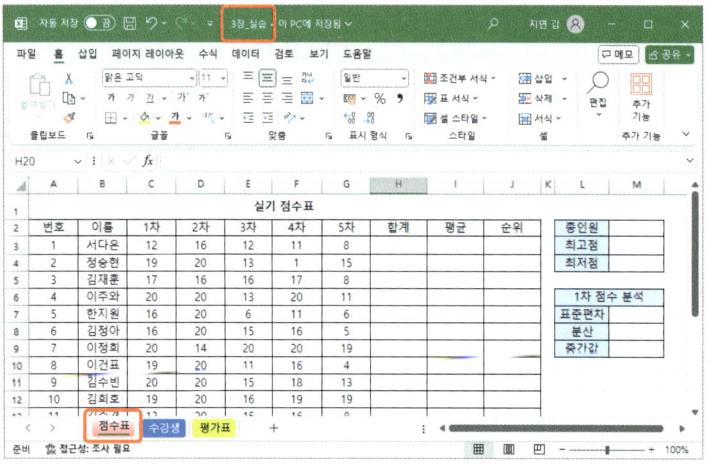

02 H3 셀에 **=SUM(**을 입력하고 C3:G3 범위를 드래그한 후 [Enter]를 누른다.

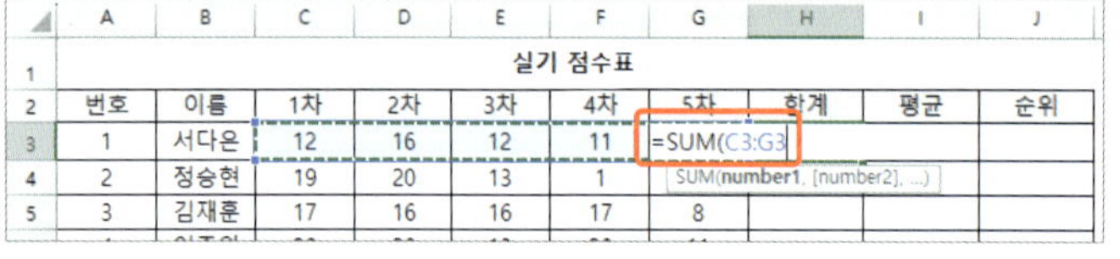

TIP 드래그한 영역이 함수 SUM의 인수로 입력된다. 닫는 괄호 ')'는 입력하지 않아도 자동으로 입력되어 완성된다.

TIP 함수의 이름을 입력할 때 표시되는 목록에서 함수를 선택하고 [Tab]을 누르면 나머지 부분이 자동 입력된다. 함수를 선택할 때는 키보드 방향키를 이용하거나 해당 함수를 더블클릭한다.

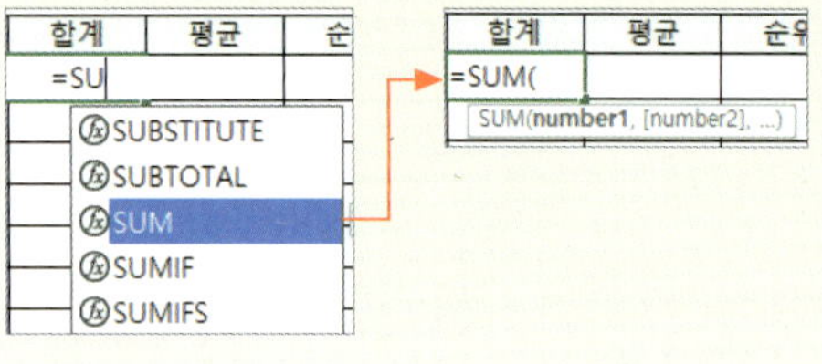

03 H3 셀의 채우기 핸들을 더블 클릭하거나 H17 셀까지 드래그하여 수식을 복사한다.

실기 점수표									
번호	이름	1차	2차	3차	4차	5차	합계	평균	순위
1	서다은	12	16	12	11	8	59		
2	정승현	19	20	13	1	15	68		
3	김재훈	17	16	16	17	8	74		
4	이주와	20	20	13	20	11	84		
5	한지원	16	20	6	11	6	59		
6	김정아	16	20	15	16	5	72		
7	이정희	20	14	20	20	19	93		
8	이건표	19	20	11	16	4	70		
9	김수빈	20	20	15	18	13	86		
10	김희호	19	20	16	19	19	93		
11	김수경	13	20	15	16	8	72		
12	김한표	20	18	20	20	14	92		
13	이동희	18	20	10	16	19	83		
14	이수현	20	16	11	14	17	78		
15	박준영	20	20	18	20	19	97		

04 I3 셀에는 **=AVERAGE(C3:G3)**을 입력하고 Enter 를 누른다. I17 셀까지 수식을 복사하면 평균을 계산할 수 있다. [홈] 탭-[표시 형식] 그룹-[자릿수 줄임]을 눌러 소수점 이하 한 자리로 표시되게 한다.

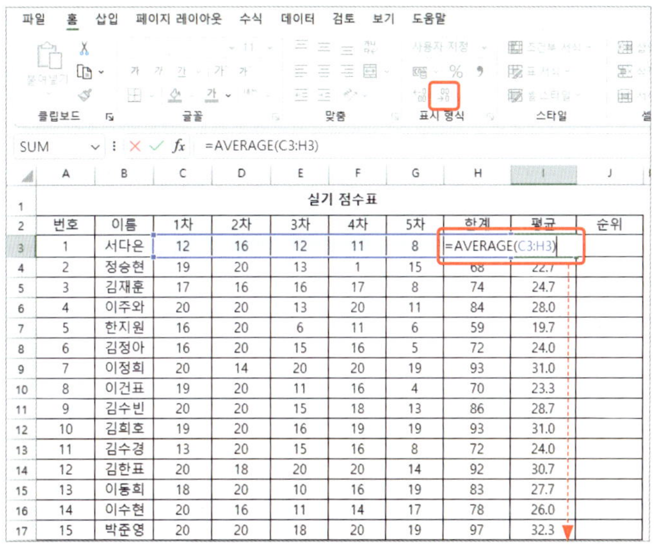

실기 점수표									
번호	이름	1차	2차	3차	4차	5차	합계	평균	순위
1	서다은	12	16	12	11	8	=AVERAGE(C3:H3)		
2	정승현	19	20	13	1	15	68	22.7	
3	김재훈	17	16	16	17	8	74	24.7	
4	이주와	20	20	13	20	11	84	28.0	
5	한지원	16	20	6	11	6	59	19.7	
6	김정아	16	20	15	16	5	72	24.0	
7	이정희	20	14	20	20	19	93	31.0	
8	이건표	19	20	11	16	4	70	23.3	
9	김수빈	20	20	15	18	13	86	28.7	
10	김희호	19	20	16	19	19	93	31.0	
11	김수경	13	20	15	16	8	72	24.0	
12	김한표	20	18	20	20	14	92	30.7	
13	이동희	18	20	10	16	19	83	27.7	
14	이수현	20	16	11	14	17	78	26.0	
15	박준영	20	20	18	20	19	97	32.3	

05 M2 셀에 **=COUNT(A3:A17)** 수식을 입력해 총인원을 계산한다.

실기 점수표									
번호	이름	1차	2차	3차	4차	5차	합계	평균	순위
1	서다은	12	16	12	11	8	59	19.7	
2	정승현	19	20	13	1	15	68	22.7	
3	김재훈	17	16	16	17	8	74	24.7	
4	이주와	20	20	13	20	11	84	28.0	
5	한지원	16	20	6	11	6	59	19.7	
6	김정아	16	20	15	16	5	72	24.0	
7	이정희	20	14	20	20	19	93	31.0	
8	이건표	19	20	11	16	4	70	23.3	
9	김수빈	20	20	15	18	13	86	28.7	
10	김희호	19	20	16	19	19	93	31.0	
11	김수경	13	20	15	16	8	72	24.0	
12	김한표	20	18	20	20	14	92	30.7	
13	이동희	18	20	10	16	19	83	27.7	
14	이수현	20	16	11	14	17	78	26.0	
15	박준영	20	20	18	20	19	97	32.3	

총인원	=COUNT(A3:A17)
최고점	
최저점	

1차 점수 분석	
표준편차	
분산	
중간값	

TIP COUNT 함수는 숫자 개수만 계산할 수 있으므로 텍스트 데이터인 '이름'(B3:B17)을 인수로 선택하지 않도록 주의한다.

06 M3 셀에 **=MAX(H3:H17)** 수식을 입력해 합계 데이터의 최고점을 구한다.

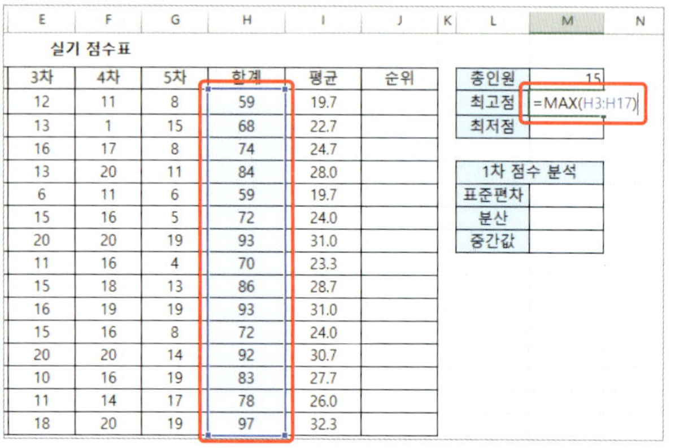

E	F	G	H	I	J	K	L	M
실기 점수표								
3차	4차	5차	합계	평균	순위		총인원	15
12	11	8	59	19.7			최고점	=MAX(H3:H17)
13	1	15	68	22.7			최저점	
16	17	8	74	24.7				
13	20	11	84	28.0			1차 점수 분석	
6	11	6	59	19.7			표준편차	
15	16	5	72	24.0			분산	
20	20	19	93	31.0			중간값	
11	16	4	70	23.3				
15	18	13	86	28.7				
16	19	19	93	31.0				
15	16	8	72	24.0				
20	20	14	92	30.7				
10	16	19	83	27.7				
11	14	17	78	26.0				
18	20	19	97	32.3				

07 M4 셀에 **=MIN(H3:H17)** 수식을 입력해 합계 데이터의 최저점을 구한다.

E	F	G	H	I	J	K	L	M
실기 점수표								
3차	4차	5차	합계	평균	순위		총인원	15
12	11	8	59	19.7			최고점	97
13	1	15	68	22.7			최저점	=MIN(H3:H17)
16	17	8	74	24.7				
13	20	11	84	28.0			1차 점수 분석	
6	11	6	59	19.7			표준편차	
15	16	5	72	24.0			분산	
20	20	19	93	31.0			중간값	
11	16	4	70	23.3				
15	18	13	86	28.7				
16	19	19	93	31.0				
15	16	8	72	24.0				
20	20	14	92	30.7				
10	16	19	83	27.7				
11	14	17	78	26.0				
18	20	19	97	32.3				

기본예제 3-2 표준편차, 분산, 중간값 구하기

모집단이나 표본집단의 데이터를 대상으로 하는 통계 및 분석을 위해 엑셀에서는 다양한 통계 함수를 제공하고 있다. 이번 실습에서는 데이터 산포도나 기댓값과의 거리를 계산하기 위한 표준편차와 분산 함수, 데이터 집합에서 큰 값과 작은 값 또는 중간값을 구하는 함수를 활용해 보자. 각 함수의 인수 형식과 기능은 다음과 같다.

함수명과 인수	기능
STDEV.P(number1, number2, …)	모집단의 표준편차를 구함
STDEV.S(number1, number2, …)	표본집단의 표준편차를 구함
VAR.P(number1, number2, …)	모집단의 분산을 구함
VAR.S(number1, number2, …)	표본집단의 분산을 구함
LARGE(array, k)	데이터 집합에서 k번째로 큰 값을 구함
SMALL(array, k)	데이터 집합에서 k번째로 작은 값을 구함
MEDIAN(number1, number2, …)	데이터 집합에서 중간값을 구함

01 1차 점수의 표준편차를 표시할 M7 셀을 선택하고 [수식] 탭–[함수 라이브러리] 그룹–[함수 더 보기] 목록에서 [통계]–[STDEV.S]를 선택한다.

02 [함수 인수] 대화상자가 나타나고, 1차 점수 C3:C17 범위를 드래그하면 [Number1] 입력란에 입력된다. [확인]을 눌러 대화상자를 닫으면 계산 결과가 표시된다.

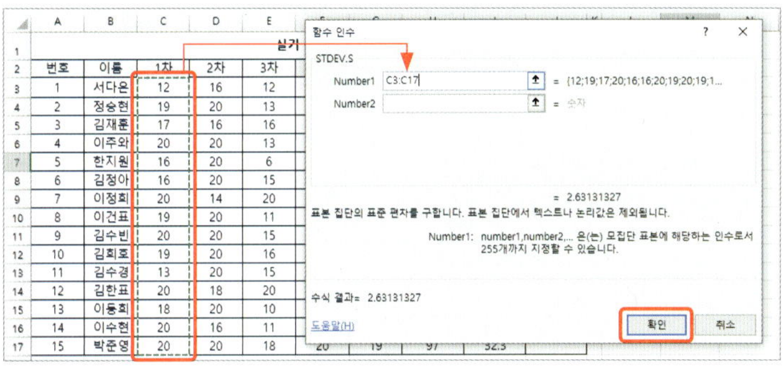

03 M8 셀에는 [수식] 탭–[함수 라이브러리] 그룹–[함수 더 보기] 목록에서 [통계]–[VAR.S]를 선택하고 1차 점수(C3:C17)의 분산을 계산한다.

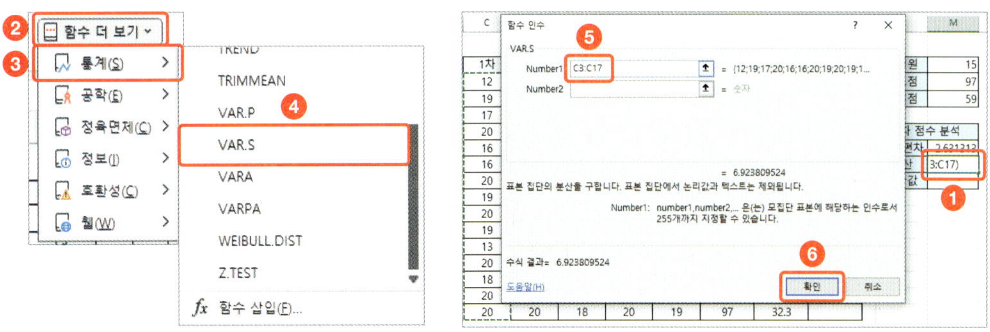

04 이번에는 함수 마법사를 이용해서 중간값을 구해 보자. M9 셀을 선택하고 [수식] 탭–[함수 라이브러리] 그룹–[함수 삽입]을 누른다.

05 [함수 마법사] 대화상자가 나타나면 [함수 검색]에 **중간값**을 입력하고 [검색]을 누른다. [함수 선택] 목록에서 [MEDIAN]을 선택하고 [확인]을 누른다.

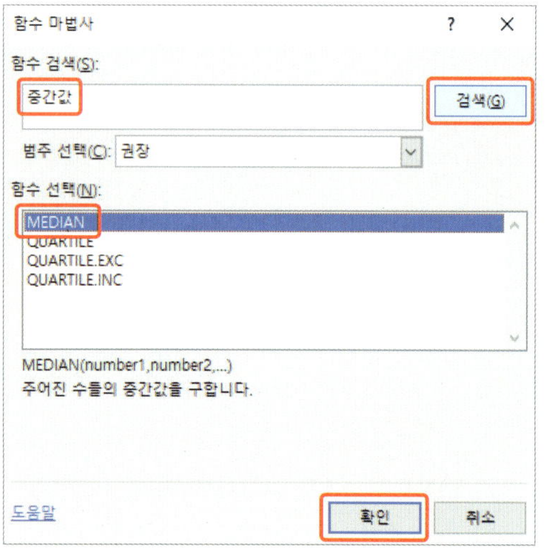

06 [함수 인수] 대화상자가 나타나면 1차 점수 **C3:C17** 범위를 드래그하고 [확인]을 누른다.

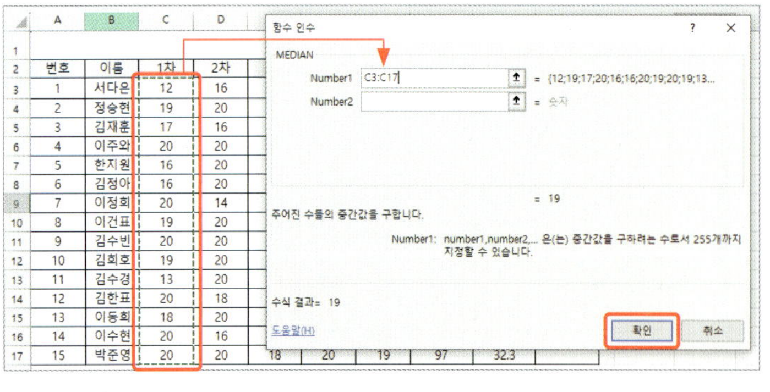

기본예제 3-3 반올림, 올림, 내림 계산하기

수학 함수 중에서 숫자의 반올림, 올림, 내림을 계산하는 ROUND, ROUNDUP, ROUNDDOWN 함수를 사용하여 '점수표' 시트의 데이터를 수정해 보자. 각 함수의 인수 형식과 기능은 다음과 같다.

함수명과 인수	기능
ROUND(number, number_digits)	지정한 자릿수로 숫자를 반올림
ROUNDUP(number, number_digits)	0에서 먼 방향으로 숫자를 올림
ROUNDDOWN(number, number_digits)	0에서 가까운 방향으로 숫자를 내림

01 '점수표' 시트를 열고 표준편차를 계산한 M7 셀을 선택한다. 반올림하여 소수점 이하 두 자리로 표시되도록 수식을 **=ROUND(STDEV.S(C3:C17),2)**로 수정한다.

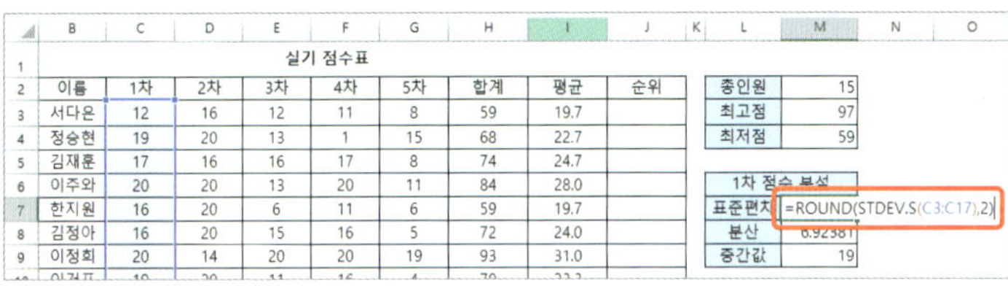

TIP ROUND 함수로 반올림하면 [표시 형식]의 [자릿수 줄임]과는 달리 셀에 저장되는 값 자체가 바뀐다. 다음 그림과 같이 [자릿수 늘림] 단추를 눌러 반올림된 값을 확인해 볼 수 있다.

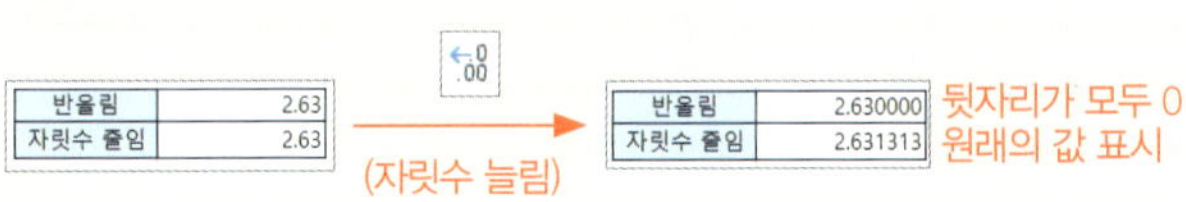

02 M8 셀은 **=ROUNDDOWN(VAR.S(C3:C17),0)**으로 수정해 분산의 소수점 이하 값을 버림한다.

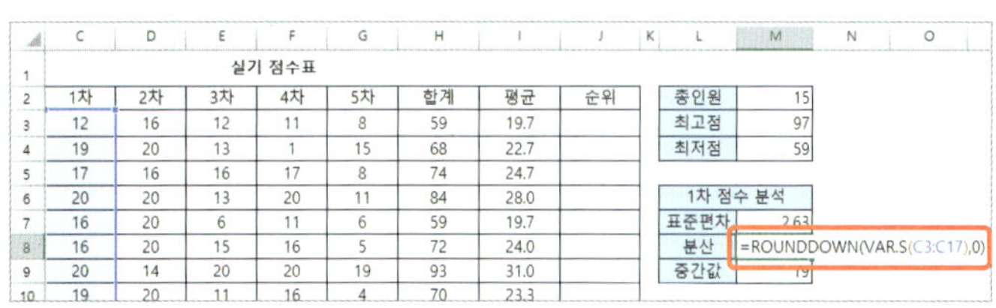

TIP 반올림, 내림, 올림 함수에서 사용하는 두 번째 인수 'number_digits'는 다음과 같이 자릿수를 지정하는 번호이다. 가령 M7 셀의 값이 1234.567일 때 ROUND(M7, 1)의 결과는 소수점 이하 첫째 자리(number_digits=1)까지 표시하도록 반올림한 1234.6이 된다.

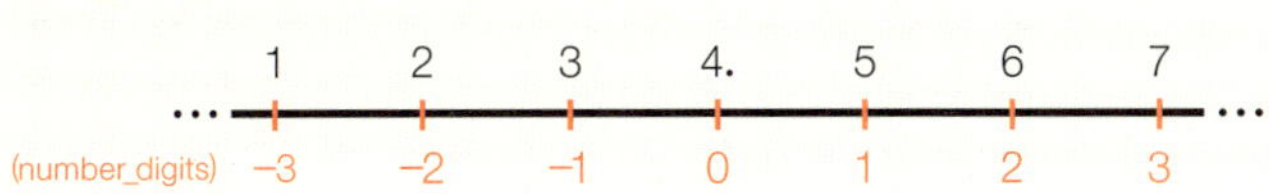

기본예제 3-4 데이터 크기에 따른 순위 구하기

데이터 크기에 따른 순위를 구하는 RANK.EQ 함수와 RANK.AVG 함수는 순위를 표시하는 방법에 차이가 있다. RANK.EQ 함수에서는 데이터 크기가 같은 경우 높은 순위로 표시하고, RANK.AVG 함수는 데이터 크기가 같은 경우 평균 순위로 표시한다. 각 함수의 인수 형식과 기능은 다음과 같다.

함수명과 인수	기능
RANK.EQ(number, ref, order)	목록 내에서 지정한 수의 상대적인 크기 순위를 구하며 둘 이상의 값이 순위가 같으면 가장 높은 순위를 반환
RANK.AVG(number, ref, order)	둘 이상의 값이 순위가 같으면 평균 순위를 반환

TIP RANK.EQ 함수와 RANK.AVG 함수의 순위 계산 기준이 다르기 때문에 다음과 같이 점수의 순위를 구할 때 표시되는 결과가 다르다.

점수	RANK.EQ 순위	RANK.AVG 순위
80	2	2.5
65	5	5
80	2	2.5
90	1	1
70	4	4

01 '점수표' 시트의 J3 셀을 선택하고 [수식] 탭-[함수 라이브러리] 그룹-[함수 더 보기] 목록에서 [통계]-[RANK.EQ]를 선택한다.

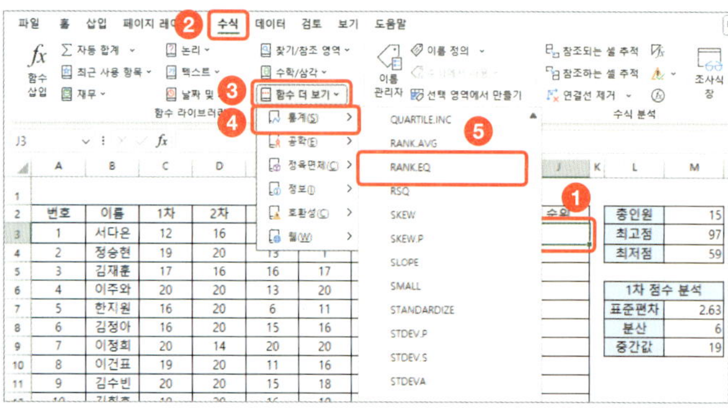

02 [함수 인수] 대화상자의 [Number]에는 **H3**을, [Ref]에는 **$H$3:$H$17**을 입력한다. [Order]에는 값을 입력하지 않고 [확인]을 누른다.

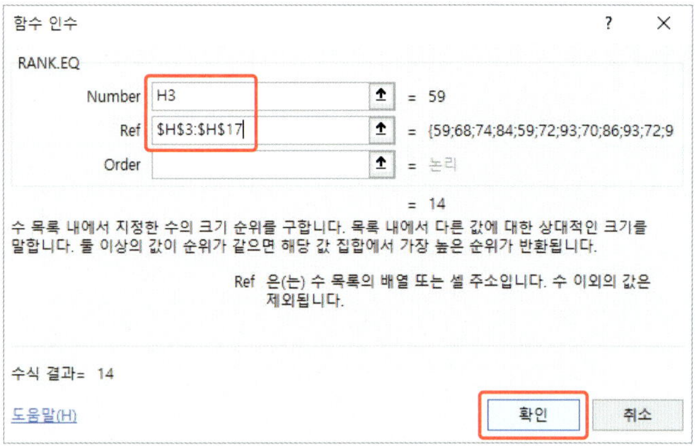

TIP [Ref] 인수에 숫자 범위를 지정할 때는 F4를 눌러 절대 참조로 설정한다. 나중에 수식을 복사할 때 참조하는 범위가 변경되지 않도록 하기 위해서이다.

TIP [Order] 인수를 생략하거나 0으로 입력하면 내림차순으로 순위를 계산하고 그 이외의 값을 지정하면 오름차순으로 순위를 계산한다.

03 J3 셀의 채우기 핸들을 더블클릭해 수식을 복사하면 모든 순위를 구할 수 있다.

	A	B	C	D	E	F	G	H	I	J
1	실기 점수표									
2	번호	이름	1차	2차	3차	4차	5차	합계	평균	순위
3	1	서다은	12	16	12	11	8	59	19.7	14
4	2	정승현	19	20	13	1	15	68	22.7	13
5	3	김재훈	17	16	16	17	8	74	24.7	9
6	4	이주와	20	20	13	20	11	84	28.0	6
7	5	한지원	16	20	6	11	6	59	19.7	14
8	6	김정아	16	20	15	16	5	72	24.0	10
9	7	이정희	20	14	20	20	19	93	31.0	2
10	8	이건표	19	20	11	16	4	70	23.3	12
11	9	김수빈	20	20	15	18	13	86	28.7	5
12	10	김희호	19	20	16	19	19	93	31.0	2
13	11	김수경	13	20	15	16	8	72	24.0	10
14	12	김한표	20	18	20	20	14	92	30.7	4
15	13	이동희	18	20	10	16	19	83	27.7	7
16	14	이수현	20	16	11	14	17	78	26.0	8
17	15	박준영	20	20	18	20	19	97	32.3	1

SECTION 03

텍스트 함수와 날짜/시간 함수 사용하기

텍스트 데이터에서 필요한 문자를 일부 추출하는 텍스트 함수와 현재 날짜를 표시하거나 경과 기간을 계산하는 날짜/시간 함수의 사용 방법을 알아본다.

3.1 텍스트 함수

문자열은 하나 이상의 텍스트로 이루어진 데이터를 말하는데, 이러한 문자열에서 원하는 정보를 추출하기 위한 텍스트 함수는 다음과 같다.

함수명과 인수	기능
LEFT(text, num_chars)	문자열의 시작 지점부터 지정한 개수만큼 문자를 추출
RIGHT(text, num_chars)	문자열의 끝 지점부터 지정한 개수만큼 문자를 추출
MID(text, start_num, num_chars)	문자열의 지정 위치부터 지정한 개수만큼 문자를 추출
FIND(find_text, within_text, start_num)	지정한 텍스트를 다른 텍스트에서 찾아 해당 위치를 구함

기본예제 3-5 수강생 정보 추출하기

입력된 문자열로부터 생년월일이나 지역 등 필요한 정보를 추출하여 표시해 보자.

01 '3장_실습.xlsx' 파일의 '수강생' 시트를 선택한다.

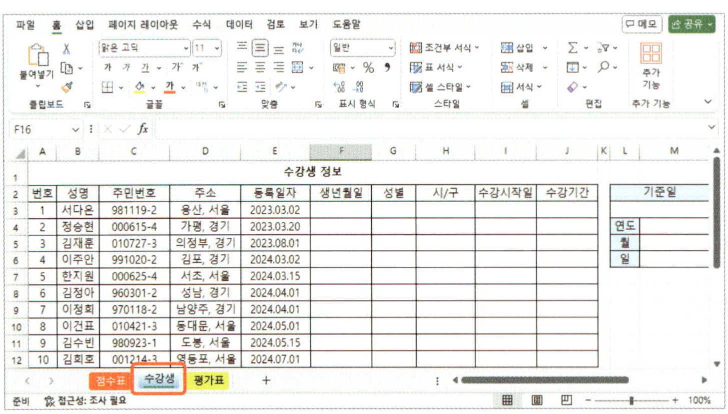

02 F3 셀에 **=LEFT(C3,6)** 수식을 입력하고 Enter 를 누른다

TIP 주민번호에서 생일 정보 네 자리(월일)만 추출하려면 **=MID(C3,3,4)** 수식을 사용한다.

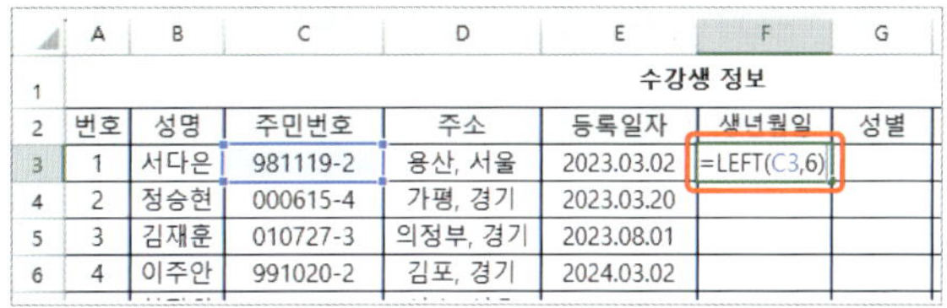

	A	B	C	D	E	F	G
1					수강생 정보		
2		번호	성명	주민번호	주소	등록일자	생년월일	성별
3		1	서다은	981119-2	용산, 서울	2023.03.02	=LEFT(C3,6)	
4		2	정승현	000615-4	가평, 경기	2023.03.20		
5		3	김재훈	010727-3	의정부, 경기	2023.08.01		
6		4	이주안	991020-2	김포, 경기	2024.03.02		

03 F3 셀의 채우기 핸들을 더블클릭하여 수식을 복사하면 생년월일이 모두 표시된다.

	번호	성명	주민번호	주소	등록일자	생년월일	성별
1					수강생 정보		
2	번호	성명	주민번호	주소	등록일자	생년월일	성별
3	1	서다은	981119-2	용산, 서울	2023.03.02	981119	
4	2	정승현	000615-4	가평, 경기	2023.03.20	000615	
5	3	김재훈	010727-3	의정부, 경기	2023.08.01	010727	
6	4	이주안	991020-2	김포, 경기	2024.03.02	991020	
7	5	한지원	000625-4	서초, 서울	2024.03.15	000625	
8	6	김정아	960301-2	성남, 경기	2024.04.01	960301	
9	7	이정희	970118-2	남양주, 경기	2024.04.01	970118	
10	8	이건표	010421-3	동대문, 서울	2024.05.01	010421	
11	9	김수빈	980923-1	도봉, 서울	2024.05.15	980923	
12	10	김희호	001214-3	영등포, 서울	2024.07.01	001214	

04 G3 셀에 **=RIGHT(C3)** 수식을 입력하고 Enter 를 눌러 주민번호에서 성별 정보를 추출한다. G3 셀의 채우기 핸들을 더블클릭하여 수식을 복사한다.

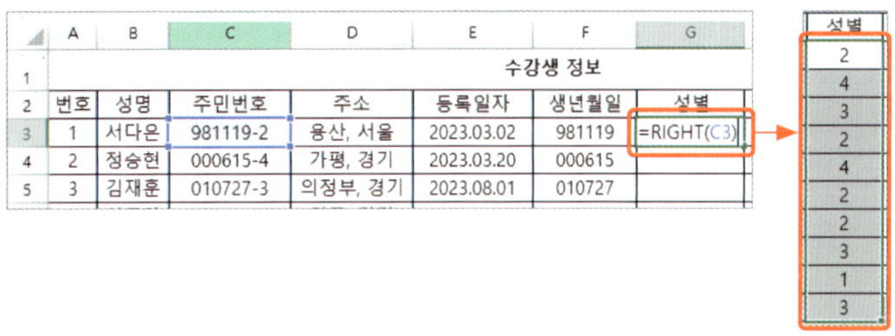

	번호	성명	주민번호	주소	등록일자	생년월일	성별
1				수강생 정보			
2	번호	성명	주민번호	주소	등록일자	생년월일	성별
3	1	서다은	981119-2	용산, 서울	2023.03.02	981119	=RIGHT(C3)
4	2	정승현	000615-4	가평, 경기	2023.03.20	000615	
5	3	김재훈	010727-3	의정부, 경기	2023.08.01	010727	

성별
2
4
3
2
4
2
2
3
1
3

TIP **=RIGHT(C3,1)** 수식을 사용해도 된다. 문자를 하나만 추출하려면 개수를 생략할 수 있다. 성별을 숫자로 표시하지 않고 '남' 또는 '여'와 같이 문자로 표시하려면 SECTION 04에서 다루는 IF 함수를 이용한다.

05 시/구 정보를 표시할 H3 셀에 **=LEFT(D3,FIND(",",D3)–1)** 수식을 입력한다. H3 셀의 채우기 핸들을 더블클릭하여 수식을 복사하면 모든 수강생의 지역 정보가 표시된다.

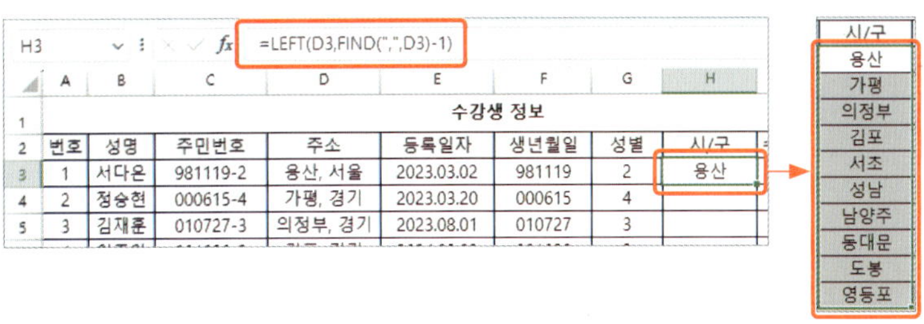

H3 fx =LEFT(D3,FIND(",",D3)-1)

	번호	성명	주민번호	주소	등록일자	생년월일	성별	시/구
1					수강생 정보			
2	번호	성명	주민번호	주소	등록일자	생년월일	성별	시/구
3	1	서다은	981119-2	용산, 서울	2023.03.02	981119	2	용산
4	2	정승현	000615-4	가평, 경기	2023.03.20	000615	4	
5	3	김재훈	010727-3	의정부, 경기	2023.08.01	010727	3	

시/구
용산
가평
의정부
김포
서초
성남
남양주
동대문
도봉
영등포

TIP FIND 함수는 텍스트에서 특정 값의 위치를 찾는 함수이다. **FIND(",",D3)**로 주소에서 쉼표(,)의 위치를 찾은 후, LEFT 함수로 쉼표 바로 앞자리(–1)까지 추출하는 수식이다. 함수 안에 또 다른 함수가 중첩된 형태로, 중첩된 구조에서는 안쪽에 있는 함수가 먼저 실행된다.

3.2 날짜/시간 함수

엑셀의 날짜와 시간 데이터는 저장하거나 계산할 때 숫자형으로 처리된다. 날짜 데이터는 1900년 1월 1일을 기준으로 하루가 지날 때마다 1씩 증가하는 일련번호와 같은 개념이다. 따라서 1900년 1월 2일은 2, 2024년 1월 1일은 45292, 2025년 1월 1일은 45658로 저장되며 숫자처럼 계산에 사용할 수 있다. 셀에 숫자 1을 입력하고 '일반'이나 '숫자' 대신 '날짜' 표시 형식으로 설정하면 1900년 1월 1일로 표시된다.

날짜 형식		일반
1900-01-01	⇔	1
1900-01-02	⇔	2
2024-01-01	⇔	45292
2025-01-01	⇔	45658

기본예제 3-6 현재 날짜를 표시하고 연, 월, 일 추출하기

현재 날짜를 셀에 표시하거나 날짜 데이터에서 연도나 월, 일을 구할 때 필요한 함수의 사용법을 알아보자.

함수명과 인수	기능
TODAY( )	현재 날짜의 일련번호를 계산해서 날짜 서식으로 표시
NOW( )	현재 날짜와 시간의 일련번호를 계산해서 날짜와 시간 형식으로 표시
YEAR(serial_number)	특정 날짜의 연도를 1900~9999 사이의 정수로 표시
MONTH(serial_number)	특정 날짜의 월을 1~12 사이의 정수로 표시
DAY(serial_number)	특정 날짜의 일을 1~31 사이의 정수로 표시

01 '수강생' 시트에서 L3 셀을 선택하고 **=TODAY()** 수식을 입력한다.

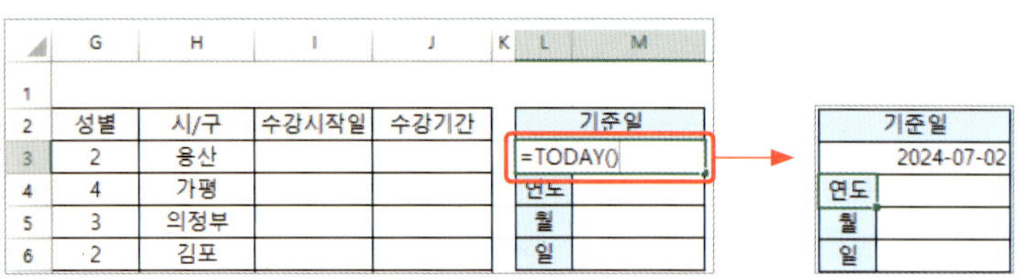

TIP TODAY 함수 대신 **=NOW( )** 수식을 사용해도 된다. NOW 함수는 현재 날짜와 시간을 함께 표시한다. TODAY 함수나 NOW 함수로 구한 날짜는 통합 문서나 시트를 열거나 시트를 다시 계산할 때 업데이트되는 동적인 값이다. 반면, 단축키 [Ctrl]+[;]로 입력한 현재 날짜는 수정하기 전까지는 바뀌지 않는다.

02 M4 셀에 **=YEAR(TODAY())** 수식을 입력하면 현재 날짜에서 연도만 가져와 표시할 수 있다.

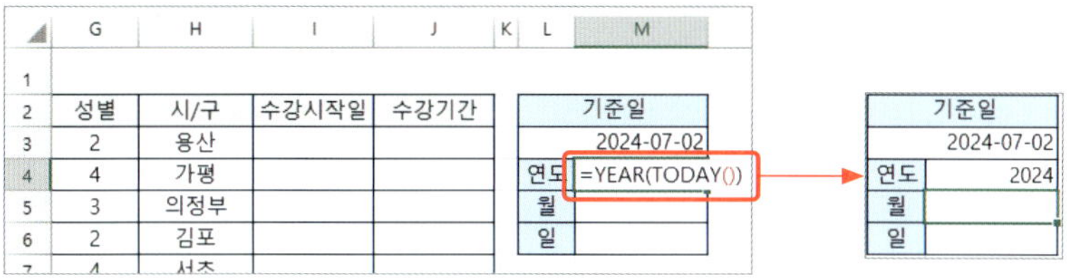

03 날짜에서 월과 일을 분리해서 표시하기 위해 M5 셀과 M6 셀에 **=MONTH(TODAY())** 수식과 **=DAY(TODAY())** 수식을 각각 입력한다.

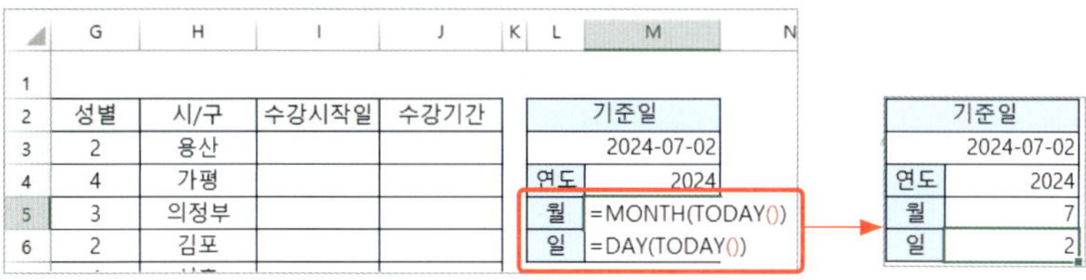

기본예제 3-7 등록일을 날짜 형식으로 바꾸기

두 날짜 사이의 경과 기간을 구하려면 날짜 형식의 데이터가 필요하다. '수강생' 시트의 '등록일자'에 입력된 날짜는 텍스트 형식이라 '수강기간'을 계산할 때 바로 사용할 수 없다. DATE 함수를 사용해 '등록일자'를 날짜 형식으로 변환해 보자.

함수명과 인수	기능
DATE(year, month, day)	세 가지 인수의 값을 결합하여 날짜를 생성

01 I3 셀을 선택하고 [수식] 탭–[함수 라이브러리] 그룹–[날짜 및 시간] 목록에서 [DATE]를 선택한다.

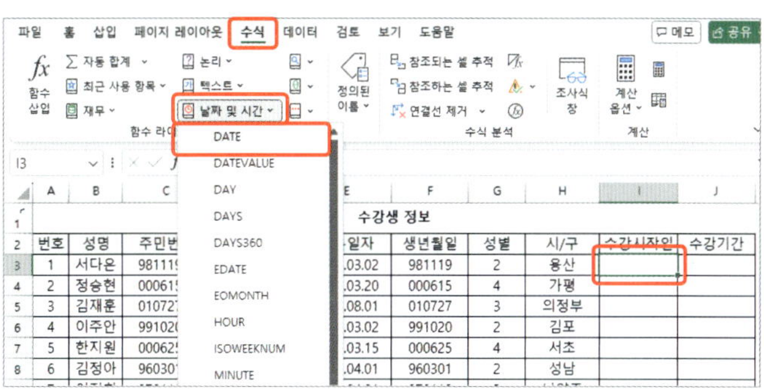

02 [함수 인수] 대화상자의 [Year]에 **LEFT(E3,4)**를 입력한다.

TIP '등록일자'의 왼쪽 네 자리를 추출해 연도로 사용한다.

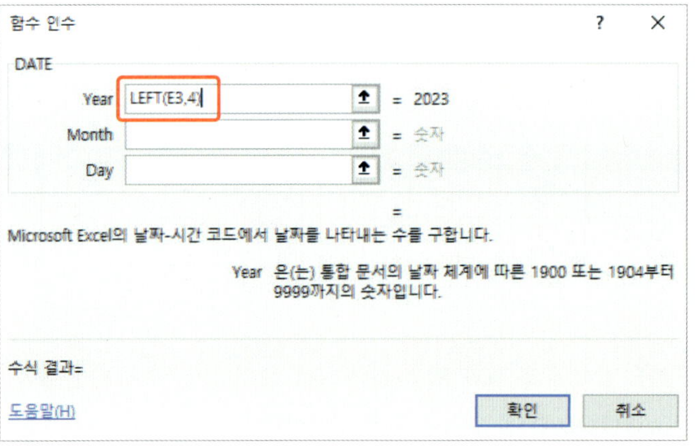

03 [Month]에는 **MID(E3,6,2)**를 입력한다.

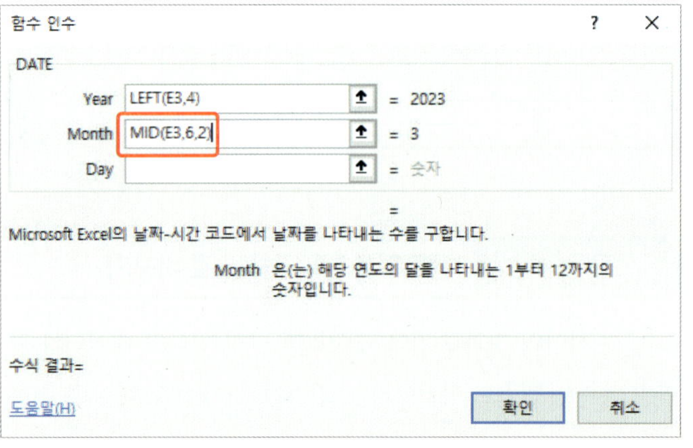

04 [Day]에 **RIGHT(E3,2)**를 입력하고 [확인]을 누른다.

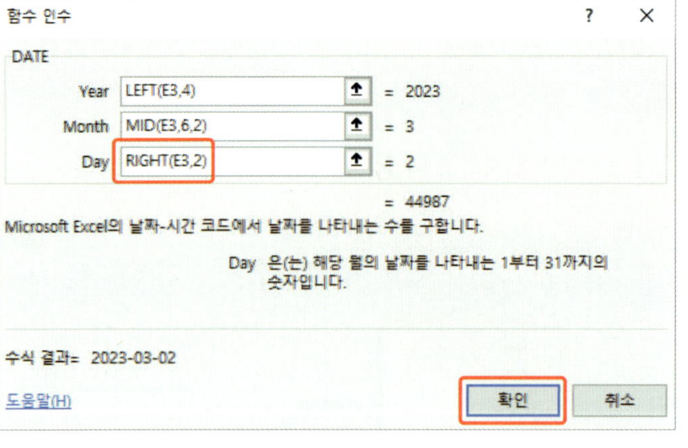

05 I3 셀의 채우기 핸들을 더블클릭한다. '등록일자'를 날짜 데이터로 바꿔 '수강시작일'로 표시할 수 있다.

	A	B	C	D	E	F	G	H	I	J
1	수강생 정보									
2	번호	성명	주민번호	주소	등록일자	생년월일	성별	시/구	수강시작일	수강기간
3	1	서다은	981119-2	용산, 서울	2023.03.02	981119	2	용산	2023-03-02	
4	2	정승현	000615-4	가평, 경기	2023.03.20	000615	4	가평	2023-03-20	
5	3	김재훈	010727-3	의정부, 경기	2023.08.01	010727	3	의정부	2023-08-01	
6	4	이주안	991020-2	김포, 경기	2024.03.02	991020	2	김포	2024-03-02	
7	5	한지원	000625-4	서초, 서울	2024.03.15	000625	4	서초	2024-03-15	
8	6	김정아	960301-2	성남, 경기	2024.04.01	960301	2	성남	2024-04-01	
9	7	이정희	970118-2	남양주, 경기	2024.04.01	970118	2	남양주	2024-04-01	
10	8	이건표	010421-3	동대문, 서울	2024.05.01	010421	3	동대문	2024-05-01	
11	9	김수빈	980923-1	도봉, 서울	2024.05.15	980923	1	도봉	2024-05-15	
12	10	김희호	001214-3	영등포, 서울	2024.07.01	001214	3	영등포	2024-07-01	

기본예제 3-8 경과 기간 구하기

'수강시작일'로 '수강기간'을 계산해 보자. 두 날짜 데이터 사이의 경과 기간을 구하는 DATEDIF 함수를 이용하면 된다. DATEDIF 함수는 이전 통합 문서와의 호환성을 지원하기 위해 제공되는 함수로, 함수 라이브러리 목록에는 표시되지 않는다.

함수명과 인수	기능
DATEDIF(start_date, end_date, unit)	두 날짜 사이의 경과 기간을 계산하는 함수이며, 인수 unit은 계산 결과를 표시하는 형식임

인수 unit에 사용하는 형식은 다음과 같으며 이때 대소문자는 구분하지 않는다.

인수 형식	의미
"y"	경과 연수를 계산
"m"	경과 개월을 계산
"d"	경과 일수를 계산
"ym"	경과 연수를 뺀 나머지 개월을 계산
"yd"	경과 연수를 뺀 나머지 일수를 계산
"md"	경과 개월을 뺀 나머지 일수를 계산

01 '수강생' 시트의 J3 셀에 **=DATEDIF(I3,TODAY(),"m")&"개월"** 수식을 입력한다.

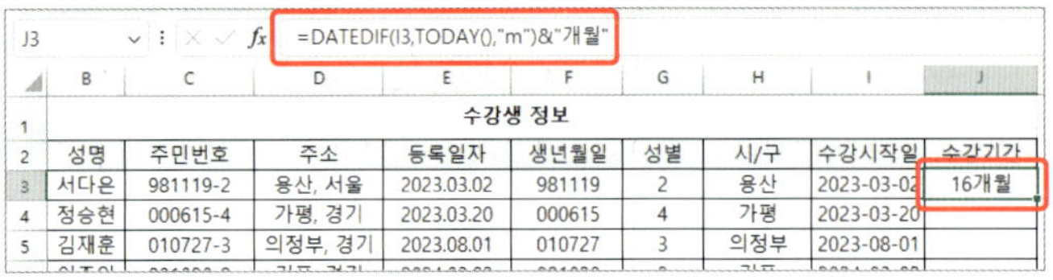

J3 | =DATEDIF(I3,TODAY(),"m")&"개월"

	B	C	D	E	F	G	H	I	J
1	수강생 정보								
2	성명	주민번호	주소	등록일자	생년월일	성별	시/구	수강시작일	수강기간
3	서다은	981119-2	용산, 서울	2023.03.02	981119	2	용산	2023-03-02	16개월
4	정승현	000615-4	가평, 경기	2023.03.20	000615	4	가평	2023-03-20	
5	김재훈	010727-3	의정부, 경기	2023.08.01	010727	3	의정부	2023-08-01	

> **TIP** 현재 날짜를 기준으로 경과 기간을 계산하기 위해 TODAY 함수를 사용한다. 계산 결과에 "개월"을 단위로 붙여 이해하기 쉽게 표시한다.

02 J3 셀의 채우기 핸들을 더블클릭하여 '수강기간'을 모두 계산한다.

	B	C	D	E	F	G	H	I	J
1	수강생 정보								
2	성명	주민번호	주소	등록일자	생년월일	성별	시/구	수강시작일	수강기간
3	서다은	981119-2	용산, 서울	2023.03.02	981119	2	용산	2023-03-02	16개월
4	정승현	000615-4	가평, 경기	2023.03.20	000615	4	가평	2023-03-20	15개월
5	김재훈	010727-3	의정부, 경기	2023.08.01	010727	3	의정부	2023-08-01	11개월
6	이주안	991020-2	김포, 경기	2024.03.02	991020	2	김포	2024-03-02	4개월
7	한지원	000625-4	서초, 서울	2024.03.15	000625	4	서초	2024-03-15	3개월
8	김정아	960301-2	성남, 경기	2024.04.01	960301	2	성남	2024-04-01	3개월
9	이정희	970118-2	남양주, 경기	2024.04.01	970118	2	남양주	2024-04-01	3개월
10	이건표	010421-3	동대문, 서울	2024.05.01	010421	3	동대문	2024-05-01	2개월
11	김수빈	980923-1	도봉, 서울	2024.05.15	980923	1	도봉	2024-05-15	1개월
12	김희호	001214-3	영등포, 서울	2024.07.01	001214	3	영등포	2024-07-01	0개월

03 '수강기간'을 **~년 ~개월**로 수정해 보자. J3 셀의 수식을 **=DATEDIF(I3,TODAY(),"y")&"년" &DATEDIF(I3,TODAY(),"ym")&"개월"**로 수정한 후 채우기 핸들을 더블클릭한다.

J3 | =DATEDIF(I3,TODAY(),"y")&"년 "&DATEDIF(I3,TODAY(),"ym")&"개월"

	B	C	D	E	F	G	H	I	J
1	수강생 정보								
2	성명	주민번호	주소	등록일자	생년월일	성별	시/구	수강시작일	수강기간
3	서다은	981119-2	용산, 서울	2023.03.02	981119	2	용산	2023-03-02	1년 4개월
4	정승현	000615-4	가평, 경기	2023.03.20	000615	4	가평	2023-03-20	1년 3개월
5	김재훈	010727-3	의정부, 경기	2023.08.01	010727	3	의정부	2023-08-01	0년 11개월
6	이주안	991020-2	김포, 경기	2024.03.02	991020	2	김포	2024-03-02	0년 4개월
7	한지원	000625-4	서초, 서울	2024.03.15	000625	4	서초	2024-03-15	0년 3개월
8	김정아	960301-2	성남, 경기	2024.04.01	960301	2	성남	2024-04-01	0년 3개월
9	이정희	970118-2	남양주, 경기	2024.04.01	970118	2	남양주	2024-04-01	0년 3개월
10	이건표	010421-3	동대문, 서울	2024.05.01	010421	3	동대문	2024-05-01	0년 2개월
11	김수빈	980923-1	도봉, 서울	2024.05.15	980923	1	도봉	2024-05-15	0년 1개월
12	김희호	001214-3	영등포, 서울	2024.07.01	001214	3	영등포	2024-07-01	0년 0개월

> **TIP** TODAY 함수에서 가져온 현재 날짜를 기준으로 계산한 결과이므로, 수식을 실행한 시점에 따라 결과가 다르게 표시된다.

SECTION 04

논리 함수 사용하기

논리 함수에는 주어진 조건을 참(TRUE) 또는 거짓(FALSE)으로 판단하고 그 결과에 따라 셀에 값을 표시하는 IF 함수, 조건을 두 가지 이상 결합하는 AND, OR, NOT 함수 등이 있다. 논리 함수를 사용하여 조건에 따라 값을 다르게 표시하는 방법과 여러 조건울 결합한 조건식을 만드는 방법을 알아본다.

4.1 조건 선택 함수

엑셀에서 가장 많이 사용하는 함수 중 하나인 IF 함수는 첫 번째 인수로 입력한 조건식을 계산하여 논리값(TRUE/FALSE)으로 판단하고, 각 경우에 표시할 결과를 두 번째 인수와 세 번째 인수로 지정한다.

함수명과 인수	기능
IF(logical_test, value_if_true, value_if_false)	TRUE나 FALSE로 판정되는 수식을 논리 검사하여 TRUE일 때와 FALSE일 때 셀에 표시할 값을 지정

기본예제 3-9 조건에 따라 성별 표시하기

[기본예제 3-5]에서는 '수강생' 시트의 주민번호 데이터에서 성별 정보를 추출하여 1~4의 값으로 나타내었다. IF 함수를 사용하여 성별을 '남' 또는 '여'로 구분하여 표시하도록 수정해 보자.

01 '3장_실습.xlsx' 파일의 '평가표' 시트를 선택한다.

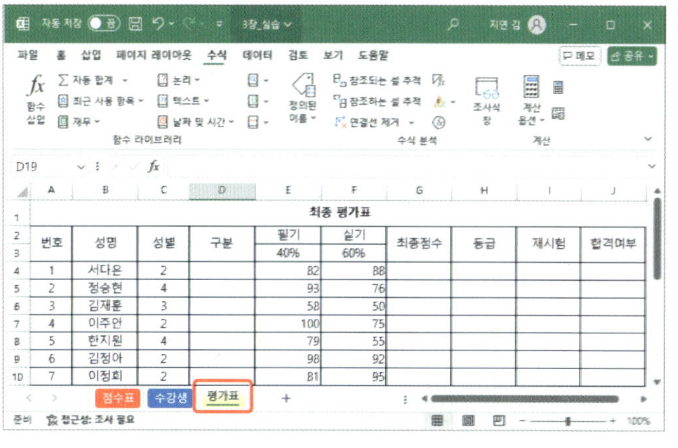

02 D4 셀을 선택하고 **=IF(ISOD D(C4),"남","여")** 수식을 입력한다.

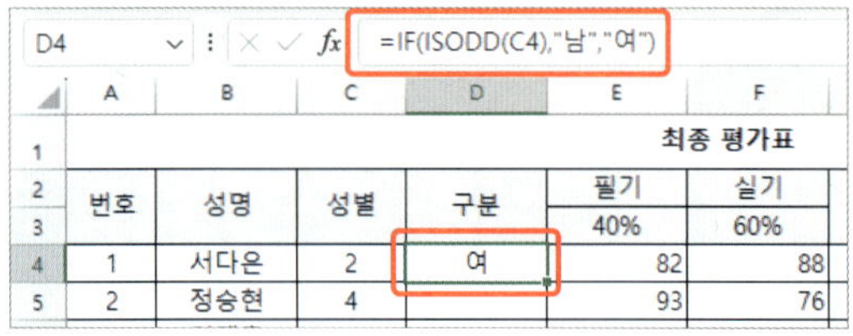

	A	B	C	D	E	F
1					최종 평가표	
2	번호	성명	성별	구분	필기	실기
3					40%	60%
4	1	서다은	2	여	82	88
5	2	정승현	4		93	76

TIP 주민번호에서 성별을 나타내는 8번째 숫자가 1 또는 3이면 남자, 2 또는 4이면 여자를 의미한다. 값이 홀수인지 검사하는 ISODD 함수로 이 값을 먼저 판단한 다음, IF 함수를 실행해 TRUE일 때는 '남', FALSE이면 '여'라고 D4 셀에 표시한다. ISODD 함수는 정보 함수의 일종으로, 정보 함수들은 셀 값이나 데이터 형식, 오류 종류 등을 검사해서 결과를 TRUE/FALSE로 반환한다.

03 D4 셀의 채우기 핸들을 더블 클릭하면 수식이 복사되어 모든 사람의 성별이 표시된다.

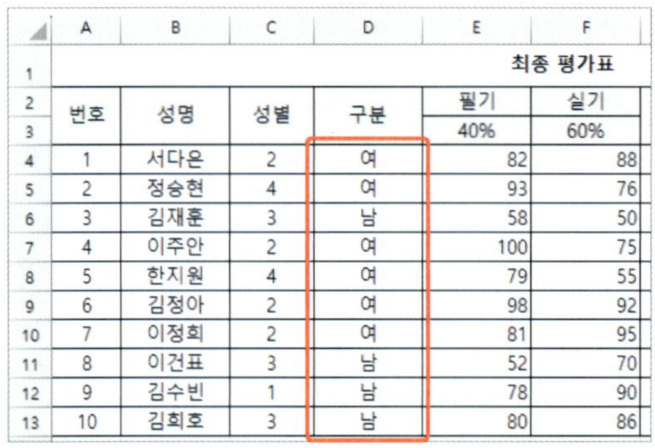

	A	B	C	D	E	F
1					최종 평가표	
2	번호	성명	성별	구분	필기	실기
3					40%	60%
4	1	서다은	2	여	82	88
5	2	정승현	4	여	93	76
6	3	김재훈	3	남	58	50
7	4	이주안	2	여	100	75
8	5	한지원	4	여	79	55
9	6	김정아	2	여	98	92
10	7	이정희	2	여	81	95
11	8	이건표	3	남	52	70
12	9	김수빈	1	남	78	90
13	10	김희호	3	남	80	86

기본예제 3-10 최종점수에 따라 등급 판단하기

조건에 따라 데이터를 선택하는 IF 함수는 필요한 경우 중첩 형태로 사용할 수 있다. IF 함수의 두 번째나 세 번째 인수로 IF 함수를 다시 사용하는 경우를 중첩되었다고 하며, 이런 경우 두 개 이상의 조건을 검사할 수 있다. IF 함수를 중첩 사용하여 최종점수가 90 이상이면 '상', 70 이상이면 '중', 그 외의 경우 '하'로 평가한 결과를 '등급'에 표시해 보자.

01 '평가표' 시트를 열고 최종점수를 먼저 계산한다. G4 셀을 선택하고 [수식] 탭–[함수 라이브러리] 그룹–[수학/삼각] 목록에서 [SUM PRODUCT]를 선택한다.

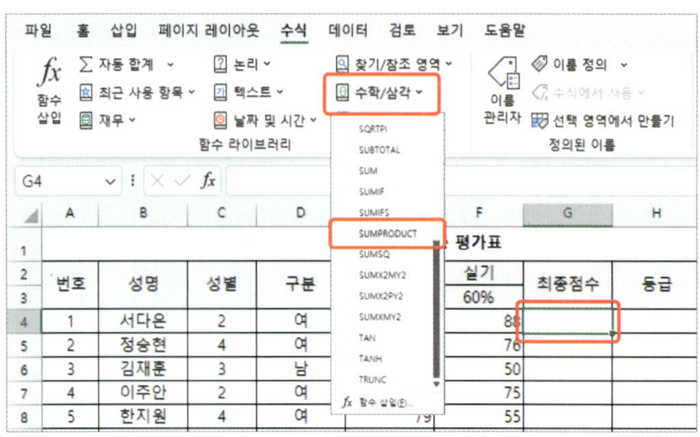

TIP 최종점수는 필기와 실기 점수에 배점 비율(40%, 60%)을 각각 곱한 후 합계를 계산하면 되므로, 곱한 값의 합계를 구하는 SUM PRODUCT 함수를 사용한다.

02 [함수 인수] 대화상자가 나타난다. [Array1]에 배점 비율인 **E3:F3** 범위를 선택한 후 F4를 눌러 절대 참조로 바꾼다. [Array2]에는 필기와 실기 점수인 **E4:F4** 범위를 선택하고 [확인]을 누른다. G4 셀의 수식을 복사하여 최종점수를 모두 계산한다.

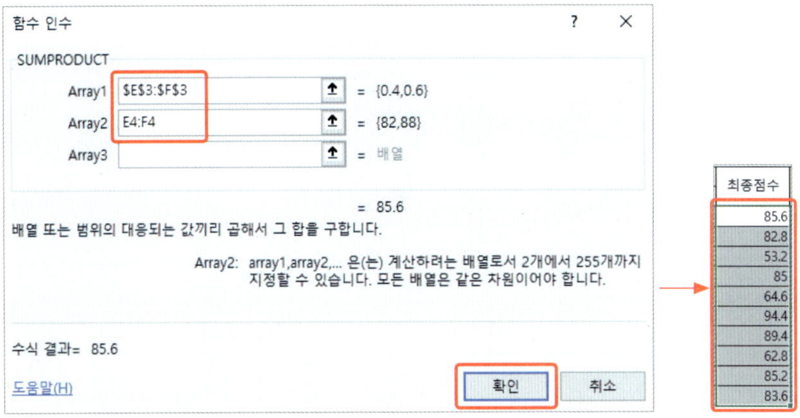

TIP 수식을 복사할 때 배점 비율 범위(E3:F3)를 고정하기 위해 절대 참조로 설정한다.

03 계산된 '최종점수'에 따라 '등급'을 구한다. H4 셀을 선택하고 [수식] 탭-[함수 라이브러리] 그룹-[논리] 목록에서 [IF]를 선택한다.

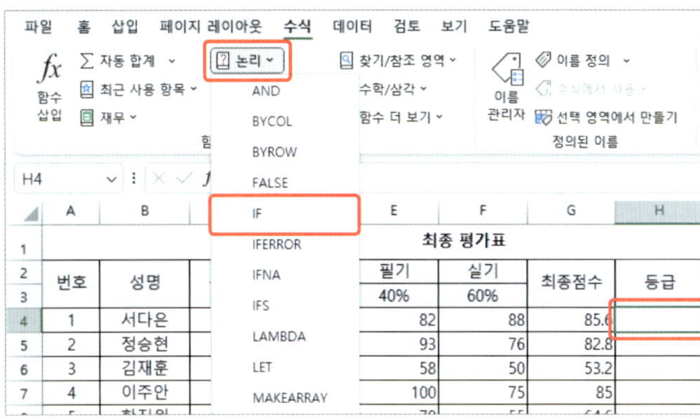

04 [함수 인수] 대화상자의 [Logical_test]에 조건식인 **G4>=90**을 입력한다.

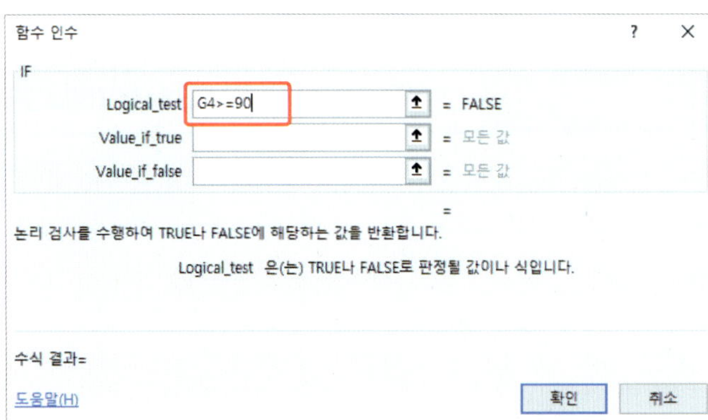

05 조건식이 TRUE인 경우 표시할 값인 [Value_if_true]에 **"상"**을, [Value_if_false]에는 **IF(G4>=70,"중","하")** 수식을 입력하고 [확인]을 누른다.

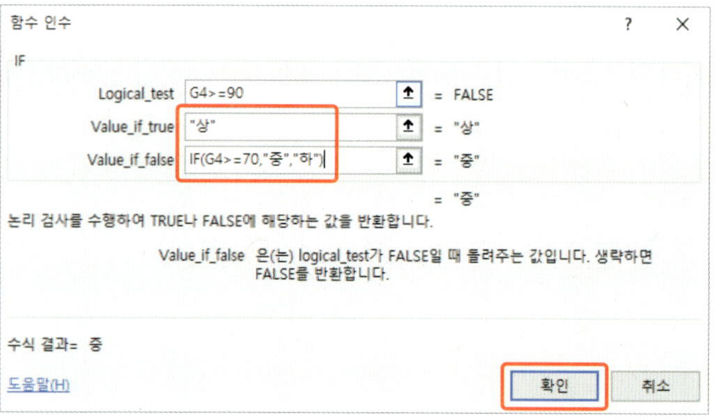

06 H4 셀의 채우기 핸들을 더블클릭하여 등급을 모두 표시한다.

TIP 등급 계산처럼 여러 조건을 검사할 때는 IFS 함수를 사용해 **=IFS(G4>=90,"상",G4>=70,"중",TRUE,"하")** 수식을 입력해도 된다.

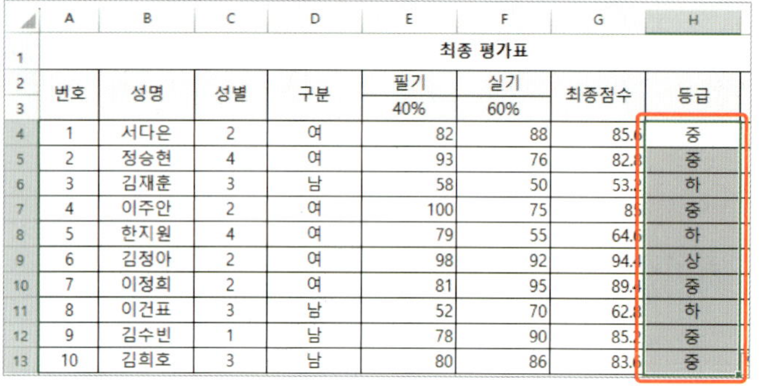

번호	성명	성별	구분	필기 40%	실기 60%	최종점수	등급
1	서다운	2	여	82	88	85.6	중
2	정승현	4	여	93	76	82.8	중
3	김재훈	3	남	58	50	53.2	하
4	이주안	2	여	100	75	85	중
5	한지원	4	여	79	55	64.6	하
6	김정아	2	여	98	92	94.4	상
7	이정희	2	여	81	95	89.4	중
8	이건표	3	남	52	70	62.8	하
9	김수빈	1	남	78	90	85.2	중
10	김희호	3	남	80	86	83.6	중

4.2 조건 결합 함수

여러 가지 조건을 검사할 때는 논리 함수 AND와 OR, NOT으로 수식을 결합한 뒤 IF 함수의 조건식으로 사용할 수 있다.

함수명과 인수	기능
AND(logical1, logical2, …)	모든 인수의 검사 결과가 TRUE이면 TRUE를 반환
OR(logical1, logical2, …)	하나 이상의 인수가 TRUE이면 TRUE를 반환하고, 모든 인수가 FALSE인 경우만 FALSE를 반환
NOT(logical)	인수를 TRUE와 FALSE로 판단하여 그 반대 값을 반환

기본예제 3-11 조건을 결합하여 재시험과 합격여부 표시하기

여러 조건을 결합하여 검사하는 함수 AND와 OR을 이용하여 수강생의 재시험 및 합격여부를 표시해 보자.

TIP 필기와 실기 점수 중 한 번이라도 60점 미만이면 '재시험'으로 표기한다. '합격여부'에는 최종점수가 85점 이상이고 재시험 대상이 아닌 경우 '합격'으로, 그렇지 않으면 '불합격'으로 표시한다.

01 I4 셀을 선택하고 [수식] 탭-[함수 라이브러리] 그룹-[논리] 목록에서 [OR]을 선택한다.

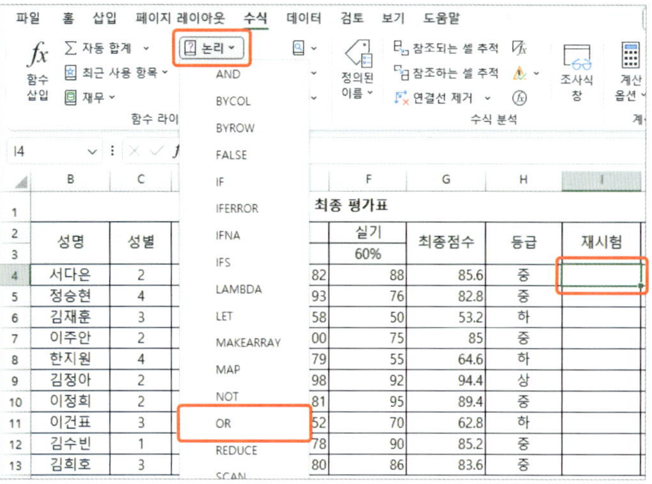

02 [함수 인수] 대화상자의 [Logical1]에 **E4<60**, [Logical2]에 **F4<60**을 입력하고 [확인]을 누른다.

TIP [함수 인수] 대화상자의 인수는 처음에는 두 개지만, 마지막 인수의 입력란을 클릭하면 추가되고 255개까지 입력할 수 있다.

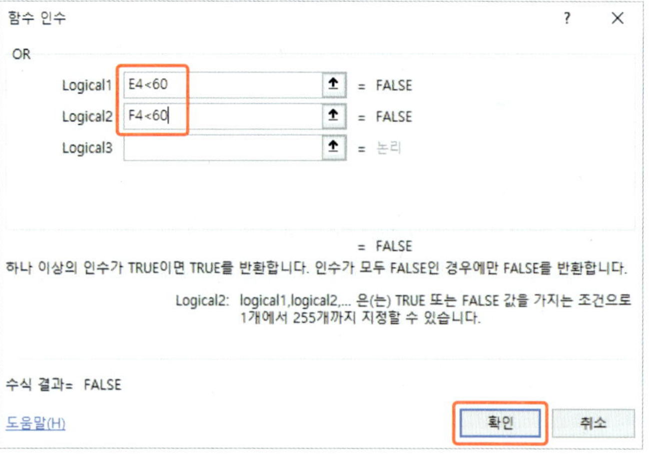

03 I4 셀의 수식을 **=IF(OR(E4<60,F4<60),"재시험","")**으로 수정한다.

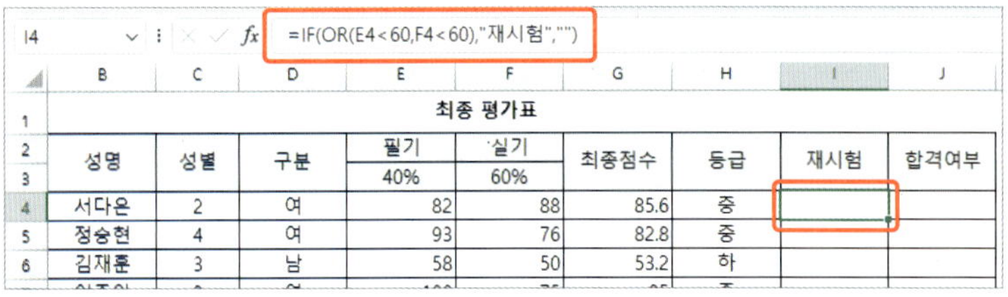

TIP OR 함수의 결과가 TRUE인 경우 '재시험'으로, FALSE인 경우 아무것도 표시하지 않도록("") 하는 수식이다. 따옴표 사이에 공백 문자(" ")를 입력하지 않도록 주의한다.

04 I4 셀의 채우기 핸들을 더블클릭하여 재시험 여부를 모두 표시한다.

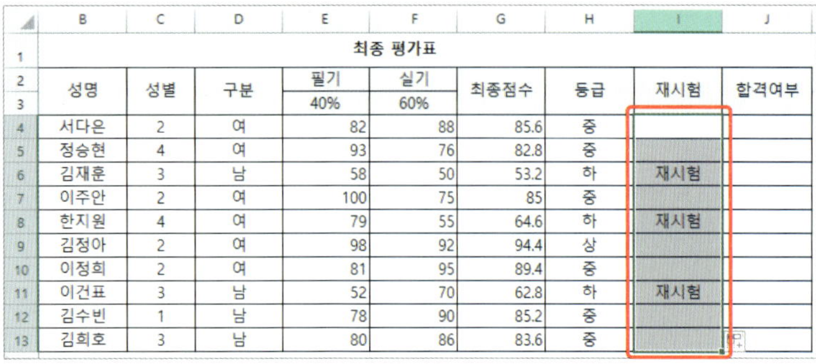

	B	C	D	E	F	G	H	I	J
1	최종 평가표								
2	성명	성별	구분	필기	실기	최종점수	등급	재시험	합격여부
3				40%	60%				
4	서다은	2	여	82	88	85.6	중		
5	정승현	4	여	93	76	82.8	중		
6	김재훈	3	남	58	50	53.2	하	재시험	
7	이주안	2	여	100	75	85	중		
8	한지원	4	여	79	55	64.6	하	재시험	
9	김정아	2	여	98	92	94.4	상		
10	이정희	2	여	81	95	89.4	중		
11	이건표	3	남	52	70	62.8	하	재시험	
12	김수빈	1	남	78	90	85.2	중		
13	김희호	3	남	80	86	83.6	중		

05 J4 셀을 선택하고 [수식] 탭–[함수 라이브러리] 그룹–[논리] 목록에서 [AND]를 선택한다.

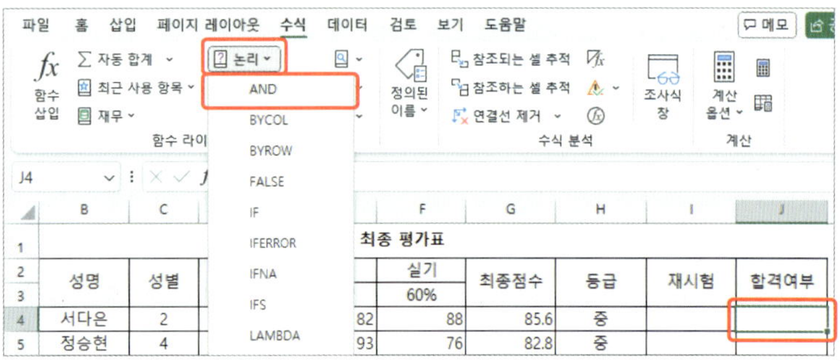

06 [함수 인수] 대화상자의 [Logical1]에 **G4>=85**를, [Logical2]에 **I4<>"재시험"**을 입력하고 [확인]을 누른다.

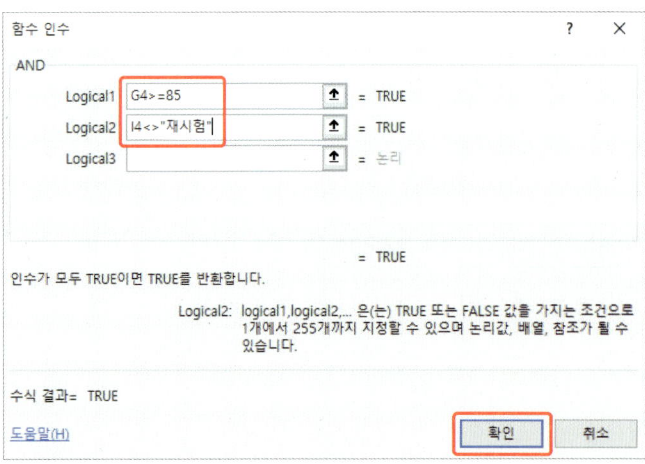

TIP [Logical2]에는 **I4=""** 수식이나 **NOT(I4="재시험")** 수식을 입력해도 된다.

07 J4 셀의 수식을 **=IF(AND(G4>=85,I4<>"재시험"),"합격","불합격")**으로 수정하고 채우기 핸들을 더블클릭하여 복사한다.

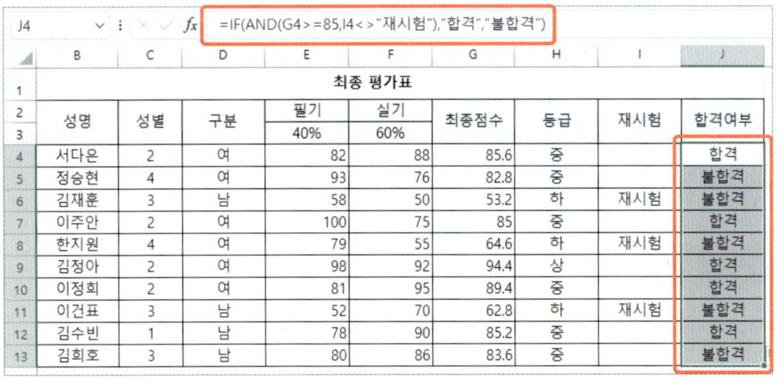

J4 =IF(AND(G4>=85,I4<>"재시험"),"합격","불합격")

	B	C	D	E	F	G	H	I	J
1	최종 평가표								
2	성명	성별	구분	필기	실기	최종점수	등급	재시험	합격여부
3				40%	60%				
4	서다은	2	여	82	88	85.6	중		합격
5	정승현	4	여	93	76	82.8	중		불합격
6	김재훈	3	남	58	50	53.2	하	재시험	불합격
7	이주안	2	여	100	75	85	중		합격
8	한지원	4	여	79	55	64.6	하	재시험	불합격
9	김정아	2	여	98	92	94.4	상		합격
10	이정희	2	여	81	95	89.4	중		합격
11	이건표	3	남	52	70	62.8	하	재시험	불합격
12	김수빈	1	남	78	90	85.2	중		합격
13	김희호	3	남	80	86	83.6	중		불합격

TIP 함수 AND의 결과가 TRUE인 경우 '합격'으로, FALSE인 경우 '불합격'으로 표시하도록 하는 수식이다.

종합예제

수학, 통계, 텍스트, 날짜 및 시간, 논리 등의 범주에 따라 다양한 기능을 갖는 함수를 활용하여 사원별 판매현황 자료를 만들어 보자.

1 필요한 내용을 '판매현황' 시트에 아래와 같이 입력하고 '3장_종합.xlsx' 파일로 저장한다.

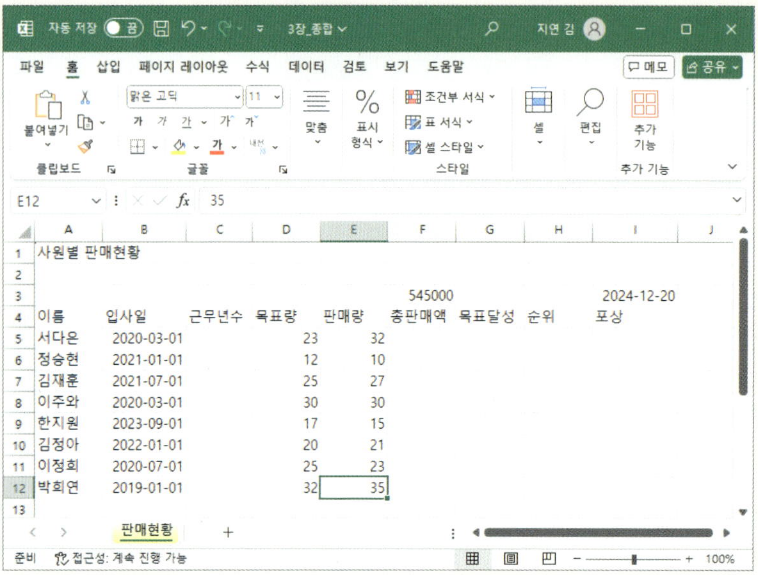

2 A1:I1 범위를 [병합하고 가운데 맞춤]한 후, 제목의 글꼴 크기를 [14]로, 행 높이는 [24]로 설정한다.

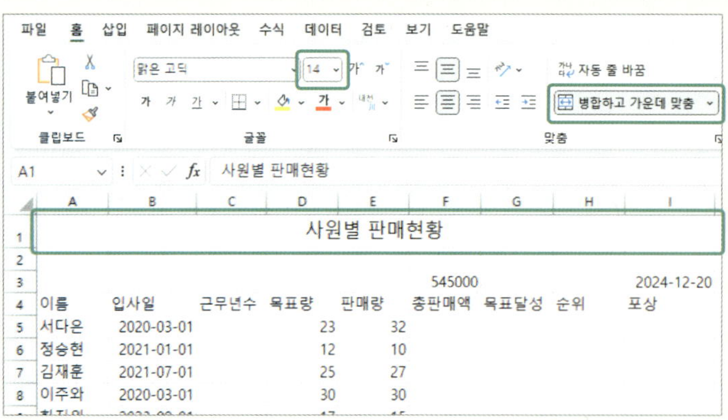

3 A4:I12 범위에 그림과 같이 셀 테두리를 그리고, [홈] 탭–[맞춤] 그룹에서 [가운데 맞춤]을 설정한다. A4:I4의 채우기 색은 [노랑]으로 설정한다.

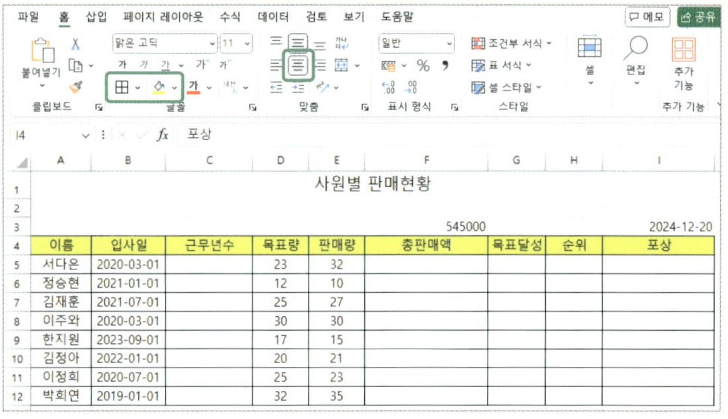

	A	B	C	D	E	F	G	H	I
1					사원별 판매현황				
2									
3						545000			2024-12-20
4	이름	입사일	근무년수	목표량	판매량	총판매액	목표달성	순위	포상
5	서다온	2020-03-01		23	32				
6	정승현	2021-01-01		12	10				
7	김재훈	2021-07-01		25	27				
8	이주와	2020-03-01		30	30				
9	한지원	2023-09-01		17	15				
10	김정아	2022-01-01		20	21				
11	이정희	2020-07-01		25	23				
12	박희연	2019-01-01		32	35				

TIP A3:I12 범위는 데이터 영역 내 임의의 셀을 클릭하고 단축키 Ctrl+A를 눌러 선택할 수 있다.

4 수식 작성을 간편하게 하기 위해 F3 셀은 **단가**로, I3 셀은 **기준일**로 이름을 정의한다.

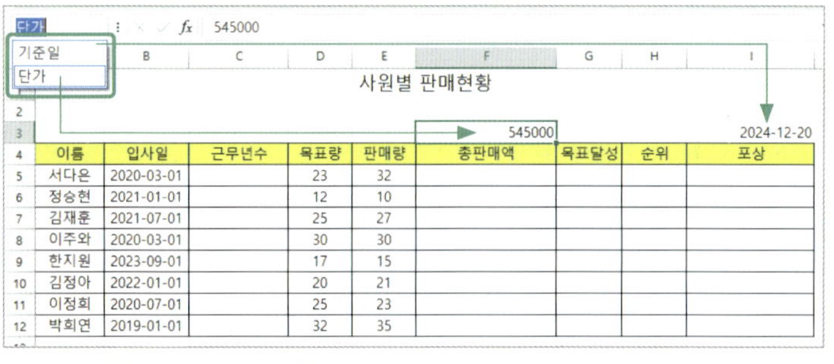

	A	B	C	D	E	F	G	H	I
1					사원별 판매현황				
2									
3						545000			2024-12-20
4	이름	입사일	근무년수	목표량	판매량	총판매액	목표달성	순위	포상
5	서다온	2020-03-01		23	32				
6	정승현	2021-01-01		12	10				
7	김재훈	2021-07-01		25	27				
8	이주와	2020-03-01		30	30				
9	한지원	2023-09-01		17	15				
10	김정아	2022-01-01		20	21				
11	이정희	2020-07-01		25	23				
12	박희연	2019-01-01		32	35				

5 '근무년수'를 구하기 위해 C5 셀에 **=DATEDIF(B5,기준일,"Y")&"년 "&DATEDIF(B5,기준일,"YM")&"개월"** 수식을 입력한다. C5 셀의 채우기 핸들을 더블클릭하여 근무년수를 모두 계산한다.

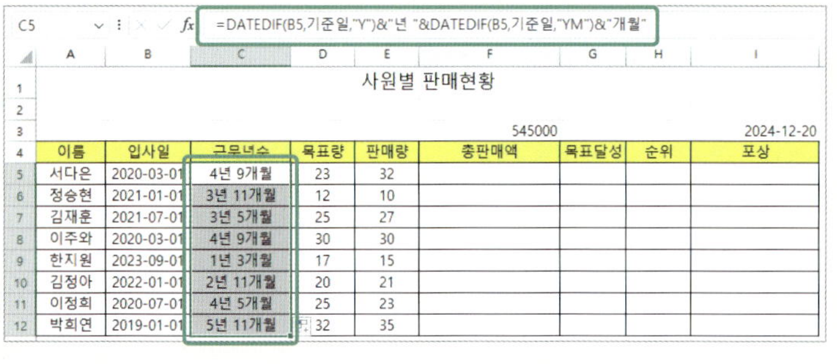

=DATEDIF(B5,기준일,"Y")&"년 "&DATEDIF(B5,기준일,"YM")&"개월"

	A	B	C	D	E	F	G	H	I
1					사원별 판매현황				
2									
3						545000			2024-12-20
4	이름	입사일	근무년수	목표량	판매량	총판매액	목표달성	순위	포상
5	서다온	2020-03-01	4년 9개월	23	32				
6	정승현	2021-01-01	3년 11개월	12	10				
7	김재훈	2021-07-01	3년 5개월	25	27				
8	이주와	2020-03-01	4년 9개월	30	30				
9	한지원	2023-09-01	1년 3개월	17	15				
10	김정아	2022-01-01	2년 11개월	20	21				
11	이정희	2020-07-01	4년 5개월	25	23				
12	박희연	2019-01-01	5년 11개월	32	35				

종합예제

6 '단가'와 '판매량'을 곱해 각 사원의 '총판매액'을 구한다. F5 셀에 **=PRODUCT(단가,E5)** 수식을 입력하고 채우기 핸들을 더블클릭해 복사한다.

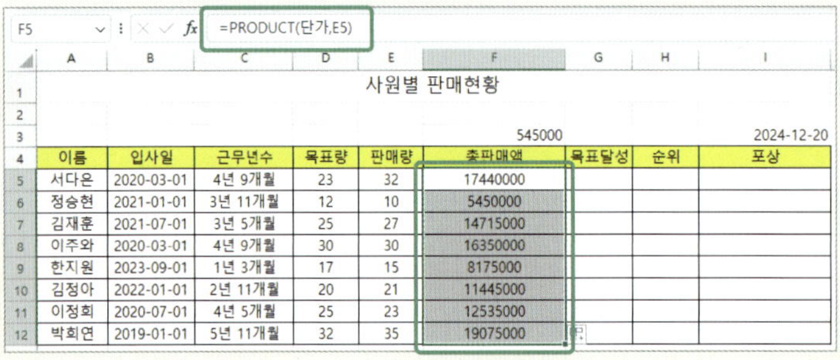

F5 =PRODUCT(단가,E5)

사원별 판매현황

이름	입사일	근무년수	목표량	판매량	총판매액	목표달성	순위	포상
					545000			2024-12-20
서다온	2020-03-01	4년 9개월	23	32	17440000			
정승현	2021-01-01	3년 11개월	12	10	5450000			
김재훈	2021-07-01	3년 5개월	25	27	14715000			
이주와	2020-03-01	4년 9개월	30	30	16350000			
한지원	2023-09-01	1년 3개월	17	15	8175000			
김정아	2022-01-01	2년 11개월	20	21	11445000			
이정희	2020-07-01	4년 5개월	25	23	12535000			
박희연	2019-01-01	5년 11개월	32	35	19075000			

TIP PRODUCT 함수는 인수의 곱을 구하는 함수이다. 수식을 **=단가*E5**로 입력해도 된다.

7 '판매량'이 '목표량'보다 크거나 같은 경우 '목표달성'에 '달성', 그렇지 않으면 '미달성'으로 표시한다. G5 셀에 **=IF(E5>=D5,"달성","미달성")** 수식을 입력하고 채우기 핸들을 더블클릭해 복사한다.

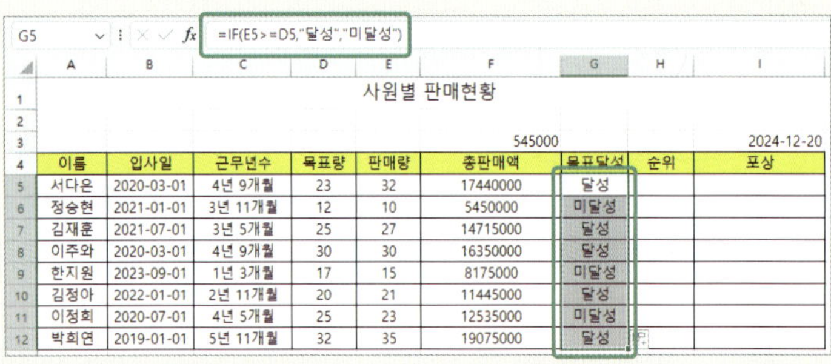

G5 =IF(E5>=D5,"달성","미달성")

사원별 판매현황

이름	입사일	근무년수	목표량	판매량	총판매액	목표달성	순위	포상
					545000			2024-12-20
서다온	2020-03-01	4년 9개월	23	32	17440000	달성		
정승현	2021-01-01	3년 11개월	12	10	5450000	미달성		
김재훈	2021-07-01	3년 5개월	25	27	14715000	달성		
이주와	2020-03-01	4년 9개월	30	30	16350000	달성		
한지원	2023-09-01	1년 3개월	17	15	8175000	미달성		
김정아	2022-01-01	2년 11개월	20	21	11445000	달성		
이정희	2020-07-01	4년 5개월	25	23	12535000	미달성		
박희연	2019-01-01	5년 11개월	32	35	19075000	달성		

8 '순위'는 '총판매액'을 기준으로 내림차순으로 구한다. H5 셀에 **=RANK.EQ(F5,$F$5:$F$12,0)** 수식을 입력하고 채우기 핸들을 더블클릭해 복사한다.

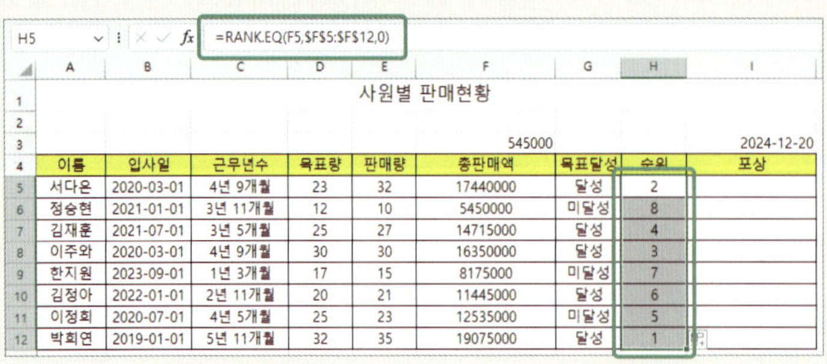

H5 =RANK.EQ(F5,$F$5:$F$12,0)

사원별 판매현황

이름	입사일	근무년수	목표량	판매량	총판매액	목표달성	순위	포상
					545000			2024-12-20
서다온	2020-03-01	4년 9개월	23	32	17440000	달성	2	
정승현	2021-01-01	3년 11개월	12	10	5450000	미달성	8	
김재훈	2021-07-01	3년 5개월	25	27	14715000	달성	4	
이주와	2020-03-01	4년 9개월	30	30	16350000	달성	3	
한지원	2023-09-01	1년 3개월	17	15	8175000	미달성	7	
김정아	2022-01-01	2년 11개월	20	21	11445000	달성	6	
이정희	2020-07-01	4년 5개월	25	23	12535000	미달성	5	
박희연	2019-01-01	5년 11개월	32	35	19075000	달성	1	

9 '판매량'이 30 이상이고 '목표달성'이 '달성'인 경우에만 '포상'에 '★'를 표시하도록 한다. I5 셀에 **=IF(AND(E5>=30,G5="달성"),"★","")** 수식을 입력하고 채우기 핸들로 복사한 다음, [가운데 맞춤]으로 설정한다.

I5 | fx =IF(AND(E5>=30,G5="달성"),"★","")

	A	B	C	D	E	F	G	H	I
1					사원별 판매현황				
2									
3						545000			2024-12-20
4	이름	입사일	근무년수	목표량	판매량	총판매액	목표달성	순위	포상
5	서다온	2020-03-01	4년 9개월	23	32	17440000	달성	2	★
6	정승현	2021-01-01	3년 11개월	12	10	5450000	미달성	8	
7	김재훈	2021-07-01	3년 5개월	25	27	14715000	달성	4	
8	이주와	2020-03-01	4년 9개월	30	30	16350000	달성	3	★
9	한지원	2023-09-01	1년 3개월	17	15	8175000	미달성	7	
10	김정아	2022-01-01	2년 11개월	20	21	11445000	달성	6	
11	이정희	2020-07-01	4년 5개월	25	23	12535000	미달성	5	
12	박희연	2019-01-01	5년 11개월	32	35	19075000	달성	1	★

TIP 자음 ㅁ을 입력하고 [한자]를 누르면 '★' 기호를 수식에 삽입할 수 있다.

10 F3 셀(단가)과 I3 셀(기준일), F5:F12 범위(총판매액)의 표시 형식을 아래와 같이 사용자 지정 형식으로 설정한다.

	A	B	C	D	E	F	G	H	I
1					사원별 판매현황				
2									
3					❶	단가: 545,000원		❷	2024-12-20(금) 기준
4	이름	입사일	근무년수	목표량	판매량	총판매액	목표달성	순위	포상
5	서다온	2020-03-01	4년 9개월	23	32	17,440천원	달성	2	★
6	정승현	2021-01-01	3년 11개월	12	10	5,450천원	미달성	8	
7	김재훈	2021-07-01	3년 5개월	25	27	14,715천원	달성	4	
8	이주와	2020-03-01	4년 9개월	30	30	16,350천원	달성	3	★
9	한지원	2023-09-01	1년 3개월	17	❸	8,175천원	미달성	7	
10	김정아	2022-01-01	2년 11개월	20	21	11,445천원	달성	6	
11	이정희	2020-07-01	4년 5개월	25	23	12,535천원	미달성	5	
12	박희연	2019-01-01	5년 11개월	32	35	19,075천원	달성	1	★

❶ F3 셀의 표시 형식을 **"단가:" #,##0"원"**으로 하고, [가운데 맞춤]으로 설정한다.

❷ I3 셀의 표시 형식을 **yyyy-mm-dd(aaa) "기준"**으로 설정한다.

❸ F5:F12 범위의 표시 형식을 **#,##0,"천원"**으로 설정한다.

연습문제

1 '3장_연습.xlsx' 파일의 '연습1' 시트를 열고 다음 조건에 맞게 작성하시오.

❶ HOUR 함수를 사용하여 F4:F13 범위의 '교육시간'을 계산하고, 사용자 지정 표시 형식으로 '시간'을 단위로 설정하시오.

> **TIP** HOUR 함수는 '시:분:초'로 구성되는 시간 데이터를 인수로 하여 시간(0~23 사이의 수)을 구하는 함수이다. 가령 =HOUR(09:30:00) 수식의 결과는 9가 된다. 또한 엑셀의 시간 데이터는 날짜 데이터와 마찬가지로 숫자로 저장되므로, 시간 데이터 간에 합(+)이나 차(−)를 계산할 수 있다.

❷ '점수'는 교육시간당 5점으로 계산한다. PRODUCT 함수를 사용하여 G4:G13 범위에 계산 결과를 표시하고, 사용자 지정 표시 형식으로 '점'을 단위로 설정하시오.

❸ H4:H13 범위의 '순위'는 '교육시간'을 기준으로 내림차순으로 구하시오.

❹ I4:I13 범위의 '추가교육 대상'은 '교육시간'이 10시간 미만인 경우에만 '●'로 표시하시오.

❺ 셀 병합, 셀 테두리와 색 채우기, 글꼴과 맞춤을 그림과 같이 설정하시오.

사내 교육 현황

사번	1회차		2회차		교육시간	점수	순위	추가교육 대상
	시작	종료	시작	종료		5점/시간		
212102	9:00	12:00	9:00	11:00	5시간	25점	8	●
181011	10:00	12:00	10:00	12:00	4시간	20점	10	●
205123	14:00	17:00	10:00	17:00	10시간	50점	4	
212106	15:00	17:00	13:00	17:00	6시간	30점	5	●
170642	14:00	18:00	10:00	12:00	6시간	30점	5	●
183419	10:00	12:00	9:00	12:00	5시간	25점	8	●
191058	14:00	18:00	10:00	17:00	11시간	55점	3	
171843	15:00	18:00	9:00	12:00	6시간	30점	5	●
190476	10:00	17:00	10:00	17:00	14시간	70점	1	
182103	9:00	17:00	13:00	17:00	12시간	60점	2	

연습1 연습2 연습3

2 '3장_연습.xlsx'의 '연습2' 시트를 열고 다음 조건에 맞게 작성하시오.

❶ '사번'의 앞 두 자리 숫자를 추출해 C4:C21 범위의 '입사년도'를 계산해서 표시하시오(두 자리 숫자+2000).

❷ D4:D21 범위의 '근무년수'는 H2 셀의 '작성일'을 기준으로 하여 계산하시오.

❸ H4:H21 범위의 '지급액'을 '기본급+성과급−공제액' 수식으로 구하고 '천원' 단위의 사용자 지정 표시 형식을 설정하시오.

❹ '기본급', '성과급', '공제액'도 '천원' 단위의 사용자 지정 표시 형식을 설정하시오.

❺ COUNT 함수, MAX 함수, MIN 함수, AVERAGE 함수를 사용하여 '총인원', '최고급여', '최저급여', '평균급여'를 각각 계산하시오.

❻ 셀 테두리와 색 채우기, 글꼴과 맞춤을 그림과 같이 설정하시오.

급여 내역

작성일 : 2025-01-01

사번	이름	입사년도	근무년수	기본급	성과급	공제액	지급액
23-1234	김창호	2023	2년	910 천원	200 천원	24 천원	1,086 천원
22-5253	이윤아	2022	3년	1,030 천원	150 천원	28 천원	1,152 천원
19-1243	윤일수	2019	6년	1,390 천원	180 천원	42 천원	1,528 천원
21-3456	김현호	2021	4년	1,150 천원	120 천원	33 천원	1,237 천원
23-3232	이여정	2023	2년	910 천원	190 천원	24 천원	1,076 천원
24-6363	이철우	2024	1년	790 천원	130 천원	19 천원	901 천원
25-1234	박호순	2025	0년	670 천원	120 천원	15 천원	775 천원
22-3214	최동욱	2022	3년	1,030 천원	150 천원	28 천원	1,152 천원
23-5656	김정길	2023	2년	910 천원	120 천원	24 천원	1,006 천원
24-1234	안경태	2024	1년	790 천원	120 천원	19 천원	891 천원
25-1212	장현석	2025	0년	670 천원	120 천원	15 천원	775 천원
17-3232	서동일	2017	8년	1,150 천원	150 천원	33 천원	1,267 천원
16-7878	김선아	2016	9년	1,270 천원	120 천원	37 천원	1,353 천원
16-5656	박성오	2016	9년	1,270 천원	180 천원	37 천원	1,413 천원
20-9876	김상구	2020	5년	790 천원	150 천원	19 천원	921 천원
19-5432	박혜윤	2019	6년	1,390 천원	150 천원	42 천원	1,498 천원
22-1212	유정아	2022	3년	1,030 천원	150 천원	28 천원	1,152 천원
25-6543	한진영	2025	0년	670 천원	200 천원	15 천원	855 천원

총인원	18 명
최고급여	1,528 천원
최저급여	775 천원
평균급여	1,113 천원

연습1 연습2 연습3

3 '3장_연습.xlsx' 파일의 '연습3' 시트를 열고 다음 조건에 맞게 작성하시오.

❶ 채우기 핸들을 이용해 '순번'에 일련번호를 표시하시오.

❷ DATEDIF 함수를 이용해 '교육기간'을 주 단위(일 수를 구해 7로 나눈 값)로 구하시오. 단위 표시 '주'는 사용자 지정 표시 형식을 활용하시오.

❸ IF 함수를 이용해 '상태'를 표시하시오. '접수인원' 수가 '모집인원'을 다 채운 경우 '마감'이라고 표시하시오.

❹ '교육시작일'과 '교육종료일', '접수인원'과 '총인원'의 표시 형식을 그림과 같이 설정하시오.

❺ 그림과 같이 셀 테두리와 맞춤, 채우기 색을 설정하시오.

	A	B	C	D	E	F	G	H	I
1	순번	프로그램	교육명	교육시작일	교육종료일	교육기간	접수인원	모집인원	상태
2	1	사고&탐구 프로그램	카프라와 함께하는 아트놀이 B	10월 4일(금)	12월 27일(금)	12주	1명	12명	
3	2	사고&탐구 프로그램	카프라와 함께하는 아트놀이 A	10월 4일(금)	12월 27일(금)	12주	2명	12명	
4	3	사고&탐구 프로그램	창의야! 사고력과 놀자! B	10월 5일(토)	12월 21일(토)	11주	0명	15명	
5	4	사고&탐구 프로그램	창의야! 사고력과 놀자! A	10월 5일(토)	12월 21일(토)	11주	2명	15명	
6	5	사고&탐구 프로그램	두뇌 팡팡 보드게임 B	10월 1일(화)	12월 17일(화)	11주	1명	12명	
7	6	감성발달 프로그램	미술기초(소묘,수채화,기초디자인)	10월 1일(화)	12월 17일(화)	11주	13명	12명	마감
8	7	사고&탐구 프로그램	두뇌 팡팡 보드게임 A	10월 1일(화)	12월 17일(화)	11주	8명	12명	
9	8	여가 프로그램	나도 코딩 작가(하드웨어융합)	10월 1일(화)	12월 24일(화)	12주	9명	12명	
10	9	여가 프로그램	청소년 성우교실 B	10월 1일(화)	11월 26일(화)	8주	6명	12명	
11	10	여가 프로그램	청소년 성우교실 A	10월 1일(화)	11월 26일(화)	8주	0명	12명	
12	11	여가 프로그램	나도 코딩 작가(소프트웨어)	10월 1일(화)	12월 17일(화)	11주	11명	12명	
13	12	체력증진 프로그램	음악줄넘기 A	10월 1일(화)	12월 3일(화)	9주	17명	15명	마감
14	13	체력증진 프로그램	음악줄넘기 B	10월 1일(화)	12월 3일(화)	9주	8명	15명	
15	14	자기표현 프로그램	생각이 커지는 독서논술A	10월 1일(화)	12월 17일(화)	11주	14명	12명	마감
16	15	자기표현 프로그램	생각이 커지는 독서논술B	10월 1일(화)	12월 17일(화)	11주	14명	12명	마감
17	16	자기표현 프로그램	생각이 커지는 독서논술C	10월 1일(화)	12월 17일(화)	11주	14명	12명	마감
18	17	사고&탐구 프로그램	뚜벅뚜벅 역사교실 기초A반 (조선조	10월 1일(화)	12월 24일(화)	12주	3명	15명	
19	18	사고&탐구 프로그램	뚜벅뚜벅 역사교실 기초B반 (고려 공	10월 1일(화)	12월 24일(화)	12주	6명	15명	
20	19	사고&탐구 프로그램	뚜벅뚜벅 역사교실 처음반 (고조선	10월 1일(화)	12월 24일(화)	12주	13명	15명	
21	20	사고&탐구 프로그램	타박타박 세계사(현대사)(제국주의~	10월 1일(화)	11월 26일(화)	8주	13명	15명	

연습1 | 연습2 | 연습3 | +

CHAPTER 04

고급 함수

학습목표

- 주어진 조건에 맞는 데이터의 개수, 합계, 평균을 구할 수 있다.
- 찾기 및 참조 함수를 사용하여 원하는 값을 찾을 수 있다.
- 재무 계산에 필요한 함수를 활용할 수 있다.

SECTION 01

조건에 맞는 값 구하기

조건에 따라 값을 다르게 표시하는 논리 함수를 앞에서 다루어 보았다. 그런데 특정 조건에 맞는 데이터의 개수를 세거나 조건에 따라 데이터를 선별해 합계나 평균을 구하는 함수도 데이터 통계나 분석에 많이 활용된다. 또한, 여러 조건을 기술하고 모두 만족하는 경우의 합계를 구하거나 평균을 구하는 함수도 있으므로 상황에 맞게 활용할 수 있다.

1.1 조건에 맞는 값의 개수를 구하는 함수

숫자 데이터의 개수를 구하는 COUNT 함수의 기능과 사용법은 CHAPTER 03에서 알아보았다. 이번에는 데이터 종류에 상관없이 개수를 세거나 특정 조건에 맞는 데이터 개수를 계산하는 함수를 사용해 본다.

함수명과 인수	기능
COUNTA(value1, value2, …)	인수 중 비어 있지 않은 셀의 개수를 계산
COUNTBLANK(range)	지정한 범위에 있는 빈 셀의 개수를 계산
COUNTIF(range, criteria)	지정한 범위 내에서 조건에 맞는 셀의 개수를 계산
COUNTIFS(criteria_range, criteria, …)	범위 내에서 주어진 모든 조건에 맞는 셀의 개수를 계산

기본예제 4-1 자격증 취득과 영어시험 미응시 인원 계산하기

COUNTA 함수와 COUNTBLANK 함수를 사용하여 자격증이 있는 사원의 수와 영어시험에 응시하지 않은 사원의 수를 계산해 보자.

01 '4장_실습.xlsx' 파일을 열고 '사원' 시트를 선택한다.

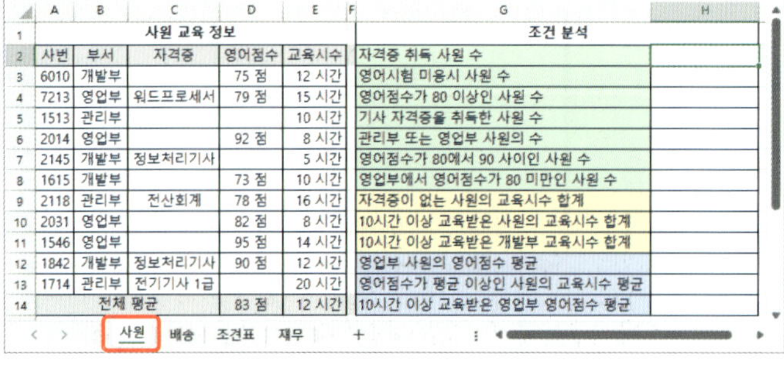

	A	B	C	D	E	F	G	H
1	사원 교육 정보						조건 분석	
2	사번	부서	자격증	영어점수	교육시수		자격증 취득 사원 수	
3	6010	개발부		75 점	12 시간		영어시험 미응시 사원 수	
4	7213	영업부	워드프로세서	79 점	15 시간		영어점수가 80 이상인 사원 수	
5	1513	관리부			10 시간		기사 자격증을 취득한 사원 수	
6	2014	영업부		92 점	8 시간		관리부 또는 영업부 사원의 수	
7	2145	개발부	정보처리기사		5 시간		영어점수가 80에서 90 사이인 사원 수	
8	1615	개발부		73 점	10 시간		영업부에서 영어점수가 80 미만인 사원 수	
9	2118	관리부	전산회계	78 점	16 시간		자격증이 없는 사원의 교육시수 합계	
10	2031	영업부		82 점	8 시간		10시간 이상 교육받은 사원의 교육시수 합계	
11	1546	영업부		95 점	14 시간		10시간 이상 교육받은 개발부 교육시수 합계	
12	1842	개발부	정보처리기사	90 점	12 시간		영업부 사원의 영어점수 평균	
13	1714	관리부	전기기사 1급		20 시간		영어점수가 평균 이상인 사원의 교육시수 평균	
14	전체 평균			83 점	12 시간		10시간 이상 교육받은 영업부 영어점수 평균	

사원 | 배송 | 조견표 | 재무

02 B2:E13 범위를 선택하고 [수식] 탭–[정의된 이름] 그룹–[선택 영역에서 만들기]를 눌러 대화상자가 나타나면 [첫 행]을 선택하고 [확인]을 누른다.

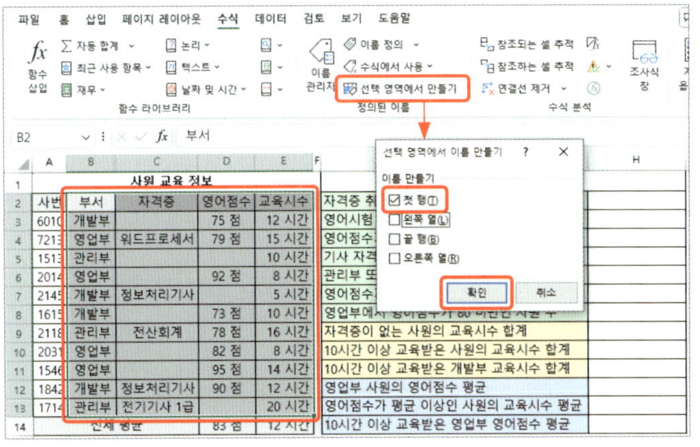

TIP 부서, 자격증, 영어점수, 교육시수 영역 이름을 정의하는 단계는 생략해도 되지만, 이름을 정의하면 수식 작성이 더 간편해지고 이해하기 쉽다.

03 자격증을 취득한 사원 수를 구하기 위해 H2 셀에 **=COUNTA(자격증)**을 입력한다.

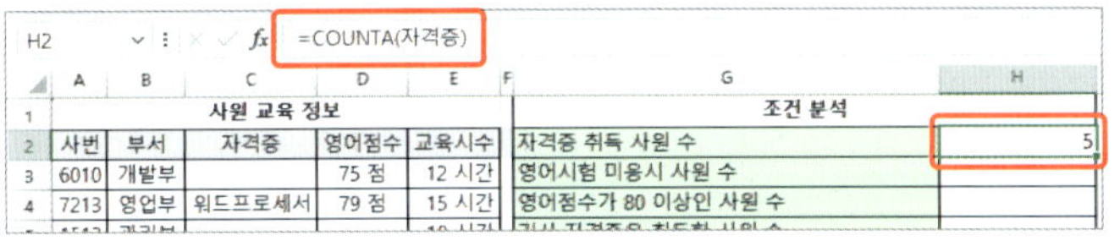

TIP COUNTA 함수는 지정한 범위에서 숫자뿐 아니라 텍스트, 논리값 등 데이터 종류에 상관없이 값이 입력된 셀의 개수를 계산한다.

04 H3 셀에 **=COUNTBLANK(영어점수)** 수식을 입력해 영어시험 미응시 사원 수를 구한다.

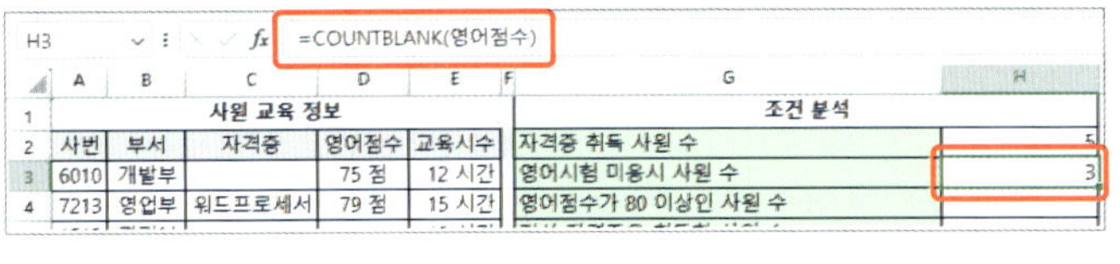

TIP COUNTBLANK 함수는 값이 없는 셀의 개수를 계산한다. 키보드의 스페이스바로 입력하는 공백 문자(" ")는 하나의 문자 데이터이므로 COUNTBLANK 함수에서 개수를 계산할 때 공백 문자가 입력된 셀은 제외한다. COUNTBLANK 함수나 COUNTA 함수를 사용할 때는 공백 문자만 입력된 셀이 없도록 주의해야 한다.

기본예제 4-2 주어진 조건에 맞는 인원 계산하기

COUNTIF 함수와 COUNTIFS 함수를 사용하여 주어진 조건에 맞는 사원 수를 계산해 보자. 조건이 하나 이상인 경우 덧셈(+)이나 뺄셈(−)을 조합하여 구할 수도 있고, COUNTIFS 함수를 사용해도 된다. 실습 예제를 통해 각 경우에 적합한 함수 활용 방법을 익혀 보자.

01 '사원' 시트의 H4 셀에 **=COUNTIF(영어점수,">=80")** 수식을 입력해 영어점수가 80점 이상인 사원 수를 구한다.

H4 fx =COUNTIF(영어점수,">=80")

	A	B	C	D	E	G	H
1	사원 교육 정보					조건 분석	
2	사번	부서	자격증	영어점수	교육시수	자격증 취득 사원 수	5
3	6010	개발부		75 점	12 시간	영어시험 미응시 사원 수	3
4	7213	영업부	워드프로세서	79 점	15 시간	영어점수가 80 이상인 사원 수	4
5	1513	관리부			10 시간	기사 자격증을 취득한 사원 수	

TIP IF 함수와 달리 COUNTIF 함수에서는 조건을 큰따옴표("")로 묶어 **">=80"**으로 표현한다. 조건에 값(80) 대신 셀 주소(B2)를 참조할 때는 다음과 같이 **">="&B2**로 작성한다.

B4 fx =COUNTIF(영어점수,">="&B2)

	A	B
1		기준점수
2		80
3		
4	영어점수가 기준점수 이상인 사원 수	4

02 기사 자격증을 취득한 사원 수를 구하기 위해 H5 셀에 **=COUNTIF(자격증,"*기사*")** 수식을 입력한다.

H5 fx =COUNTIF(자격증,"*기사*")

	A	B	C	D	E	G	H
1	사원 교육 정보					조건 분석	
2	사번	부서	자격증	영어점수	교육시수	자격증 취득 사원 수	5
3	6010	개발부		75 점	12 시간	영어시험 미응시 사원 수	3
4	7213	영업부	워드프로세서	79 점	15 시간	영어점수가 80 이상인 사원 수	4
5	1513	관리부			10 시간	기사 자격증을 취득한 사원 수	3
6	2014	영업부		92 점	8 시간	관리부 또는 영업부 사원의 수	

TIP 검색 조건에 사용한 **"*"**는 글자 수와 관계없이 임의의 문자와 일치시키는 와일드카드 문자이다. 글자 수를 검색 조건에 포함시키려면 **"????기사"**처럼 "?" 기호를 와일드카드 문자로 사용한다.

03 H6 셀에 **=COUNTIF(부서,"=관리부")+COUNTIF(부서,"=영업부")** 수식을 입력해 관리부 또는 영업부 사원의 수를 구한다.

H6 fx =COUNTIF(부서,"=관리부")+COUNTIF(부서,"=영업부")

	A	B	C	D	E	G	H
1	사원 교육 정보					조건 분석	
2	사번	부서	자격증	영어점수	교육시수	자격증 취득 사원 수	5
3	6010	개발부		75 점	12 시간	영어시험 미응시 사원 수	3
4	7213	영업부	워드프로세서	79 점	15 시간	영어점수가 80 이상인 사원 수	4
5	1513	관리부			10 시간	기사 자격증을 취득한 사원 수	3
6	2014	영업부		92 점	8 시간	관리부 또는 영업부 사원의 수	7
7	2145	개발부	정보처리기사		5 시간	영어점수가 80에서 90 사이인 사원 수	

TIP 조건에 사용한 등호 "=" 연산자는 생략 가능하므로, **=COUNTIF(부서,"관리부")+COUNTIF(부서,"영업부")**로 수식을 작성해도 된다. COUNTIF 함수의 조건에는 OR이나 AND를 사용할 수 없으므로, 더하기(+)나 빼기(−)을 이용해 조건을 결합한다. 예를 들어, 관리부 또는 영업부 사원의 수는 관리부 사원의 수와 영업부 사원의 수를 더해서 구할 수 있다.

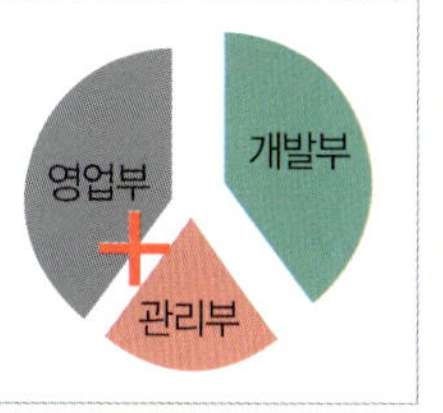

04 영어점수가 80 이상 90 이하인 사원 수를 구하기 위해 H7 셀에 **=COUNTIF(영어점수,">=80")-COUNTIF(영어점수,">90")** 수식을 입력한다.

	A	B	C	D	E	G	H
1	사원 교육 정보					조건 분석	
2	사번	부서	자격증	영어점수	교육시수	자격증 취득 사원 수	5
3	6010	개발부		75 점	12 시간	영어시험 미응시 사원 수	3
4	7213	영업부	워드프로세서	79 점	15 시간	영어점수가 80 이상인 사원 수	4
5	1513	관리부			10 시간	기사 자격증을 취득한 사원 수	3
6	2014	영업부		92 점	8 시간	관리부 또는 영업부 사원의 수	7
7	2145	개발부	정보처리기사		5 시간	영어점수가 80에서 90 사이인 사원 수	2
8	1615	개발부		73 점	10 시간	영업부에서 영어점수가 80 미만인 사원 수	

TIP 다음 그림과 같이 빼기(−)를 이용하여 빗금 영역을 계산하면 영어점수가 80 이상 90 이하인 사원의 수를 구할 수 있다.

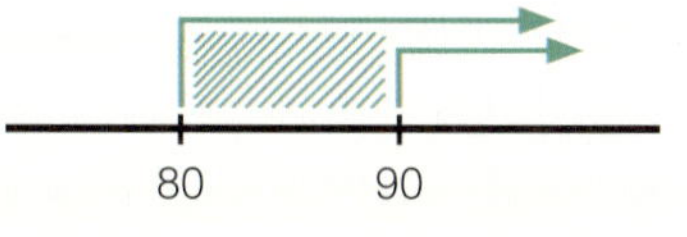

05 영업부에서 영어점수가 80 미만인 사원 수를 구하기 위해 H8 셀에 **=COUNTIFS(부서,"영업부",영어점수,"<80")** 수식을 입력하고 Enter를 누른다.

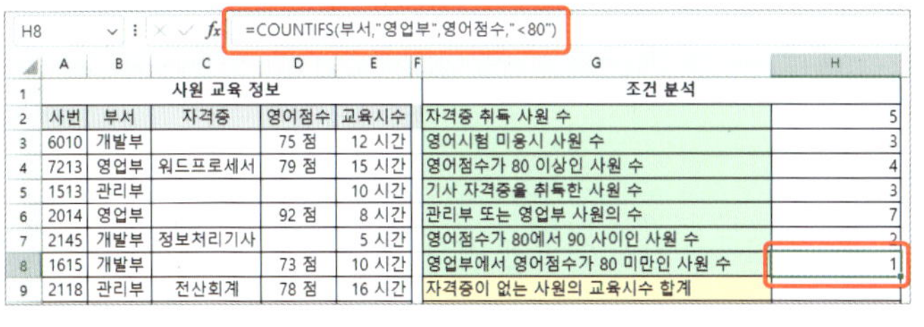

	A	B	C	D	E	G	H
1	사원 교육 정보					조건 분석	
2	사번	부서	자격증	영어점수	교육시수	자격증 취득 사원 수	5
3	6010	개발부		75 점	12 시간	영어시험 미응시 사원 수	3
4	7213	영업부	워드프로세서	79 점	15 시간	영어점수가 80 이상인 사원 수	4
5	1513	관리부			10 시간	기사 자격증을 취득한 사원 수	3
6	2014	영업부		92 점	8 시간	관리부 또는 영업부 사원의 수	7
7	2145	개발부	정보처리기사		5 시간	영어점수가 80에서 90 사이인 사원 수	2
8	1615	개발부		73 점	10 시간	영업부에서 영어점수가 80 미만인 사원 수	1
9	2118	관리부	전산회계	78 점	16 시간	자격증이 없는 사원의 교육시수 합계	

TIP 두 가지 이상의 조건을 모두 만족하는 값의 개수를 구하려면 COUNTIFS 함수를 사용한다. 단계 **04**의 영어점수 80 이상 90 이하인 사원 수를 구할 때도 **=COUNTIFS(영어점수,">=80",영어점수,"<=90")** 수식을 사용하면 된다.

1.2 조건에 맞는 값의 합계와 평균을 구하는 함수

SUM 함수와 AVERAGE 함수는 지정한 모든 셀 값의 합계나 평균을 구할 때 사용한다. 특정 조건에 맞는 셀 값만 합계 또는 평균을 계산하는 경우 SUMIF 함수와 SUMIFS 함수, AVERAGEIF 함수와 AVERAGEIFS 함수를 사용할 수 있다.

함수명과 인수	기능
SUMIF(range, criteria, sum_range)	주어진 조건에 따라 지정되는 셀의 합을 계산
SUMIFS(sum_range, criteria_range, criteria, …)	조건이 둘 이상일 때 지정되는 셀의 합을 계산
AVERAGEIF(range, criteria, average_range)	주어진 조건에 따라 지정되는 셀의 평균을 계산
AVERAGEIFS(average_range, criteria_range, criteria, …)	조건이 둘 이상일 때 지정되는 셀의 평균을 계산

기본예제 4-3 조건에 맞는 값의 합계 계산하기

SUMIF 함수와 SUMIFS 함수를 사용하여 자격증이 없는 사원의 교육시수 합계, 10시간 이상 교육받은 사원의 교육시수 합계, 개발부 소속이면서 10시간 이상 교육받은 사원의 교육시수 합계를 계산해 보자.

01 '사원' 시트의 H9 셀에 **=SUMIF(자격증,"",교육시수)** 수식을 입력해 자격증이 없는 사원의 교육시수 합계를 구한다.

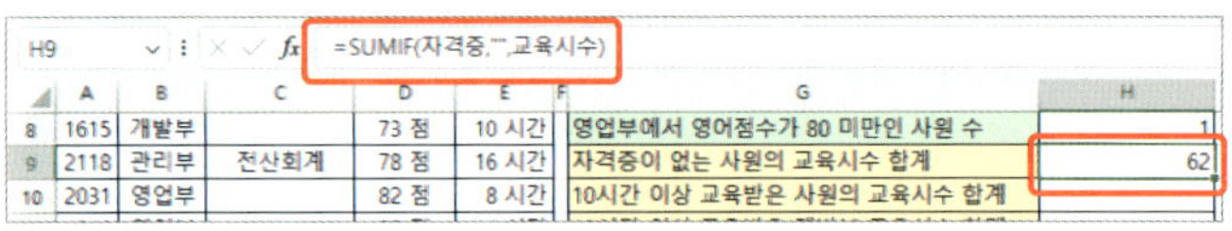

> **TIP** 만약 자격증이 있는 사원을 검사 조건으로 한다면 **=SUMIF(자격증,"<>"&"",교육시수)** 수식을 사용한다. SUMIF 함수의 조건에는 IF 함수처럼 다른 함수를 중첩하여 사용할 수 없다.

02 10시간 이상 교육받은 사원의 교육시수 합계를 구하기 위해 H10 셀에 **=SUMIF(교육시수,">=10")** 수식을 입력한다.

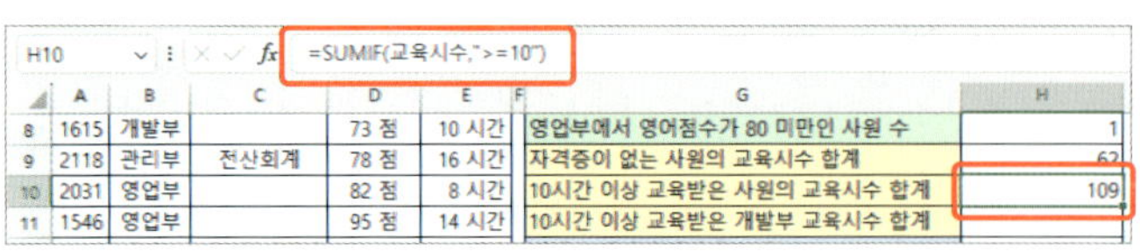

> **TIP** SUMIF 함수에서는 조건의 범위를 나타내는 첫 번째 인수(range)와 합계를 계산할 범위를 나타내는 세 번째 인수(sum_range)가 동일한 경우, 세 번째 인수(sum_range)를 생략할 수 있다.

03 10시간 이상 교육받은 개발부 사원의 교육시수 합계를 구하기 위해 H11 셀에 **=SUMIFS(교육시수,교육시수,">=10",부서,"개발부")** 수식을 입력한다.

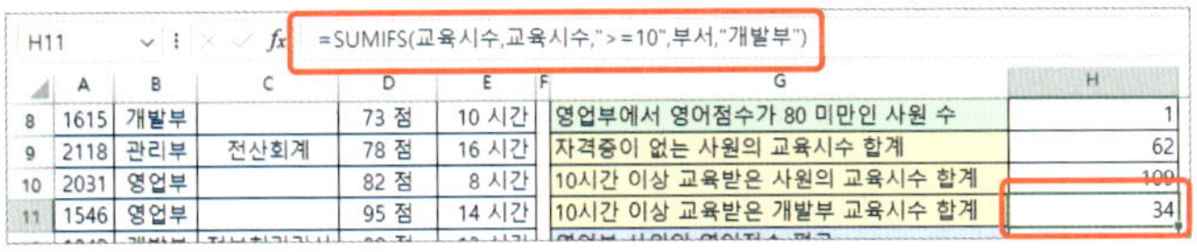

TIP 두 가지 이상의 조건을 모두 만족하는 경우의 합계는 SUMIFS 함수로 구할 수 있다. 이때, 합계를 구할 값의 범위를 첫 번째 인수로 지정한다.

기본예제 4-4 조건에 맞는 값의 평균 계산하기

AVERAGEIF 함수와 AVERAGEIFS 함수를 사용하여 영업부 사원의 영어점수 평균, 평균 이상의 영어점수를 받은 사원의 교육시수 평균, 10시간 이상 교육받은 영업부 사원의 영어점수 평균을 각각 계산해 보자.

01 영업부 사원의 영어점수 평균을 구하기 위해 H12 셀에 **=AVERAGEIF(부서,"영업부",영어점수)** 수식을 입력한다.

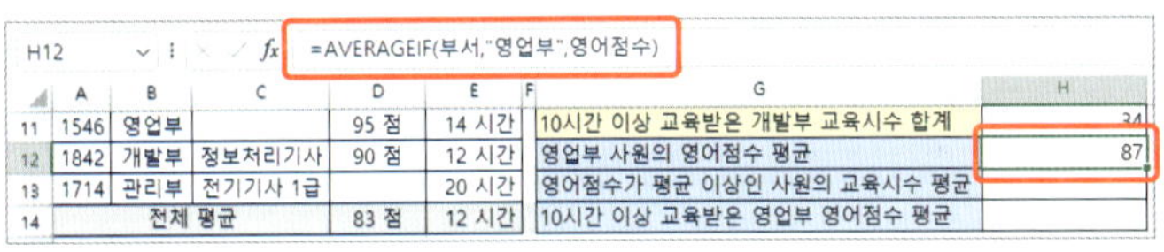

TIP AVERAGEIF 함수의 세 번째 인수 average_range에는 평균을 구할 값의 범위를 지정한다.

02 영어점수가 평균 이상인 사원의 교육시수 평균을 구하기 위해 H13 셀에 **=ROUND(AVERAGEIF(영어점수,">="&D14,교육시수),1)** 수식을 입력한다. 계산한 평균을 소수 첫째 자리로 반올림하여 표시하기 위해 ROUND 함수를 이용한다.

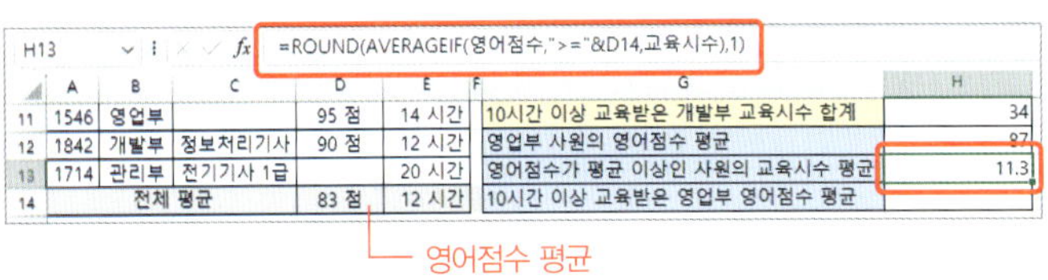

TIP AVERAGEIF 함수 뿐 아니라 COUNTIF 함수, SUMIF 함수의 조건(criteria) 에는 값 대신 셀을 참조할 수 있다. 셀을 참조하는 조건식을 작성할 때는 **"연산자"&셀 주소** 형식으로 입력한다. 값을 참조하는 **">=83"** 대신 **">="&D14**처럼 셀을 참조하면 평균이 바뀌더라도 수식을 다시 작성하지 않아도 된다.

03 H14 셀에 **=AVERAGEIFS(영어점수,교육시수,">=10",부서,"영업부")** 수식을 입력해 10시간 이상 교육받은 영업부 사원의 영어점수 평균을 구한다.

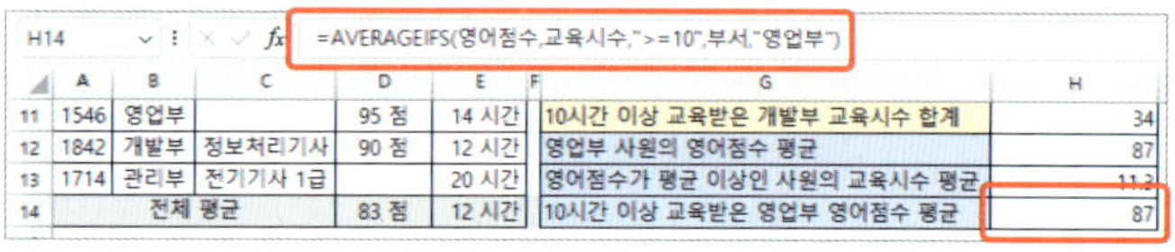
H14 fx =AVERAGEIFS(영어점수,교육시수,">=10",부서,"영업부")

	A	B	C	D	E	F	G	H
11	1546	영업부		95 점	14 시간		10시간 이상 교육받은 개발부 교육시수 합계	34
12	1842	개발부	정보처리기사	90 점	12 시간		영업부 사원의 영어점수 평균	87
13	1714	관리부	전기기사 1급		20 시간		영어점수가 평균 이상인 사원의 교육시수 평균	11.3
14	전체 평균			83 점	12 시간		10시간 이상 교육받은 영업부 영어점수 평균	87

TIP 10시간 이상 교육받은 영업부 사원은 교육시수와 부서 조건을 모두 만족해야 하므로 AVERAGEIFS 함수를 사용하여 평균을 구한다. 이때, 평균을 구할 값의 범위를 첫 번째 인수로 지정한다.

SECTION 02 찾기 및 참조 함수 사용하기

함수 라이브러리 중 '찾기/참조 영역'에는 특정 값이나 위치를 기준으로 주어진 범위에서 원하는 값을 찾는 함수들이 있다. 이 함수들을 이용하면 특정 셀의 행이나 열 번호를 가져오거나, 상품 코드를 기준으로 해당 상품의 세부 정보 등을 찾아올 수 있다. 세부 내용을 일일이 입력하지 않고 원하는 값을 찾아오면 필요한 셀에 자동으로 채워 넣을 수 있다. 찾기/참조 영역 함수 중 유용한 몇 가지 함수의 사용법을 알아본다.

2.1 행 번호와 열 번호를 구하는 함수

많은 데이터를 나열할 때는 일련번호로 순서를 정하는 경우가 많은데, 이때 채우기 핸들을 이용하면 번호를 손쉽게 입력할 수 있다. 하지만 이렇게 채운 번호 중 일부가 중간에 삭제되면 번호 순서가 연속적이지 않게 된다. 삭제나 삽입 등 변동성이 높은 데이터라면 번호를 다시 매겨야 하는 상황이 빈번하게 발생할 수 있다.

	A	B
1		
2	순번	상품코드
3	1	1001
4	2	1010
5	3	1001
6	4	1011
7	5	2010

▲ 순번을 연속 데이터로 채우기

	A	B
1		
2	순번	상품코드
3	1	1001
4	2	1010
5	3	1001
6	4	1011
7	5	2010

▲ 5행 삭제

	A	B
1		
2	순번	상품코드
3	1	1001
4	2	1010
5	4	1011
6	5	2010
7	6	1011

▲ 불연속적인 순번

이런 경우 행 번호를 구하는 ROW 함수를 사용하여 순번을 계산하면 행이 삭제되어도 순번이 다시 연속적으로 채워진다.

함수명과 인수	기능
ROW([reference])	주어진 셀의 행 번호를 구함. 인수 reference는 하나의 셀 주소를 사용하거나 생략할 수 있음
COLUMN([reference])	주어진 셀의 열 번호를 구함. 예를 들어, =COLUMN(D10) 수식은 4를 반환

기본예제 4-5 행 번호를 이용하여 순번 계산하기

일련번호 형식으로 순번을 만들 때 연속 데이터 채우기 대신 ROW 함수로 행 번호를 계산해서 넣어 보자.

01 '4장_실습.xlsx' 파일을 열고 '배송' 시트를 선택한다.

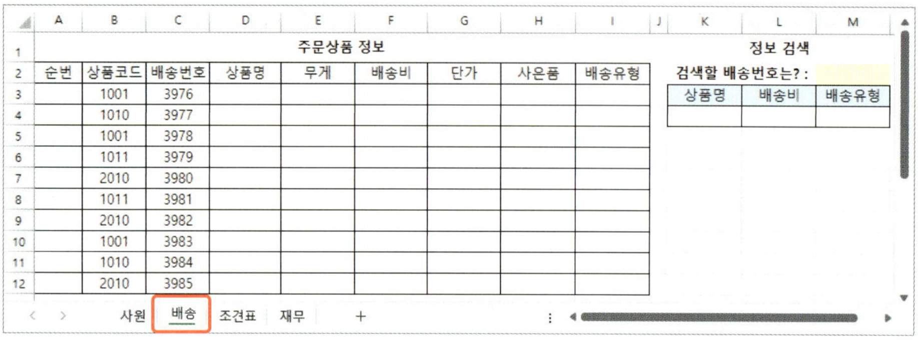

02 A3 셀에 **=ROW()-2** 수식을 입력한다.

TIP ROW 함수에서 reference 인수를 생략하면 수식이 입력된 현재 셀을 참조하게 되고, **=ROW(A3)-2** 수식과 같다.

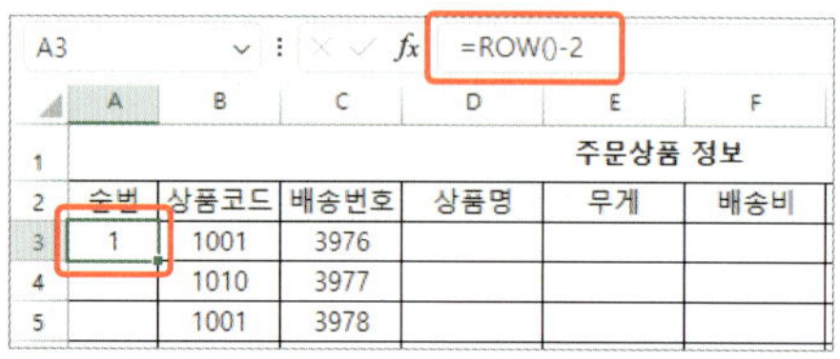

03 A3 셀의 채우기 핸들을 더블클릭하여 수식을 복사한다.

04 7행 머리글을 클릭해 7행 전체를 선택하고 마우스 오른쪽 단추를 눌러 [삭제]를 선택한다.

TIP 선택한 셀을 삭제하는 단축키 Ctrl+-를 눌러도 된다.

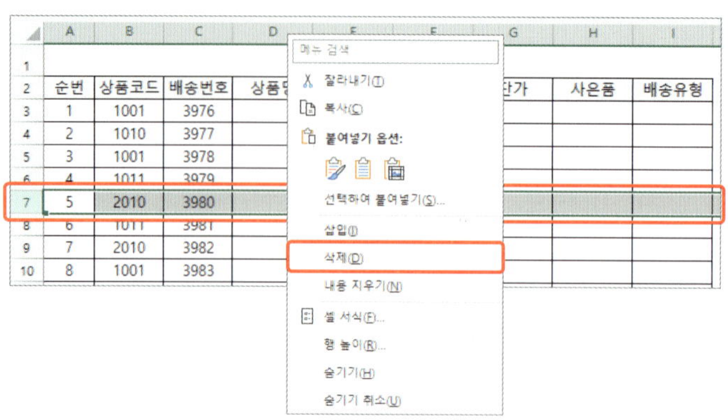

05 행을 삭제했지만 ROW 함수로 계산한 순번은 연속적인 값을 유지한다.

주문상품 정보								
순번	상품코드	배송번호	상품명	무게	배송비	단가	사은품	배송유형
1	1001	3976						
2	1010	3977						
3	1001	3978						
4	1011	3979						
5	1011	3981						
6	2010	3982						
7	1001	3983						
8	1010	3984						
9	2010	3985						

2.2 열을 기준으로 찾는 함수

일반적으로 정보를 관리할 때는 관리할 대상을 번호나 코드로 구분하는데, 학번, 상품코드, 배송번호 등을 예로 들 수 있다. 학번을 기준으로 이름, 학과, 연락처 등의 학생 정보를 관리하거나 상품코드에 따라 품명, 단가, 무게 등의 상품정보를 관리하고 검색할 수도 있다. 많은 상품 정보를 매번 입력하는 대신, 상품코드만 입력하면 제품명이나 단가 등이 자동으로 채워지도록 하려면 VLOOKUP(Vertical Lookup) 함수를 사용한다.

함수명과 인수	기능
VLOOKUP(검색할_값, 표_범위, 열_인덱스_번호, 범위_검색)	주어진 범위의 첫 열을 검색하여 원하는 항목을 찾아 반환

기본예제 4-6 상품코드로 상품명과 무게 찾기

VLOOKUP 함수를 사용하여 상품코드를 기준으로 품목표에서 상품명과 무게를 찾아 셀에 표시해 보자.

01 '배송' 시트에서 D3 셀을 선택하고, [수식] 탭–[함수 라이브러리] 그룹–[찾기/참조 영역] 목록에서 [VLOOKUP]을 선택한다.

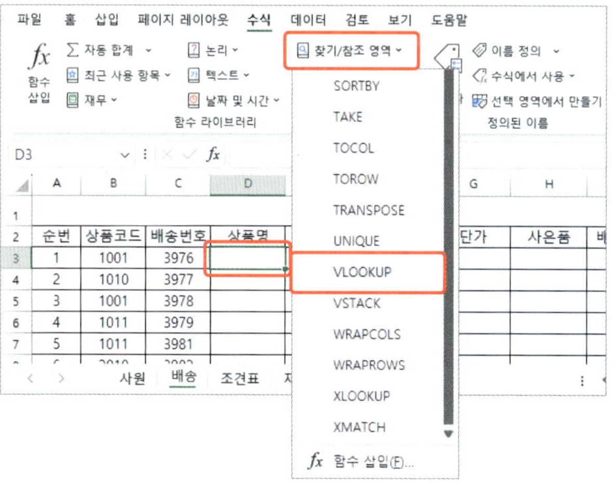

02 [함수 인수] 대화상자의 [검색할_값]에 **B3**을 입력한다.

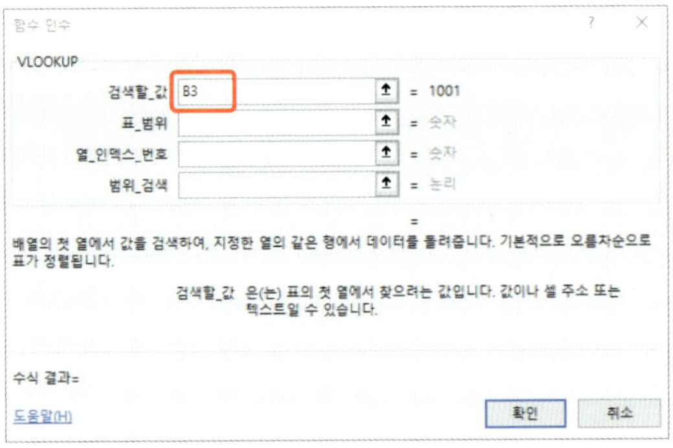

TIP [검색할_값] 인수에는 상품명을 찾기 위해 사용할 기준 값, 즉 '상품코드'를 입력한다.

03 [표_범위]에는 '조견표' 워크시트에서 A3:C6 범위를 드래그하여 입력하고, 다른 셀로 수식을 복사할 때 범위가 변경되지 않도록 F4를 눌러 절대 참조로 바꾼다.

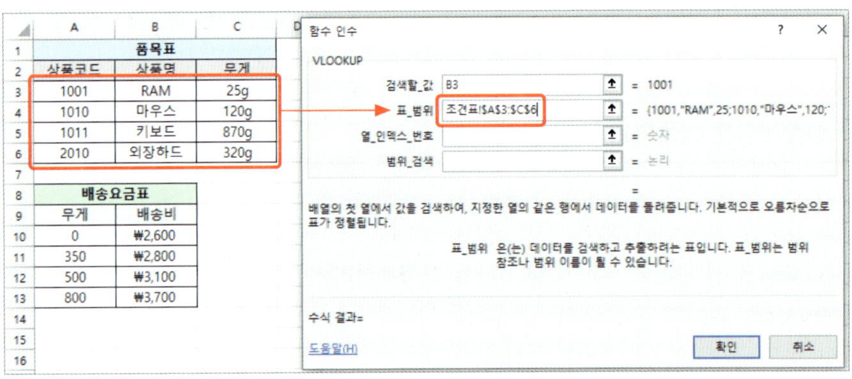

TIP '조견표' 시트를 선택하면 인수 입력란에 **조견표!**라고 자동으로 입력된다. 대화상자가 데이터 영역을 가려서 범위를 선택하기 불편하다면 인수 입력란 오른쪽의 [↑ 대화상자 축소] 단추를 이용한다.

TIP VLOOKUP 함수의 [표_범위] 인수는 상품코드를 검색해서 상품명을 가져올 범위이다. 이때 [검색할_값]인 상품코드가 첫 번째 열에 있어야 한다.

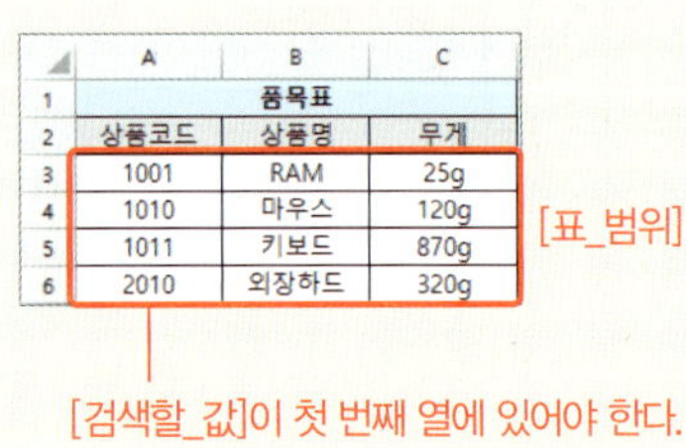

04 [열_인덱스_번호]에는 2를 입력한다.

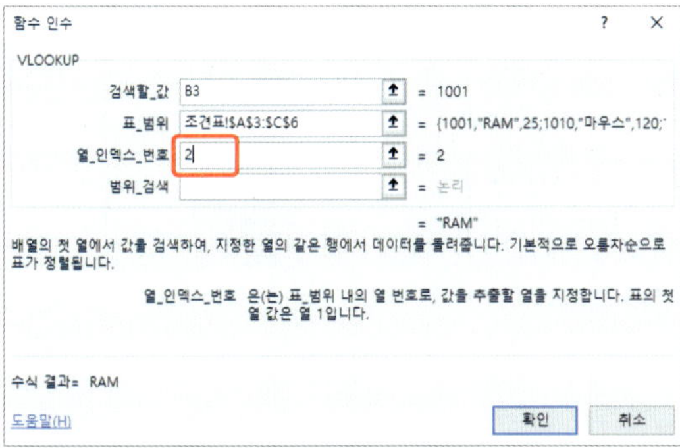

TIP 단계 03에서 지정한 [표_범위]에서 가져올 값인 '상품명'의 열 번호가 '열_인덱스_번호'가 된다.

상품코드	상품명	무게
1001	RAM	25g
1010	마우스	120g
1011	키보드	870g
2010	외장하드	320g

[표_범위]

1 2 3 [열_인덱스_번호]

05 [범위_검색]에는 FALSE를 입력하고 [확인]을 누른다.

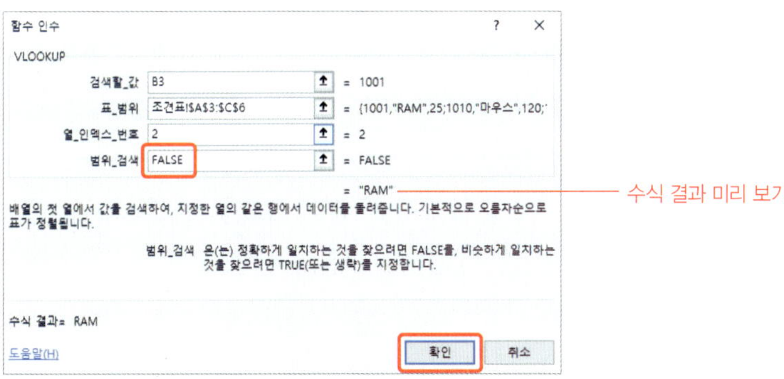

TIP [범위_검색] 인수에는 값의 구간을 검색하는지 여부를 지정한다. 값의 구간을 검색할 때는 **TRUE**를 입력하거나 생략할 수 있고, 그렇지 않은 경우 **FALSE**를 입력한다.

06 D3 셀의 채우기 핸들을 더블클릭하여 수식을 복사하면 모든 상품명이 표시된다.

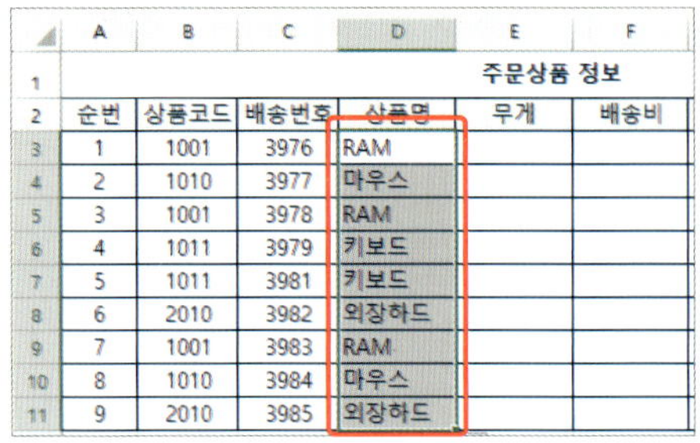

07 같은 방법으로 '조견표' 시트에 있는 품목표에서 '무게'도 검색한다. 채우기 핸들로 수식을 복사해 무게를 모두 찾아 표시한다.

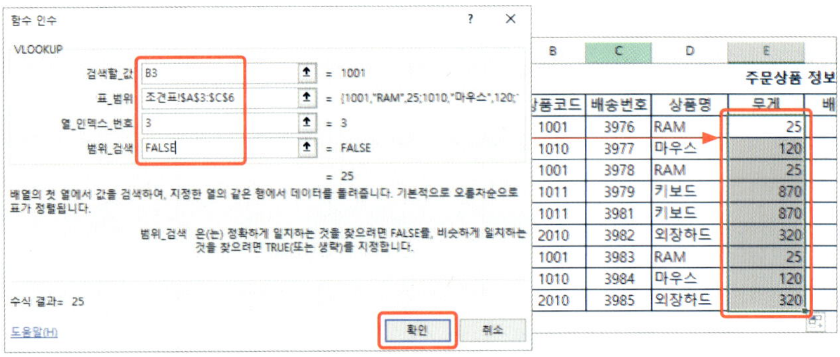

기본예제 4-7 무게 구간을 이용해 배송비 찾기

VLOOKUP 함수는 정확하게 일치하는 값을 검색할 수도 있지만, 값의 구간을 검색할 때도 사용할 수 있다. 상품 무게에 따른 배송비를 찾아 셀에 표시해 보자.

01 '배송' 시트에서 F3 셀을 선택하고 [fx 함수 삽입] 단추를 누른다. [함수 마법사] 대화상자의 [범주 선택]–[찾기/참조 영역] 목록에서 [VLOOKUP]을 선택하고 [확인]을 누른다.

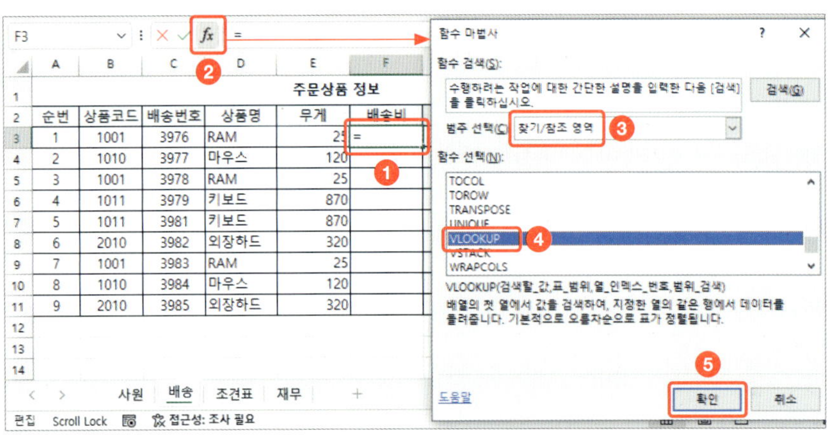

02 [함수 인수] 대화상자의 [검색할_값]에 **E3**을 입력한다.

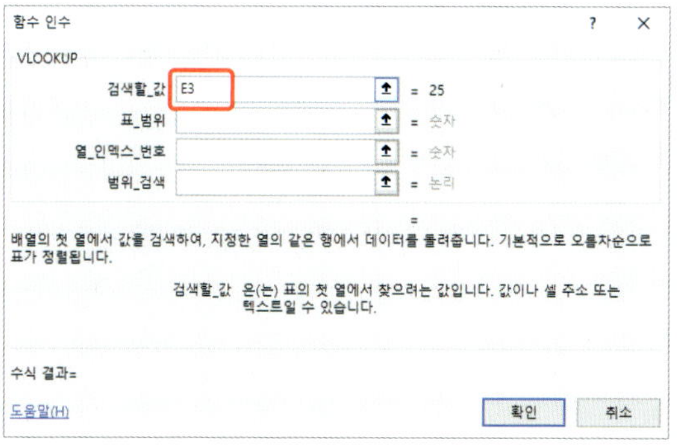

03 [표_범위]에는 '조견표' 워크시트의 A10:B13 범위를 드래그하여 입력하고, F4를 눌러 절대 참조로 바꾼다.

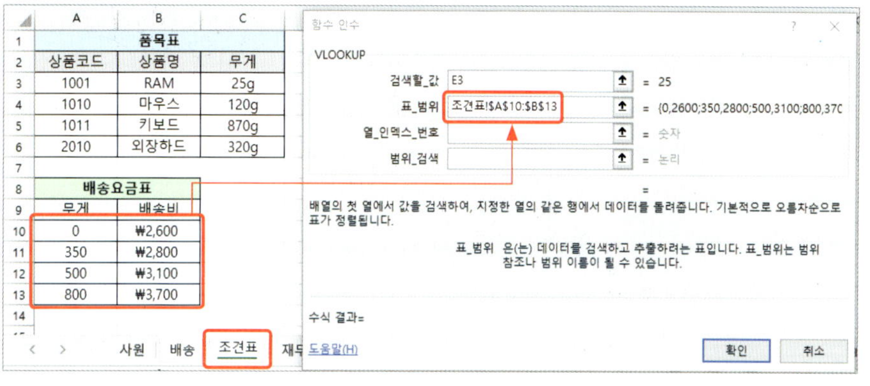

TIP '조견표' 시트의 A10:B13에는 무게 구간별로 배송요금이 입력되어 있다. 이때 검색 기준이 되는 무게 값이 오름차순으로 정렬되어 있어야 VLOOKUP 함수에서 정확한 값을 찾을 수 있다.

0	₩2,600
350	₩2,800
500	₩3,100
800	₩3,700

구간 검색인 경우, 첫 번째 열을 오름차순으로 정렬한다.

04 [열_인덱스_번호]에 **2**를 입력하고 [확인]을 누른다. 값의 구간에 따라 찾을 때는 [범위_검색] 인수는 생략해도 된다.

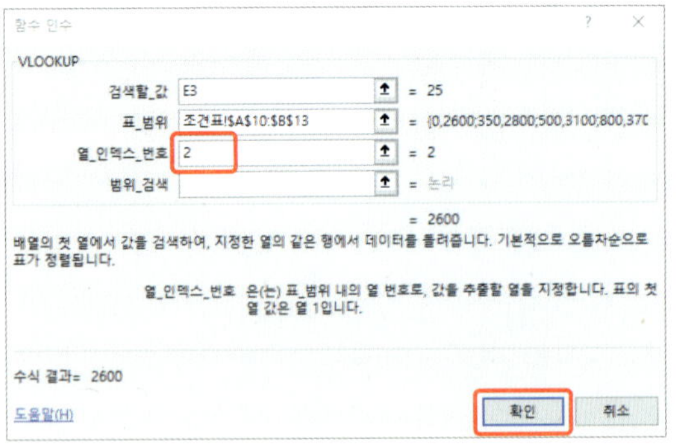

05 F3 셀의 채우기 핸들을 더블클릭해 수식을 복사하면 모든 상품의 배송비가 표시된다.

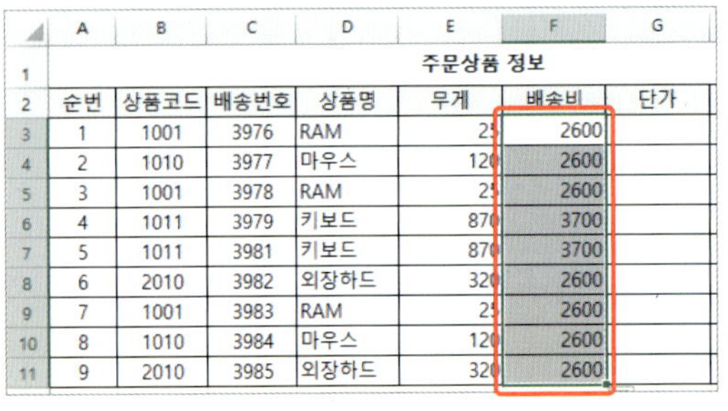

	A	B	C	D	E	F	G
1	주문상품 정보						
2	순번	상품코드	배송번호	상품명	무게	배송비	단가
3	1	1001	3976	RAM	25	2600	
4	2	1010	3977	마우스	120	2600	
5	3	1001	3978	RAM	25	2600	
6	4	1011	3979	키보드	870	3700	
7	5	1011	3981	키보드	870	3700	
8	6	2010	3982	외장하드	320	2600	
9	7	1001	3983	RAM	25	2600	
10	8	1010	3984	마우스	120	2600	
11	9	2010	3985	외장하드	320	2600	

2.3 행을 기준으로 찾는 함수

열이 아닌 행 방향으로 관리되는 목록에서 원하는 값을 검색할 때는 HLOOKUP(Horizontal Look up) 함수를 사용한다.

함수명과 인수	기능
HLOOKUP(검색할_값, 표_범위, 행_인덱스_번호, 범위_검색)	주어진 범위의 첫 행을 검색하여 원하는 항목을 찾아 반환

TIP HLOOKUP 함수의 [표_범위]에서 [검색할_값]이 첫 번째 행에 있어야 한다.

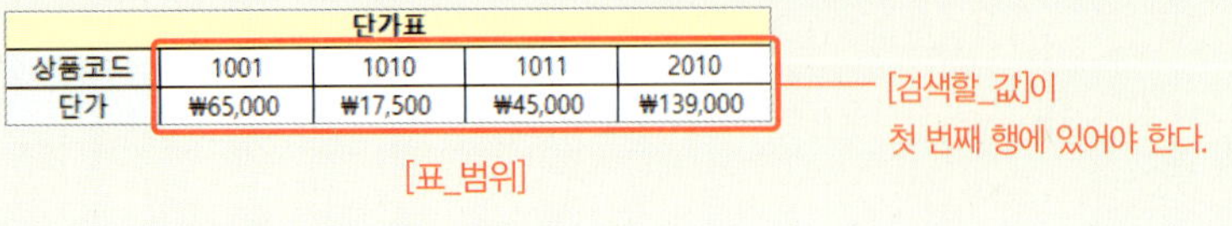

단가표				
상품코드	1001	1010	1011	2010
단가	₩65,000	₩17,500	₩45,000	₩139,000

기본예제 4-8 상품코드로 단가와 사은품 찾기

HLOOKUP 함수를 사용하여 단가와 사은품 정보를 검색해 보자. 수식을 이해하기 쉽도록 '조견표' 시트의 검색할 범위에 영역 이름을 먼저 정의한 후 수식을 작성한다.

01 '조견표' 시트의 F2:I3 범위를 선택하고 이름 상자에 **단가표**라고 입력한다.

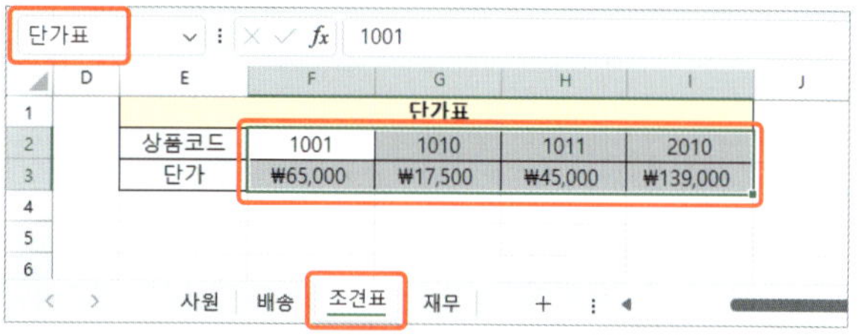

02 '조견표' 시트의 F9:I10 범위를 선택하고 이름 상자에 **사은품**이라고 입력한다.

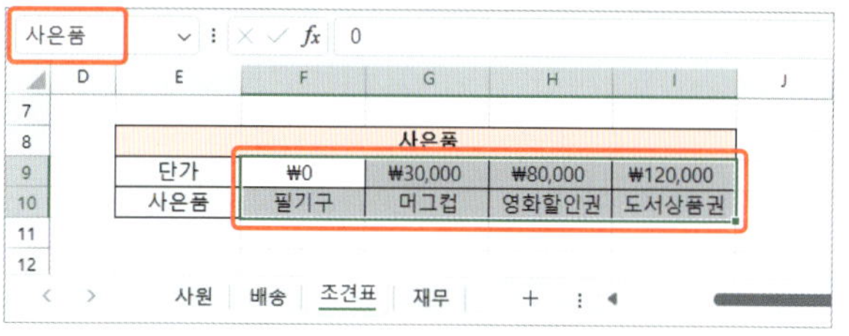

03 '배송' 시트에 '단가' 정보를 표시해 보자. '배송' 시트의 G3 셀에 **=HLOOKUP(B3,단가표,2,FALSE)** 수식을 입력한다.

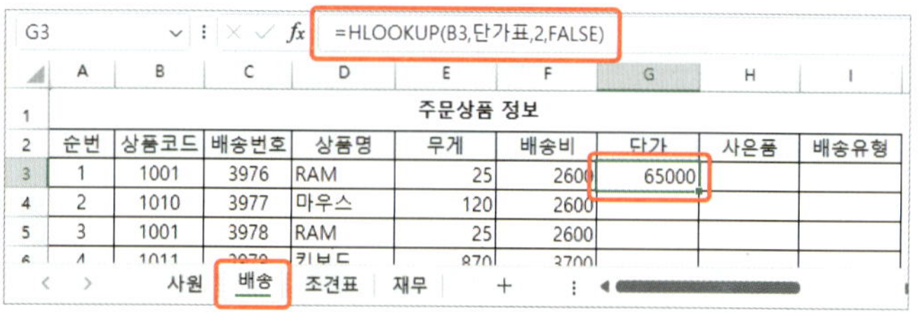

04 G3 셀의 채우기 핸들을 더블클릭해 수식을 복사하면 모든 상품의 단가가 표시된다.

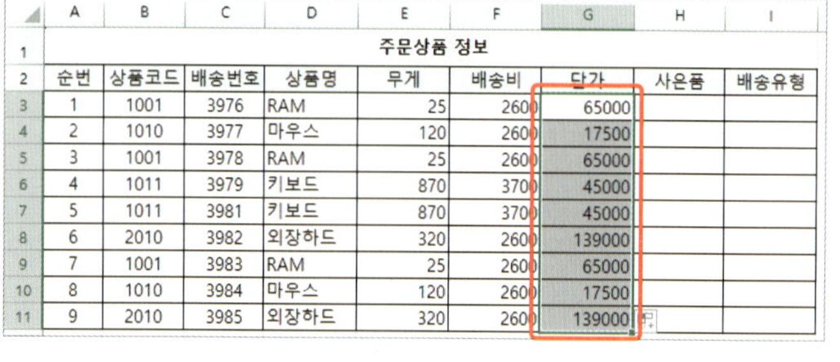

05 '사은품'을 표시하기 위해 H3 셀에 **=HLOOKUP(G3,사은품,2)** 수식을 입력한다. 단가를 기준으로 해당 구간을 검색하므로, 네 번째 인수는 생략한다.

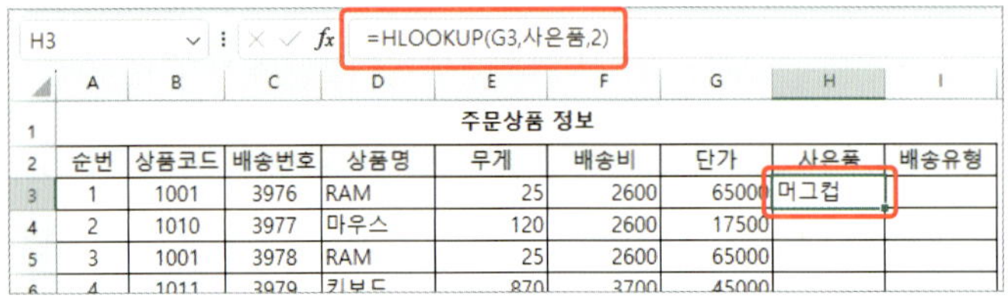

06 H3 셀의 채우기 핸들을 더블클릭해 수식을 복사하면 모든 사은품 정보가 표시된다.

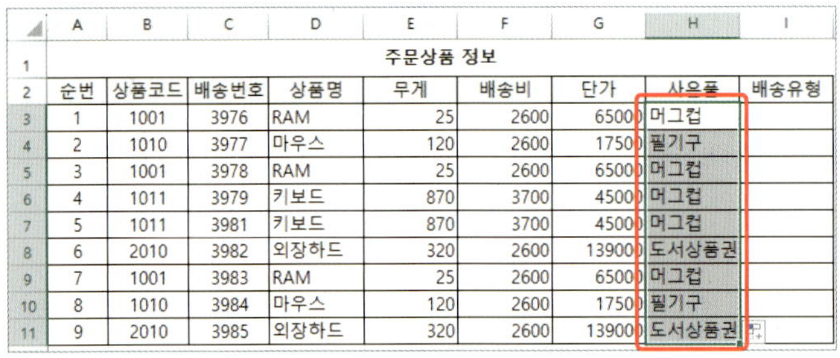

TIP 엑셀 2021에 새로 추가된 XLOOKUP 함수는 범위에서 일치하는 값을 찾아 원하는 데이터를 반환하는 함수로, 구간 검색에는 사용할 수 없다. VLOOKUP이나 HLOOKUP 함수에서는 검색할 값이 항상 첫 번째 열 또는 행에 위치해야 하는데, XLOOKUP 함수는 검색할 값이 표 범위 내 어떤 위치에 있어도 검색 가능하다. 특히, "*"와 같은 와일드카드 기호를 사용하여 특정 단어를 포함하는 값 검색도 가능하다.

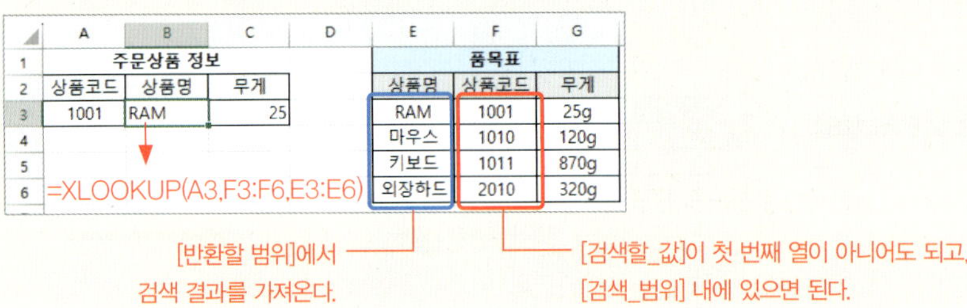

2.4 순서나 위치로 찾는 함수

목록의 순서를 이용하거나 주어진 범위 내의 상대적인 위치를 이용하여 조건에 맞는 값을 찾는 함수도 있다. 목록의 특정 순서에 있는 값을 검색하는 CHOOSE 함수와 특정 행과 열에 위치하는 값을 검색하는 INDEX 함수, 값의 위치를 찾는 MATCH 함수를 이용하여 필요한 정보를 검색하는 방법을 알아본다.

함수명과 인수	기능
CHOOSE(index_num, value1, value2, …)	목록에서 인덱스 번호로 값 하나를 선택
INDEX(array, row_num, column_num)	범위 내의 특정 행과 열에 있는 값을 검색
MATCH(lookup_value, lookup_array, match_type)	범위 내에서 특정 값이 있는 상대 위치를 검색

기본예제 4-9 상품코드 첫 글자로 배송유형 찾기

상품코드의 첫 글자가 '1'인 경우 배송유형을 '일반'으로, '2'인 경우 '특송'으로 입력하는 수식을 CHOOSE 함수를 이용하여 작성해 보자.

상품코드 **1001**
일반
2010
특송

01 '배송' 시트에서 I3 셀을 선택하고 [수식] 탭–[함수 라이브러리] 그룹–[찾기/참조 영역] 목록에서 [CHOOSE]를 선택한다.

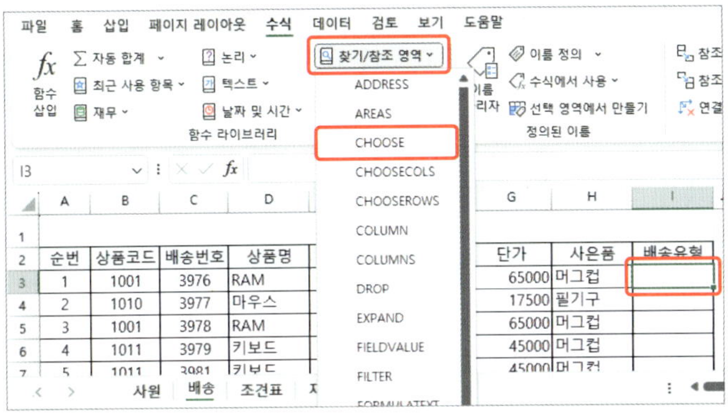

02 [함수 인수] 대화상자의 [Index_num]에 **LEFT(B3)**을 입력한다.

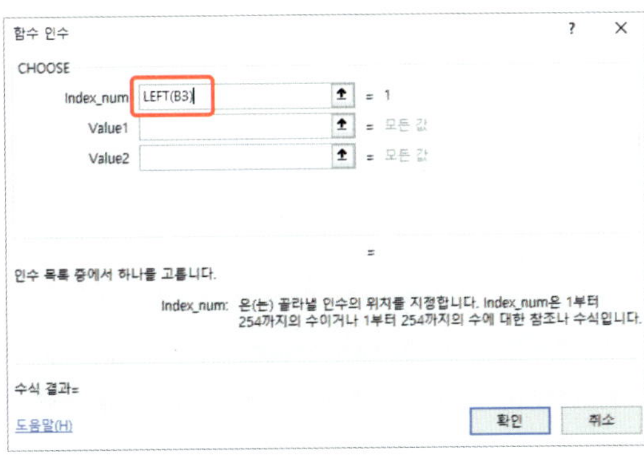

TIP LEFT 함수로 상품코드 첫 글자를 추출하여 Index_num 인수로 사용한다. Index_num에는 1부터 254까지의 수만 사용할 수 있다.

03 [Value1]에 **"일반"**을, [Value2]에 **"특송"**을 입력하고 [확인]을 누른다.

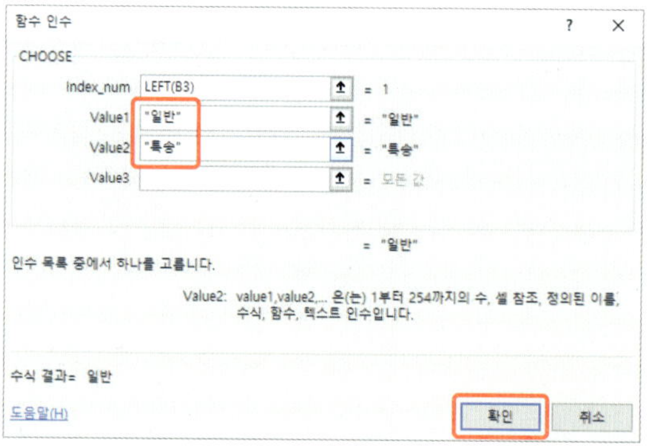

04 I3 셀의 채우기 핸들을 더블 클릭해 수식을 복사하면 모든 배송유형이 표시된다.

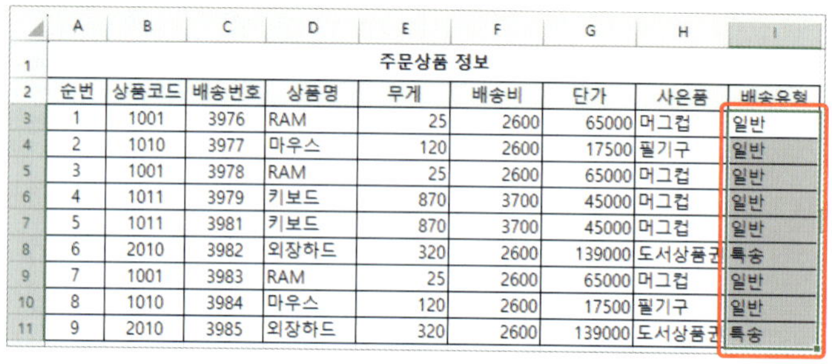

주문상품 정보

순번	상품코드	배송번호	상품명	무게	배송비	단가	사은품	배송유형
1	1001	3976	RAM	25	2600	65000	머그컵	일반
2	1010	3977	마우스	120	2600	17500	필기구	일반
3	1001	3978	RAM	25	2600	65000	머그컵	일반
4	1011	3979	키보드	870	3700	45000	머그컵	일반
5	1011	3981	키보드	870	3700	45000	머그컵	일반
6	2010	3982	외장하드	320	2600	139000	도서상품권	특송
7	1001	3983	RAM	25	2600	65000	머그컵	일반
8	1010	3984	마우스	120	2600	17500	필기구	일반
9	2010	3985	외장하드	320	2600	139000	도서상품권	특송

기본예제 4-10 배송번호로 상품명과 배송 정보 검색하기

배송번호를 입력하면 상품명과 배송비, 배송유형을 조회하는 수식을 INDEX 함수와 MATCH 함수를 사용하여 작성해 보자.

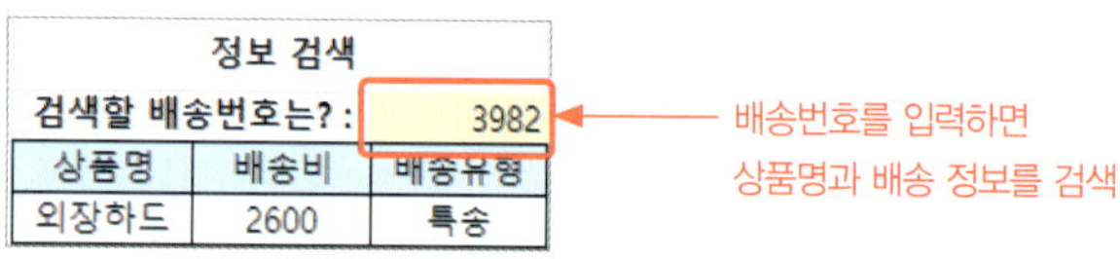

정보 검색

검색할 배송번호는? : 3982

상품명	배송비	배송유형
외장하드	2600	특송

01 '배송' 시트에서 수식에 사용할 영역 이름을 먼저 정의한다. C2:I11 범위를 선택하고 이름 상자에 **검색범위**를 입력한다.

TIP '필드'란 데이터의 속성을 의미하는 용어이다. 예제의 주문상품 정보는 '순번', '상품코드', '배송번호', '상품명' 등의 필드로 구성된 데이터이다.

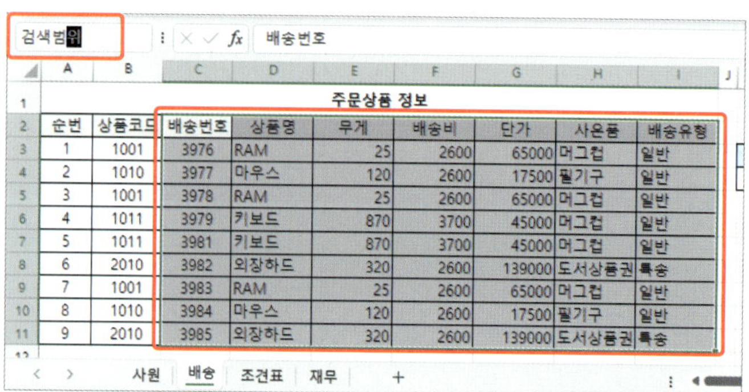

주문상품 정보

순번	상품코드	배송번호	상품명	무게	배송비	단가	사은품	배송유형
1	1001	3976	RAM	25	2600	65000	머그컵	일반
2	1010	3977	마우스	120	2600	17500	필기구	일반
3	1001	3978	RAM	25	2600	65000	머그컵	일반
4	1011	3979	키보드	870	3700	45000	머그컵	일반
5	1011	3981	키보드	870	3700	45000	머그컵	일반
6	2010	3982	외장하드	320	2600	139000	도서상품권	특송
7	1001	3983	RAM	25	2600	65000	머그컵	일반
8	1010	3984	마우스	120	2600	17500	필기구	일반
9	2010	3985	외장하드	320	2600	139000	도서상품권	특송

02 C2:I2 범위는 **필드목록**으로, C2:C11 범위는 **배송번호목록**으로 영역 이름을 정의한다.

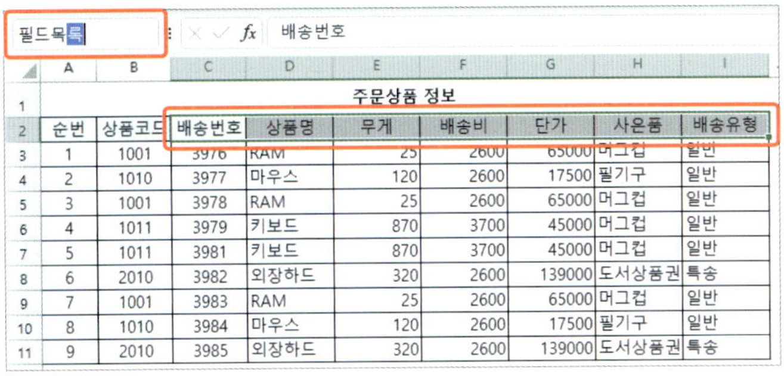

03 M2 셀에 검색하려는 배송번호로 **3982**를 입력한다.

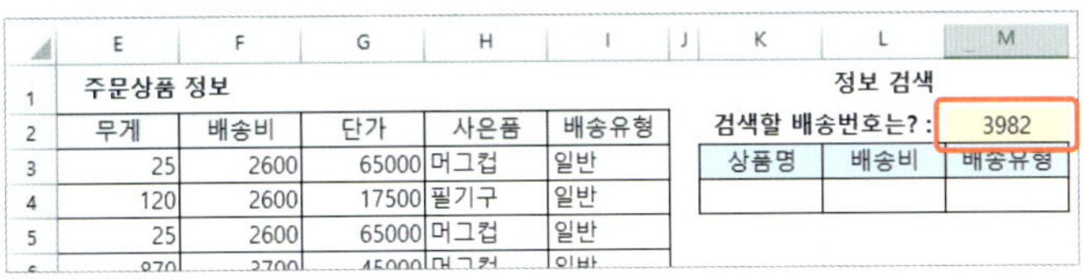

04 K4 셀을 선택하고 [수식] 탭-[함수 라이브러리] 그룹-[찾기/참조 영역] 목록에서 [INDEX]를 선택한다.

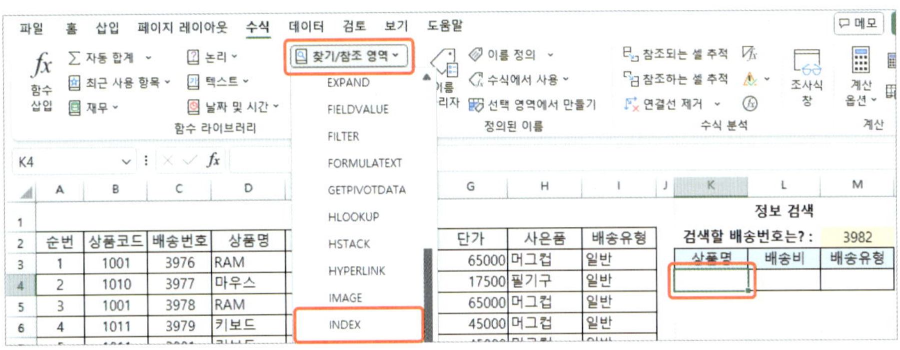

05 [인수 선택] 대화상자가 나타나면 첫 번째 항목인 [array,row_num,column_num]을 선택하고 [확인]을 누른다.

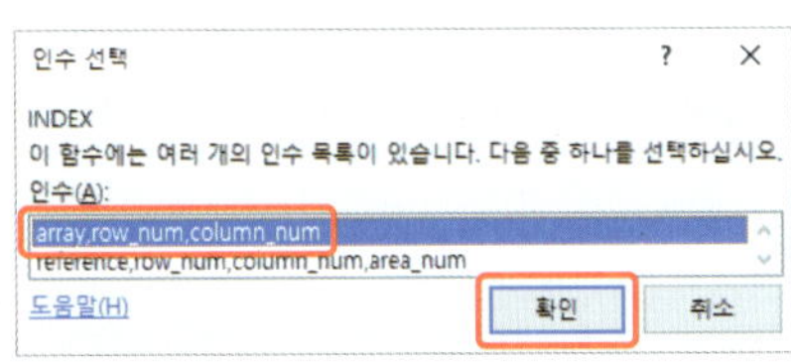

TIP INDEX 함수는 지정 범위에서 값을 찾는 배열형과 특정 셀의 주소를 반환하는 참조형의 두 가지 기능을 모두 사용할 수 있다. 이번 실습에서는 배열형을 사용하는데, 열과 행 번호를 이용해 범위 내 특정 셀 값을 찾는다.

06 [함수 인수] 대화상자의 [Array]에 **검색범위**를 입력한다. [Row_num]에는 **MATCH($M$2,배송번호목록,0)**을, [Column_num]에는 **MATCH(K3,필드목록,0)**을 입력하고 [확인]을 누른다.

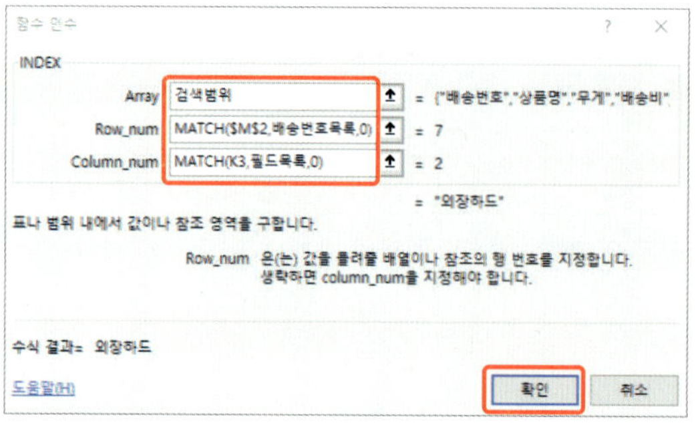

TIP MATCH 함수는 행이나 열 목록에서 특정 데이터의 위치를 찾는 함수이다. '배송번호목록'과 '필드목록'에서 각각 원하는 값의 위치를 찾아서 INDEX 함수의 행과 열 번호로 사용한다. 아래 그림에서처럼 '배송번호목록' 7행('3982')과 '필드목록' 2열('상품명')이 교차하는 셀은 '3982'의 '상품명'이 된다.

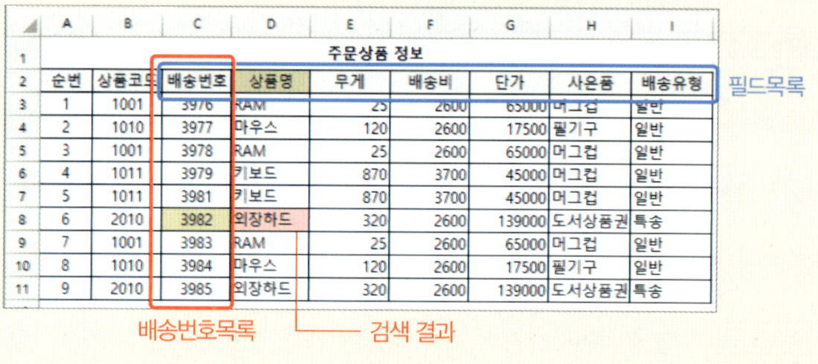

주문상품 정보

순번	상품코드	배송번호	상품명	무게	배송비	단가	사은품	배송유형
1	1001	3976	RAM	25	2600	65000	머그컵	일반
2	1010	3977	마우스	120	2600	17500	필기구	일반
3	1001	3978	RAM	25	2600	65000	머그컵	일반
4	1011	3979	키보드	870	3700	45000	머그컵	일반
5	1011	3981	키보드	870	3700	45000	머그컵	일반
6	2010	3982	외장하드	320	2600	139000	도서상품권	특송
7	1001	3983	RAM	25	2600	65000	머그컵	일반
8	1010	3984	마우스	120	2600	17500	필기구	일반
9	2010	3985	외장하드	320	2600	139000	도서상품권	특송

MATCH 함수의 세 번째 인수인 match_type에 사용하는 값은 다음과 같은 의미가 있다.

인수 형식	의미
1 또는 생략	첫 번째 인수(lookup_value)보다 작거나 같은 값 중에서 최대값을 검색
0	첫 번째 인수(lookup_value)와 같은 첫 번째 값을 검색
–1	첫 번째 인수(lookup_value)보다 크거나 같은 값 중에서 최소값을 검색

07 K4 셀의 채우기 핸들을 오른쪽으로 드래그해 수식을 복사하면 '배송비'와 '배송유형' 정보도 검색할 수 있다.

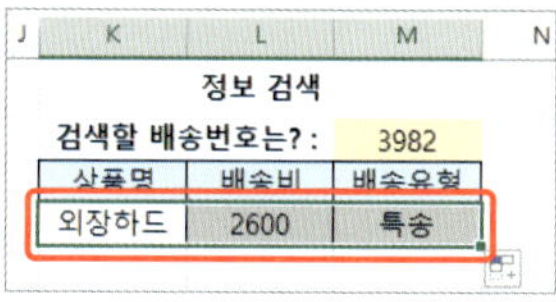

정보 검색		
검색할 배송번호는? :		3982
상품명	배송비	배송유형
외장하드	2600	특송

08 M2 셀에 다른 배송번호를 입력하면 검색 결과가 달라진다.

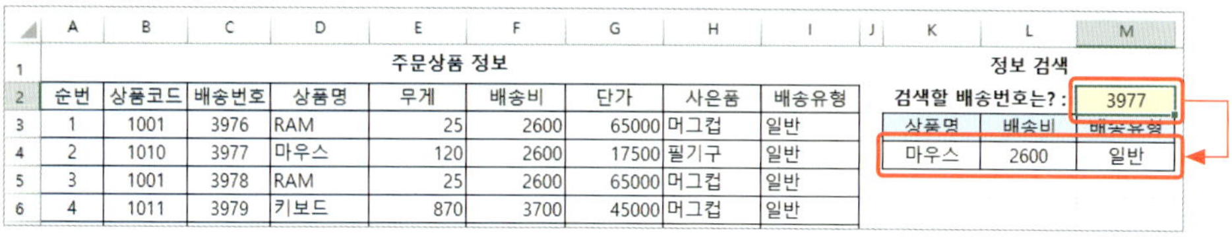

주문상품 정보								
순번	상품코드	배송번호	상품명	무게	배송비	단가	사은품	배송유형
1	1001	3976	RAM	25	2600	65000	머그컵	일반
2	1010	3977	마우스	120	2600	17500	필기구	일반
3	1001	3978	RAM	25	2600	65000	머그컵	일반
4	1011	3979	키보드	870	3700	45000	머그컵	일반

정보 검색		
검색할 배송번호는? :		3977
상품명	배송비	배송유형
마우스	2600	일반

SECTION 03 재무 함수 사용하기

엑셀의 함수 라이브러리에서 제공하는 재무 함수는 금융이나 회계 등의 특정 업무 분야에 주로 사용한다. 여러 가지 재무 함수 중 적금이나 대출 등의 은행 거래, 할부금 계산 등 일상에서도 활용할 수 있는 함수에 대해 알아본다.

3.1 재무 계산에 사용하는 함수

미래의 투자 가치나 적금 만기액 계산, 이자율에 따라 일정 금액을 정기적으로 납입하는 대출 상환금이나 할부금 등을 계산하기 위해 FV(Future Value) 함수와 PMT(Payment) 함수를 이용할 수 있다.

함수명과 인수	기능
FV(rate, nper, pmt, pv, type)	고정 이자율을 기반으로 투자의 미래 가치나 일정 기간 정기 납입 후의 기대 금액을 계산
PMT(rate, nper, pv, fv, type)	일정 금액을 정기적으로 납입하고 고정 이자율이 적용되는 대출 상환금이나 할부금을 계산

기본예제 4-11 적금 만기액 계산하기

연이율 3.5%로 2년간 30만 원씩 적금을 납입했을 때 만기에 찾을 수 있는 금액을 FV 함수를 이용하여 계산해 보자.

01 '4장_실습.xlsx' 파일의 '재무' 시트를 선택한다.

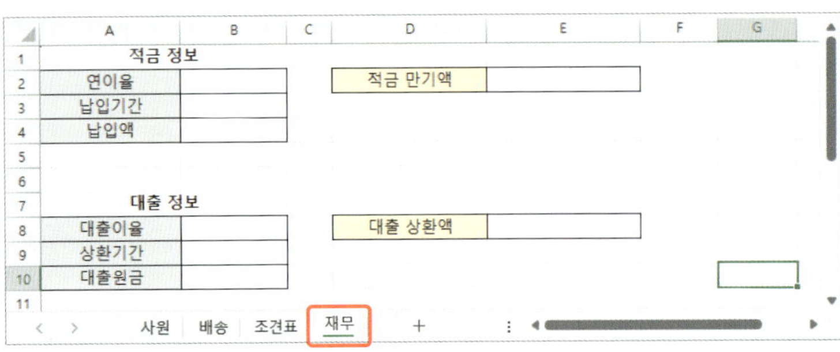

02 B2 셀의 연이율은 **3.5**, B3 셀의 납입기간은 **24**, B4 셀의 납입액은 **300000**이라고 입력한다.

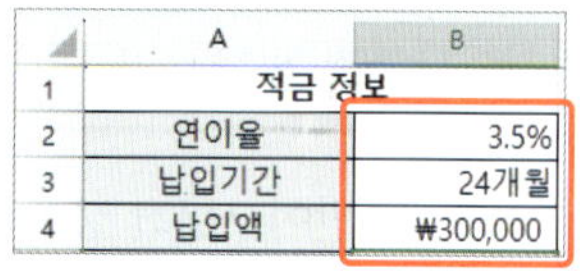

03 E2 셀을 선택하고 [수식] 탭-[함수 라이브러리] 그룹-[재무] 목록에서 [FV]를 선택한다.

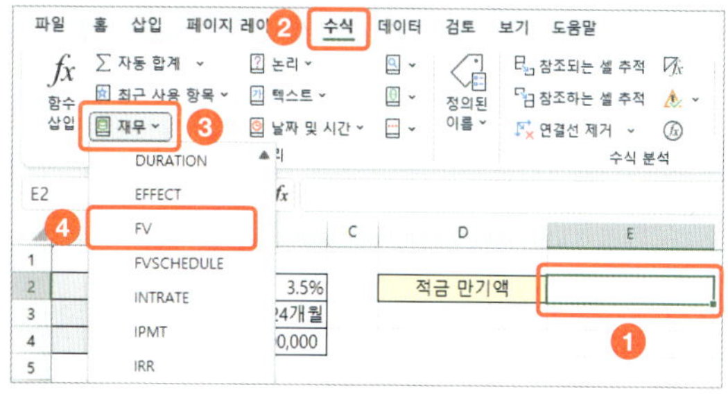

04 [함수 인수] 대화상자의 [Rate]에 **B2/12**, [Nper]에 **B3**, [Pmt]에 **-B4**를 입력하고 [확인]을 누른다.

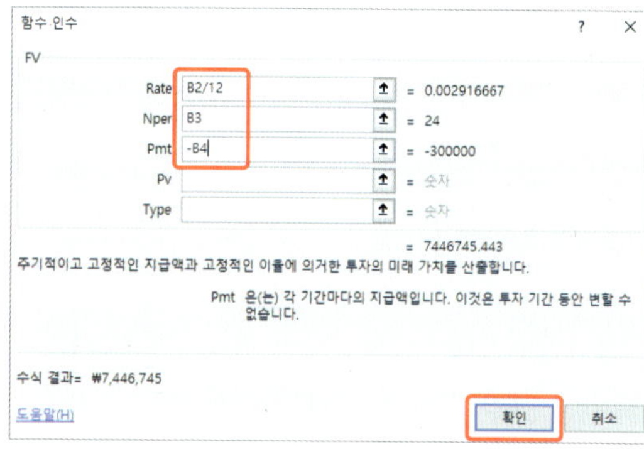

TIP [Rate] 인수는 기간별 이자율이며, 매월 납입한다면 연이율(3.5%)를 월이율로 환산(3.5%/12)한다. [Nper] 인수에는 납입기간을, [Pmt] 인수에는 납입액을 입력한다. 이때 Pmt는 음수로 입력해야 계산 결과가 양수로 표시된다. 현재 가치 Pv와 납부 시점 Type 인수는 생략해도 된다.

05 계산된 적금 만기액이 E2 셀에 표시된다.

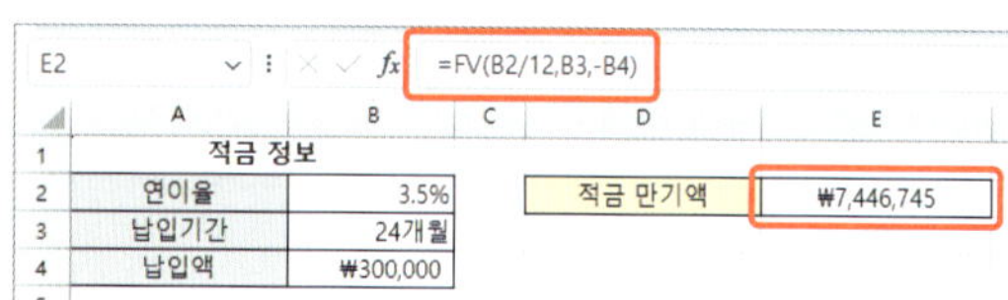

기본예제 4-12 대출 상환액 계산하기

대출 이율 4.5%로 1천만원을 대출받아 3년간 상환하는 경우 매월 상환액을 PMT 함수로 계산해 보자.

01 '재무' 시트에서 B8 셀의 대출이율은 **4.5**, B9 셀의 상환기간은 **36**, B10 셀의 대출원금은 **10000000**을 입력한다.

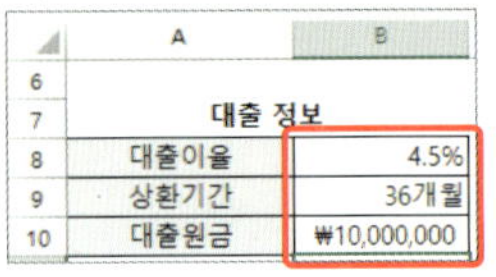

02 E8 셀을 선택하고 [수식] 탭-[함수 라이브러리] 그룹-[재무] 목록에서 [PMT]를 선택한다.

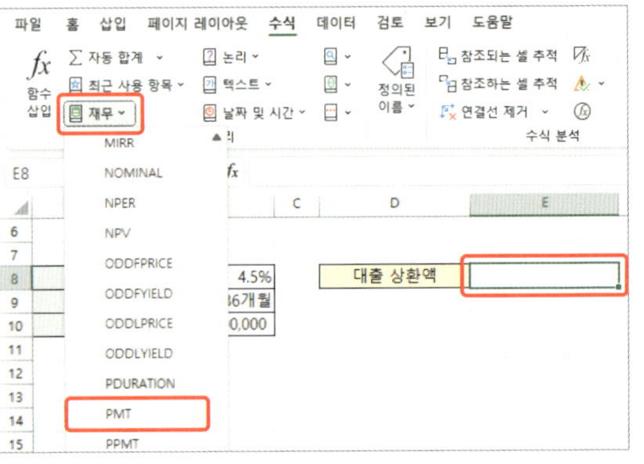

03 [함수 인수] 대화상자의 [Rate]에 **B8/12**, [Nper]에 **B9**, [Pv]에 **-B10**을 입력하고 [확인]을 누른다.

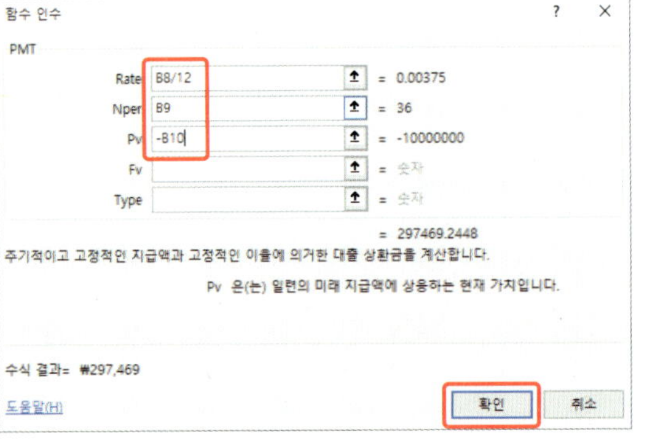

04 주어진 조건에 따라 계산된 대출 상환액이 E8 셀에 표시된다.

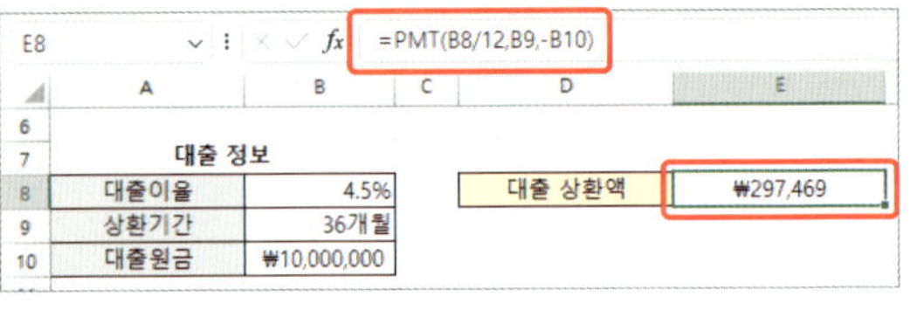

종합예제

찾기/참조 영역 함수와 통계 함수를 활용하여 물품 구매서를 만들어 보자.

1 '4장_종합.xlsx' 파일의 '물품구매서' 시트를 열고 셀 병합하기와 테두리 모양, 채우기 색 등을 설정하여 다음과 같이 편집한다.

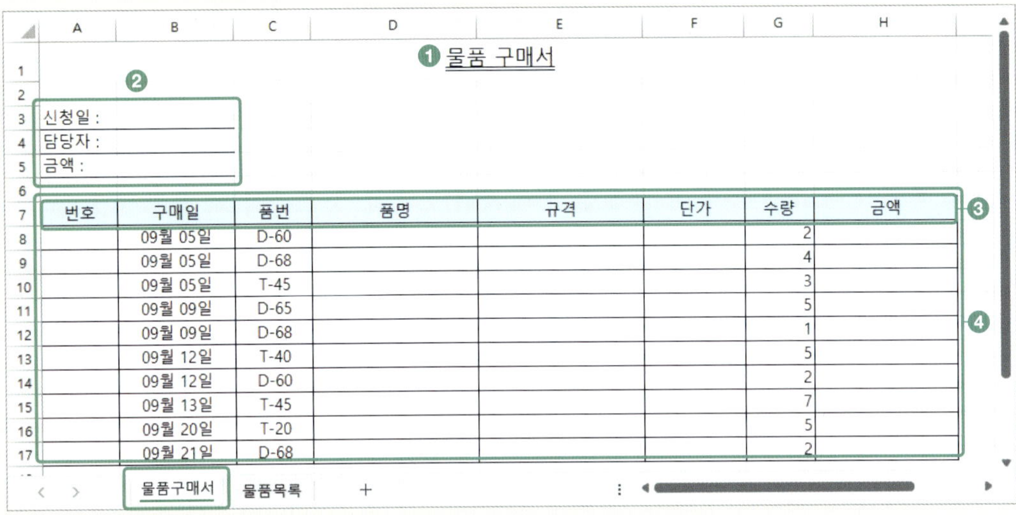

❶ A1:H1 범위를 선택하고 [홈] 탭–[맞춤] 그룹–[병합하고 가운데 맞춤]으로 설정한다. 제목('물품 구매서')의 [글꼴 크기]를 [14]로, 밑줄은 [이중 밑줄]로 변경한다.

❷ A3:B5 범위를 선택하고 단축키 Ctrl+1을 눌러 [셀 서식] 대화상자가 나타나면 [테두리] 탭에서 각 셀의 아래 테두리를 실선으로 설정한다.

❸ A7:H7 범위를 선택하고 [홈] 탭–[글꼴] 그룹–[채우기 색]을 [파랑, 강조 1, 80% 더 밝게]로 설정하고, [맞춤] 그룹에서 [가운데 맞춤]을 설정한다.

❹ A7:H17 범위를 선택하고 [홈] 탭–[글꼴] 그룹–[모든 테두리]를 눌러 모든 셀에 적용한다.

❺ 열 경계선을 드래그하여 열 너비를 조정하고, 그림과 같이 맞춤을 설정한다.

종합예제

2 A8 셀에 **=ROW( )−7** 수식을 입력하고 Enter를 누른다. A8 셀의 채우기 핸들을 더블클릭해 수식을 복사하고 [홈] 탭−[맞춤] 그룹−[가운데 맞춤]을 누른다.

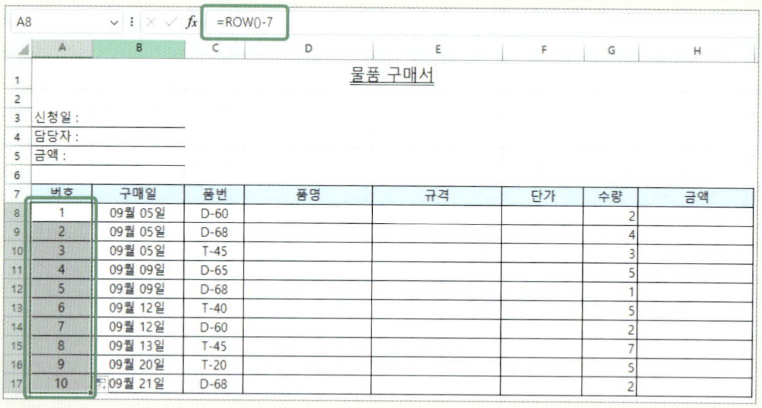

3 D8 셀에 **=IFERROR(VLOOKUP(C8,물품목록!$A$4:$D$9,2,FALSE),"−")** 수식을 입력하고 D8 셀의 채우기 핸들을 더블클릭하여 품명을 모두 표시한다.

TIP '물품목록' 시트의 A4:D9 범위를 선택하고 F4를 눌러 절대 참조로 설정한다. VLOOKUP 함수로 찾는 품번이 목록에 없는 경우, 오류 메시지(#N/A)가 표시된다. 오류 메시지 대신 셀에 다른 값을 표시하려면 IFERROR 함수를 이용한다. 잘못된 값을 검색하여 오류가 발생하는 경우 셀에 "−" 문자를 표시하도록 설정하는 수식이다.

4 E8 셀에 **=IFERROR(VLOOKUP(C8,물품목록!$A$4:$D$9,3,FALSE),"–")** 수식을 입력하고, 채우기 핸들로 복사하여 규격 정보를 모두 표시한다.

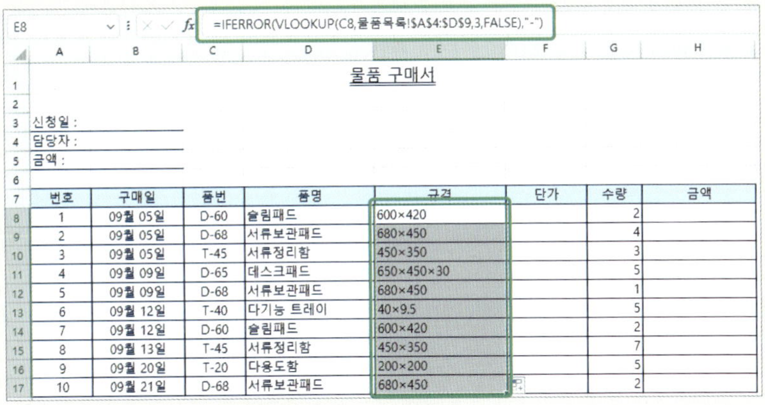

E8 | =IFERROR(VLOOKUP(C8,물품목록!$A$4:$D$9,3,FALSE),"-")

물품 구매서

신청일 :
담당자 :
금액 :

번호	구매일	품번	품명	규격	단가	수량	금액
1	09월 05일	D-60	슬림패드	600×420		2	
2	09월 05일	D-68	서류보관패드	680×450		4	
3	09월 05일	T-45	서류정리함	450×350		3	
4	09월 09일	D-65	데스크패드	650×450×30		5	
5	09월 09일	D-68	서류보관패드	680×450		1	
6	09월 12일	T-40	다기능 트레이	40×9.5		5	
7	09월 12일	D-60	슬림패드	600×420		2	
8	09월 13일	T-45	서류정리함	450×350		7	
9	09월 20일	T-20	다용도함	200×200		5	
10	09월 21일	D-68	서류보관패드	680×450		2	

5 F8 셀에 **=IFERROR(VLOOKUP(C8,물품목록!$A$4:$D$9,4,FALSE),"–")** 수식을 입력하여 단가를 찾는다. 채우기 핸들로 수식을 복사하여 단가를 모두 표시하고, [홈] 탭–[표시 형식] 그룹–[쉼표 스타일]을 누른다.

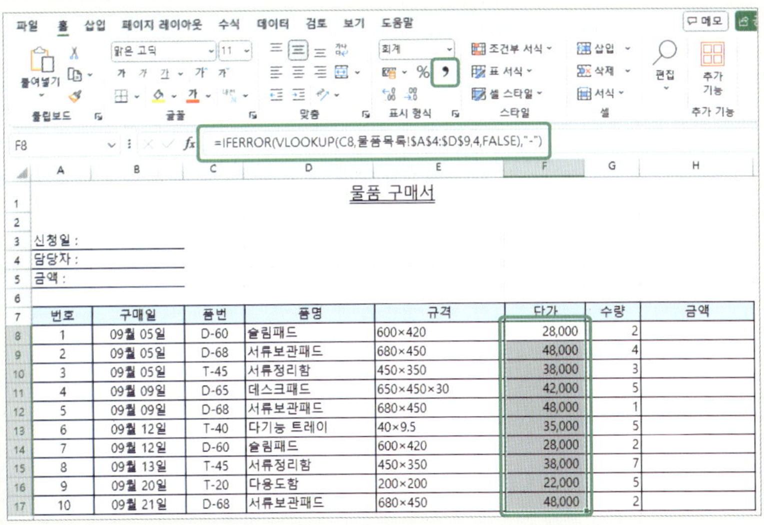

F8 | =IFERROR(VLOOKUP(C8,물품목록!$A$4:$D$9,4,FALSE),"-")

물품 구매서

신청일 :
담당자 :
금액 :

번호	구매일	품번	품명	규격	단가	수량	금액
1	09월 05일	D-60	슬림패드	600×420	28,000	2	
2	09월 05일	D-68	서류보관패드	680×450	48,000	4	
3	09월 05일	T-45	서류정리함	450×350	38,000	3	
4	09월 09일	D-65	데스크패드	650×450×30	42,000	5	
5	09월 09일	D-68	서류보관패드	680×450	48,000	1	
6	09월 12일	T-40	다기능 트레이	40×9.5	35,000	5	
7	09월 12일	D-60	슬림패드	600×420	28,000	2	
8	09월 13일	T-45	서류정리함	450×350	38,000	7	
9	09월 20일	T-20	다용도함	200×200	22,000	5	
10	09월 21일	D-68	서류보관패드	680×450	48,000	2	

종합예제

6 H8 셀에 단가와 수량을 곱한 **=PRODUCT(F8:G8)** 수식을 입력하고 채우기 핸들을 더블클릭하여 모든 금액을 계산한다. [홈] 탭–[표시 형식] 그룹의 목록에서 [회계]를 선택한다.

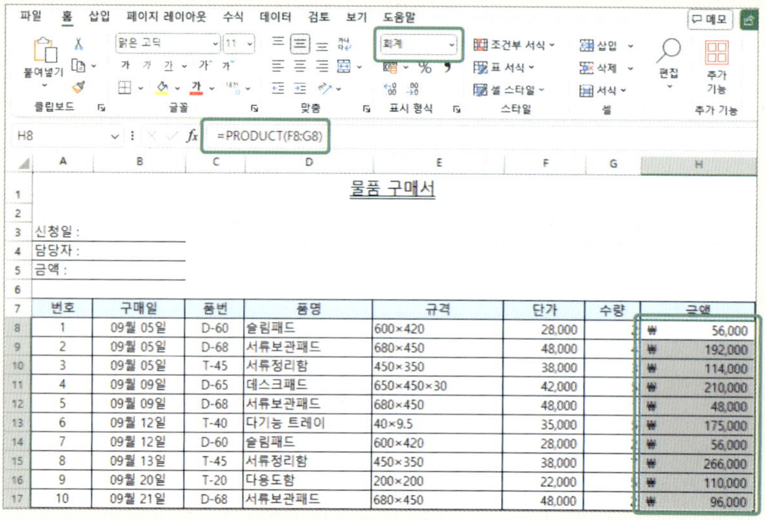

7 B3 셀에 단축키 Ctrl + ; 을 사용하여 현재 날짜를 표시하고, B4 셀의 담당자는 **이서영**을 입력한다. B5 셀에는 **=SUM(H8:H17)** 수식을 입력하여 금액 합계를 계산하고, B3:B5 범위를 [오른쪽 맞춤]으로 설정한다.

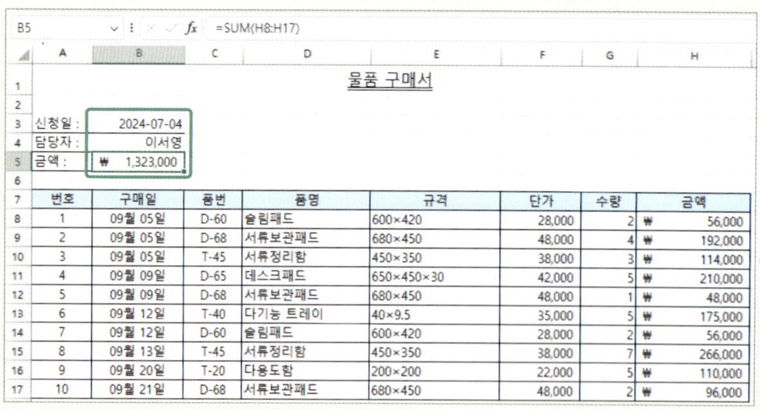

8 [+ 새 시트] 단추를 눌러 새 워크시트를 삽입하고, 그림과 같이 결재란을 만든다. 작성한 결재란을 선택하고 [홈] 탭–[클립보드] 그룹–[복사] 목록에서 [그림으로 복사]를 선택한다. [그림 복사] 대화 상자에서 [화면에 표시된 대로]와 [그림]을 선택하고 [확인]을 누른다.

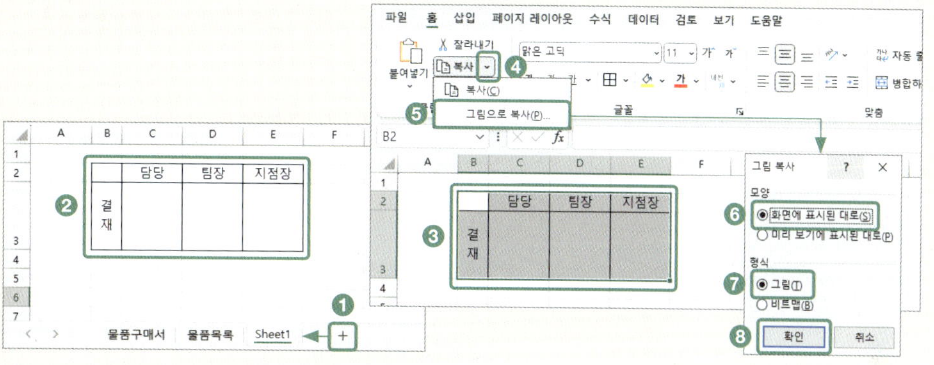

9 '물품구매서' 시트를 선택하고 단축키 Ctrl+V로 결재란을 붙여넣은 후 배치한다. [보기] 탭–[표시] 그룹–[눈금선]의 설정을 해제한다.

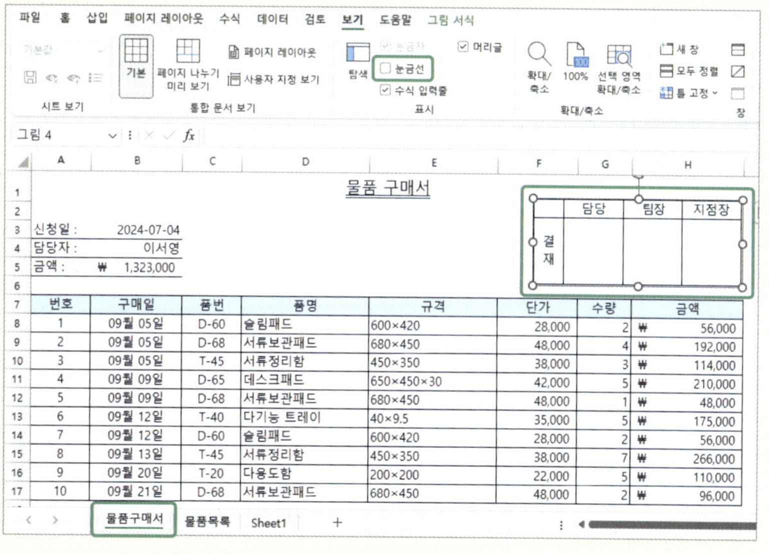

연습 문제

1 '4장_연습.xlsx' 파일의 '연습1' 시트를 열고 문화센터 프로그램 현황을 지시대로 작성하시오.

❶ ROW 함수를 이용하여 A4:A20 범위에 '순번'을 일련번호로 표시하시오.

❷ 그림과 같이 셀 테두리와 맞춤, 채우기 색을 설정하시오.

❸ COUNTIF 함수를 이용하여 프로그램별 통계의 프로그램별 개수를 I5:I9 범위에 모두 구하고, SUM 함수로 전체 합계도 계산하시오.

❹ COUNTIF 함수를 이용하여 접수인원이 5명 미만인 프로그램 수를 I13 셀에 구하시오.

❺ SUMIF 함수를 이용하여 마감된 프로그램의 접수인원 합계를 I14 셀에 구하시오.

❻ COUNTIFS 함수를 이용하여 마감되지 않은 초등 대상 프로그램 수를 I15 셀에 구하시오.

❼ COUNTIFS 함수를 이용하여 "감성발달 프로그램" 중 고등학생을 대상으로 하는 프로그램 수를 I16 셀에 구하시오.

문화센터 프로그램 현황

순번	프로그램	교육명	교육대상	접수인원	상태
1	사고&탐구 프로그램	카프라와 함께하는 아트놀이 B	초등	1	
2	사고&탐구 프로그램	카프라와 함께하는 아트놀이 A	초등	2	
3	사고&탐구 프로그램	창의야! 사고력과 놀자! B	초등	0	
4	감성발달 프로그램	미술기초반	초~중등	2	
5	감성발달 프로그램	(New) 감성발달 바이올린D	초~고등	1	
6	감성발달 프로그램	미술기초(소묘,수채화,기초디자인)	초등	13	마감
7	사고&탐구 프로그램	두뇌 팡팡 보드게임 A	초~중등	8	
8	여가 프로그램	나도 코딩 작가(하드웨어융합)	초~중등	9	
9	여가 프로그램	청소년 성우교실 B	초등	6	
10	여가 프로그램	청소년 성우교실 A	초~중등	0	
11	여가 프로그램	나도 코딩 작가(소프트웨어)	중~고등	11	
12	체력증진 프로그램	음악줄넘기 A	초등	17	마감
13	체력증진 프로그램	음악줄넘기 B	초등	8	
14	자기표현 프로그램	생각이 커지는 독서논술A	초등	14	마감
15	자기표현 프로그램	생각이 커지는 독서논술B	중등	14	마감
16	자기표현 프로그램	생각이 커지는 독서논술C	고등	14	마감
17	사고&탐구 프로그램	뚜벅뚜벅 역사교실 기초A반	초등	3	
18	사고&탐구 프로그램	(New) 창의로봇 - 제작과정B	초~중등	6	
19	사고&탐구 프로그램	뚜벅뚜벅 역사교실 처음반	초~중등	13	
20	사고&탐구 프로그램	타박타박 세계사(현대사)	중~고등	15	

프로그램별 통계

프로그램	개수
사고&탐구 프로그램	8
감성발달 프로그램	3
여가 프로그램	4
체력증진 프로그램	2
자기표현 프로그램	3
전체 합계	20

조건별 통계

접수인원이 5명 미만인 프로그램 수는?	7
마감된 프로그램의 접수인원 합계는?	72
마감되지 않은 초등 대상 프로그램 수는?	13
감성발달 프로그램 중 고등학생 대상은 몇개?	1

연습1 | 연습2 | 연습3

2 '4장_연습.xlsx' 파일의 '연습2' 시트를 열고 다음 조건에 맞도록 대출 자료를 작성하시오.

❶ PMT 함수를 이용하여 '월상환액'을 E3:E17 범위에 계산하시오. 계산에 필요한 이율은 G3:H7 범위에 있는 대출이율표의 값을 VLOOKUP 함수로 검색하도록 수식을 작성하시오.

❷ 셀의 표시 형식, 셀 병합, 셀 테두리, 색 채우기, 글꼴과 맞춤을 그림과 같이 설정하시오.

대출현황

이름	등급	대출금액	대출기간(년)	월상환액
이**	A	₩5,000,000	2	₩217,927
이**	BBB	₩25,000,000	5	₩511,348
한**	AA	₩10,000,000	3	₩293,508
신**	A	₩8,500,000	2	₩370,475
최**	BBB	₩12,000,000	1	₩1,045,915
정**	AA	₩20,000,000	2	₩865,031
신**	A	₩7,000,000	1	₩597,201
박**	AAA	₩30,000,000	5	₩546,155
김**	BBB-	₩5,000,000	3	₩160,773
황**	AAA	₩12,000,000	2	₩518,592
김**	BBB-	₩10,000,000	4	₩252,475
방**	BBB	₩15,000,000	3	₩472,610
유**	A	₩7,000,000	1	₩597,201
박**	AA	₩15,000,000	2	₩648,773
변**	BBB	₩13,000,000	5	₩265,901

대출이율표

등급	이율
AAA	3.53%
AA	3.61%
A	4.36%
BBB	8.37%
BBB-	9.76%

연습1 연습2 연습3

3 '4장_연습.xlsx' 파일의 '연습3' 시트를 열고 다음 지시대로 심사 항목별 집계 자료를 작성하시오.

❶ A6:A20 범위의 '번호'는 ROW 함수를 이용하여 입력하시오.

❷ SUM 함수를 이용하여 각 학생의 '총점'을 I6:I20 범위에 구하시오.

❸ AVERAGE 함수를 이용하여 '항목별 점수'의 '평균'을 구해 C21:H21 범위에 소수 첫째 자리까지 표시하시오.

❹ VLOOKUP 함수를 이용하여 M9:N11 범위의 '등급표'에 따른 학생의 '등급'을 I6:J20 범위에 표시하시오.

❺ RANK.EQ 함수를 이용하여 총점 순으로 각 학생의 '순위'를 K6:K20 범위에 표시하시오.

❻ M5 셀에 이름을 입력하면 해당 학생의 등급이 N5 셀에 표시되도록 INDEX 함수와 MATCH 함수를 사용하여 수식을 작성하시오.

❼ 셀 병합, 셀 테두리, 색 채우기, 글꼴과 맞춤을 그림과 같이 설정하시오.

심사 항목별 집계

번호	이름	항목별 점수						총점	등급	순위
		창의성	연관성	전달성	체계성	명확성	완성도			
		15	15	15	15	15	25	100		
1	강소희	8	9	8	10	9	15	59	하	14
2	김민욱	9	12	12	11	10	18	72	중	10
3	나문영	12	14	12	13	13	22	86	상	2
4	문영희	11	14	11	11	12	14	73	중	7
5	박수지	9	14	10	11	12	21	77	중	5
6	박철국	10	13	11	11	12	16	73	중	7
7	송은희	10	13	12	10	12	15	72	중	10
8	온지우	12	14	12	12	13	20	83	상	3
9	이수진	8	13	10	9	10	16	66	중	13
10	임재진	13	13	11	10	12	17	76	중	6
11	전희주	9	11	10	9	10	19	68	중	12
12	정지연	11	15	14	13	13	23	89	상	1
13	최성수	10	12	12	10	12	17	73	중	7
14	최수명	10	8	7	9	9	15	58	하	15
15	홍경화	12	10	14	11	15	21	83	상	3
평균		10.3	12.3	11.1	10.7	11.6	17.9	73.9		

점수 조회	
이름	등급
나문영	상

등급표	
0	하
60	중
80	상

연습1 | 연습2 | 연습3

CHAPTER

05

데이터 관리

학습목표

- 외부 데이터를 가져오고 데이터 유효성 검사를 할 수 있다.
- 원하는 항목을 기준으로 데이터를 정렬할 수 있다.
- 조건에 맞는 데이터만 필터링하여 표시할 수 있다.
- 데이터를 그룹화하여 부분합을 계산할 수 있다.
- 조건에 따라 셀 서식을 다르게 설정할 수 있다.

SECTION 01

데이터 관리하기

엑셀을 이용하면 데이터를 체계적으로 정리하고 조건에 따라 필요한 데이터만 골라내거나 그룹화하는 등 많은 양의 데이터를 효율적으로 관리할 수 있다. 또 텍스트 파일(.txt)이나 CSV 파일(.csv) 등 다른 형식의 데이터를 읽어 엑셀 데이터 목록으로 만들 수 있고, 중복된 항목을 제거하거나 데이터 유효성 검사도 할 수 있다. 텍스트 파일을 이용하여 엑셀 워크시트를 작성하고 텍스트 나누기와 중복 데이터 제거하기 등의 데이터 도구를 사용하여 데이터를 관리하는 방법을 알아본다.

1.1 데이터 가져오기 기능

엑셀 작업을 하다보면 필요한 데이터가 다른 엑셀 파일에 저장되어 있거나 텍스트 파일(*.txt)이나 웹페이지 혹은 데이터베이스 파일 등 다른 형식으로 만들어져 있을 때가 있다. 이런 경우 데이터 가져오기를 사용하면 된다.

TIP 데이터 가져오기 마법사를 이용하기 위해 엑셀 2019 이후 버전에서는 레거시 옵션을 먼저 설정한다. 엑셀 프로그램을 실행한 후 [파일] 탭-[옵션]을 선택해 [Excel 옵션] 대화상자를 연 다음, [데이터] 옵션에서 [텍스트에서(레거시)]를 선택하고 [확인]을 누른다.

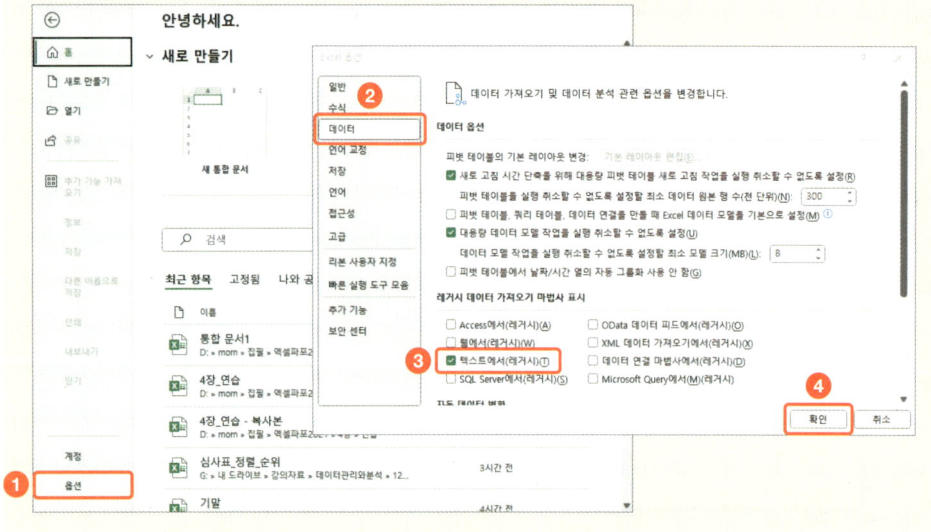

기본예제 5-1 텍스트 파일로 워크시트에 데이터 생성하기

텍스트 파일로 저장된 물품 판매 현황 데이터를 모두 가져와 엑셀 워크시트에 저장해 보자.

01 엑셀을 실행해 새 통합 문서를 열고 [데이터] 탭-[데이터 가져오기 및 변환] 그룹-[데이터 가져오기] 목록에서 [레거시 마법사]-[텍스트에서(레거시)]를 선택한다.

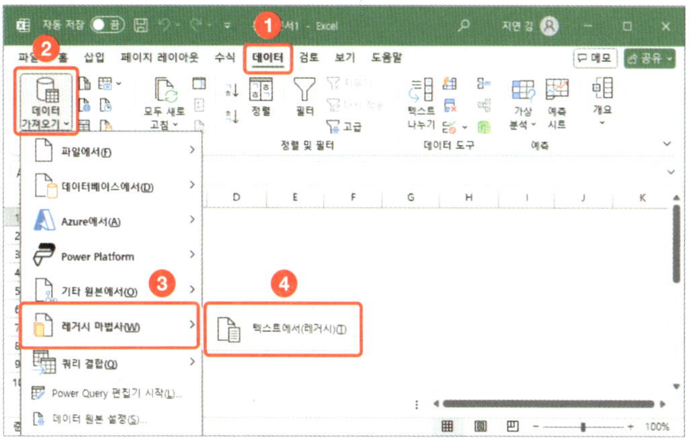

02 [텍스트 파일 가져오기] 대화상자에서 '판매목록.txt' 파일을 선택하고 [가져오기]를 누른다.

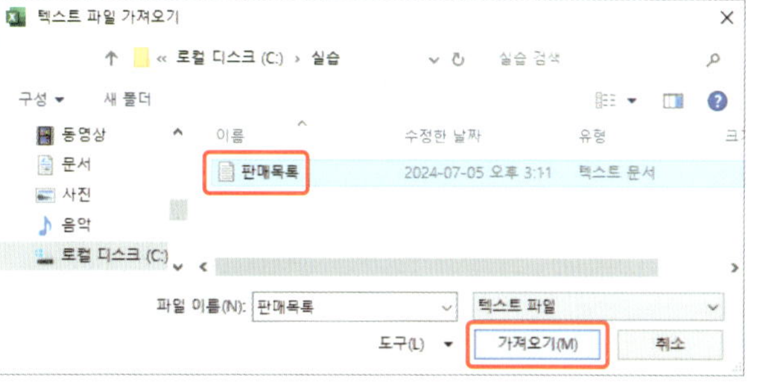

03 [텍스트 마법사] 1단계에서 [원본 데이터 형식]을 [구분 기호로 분리됨]으로 선택하고 [다음]을 누른다.

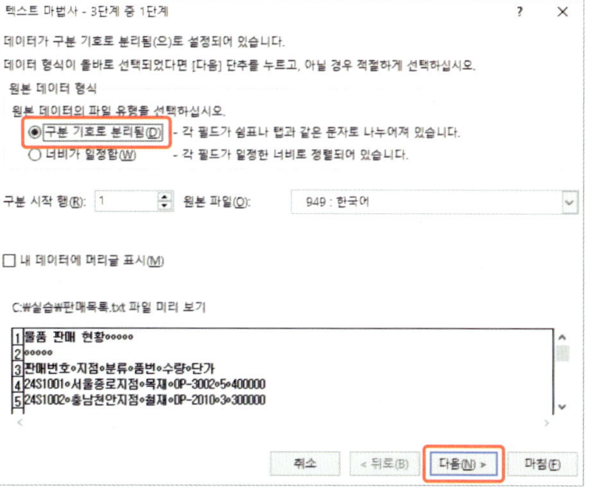

04 [텍스트 마법사] 2단계에서 [구분 기호]를 [탭]으로 선택하고 [다음]을 누른다.

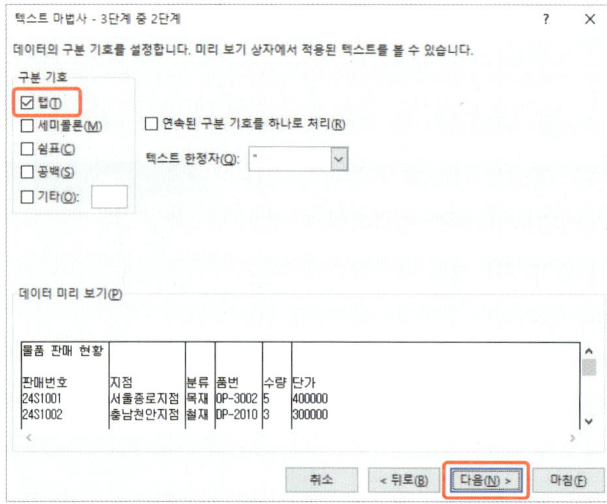

05 [텍스트 마법사] 3단계에서는 각 열의 데이터 서식을 하나하나 지정할 수 있는데, 모든 열을 [일반]으로 선택하고 [마침]을 누른다.

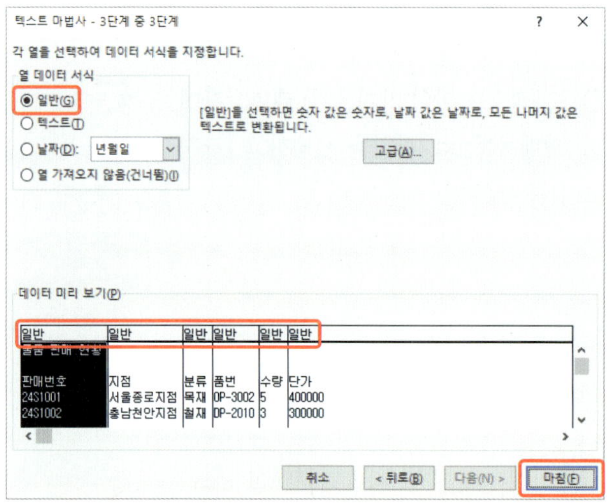

06 [데이터 가져오기] 대화상자에서 데이터가 들어갈 위치를 [기존 워크시트]로 선택하고 현재 워크시트의 A1 셀을 선택하면 **=Sheet1!$A$1**로 표시된다. [확인]을 눌러 대화상자를 닫는다.

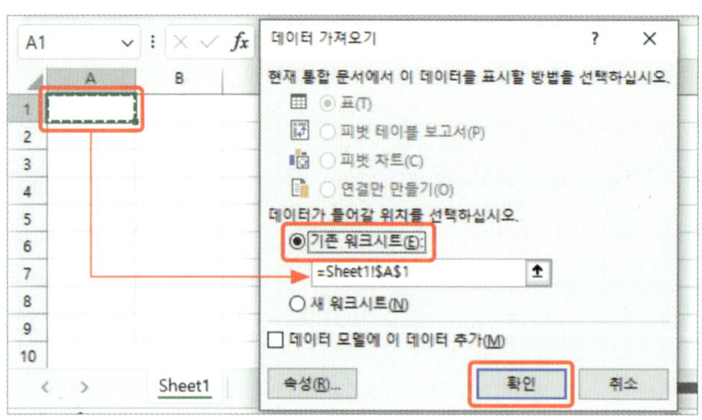

07 데이터가 입력된 워크시트의 이름을 **판매목록**으로 바꾸고, 통합문서를 '판매.xlsx'로 저장한다.

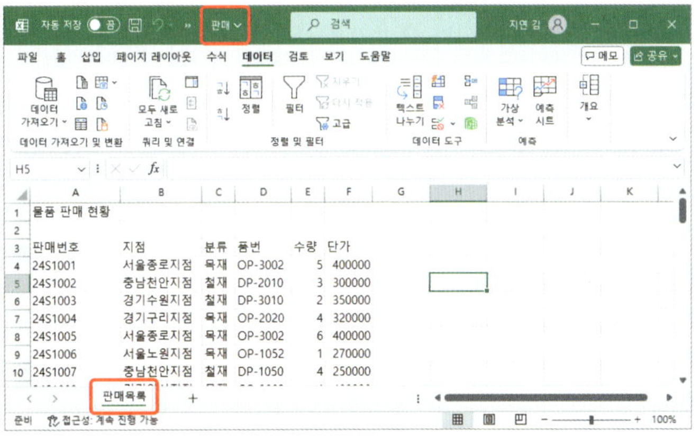

TIP 엑셀 2021에서 기본 제공하는 텍스트 데이터 가져오기는 [데이터] 탭–[데이터 가져오기 및 변환] 그룹–[텍스트/CSV]를 선택하면 된다. 가져올 원본 텍스트 파일을 선택하면 마법사 창이 나타나 미리 보기로 데이터를 확인할 수 있고, [로드]를 누르면 워크시트에 테이블(표)이 만들어진다. 테이블의 데이터는 원본 파일과 링크되어 있어서 원본이 변경되는 경우 새로고침하여 수정할 수 있고, [링크 끊기]를 눌러 연결을 해제할 수도 있다. 테이블을 다루는 방법은 CHAPTER 06에서 다룬다.

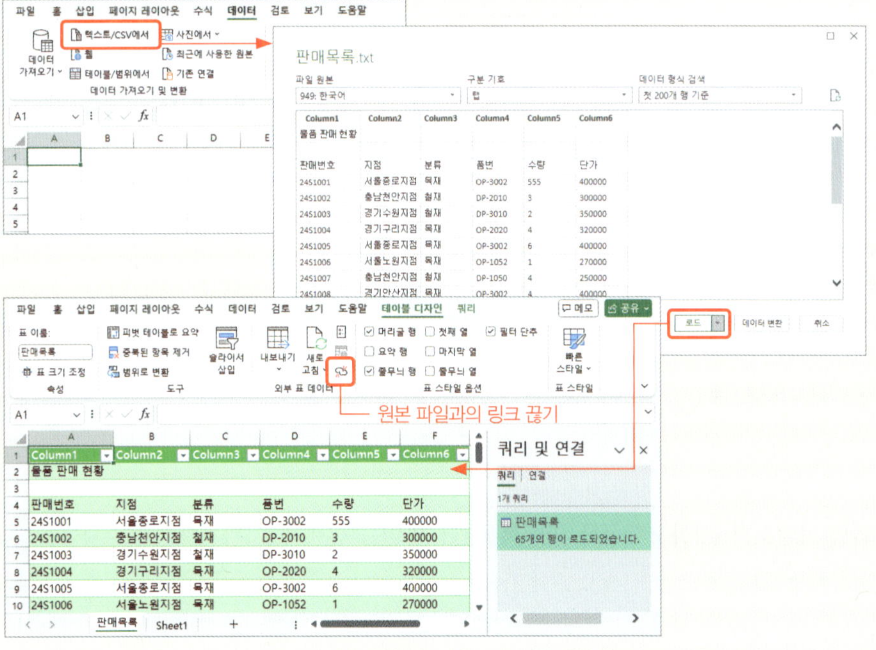

기본예제 5-2 텍스트 파일에서 일부 필드만 가져오기

텍스트 파일로 엑셀 데이터를 만들 때 불필요한 필드를 제외하고 가져올 수 있다. 단가 정보를 관리할 목적으로 '판매목록.txt' 파일에 있는 '품번'과 '단가'만 가져와 새 워크시트에 만들어 보자.

01 '판매.xlsx' 파일을 열고 데이터 영역 외의 임의의 셀을 선택한 상태에서 [데이터] 탭-[데이터 가져오기 및 변환] 그룹-[데이터 가져오기] 목록에서 [레거시 마법사]-[텍스트에서(레거시)]를 선택한다.

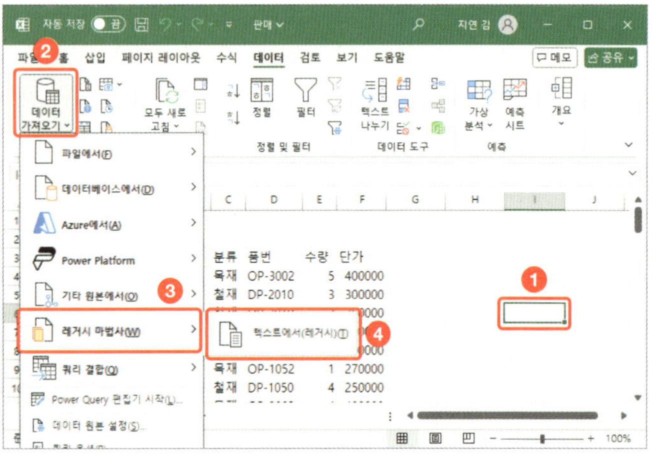

TIP 데이터가 입력된 셀에서는 [레거시 마법사]를 선택할 수 없으므로 빈 셀을 선택하고 진행해야 한다.

TIP [데이터 가져오기]로 만든 통합 문서를 닫은 후 다시 열 때 보안 경고가 표시될 수 있다. [콘텐츠 사용]을 한 번 누르면 이후에는 경고 메시지가 나타나지 않는다.

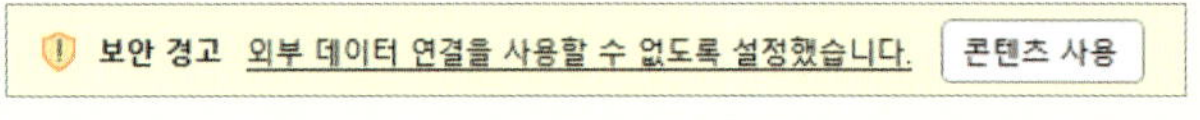

02 [텍스트 파일 가져오기] 대화상자에서 '판매목록.txt' 파일을 선택하고 [가져오기]를 누른다.

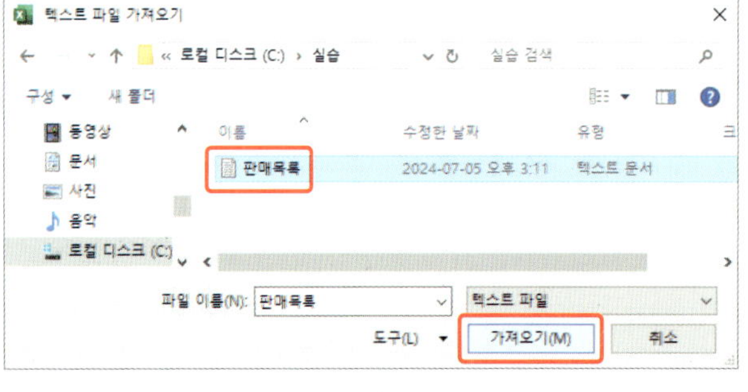

03 [텍스트 마법사] 1단계와 2단계에서 모두 [다음]을 누른다.

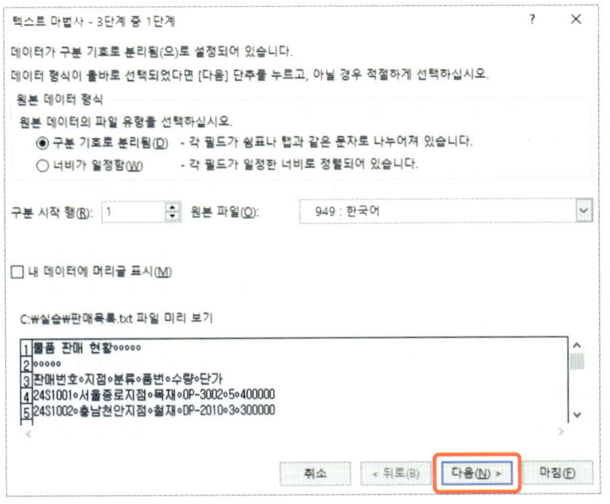

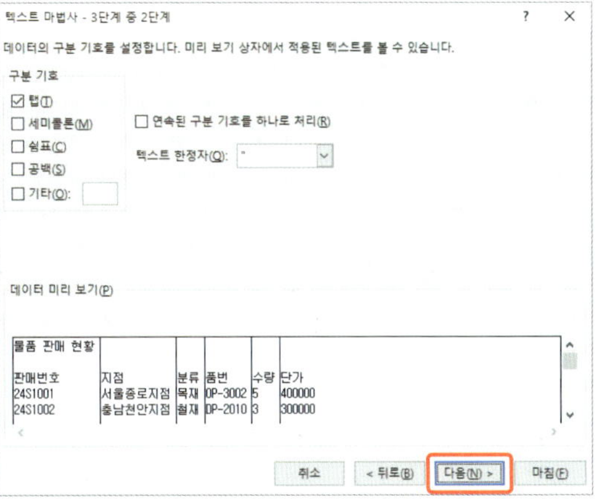

04 [데이터 미리 보기]에서 '판매번호', '지점', '분류', '수량' 필드를 차례로 선택하고 [열 데이터 서식]에서 [열 가져오지 않음(건너뜀)]을 선택한 후 [마침]을 누른다.

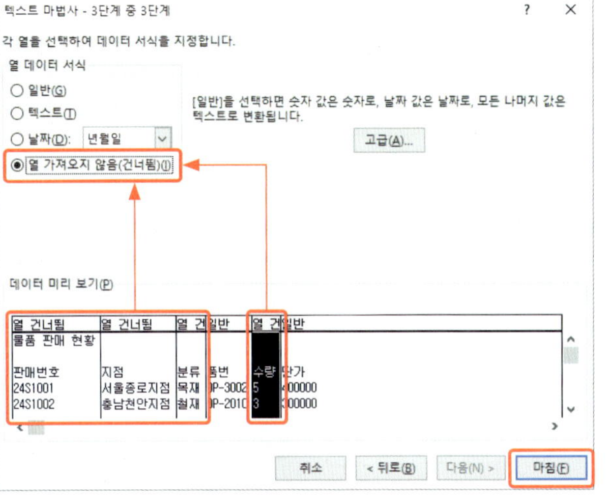

05 [데이터 가져오기] 대화상자에서 데이터가 들어갈 위치로 [새 워크시트]를 선택하고 [확인]을 누른다.

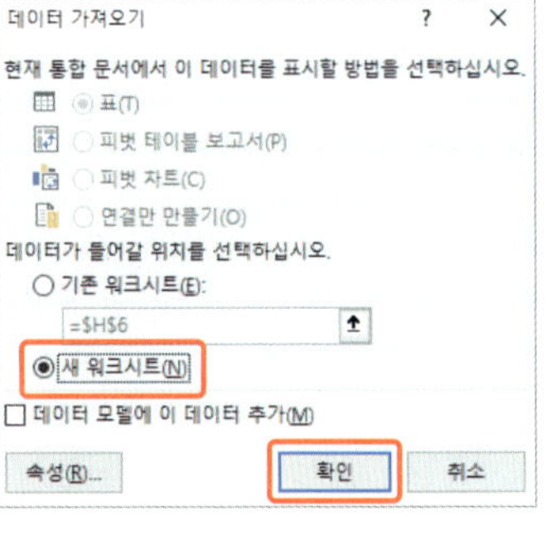

06 추가된 시트의 이름을 **단가표**로 수정하고 '판매목록' 시트 뒤로 이동한다.

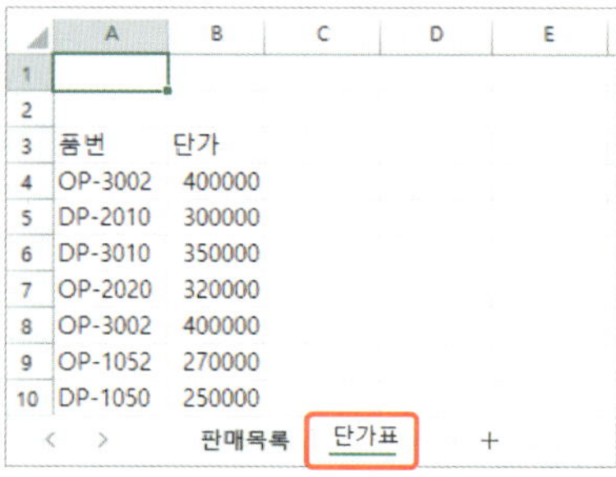

1.2 데이터 도구 기능

많은 데이터를 모아 놓고 사용할 때는 데이터를 검색하거나 수정하기 편하도록 체계적으로 관리해야 한다. 관리 대상이 되는 데이터의 성질이나 상태 등 세부 특성을 필드(또는 속성)라고 한다. 데이터를 입력할 때는 일반적으로 첫 행에 '판매번호', '지점'과 같은 필드명을 지정하고 필드명 아래에 해당 값을 입력한다. 필드의 값을 입력할 때 가령, 판매 수량을 음수로 하거나 등록되지 않은 품번을 사용하는 등 유효하지 않은 값을 처리하기 위해 엑셀의 데이터 도구를 사용할 수 있다. 또, 필드명 아래 행부터 데이터를 입력하는데, 각 행에 저장되는 데이터를 레코드라고 부르며, 같은 데이터가 여러 레코드에 중복 입력되지 않도록 한다.

기본예제 5-3 중복된 항목 제거하기

[기본예제 5-2]에서 텍스트 파일로부터 가져온 '단가표' 시트에는 품번과 단가 정보가 중복으로 저장되어 있다. 데이터 도구를 사용하여 중복된 항목을 제거해 보자.

01 '판매.xlsx' 파일의 '단가표' 시트에서 데이터 영역 내 임의의 셀을 선택하고 [데이터] 탭–[데이터 도구] 그룹–[중복된 항목 제거]를 누른다.

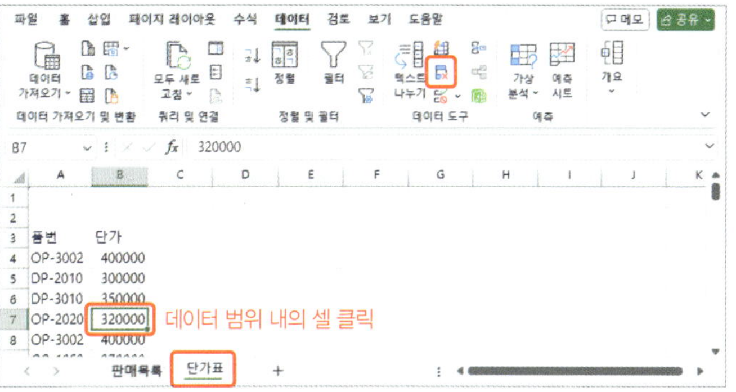

02 [중복 값 제거] 대화상자에서 [품번]만 선택하고 [확인]을 누른다.

03 중복된 값이 제거되었다는 메시지 창이 나타나면 [확인]을 누른다.

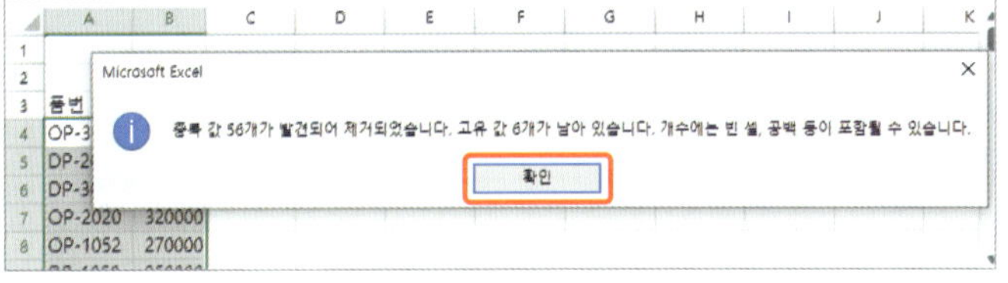

04 중복 데이터가 제거된 '단가표' 시트의 A4:B9 범위를 선택하고 이름을 정의한다. 이름 상자에 **단가표**라고 입력하고 셀 테두리와 맞춤, 통화 등의 서식을 설정한다.

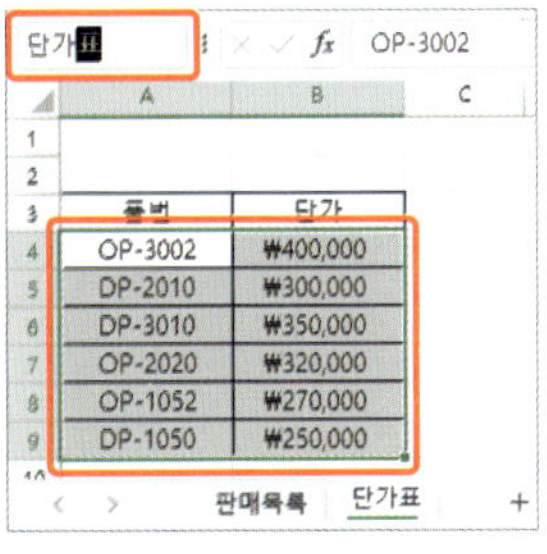

05 '판매목록' 시트의 '단가' 필드 값은 VLOOKUP 함수로 '단가표'에서 가져오도록 수정한다. '판매목록' 시트의 F4:F65 범위를 선택하고 **=VLOOKUP(D4,단가표, 2,FALSE)** 수식을 입력한 후 Ctrl+Enter를 누른다. 계산 결과가 셀에 나타나면 [홈] 탭-[표시 형식] 그룹-[쉼표 스타일]을 누른다.

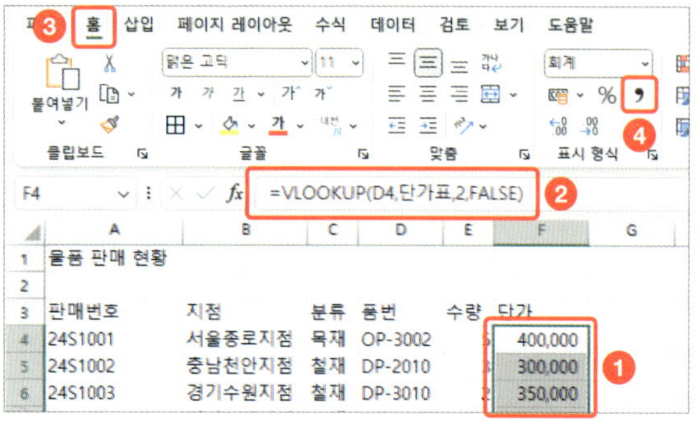

TIP F4 셀을 선택하고 Ctrl+Shift+↓를 누르면 F4:F65 범위를 쉽게 선택할 수 있다. 예제에서처럼 단가 정보를 따로 관리하면 제품 단가가 바뀌는 경우 '판매목록' 시트의 모든 데이터를 일일이 수정하지 않고 단가표만 변경하면 된다.

기본예제 5-4 텍스트 나누기

텍스트 나누기 기능을 사용해 '판매목록' 시트의 '지점' 필드를 '지역'과 '지점명'으로 분리해 보자.

01 '판매.xlsx' 파일의 '판매목록' 시트에서 C 열의 임의의 셀을 선택하고 [홈] 탭-[셀] 그룹-[삽입] 목록에서 [시트 열 삽입]을 선택한다.

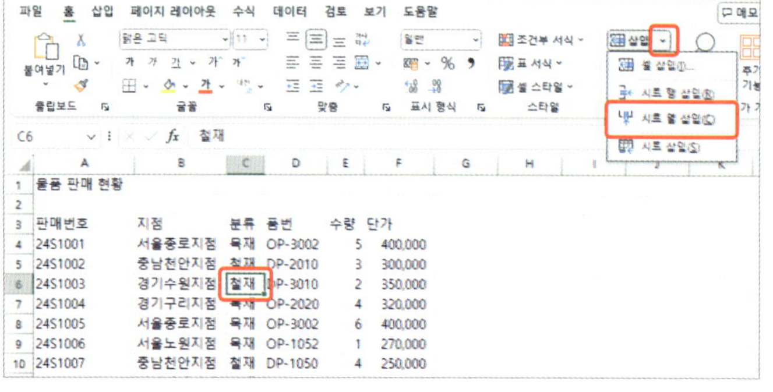

02 B4:B65 범위를 선택하고 [데이터] 탭-[데이터 도구] 그룹-[텍스트 나누기]를 누른다.

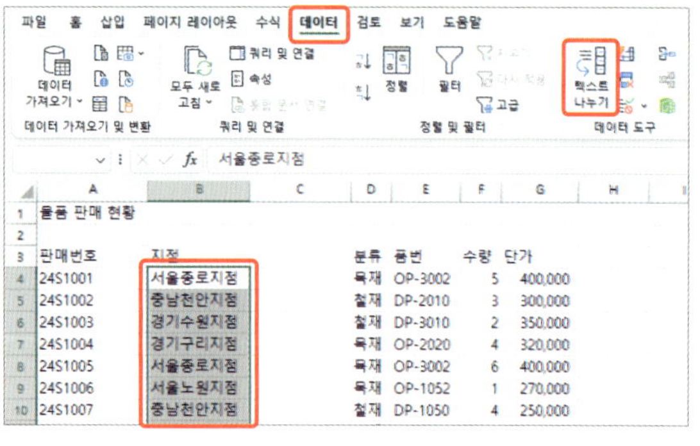

03 [텍스트 마법사] 1단계에서 [원본 데이터 형식]을 [너비가 일정함]으로 선택하고 [다음]을 누른다.

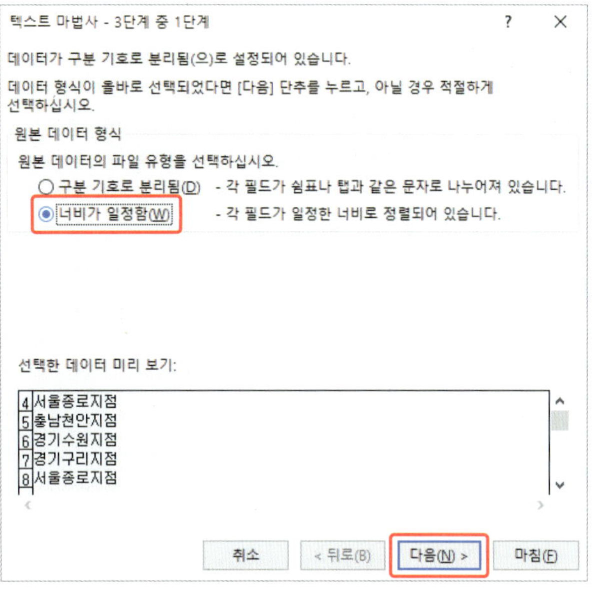

04 [텍스트 마법사] 2단계에서 [데이터 미리 보기]의 눈금자를 클릭하여 두 개의 열 구분선을 지정하고 [다음]을 누른다.

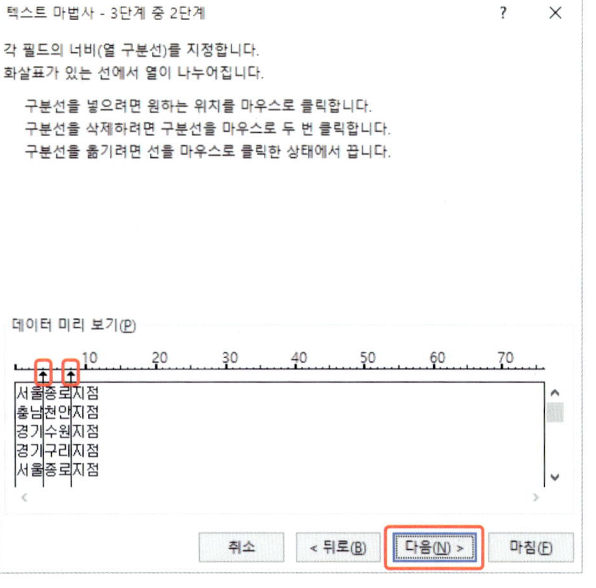

TIP 열 구분선은 화살표로 표시되며 열 구분선이 표시되는 곳을 경계로 열이 나누어진다.

05 첫째 열과 둘째 열은 [열 데이터 서식]을 [일반]으로 선택하고, 마지막 열은 [열 가져오지 않음(건너뜀)]을 선택한 후 [마침]을 누른다.

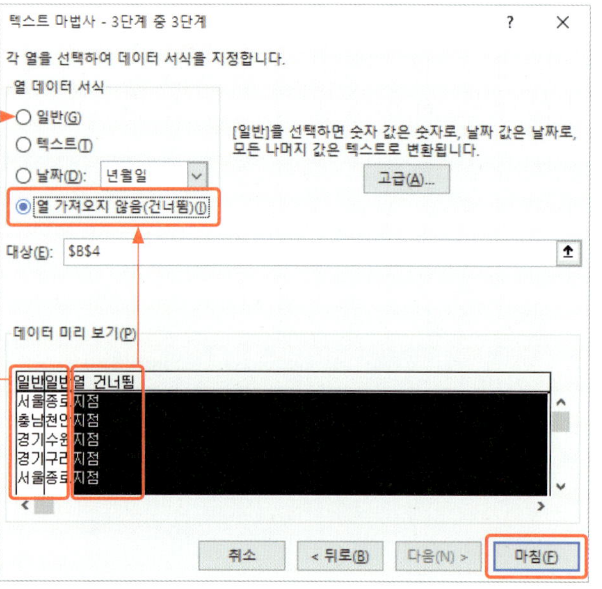

06 B3 셀에는 **지역**, C3 셀에는 **지점명**을 입력해 필드명을 수정한다.

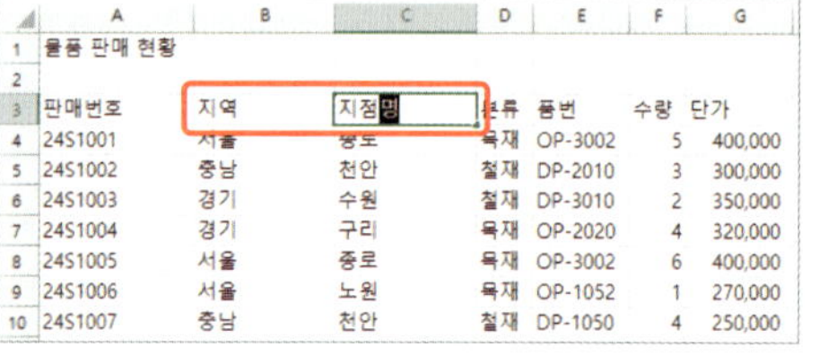

기본예제 5-5 데이터 유효성 검사하기

품번을 잘못 입력하거나 판매 수량을 음수나 0으로 입력하는 등 데이터를 입력할 때 오류가 발생하는 경우가 있다. 오류를 미리 검사하여 잘못된 값 입력을 방지하는 데이터 유효성 검사 기능을 사용해 보자.

01 '판매목록' 시트에서 '품번' 필드에 잘못된 값이 입력되지 않도록 E4:E65 범위를 선택하고 [데이터] 탭-[데이터 도구] 그룹-[데이터 유효성 검사] 목록에서 [데이터 유효성 검사]를 누른다.

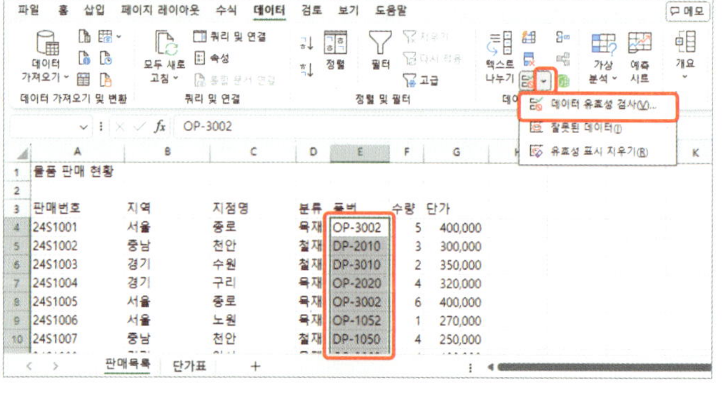

02 [데이터 유효성] 대화상자의 [설정] 탭에서 [제한 대상]은 [목록]으로 하고, [원본]은 '단가표' 시트의 A4:A9 범위를 선택한다.

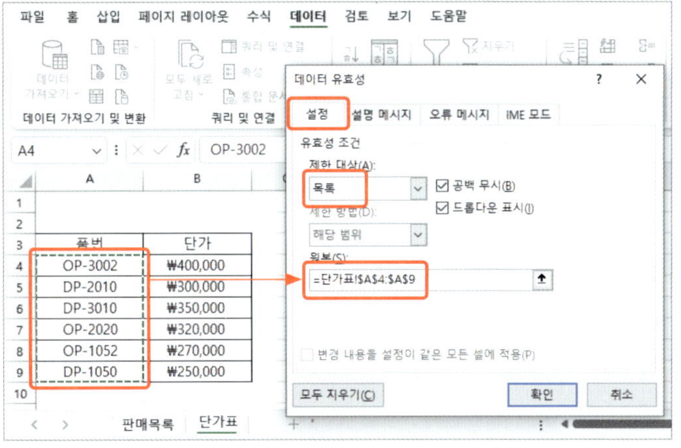

03 [오류 메시지] 탭의 [제목]에는 **품번 오류**, [오류 메시지]에는 **입력한 품번이 단가표에 없습니다.**를 입력하고 [확인]을 누른다.

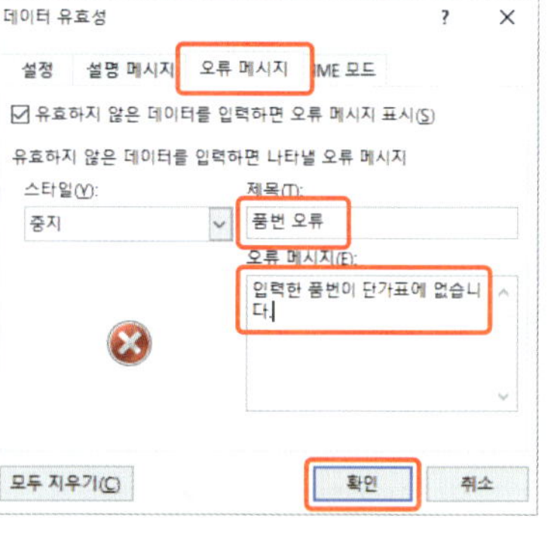

04 데이터 유효성 조건을 설정한 '품번' 필드는 목록에서 값을 선택할 수 있어서 입력 오류를 방지할 수 있다.

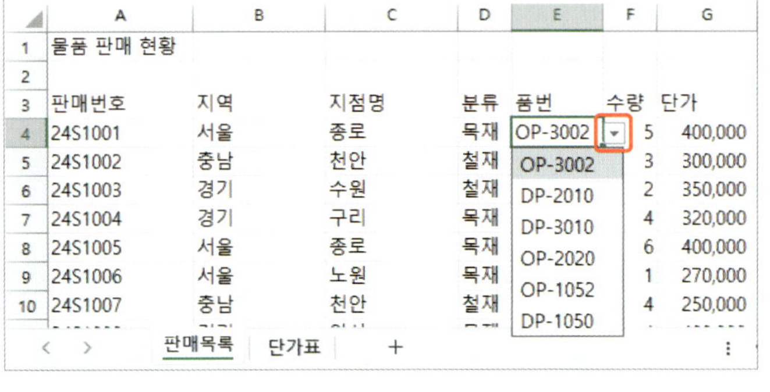

TIP 품번을 목록에서 선택하지 않고 잘못 입력하면 다음과 같은 메시지 창이 나타난다.

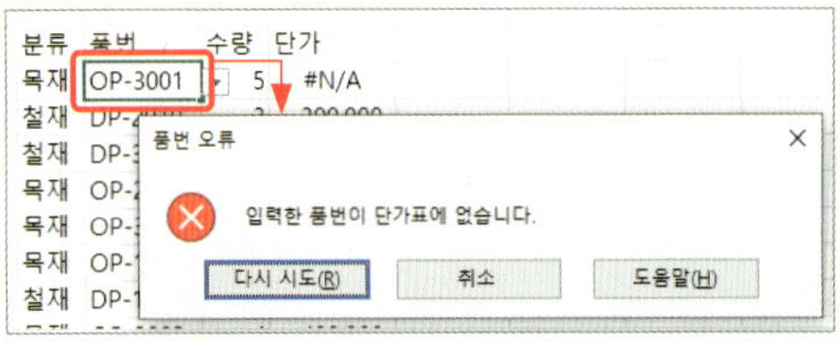

05 '수량' 필드에는 양의 정수만 입력할 수 있도록 데이터 유효성 검사 조건을 설정하기로 한다. F4:F65 범위를 선택하고 [데이터] 탭–[데이터 도구] 그룹–[데이터 유효성 검사]를 누른다.

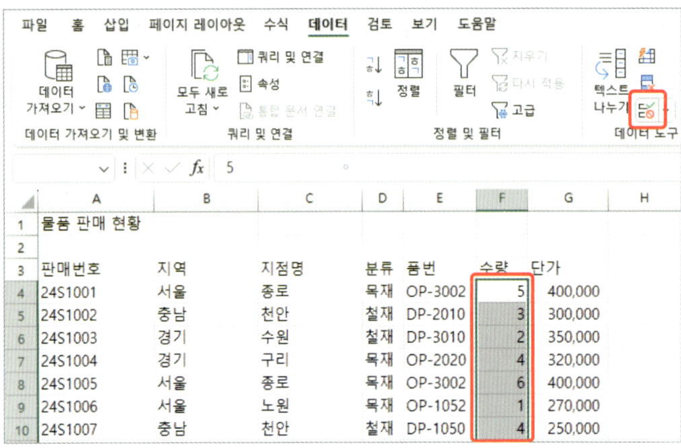

06 [데이터 유효성] 대화상자의 [설정] 탭에서 [제한 대상]은 [정수]로, [제한 방법]은 [>]로 하고, [최소값]에 **0**을 입력한다.

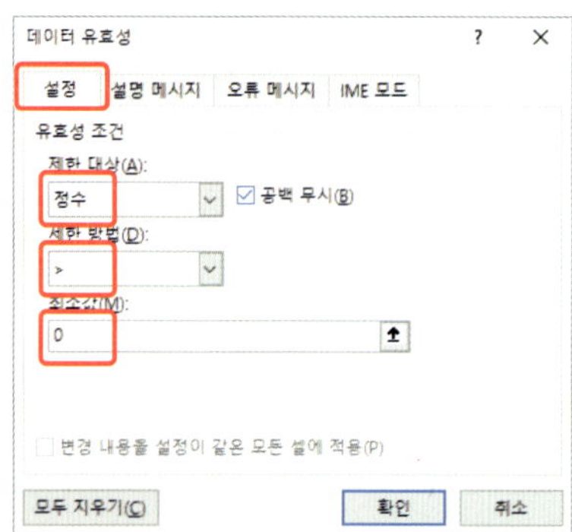

07 [오류 메시지] 탭의 [제목]에는 **수량 오류**, [오류 메시지]에는 **수량을 양수로 입력하세요.**를 입력하고 [확인]을 누른다.

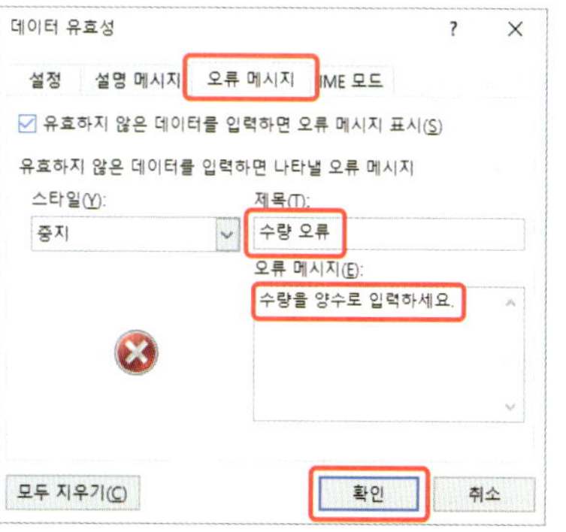

08 '수량' 필드에 양수가 아닌 값을 입력하면 오류 메시지 창이 나타난다.

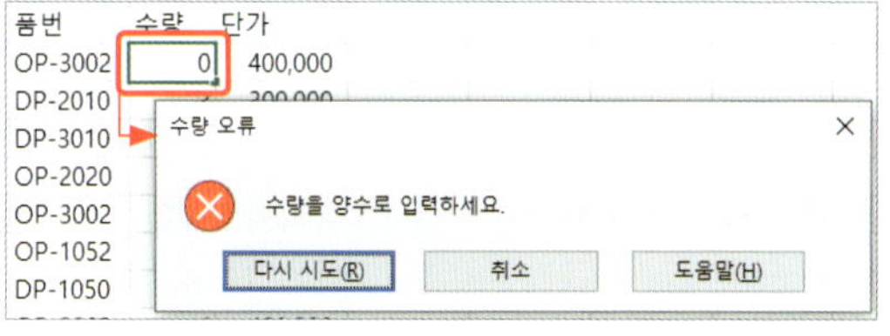

TIP 설정한 유효성 검사 조건을 해제하려면 해제할 셀을 선택하고 [데이터 유효성] 대화상자의 [모두 지우기]를 누른 다음 [확인]을 누른다. 유효성 검사 조건을 해제할 셀이 여러 개라면 [변경 내용을 설정이 같은 모든 셀에 적용]을 선택한다.

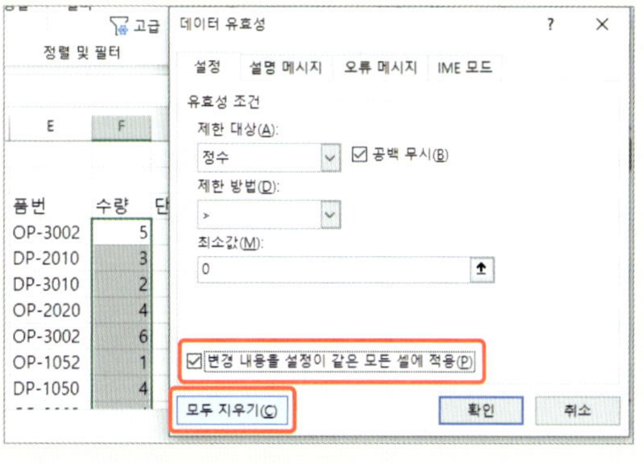

SECTION 02 데이터 정렬하기

많은 양의 데이터를 관리하는 기본적인 방법은 보기 쉽게 정렬하는 것이다. 판매번호순, 지점별 판매금액순 등과 같이 원하는 기준을 하나 이상 지정하여 빠르게 재배치하는 정렬 기능에 대해 알아본다.

2.1 단일 항목 정렬

데이터는 하나의 필드나 사용자 지정 목록에 등록한 값의 순서를 기준으로 오름차순 또는 내림차순으로 정렬할 수 있다. 지점명이나 판매금액 등을 기준으로 정렬할 수 있으며, 정렬된 데이터는 순서에 따라 셀에 다시 배치되어 저장 위치가 변경된다.

기본예제 5-6 판매액별 물품 판매 현황 정렬하기

판매번호 순서대로 입력된 '판매목록' 시트를 판매액을 기준으로 내림차순 정렬해 보자.

01 '판매.xlsx' 파일의 '판매목록' 시트에서 '판매액' 필드를 H 열에 추가한 다음, '수량'과 '단가'를 곱한 **=PRODUCT(F4:G4)** 수식으로 계산해서 표시한다.

TIP 그림과 같이 제목 셀 병합, 셀 테두리, 맞춤 등의 서식과 함께 '단가'와 '금액'의 표시 형식을 설정하고 열 너비도 조정한다.

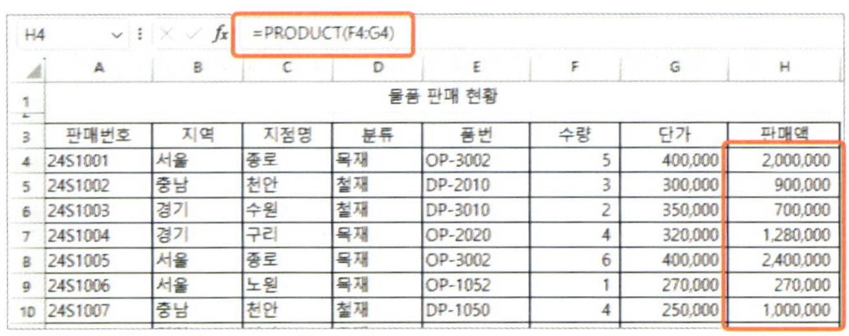

02 판매액을 기준으로 정렬하기 위해 판매액 필드에서 임의의 셀을 선택하고 [홈] 탭-[편집] 그룹-[정렬 및 필터] 목록에서 [숫자 내림차순 정렬]을 선택한다.

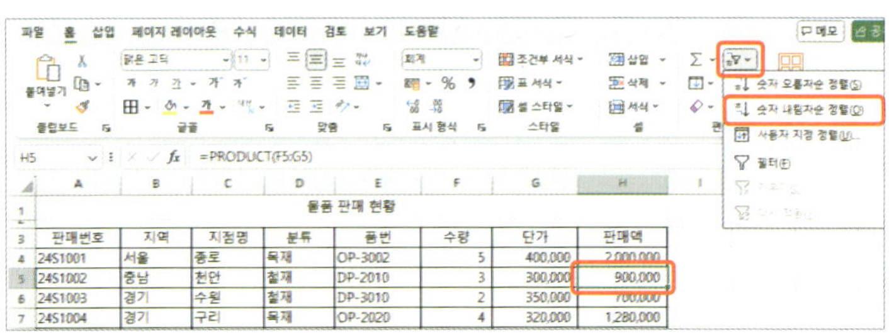

TIP 단일 필드를 기준으로 정렬할 때는 해당 필드에서 임의의 셀을 선택하면 된다. 이때 선택한 셀이 포함된 전체 데이터 범위가 정렬된다. 만약 빈 행이나 빈 열이 있어 데이터 범위가 연속적이지 않다면 정렬 범위를 직접 지정해야 한다.

TIP 정렬 도구는 [홈] 탭에서도 선택할 수 있지만, 다음 그림과 같이 셀을 선택하고 마우스 오른쪽 단추를 눌러 나타나는 단축 메뉴에서 선택할 수도 있다.

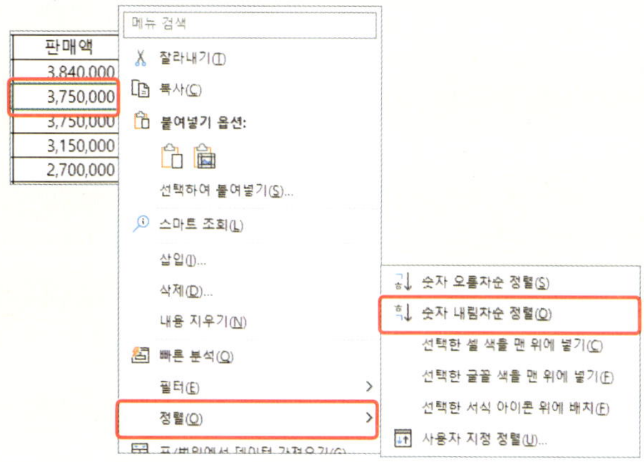

03 판매액이 큰 순서대로 판매목록이 정렬된다.

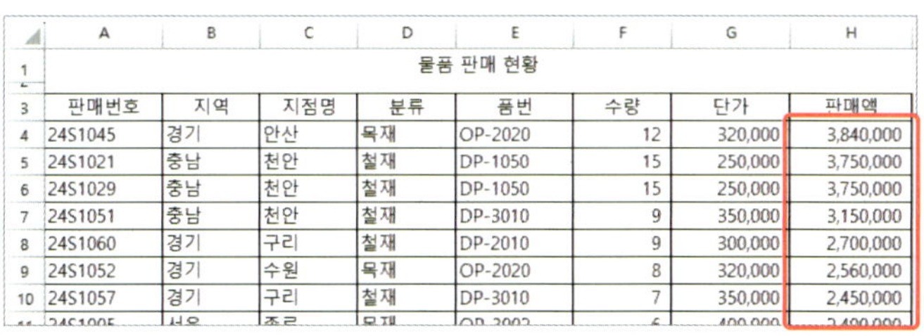

	A	B	C	D	E	F	G	H
1	물품 판매 현황							
3	판매번호	지역	지점명	분류	품번	수량	단가	판매액
4	24S1045	경기	안산	목재	OP-2020	12	320,000	3,840,000
5	24S1021	충남	천안	철재	DP-1050	15	250,000	3,750,000
6	24S1029	충남	천안	철재	DP-1050	15	250,000	3,750,000
7	24S1051	충남	천안	철재	DP-3010	9	350,000	3,150,000
8	24S1060	경기	구리	철재	DP-2010	9	300,000	2,700,000
9	24S1052	경기	수원	목재	OP-2020	8	320,000	2,560,000
10	24S1057	경기	구리	철재	DP-3010	7	350,000	2,450,000

TIP 판매목록 순서가 정렬 후 달라지므로, 원래 순서대로 표시하고 싶으면 '판매번호' 필드를 기준으로 다시 정렬한다.

2.2 복수 항목 정렬

지역별로 판매액을 기준으로 정렬하거나 지점별 단가 순으로 정렬하는 등 두 개 이상의 필드가 정렬 기준이 되기도 한다. 하나 이상의 필드를 기준으로 데이터를 정렬하는 방법을 알아본다.

기본예제 5-7 지점별 판매액을 내림차순으로 정렬하기

여러 필드를 기준으로 데이터를 정렬하려면 [데이터] 탭-[정렬] 메뉴를 이용한다. 판매목록 데이터를 이용하여 지점별로 판매액이 큰 데이터부터 표시되도록 정렬해 보자.

01 '판매목록' 시트의 데이터 범위에 있는 임의의 셀을 선택하고 [데이터] 탭-[정렬 및 필터] 그룹-[정렬]을 누른다.

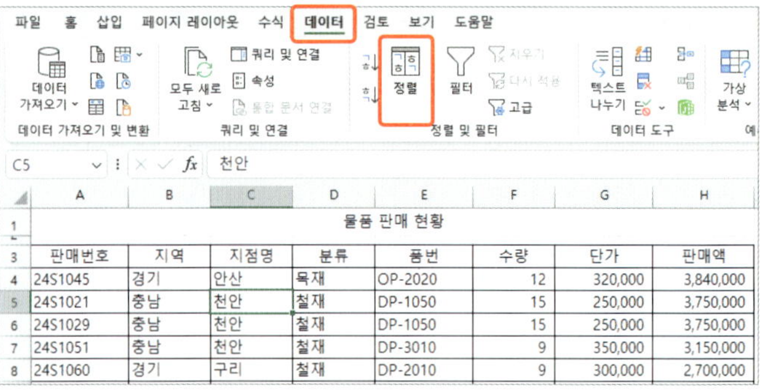

02 [정렬] 대화상자가 나타나면 [정렬기준]은 [지점명], [정렬]은 [오름차순]으로 선택한다.

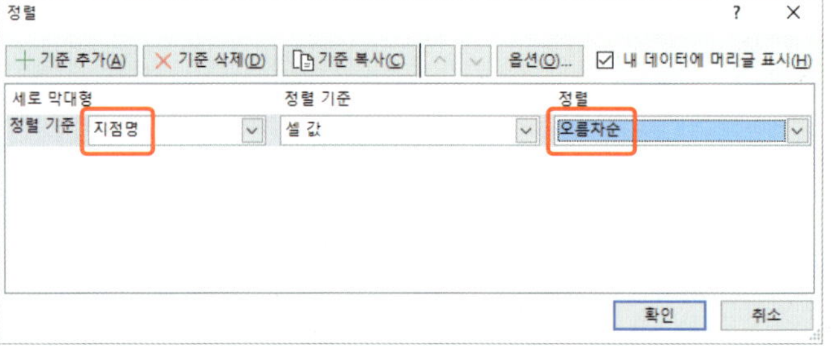

03 [기준 추가] 단추를 눌러 [다음 기준]을 추가하고 [판매액]과 [내림차순]을 차례로 선택한 다음 [확인]을 누른다.

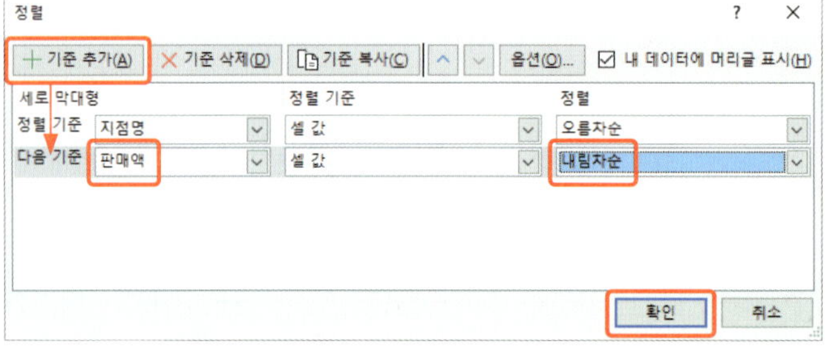

04 지점별로 판매액이 큰 값부터 정렬한 결과가 표시된다.

판매번호	지역	지점명	분류	품번	수량	단가	판매액
24S1034	인천	계양	목재	OP-1052	5	270,000	1,350,000
24S1042	인천	계양	목재	OP-2020	2	320,000	640,000
24S1014	인천	계양	철재	DP-2010	1	300,000	300,000
24S1058	인천	계양	목재	OP-1052	1	270,000	270,000
24S1060	경기	구리	철재	DP-2010	9	300,000	2,700,000
24S1057	경기	구리	철재	DP-3010	7	350,000	2,450,000
24S1025	경기	구리	철재	DP-3010	6	350,000	2,100,000
24S1055	경기	구리	철재	DP-1050	7	250,000	1,750,000
24S1022	경기	구리	목재	OP-3002	4	400,000	1,600,000
24S1026	경기	구리	목재	OP-2020	5	320,000	1,600,000
24S1032	경기	구리	목재	OP-2020	5	320,000	1,600,000
24S1043	경기	구리	철재	DP-2010	5	300,000	1,500,000
24S1010	경기	구리	목재	OP-1052	5	270,000	1,350,000
24S1004	경기	구리	목재	OP-2020	4	320,000	1,280,000
24S1039	경기	구리	철재	DP-3010	1	350,000	350,000
24S1020	경기	구리	목재	OP-1052	1	270,000	270,000
24S1047	서울	노원	목재	OP-3002	5	400,000	2,000,000
24S1059	서울	노원	목재	OP-2020	3	320,000	960,000

SECTION 03

필터 사용하기

'판매목록' 시트에서 특정 지역 데이터만 골라서 표시하거나 판매 수량이 일정 수량 이상인 데이터만 보이도록 하려면 필터를 이용한다. 필터는 많은 양의 데이터 중에서 조건에 맞는 데이터만 추출해서 표시하는 기능이다. 엑셀의 필터 도구에는 메뉴에서 편리하게 설정할 수 있는 자동 필터와 다양한 조건을 직접 작성해 설정할 수 있는 고급 필터가 있다. 필터를 적용하면 워크시트에 전체 데이터 대신 필터링된 결과만 보이지만, 데이터가 삭제된 것이 아니므로 필터를 해제하면 원래대로 모두 표시된다.

3.1 자동 필터

자동 필터 메뉴는 필터 기능을 가장 쉽게 사용할 수 있는 방법으로, 데이터 목록의 필드명 옆에 필터 단추를 표시하고 이 단추를 눌러 원하는 조건을 선택할 수 있다. 숫자와 문자 등 데이터의 종류에 따라 범위를 지정하거나 값을 비교하여 판단할 수 있도록 다양한 메뉴를 지원한다. 또한 한 가지 이상의 필터 기준을 AND 조건으로 조합할 수 있으므로 복잡한 조건도 쉽게 처리할 수 있다.

기본예제 5-8 자동 필터 설정과 해제하기

자동 필터 기능을 활용하여 특정 지점의 제품이나 특정 분류의 제품만 표시되도록 해 보자. 그리고 적용된 필터의 설정을 해제하는 방법도 알아보자.

01 '판매.xlsx' 파일의 '판매목록' 시트를 열고 [데이터] 탭–[정렬 및 필터] 그룹–[필터]를 누른다.

TIP 데이터 범위 내에 있는 셀을 선택한 상태에서 필터 도구를 사용할 수 있다.

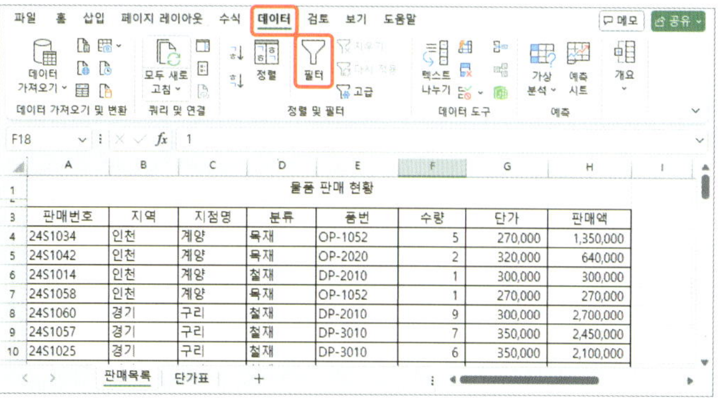

02 각 필드 이름 옆에 필터 단추(▾)가 표시된다. '지점명'의 필터 단추를 눌러 목록에서 [노원]만 선택하고 [확인]을 누른다.

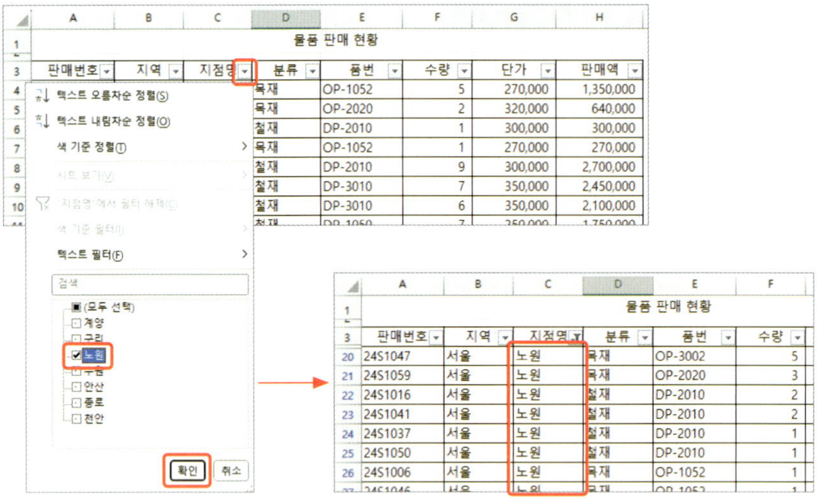

> **TIP** 필터 결과가 표시될 때 행 번호는 파란색으로 표시되고, 필터 조건에 사용된 필드명의 필터 단추는 ▾ 모양으로 변경된다.

03 '분류' 필드의 필터 단추를 눌러 목록에서 [목재]만 선택하고 [확인]을 누른다.

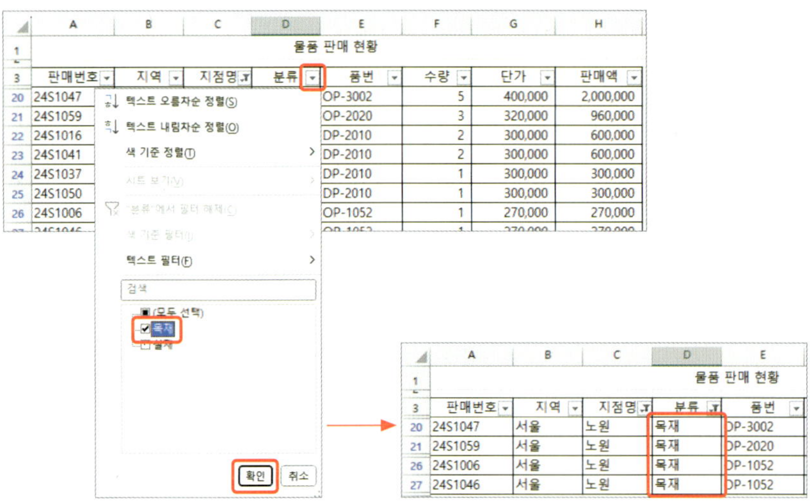

04 필터링된 결과가 워크시트에 표시된다. [데이터] 탭–[정렬 및 필터] 그룹–[지우기]를 누르면 필터가 해제되고 원래의 데이터가 모두 나타난다.

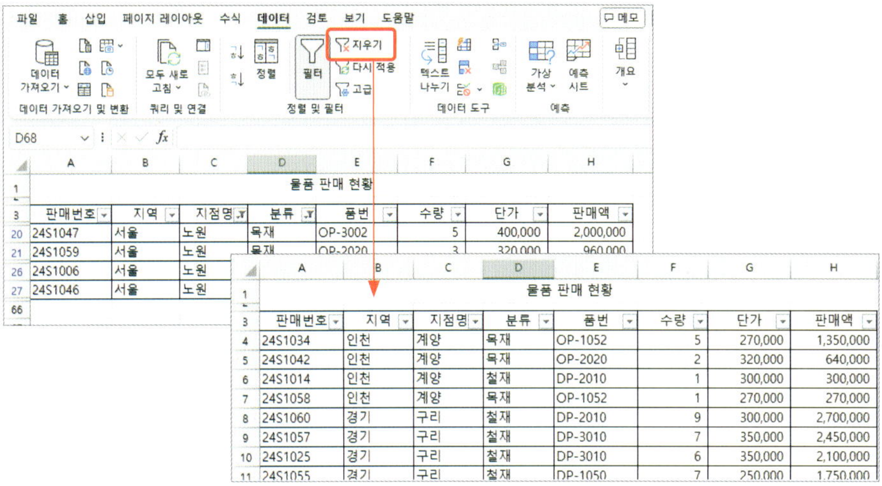

TIP [지우기] 대신 [필터] 단추를 눌러도 되는데, 이 경우 필드명 옆의 필터 단추도 제거된다.

기본예제 5-9 선택적 필터 설정하기

데이터 형식에 따라 필터 조건을 선택할 수 있는 선택적 필터를 활용하여 판매액이 상위 20% 이상인 데이터만 표시해 보자.

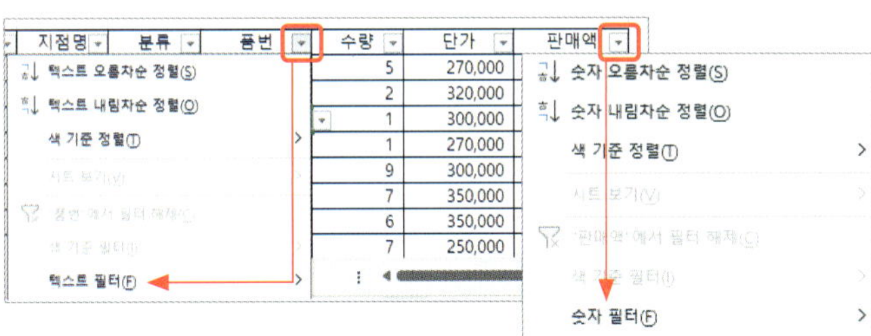

TIP 자동 필터에서는 셀 값의 종류에 따라 [텍스트 필터]나 [숫자 필터]로 선택적 메뉴가 구성된다. 선택적 필터를 이용해 필드 값이 특정 조건에 해당하는지 판단하거나 특정 값과 비교해서 필터링할 수도 있다.

01 '판매목록' 시트에서 '판매액' 열의 필터 단추를 누르고 메뉴에서 [숫자 필터]-[상위 10]을 선택한다.

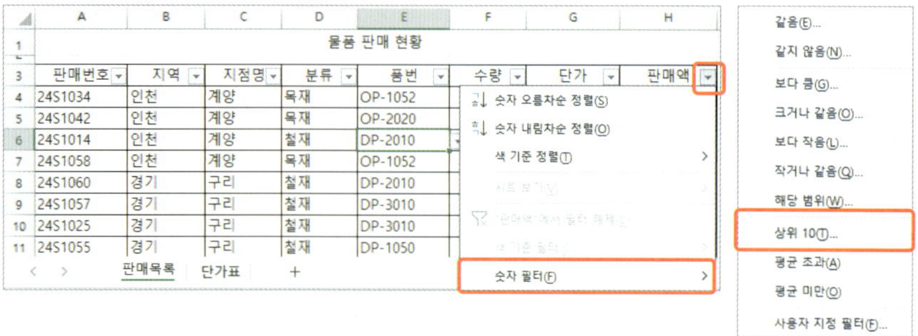

02 [상위 10 자동 필터] 대화상자에서 [상위], [20], [%]를 각각 선택하고 [확인]을 누른다.

03 판매액이 상위 20%인 결과만 표시된다.

기본예제 5-10 사용자 지정 필터 설정하기

사용자가 직접 원하는 조건을 식으로 작성하는 자동 필터 방법도 있다. 사용자 지정 필터를 활용하여 단가가 35만 원에서 40만 원 사이인 물품만 표시해 보자.

01 [지우기]로 이전 예제에서 적용한 필터를 모두 해제하고, '단가'의 필터 단추를 눌러 [숫자 필터]–[사용자 지정 필터]를 선택한다.

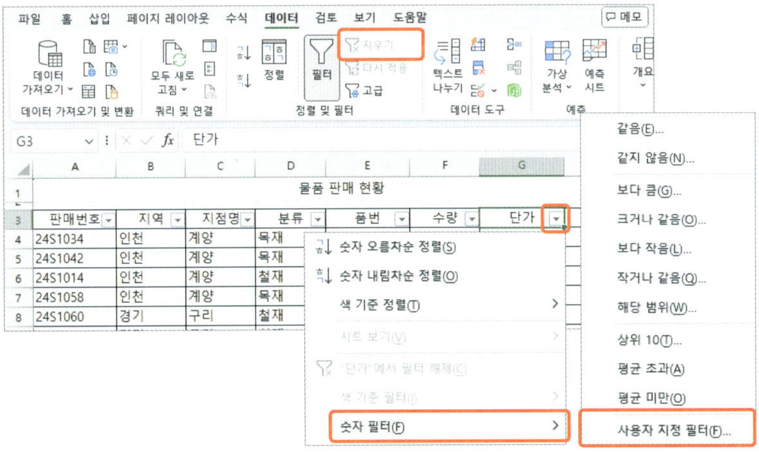

02 [사용자 지정 자동 필터] 대화상자에서 [찾을 조건]의 [단가]를 **>=, 350000, 그리고, <=, 400000**으로 설정하고 [확인]을 누른다.

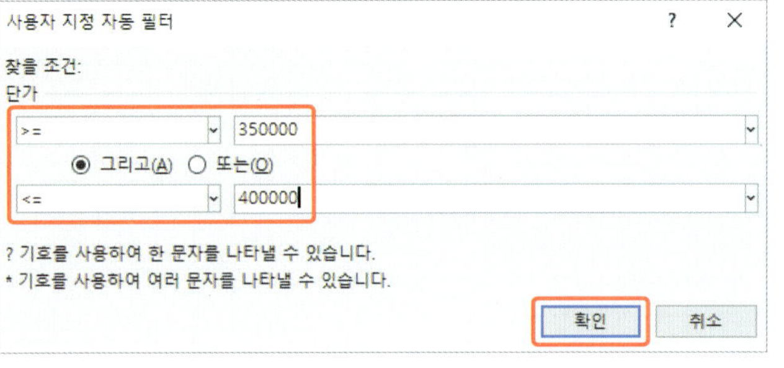

03 설정한 조건에 맞는 판매 데이터만 표시된다.

	A	B	C	D	E	F	G	H
1	물품 판매 현황							
3	판매번호	지역	지점명	분류	품번	수량	단가	판매액
9	24S1057	경기	구리	철재	DP-3010	7	350,000	2,450,000
10	24S1025	경기	구리	철재	DP-3010	6	350,000	2,100,000
12	24S1022	경기	구리	목재	OP-3002	4	400,000	1,600,000
18	24S1039	경기	구리	철재	DP-3010	1	350,000	350,000
20	24S1047	서울	노원	목재	OP-3002	5	400,000	2,000,000
29	24S1017	경기	수원	철재	DP-3010	6	350,000	2,100,000
30	24S1038	경기	수원	목재	OP-3002	5	400,000	2,000,000
34	24S1030	경기	수원	목재	OP-3002	4	400,000	1,600,000
37	24S1003	경기	수원	철재	DP-3010	2	350,000	700,000
38	24S1012	경기	수원	목재	OP-3002	1	400,000	400,000
43	24S1008	경기	안산	목재	OP-3002	4	400,000	1,600,000
45	24S1005	서울	종로	목재	OP-3002	6	400,000	2,400,000
46	24S1001	서울	종로	목재	OP-3002	5	400,000	2,000,000
51	24S1051	충남	천안	철재	DP-3010	9	350,000	3,150,000
53	24S1056	충남	천안	목재	OP-3002	5	400,000	2,000,000
55	24S1062	충남	천안	목재	OP-3002	4	400,000	1,600,000

3.2 고급 필터

자동 필터는 사용하기 편리하지만, 서로 다른 필드에 대해 필터 조건을 OR로 결합할 때는 사용할 수 없다. 가령 수량이 10개 이상이거나 판매액이 3백만원 이상인 데이터를 필터링하는 경우, 수량과 판매액에 대해 각각 필터링한 결과를 한번에 표시해야 하는데 자동 필터에서는 불가능하다. 이때 고급 필터를 사용하면 여러 필드에 대한 필터 조건을 AND나 OR로 결합하여 다양한 조건식을 만들 수 있다. 또한 필터링 결과를 원본 데이터와 다른 위치에 표시하거나 중복된 값을 제거할 수도 있다.

기본예제 5-11 고급 필터 조건 작성하기

고급 필터를 사용하려면 먼저 빈 셀에 조건을 적용할 필드명과 조건식을 작성한다. 조건식을 같은 행에 입력하면 AND 조건이 되고, 다른 행에 입력하면 OR 조건이 된다. '수량'이 10개 이상이거나 '판매액'이 3백만 원 이상인 데이터를 필터링하기 위한 OR 조건을 작성해 보자.

01 자동 필터는 해제하고 '판매목록' 시트의 J1:K1 범위에 **수량**과 **판매액** 필드명을 입력한다.

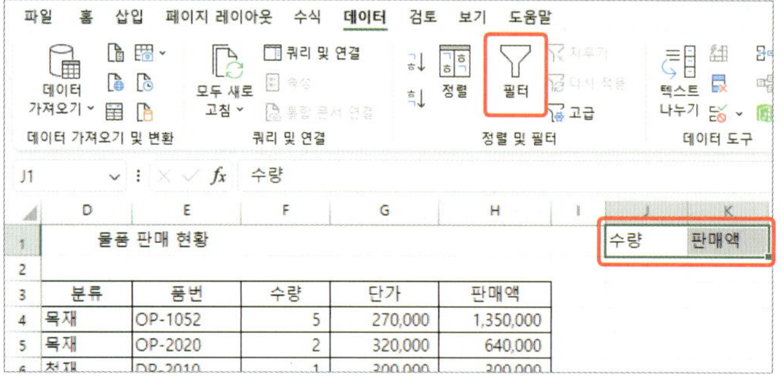

TIP F3 셀과 H3 셀을 복사하여 J1 셀과 K1 셀에 붙여넣어도 된다.

02 '수량'이 10개 이상이거나 '판매액'이 3백만 원 이상인 필터 조건을 지정하기 위해 J2 셀에 **>=10**, K3 셀에 **>=3000000**을 입력한다.

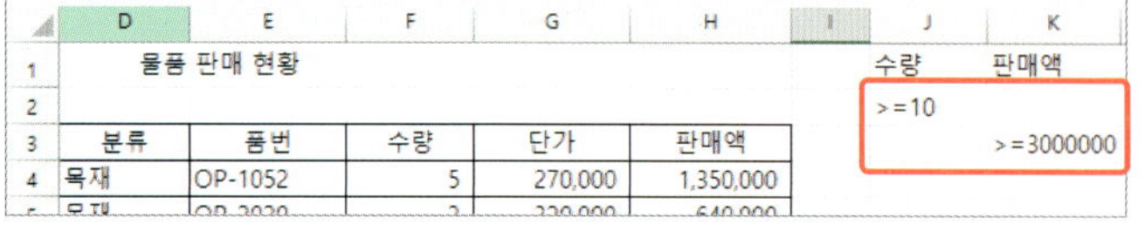

TIP 두 개 이상의 필드에 대한 필터 조건을 OR로 결합하는 경우, 단계 02와 같이 식을 각각 다른 행에 적으면 된다. 만약 "판매 수량이 10개 이상이고 판매액은 3백만 원 이상"인 경우처럼 필터 조건을 AND로 결합해야 한다면 식을 같은 행에 적는다.

AND와 OR의 복합 형태 필터 조건도 가능한데, 그림 오른쪽과 같이 조건을 작성하면 "경기 또는 인천 지역에서 수량이 5개 이상"인 데이터를 필터링할 수 있다. 이처럼 고급 필터는 원하는 조건에 맞게 다양하게 식을 작성할 수 있어서 자동 필터보다 더 활용하기 좋다.

수량	판매액
>=10	>=3000000

▲ AND 조건

지역	수량
경기	>=5
인천	>=5

▲AND와 OR의 복합 조건

기본예제 5-12 고급 필터 설정하기

[기본예제 5-11]에서 작성한 필터 조건을 이용하여 수량이 10개 이상이거나 판매액이 3백만 원 이상인 데이터를 필터링해 보자.

01 '판매목록' 시트에서 [데이터] 탭-[정렬 및 필터] 그룹-[고급]을 누른다.

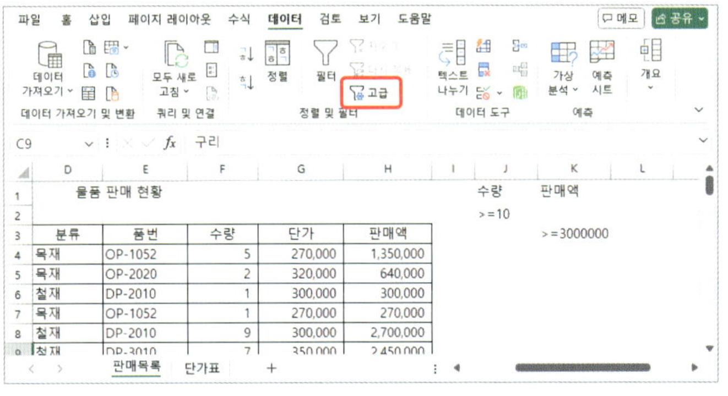

02 [고급 필터] 대화상자에서 [결과]와 [목록 범위], [조건 범위]를 그림과 같이 설정하고 [확인]을 누른다.

TIP [목록 범위]에는 현재 시트의 데이터 영역이 자동으로 설정되는데, 만약 직접 영역을 설정하려면 반드시 필드 이름이 포함되도록 해야 한다. [조건 범위]는 [기본예제 5-11]에서 작성한 J1:K3 범위를 선택한다.

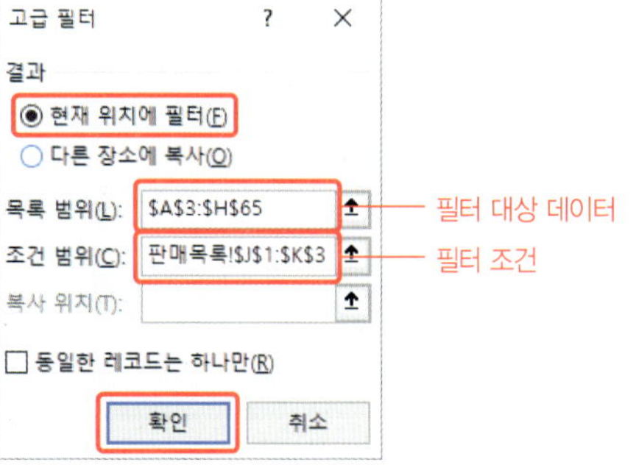

03 필터 적용 결과가 표시된다. [데이터] 탭–[정렬 및 필터] 그룹–[지우기]를 누르면 필터가 해제되고 원래의 데이터가 모두 나타난다.

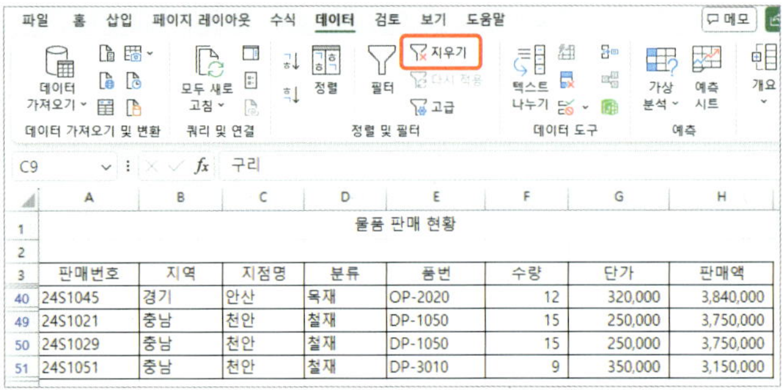

TIP 단계 02에서 [결과]를 [다른 장소에 복사]로 선택하고 [복사 위치]를 A67 셀로 설정하면(판매목록!$A$67), 원래 데이터는 바뀌지 않고 A67 셀부터 필터링 결과가 표시된다.

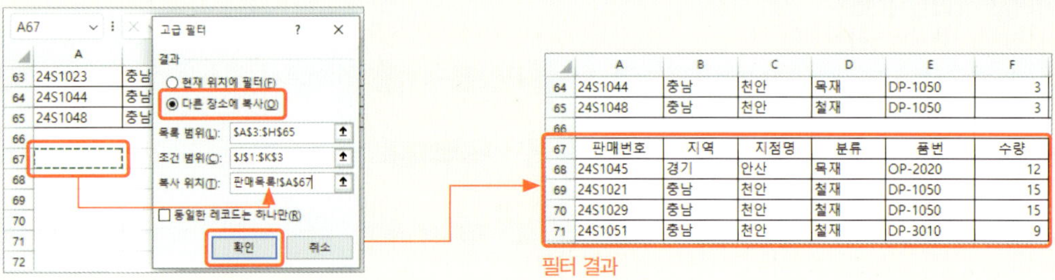

SECTION 04

부분합 구하기

지역별 혹은 지점별로 판매액의 소계나 평균을 구하는 경우 지역이나 지점을 기준으로 그룹화하여 합계나 평균을 계산하는 엑셀의 부분합을 이용한다. 합계와 평균 외에 최대값, 최소값, 개수, 표준편차, 분산 등을 구할 때도 부분합 기능을 활용할 수 있다.

4.1 부분합 추가와 삭제

특정 그룹에 대한 부분합을 구하려면 먼저 해당 그룹을 기준으로 정렬해 두어야 한다. 가령 지역별 판매액을 부분합으로 구하는 경우, 부분합을 구하기 전에 먼저 지역을 기준으로 데이터 목록을 정렬한다. 정렬되지 않은 그룹에 대해 부분합을 구하면 결과가 올바르게 계산되지 않는다.

기본예제 5-13 지역별 소계 구하기

지역별로 먼저 정렬한 후, 부분합 도구를 사용하여 지역별 판매수량과 판매액의 합계를 구해 보자.

01 '지역' 필드에서 임의의 셀을 선택하고 마우스 오른쪽 단추를 눌러 [정렬]-[텍스트 오름차순 정렬]을 선택한다.

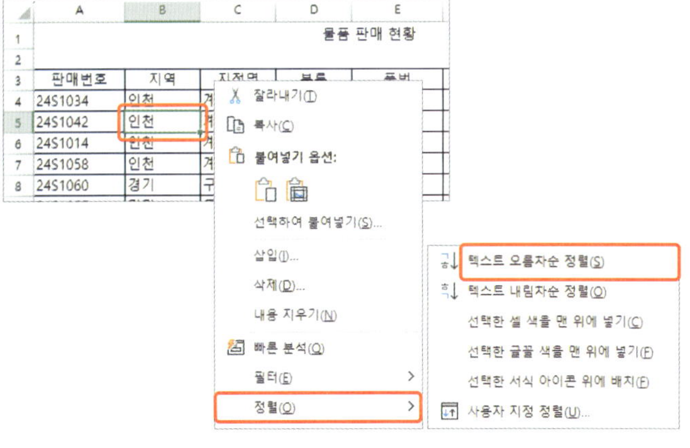

02 데이터 영역 중 임의의 셀을 선택하고 [데이터] 탭–[개요] 그룹–[부분합]을 누른다.

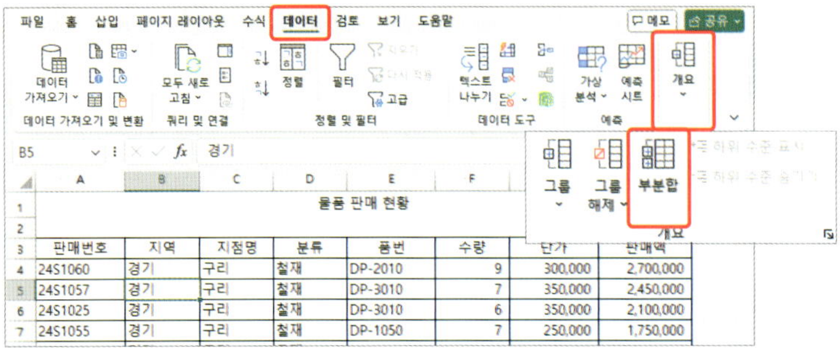

03 [부분합] 대화상자에서 [그룹화할 항목]은 [지역], [사용할 함수]는 [합계], [부분합 계산 항목]은 [수량]과 [판매액]을 선택하고 [확인]을 누른다.

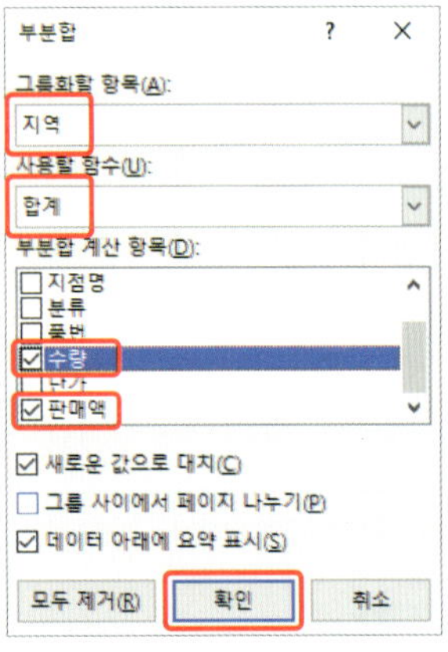

04 행 번호 왼쪽에 윤곽선과 수준 번호 [1]~[3]이 표시된다. [2]를 누르면 상세 데이터는 감춰지고 지역별 요약(소계)이 표시된다.

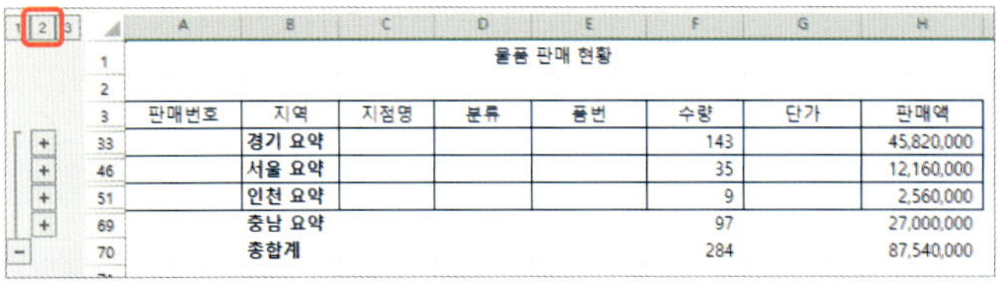

TIP 수준 번호를 누르거나 [+ 확장], [- 축소] 단추를 이용하면 수준별 상세 정보나 요약 정보를 원하는 형태로 바꿀 수 있다.

05 작성한 부분합을 삭제하려면 [데이터] 탭-[개요] 그룹-[부분합]을 눌러 [부분합] 대화상자를 다시 열고 [모두 제거]를 누른다.

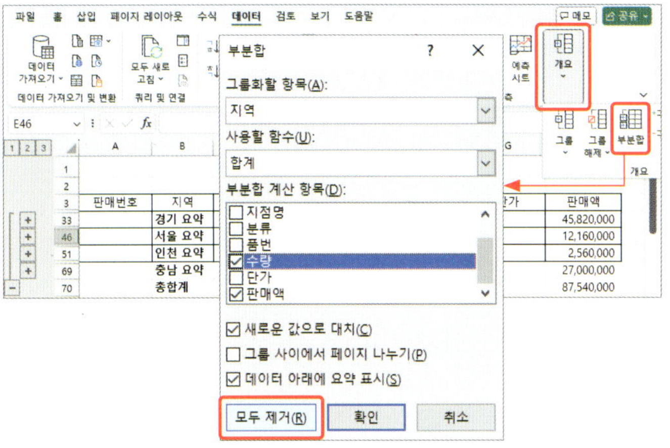

4.2 부분합의 중첩

두 개 이상의 필드에 대한 부분합을 작성하는 경우, 예를 들어 지역별 소계와 지역 내 지점별 소계를 함께 표시하려면 먼저 지역과 지점명으로 데이터를 정렬하고 부분합을 중첩 설정한다. 하나의 필드에 대한 소계를 구하는 경우에도 합계와 평균 등 다른 종류의 함수를 사용해야 한다면 부분합을 중첩 설정한다.

기본예제 5-14 지역별 합계와 지점별 평균 구하기

판매목록의 지역별 수량과 판매액 소계를 계산하고, 같은 지역 내에서는 지점별로 수량과 판매액의 평균을 표시해 보자.

01 '판매목록' 시트에서 [데이터] 탭-[정렬 및 필터] 그룹-[정렬]을 누른다.

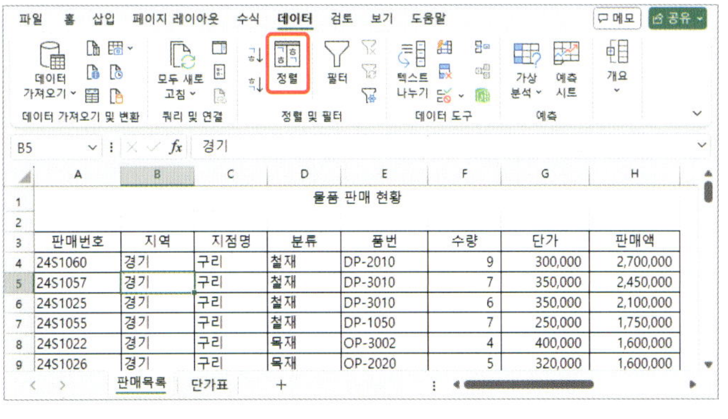

02 [정렬] 대화상자에서 [기준 추가] 단추를 눌러 정렬 기준을 [지역]과 [지점명]으로 설정한 다음 각각 [오름차순]을 선택하고 [확인]을 누른다.

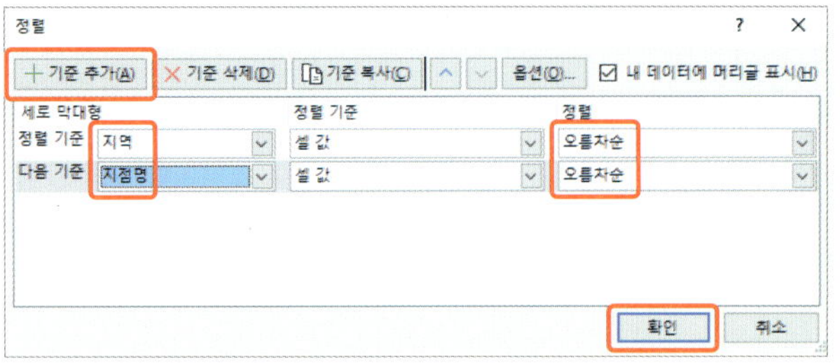

03 데이터 영역 중 임의의 셀을 선택하고 [데이터] 탭-[개요] 그룹-[부분합]을 누른다.

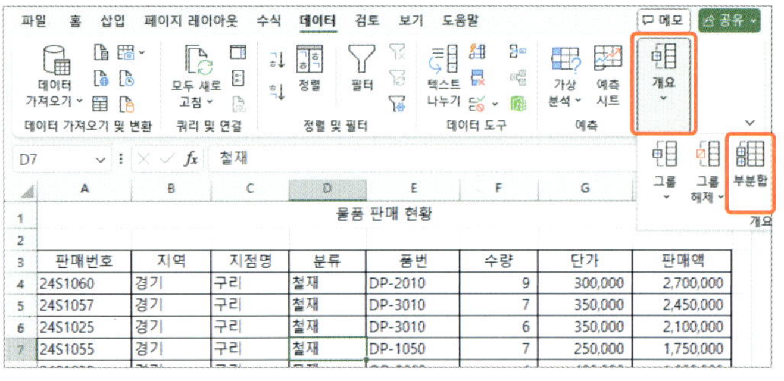

04 [부분합] 대화상자에서 [그룹화할 항목]을 [지역], [사용할 함수]는 [합계], [부분합 계산 항목]은 [수량]과 [판매액]으로 설정하고 [확인]을 누른다.

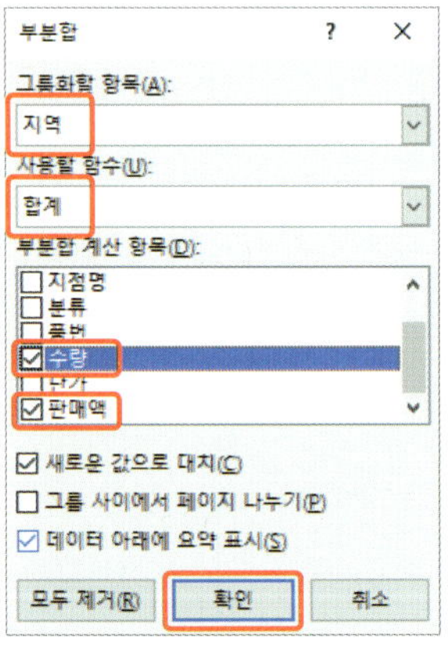

05 윤곽선과 수준 번호가 표시된다. 지점별 소계를 추가하기 위해 단계 03과 같이 [데이터] 탭-[개요] 그룹-[부분합]을 다시 누른다.

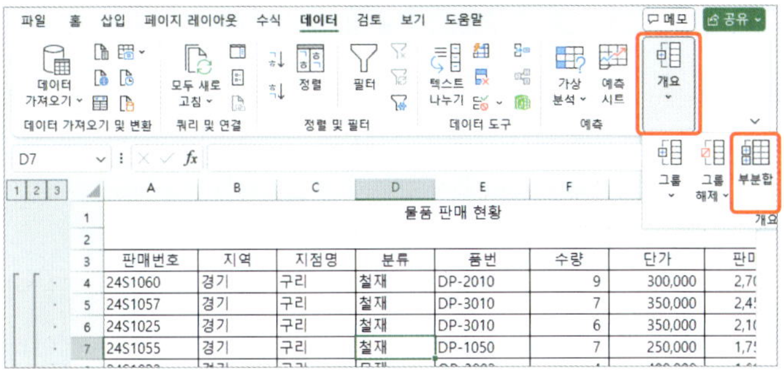

06 [부분합] 대화상자에서 [그룹화할 항목]은 [지점명], [사용할 함수]는 [평균], [부분합 계산 항목]은 [수량]과 [판매액]으로 설정하고, [새로운 값으로 대치] 항목의 선택을 해제한 다음 [확인]을 누른다.

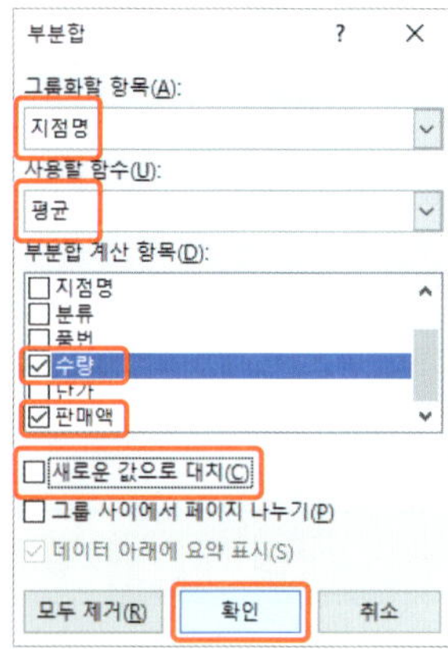

TIP [새로운 값으로 대치] 항목이 선택되어 있으면 기존 부분합이 제거되고 새로 설정한 부분합만 표시된다. 부분합을 중첩하려면 반드시 선택을 해제한다.

07 [1]~[4]의 수준 번호 중 [3]을 누르면 지역별 요약과 지점별 평균을 함께 볼 수 있다.

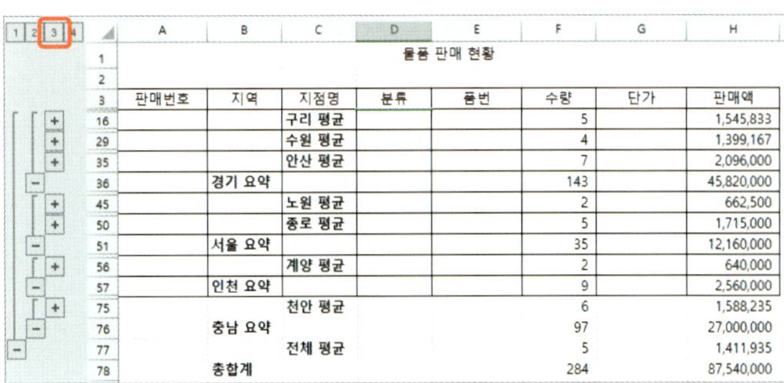

물품 판매 현황

판매번호	지역	지점명	분류	품번	수량	단가	판매액
		구리 평균			5		1,545,833
		수원 평균			4		1,399,167
		안산 평균			7		2,096,000
	경기 요약				143		45,820,000
		노원 평균			2		662,500
		종로 평균			5		1,715,000
	서울 요약				35		12,160,000
		계양 평균			2		640,000
	인천 요약				9		2,560,000
		천안 평균			6		1,588,235
	충남 요약				97		27,000,000
		전체 평균			5		1,411,935
	총합계				284		87,540,000

SECTION 05

조건부 서식 지정하기

특정 조건을 만족하는 셀을 강조하거나 구별하기 쉽게 셀 모양을 다르게 설정하려면 조건부 서식을 이용한다. 판매목록의 특정 제품만 구별되도록 셀에 채우기 색을 지정하거나, 특정 범위에 해당하는 데이터만 다른 글꼴 색이나 아이콘 등으로 표시하는 것이다. 다양한 조건부 서식 지정 방법에 대해 알아본다.

5.1 조건부 서식 규칙

조건부 서식을 지정하려면 먼저 조건에 맞는 셀을 검사하는 규칙을 만들어야 한다. 엑셀에서는 여러 경우의 규칙을 미리 만들어 제공하므로 쉽게 골라서 사용할 수 있다. 셀 강조 규칙, 상위/하위 규칙과 다양한 조건을 비교할 수 있는 세부 규칙이 있고, 사용자가 원하는 규칙을 직접 만들 수도 있다.

기본예제 5-15 셀 강조 규칙 설정하기

판매목록에서 품번이 'OP−2020'인 데이터만 채우기 색을 설정하도록 조건부 서식을 적용해 보고, 설정한 규칙을 지우는 방법도 알아보자.

01 '판매목록' 시트에서 '품번' 필드인 E4:E65 범위를 선택하고 [홈] 탭−[스타일] 그룹−[조건부 서식] 목록에서 [셀 강조 규칙]−[같음]을 선택한다.

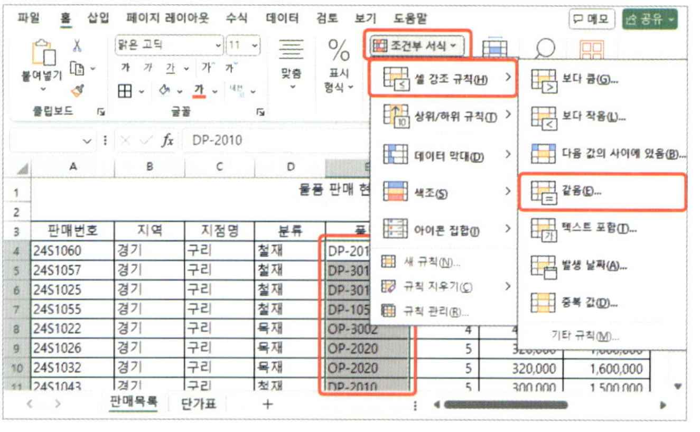

TIP 이전 실습에서 적용한 부분합 설정을 모두 해제한 뒤 실습을 진행한다.

02 [같음] 대화상자의 [다음 값과 같은 셀의 서식 지정]에 **OP-2020**을 입력하고 [적용할 서식]은 [진한 녹색 텍스트가 있는 녹색 채우기]를 선택한 후 [확인]을 누른다.

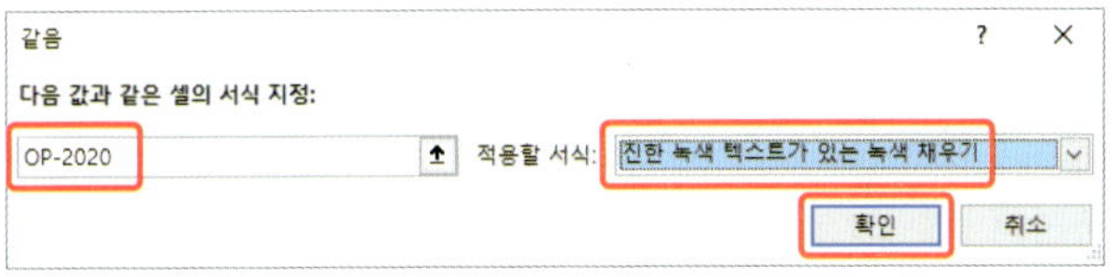

03 품번이 'OP-2020'인 셀에만 서식이 적용된다. 조건부 서식을 지우려면 [홈] 탭-[스타일] 그룹-[조건부 서식] 목록에서 [규칙 지우기]-[시트 전체에서 규칙 지우기]를 선택한다.

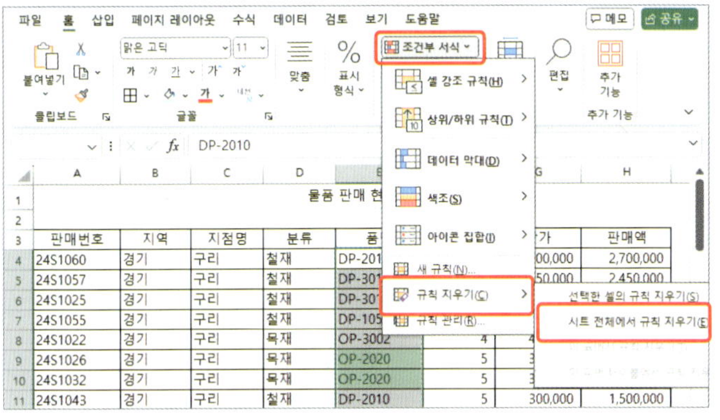

TIP E4:E65 범위를 선택하고 [홈] 탭-[스타일] 그룹-[조건부 서식] 목록에서 [규칙 지우기]-[선택한 셀의 규칙 지우기]를 선택해도 된다.

기본예제 5-16 상위/하위 규칙 설정하고 편집하기

판매목록에서 상위/하위 규칙으로 판매액에 조건부 서식을 설정하고, 규칙을 수정하는 방법을 알아보자.

01 '판매목록' 시트에서 '판매액' 데이터 영역인 H4:H65 범위를 선택하고 [홈] 탭-[스타일] 그룹-[조건부 서식] 목록에서 [상위/하위 규칙]-[상위 10%]를 선택한다.

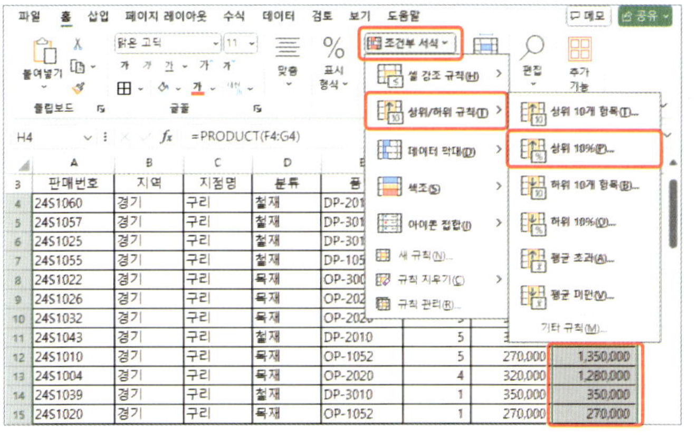

02 [상위 10%] 대화상자에서 값은 **30**, 서식은 [빨강 텍스트]를 선택한 다음 [확인]을 누른다.

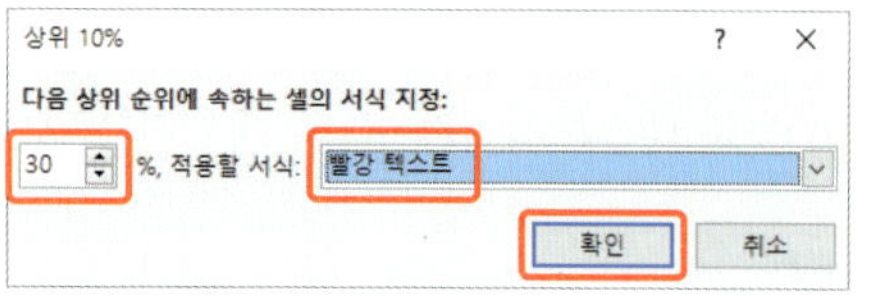

03 상위 30%에 해당하는 판매액이 설정한 서식으로 표시된다. 조건부 서식을 수정하려면 [홈] 탭–[스타일] 그룹–[조건부 서식] 목록에서 [규칙 관리]를 선택한다.

04 [조건부 서식 규칙 관리자] 대화상자에서 [상위 30%] 규칙을 선택하고 [규칙 편집]을 누른다.

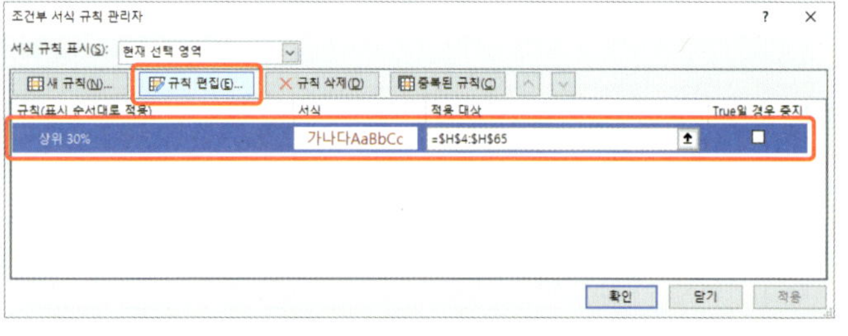

05 [서식 규칙 편집] 대화상자가 나타나면 [규칙 유형 선택] 목록에서 [다음을 포함하는 셀만 서식 지정]을 선택하고, [규칙 설명 편집]은 [셀 값], [>=], **2000000**으로 수정하고 [확인]을 누른다.

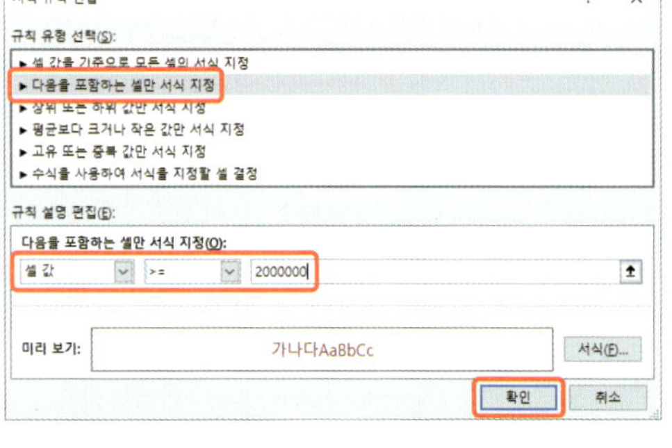

06 [조건부 서식 규칙 관리자] 대화상자도 [확인]을 눌러 닫는다.

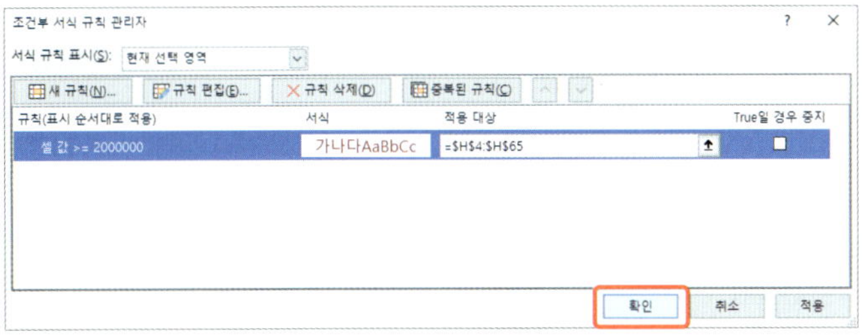

07 수정한 조건부 서식에 따라 판매액이 2백만 원 이상인 경우만 빨간색 텍스트로 표시된다.

물품 판매 현황

	A	B	C	D	E	F	G	H
3	판매번호	지역	지점명	분류	품번	수량	단가	판매액
4	24S1060	경기	구리	철재	DP-2010	9	300,000	2,700,000
5	24S1057	경기	구리	철재	DP-3010	7	350,000	2,450,000
6	24S1025	경기	구리	철재	DP-3010	6	350,000	2,100,000
7	24S1055	경기	구리	철재	DP-1050	7	250,000	1,750,000
8	24S1022	경기	구리	목재	OP-3002	4	400,000	1,600,000
9	24S1026	경기	구리	목재	OP-2020	5	320,000	1,600,000
10	24S1032	경기	구리	목재	OP-2020	5	320,000	1,600,000
11	24S1043	경기	구리	철재	DP-2010	5	300,000	1,500,000
12	24S1010	경기	구리	목재	OP-1052	5	270,000	1,350,000
13	24S1004	경기	구리	목재	OP-2020	4	320,000	1,280,000
14	24S1039	경기	구리	철재	DP-3010	1	350,000	350,000
15	24S1020	경기	구리	목재	OP-1052	1	270,000	270,000
16	24S1052	경기	수원	목재	OP-2020	8	320,000	2,560,000

기본예제 5-17 수식을 작성하여 서식 지정하기

단가가 35만 원 이상인 데이터 행을 노란색으로 채우도록 조건부 서식을 설정해 보자.

TIP 이전의 실습처럼 조건 기준인 셀에만 서식을 설정하는 것이 아니라, 행 전체에 조건부 서식을 설정하는 방법이다.

01 '판매목록' 시트에서 A4:H65 범위를 선택하고 [홈] 탭-[스타일] 그룹-[조건부 서식] 목록에서 [새 규칙]을 선택한다.

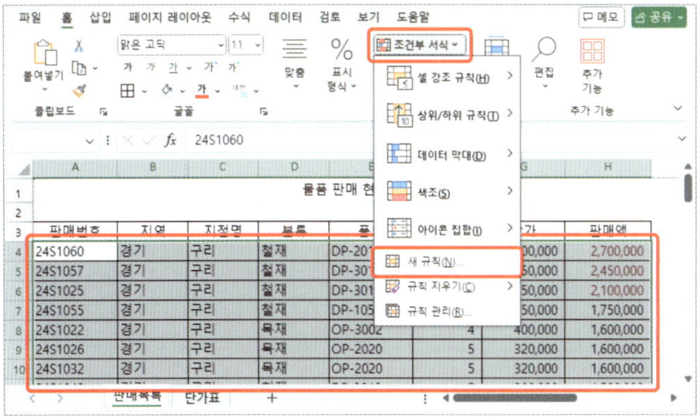

02 [새 서식 규칙] 대화상자가 나타나면 [규칙 유형 선택] 목록에서 [수식을 사용하여 서식을 지정할 셀 결정]을 선택한다.

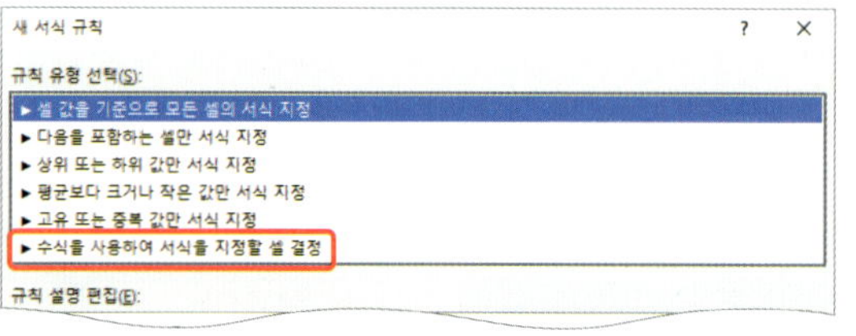

03 [규칙 설명 편집] 입력란에 **=$G4>=350000** 수식을 입력하고 [서식]을 선택한다.

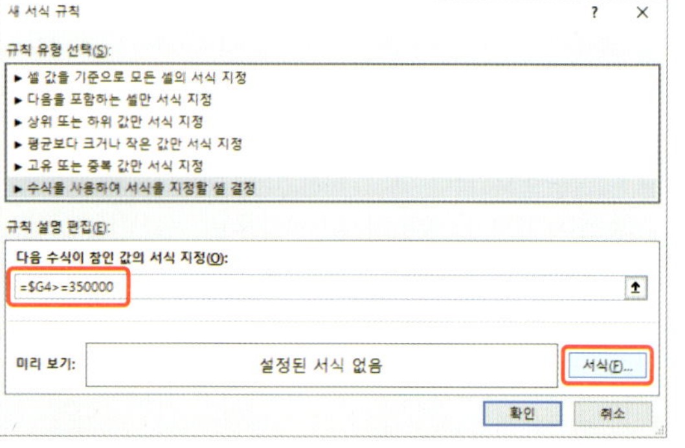

TIP 조건부 서식의 수식을 입력할 때는 참조 방식을 잘 구분해야 한다. G4:G65 범위의 '단가'를 검사하는 수식에는 첫 번째 셀(G4)을 혼합 참조($G4)로 사용한다. 마지막 셀(G65)까지 반복해서 수식을 적용할 때 열 번호(G)는 고정하고 행 번호만 바꿔가며(4~65) 조건을 검사해야 하기 때문이다.

04 [셀 서식] 대화상자의 [채우기] 탭에서 [배경색]을 [노랑]으로 선택하고 [확인]을 누른다.

05 [새 서식 규칙] 대화상자의 [미리 보기]에 설정한 서식 모양이 표시된다. [확인]을 눌러 창을 닫는다.

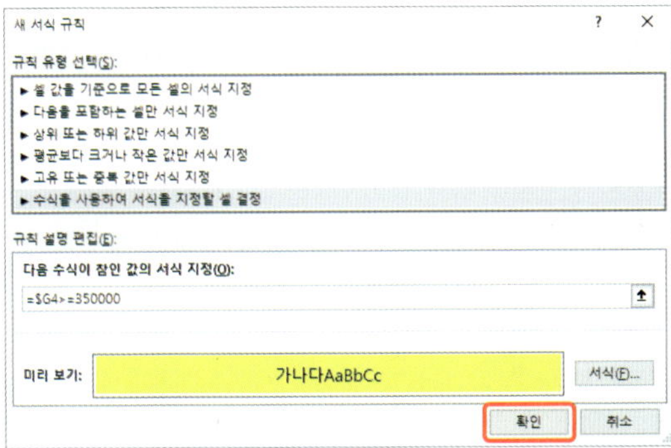

06 '단가'가 35만 원 이상인 물품에 해당하는 데이터 행 전체에 설정한 서식이 적용된다.

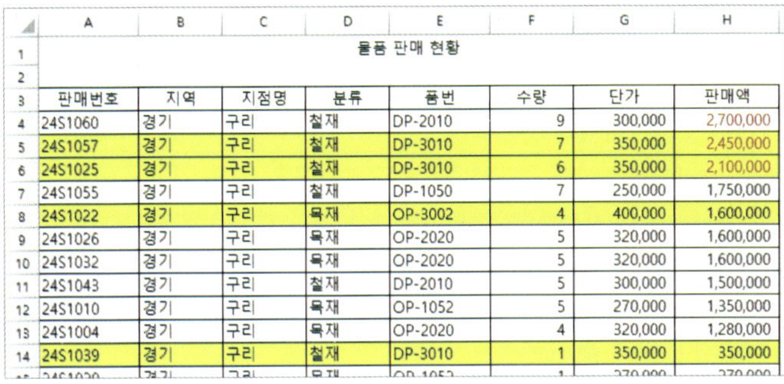

물품 판매 현황

판매번호	지역	지점명	분류	품번	수량	단가	판매액
24S1060	경기	구리	철재	DP-2010	9	300,000	2,700,000
24S1057	경기	구리	철재	DP-3010	7	350,000	2,450,000
24S1025	경기	구리	철재	DP-3010	6	350,000	2,100,000
24S1055	경기	구리	철재	DP-1050	7	250,000	1,750,000
24S1022	경기	구리	목재	OP-3002	4	400,000	1,600,000
24S1026	경기	구리	목재	OP-2020	5	320,000	1,600,000
24S1032	경기	구리	목재	OP-2020	5	320,000	1,600,000
24S1043	경기	구리	철재	DP-2010	5	300,000	1,500,000
24S1010	경기	구리	목재	OP-1052	5	270,000	1,350,000
24S1004	경기	구리	목재	OP-2020	4	320,000	1,280,000
24S1039	경기	구리	철재	DP-3010	1	350,000	350,000

5.2 데이터 시각화

조건부 서식을 사용하면 막대나 색조, 아이콘으로 셀 값을 표현할 수 있다. 값의 크기에 따라 막대 길이를 다르게 하거나 색조의 명암, 다양한 아이콘 등으로 데이터를 시각화하는 방법을 알아보자.

기본예제 5-18 데이터 막대와 아이콘 표시하기

판매목록에서 '판매액' 필드에 데이터 막대를 표시하고 '수량' 필드에는 아이콘을 이용해 값을 쉽게 비교할 수 있도록 설정해 보자.

01 H4:H65 범위를 선택하고 [홈] 탭–[스타일] 그룹–[조건부 서식] 목록에서 [데이터 막대]–[그라데이션 채우기]의 [파랑 데이터 막대]를 선택한다.

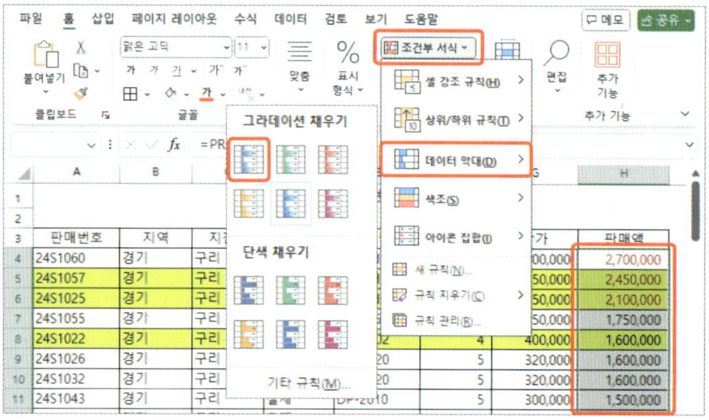

02 판매액에 따라 데이터 막대의 길이가 다르게 표시된다.

03 F4:F65 범위의 '수량' 필드를 모두 선택하고 [홈] 탭–[스타일] 그룹–[조건부 서식] 목록에서 [아이콘 집합]–[방향]의 [삼각형 3개]를 선택한다.

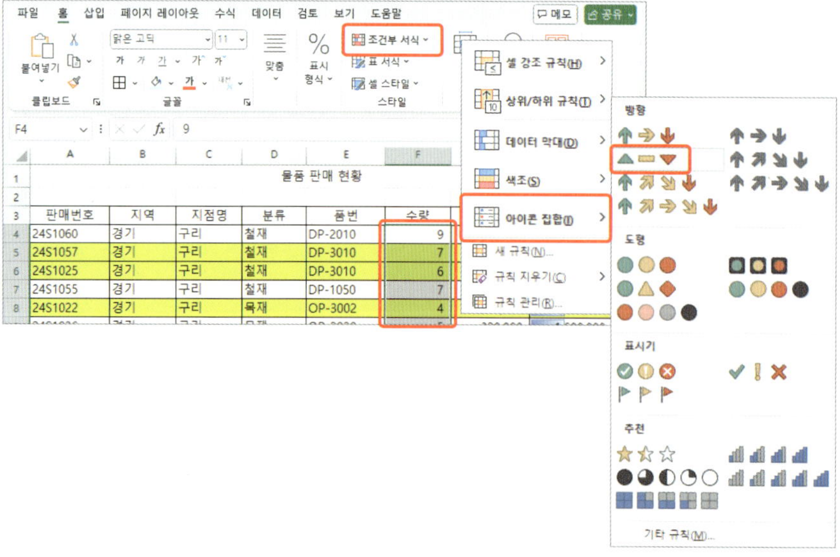

04 '수량' 필드에 선택한 아이콘 모양이 표시된다. 규칙을 수정하기 위해 [홈] 탭-[스타일] 그룹-[조건부 서식] 목록에서 [규칙 관리]를 선택한다.

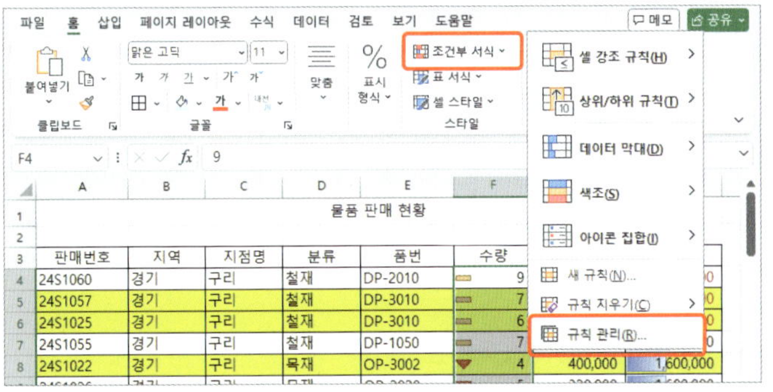

05 [조건부 서식 규칙 관리자] 대화상자에서 [아이콘 집합]을 선택하고 [규칙 편집]을 누른다.

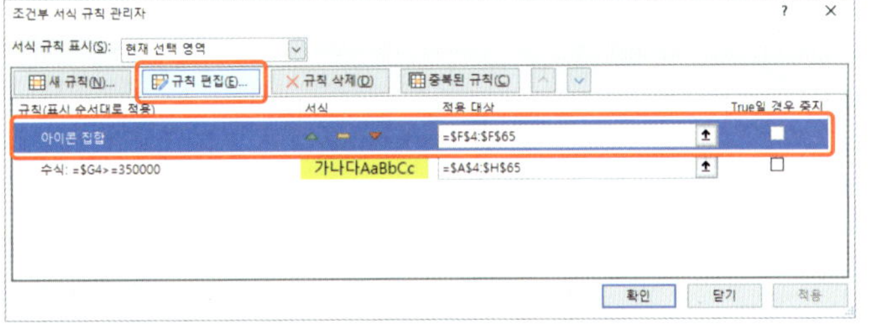

06 [서식 규칙 편집] 대화상자에서 [규칙 설명 편집]의 [값]과 [종류]를 그림과 같이 수정하고 [확인]을 누른다.

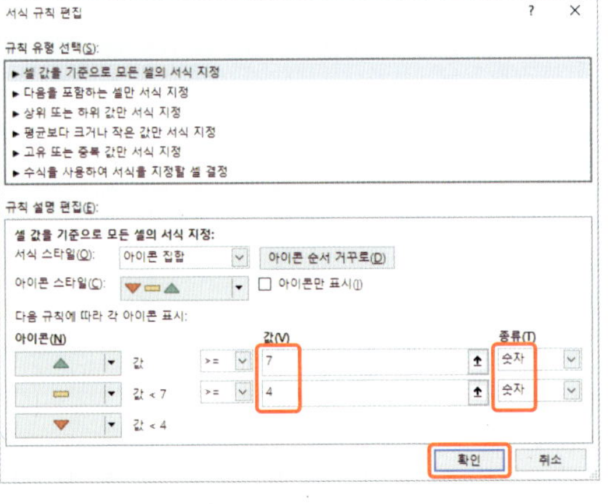

TIP [삼각형 3개] 아이콘 서식에서는 구간을 퍼센트 단위로 3등분하였는데, 값을 직접 지정하여 7 이상, 4 이상, 그 이하로 나누어 각기 다른 아이콘이 표시되게 한다.

07 [조건부 서식 규칙 관리자] 대화상자에서 [확인]을 눌러 창을 닫는다.

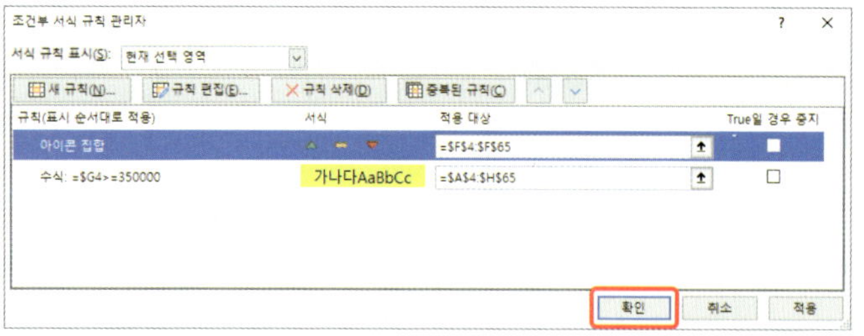

08 변경된 규칙에 따라 세 가지 형태의 삼각형이 '수량' 필드에 표시된다.

종합예제

이번 장에서 학습한 데이터 유효성 검사, 정렬과 필터, 부분합과 조건부 서식을 활용하여 작업 명세서를 만들어 보자.

1 '5장_종합.xlsx' 파일의 '작업' 시트에서 '현장명' 필드인 A3:A14 범위를 선택하고 [데이터] 탭-[데이터 도구] 그룹-[데이터 유효성 검사] 목록에서 [데이터 유효성 검사]를 선택한다.

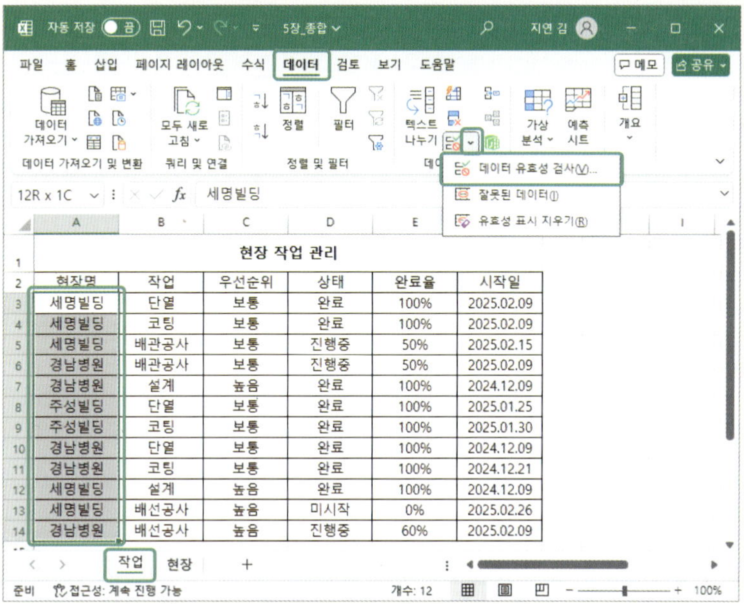

2 [데이터 유효성] 대화상자의 [설정] 탭에서 [제한 대상]은 [목록], [원본]은 '현장' 시트의 A2:A5 범위를 선택하여 **=현장!$A$2:$A$5**로 설정하고 [확인]을 누른다.

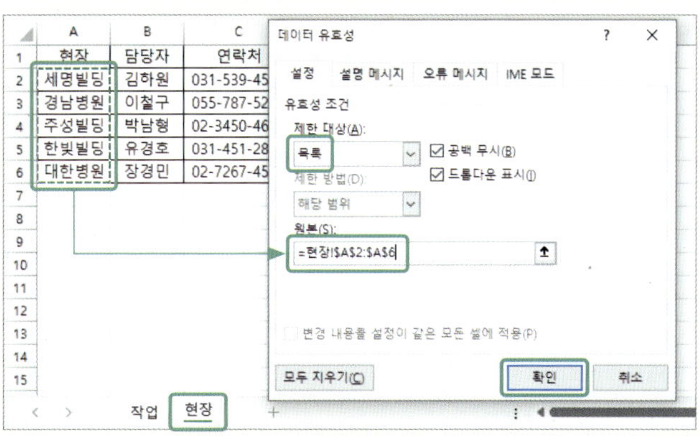

TIP 데이터 유효성 검사의 목록을 사용하면 현장명을 직접 입력하지 않고 목록에서 간편하게 선택할 수 있다.

종합예제

3 '시작일' 필드는 날짜 형식이 아니므로, 날짜 계산이나 기간별로 그룹화할 수 없다. 형식을 변환하기 위해 F3:F14 범위를 선택하고 [데이터] 탭–[데이터 도구] 그룹–[텍스트 나누기]를 누른다.

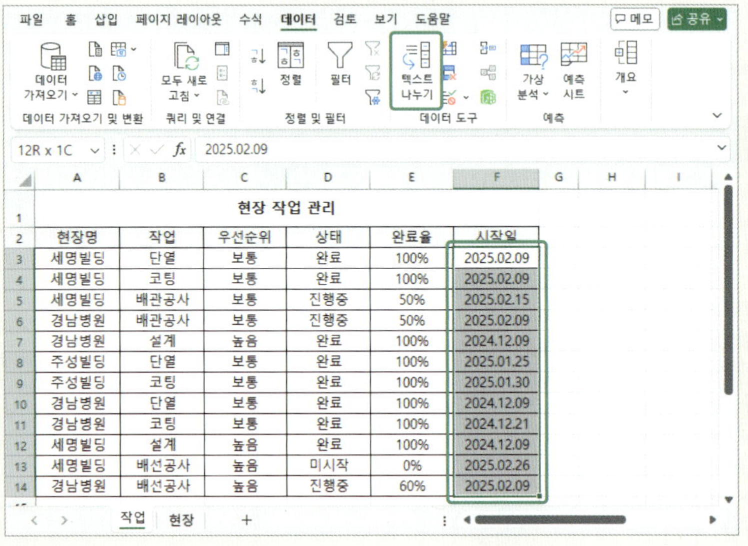

4 [텍스트 마법사]의 1~2단계에서 모두 [다음]을 누른다.

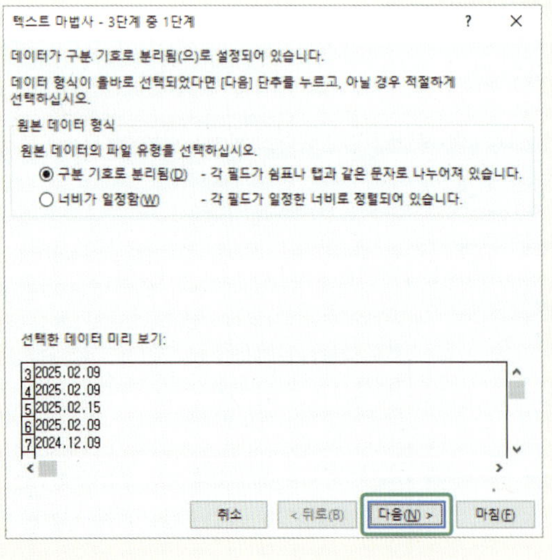

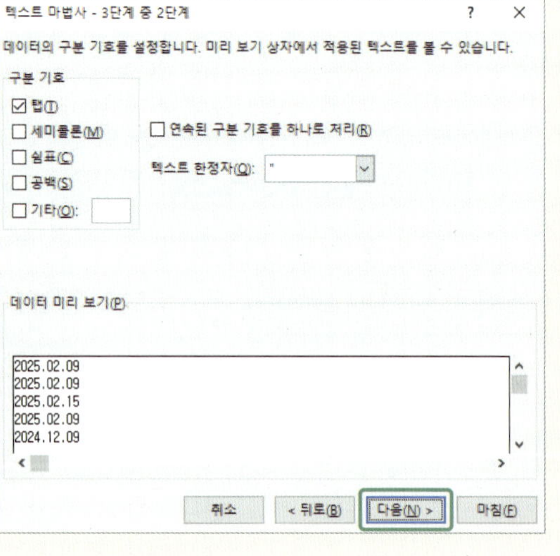

5 [텍스트 마법사]의 3단계에서 [열 데이터 서식]을 [날짜]로 선택하고 [마침]을 누른다.

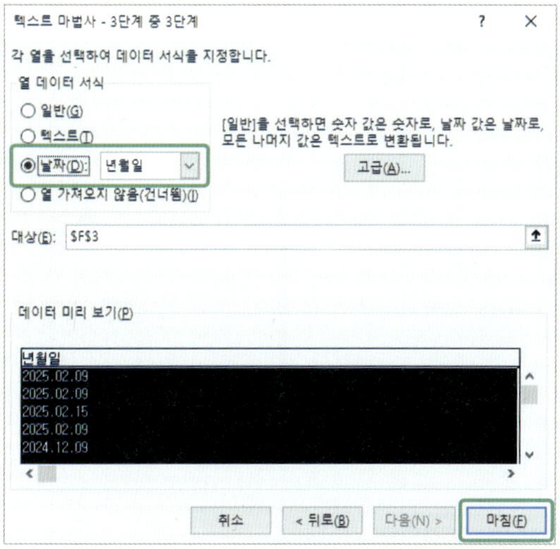

6 우선순위가 높은 미완료 작업을 필터링해 보자. 고급 필터를 사용하기 위해 먼저 H1:I3 범위에 그림과 같이 우선순위는 **높음**, 완료율은 **<100%**로 입력하여 필터 조건을 작성한다.

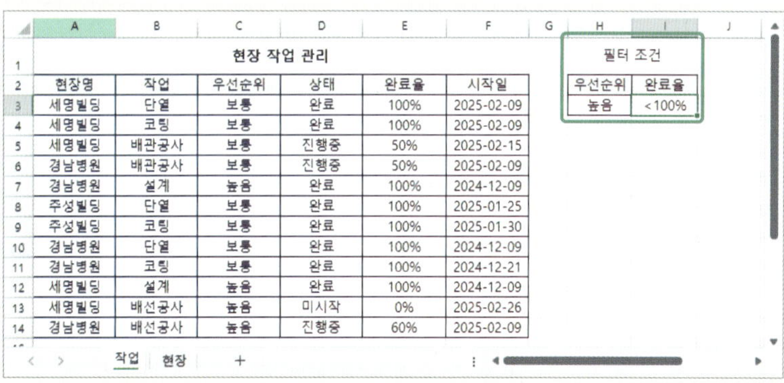

	A	B	C	D	E	F	G	H	I
1	현장 작업 관리							필터 조건	
2	현장명	작업	우선순위	상태	완료율	시작일		우선순위	완료율
3	세영빌딩	단열	보통	완료	100%	2025-02-09		높음	<100%
4	세영빌딩	코팅	보통	완료	100%	2025-02-09			
5	세영빌딩	배관공사	보통	진행중	50%	2025-02-15			
6	경남병원	배관공사	보통	진행중	50%	2025-02-09			
7	경남병원	설계	높음	완료	100%	2024-12-09			
8	주성빌딩	단열	보통	완료	100%	2025-01-25			
9	주성빌딩	코팅	보통	완료	100%	2025-01-30			
10	경남병원	단열	보통	완료	100%	2024-12-09			
11	경남병원	코팅	보통	완료	100%	2024-12-21			
12	세영빌딩	설계	높음	완료	100%	2024-12-09			
13	세영빌딩	배선공사	높음	미시작	0%	2025-02-26			
14	경남병원	배선공사	높음	진행중	60%	2025-02-09			

종합예제

7 데이터 영역 내 임의의 셀을 선택하고, [데이터] 탭–[정렬 및 필터] 그룹–[고급]을 누른다.

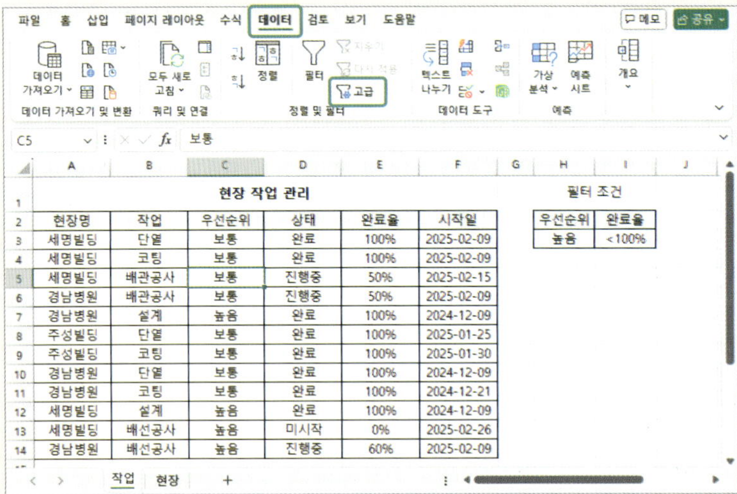

8 [고급 필터] 대화상자에서 [다른 장소에 복사]를 선택하고 [목록 범위]는 **$A$2:$F$14**, [조건 범위]는 **작업!$H$2:$I$3**, [복사 위치]는 **작업!$H$5**로 설정한다. [확인]을 누르면 결과가 H5 셀부터 표시된다.

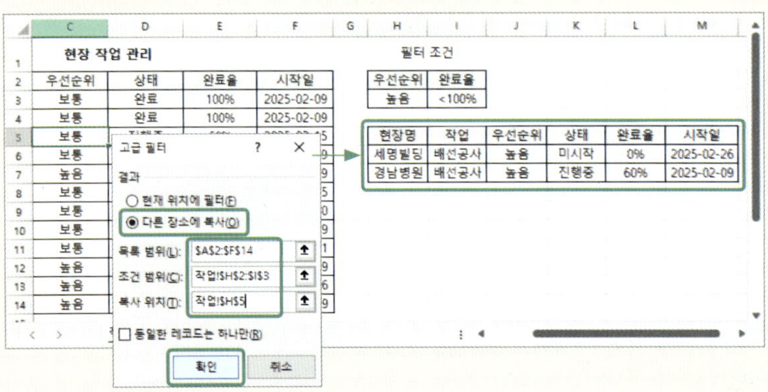

9 현장별로 데이터를 정렬해 보자. 데이터 영역 내 임의의 셀을 선택하고 [데이터] 탭–[정렬 및 필터] 그룹–[정렬]을 누른다. [정렬] 대화상자에서 [정렬 기준]은 [현장명]과 [시작일]로 한 후 모두 [오름차순]으로 설정하고 [확인]을 누른다.

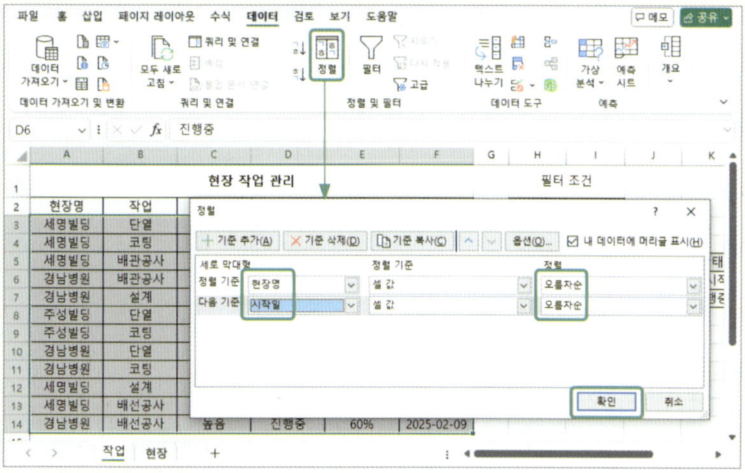

10 현장별 작업 개수를 계산하기 위해 [데이터] 탭–[개요] 그룹–[부분합]을 누른다. [부분합] 대화상자에서 [그룹화할 항목]은 [현장명], [사용할 함수]는 [개수], [부분합 계산 항목]은 [작업]으로 설정하고 [확인]을 누른다.

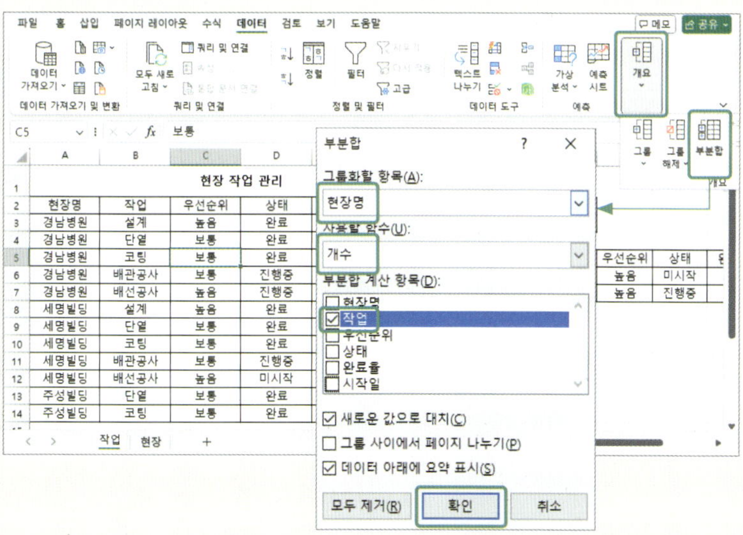

종합예제

11 현장별 완료율 평균도 계산하기 위해 [데이터] 탭-[개요] 그룹-[부분합]을 눌러 [부분합] 대화상자를 다시 실행한다. [사용할 함수]는 [평균], [부분합 계산 항목]은 [완료율]로 설정하고 [새로운 값으로 대치]의 선택을 해제한 후 [확인]을 누른다.

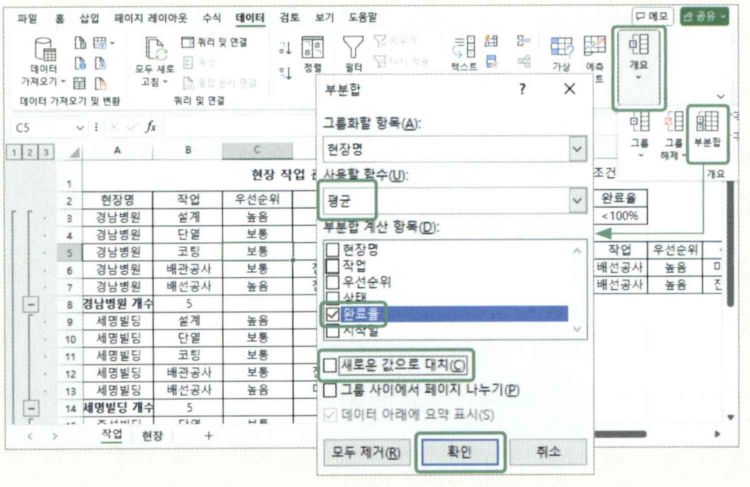

12 우선순위가 높은 작업은 색을 다르게 표시해 보자. A3:F18 범위를 선택하고 [홈] 탭-[스타일] 그룹-[조건부 서식] 목록에서 [새 규칙]을 선택한다. [새 서식 규칙] 대화상자의 [규칙 유형 선택] 목록에서 [수식을 사용하여 서식을 지정할 셀 결정]을 선택하고 **=$C3="높음"** 수식을 입력한 후 [서식]을 누른다.

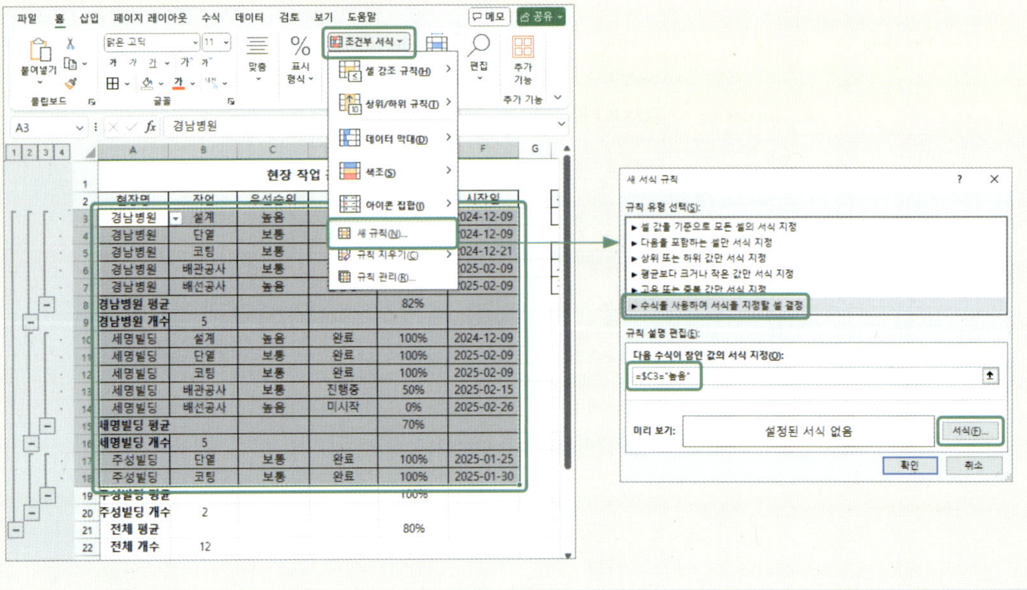

13 [셀 서식] 대화상자의 [글꼴] 탭에서 [색]을 [빨강]으로 설정하고, [채우기] 탭에서 [배경색]을 [밝은 주황]으로 설정한 다음 [확인]을 누른다.

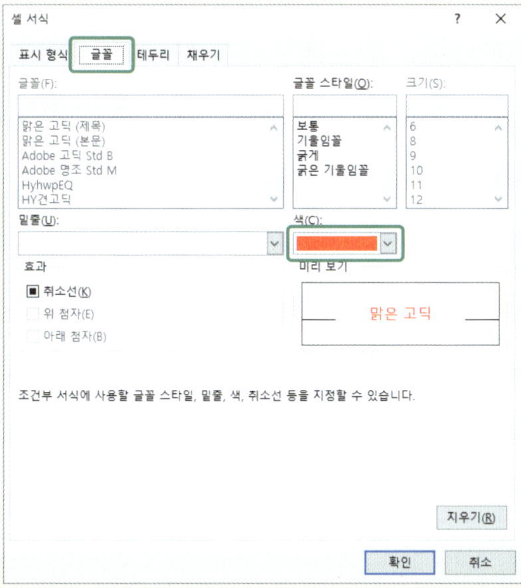

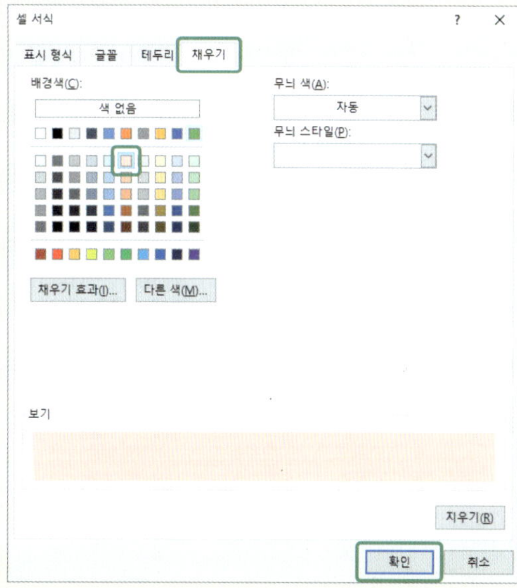

14 [새 서식 규칙] 대화상자에서 [확인]을 눌러 창을 닫으면 우선순위가 높은 데이터에 서식이 설정된 것을 확인할 수 있다.

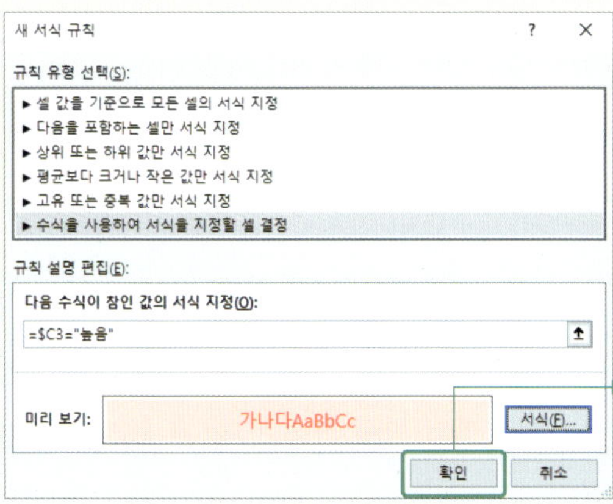

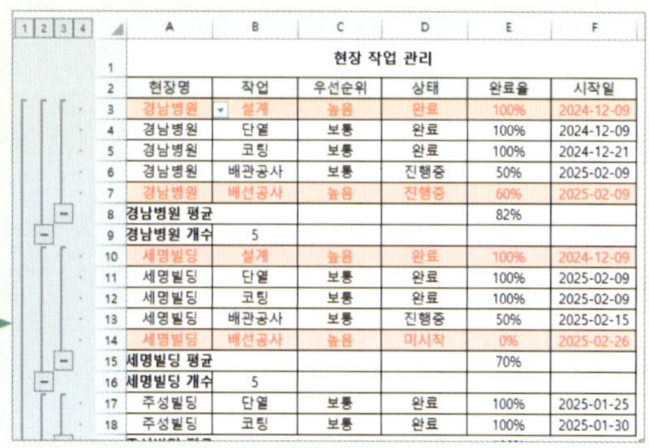

연습문제

1 '5장_연습.xlsx' 파일의 '연습1' 시트를 열어 다음 조건에 맞게 작성하시오.

❶ ROW 함수를 이용하여 '순번' 필드에 순서대로 일련번호를 표시하시오.

❷ '군구명', '병원종별', '의료기관명' 순으로 모두 오름차순 정렬하시오.

❸ '계양구'나 '부평구'에 있는 '한의원'을 고급 필터를 이용해 필터링하시오. F2:G4 범위에 필터 조건을 알맞게 작성하고, 필터 결과는 F8 셀부터 표시하시오.

❹ 텍스트 맞춤과 셀 채우기 색, 테두리 모양 등을 그림과 같이 표시되도록 설정하시오.

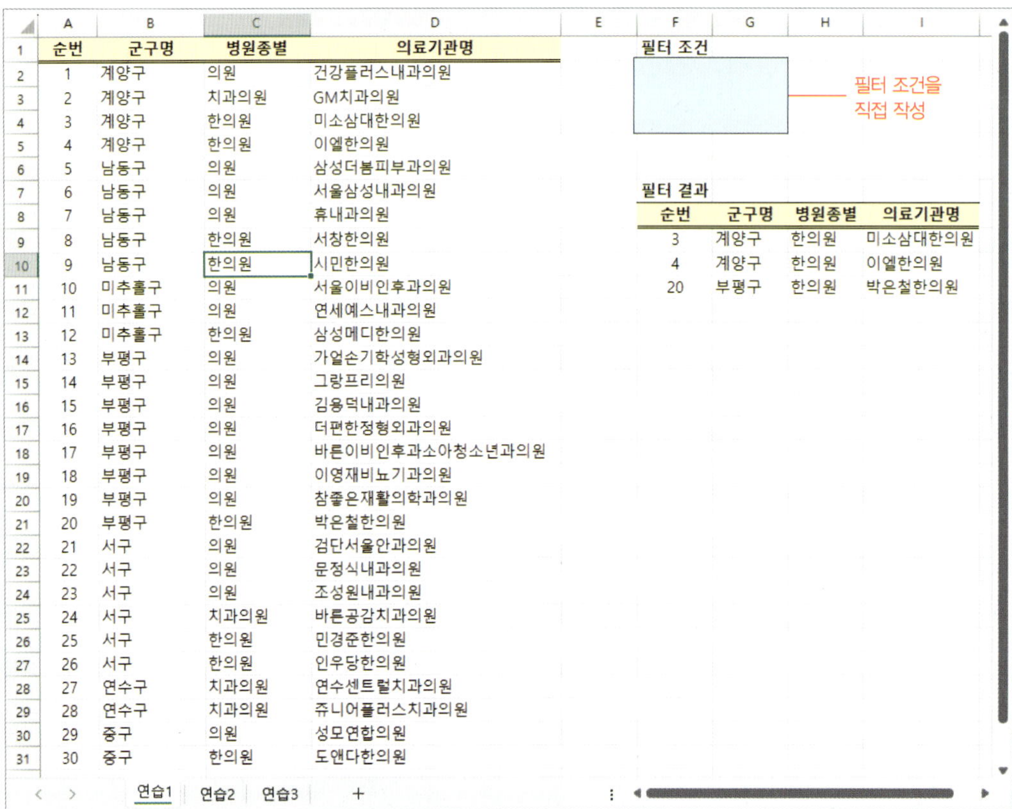

순번	군구명	병원종별	의료기관명
1	계양구	의원	건강플러스내과의원
2	계양구	치과의원	GM치과의원
3	계양구	한의원	미소삼대한의원
4	계양구	한의원	이엘한의원
5	남동구	의원	삼성더봄피부과의원
6	남동구	의원	서울삼성내과의원
7	남동구	의원	휴내과의원
8	남동구	한의원	서창한의원
9	남동구	한의원	시민한의원
10	미추홀구	의원	서울이비인후과의원
11	미추홀구	의원	연세예스내과의원
12	미추홀구	한의원	삼성메디한의원
13	부평구	의원	가얼손기학성형외과의원
14	부평구	의원	그랑프리의원
15	부평구	의원	김용덕내과의원
16	부평구	의원	더편한정형외과의원
17	부평구	의원	바른이비인후과소아청소년과의원
18	부평구	의원	이영재비뇨기과의원
19	부평구	의원	참좋은재활의학과의원
20	부평구	한의원	박은철한의원
21	서구	의원	검단서울안과의원
22	서구	의원	문정식내과의원
23	서구	의원	조성원내과의원
24	서구	치과의원	바른공감치과의원
25	서구	한의원	민경준한의원
26	서구	한의원	인우당한의원
27	연수구	치과의원	연수센트럴치과의원
28	연수구	치과의원	쥬니어플러스치과의원
29	중구	의원	성모연합의원
30	중구	한의원	도앤다한의원

필터 조건

필터 조건을 직접 작성

필터 결과

순번	군구명	병원종별	의료기관명
3	계양구	한의원	미소삼대한의원
4	계양구	한의원	이엘한의원
20	부평구	한의원	박은철한의원

2 '5장_연습.xlsx' 파일의 '연습2' 시트를 열어 아래 조건에 맞게 작성하시오.

❶ '사업장규모', '상호명'을 기준으로 정렬하시오. '사업장규모'는 내림차순으로, '상호명'은 오름차순으로 설정하시오.

❷ F1:F3 범위에 '처리방법 목록'을 만들고, D2:D26 범위에 '처리방법'을 입력할 때 목록에서 선택할 수 있도록 하시오.

❸ '월배출량' 상위 20%에 해당하는 데이터 셀에만 노랑으로 채우기 색을 설정하시오.

❹ '사업장규모' 값의 크기에 따라 그라데이션 형태의 녹색 데이터 막대가 셀 안에 표시되도록 하시오.

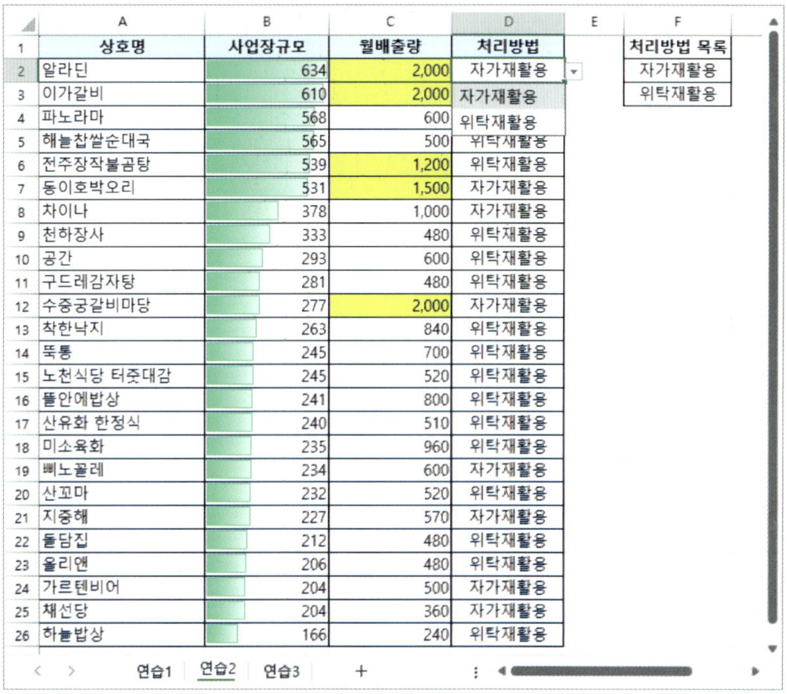

	A	B	C	D	E	F
1	상호명	사업장규모	월배출량	처리방법		처리방법 목록
2	알라딘	634	2,000	자가재활용		자가재활용
3	이가갈비	610	2,000	자가재활용		위탁재활용
4	파노라마	568	600	위탁재활용		
5	해늘찹쌀순대국	565	500	위탁재활용		
6	전주장작불곰탕	539	1,200	위탁재활용		
7	동이호박오리	531	1,500	자가재활용		
8	차이나	378	1,000	자가재활용		
9	천하장사	333	480	위탁재활용		
10	공간	293	600	위탁재활용		
11	구드레감자탕	281	480	위탁재활용		
12	수중궁갈비마당	277	2,000	자가재활용		
13	착한낙지	263	840	위탁재활용		
14	뚝통	245	700	위탁재활용		
15	노천식당 터줏대감	245	520	위탁재활용		
16	뜰안에밥상	241	800	위탁재활용		
17	산유화 한정식	240	510	위탁재활용		
18	미소육화	235	960	위탁재활용		
19	삐노꼴레	234	600	자가재활용		
20	산꼬마	232	520	위탁재활용		
21	지중해	227	570	자가재활용		
22	돌담집	212	480	위탁재활용		
23	올리앤	206	480	위탁재활용		
24	가르텐비어	204	500	자가재활용		
25	채선당	204	360	자가재활용		
26	하늘밥상	166	240	위탁재활용		

연습1 연습2 연습3

3 '5장_연습.xlsx' 파일의 '연습3' 시트를 열어 다음 조건에 맞게 작성하시오.

❶ [텍스트 나누기]를 이용해 '주소' 필드를 '읍/면', '동/리', '번지' 필드로 나누어 표시하시오.

❷ 제목 셀은 병합하고, 필드명은 가운데 맞춤, 데이터 범위 내 모든 셀에는 테두리 선을 설정하시오.

❸ '읍/면', '카메라대수' 필드를 기준으로 데이터를 정렬하시오. '읍/면'은 오름차순, '카메라대수'는 내림차순으로 정렬하시오.

❹ [부분합]을 이용해 '읍/면' 단위로 '카메라대수'의 합계를 계산하고 그림과 같이 표시되도록 하시오.

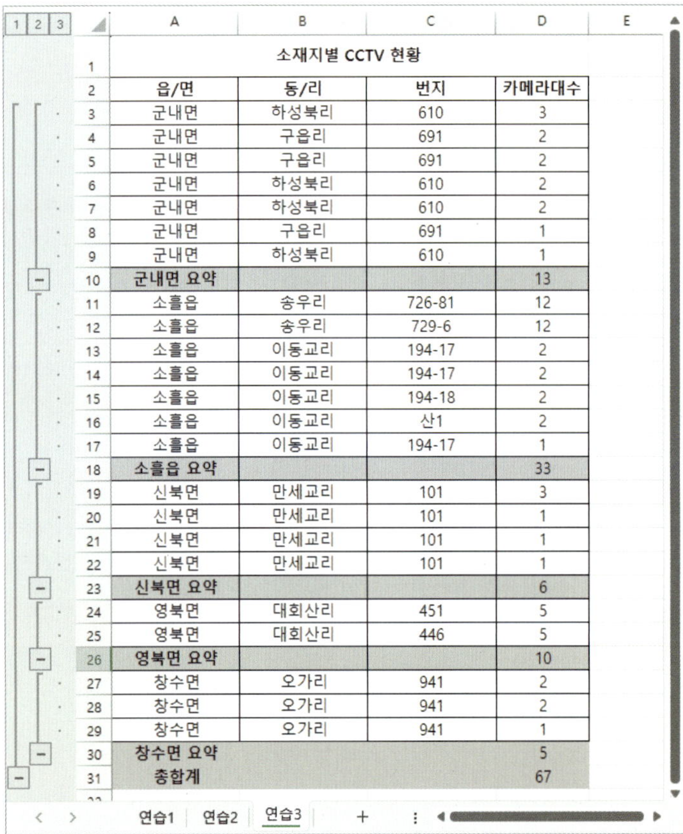

	A	B	C	D
1	소재지별 CCTV 현황			
2	읍/면	동/리	번지	카메라대수
3	군내면	하성북리	610	3
4	군내면	구읍리	691	2
5	군내면	구읍리	691	2
6	군내면	하성북리	610	2
7	군내면	하성북리	610	2
8	군내면	구읍리	691	1
9	군내면	하성북리	610	1
10	군내면 요약			13
11	소흘읍	송우리	726-81	12
12	소흘읍	송우리	729-6	12
13	소흘읍	이동교리	194-17	2
14	소흘읍	이동교리	194-17	2
15	소흘읍	이동교리	194-18	2
16	소흘읍	이동교리	산1	2
17	소흘읍	이동교리	194-17	1
18	소흘읍 요약			33
19	신북면	만세교리	101	3
20	신북면	만세교리	101	1
21	신북면	만세교리	101	1
22	신북면	만세교리	101	1
23	신북면 요약			6
24	영북면	대회산리	451	5
25	영북면	대회산리	446	5
26	영북면 요약			10
27	창수면	오가리	941	2
28	창수면	오가리	941	2
29	창수면	오가리	941	1
30	창수면 요약			5
31	총합계			67

CHAPTER 06

데이터 분석

학습목표

- 표를 작성하고 편집할 수 있다.
- 피벗테이블을 작성하고 편집하며 활용할 수 있다.
- 가상 분석을 위해 목표값 찾기와 시나리오 관리자 기능을 사용할 수 있다.

SECTION 01

표 활용하기

엑셀의 표는 체계적 데이터 관리를 위해, 속성을 나타내는 필드를 기준으로 개별 데이터를 구분할 수 있게 만들어진 데이터 집합이다. 표를 시트에 직접 삽입할 수도 있고 셀 범위를 표로 바꿀 수도 있다. 표에 저장된 데이터는 엑셀에서 제공하는 스타일 목록을 이용하여 손쉽게 꾸밀 수 있고 수식 자동 복사나 요약 정보 표시, 필터링 작업 등도 간편하게 할 수 있다.

1.1 표 작성

엑셀 워크시트에 표를 삽입하고 표 안에 데이터를 직접 입력할 수도 있지만, 셀에 입력된 데이터를 표로 바꿀 수도 있다. 표가 생성되면 표 이름과 기본 서식이 설정되는데, 표 도구를 이용하여 다양한 스타일을 설정할 수 있다.

기본예제 6-1 표 이름과 스타일 설정하기

셀에 입력된 데이터를 표로 변환하고 이름과 스타일을 설정해 보자.

01 '6장_실습.xlsx' 파일의 '도서' 시트에서 데이터 범위 내 임의의 셀을 선택하고 [삽입] 탭-[표] 그룹-[표]를 누르면 [표 만들기] 대화상자가 나타난다. 표에 사용할 데이터는 **$A$1:$E$15**로 설정하고 [머리글 포함]에 체크한 후 [확인]을 누른다.

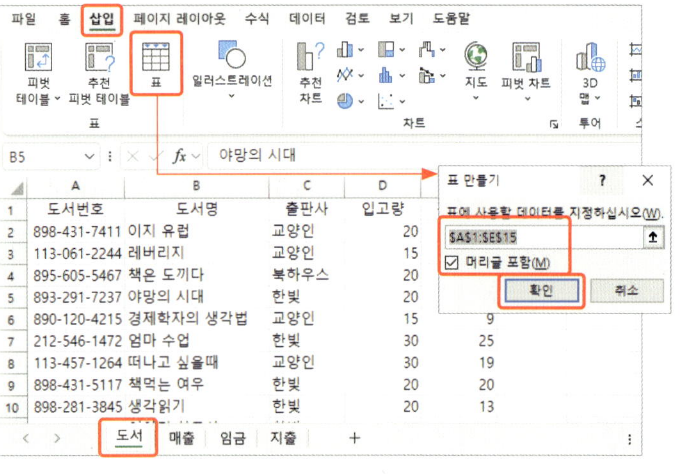

TIP [표 만들기]는 단축키 Ctrl+T를 이용해도 된다.

02 변환된 표를 선택하면 [테이블 디자인] 탭 메뉴가 나타난다. [테이블 디자인] 탭–[속성] 그룹에서 [표 이름]을 **도서목록**으로 수정한다.

03 [테이블 디자인] 탭–[표 스타일] 그룹–[빠른 스타일] 목록에서 [흰색, 표 스타일 밝게 1]을 선택한다.

04 필드 이름 옆의 [필터] 단추를 제거하려면 [테이블 디자인] 탭–[표 스타일 옵션] 그룹에서 [필터 단추]의 선택을 해제한다.

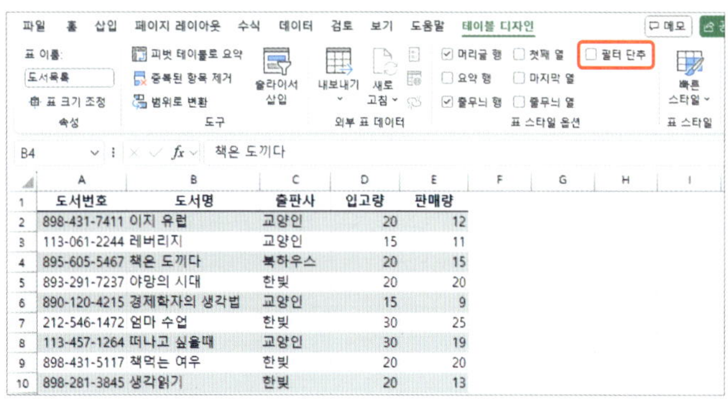

TIP 표를 선택하고 [테이블 디자인]의 [도구] 그룹에서 [범위로 변환]을 누르면 다시 셀 범위로 변환되며, 표 데이터와 설정한 스타일은 그대로 사용할 수 있다.

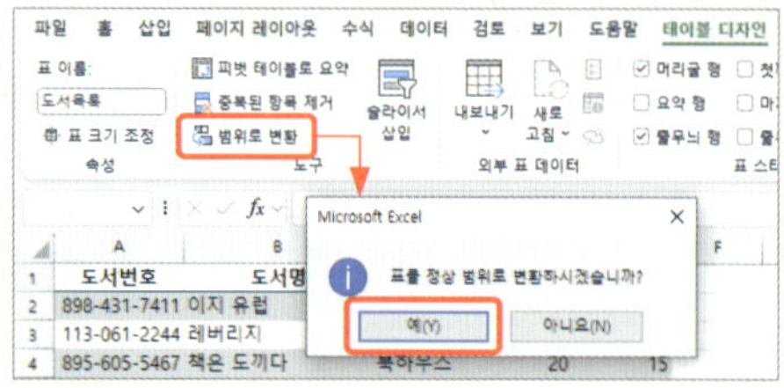

기본예제 6-2 표 편집하고 수식 계산하기

표에 행이나 열을 추가하고 합계나 개수 등을 간편하게 계산해 보자.

01 F1 셀에 **재고량**을 입력하고 Enter를 누르면 표에 필드가 추가되어 자동으로 확장된다.

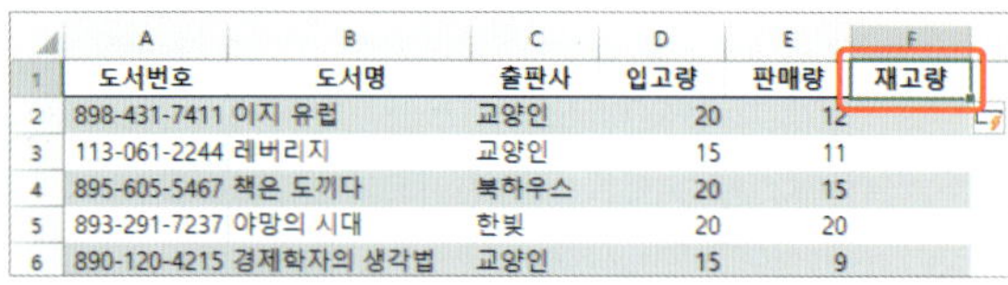

TIP 표에 인접한 셀에 데이터가 입력되면 표가 자동으로 확장된다. 표 자동 확장 기능이 동작하지 않는다면, [파일] 탭–[옵션]–[언어 교정]에서 [자동 고침 옵션]을 눌러 [자동 고침] 대화상자를 열고 [입력할 때 자동 서식] 탭–[표에 새 행 및 열 포함]을 설정한다.

02 F2 셀에 =D2–E2 수식을 입력하고 Enter를 누르면 '재고량'이 모두 계산된다.

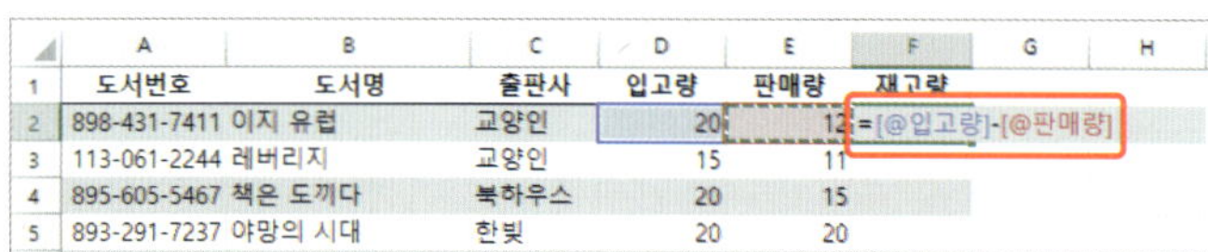

TIP 수식을 입력할 때 마우스로 D2를 클릭하면 [@입고량]으로, E2를 클릭하면 [@판매량]으로 바뀌기 때문에 입력한 수식은 **=[@입고량]–[@판매량]**으로 자동 변환된다. [@입고량]은 D2 셀과 동일하며, 필드 이름([입고량]) 앞에 현재 행 기호(@)를 붙여 수식이 입력된 셀과 같은 행(2행)의 '입고량' 값을 참조하게 된다.

03 [테이블 디자인] 탭–[표 스타일 옵션] 그룹에서 [요약 행]을 선택하면 표 아래쪽에 행이 추가된다.

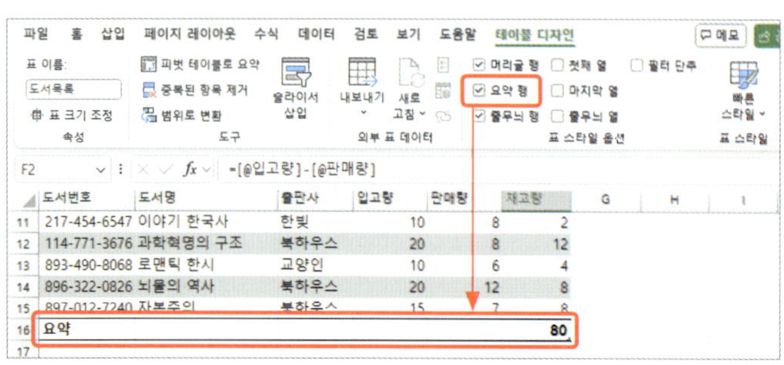

04 '도서명' 필드는 [개수]를 선택하고 '입고량', '판매량', '재고량' 필드는 [합계]를 각각 선택한다.

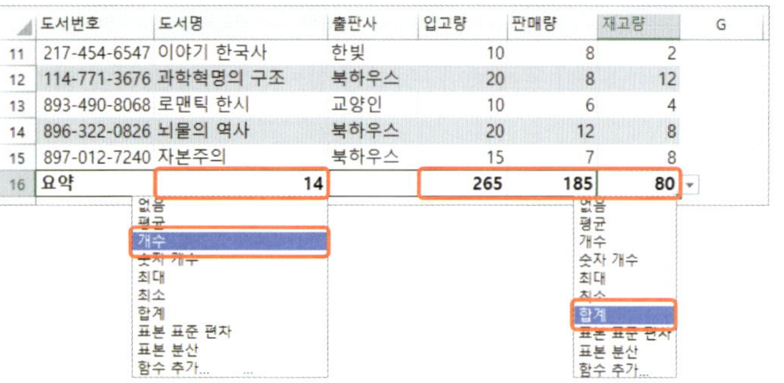

기본예제 6-3 슬라이서 삽입하기

표 도구에는 조건을 선택하는 슬라이서 기능이 있어서 필터 단추를 이용하지 않고도 조건에 따라 필터링한 결과만 표시할 수 있다. 슬라이서를 만들고 이용해 보자.

01 표 안에 있는 임의의 셀을 선택하고 [테이블 디자인] 탭–[도구] 그룹–[슬라이서 삽입]을 누른다.

02 [슬라이서 삽입] 대화상자에서 '출판사'를 선택하고 [확인]을 누른다.

03 삽입된 슬라이서의 크기와 위치를 마우스로 조절한다. [슬라이서] 탭–[슬라이서 스타일] 그룹–[빠른 스타일] 목록에서 [연한 주황, 슬라이서 스타일 밝게 2]를 선택한다.

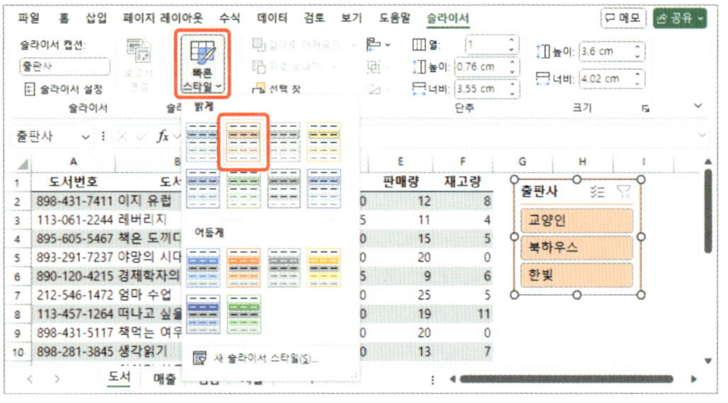

TIP 슬라이서를 삭제하려면 슬라이서를 마우스 오른쪽 단추로 누르고 ["출판사" 제거]를 선택한다.

04 슬라이서에서 '교양인'을 선택하면 해당 출판사의 도서 목록만 표시된다.

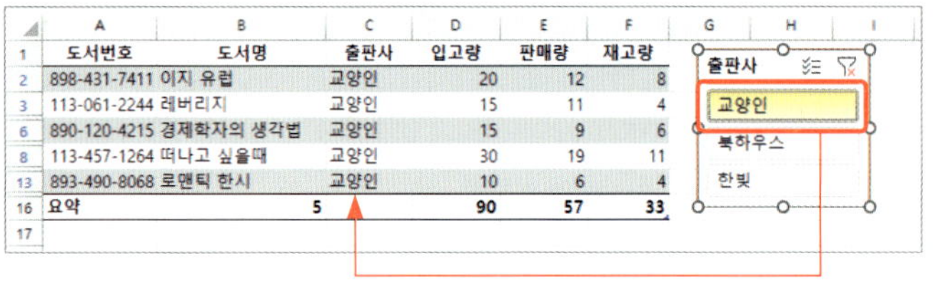

05 필터를 제거하려면 [필터 해제] 단추를 누른다.

	A 도서번호	B 도서명	C 출판사	D 입고량	E 판매량	F 재고량
2	898-431-7411	이지 유럽	교양인	20	12	8
3	113-061-2244	레버리지	교양인	15	11	4
4	895-605-5467	책은 도끼다	북하우스	20	15	5
5	893-291-7237	야망의 시대	한빛	20	20	0
6	890-120-4215	경제학자의 생각법	교양인	15	9	6
7	212-546-1472	엄마 수업	한빛	30	25	5
8	113-457-1264	떠나고 싶을때	교양인	30	19	11
9	898-431-5117	책먹는 여우	한빛	20	20	0
10	898-281-3845	생각읽기	한빛	20	13	7

06 여러 출판사를 선택하려면 슬라이서에 있는 [다중 선택] 단추를 누른 후 출판사를 선택한다.

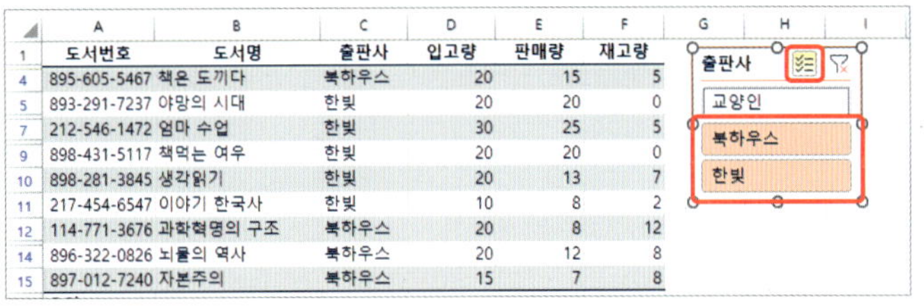

	A 도서번호	B 도서명	C 출판사	D 입고량	E 판매량	F 재고량
4	895-605-5467	책은 도끼다	북하우스	20	15	5
5	893-291-7237	야망의 시대	한빛	20	20	0
7	212-546-1472	엄마 수업	한빛	30	25	5
9	898-431-5117	책먹는 여우	한빛	20	20	0
10	898-281-3845	생각읽기	한빛	20	13	7
11	217-454-6547	이야기 한국사	한빛	10	8	2
12	114-771-3676	과학혁명의 구조	북하우스	20	8	12
14	896-322-0826	뇌물의 역사	북하우스	20	12	8
15	897-012-7240	자본주의	북하우스	15	7	8

SECTION 02 피벗 테이블 만들기

피벗 테이블은 합계나 평균과 같이 요약한 값을 열과 행이 교차하는 곳에 표시하는 표이다. 특정 그룹이나 날짜 등의 기준으로 그룹화하여 부분합을 구하거나 필터링할 수 있어서 데이터 분석에 매우 다양하게 활용된다.

2.1 피벗 테이블 작성

엑셀에서 제공하는 추천 피벗 테이블 기능을 이용하면 데이터에 가장 적합한 레이아웃이 자동으로 만들어진다. 자동으로 만들어진 피벗 테이블을 수정하고 다양한 함수를 피벗 테이블에 적용해 본다.

기본예제 6-4 월별 매출액 피벗 테이블 만들기

월별 매출 현황 데이터를 이용하여 매출액을 분석하고 요약 자료로 피벗 테이블을 만들어 보자.

01 '6장_실습.xlsx' 파일의 '매출' 시트에서 데이터 범위 내 셀을 선택하고 [삽입] 탭–[표] 그룹–[피벗 테이블]–[테이블/범위에서]를 누른다.

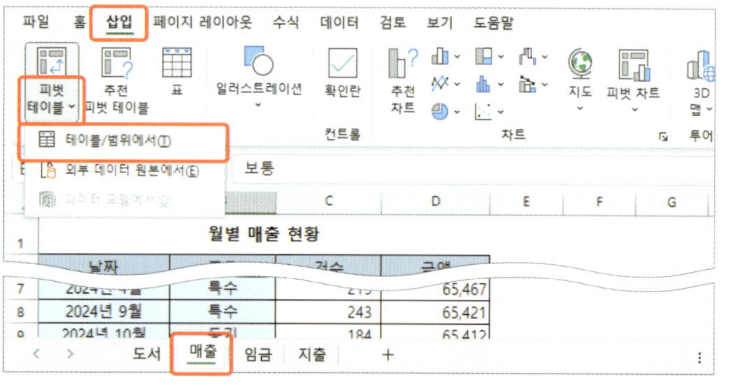

02 [표 또는 범위의 피벗 테이블] 대화상자에서 [표/범위]는 **매출!$A$2:$D$50**, 피벗 테이블의 위치는 [새 워크시트]로 설정하고 [확인]을 누른다.

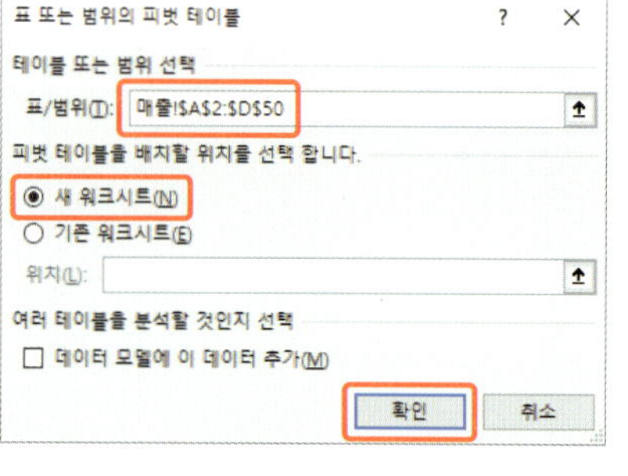

03 새 시트가 삽입되고 [피벗 테이블 필드] 작업 창이 나타난다. 필드 목록에서 '날짜', '종류', '금액'을 차례로 선택한다. 이때 '날짜'를 선택하면 '일(날짜)'와 '개월(날짜)'도 같이 선택된다.

TIP [피벗 테이블 필드] 작업 창에서 필드를 선택하면 피벗 테이블에 해당 필드가 표시된다. 피벗 테이블의 레이아웃을 원하는 모양으로 설정하려면 필드 목록에 있는 필드를 드래그하여 [열], [행], [값]이나 [필터] 영역에 놓는다.

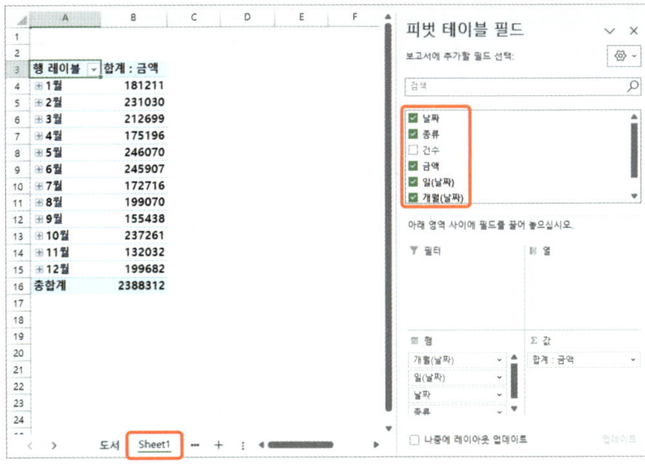

04 [피벗 테이블 필드] 작업 창의 필드 목록에서 '날짜'와 '일(날짜)' 선택을 해제하고 '개월(날짜)'는 [열] 영역으로 드래그한다.

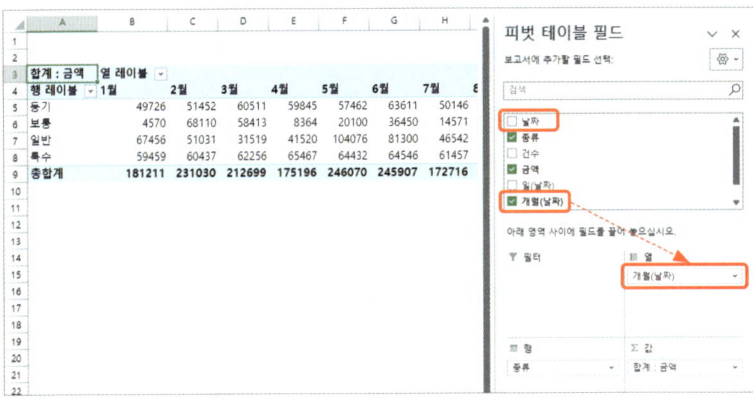

TIP 필드 목록에서 선택 해제한 필드는 피벗 테이블에 표시되지 않는다. 혹은 [행]이나 [열] 등 각 영역에서 [피벗 테이블 필드] 창 바깥으로 드래그하거나, 다음 그림과 같이 필드 이름 옆의 [목록]을 눌러 [필드 제거]를 선택해도 된다.

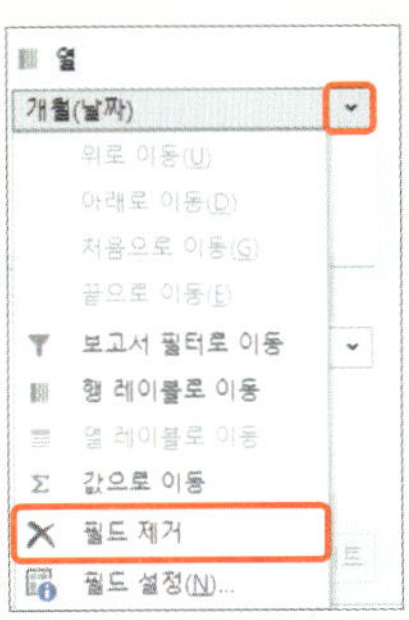

05 [피벗 테이블 분석] 탭–[피벗 테이블] 그룹에서 [피벗 테이블 이름]을 **매출요약표**로 변경한다. 워크시트의 이름은 **매출요약**으로 변경한다.

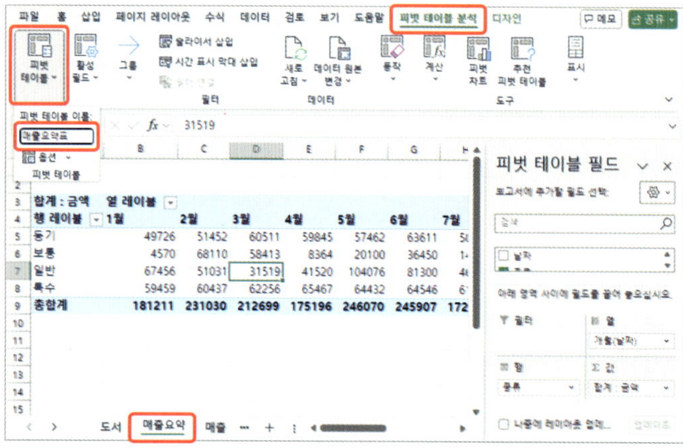

기본예제 6-5 피벗 테이블의 구조와 함수 변경하기

매출액을 분기별로 요약하고 '건수' 평균을 계산해 함께 표시하도록 피벗 테이블을 수정해 보자.

01 '매출요약' 시트 4행에서 임의의 월을 선택하고 [피벗 테이블 분석] 탭–[그룹] 그룹–[선택 항목 그룹화]를 누른다.

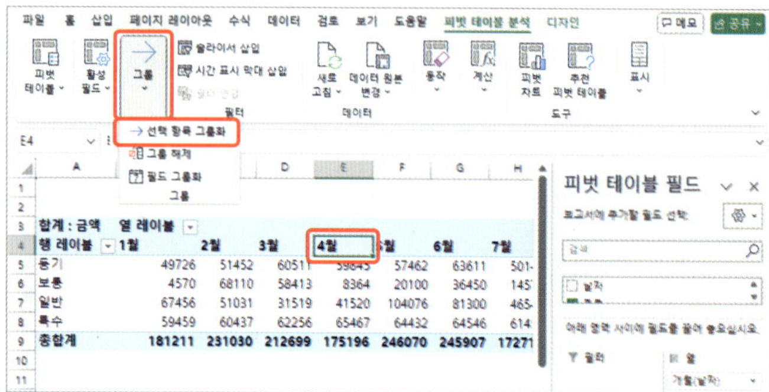

02 [그룹화] 대화상자의 [단위] 목록에서 '분기'만 선택하고 [확인]을 누른다.

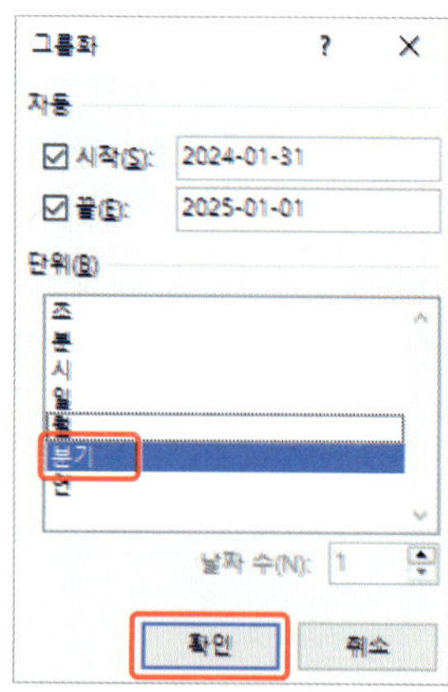

TIP 데이터를 그룹화할 때 임의의 레이블을 마우스 오른쪽 단추로 눌러 [그룹]을 선택해도 된다. 분기 단위를 다시 월 단위로 표시하려면 [그룹 해제]를 선택한다.

03 필드 목록의 '건수'를 드래그하여 [값] 영역에 추가한다.

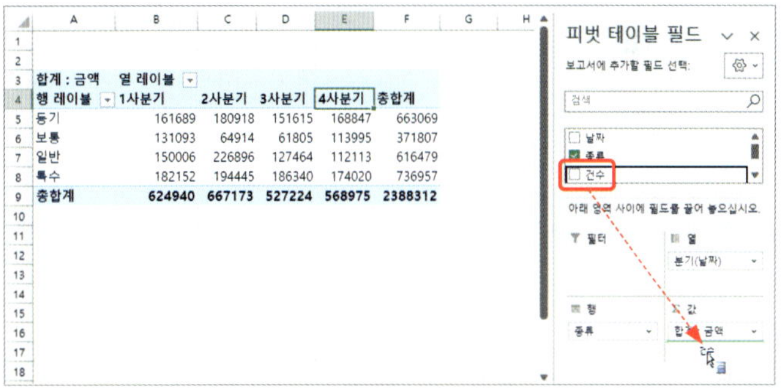

04 '건수'에 대한 합계 대신 평균을 계산하기 위해 [값] 영역의 '합계 : 건수'를 눌러 [값 필드 설정]을 선택한다.

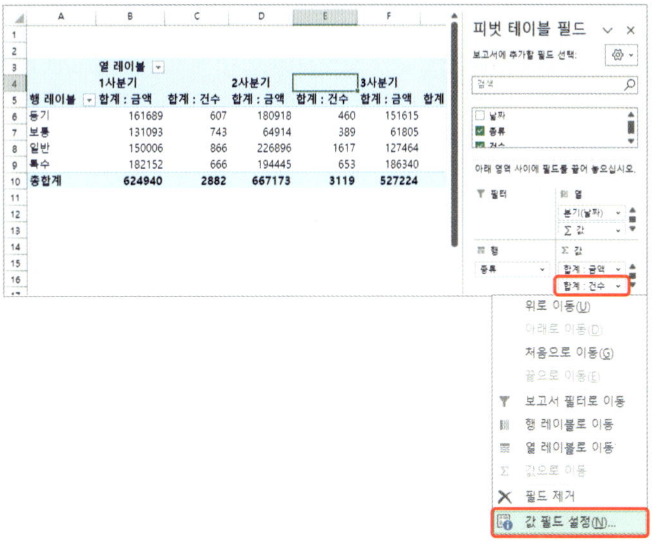

05 [값 필드 설정] 대화상자에서 [값 필드 요약 기준]을 [평균]으로 선택하고 [확인]을 누른다.

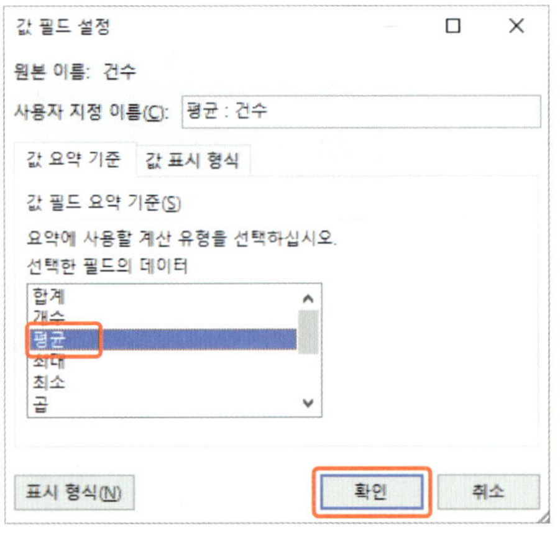

06 분기별 매출액의 합계와 평균 건수가 피벗 테이블에 함께 표시된다.

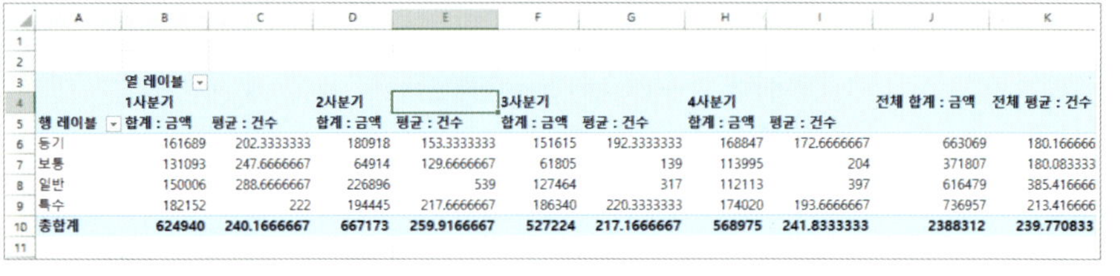

행 레이블	1사분기 합계 : 금액	1사분기 평균 : 건수	2사분기 합계 : 금액	2사분기 평균 : 건수	3사분기 합계 : 금액	3사분기 평균 : 건수	4사분기 합계 : 금액	4사분기 평균 : 건수	전체 합계 : 금액	전체 평균 : 건수
동기	161689	202.3333333	180918	153.3333333	151615	192.3333333	168847	172.6666667	663069	180.166666
보통	131093	247.6666667	64914	129.6666667	61805	139	113995	204	371807	180.083333
일반	150006	288.6666667	226896	539	127464	317	112113	397	616479	385.416666
특수	182152	222	194445	217.6666667	186340	220.3333333	174020	193.6666667	736957	213.416666
총합계	**624940**	**240.1666667**	**667173**	**259.9166667**	**527224**	**217.1666667**	**568975**	**241.8333333**	**2388312**	**239.770833**

기본예제 6-6 피벗 테이블 편집하기

데이터 표시 형식이나 슬라이서, 피벗 테이블 스타일을 활용해 피벗 테이블을 편집해 보자.

01 '합계 : 금액' 필드에서 임의의 셀을 마우스 오른쪽 단추로 눌러 [필드 표시 형식]을 선택한다.

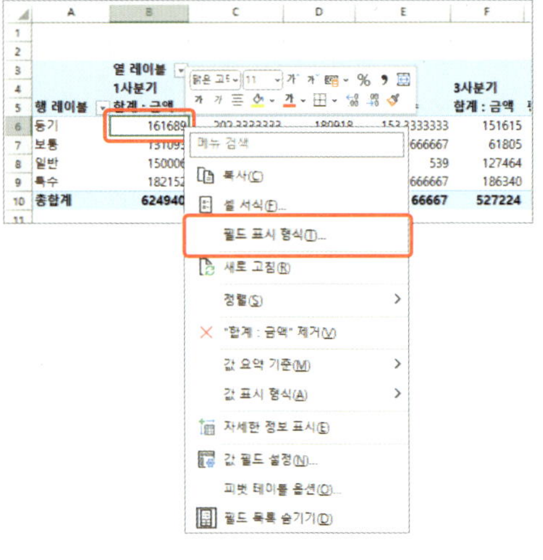

02 [셀 서식] 대화상자의 [범주]에서 [숫자]를 선택하고 [1000 단위 구분 기호(,) 사용]을 선택한 다음 [확인]을 누른다.

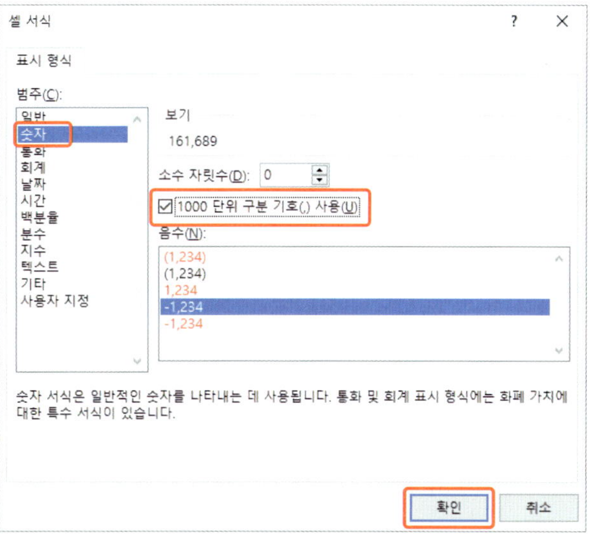

03 '평균 : 건수' 필드도 단계 01~02와 같이 [필드 표시 형식]을 설정한다. [셀 서식] 대화상자의 [범주]에서 [숫자]를 선택하고 [소수 자릿수]는 [1], [1000 단위 구분 기호(,) 사용]을 선택한 후 [확인]을 누른다.

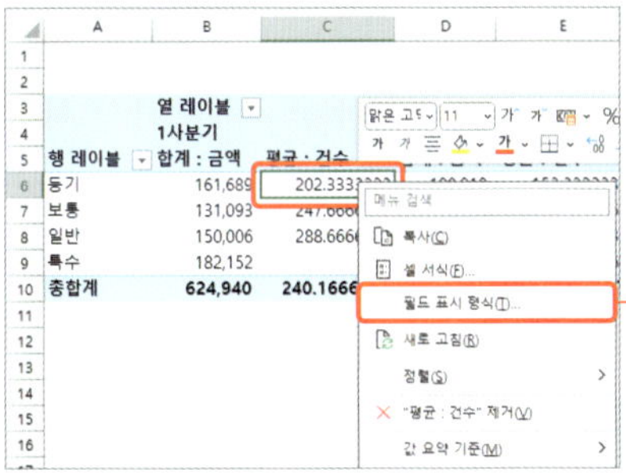

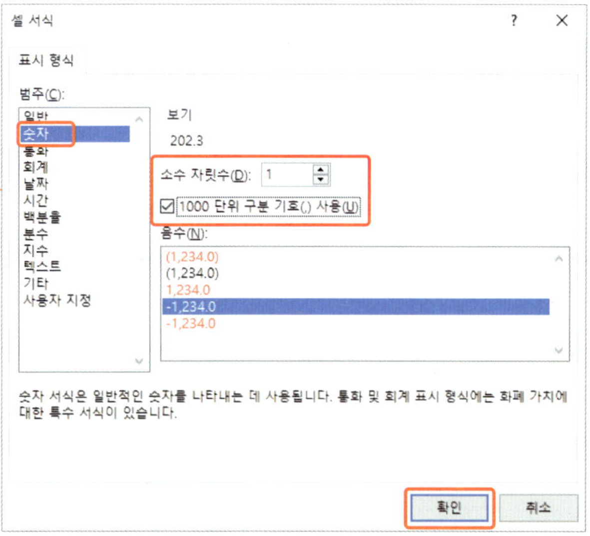

04 [피벗 테이블 분석] 탭–[표시] 그룹에서 [필드 머리글]의 선택을 해제하고, [필터] 그룹–[슬라이서 삽입]을 누른다.

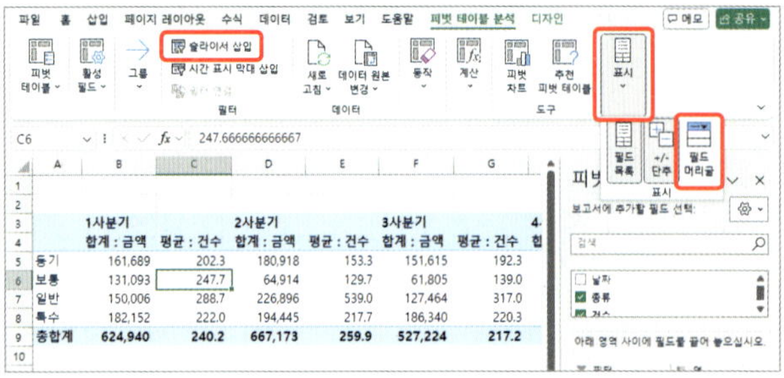

05 [슬라이서 삽입] 대화상자에서 '종류'를 선택하고 [확인]을 누른다.

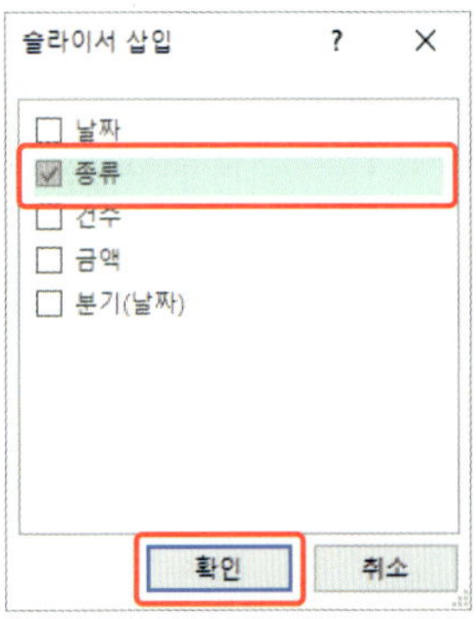

06 삽입된 슬라이서를 선택하고 [슬라이서] 탭–[단추] 그룹에서 [열]은 [4], [높이]는 [0.6 cm], [너비]는 [1.5 cm]로 설정한다. [크기] 그룹에서 [높이]를 [1.8 cm]로 설정하고 슬라이서를 드래그하여 피벗 테이블 위에 배치한다.

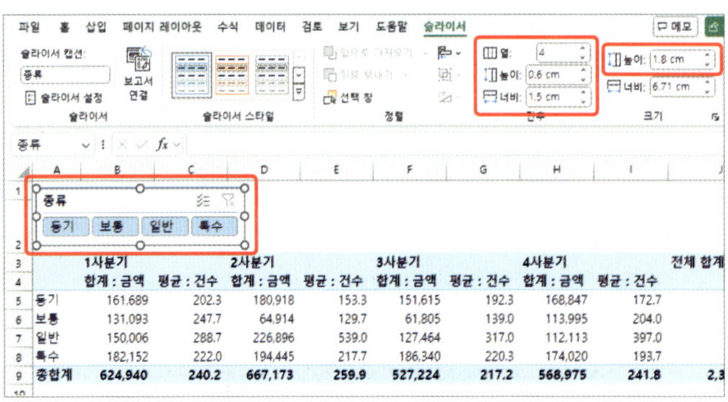

07 피벗 테이블 내 임의의 셀을 선택하고 [디자인] 탭-[피벗 테이블 스타일 옵션] 그룹에서 [줄무늬 열]을 설정한다.

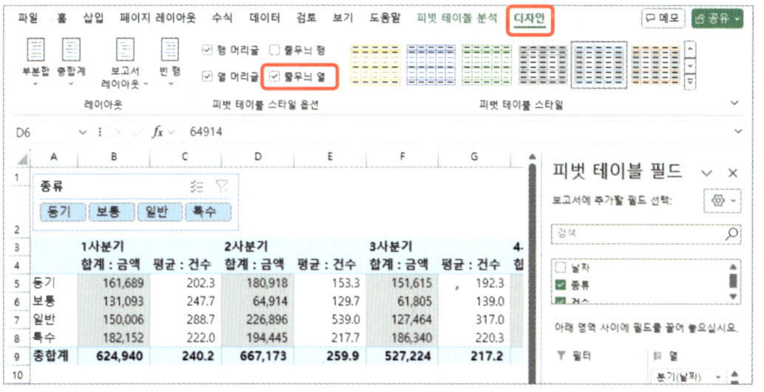

08 [디자인] 탭-[피벗 테이블 스타일] 그룹의 [자세히] 단추를 눌러 [흰색, 피벗 스타일 보통 15]를 선택한다.

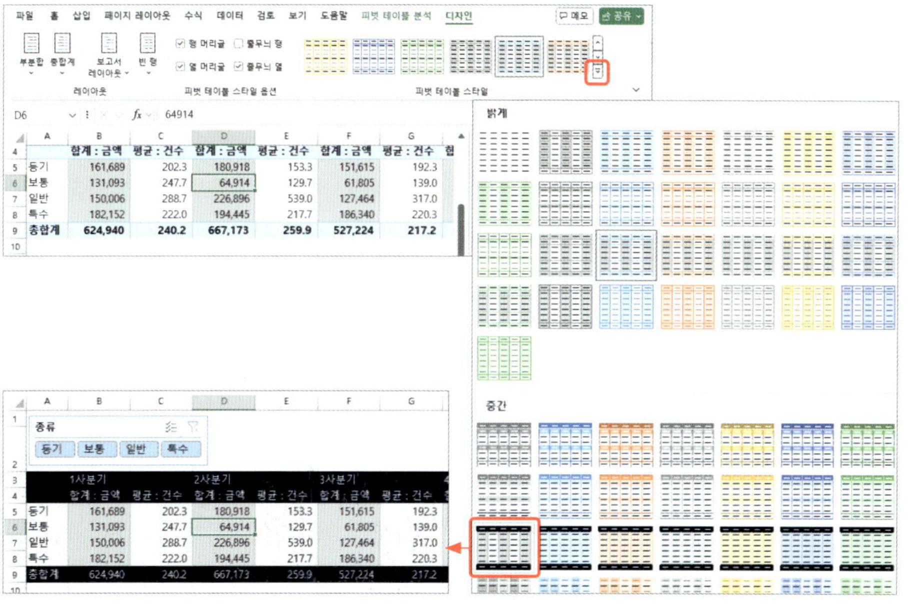

SECTION 03

가상 분석 활용하기

목표값 찾기와 시나리오 관리자는 목표값을 충족시키는 변수를 예측하거나 다양한 변수에 따라 결과를 예측하는 가상 분석 도구이다. 엑셀에서 이루어지는 작업은 측정된 데이터를 수식에 적용하여 결과를 계산하는 방식이 일반적이다. 반면, 가상 분석 도구를 이용하면 수식의 결과를 먼저 설정하고 결과에 영향을 주는 데이터를 찾을 수 있다. 혹은 데이터를 여러 값으로 가정하여 수식에 적용할 때 발생할 결과를 요약하여 보고서로 작성할 수 있다.

3.1 목표값 찾기

목표값 찾기는 수식의 계산 결과를 기준으로 수식에 적용된 입력값을 탐색하는 방법이다. 가령 임금총액을 산출하기 위해 필요한 항목에는 기본급 외 각종 수당과 상여금이 있다. 임금총액이 연간 수입이라면 월평균보수는 임금총액을 12개월로 나누어 계산할 수 있다. 목표로 하는 월평균보수를 받기 위해 기본급은 얼마가 되어야 하는지 계산하려면 수식을 역으로 탐색해야 하는데, 이 경우 엑셀의 목표값 찾기 기능을 이용하면 간단하게 찾을 수 있다.

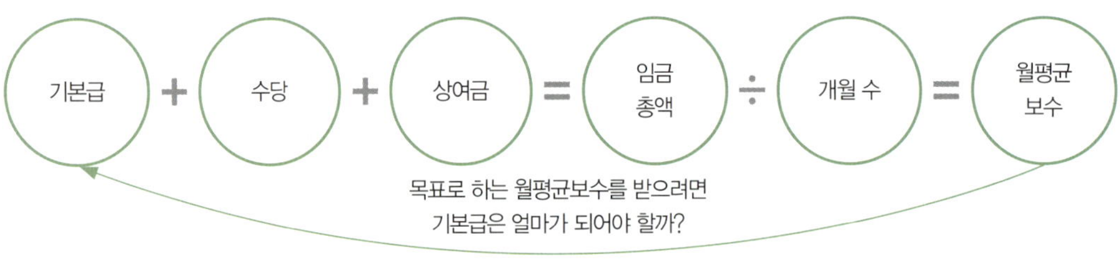

기본예제 6-7 월평균보수를 기준으로 기본급 찾기

임금총액 계산 데이터를 이용해 '남가을' 사원이 월평균보수를 300만 원 받으려면 기본급은 얼마가 되어야 하는지 탐색해 보자.

01 '6장_실습.xlsx' 파일에서 '임금' 시트의 G3 셀에 **=SUM(B3:E3)*12+SUM(B3:E3)*F3** 수식을 입력하여 임금총액을 계산한 후, 채우기 핸들을 더블클릭하여 모두 표시한다.

02 H3 셀에 **=G3/12** 수식을 입력하여 월평균보수를 계산하고 채우기 핸들을 더블클릭하여 모두 표시한다.

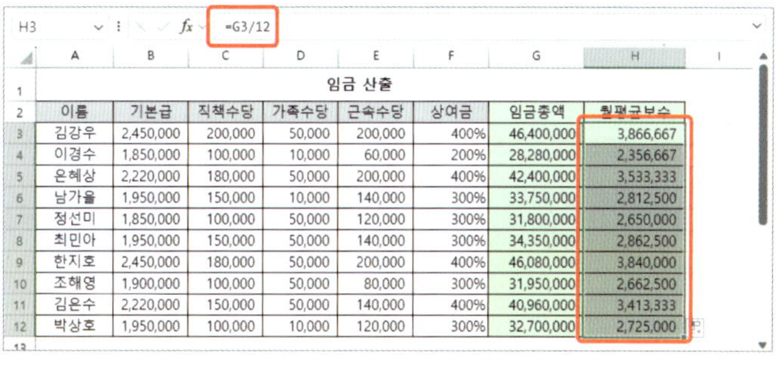

03 '남가을' 사원의 '월평균보수' 값인 H6 셀을 선택하고 [데이터] 탭-[예측] 그룹-[가상 분석] 목록에서 [목표값 찾기]를 선택한다.

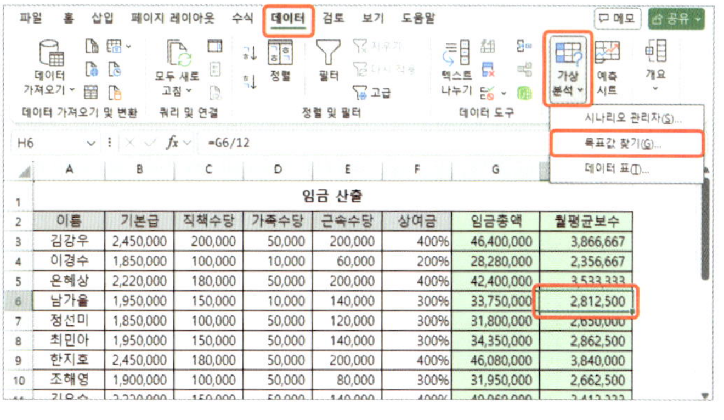

04 [목표값 찾기] 대화상자에서 [찾는 값]에는 **3000000**, [값을 바꿀 셀]에는 **$B$6**을 입력하고 [확인]을 누른다.

TIP [값을 바꿀 셀]을 입력할 때는 '임금' 시트의 B6 셀을 클릭하면 된다.

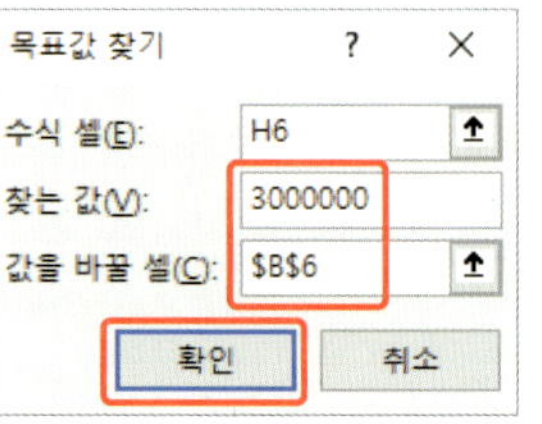

05 [목표값 찾기 상태] 대화상자에 답을 찾았다는 메시지가 표시되고, 워크시트에는 B6 셀과 H6 셀의 값이 변경된다. 원래의 값으로 되돌리려면 [취소]를 누른다.

TIP 목표값 찾기 계산으로 변경된 셀 값을 유지하려면 [확인]을 누른다.

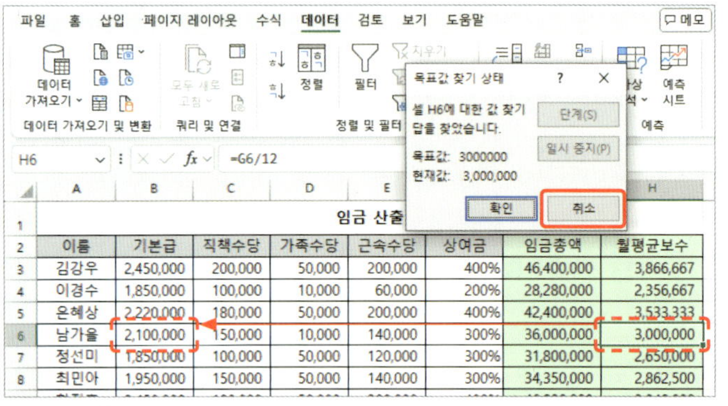

3.2 시나리오 작성

수입과 지출로 순이익을 계산하는 경우, 값이 고정적이지 않은 항목(변수)이 있다면 변동되는 값에 따라 여러 가지 시나리오가 있을 수 있다. 엑셀의 시나리오 관리자를 사용하면 변수를 변동시켰을 때의 결과를 분석하여 요약 보고서나 피벗 테이블 형태로 보여줄 수 있다.

기본예제 6-8 시나리오 작성과 실행하기

지출 관리를 통해 총수입 대비 최대 순이익과 최소 순이익을 파악하려고 한다. 지출 항목은 고정지출과 변동지출로 나눌 수 있고, 이 중 변동지출 항목을 변수로 하여 순이익을 예상하는 시나리오를 작성해 보자.

01 '6장_실습.xlsx' 파일의 '지출' 시트에서 [데이터] 탭-[예측] 그룹-[가상 분석] 목록에서 [시나리오 관리자]를 선택한다.

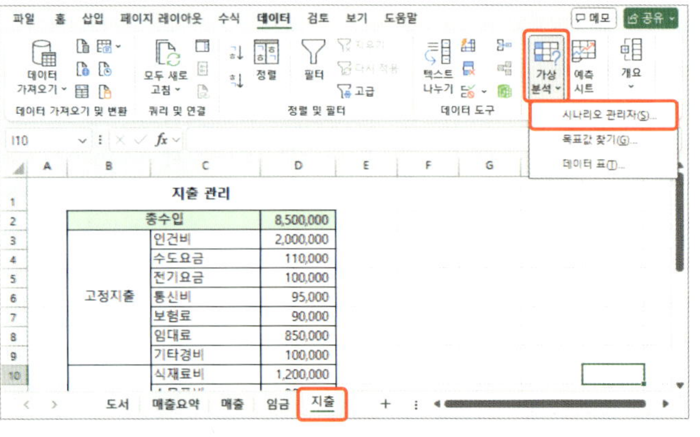

02 [시나리오 관리자] 대화상자에서 [추가]를 누른다.

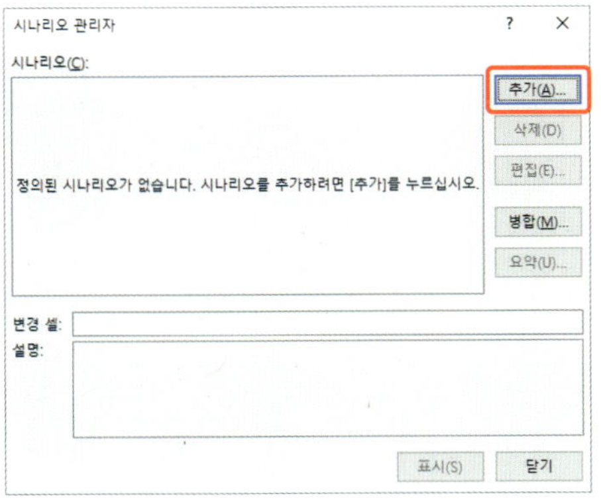

03 [시나리오 추가] 대화상자에서 [시나리오 이름]에 **최소지출**을 입력하고 [변경 셀]은 **$D$10:$D$12**로 설정한 후 [확인]을 누른다.

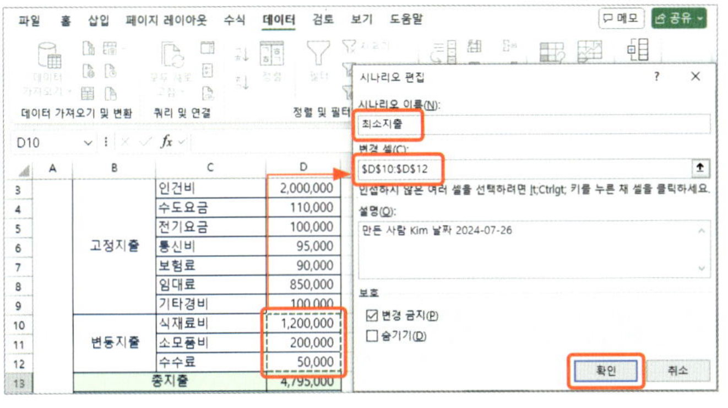

TIP [변경 셀]을 설정할 때는 마우스로 워크시트에서 D10:D12 범위를 선택하면 입력란에 표시된다.

04 변동지출 항목별로 예상되는 최소값을 그림과 같이 [시나리오 값] 대화상자에 입력하고 [확인]을 누른다.

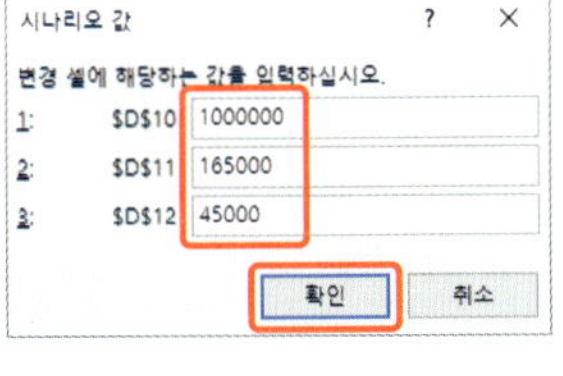

05 시나리오 관리자] 대화상자의 [시나리오] 목록에 '최소지출'이 표시된다. 변동지출이 최대일 때의 시나리오를 작성하기 위해 [추가]를 누른다.

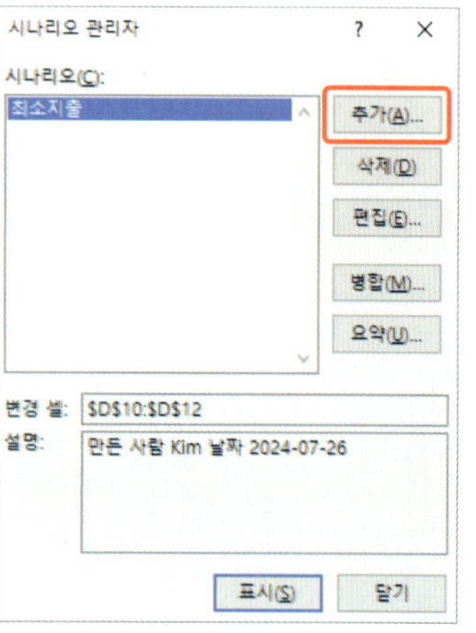

06 [시나리오 추가] 대화상자에서 [시나리오 이름]에 **최대지출**을 입력하고, [변경 셀]은 **D10:D12**로 설정한 후 [확인]을 누른다. 변동지출 항목별로 예상되는 최대값을 [시나리오 값] 대화상자에 입력하고 [확인]을 누른다.

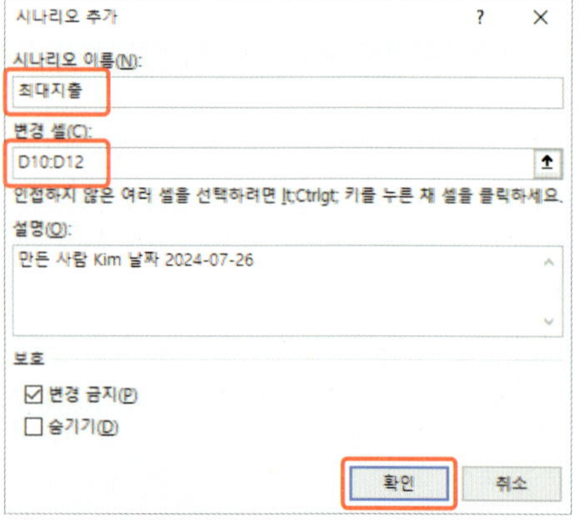

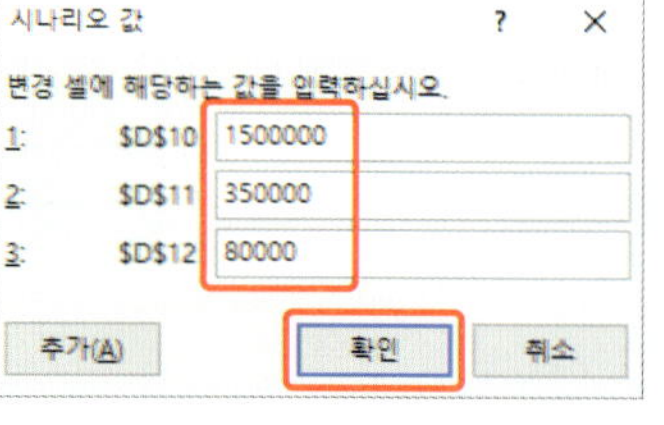

07 [시나리오 관리자] 대화상자의 [시나리오] 목록에 '최대지출'이 추가된다. 작성한 시나리오를 실행해 요약 보고서를 작성하려면 [요약]을 선택한다.

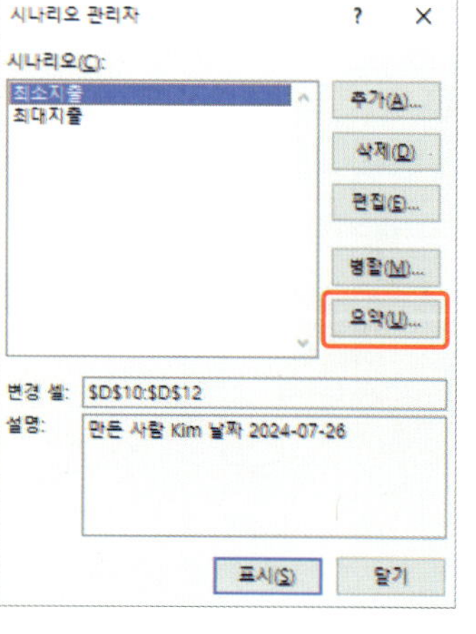

TIP [시나리오 관리자] 대화상자에 있는 단추의 기능은 다음과 같다.

단추 이름	기능
추가	시나리오를 추가한다.
삭제	목록에서 선택하고 있는 시나리오를 삭제한다.
편집	선택한 시나리오에서 설정한 변수의 값을 수정한다.
병합	다른 통합문서나 워크시트에 있는 시나리오와 통합한다.
요약	목록에 있는 시나리오를 요약해 보고서로 작성한다.
표시	선택한 시나리오를 워크시트에 반영한다.
닫기	[시나리오 관리자] 대화상자를 종료한다.

08 [시나리오 요약] 대화상자에서 [보고서 종류]는 [시나리오 요약], [결과 셀]은 순이익을 표시할 **D14** 셀로 설정하고 [확인]을 누른다.

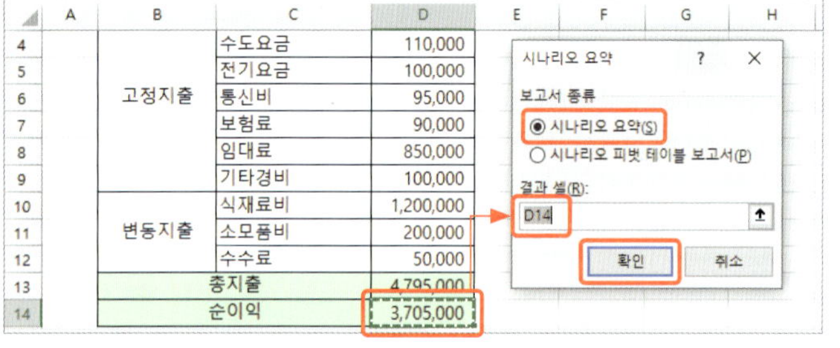

09 시나리오 요약 결과가 표시된 '시나리오 요약' 시트가 추가된다. 요약 결과의 셀 번호 대신 각 항목 이름을 입력해 이해하기 쉽게 수정한다.

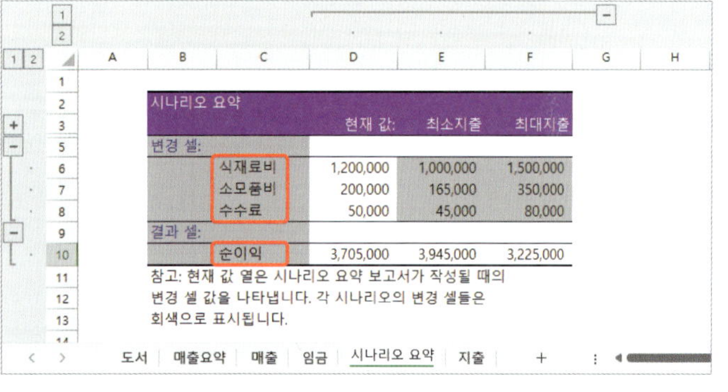

종합예제

이번 장에서 학습한 표와 피벗 테이블을 활용하여 도서 판매 데이터의 월별 요약 보고서를 만들어 보자.

1 '6장_종합.xlsx' 파일의 '도서' 시트를 열고 [삽입] 탭–[표] 그룹–[표]를 선택한다.

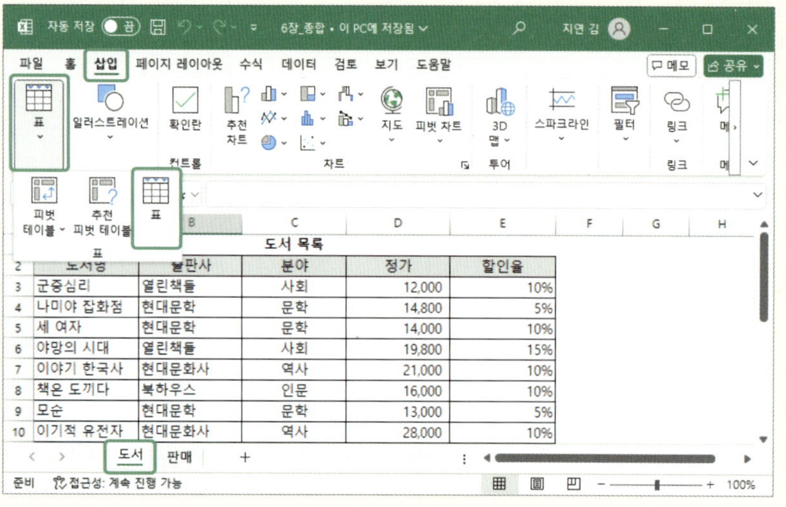

2 [표 만들기] 대화상자가 나타나면 표에 사용할 데이터로 **A2:E10** 범위를 선택하고 [확인]을 누른다.

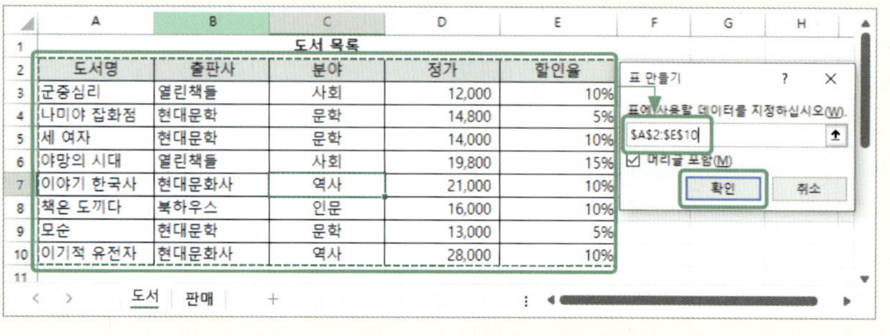

3 표가 만들어지면 [테이블 디자인] 탭–[속성] 그룹에서 [표 이름]을 **도서목록**으로 수정한다.

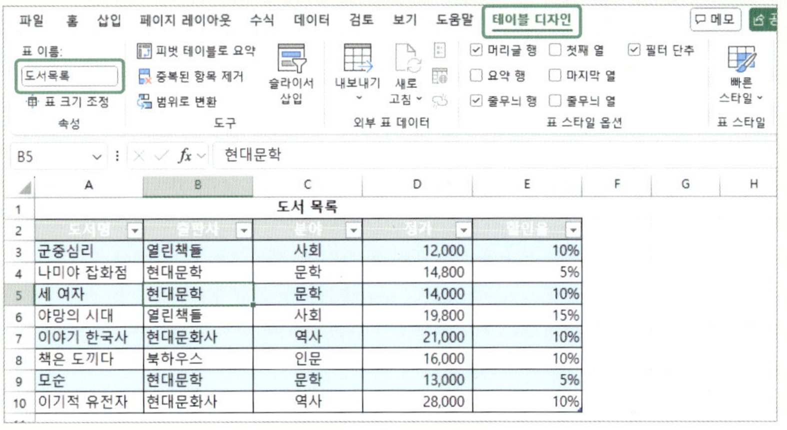

	A	B	C	D	E
1			도서 목록		
2	도서명	출판사	분야	정가	할인율
3	군중심리	열린책들	사회	12,000	10%
4	나미야 잡화점	현대문학	문학	14,800	5%
5	세 여자	현대문학	문학	14,000	10%
6	야망의 시대	열린책들	사회	19,800	15%
7	이야기 한국사	현대문화사	역사	21,000	10%
8	책은 도끼다	북하우스	인문	16,000	10%
9	모순	현대문학	문학	13,000	5%
10	이기적 유전자	현대문화사	역사	28,000	10%

4 '판매' 시트를 열고 '출판사', '분야', '정가', '할인율'을 '도서목록' 표에서 검색하고, '정가' 필드는 [쉼표 스타일]로 설정한다.

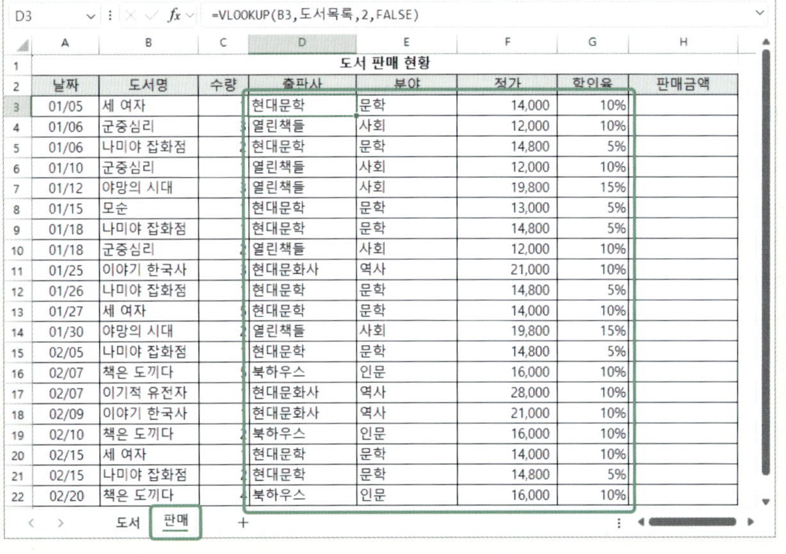

	A	B	C	D	E	F	G	H
2	날짜	도서명	수량	출판사	분야	정가	할인율	판매금액
3	01/05	세 여자		현대문학	문학	14,000	10%	
4	01/06	군중심리		열린책들	사회	12,000	10%	
5	01/06	나미야 잡화점		현대문학	문학	14,800	5%	
6	01/10	군중심리		열린책들	사회	12,000	10%	
7	01/12	야망의 시대		열린책들	사회	19,800	15%	
8	01/15	모순		현대문학	문학	13,000	5%	
9	01/18	나미야 잡화점		현대문학	문학	14,800	5%	
10	01/18	군중심리		열린책들	사회	12,000	10%	
11	01/25	이야기 한국사		현대문화사	역사	21,000	10%	
12	01/26	나미야 잡화점		현대문학	문학	14,800	5%	
13	01/27	세 여자		현대문학	문학	14,000	10%	
14	01/30	야망의 시대		열린책들	사회	19,800	15%	
15	02/05	나미야 잡화점		현대문학	문학	14,800	5%	
16	02/07	책은 도끼다		북하우스	인문	16,000	10%	
17	02/07	이기적 유전자		현대문화사	역사	28,000	10%	
18	02/09	이야기 한국사		현대문화사	역사	21,000	10%	
19	02/10	책은 도끼다		북하우스	인문	16,000	10%	
20	02/15	세 여자		현대문학	문학	14,000	10%	
21	02/15	나미야 잡화점		현대문학	문학	14,800	5%	
22	02/20	책은 도끼다		북하우스	인문	16,000	10%	

TIP D3 셀에는 **=VLOOKUP(B3,도서목록,2,FALSE)**, E3 셀에는 **=VLOOKUP(B3,도서목록,3,FALSE)**, F3 셀에는 **=VLOOKUP(B3,도서목록,4,FALSE)**, G3 셀에는 **=VLOOKUP(B3,도서목록,5,FALSE)**를 입력하고, 수식을 자동 채우기로 복사해 다른 행도 계산한다.

종합예제

5 H3 셀에는 **=C3*F3*(1-G3)** 수식을 입력해 판매금액을 구하고 채우기 핸들을 더블클릭해 다른 행에 복사한다. 그림과 같이 표시 형식을 [회계]로 설정하고 소수 자릿수 없이 나타내도록 한다.

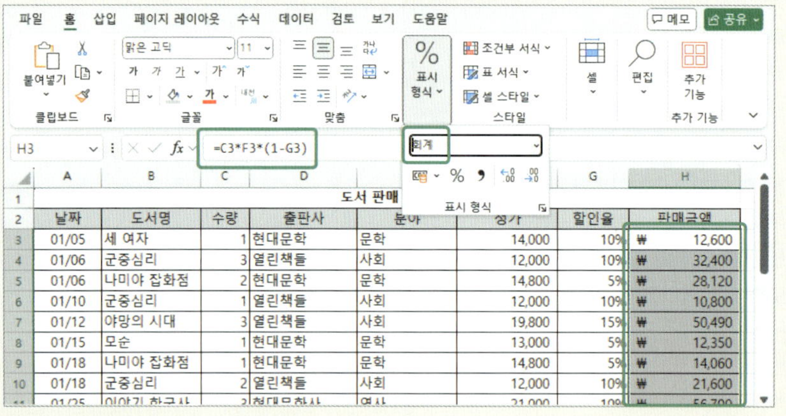

TIP 판매금액을 구하는 식은 =수량*정가*(1-할인율)이다.

6 데이터 영역 내 임의의 셀을 선택하고 [삽입] 탭-[표] 그룹-[피벗 테이블]을 누른다. [피벗 테이블 만들기] 대화상자에서 [표/범위]를 '판매' 시트의 A2:H22 범위로 설정하고 [확인]을 누른다.

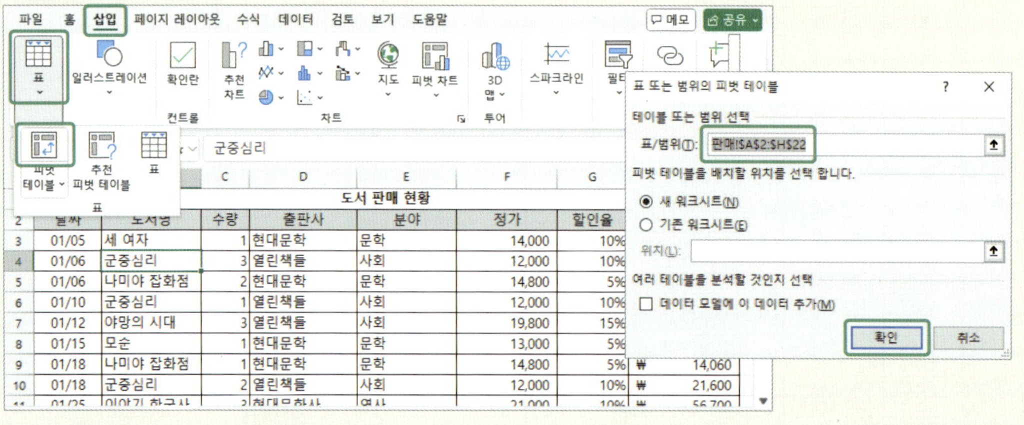

7 추가된 시트의 이름을 **월별요약**으로 수정하고 [피벗 테이블 필드] 작업 창에서 [필터] 영역에는 '출판사', [열] 영역에는 '날짜', [행] 영역에는 '분야'를 드래그한다.

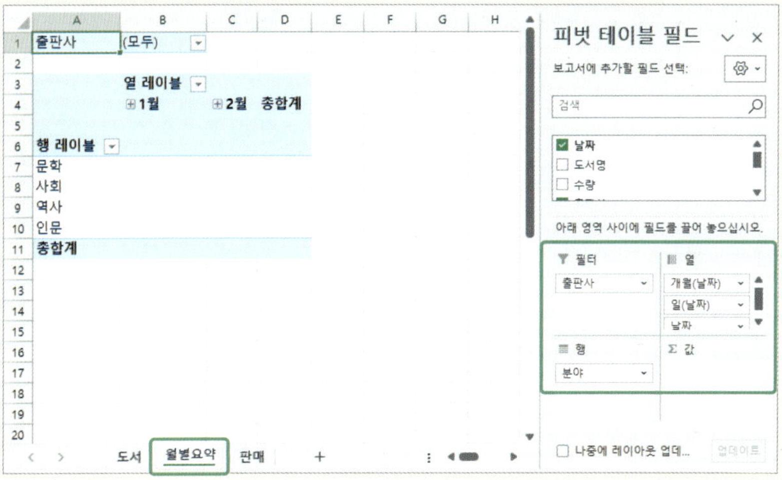

8 [피벗 테이블 필드] 작업 창의 [열] 영역에서 '일(날짜)'와 '날짜'는 제거하고 [값] 영역에 '수량'과 '판매금액'을 드래그한다.

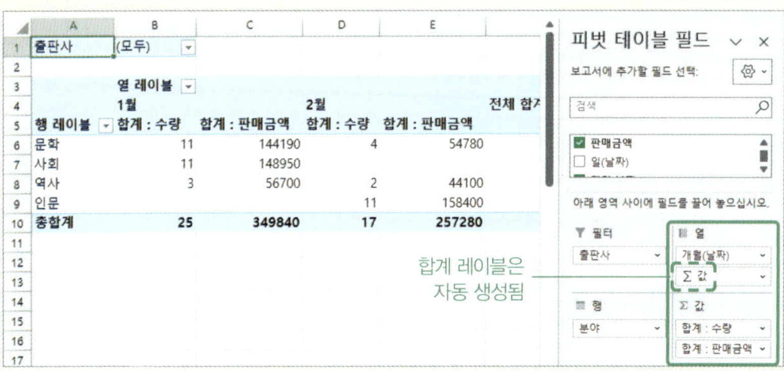

종합예제

9 [피벗 테이블 분석] 탭–[표시] 그룹에서 [필드 목록]과 [필드 머리글] 선택을 해제하고, [필터] 그룹의 [슬라이서 삽입]을 누른다.

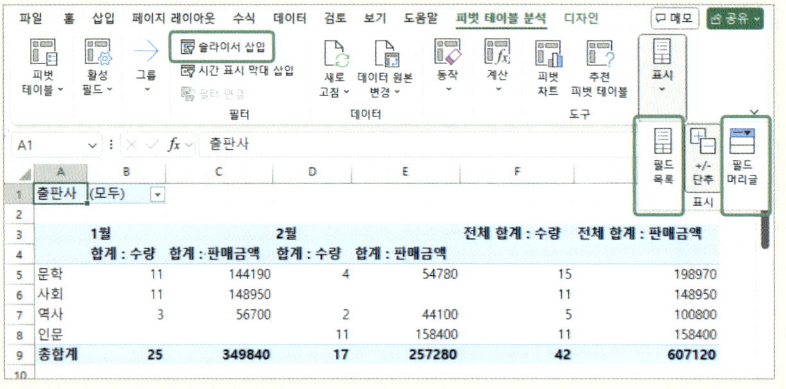

10 [슬라이서 삽입] 대화상자에서 '분야'를 선택하고 [확인]을 누른다. [슬라이서] 탭–[단추] 그룹에서 [열]을 [4], [높이]를 [0.6 cm], [너비]는 [1.5 cm]로 설정하고, 슬라이서를 적당한 위치로 드래그해서 높이를 조절한다.

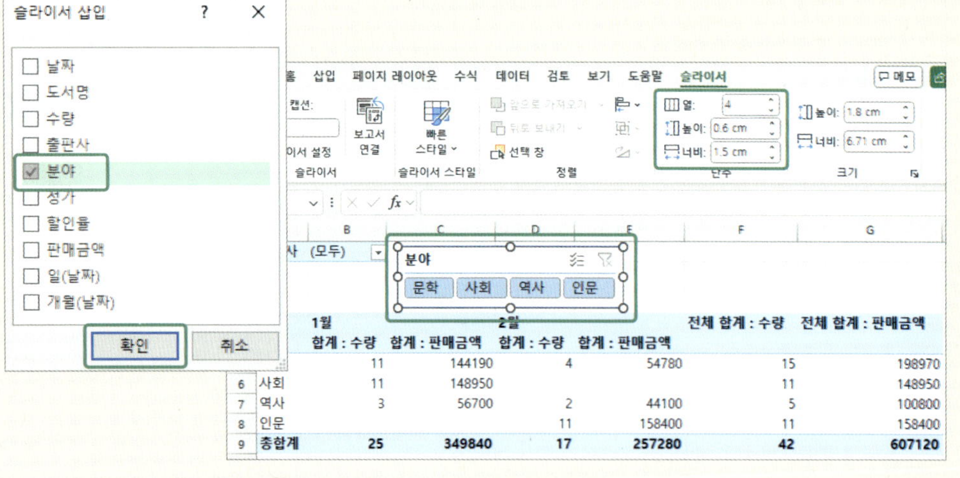

11 4행에 표시되는 열 레이블의 '합계 : 수량'은 **판매수량**으로, '합계 : 판매금액'은 **판매액**으로 수정한다. '판매액' 필드의 [필드 표시 형식]은 [회계]로, 3~4행은 모두 [오른쪽 맞춤]으로 설정한다.

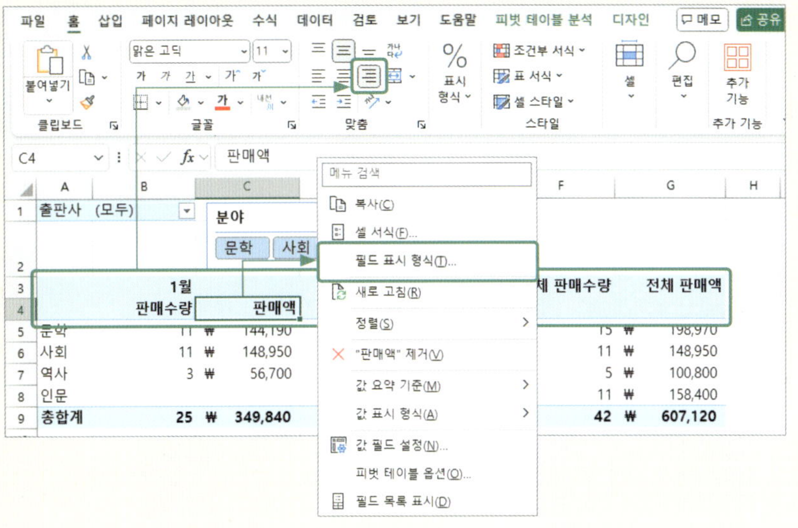

12 [디자인] 탭–[피벗 테이블 스타일 옵션] 그룹에서 [줄무늬 열]을 선택하고, [피벗 테이블 스타일] 목록에서 [흰색, 피벗 스타일 밝게 22]를 선택한다.

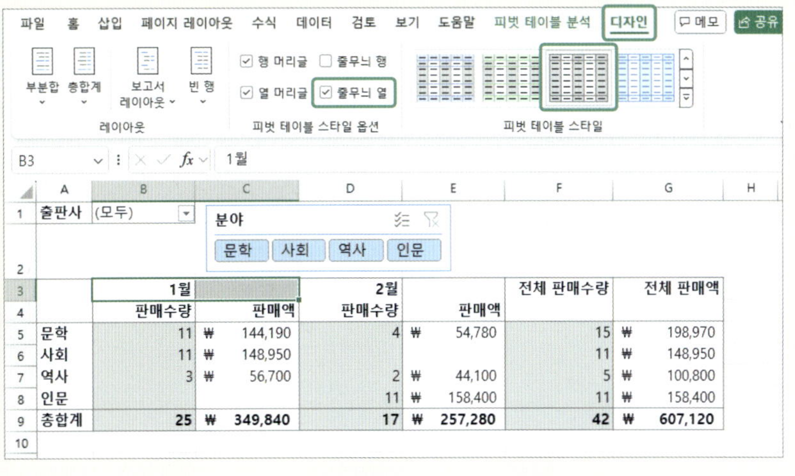

연습 문제

1 '6장_연습.xlsx' 파일에 있는 '연습1' 시트의 건강검진 결과 데이터를 이용해 목표값 찾기를 실행하고 표를 만들어 보자.

❶ H열에 체질량지수(BMI)를 계산하여 그림과 같이 결과를 표시하시오. 체질량지수는 몸무게(kg)를 키(m)의 제곱으로 나눈 값이다. 수식 작성 시, 키를 미터 단위로 환산하고 제곱 연산자(^)를 활용한다.

❷ 데이터를 표로 변환하고 표 스타일(흰색, 표 스타일 밝게 1)을 설정하시오.

❸ 그림과 같이 요약 행을 추가해 각 열의 평균을 계산하시오.

❹ 1번 '이*'의 체질량지수를 22로 낮추려면 몸무게는 얼마가 되어야 할지 목표값 찾기를 이용해 구하시오.

	A	B	C	D	E	F	G	H
1	순번	이름	키(cm)	몸무게(kg)	허리둘레	최고혈압	최저혈압	체질량지수
2	1	이*	175	90	96	126	81	29.4
3	2	박*	170	65	85	122	85	22.5
4	3	최*	160	80	99	158	83	31.3
5	4	홍*	160	55	78	114	68	21.5
6	5	김*	170	70	91	123	69	24.2
7	6	안*	160	45	71	116	80	17.6
8	7	나*	170	70	84	139	89	24.2
9	8	송*	160	80	92	131	64	31.3
10	9	임*	170	90	93	140	96	31.1
11	10	유*	165	75	90	123	83	27.5
12	11	정*	170	80	88	120	80	27.7
13	12	우*	180	85	80	135	104	26.2
14	13	남*	165	80	96	133	78	29.4
15	14	윤*	160	60	82	123	86	23.4
16	15	여*	170	65	75	130	70	22.5
17	요약		167.0	72.7	86.7	128.9	81.1	26.0

연습1 연습2 연습3

2 '6장_연습.xlsx' 파일의 '연습2' 시트를 열고 다음 조건에 맞게 피벗 테이블을 작성하시오.

❶ 폐기물 처리 데이터로 피벗 테이블을 만들어 '연습2' 시트의 H2 셀에 삽입하시오.

❷ 다음 그림과 같이 구성되도록 [행], [열], [값] 영역에 필드를 배치하고, [필드 머리글] 표시는 해제하시오.

❸ '일배출량'과 '월배출량' 필드의 [값 요약 기준]은 [평균]으로 설정하고, 행 요약 정보는 제거하고 열 요약 정보만 '전체 평균'으로 나타나도록 하시오.

❹ '일배출량'과 '월배출량'의 [필드 표시 형식]은 [숫자]-[1000 단위 구분 기호(,) 사용]으로 설정하시오.

❺ [피벗 테이블 도구]의 [피벗 테이블 스타일 옵션]에서 [줄무늬 행]을 추가하고, [피벗 테이블 스타일] 목록에서 [밝은 회색, 피벗 스타일 밝게 15]로 설정하시오.

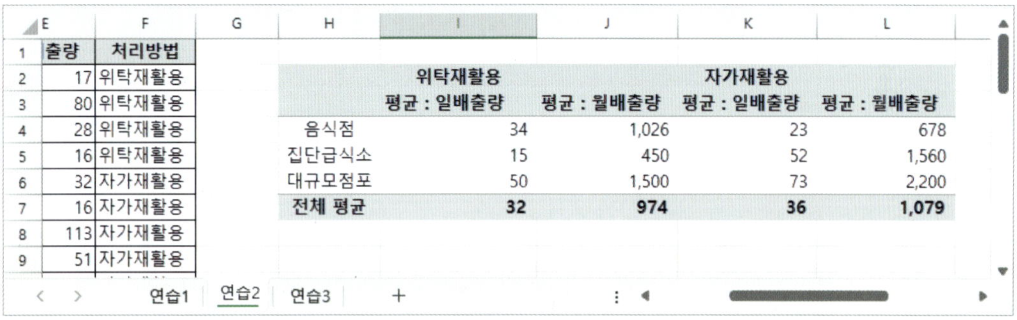

출량	처리방법
17	위탁재활용
80	위탁재활용
28	위탁재활용
16	위탁재활용
32	자가재활용
16	자가재활용
113	자가재활용
51	자가재활용

	위탁재활용		자가재활용	
	평균 : 일배출량	평균 : 월배출량	평균 : 일배출량	평균 : 월배출량
음식점	34	1,026	23	678
집단급식소	15	450	52	1,560
대규모점포	50	1,500	73	2,200
전체 평균	**32**	**974**	**36**	**1,079**

3 '6장_연습.xlsx' 파일의 '연습3' 시트를 열고 다음 조건에 맞게 작성하시오.

❶ 구매 목록 데이터에 D10 셀의 '할인율'을 적용하여 '최종 결제금액'을 계산하고 F10 셀에 표시하시오.

❷ '할인율'이 10%, 20%, 30%일 때의 시나리오를 만들어 할인율 조정에 따른 '최종 결제금액'에 대한 요약 보고서를 다음 그림과 같이 새 시트에 작성하시오.

	A	B	C	D	E	F
1				구매 목록		
2		품목	색상	단가	수량	금액
3		일반재봉사	검정	₩ 1,600	5	₩ 8,000
4		코아사	연노랑	₩ 3,300	5	₩ 16,500
5		코아사	화이트	₩ 3,300	10	₩ 33,000
6		고급재봉사	그레이	₩ 2,000	8	₩ 16,000
7		형광실	주황	₩ 3,000	5	₩ 15,000
8				합계	33	₩ 88,500
9						
10			할인율	15%	최종 결제금액	₩ 75,225

	A	B	C	D	E	F	G
1							
2		시나리오 요약					
3				현재 값:	최저 할인	일반 할인	최고 할인
5		변경 셀:					
6			할인율	15%	10%	20%	30%
7		결과 셀:					
8			최종 결제금액	₩ 75,225	₩ 79,650	₩ 70,800	₩ 61,950
9		참고: 현재 값 열은 시나리오 요약 보고서가 작성될 때의					
10		변경 셀 값을 나타냅니다. 각 시나리오의 변경 셀들은					
11		회색으로 표시됩니다.					

CHAPTER 07

차트

학습목표

- 차트 종류와 사용법을 알고 활용할 수 있다.
- 차트 구성 요소를 알고 차트를 편집할 수 있다.
- 스파크라인을 만들고 활용할 수 있다.

SECTION 01

차트 만들기

차트는 숫자 데이터를 그래프로 표시하고 데이터 레이블이나 범례 등 여러 가지 구성 요소를 통해 수치 변화와 비교를 알아보기 쉽게 나타내는 시각화 도구이다. 엑셀에서 다루는 숫자 데이터를 차트로 표현하면 이해가 쉽고 훨씬 효과적으로 데이터를 분석할 수 있다. 셀이나 표에 입력한 데이터는 정확하고 상세하지만 추세를 파악하거나 서로 비교하기는 쉽지 않다. 엑셀에서 제공하는 다양한 차트를 이용하면 여러 가지 유형의 데이터를 효과적으로 비교하고 분석할 수 있다.

1.1 추천 차트

엑셀에서는 막대형이나 꺾은선형 등의 기본적인 차트와 트리맵, 깔때기형 등 다양한 차트를 목적에 따라 선택할 수 있다. 여러 가지 차트 중에서 목적에 맞는 차트를 선택하기 어려운 경우에는 차트로 나타낼 데이터 범위를 선택하기만 하면 된다. 선택한 범위를 빠르게 분석하여 데이터 유형에 맞는 차트를 추천하는 도구가 있기 때문이다.

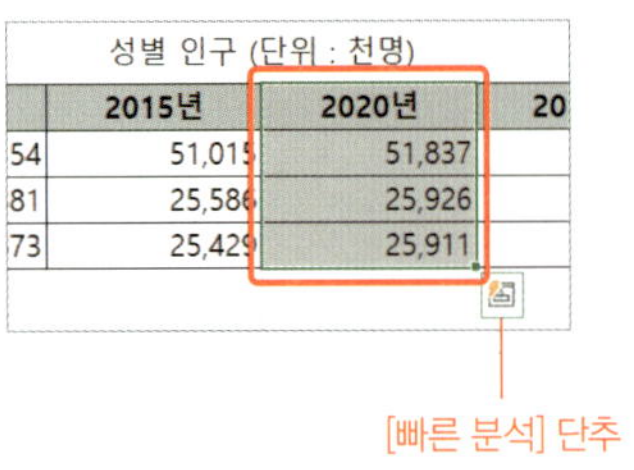

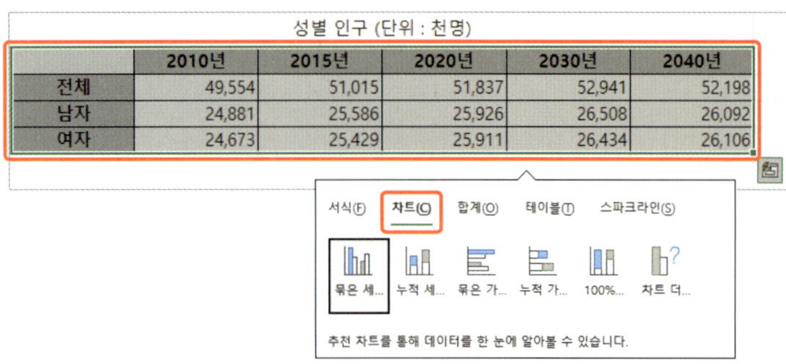

TIP 연속적인 셀 범위를 선택하면 [빠른 분석] 단추를 사용할 수 있고, [빠른 분석]의 [차트] 탭을 선택하면 추천 차트를 볼 수 있다

기본예제 7-1 추천 차트 삽입하기

성별 인구 데이터를 이용하여 워크시트에 추천 차트를 삽입해 보자.

01 '7장_실습.xlsx' 파일의 '인구' 시트에서 A2:F5 범위를 선택하고 [삽입] 탭–[차트] 그룹–[추천 차트]를 누른다.

TIP 데이터가 있는 모든 셀 범위를 선택하지 않고 범위 내 임의의 셀 하나만 선택한 상태라도 영역이 자동 적용된다.

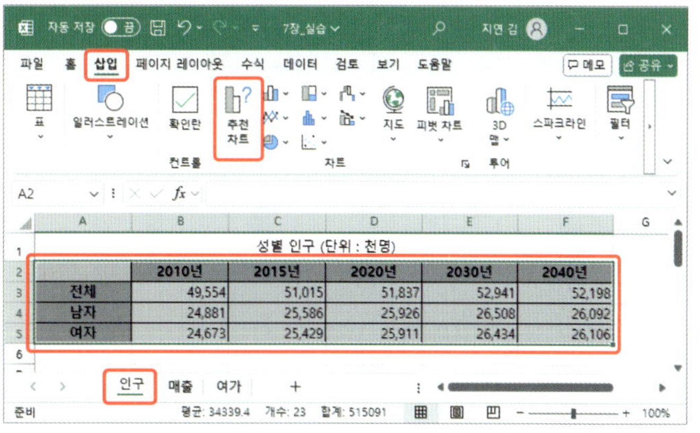

02 [차트 삽입] 대화상자의 [추천 차트] 탭에서 차트 목록을 확인할 수 있다. [묶은 세로 막대형]을 선택하고 [확인]을 누른다.

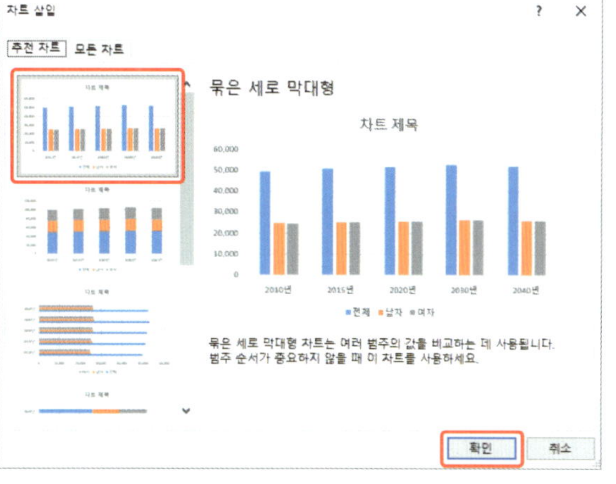

03 삽입된 차트를 선택하고 드래그하여 적당한 위치로 이동한 후, 차트 조절점을 드래그하여 크기를 조절한다.

TIP 삽입된 차트를 삭제하려면 차트를 선택한 상태에서 Delete 를 누른다.

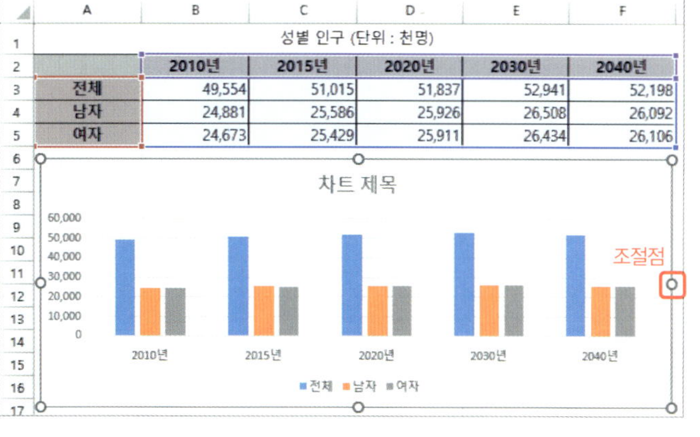

04 차트 종류를 변경하려면 [차트 디자인] 탭–[종류] 그룹–[차트 종류 변경]을 누른다.

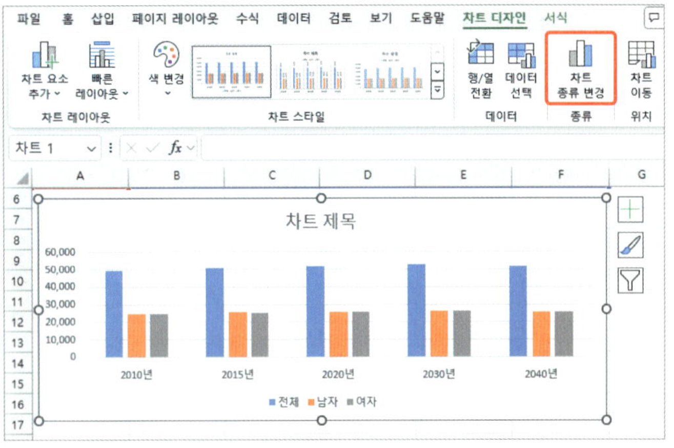

05 [차트 종류 변경] 대화상자의 [모든 차트] 탭에서 [혼합]을 선택한다. '전체' 계열은 [꺾은선형], [보조 축]으로, '여자' 계열은 [묶은 세로 막대형]으로 설정하고 [확인]을 누른다.

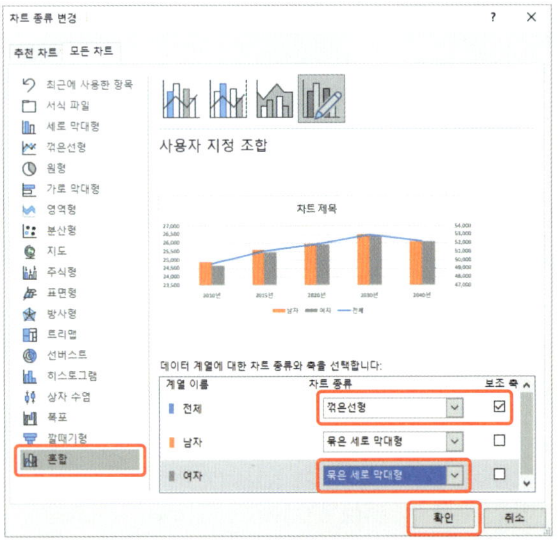

TIP 혼합 차트는 두 가지 이상의 유형을 하나의 차트로 구성하는 형태다. 차트에 표시할 데이터 중 값의 범위나 종류가 유사하지 않은 항목을 보조 축으로 나타내면 항목 간 차이와 값을 더 정확하게 볼 수 있다.

06 차트 스타일을 변경하기 위해 [차트 디자인] 탭–[차트 스타일] 그룹–[차트 스타일] 목록에서 [스타일 5]를 선택한다.

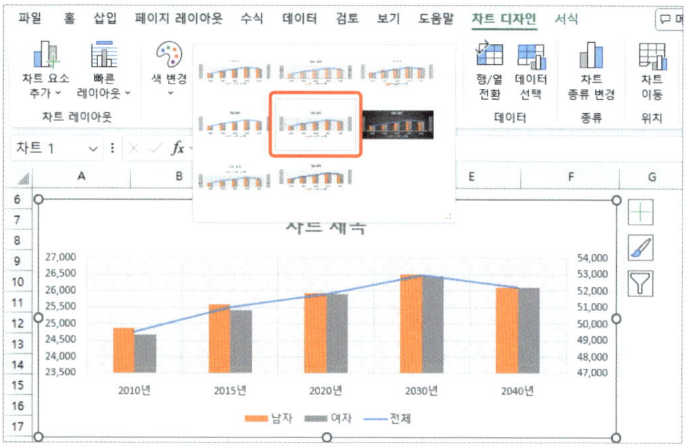

07 차트 제목을 선택하여 **성별 인구추계**로 수정하고, [차트 디자인] 탭–[위치] 그룹–[차트 이동]을 누른다.

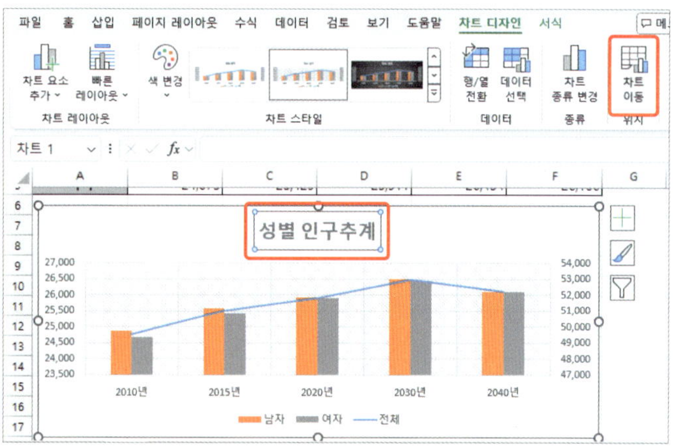

08 [차트 이동] 대화상자에서 [새 시트]를 선택하고 시트의 이름을 **인구 차트**로 입력한 후 [확인]을 누르면 새 시트가 추가된다.

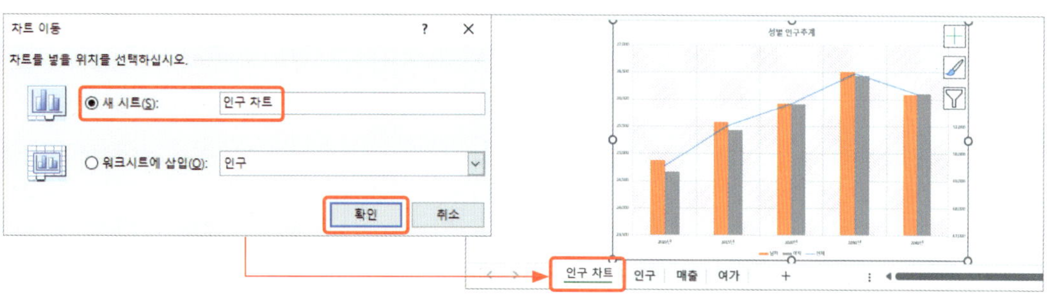

1.2 피벗 차트 작성

피벗 테이블은 데이터를 요약해서 구조화하므로 데이터 분석 작업에 유용하다. 이를 피벗 차트로 표현하면 데이터를 시각화할 수 있어 숫자로 볼 때보다 더 직관적으로 정보를 파악할 수 있다.

기본예제 7-2 피벗 테이블로 피벗 차트 만들기

피벗 테이블의 요약된 데이터로 차트를 손쉽게 만들 수 있다. 피벗 차트를 만들고 피벗 차트 도구를 활용해 보자.

01 '7장_실습.xlsx' 파일의 '매출' 시트에 있는 '분기별 매출 요약' 피벗 테이블을 선택하고, [피벗 테이블 분석] 탭-[도구] 그룹-[피벗 차트]를 선택한다.

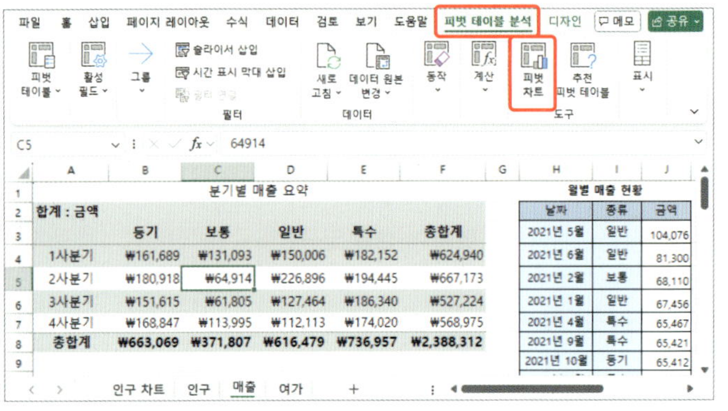

02 [차트 삽입] 대화상자에서 [세로 막대형]의 [묶은 세로 막대형]을 선택하고 [확인]을 누른다.

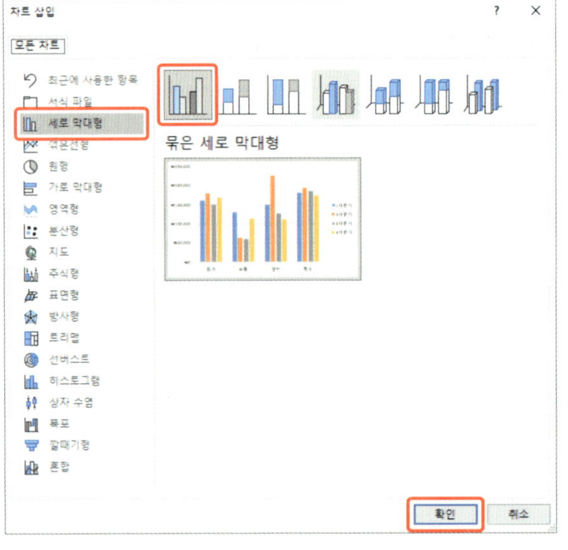

03 삽입된 피벗 차트의 크기와 위치를 조절하고 [피벗 차트 분석] 탭–[표시/숨기기] 그룹의 [필드 단추] 선택을 해제한다.

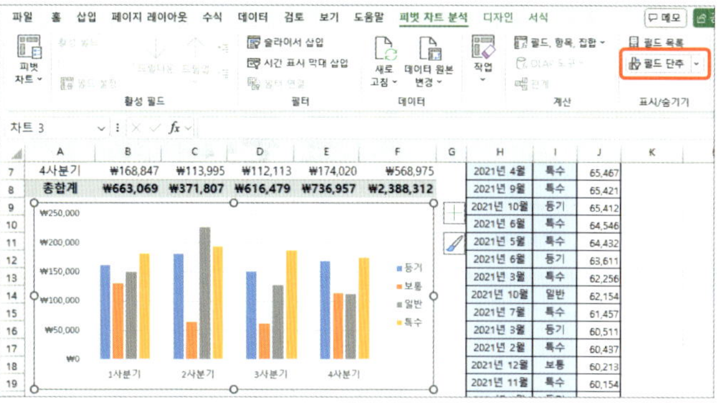

04 [디자인] 탭–[데이터] 그룹–[행/열 전환]을 눌러 차트에 표시되는 데이터 그룹을 변경한다.

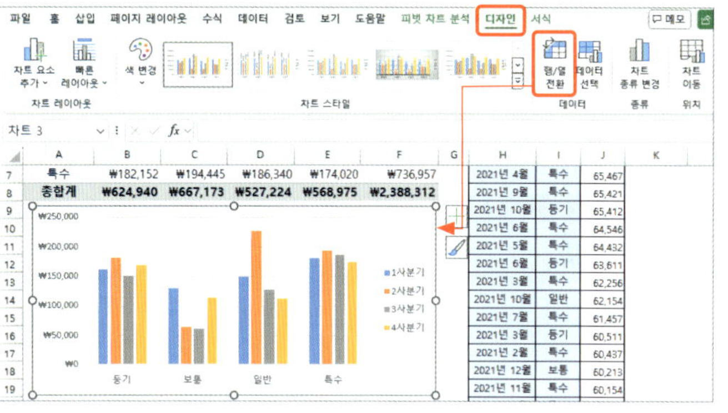

SECTION 02 차트 편집하기

추천 차트와 엑셀에서 제공하는 차트 디자인 도구를 활용하면 손쉽게 차트를 만들고 보기 좋게 꾸밀 수 있다. 사용자가 직접 차트 서식을 설정하려면 차트의 구성 요소를 구별할 필요가 있다. 여기서는 차트의 구성 요소를 이해하고 각 요소에 대한 세부적인 서식 설정을 통해 원하는 모양으로 차트를 만들고 편집하는 방법을 학습한다.

2.1 차트의 구성 요소

차트는 그래프가 표시되는 그림 영역과 제목, 데이터 계열, 축, 범례 등 여러 가지 구성 요소로 이루어져 있다. 원하는 모양의 차트를 만들려면 차트의 구성 요소를 정확히 파악하고 각 요소의 속성을 설정할 수 있어야 한다.

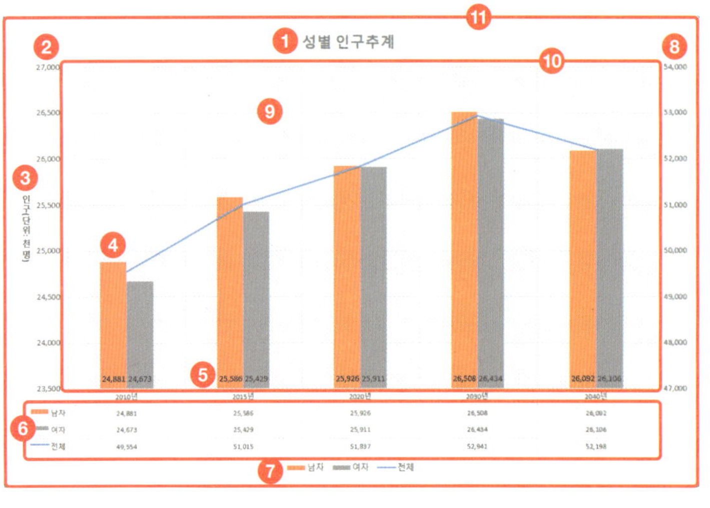

1. 차트 제목
2. 축
3. 축 제목
4. 데이터 계열/요소
5. 데이터 레이블
6. 데이터 테이블
7. 범례
8. 보조 축
9. 눈금선
10. 그림 영역
11. 차트 영역

2.2 차트의 서식 설정

차트 서식 설정을 위한 서식 작업 창에서는 다양한 차트 구성 요소에 대해 원하는 모양의 속성을 설정할 수 있다. 서식 작업 창을 화면에 표시하려면 차트 구성 요소를 마우스 오른쪽 단추로 누르거나(방법 1), [서식] 탭을 이용하거나(방법 2), 차트 구성 요소를 더블클릭한다(방법 3).

방법 1. 차트 구성 요소를 선택하고 마우스 오른쪽 단추를 누른다.

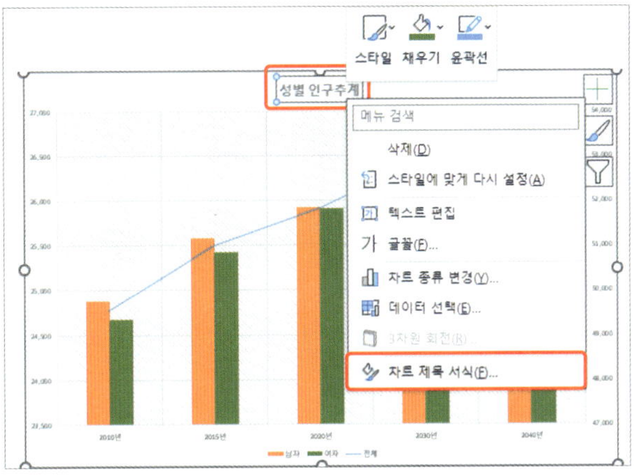

방법 2. 차트를 선택하고 [서식] 탭-[현재 선택 영역] 그룹-[선택 영역 서식]을 누른다.

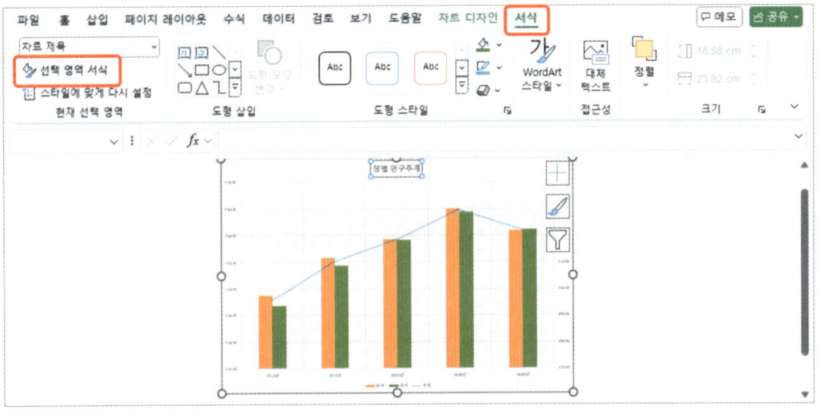

방법 3. 차트의 구성 요소를 더블클릭한다.

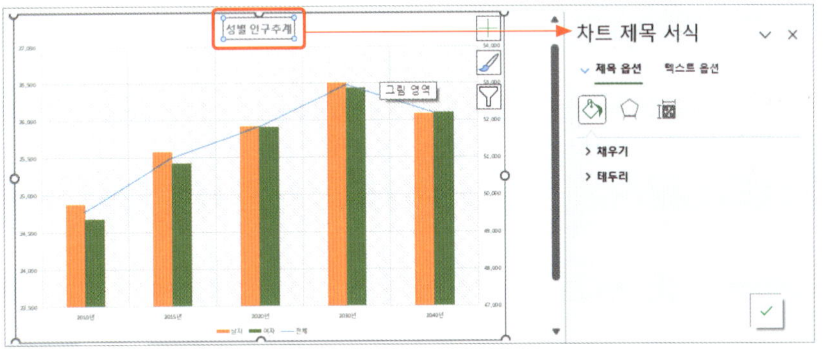

기본예제 7-3 차트 서식 설정하기

평균 여가 시간 데이터를 이용하여 차트를 삽입하고 차트 서식을 설정해 보자.

01 '7장_실습.xlsx' 파일의 '여가' 시트에서 A2:C9 범위를 선택하고 [삽입] 탭–[차트] 그룹–[세로 또는 가로 막대형 차트 삽입] 목록에서 [3차원 누적 가로 막대형]을 선택한다.

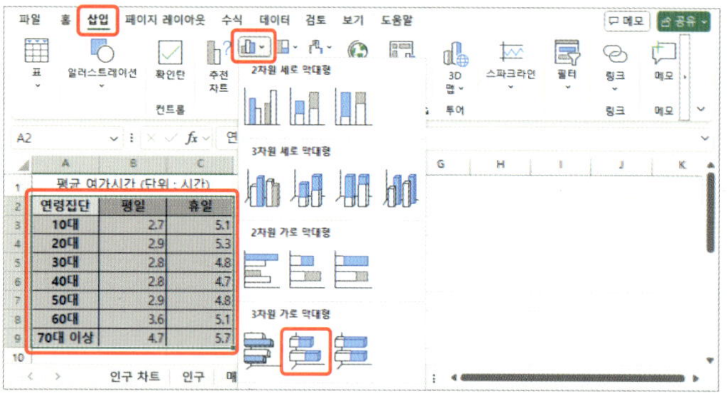

02 삽입된 차트를 선택하고 [차트 디자인] 탭–[차트 스타일] 그룹–[색 변경] 목록에서 [색상형]의 [다양한 색상표 2]를 선택한다.

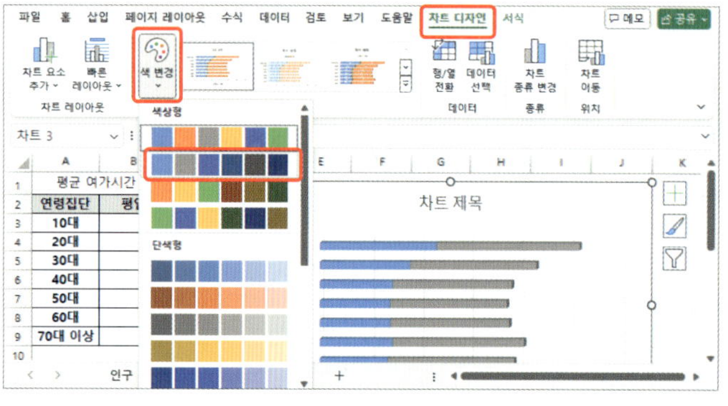

03 차트 하단의 [범례]를 더블클릭하면 오른쪽에 [범례 서식] 작업 창이 나타난다.

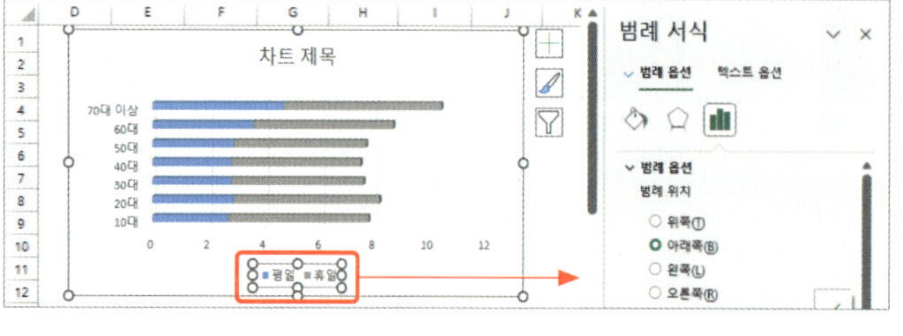

04 [범례 서식] 작업 창에서 [범례 옵션]-[범례 옵션] 탭-[범례 옵션]에서 [범례 위치]를 [오른쪽 위]로 선택하고, [범례를 차트와 겹치지 않게 표시] 선택은 해제한다.

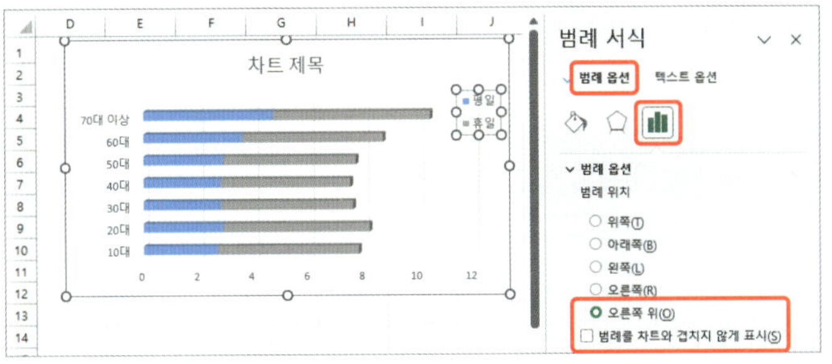

TIP [범례를 차트와 겹치지 않게 표시]를 선택하면 범례가 자리를 차지하여 그림 영역이 상대적으로 작아진다.

05 [범례 서식] 작업 창에서 [차트 요소] 단추를 누르고 [밑면]을 선택하면 [밑면 서식] 작업 창으로 바뀐다. [밑면 옵션]의 [채우기 및 선] 탭-[채우기]에서 [단색 채우기]를 선택하고 원하는 색상으로 [색]을 바꾼다.

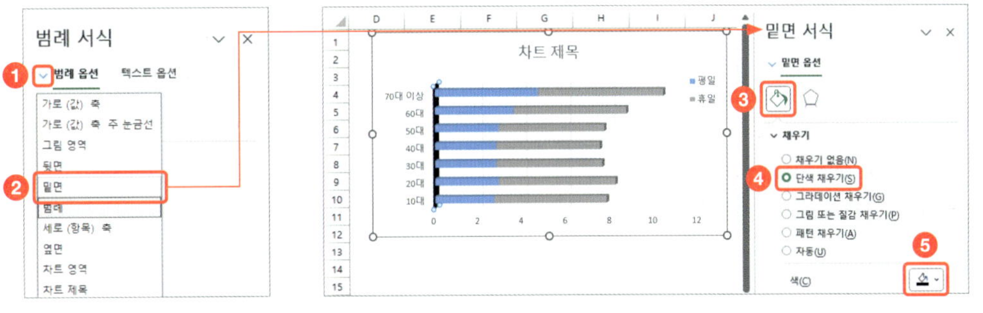

06 그래프의 막대를 클릭하면 [데이터 계열 서식] 작업 창으로 전환된다. [계열 옵션]-[계열 옵션] 탭-[계열 옵션]에서 [간격 너비]는 50%를 입력하고 [세로 막대 모양]은 [원통형]을 선택한다.

TIP 막대는 '평일' 또는 '휴일' 중 어느 것을 클릭해도 된다.

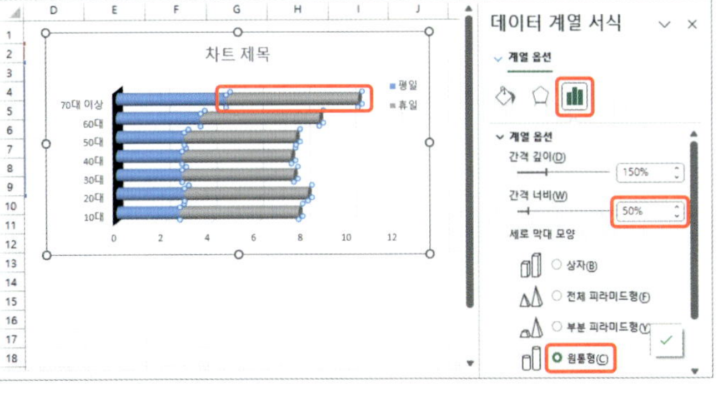

07 [서식] 탭–[현재 선택 영역] 그룹의 차트 요소 목록에서 [차트 영역]을 선택하면 [차트 영역 서식] 작업 창이 나타난다. [차트 옵션]–[효과] 탭–[3차원 회전]에서 [X 회전]은 50°, [Y 회전]은 –20°로 설정한다.

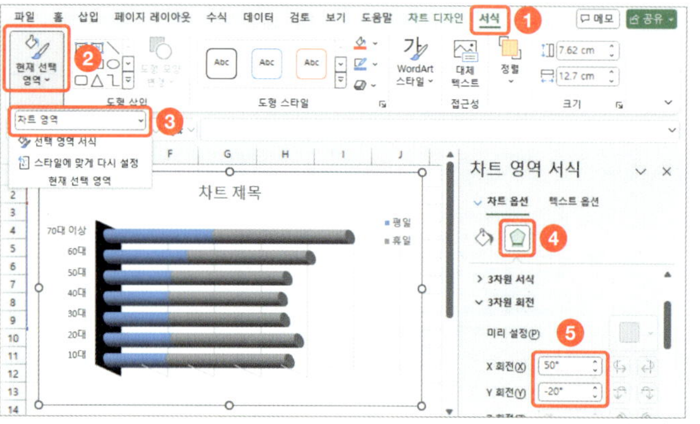

08 [차트 영역 서식] 작업 창의 [차트 옵션]–[채우기 및 선] 탭–[채우기]에서 [그라데이션 채우기]를 선택한다.

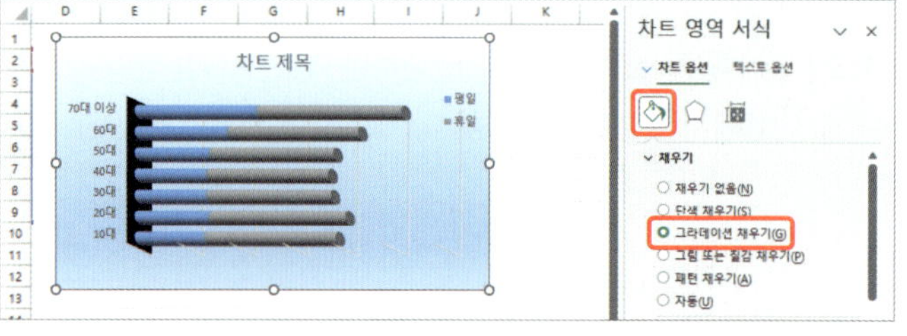

기본예제 7-4 차트 요소 추가/삭제와 차트 필터링하기

축 제목과 데이터 레이블 등의 차트 구성 요소를 추가하고 삭제하는 방법과 차트에 표시되는 데이터를 필터링하는 방법을 알아보자.

01 서식 작업 창을 닫고 차트를 선택한다. [차트 디자인] 탭–[차트 레이아웃] 그룹–[차트 요소 추가] 목록에서 [차트 제목]–[없음]을 선택해서 차트 제목을 제거한다.

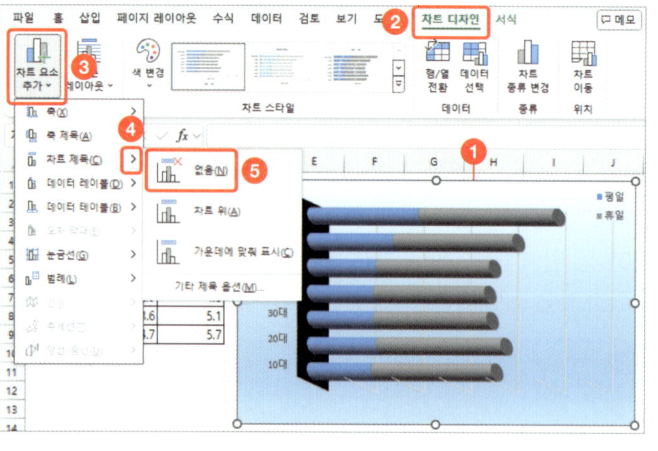

02 차트 오른쪽의 [차트 요소] 단추를 눌러 [축 제목]-[기본 가로]를 선택한다. 차트에 추가된 축 제목에 **여가 시간**을 입력한다.

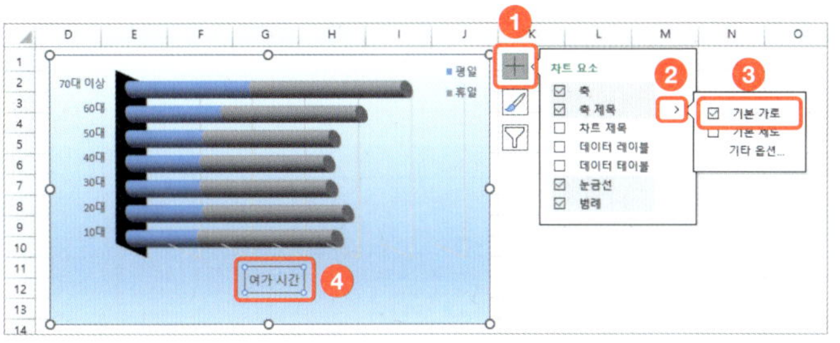

TIP [차트 요소] 단추를 한 번 더 누르면 차트 요소 선택 메뉴가 화면에서 사라진다.

03 [차트 요소] 단추를 누르고 [데이터 레이블]을 선택하면 막대 위에 값이 표시된다.

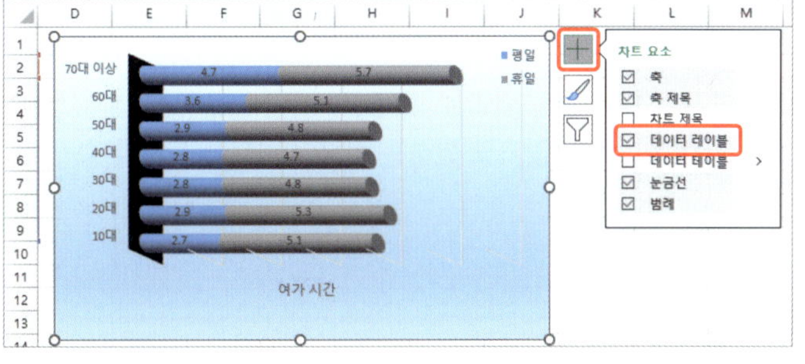

04 추가된 데이터 레이블 중에서 '휴일' 계열의 값을 하나 클릭하면 '휴일' 막대 위의 값이 모두 선택된다. [홈] 탭-[글꼴] 그룹의 [채우기 색]과 [글꼴 색], [글꼴 크기]를 변경해서 강조하고 싶은 데이터 레이블이 잘 보이게 표시한다.

TIP 막대 위에 표시된 데이터 레이블을 한 번 클릭하면 동일 계열이 모두 선택되는데, 그 상태에서 한 번 더 클릭하면 해당 값 하나만 선택할 수 있다.

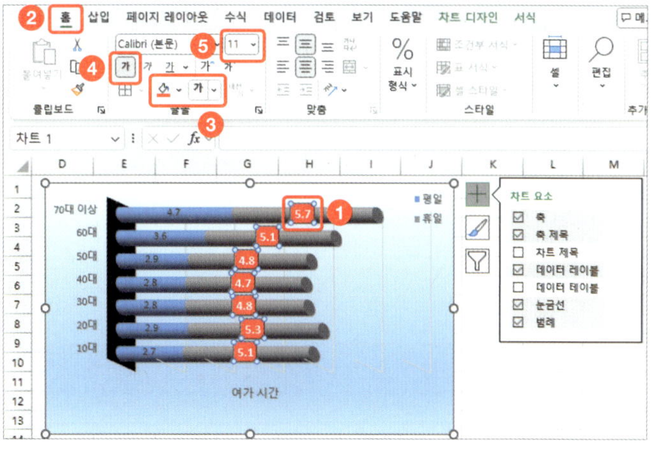

05 '휴일' 데이터만 필터링하기 위해 차트를 선택하고 [차트 필터] 단추를 누른다. [값] 탭의 [계열]-[평일]과 [범주]-[70대 이상]의 선택을 해제하고 [적용]을 누른다.

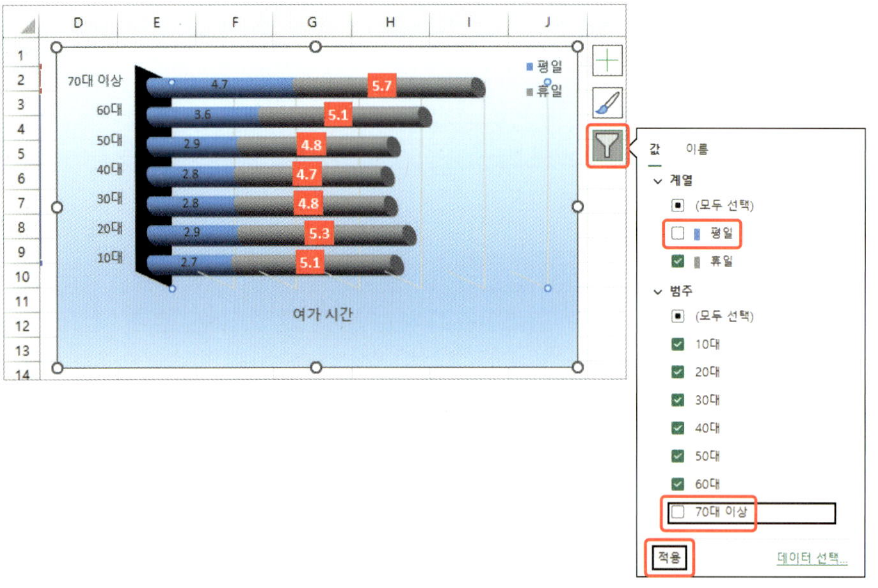

06 차트 필터로 데이터를 필터링하면 데이터를 편집하지 않고도 원하는 정보만 차트에 표시할 수 있다.

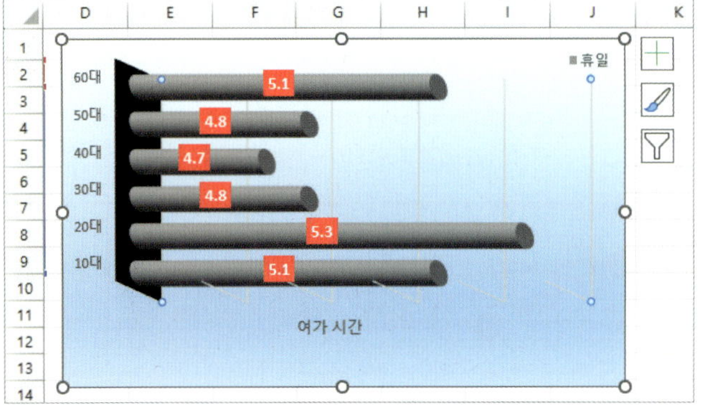

SECTION 03

스파크라인 만들기

스파크라인은 셀 안에 작은 차트를 만들어 추세를 간편하게 분석하거나 데이터 크기를 쉽게 비교할 수 있도록 표시하는 기능이다. 엑셀의 스파크라인 도구를 활용하면 데이터를 시각화할 수 있어서 숫자 데이터를 훨씬 더 이해하기 쉽게 만들 수 있다.

3.1 스파크라인의 특징

데이터를 시각적으로 표현해서 더 쉽게 이해하고 분석할 수 있다는 장점은 차트와 유사하지만, 스파크라인은 차트처럼 워크시트에 삽입되는 개체가 아니라 셀에 포함되는 작은 차트라는 점이 다르다. 다음 그림과 같이 스파크라인은 마치 배경처럼 셀 안에 텍스트와 함께 표시된다.

남녀별 인구 (단위 : 천명)						
	2010년	2017년	2020년	2030년	2040년	추이
남자	24,881	25,790	26,044	26,508	26,092	남
여자	24,673	25,656	25,930	26,434	26,106	여
총인구	49,554	51,446	51,974	52,941	52,198	전체

기본예제 7-5 스파크라인 만들기

성별 인구 데이터를 이용하여 연도별 추이를 알 수 있게 셀 안에 스파크라인을 만들어 보자.

01 '7장_실습.xlsx' 파일의 '인구' 시트에서 G2 셀에 **추이**를 입력한다. G2:G5 범위는 [홈] 탭–[글꼴] 그룹–[테두리] 목록–[모든 테두리]를 설정하고, 너비와 높이를 조절한다.

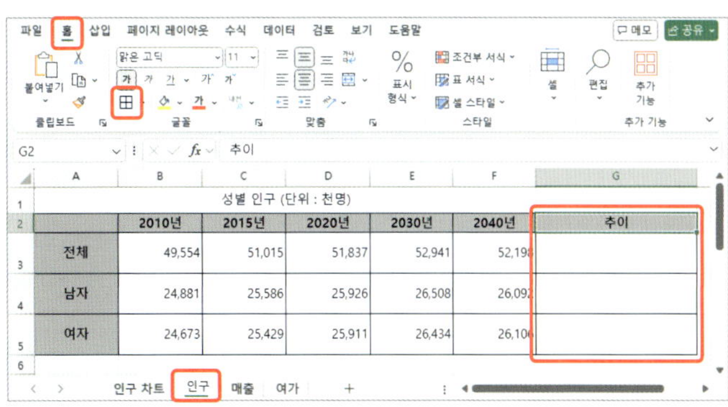

02 데이터 영역인 B3:F5 범위를 선택하고 [삽입] 탭-[스파크라인] 그룹-[열]을 누른다.

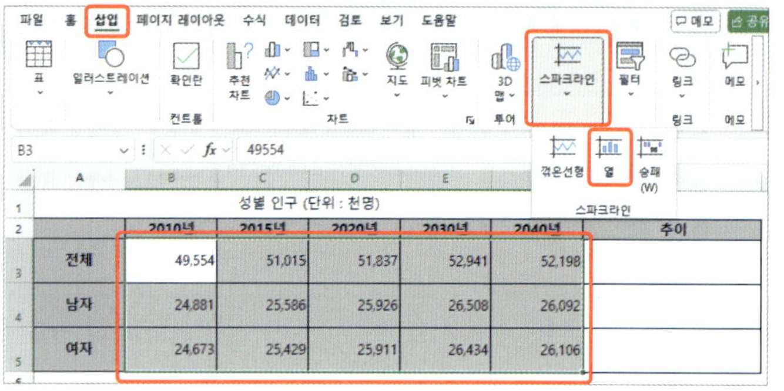

03 [스파크라인 만들기] 대화상자에서 [데이터 범위]는 **B3:F5**, [위치 범위]는 **$G$3:$G$5**로 설정하고 [확인]을 누른다.

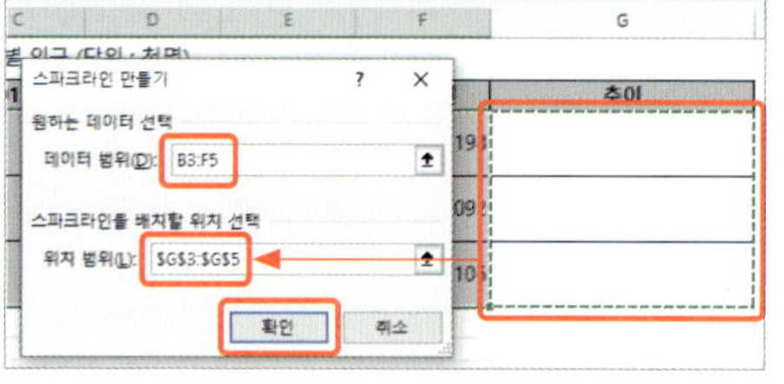

TIP 데이터 범위나 스파크라인을 배치할 위치는 마우스로 드래그하여 선택한다.

04 G3:G5 범위에 스파크라인이 만들어진다.

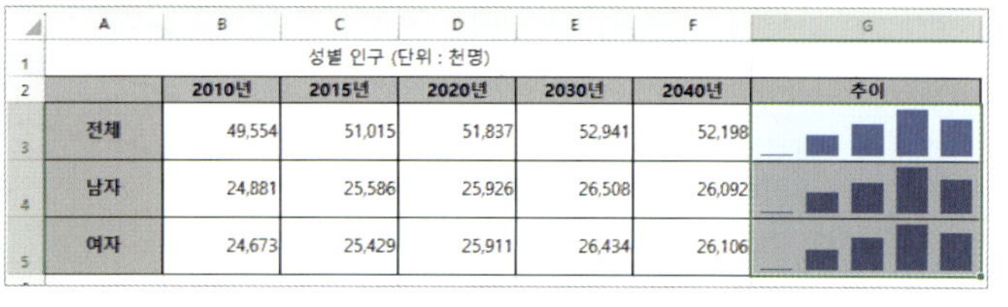

TIP 스파크라인을 제거하려면 [스파크라인] 탭-[그룹] 그룹-[지우기]를 누른다. 여러 셀을 범위로 지정하여 한 번에 스파크라인을 만들면 모든 셀이 그룹화된다. 그룹화된 모든 스파크라인을 한 번에 지우려면 [선택한 스파크라인 그룹 지우기]를 선택한다. [선택한 스파크라인 지우기]는 스파크라인을 개별적으로 지울 때 사용한다.

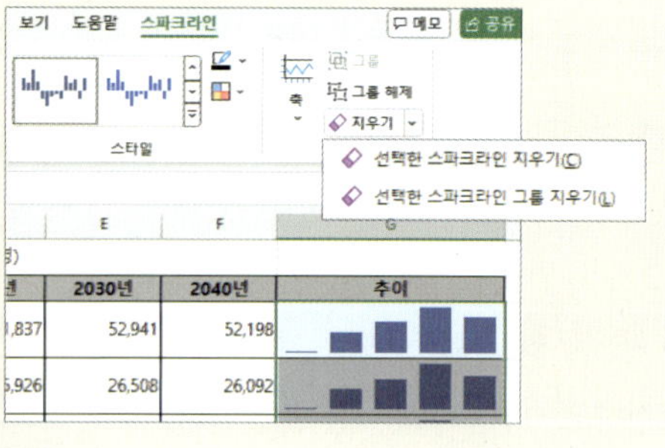

기본예제 7-6 스파크라인 편집하기

스파크라인 도구를 사용하여 스파크라인의 종류, 스타일, 색 등을 변경해 보자.

01 '7장_실습.xlsx' 파일의 '인구' 시트에서 스파크라인 영역인 G3:G5 범위를 선택하고 [스파크라인] 탭-[종류] 그룹-[선]을 누른다.

TIP 스파크라인이 그룹화되어 있는 경우 스파크라인 영역 중 아무 셀이나 누르면 전체 영역이 모두 선택되고, 디자인을 변경하면 모든 셀이 함께 변경된다.

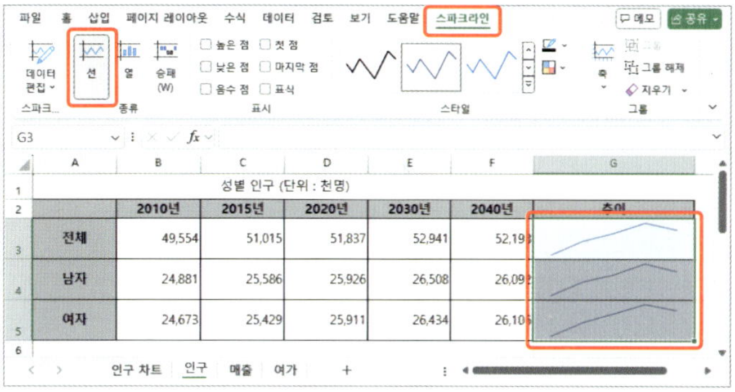

02 [스파크라인] 탭-[표시] 그룹-[표식]을 선택하고, [스타일] 그룹-[진한 파랑, 스파크라인 스타일 어둡게 #6]을 선택한다.

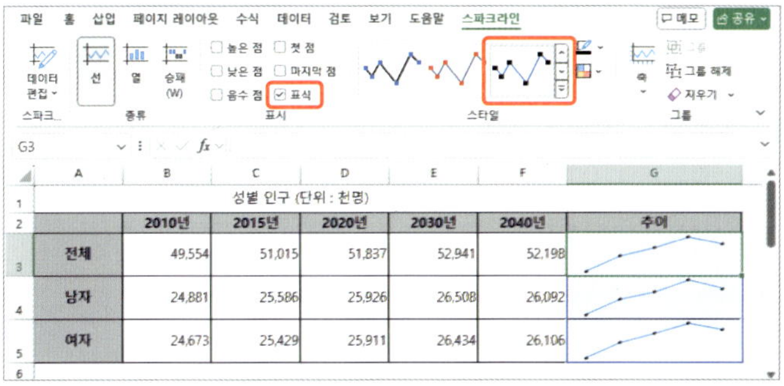

03 [스파크라인] 탭-[스타일] 그룹-[스파크라인 색] 목록에서 [두께]-[2¼pt]를 선택한다.

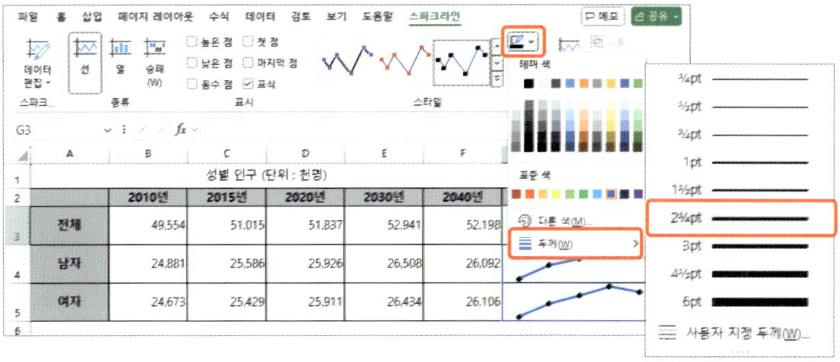

04 [스파크라인] 탭-[스타일] 그룹-[표식 색] 목록에서 [높은 점]을 [빨강]으로 설정한다.

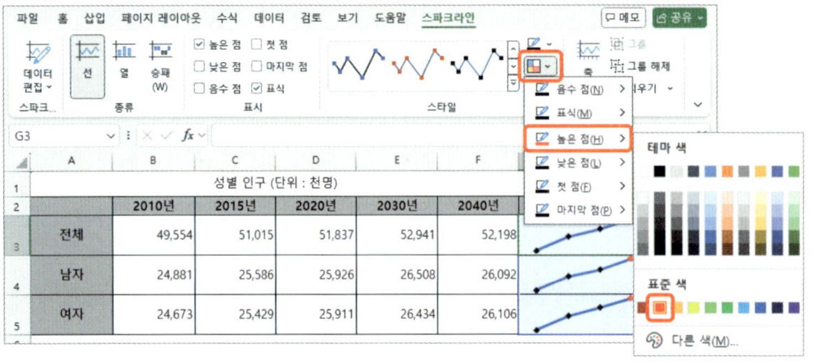

05 단계 **04**와 같은 방식으로 스파크라인의 [표식 색] 목록에서 [낮은 점]을 [녹색]으로 설정한다.

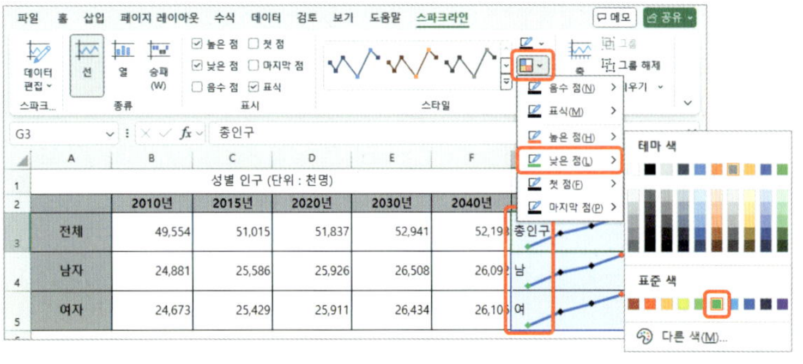

종합예제

엑셀에는 기본적인 차트 외에도 트리맵, 선버스트, 상자 수염 그림, 폭포, 깔때기, 지도와 같이 다양한 종류의 차트가 지속적으로 추가 제공되어 데이터 유형이나 용도에 따라 차트 종류를 선택할 수 있다. 계층 구조 데이터를 표시하기에 좋은 선버스트 차트와 증감을 표시하기 좋은 폭포 차트를 만들어 보자.

1 월별 판매량을 선버스트 차트로 나타내기 위해 '7장_종합.xlsx' 파일의 '판매' 시트에서 A2:D14 범위를 선택한다.

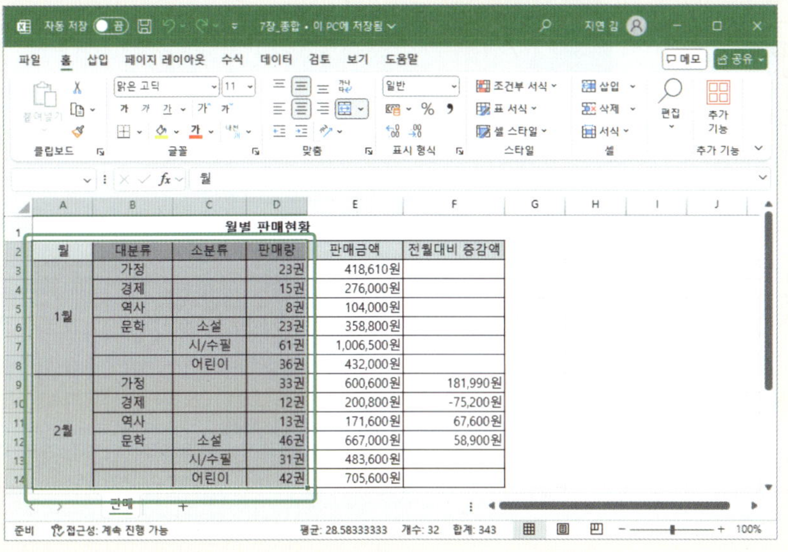

2 [삽입] 탭–[차트] 그룹–[계층 구조 차트 삽입] 목록에서 [선버스트]를 선택한다.

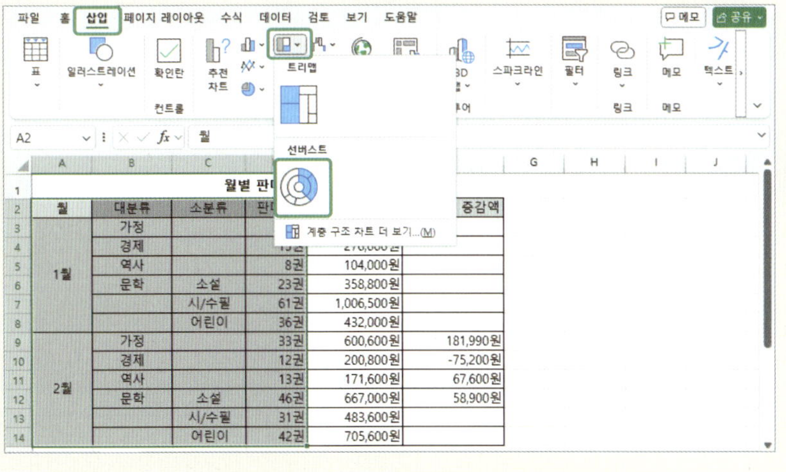

TIP 선버스트 차트는 여러 수준으로 이루어진 계층 구조를 표시하기에 적합하다.

종합예제

3 차트 제목에 **1, 2월 판매비교**라고 입력한다. 임의의 데이터 레이블을 클릭하고 마우스 오른쪽 단추를 눌러 [데이터 레이블 서식]을 선택한다.

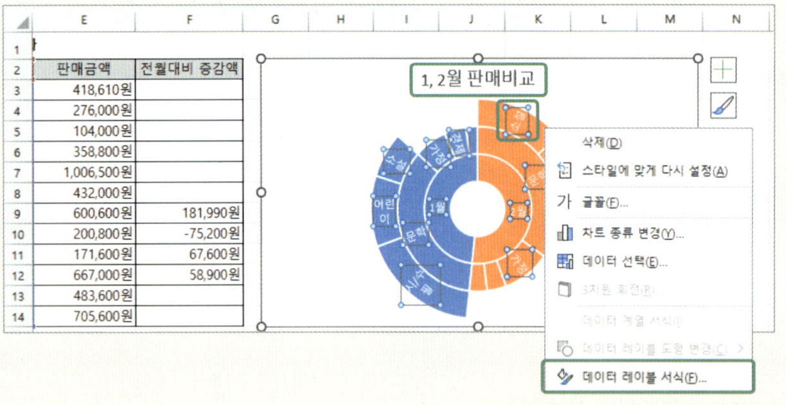

4 [데이터 레이블 서식] 작업 창에서 [레이블 옵션]–[레이블 내용]의 [값]을 선택한다. [홈] 탭–[글꼴] 그룹–[굵게]를 눌러 데이터 레이블을 강조한다.

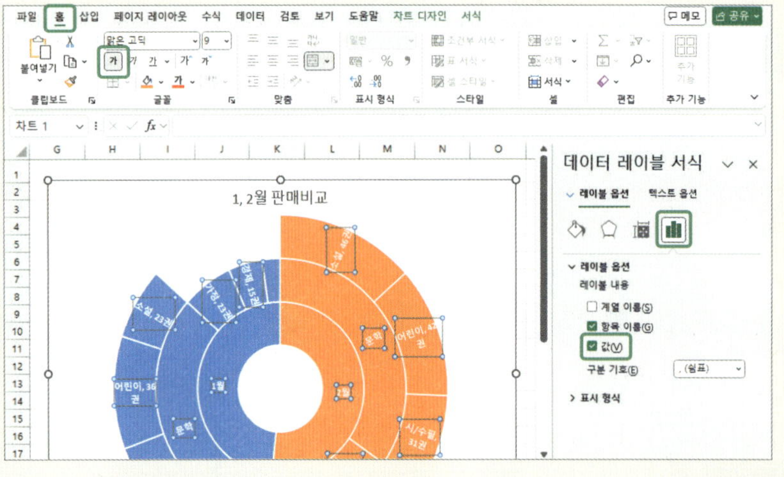

5 [차트 디자인] 탭–[위치] 그룹–[차트 이동]을 누른다. [차트 이동] 대화상자에서 [새 시트]를 선택하고, 시트 이름을 **판매차트**라고 입력한 후 [확인]을 누른다.

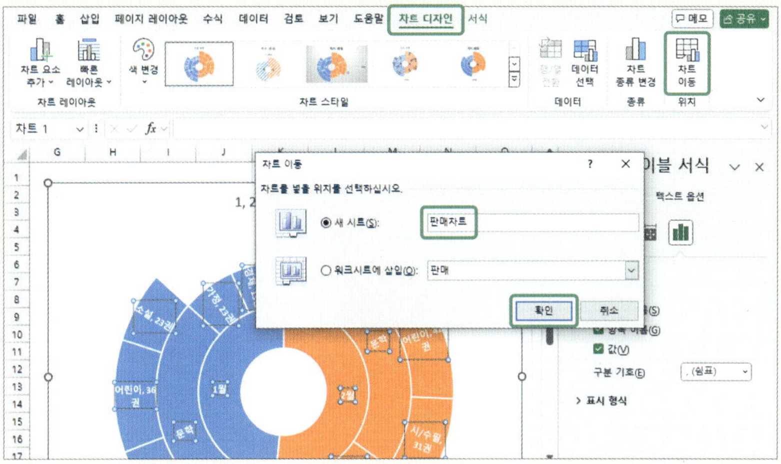

6 '판매차트' 시트의 [차트 디자인] 탭–[차트 스타일] 그룹에서 [스타일 3]을 선택한다. 범례를 클릭한 다음 [범례 옵션]–[범례 옵션] 탭에서 [범례 위치]는 [위쪽]으로 선택하고, [범례를 차트와 겹치지 않게 표시] 선택은 해제한다.

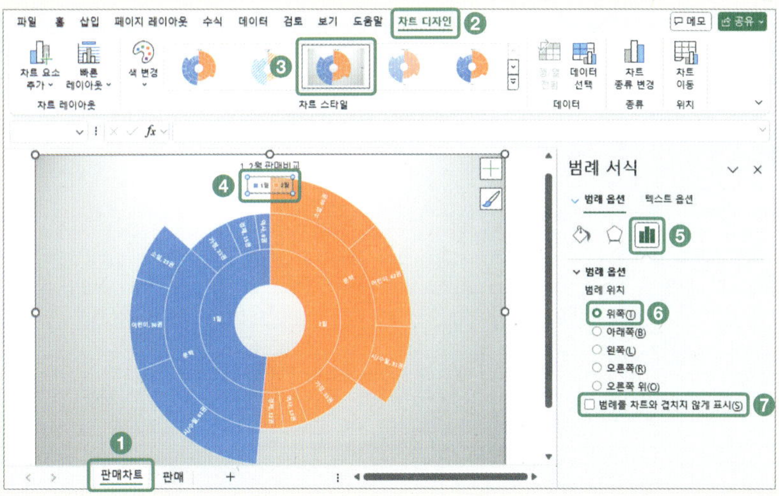

종합예제

7 이번에는 2월 판매금액에 대한 전월대비 증감액을 폭포 차트로 만들어 보자. '판매' 시트에서 B9:B12 범위를 선택하고 Ctrl 을 누른 채 F9:F12 범위를 함께 선택한다.

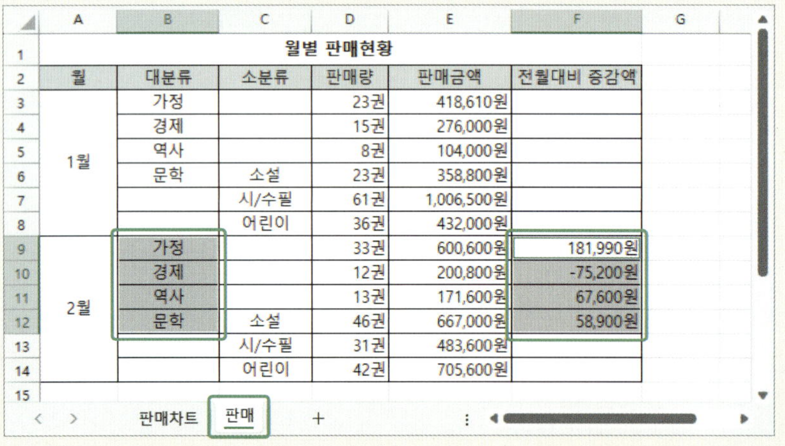

8 [삽입] 탭-[차트] 그룹-[폭포, 깔때기형, 주식형, 표면형, 또는 방사형 차트 삽입] 목록에서 [폭포]를 선택한다.

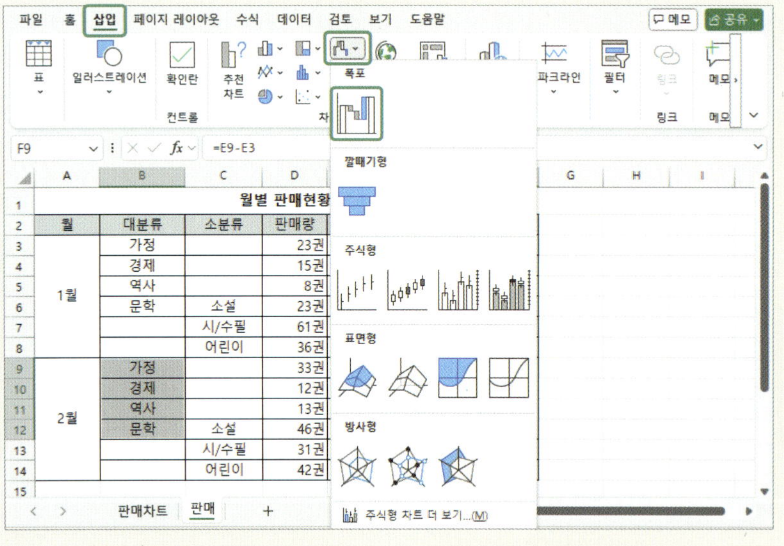

9 임의의 데이터 막대를 더블클릭해 [데이터 계열 서식] 작업 창이 나타나면 [계열 옵션]-[계열 옵션] 탭-[계열 옵션]에서 [간격 너비]를 [70%]로 설정한다.

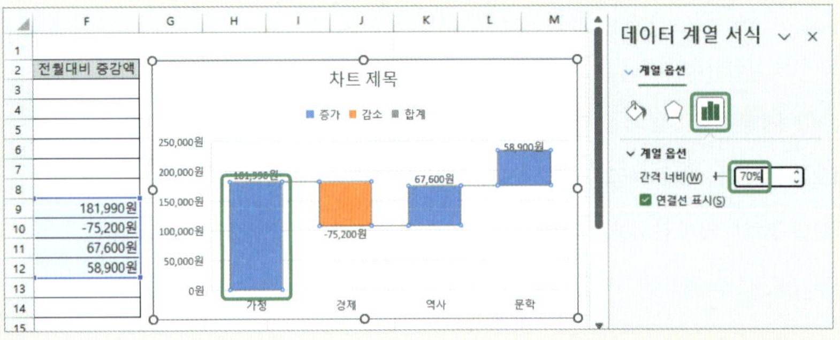

TIP 폭포 차트에서 두 번째 막대부터는 부동 막대 모양이다. 양수와 음수의 색상을 다르게 표시한 막대를 바로 앞 막대에 연결하는 형태로, 다리형 차트라고도 한다.

10 차트 제목에 **2월 판매금액 증감현황**을 입력한다. [차트 요소] 단추를 눌러 [눈금선]과 [범례], [축]-[기본 세로]의 선택을 해제한다.

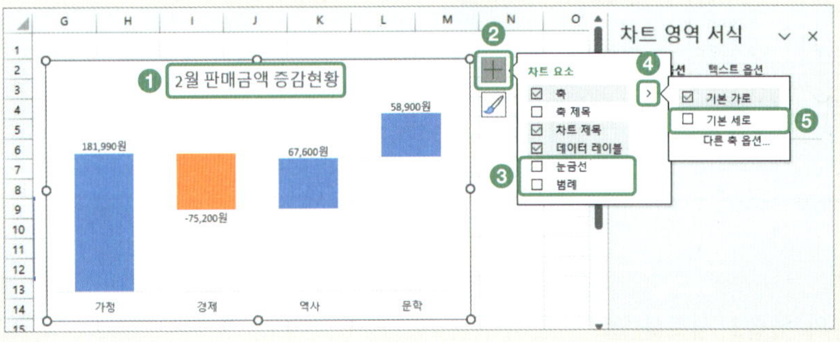

연습문제

1 '7장_연습.xlsx' 파일의 '연습1' 시트를 열고 다음과 같은 차트를 만드시오.

❶ 데이터 범위 지정이나 차트 필터 도구를 이용하여 그림과 같이 하반기(7~12월) 확진자수를 비교하는 [혼합] 차트를 만드시오.

❷ [차트 스타일]은 [스타일 4]로 설정하고 [차트 제목]과 [축 제목]을 입력하시오.

❸ '확진자수(명)' 계열에 데이터 레이블을 그림과 같이 표시되도록 설정하시오.

❹ '표식이 있는 꺾은선형'으로 표시되는 '인구수(명)' 계열의 [표식] 크기는 [10]으로 설정하시오.

❺ [범례]는 [위쪽]으로 차트와 겹치지 않게 표시하고, 기본 세로축의 [축 옵션] 단위는 [100]으로 설정하시오.

❻ [차트 영역]은 [단색 채우기]로, [그림 영역]은 [패턴 채우기]로 설정하고 임의의 색상과 패턴을 선택하시오.

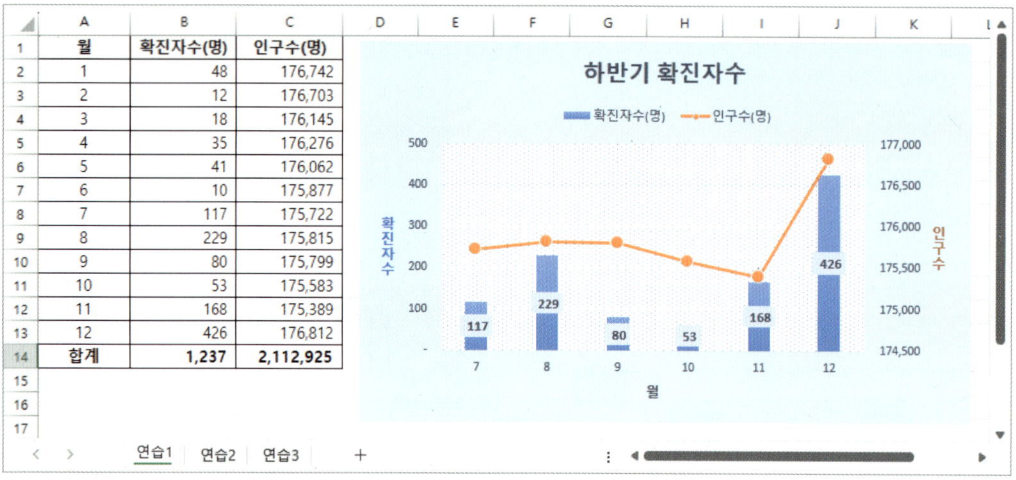

월	확진자수(명)	인구수(명)
1	48	176,742
2	12	176,703
3	18	176,145
4	35	176,276
5	41	176,062
6	10	175,877
7	117	175,722
8	229	175,815
9	80	175,799
10	53	175,583
11	168	175,389
12	426	176,812
합계	1,237	2,112,925

2 '7장_연습.xlsx' 파일의 '연습2' 시트를 열고 다음과 같은 차트를 만드시오.

❶ 차트에 표시할 데이터 범위를 알맞게 선택하고, 차트 종류는 [원형 대 원형]을 이용하시오.

❷ [차트 스타일]은 [스타일 3]으로 설정하고, [범례] 요소는 제거하시오.

❸ [데이터 레이블]은 [항목 이름]과 [백분율]이 [안쪽 끝에] 표시되도록 하시오.

❹ '기타' 데이터 요소 서식의 [계열 옵션]에서 [쪼개진 요소]는 [20%]로, [둘째 영역 크기]는 [50%]로 설정하시오.

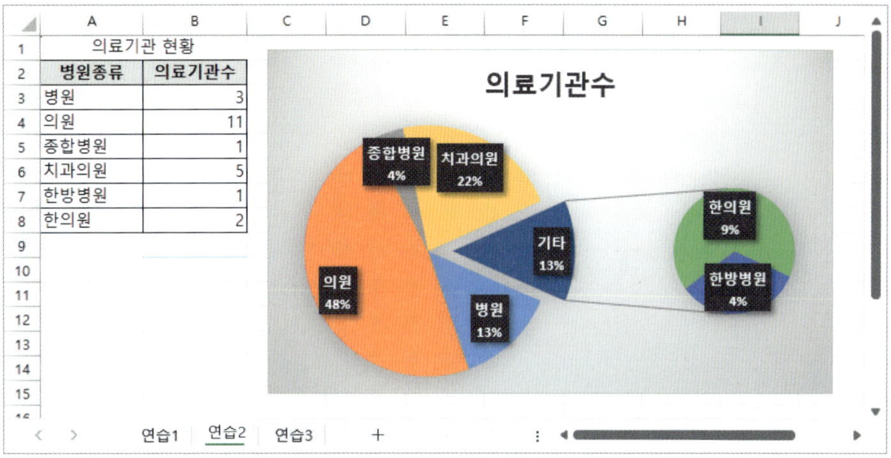

3 '7장_연습.xlsx' 파일의 '연습3' 시트를 열고, 영화 감상평 데이터를 차트로 표시하시오.

❶ 차트에 표시할 데이터 범위를 알맞게 선택하고, 차트 종류는 [표식이 있는 방사형]으로 선택하시오.

❷ [차트 스타일]은 [스타일 5]로 설정하고 [차트 제목]은 제거하시오.

❸ [항목 레이블]이 잘 표시되도록 글꼴 크기는 [10]으로 설정하고, [굵게]를 적용하시오.

❹ [표식 옵션]의 [크기]는 [7]로, [채우기]는 [단색 채우기]로 선택하고 [채우기 색]을 [빨강]으로 설정하시오.

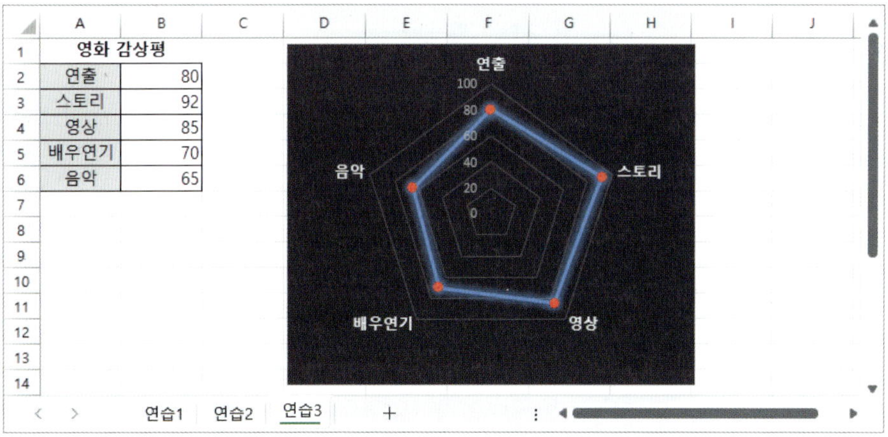

PART

02

파워 포인트

CHAPTER

08

파워포인트 기본 기능

학습목표

- 프레젠테이션 제작 과정을 단계별로 설명할 수 있다.
- 서식 파일을 이용해 프레젠테이션을 만들 수 있다.
- 파워포인트 문서를 열고 슬라이드를 다룰 수 있다.

SECTION 01

프레젠테이션 과정 살펴보기

파워포인트는 프레젠테이션(presentation)을 위한 프로그램이다. 프레젠테이션이란 청중에게 정보를 제공하거나 설득하기 위한 대화 기법의 하나로, 특정 정보를 청중에게 발표하는 전체 과정을 의미하며, 강연이나 상품 홍보, 정보 공유 등 다양한 분야에서 활용된다. 프레젠테이션은 다수의 사람과 주고받는 형태의 커뮤니케이션이므로 일방적인 전달이 아니라 상호 작용으로 이루어져야 한다. 또한, 다양한 형태의 자료나 멀티미디어 등을 이용하여 가독성을 높이고 쉽게 이해할 수 있는 디자인으로 작성해야 효과적으로 전달할 수 있다.

프레젠테이션을 제작하는 과정은 ① 주제나 대상 파악을 위한 프레젠테이션 기획, ② 수집한 자료를 이용한 슬라이드 제작, ③ 작성한 자료를 이용한 발표로 이루어진다. 프레젠테이션 제작 과정의 각 단계에서 고려할 사항과 세부 작업을 이해하면서 효과적인 프레젠테이션을 작성하기 위한 기본 개념을 먼저 알아보기로 한다.

▲ 프레젠테이션 제작 과정

1.1 프레젠테이션 기획

프레젠테이션을 기획하는 과정에서는 발표하고자 하는 주제와 발표 대상을 먼저 파악한 후 스토리를 구성하고 슬라이드에 들어갈 주요 내용을 요약한다.

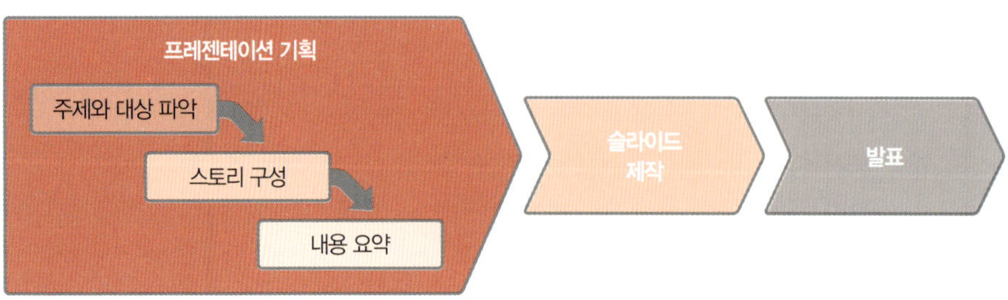

▲ 프레젠테이션 기획 과정

- **주제 파악:** 동일한 주제라 하더라도 시점이나 대상에 따라 다양한 해석과 접근이 가능하여 흐름과 결론이 달라질 수 있다는 점에 유의해야 한다. 예를 들어 '자기 소개'라는 주제로 프레젠테이션을 한다면, 자신의 성격이나 취미와 관련된 내용으로 구성할 수도 있고 경력과 업무 능력을 중심으로 내용을 구성할 수도 있다.
- **대상 파악:** 대상의 성별, 나이, 종교, 국가, 경험, 직업 등에 따라 가치관이나 성향, 환경 등에 매우 다양한 차이가 있을 수 있다. 따라서 같은 내용을 전달하더라도 대상에 따라 상호 작용이나 이해도, 혹은 공감 여부가 완전히 달라질 수 있다. 예를 들어 '취업 준비'라는 주제로 프레젠테이션을 한다면 성별과 나이, 혹은 경험이나 직업 유무에 따라 청중에게 어떤 정보가 필요한지, 어떤 예를 들어 설명할 것인지 등의 내용을 다른 관점에서 기획해야 한다.
- **스토리 구성:** 발표의 흐름을 결정하는 스토리는 뉴스나 글쓰기의 진행 구조와 같이 서론, 본론, 결론의 형식을 따르는 것이 좋다. 서론에서는 호기심을 자극할 수 있도록 주제와 배경 등을 언급하고 본론에서는 자신의 생각을 논리적으로 전개하여 원하는 결론에 도달하도록 구성한다.
- **내용 요약:** 스토리를 구성했으면 내용을 요약하여 슬라이드 제작의 기초 자료를 결과물로 산출하도록 한다. 요약의 결과물을 정확하고 구체적으로 작성하면 다음 단계 작업을 더욱 효율적으로 진행할 수 있다. 특히, 여러 사람이 공동으로 작업하는 대형 프로젝트나 사업계획서 등을 준비하는 경우처럼 기획과 제작 단계의 업무를 분리하여 작업할 때는 더욱 중요한 자료가 될 수 있다.

1.2 슬라이드 제작

프레젠테이션 기획 단계에서 만든 요약 결과물과 수집한 자료 등을 이용해 발표 자료를 만드는 단계이다. 이때 프레젠테이션 프로그램을 정해야 하는데, 여러 가지 프레젠테이션 프로그램 중에서 발표 목적, 장소, 상황에 적당한 것을 사용하도록 한다. 프레젠테이션 프로그램으로 가장 많이 사용되고 있는 파워포인트는 다양한 형식의 슬라이드를 제공할 뿐만 아니라 멀티미디어 및 애니메이션 기능을 이용해 역동적인 발표 자료를 제작할 수 있다는 장점이 있다. 슬라이드를 제작할 때는 다음 사항에 유의한다.

- 중요한 메시지만 담아 간결하게 요약한다.
- 텍스트의 크기와 색상은 읽기 쉽도록 설정한다.
- 그림이나 도형을 활용하여 이해하기 쉽고 보기 좋게 구성한다.
- 텍스트나 이미지와 같은 콘텐츠 간의 연관성과 크기 등을 고려해서 효과적으로 배치할 수 있는 레이아웃으로 구성한다.
- 발표 순서에 따라 슬라이드를 배치한다.
- 청중에게 메시지를 효과적으로 전달하기 위해 주제 혹은 소재가 세 가지를 넘지 않도록 한다.

- 텍스트에는 너무 많은 색을 사용하지 않는다. 지나치게 다양한 색을 사용하면 전문성이 약해 보이는 역효과가 나타날 수 있으니 가급적 세 가지 이내의 색을 사용한다. 색 조합 사이트(https://color.adobe.com/ko/create/color-wheel)의 색상 규칙을 참고하여 유사색을 잘 활용하도록 한다.
- 슬라이드에서 반복되는 요소는 단축키를 사용하거나 콘텐츠를 재활용하여 효율적으로 작업한다.

TIP 파워포인트 외에도 다양한 프레젠테이션 프로그램이 있는데, 대표적으로 키노트(Keynote)와 프레지(Prezi)가 있다. 애플에서 개발한 키노트는 높은 해상도의 테마와 다중 화면 지원, 다양한 형식의 파일로 내보내기 등이 장점으로, 초보자도 쉽게 제작할 수 있는 iOS 기기 전용 프레젠테이션 도구이다.

프레지는 클라우드 기반의 프레젠테이션 도구로 웹에서 사용할 수 있고 공동 작업이 가능하며, 프로그램을 설치해 오프라인으로 작업할 수도 있다. 프레지는 슬라이드를 하나씩 제작하고 넘기는 기존 방식과 달리 하나의 화면에 발표할 내용을 모두 담고 특정 내용을 강조하거나 순서대로 움직이게 하는 탁월한 애니메이션 처리가 장점이다.

1.3 발표

프레젠테이션의 마지막 단계는 청중과의 커뮤니케이션인 발표이다. 제작한 슬라이드를 활용하여 청중에게 메시지를 전달하고 설득하는 것이 프레젠테이션의 목표라 할 수 있는데, 시간과 노력을 들여 발표자료를 제작했더라도 내용 전달이 명확하지 않거나 준비 부족으로 발표가 미흡하다면 프레젠테이션 제작 과정 전체가 의미 없는 일이 되어버릴 수 있다. 일반적으로 발표를 할 때 고려할 사항은 다음과 같다(출처: 고용노동부 블로그).

- **발표의 목적을 명확하게 이해한다:** 발표 상황은 여러 가지가 있다. 제품을 판매할 때, 상대 회사에 협업을 요청할 때, 어떤 프로젝트를 승인받을 때, 누군가를 교육할 때처럼 다양한 상황에서 적절한 프레젠테이션 구성이 각각 다르다. 따라서 발표를 준비할 때는 가장 먼저 발표의 목적을 인식해야 한다.
- **발표 장소와 청중을 미리 파악한다:** 발표의 목적을 이해하고 있다면 청중에 대해서도 파악할 수 있다. 발표를 어디에서 하고 청중이 몇 명인지 알면 적절한 목소리 크기와 제스처, 프레젠테이션 분량을 설정한다. 예를 들어 바쁜 임원들에게는 간결하면서도 명확한 두괄식 보고를 하고, 호기심이 많은 신입사원들에게는 회사에 대한 세세한 정보를 친절한 톤으로 전달한다는 전략을 세울 수 있다.
- **스피치의 강약과 속도를 조절한다:** 많은 양의 정보를 전달하는 것보다 주제가 되는 메시지를 청중에게 각인시키는 것이 중요하다. 그러기 위해서는 스피치의 강약과 높낮이, 속도를 조절해야 한다. 속삭이듯 천천히 말하면서 이목을 끌거나, 핵심 내용을 강력한 톤으로 말하는 등의 기술이 필요하다.
- **두괄식으로 말하고 서론에서 목적을 밝힌다:** 여러 이야기를 장황하게 늘어놓는 발표보다 핵심 내용을 먼저 말하고 이에 대해서 첫째, 둘째, 셋째 등으로 설명하는 편이 훨씬 집중하기 좋다. 발표자가 하려는 이야기에 대한 기대감을 청중에게 심을 수 있어야 한다.

- **흥미로운 에피소드를 배치한다:** 짧은 시간 동안 핵심 정보만 전달하는 경우도 있지만, 상황에 따라 길게 발표해야 할 때도 있다. 이때 발표자는 청중의 집중을 오래 유지해야 하는데, 적재적소에 에피소드를 사용하면 좋다. 너무 많은 정보에 피로를 느끼고 집중력을 잃어가는 청중을 웃음짓게 하거나 흥미를 끌고 감동을 주는 에피소드를 준비해 보자.
- **데이터를 꼼꼼히 챙긴다:** 발표를 연습하다 보면 자칫 말하기 자체에만 신경 쓰느라 데이터를 잘못 입력하는 등의 실수를 범할 수 있다. 준비할 때는 잘 보이지 않던 오류를 발표할 때 발견한다면 정말 난감해진다. 이 때문에 당황해서 발표의 흐름을 망칠 수 있으니 데이터를 꼼꼼히 확인해야 한다.
- **충분히 시뮬레이션한다:** 머릿속으로 여러 번 대사를 외워도 막상 현장에서는 생각만큼 쉽게 말이 나오지 않아 발표 도중에 말문이 막히는 경우도 많다. 청중 역할의 사람들을 앞에 두고 연습해 보면 도움이 된다. 또한 발표 연습을 영상으로 찍어 확인하면 잘못된 습관이나 문제점을 파악할 수 있다.

SECTION 02 파워포인트 시작하기

SECTION 01에서 설명한 프레젠테이션 제작 과정 중 슬라이드 제작 단계에서는 파워포인트와 같은 프레젠테이션 프로그램을 사용하여 발표할 문서를 만든다. 여기서는 파워포인트의 서식 파일을 이용하여 간편하게 프레젠테이션을 만들고 저장하는 방법을 알아보기로 한다. 파워포인트로 만들어지는 프레젠테이션은 하나 이상의 슬라이드로 구성되며 확장자가 .pptx인 파일 형식으로 저장된다.

2.1 서식 파일 활용

파워포인트에서는 용도에 따라 슬라이드에 다양한 디자인을 적용한 서식 파일을 다운로드할 수 있다. 서식 파일을 이용하면 디자인 서식이 미리 설정된 프레젠테이션이 자동으로 만들어진다. 자동 생성된 각 슬라이드에 필요한 내용을 입력하거나 수정해서 자료를 쉽게 제작할 수 있다.

기본예제 8-1 서식 파일로 프레젠테이션 만들기

파워포인트에서 제공하는 여러 서식 파일 중에서 비즈니스용 서식을 활용하여 프레젠테이션을 만들고 저장해 보자.

01 파워포인트 프로그램을 실행하고 시작 화면의 [새로 만들기]를 누른다. [추천 검색어] 중 '비즈니스'를 선택한다.

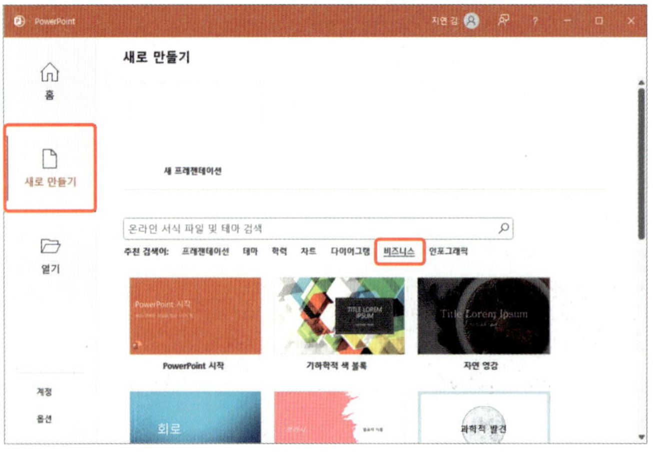

02 비즈니스용 서식 파일 목록을 아래로 스크롤하여 [소매업 디자인]을 선택한다.

TIP 목록에 있는 다른 디자인 서식을 선택해도 된다.

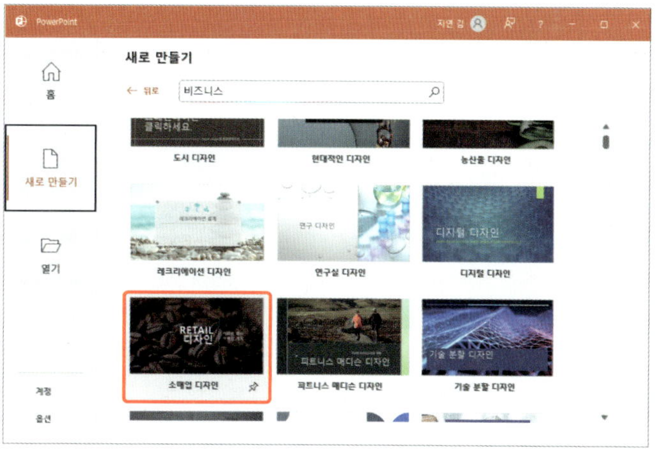

03 [소매업 디자인] 대화상자가 열리면 [만들기]를 누른다.

04 여러 슬라이드가 포함된 프레젠테이션이 만들어지고, 제목 슬라이드가 화면에 표시된다. [도움말] 창은 닫는다.

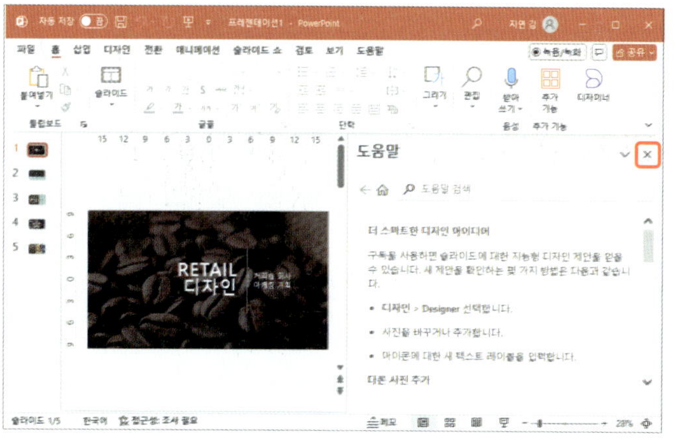

05 슬라이드의 제목과 부제목을 눌러 수정한다. 제목은 **마케팅 전략**으로, 부제목은 **커피숍 마케팅 전략 제안**으로 수정한다.

TIP 서식 파일의 제목이나 내용을 필요에 따라 수정해 사용한다.

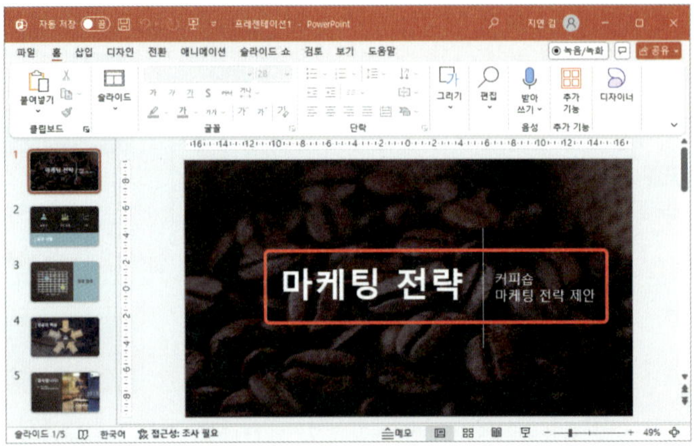

06 프레젠테이션을 저장하려면 빠른 실행 도구 모음의 [저장]을 누른다.

TIP 빠른 실행 도구 모음의 [저장] 대신에 [파일] 탭–[저장] 또는 [다른 이름으로 저장]을 선택해도 된다.

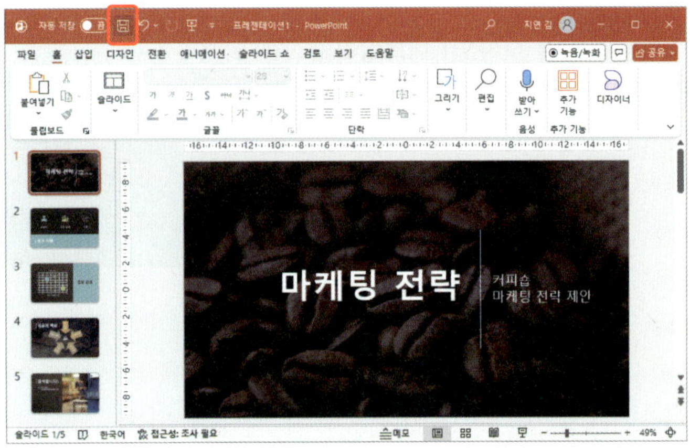

07 [이 파일 저장하기] 대화상자가 열리면 [파일 이름]에 **마케팅 전략**을 입력한다. [위치 선택]의 [⌄ 목록] 단추를 눌러 파일을 저장할 위치를 선택한 후 [저장]을 누른다.

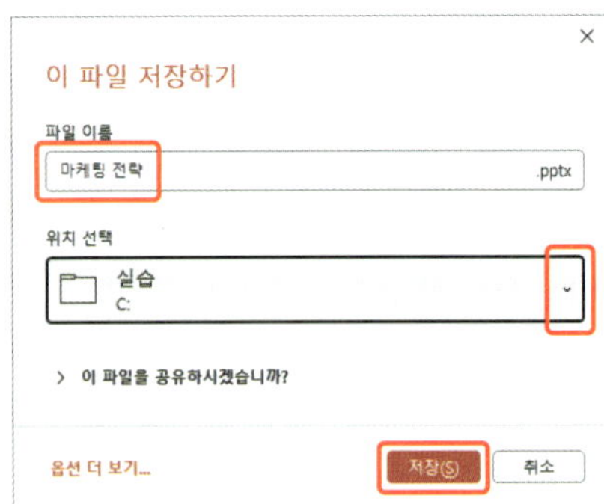

08 프레젠테이션 문서를 닫을 때는 [파일] 탭–[닫기]를 선택한다.

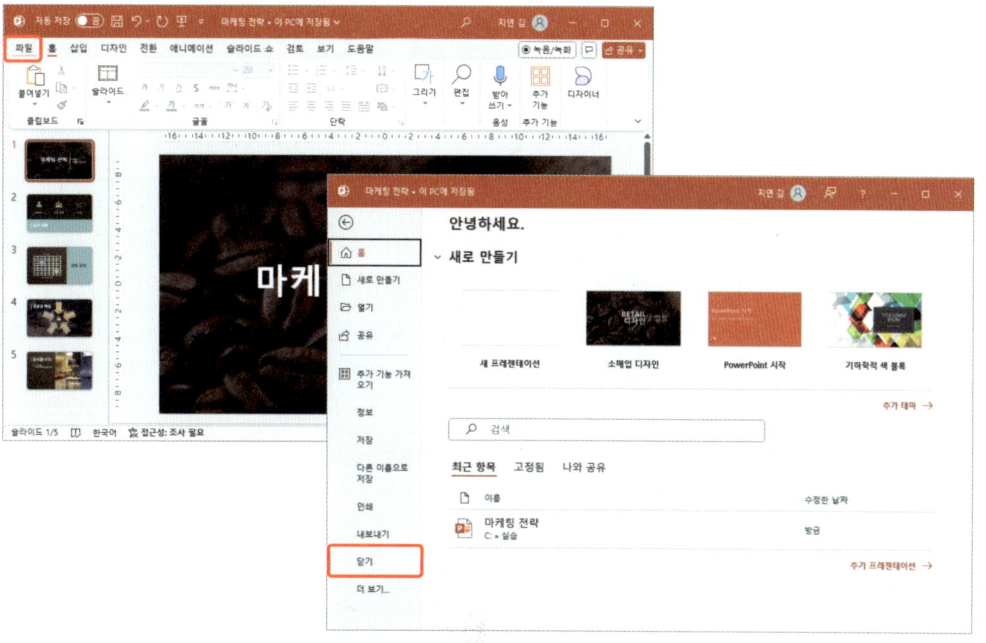

TIP 문서 닫기는 단축키 Ctrl+F4를 이용할 수도 있다.

09 문서를 닫으면 파워포인트 화면에 빈 영역이 표시된다. 파워포인트 프로그램을 종료하려면 화면 오른쪽 상단의 [닫기] 단추를 누른다.

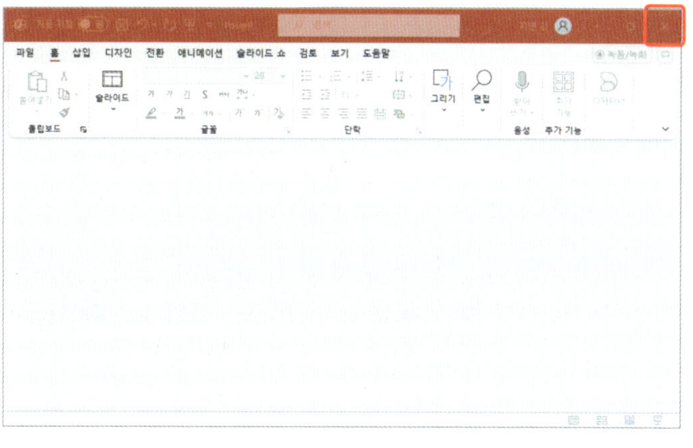

TIP 단축키 Alt+F4를 눌러 프로그램을 종료할 수도 있다. 여러 개의 프레젠테이션 문서가 열려 있는 경우에 이 단축키를 이용하면 모든 문서가 닫힌 후 파워포인트 프로그램이 종료된다.

SECTION 03

파워포인트 문서 다루기

파워포인트 프로그램을 잘 사용하려면 메뉴와 각종 도구가 어떻게 구성되어 있는지 알아두어야 한다. 파워포인트 화면은 다음 그림과 같이 제목 표시줄 왼쪽의 빠른 실행 도구 모음, 리본 메뉴, 슬라이드 보기 창과 슬라이드 창, 작업 표시줄로 이루어진다.

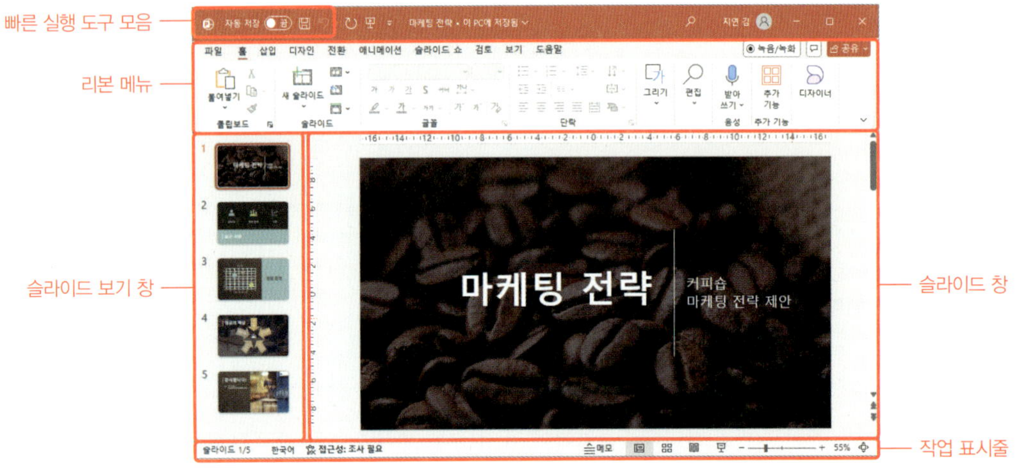

- **빠른 실행 도구 모음:** 자주 사용하는 메뉴들을 모아 놓고 간편하게 실행할 수 있도록 하는 즐겨찾기와 같은 개념이다.
- **리본 메뉴:** 파워포인트에서 사용할 수 있는 메뉴를 유형별로 묶어 탭 형식으로 제공하는 것으로, 특정 탭을 누르면 해당 메뉴의 세부 도구들이 표시된다.
- **슬라이드 보기 창과 슬라이드 창:** 슬라이드 보기 창에서는 모든 슬라이드를 미리 보기로 확인할 수 있고 슬라이드의 순서를 변경하거나 추가 및 삭제 작업도 간편하게 할 수 있다. 슬라이드 창에서는 슬라이드 보기 창에서 선택한 특정 슬라이드에 텍스트를 입력하거나 도형, 그림 등을 삽입하고 속성을 설정하는 등의 편집 작업을 할 수 있다.
- **작업 표시줄:** 전체 슬라이드 개수와 현재 선택한 슬라이드 번호 등의 작업 상태를 표시하고, 슬라이드 보기 형식을 변경하거나 화면 확대/축소를 바로 실행할 수 있다.

3.1 빠른 실행 도구 모음 활용하기

빠른 실행 도구는 파워포인트 화면에서 프레젠테이션 제목과 함께 가장 위에 표시된다. 파워포인트에서 제공하는 메뉴 중 자주 사용하는 기능을 등록해 두고 빠르게 사용하는 기능이다.

기본예제 8-2 빠른 실행 도구 모음에 메뉴 추가하기

빠른 실행 도구 모음에 필요한 기능을 추가하고 사용하는 방법을 알아보자.

01 파워포인트를 실행하고 시작 화면의 [최근 항목] 중에서 [기본예제 8-1]에서 저장한 '마케팅 전략' 파일을 선택한다.

TIP 파워포인트가 이미 실행중이라면 [파일] 탭-[열기]의 [최근 항목]이나 [찾아보기]에서 파일을 선택한다.

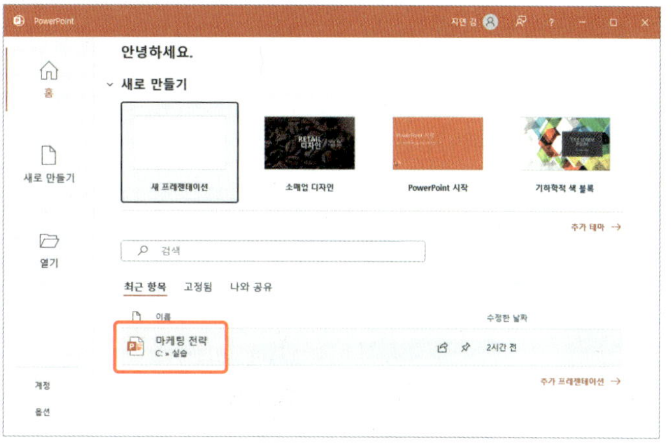

02 [빠른 실행 도구 모음 사용자 지정] 단추를 누르고 목록에서 [새로 만들기]를 선택한다.

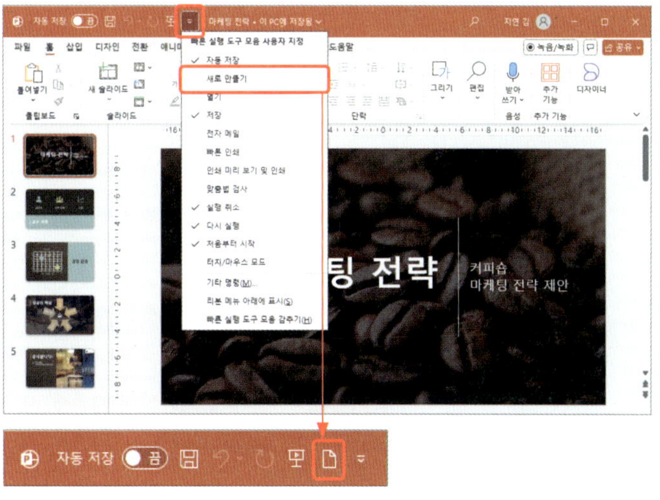

TIP 빠른 실행 도구 모음에 [새로 만들기] 단추가 표시되고, 단추를 누르면 새 프레젠테이션 만들기를 빠르게 실행할 수 있다.

03 리본 메뉴에서 메뉴를 직접 선택하고 빠른 실행 도구 모음에 추가해도 된다. [삽입] 탭-[메모] 그룹의 [메모]를 마우스 오른쪽 단추로 누르고 [빠른 실행 도구 모음에 추가]를 선택한다.

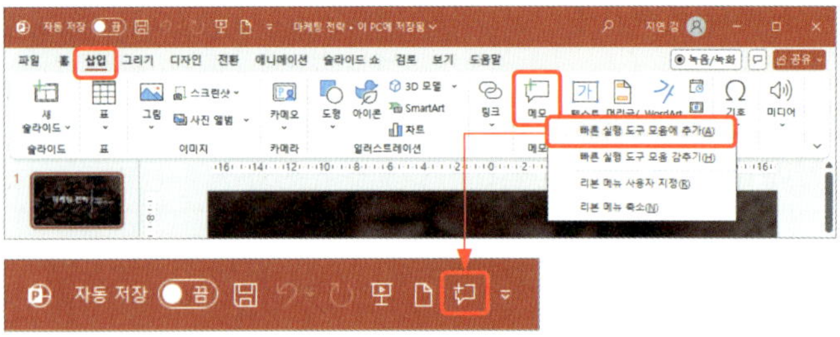

04 Alt를 누르면 빠른 실행 도구 모음의 단축 번호가 표시된다. 단축 번호가 표시된 상태에서 [6]을 누르면 새 프레젠테이션을 작성할 수 있다.

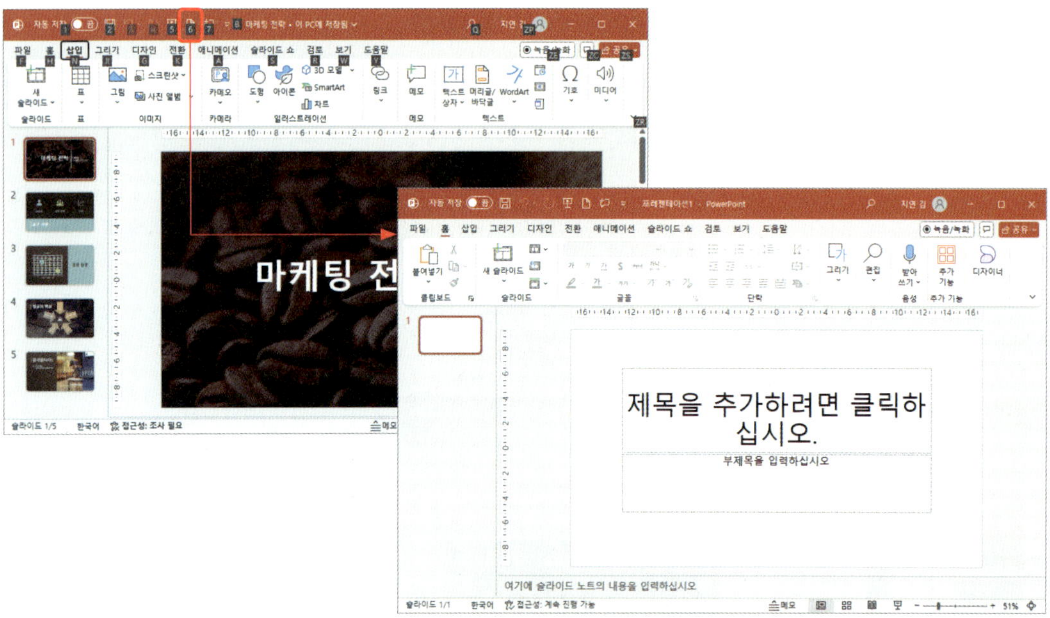

TIP 추가한 메뉴를 빠른 실행 도구 모음에서 제거하려면 해당 메뉴를 마우스 오른쪽 단추로 누르고 목록에서 [빠른 실행 도구 모음에서 제거]를 선택한다.

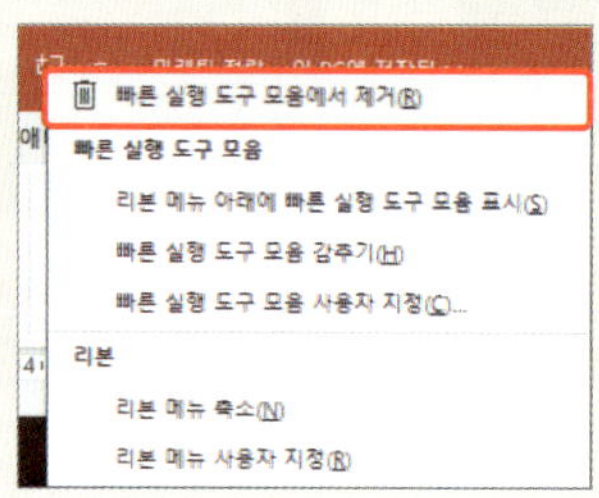

3.2 다른 형식으로 프레젠테이션 내보내기

파일 내보내기를 이용하면 파워포인트에서 만든 프레젠테이션을 PDF 형식이나 비디오, 이미지 등 다른 형식의 파일로 저장할 수 있다.

기본예제 8-3 프레젠테이션을 PDF와 비디오로 저장하기

'마케팅 전략.pptx' 파워포인트 문서를 다른 형식의 파일로 저장해 보자.

01 '마케팅 전략.pptx' 파일을 열고 [파일] 탭을 눌러 [내보내기]의 [PDF/XPS 문서 만들기]를 선택하고 [PDF/XPS 만들기]를 누른다.

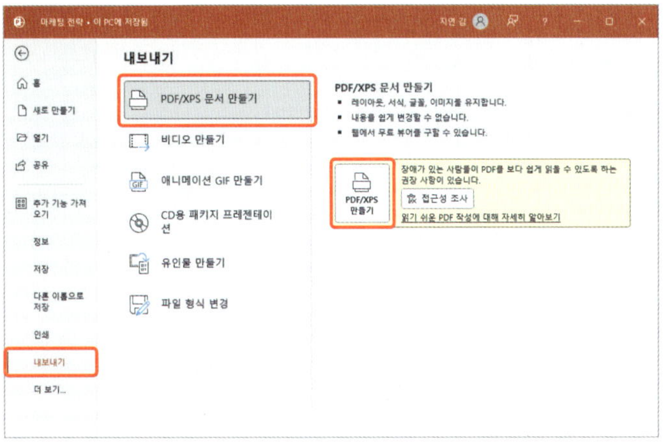

02 [PDF 또는 XPS로 게시] 대화상자가 열리면 [파일 이름]을 **마케팅 전략**으로 하고 [게시 후 파일 열기]에 체크한 다음 [게시]를 누른다.

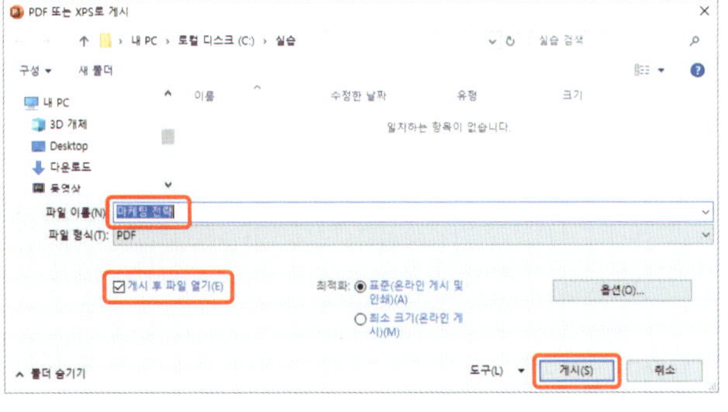

03 PDF 문서 작성 과정이 종료되면 만들어진 문서가 화면에 게시된다.

04 프레젠테이션을 비디오로 저장하려면 [파일] 탭–[내보내기] 목록에서 [비디오 만들기]를 선택한다. [각 슬라이드에 걸린 시간(초)]을 3으로 바꾸고 [비디오 만들기]를 누른다.

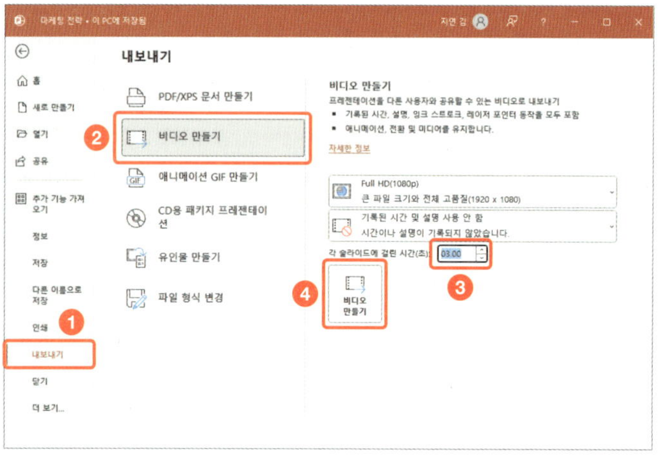

TIP 비디오 만들기의 [기록된 시간 및 설명 사용 안 함] 대신 [비디오 녹화]를 선택하면 프레젠테이션을 바로 녹화하면서 설명이나 포인터의 움직임, 시간 등을 저장할 수 있다. 이전에 기록된 시간이나 설명이 있으면 [기록된 시간 및 설명 사용] 메뉴가 표시된다.

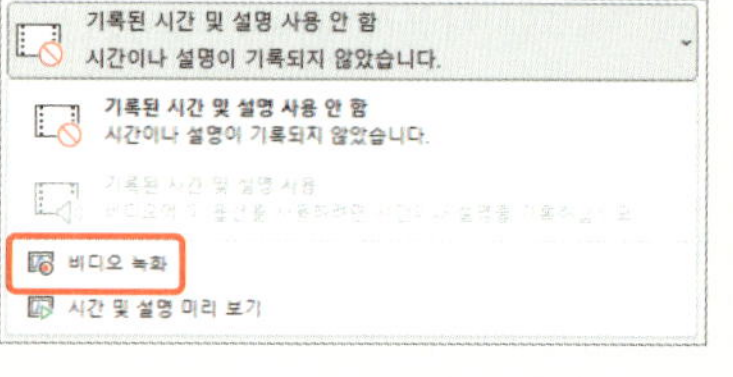

05 [비디오 내보내기] 대화상자에서 [파일 이름]을 **마케팅 전략**으로 입력하고, [파일 형식]은 [MPEG-4 비디오]로 선택한 다음 [내보내기]를 누른다.

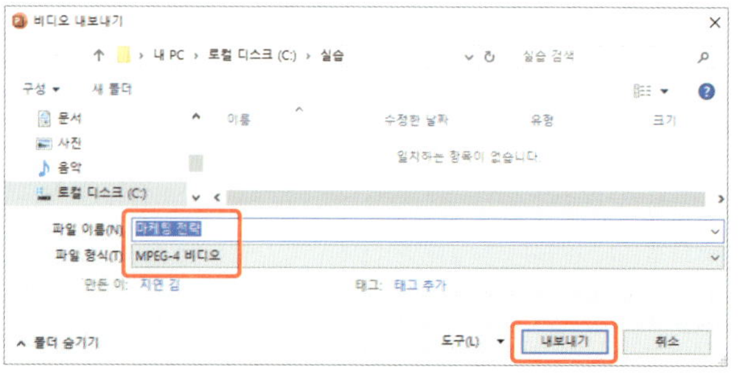

06 저장된 비디오 파일을 탐색기에서 찾아 더블클릭하면 비디오가 재생된다.

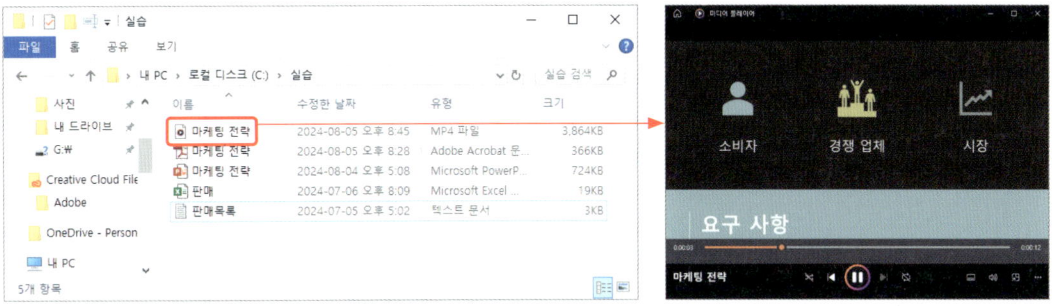

3.3 슬라이드 다루기

슬라이드 내용을 편집하기에 앞서 슬라이드 보기 모양이나 크기 조절, 슬라이드의 이동/복사/삽입/삭제 및 레이아웃이나 구역 설정 등 슬라이드를 구성하는 도구를 알아본다.

기본예제 8-4 슬라이드 보기 모양과 순서, 크기 바꾸기

작업 표시줄에 있는 슬라이드 보기 모양 변경과 크기 조절 기능을 이용해 보자.

01 '마케팅 전략.pptx' 파일을 열고 작업 표시줄에서 [田 여러 슬라이드] 단추를 누른다.

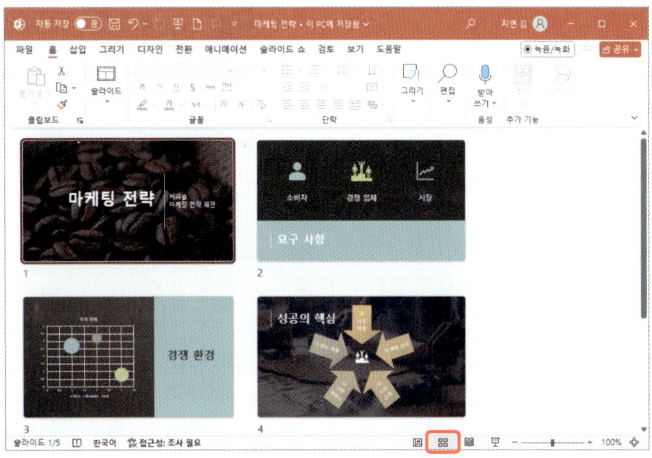

TIP [보기] 탭에서 다양한 보기 모양을 선택할 수 있다.

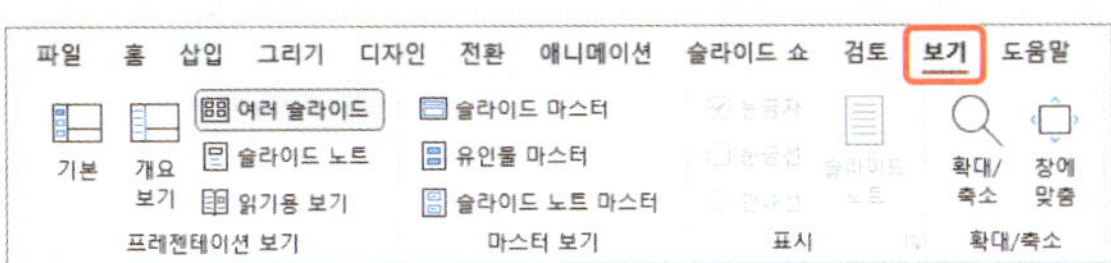

02 슬라이드 3을 드래그하여 슬라이드 2 앞에 오도록 한다.

TIP 여러 슬라이드 보기 화면은 모든 슬라이드를 한눈에 모두 볼 수 있어 순서를 바꾸거나 삭제하는 등 슬라이드를 적절한 위치에 배치하고 구성을 변경할 때 유용하다.

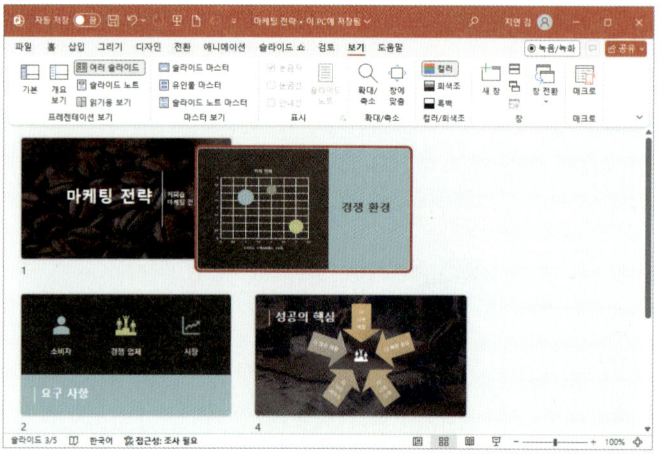

03 [읽기용 보기] 단추를 누르면 발표할 때 표시되는 슬라이드의 모양을 확인할 수 있다.

TIP 읽기용 보기 화면에서는 파워포인트의 창 크기가 슬라이드 쇼를 진행할 때처럼 전체 화면으로 확대되지 않고 설정한 화면 전환이나 애니메이션 등이 실행되는 과정을 볼 수 있다.

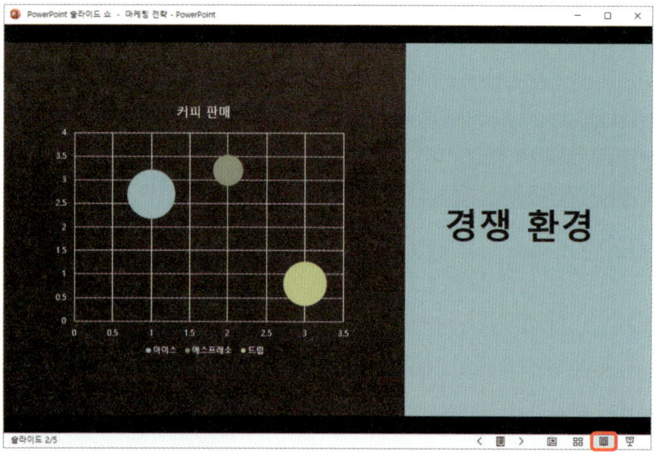

04 [기본] 단추를 누르고 [확대/축소] 조절점을 오른쪽으로 드래그하면 슬라이드 크기를 확대할 수 있다.

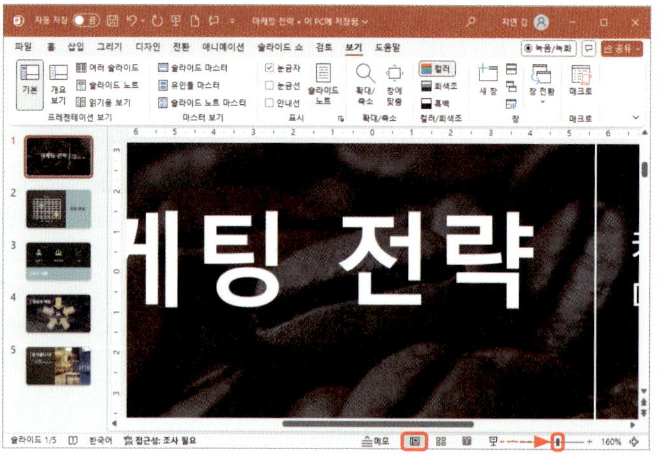

05 작업 표시줄 맨 오른쪽에 있는 [슬라이드를 현재 창 크기에 맞춥니다.] 단추를 누르면 슬라이드가 현재 창 크기에 자동으로 맞춰진다.

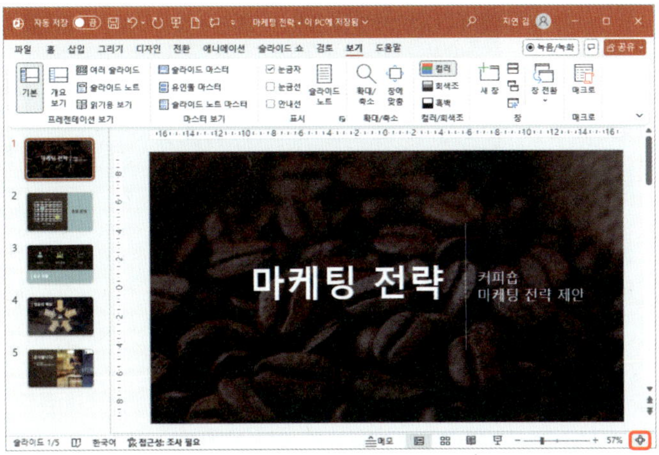

기본예제 8-5 슬라이드 복제와 추가, 삭제하기

슬라이드 보기 창을 이용해 슬라이드의 복제나 이동, 추가 및 삭제 작업을 해 보자.

01 '마케팅 전략.pptx' 파일을 연다. 슬라이드 보기 창에서 슬라이드 3을 마우스 오른쪽 단추로 누르고 [슬라이드 복제]를 선택한다.

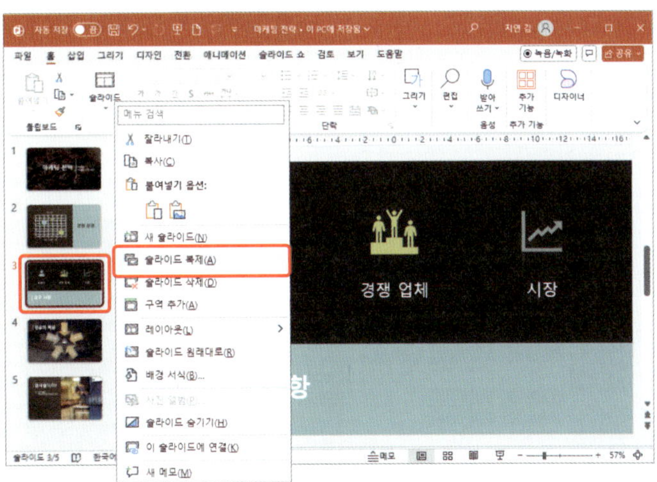

TIP [홈] 탭-[클립보드] 그룹-[복사] 목록에서 [복제]를 선택하거나 단축키 Ctrl+D를 눌러도 된다.

02 선택한 슬라이드 바로 아래에 복제한 슬라이드가 삽입된다.

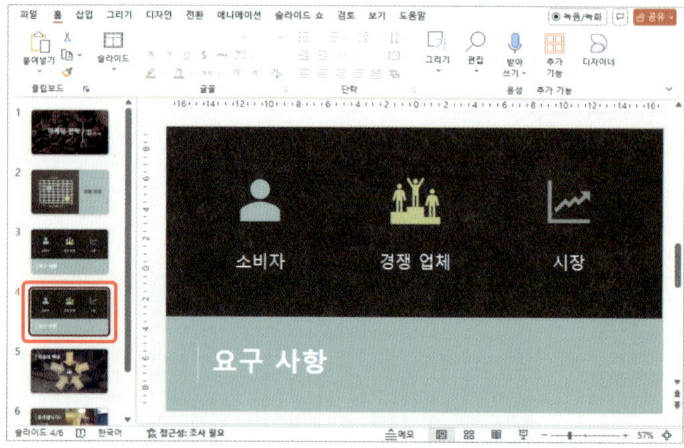

03 마우스를 이용하여 슬라이드를 복제할 수도 있다. 슬라이드 보기 창에서 슬라이드 5를 선택한 상태에서 Ctrl 키를 누르고 원하는 위치로 드래그하면 슬라이드가 복제된다.

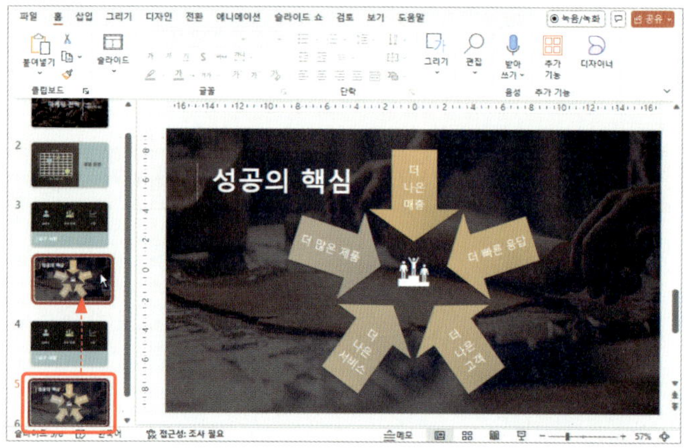

04 슬라이드를 새로 추가하려면 [홈] 탭-[슬라이드] 그룹-[새 슬라이드] 목록에서 원하는 슬라이드 레이아웃을 선택한다.

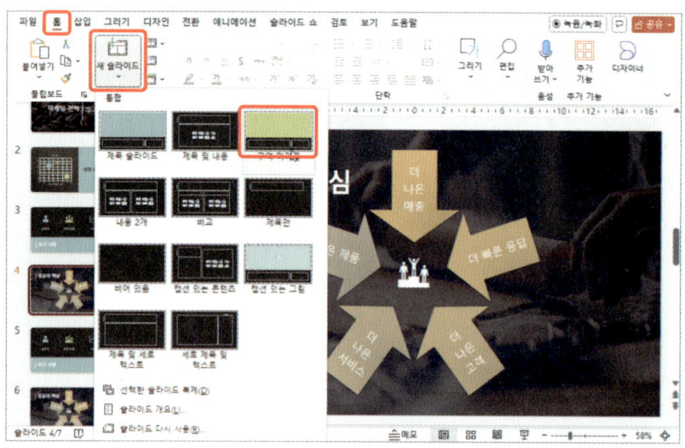

TIP 슬라이드 보기 창에서 슬라이드를 하나 선택하고 Enter 를 누르면 선택한 슬라이드와 같은 레이아웃의 새 슬라이드가 추가된다.

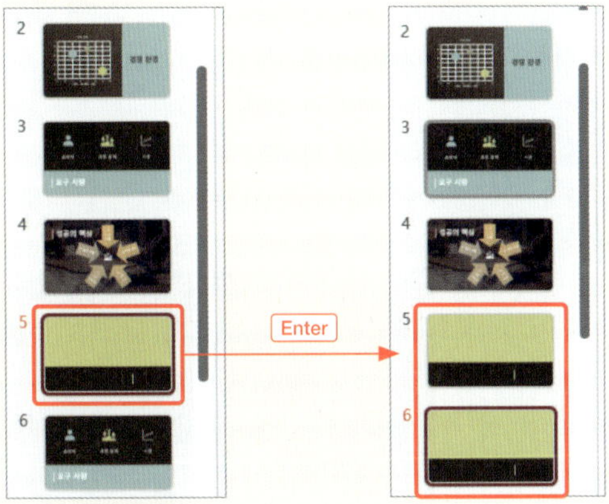

TIP 슬라이드는 제목이나 본문 텍스트, 표, 차트 등 여러 요소로 구성된다. 파워포인트에서는 이 요소들을 각기 다른 모양으로 배치한 여러 가지 레이아웃을 제공한다. 레이아웃을 변경하려면 슬라이드를 선택하고 [홈] 탭-[슬라이드] 그룹-[레이아웃] 목록에서 원하는 레이아웃을 선택한다.

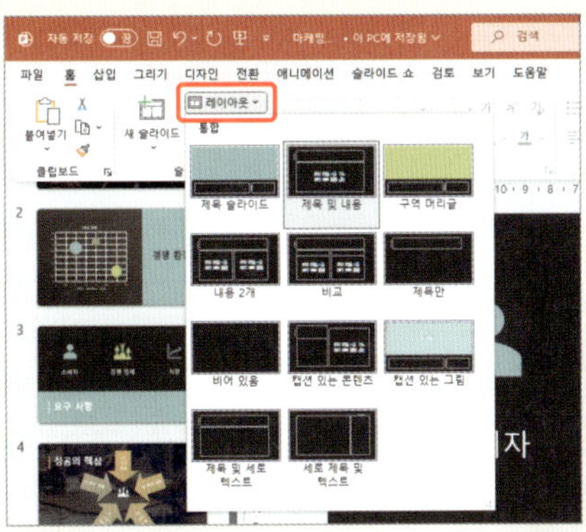

05 불필요한 슬라이드를 삭제하려면 해당 슬라이드를 마우스 오른쪽 단추로 누르고 [슬라이드 삭제]를 선택한다.

TIP 삭제할 슬라이드를 선택하고 Delete 를 눌러도 된다.

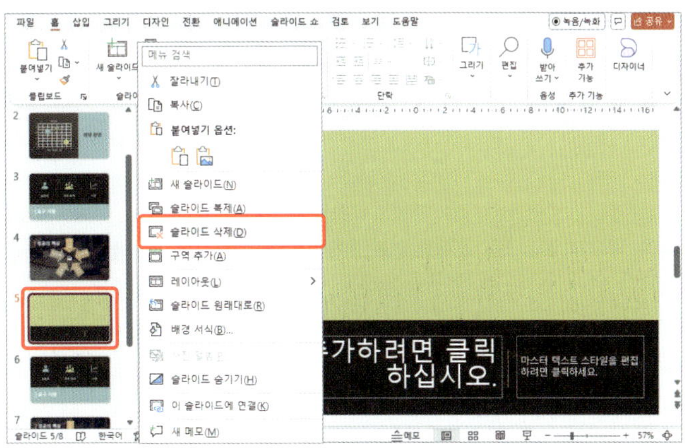

기본예제 8-6 구역 설정과 제거하기

컴퓨터에서 파일을 관리할 때 폴더를 사용하듯이, 파워포인트에서는 구역을 활용해 슬라이드를 주제나 내용에 따라 그룹화할 수 있다. 구역을 설정하거나 제거하는 방법을 알아보자.

01 '마케팅 전략.pptx' 파일의 첫 번째 슬라이드를 선택하고 [홈] 탭-[슬라이드] 그룹-[구역] 목록에서 [구역 추가]를 선택한다.

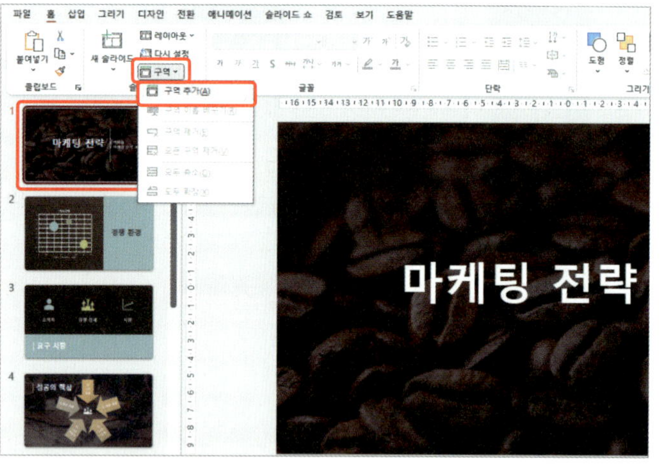

02 '제목 없는 구역'이 만들어지고 [구역 이름 바꾸기] 대화상자가 나타난다. [구역 이름]에 **서론**이라고 입력하고 [이름 바꾸기]를 누른다.

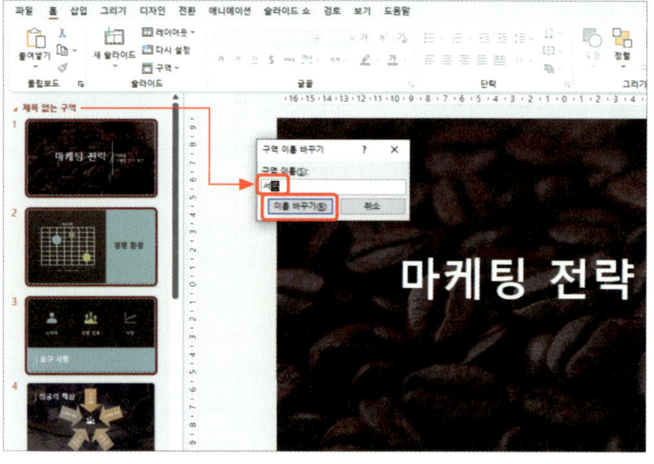

TIP 슬라이드 보기 창의 구역 이름 앞에 있는 [◢ 숨김]이나 [▶ 펼침] 단추를 누르면 해당 구역에 포함된 슬라이드를 숨기거나 펼칠 수 있다. 또한 구역 이름을 선택하면 구역에 속한 모든 슬라이드가 선택되어 이동이나 복제, 인쇄할 때 편리하다.

03 슬라이드 4를 선택하고 **01~02** 단계를 반복하여 '본론' 구역을 추가한다.

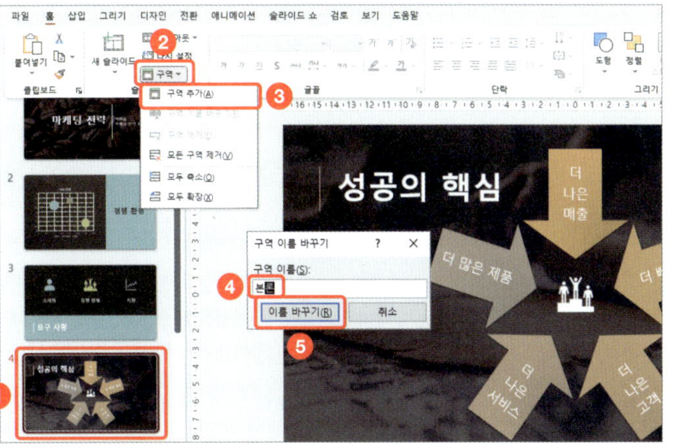

04 마지막 슬라이드를 선택하고 '결론' 구역을 추가한다.

TIP 슬라이드 보기 창에서 슬라이드를 이동시키는 것처럼 구역 이름을 드래그해 구역 순서를 바꿀 수 있으며, 다른 구역에 있는 슬라이드를 드래그하여 소속 구역을 변경할 수도 있다.

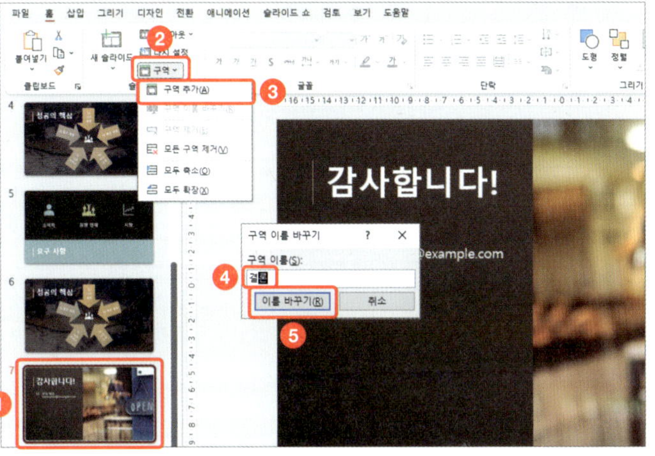

05 구역을 제거하려면 제거할 구역 이름을 마우스 오른쪽 단추로 누르고 [구역 제거]를 선택한다.

TIP [구역 제거]를 선택하면 구역 구분만 없어지고 포함된 슬라이드는 그대로 남지만, [구역 및 슬라이드 제거]를 선택하면 해당 구역에 포함된 슬라이드까지 모두 제거된다.

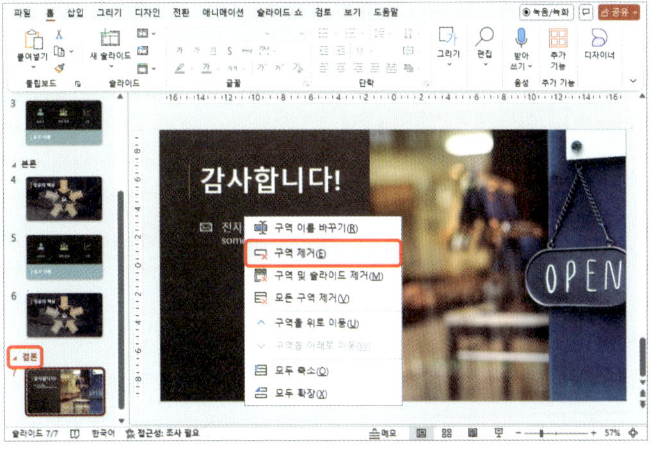

종합예제

지구온난화의 원인과 대처 방안을 주제로 하는 프레젠테이션 자료를 제작해 보자. 발표 내용을 요약한 텍스트 파일과 파워포인트에서 제공하는 테마 디자인을 이용해 발표 자료를 간편하게 만들어 본다.

TIP 프레젠테이션 기획 단계에서는 발표할 주제를 분석하여 스토리에 맞게 요약한다. 이때 요약 내용을 다음 그림과 같이 텍스트 파일(.txt)로 저장하면 슬라이드 개요로 바로 활용할 수 있다. 텍스트 문서에 입력된 줄바꿈(Enter)과 들여쓰기(Tab)로 슬라이드의 단위와 세부 항목이 파워포인트에서 자동으로 구분된다. 실습할 때는 부록의 '지구온난화 요약.txt' 파일을 사용하자.

TIP 텍스트 문서를 직접 만들어 오피스 프로그램에서 사용하려면 메모장에서 한글 인코딩 방식을 'UTF-16 LE'로 선택한 후 저장한다.

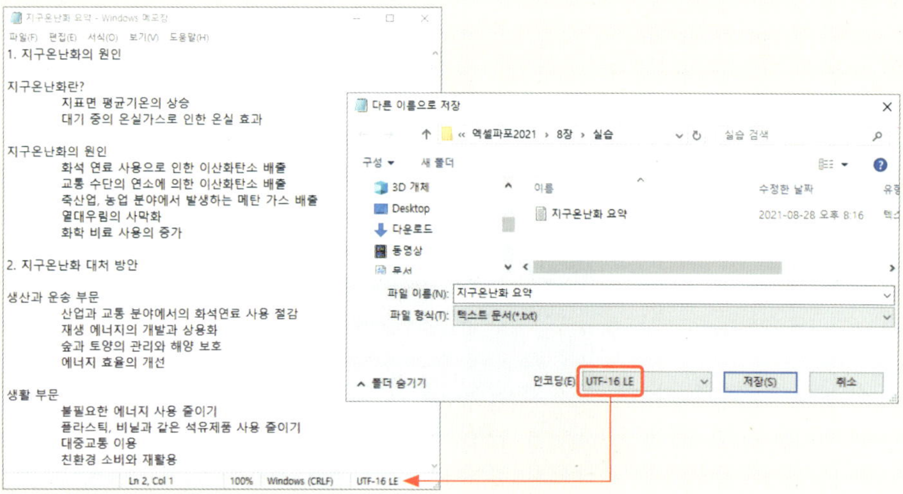

1 파워포인트를 실행하고 [새 프레젠테이션]을 선택한다.

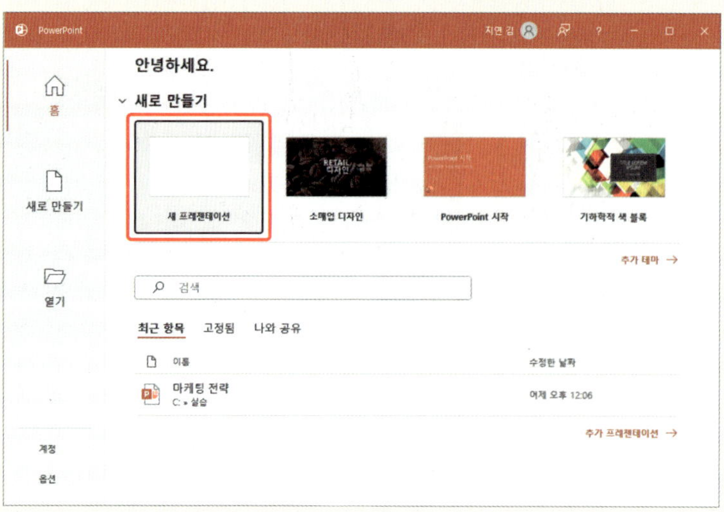

2 [홈] 탭–[슬라이드] 그룹–[새 슬라이드] 목록에서 [슬라이드 개요]를 선택한다.

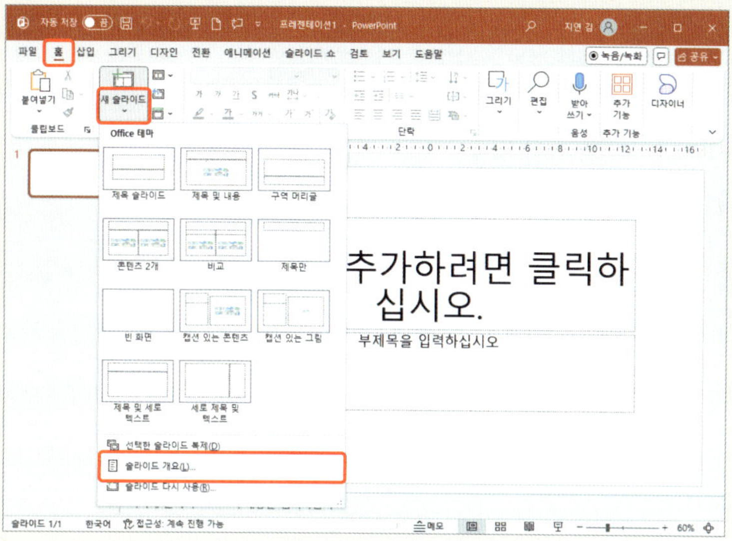

3 [개요 삽입] 대화상자가 열리면 발표 내용을 요약한 '지구온난화 요약.txt' 파일을 선택하고 [삽입]을 누른다.

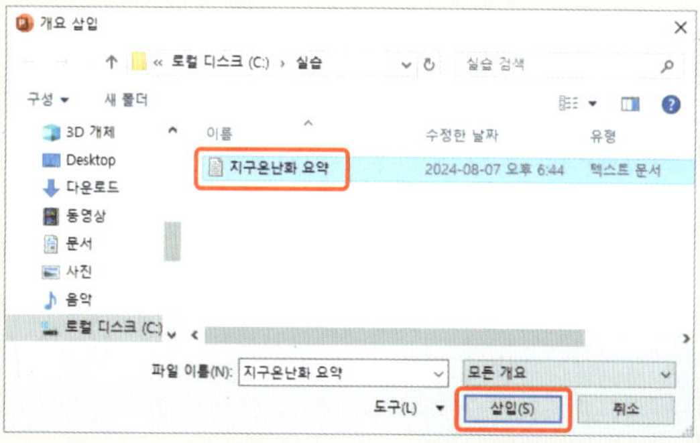

종합예제

4 [보기] 탭–[프레젠테이션 보기] 그룹–[개요 보기]를 누르면 읽어온 텍스트 파일의 내용이 여러 개의 슬라이드로 나뉘어 삽입된 것을 확인할 수 있다.

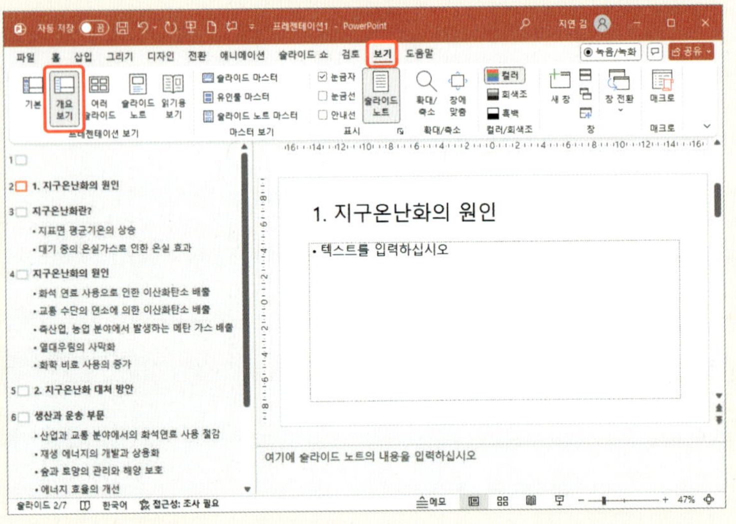

5 작업 표시줄의 [기본] 단추를 눌러 기본 보기로 바꾸고 [디자인] 탭–[테마] 그룹의 목록에서 [줄무늬]를 선택한다.

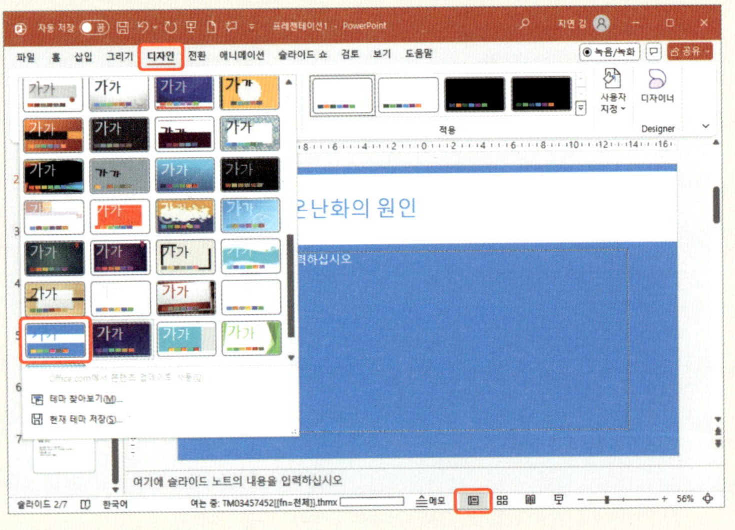

6 [디자인] 탭-[적용] 그룹에서 세 번째 항목을 선택해 색상을 변경한다.

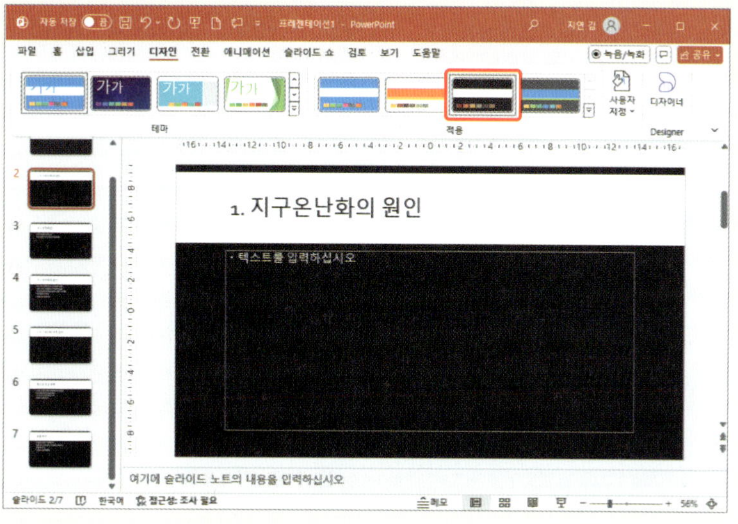

7 슬라이드 1을 선택하고 프레젠테이션의 제목과 부제목을 **지구온난화의 원인과 대책, 환경에너지 관리팀**으로 각각 입력한다.

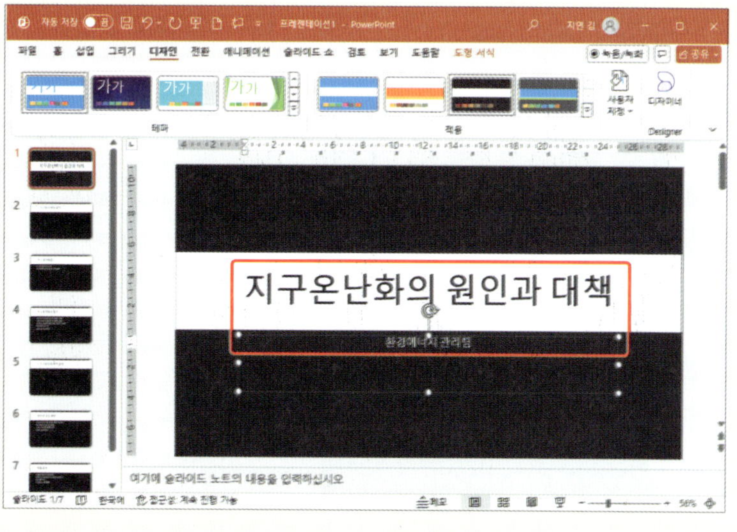

종합예제

8 [디자인] 탭–[테마] 그룹의 목록에서 [어린이 테마]를 찾아 마우스 오른쪽 단추로 누르고 [선택한 슬라이드에 적용]을 선택한다.

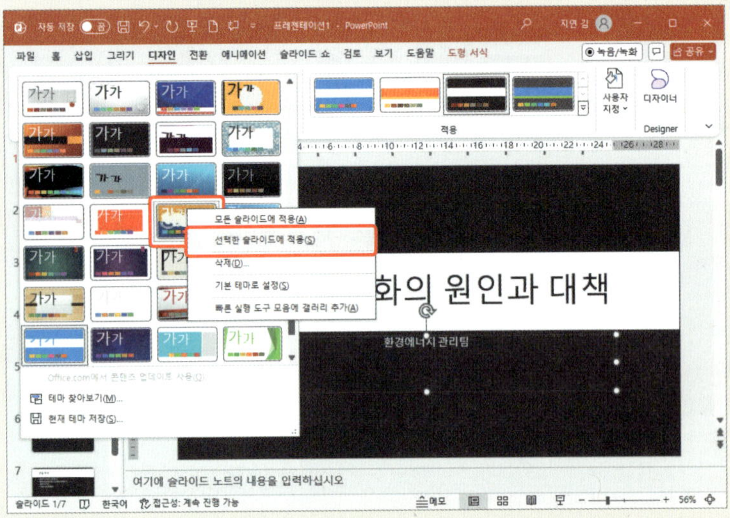

TIP 마우스 왼쪽 단추로 테마를 누르면 [모든 슬라이드에 적용]이 기본으로 선택되어 모든 슬라이드의 디자인이 변경된다.

9 슬라이드 2와 5를 함께 선택하고, [홈] 탭–[슬라이드] 그룹–[레이아웃] 목록에서 [New_Education 01]의 [구역 머리글]을 선택한다.

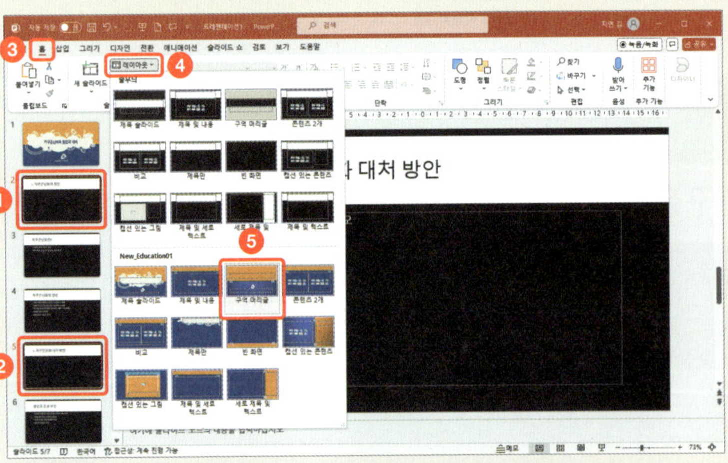

TIP Ctrl을 누른 채로 클릭하면 여러 슬라이드를 함께 선택할 수 있다.

10 슬라이드 2를 선택하고 [홈] 탭-[슬라이드] 그룹-[구역] 목록에서 [구역 추가]를 선택한다. [구역 이름 바꾸기] 대화상자의 [구역 이름]에 **원인**을 입력하고 [이름 바꾸기]를 누른다.

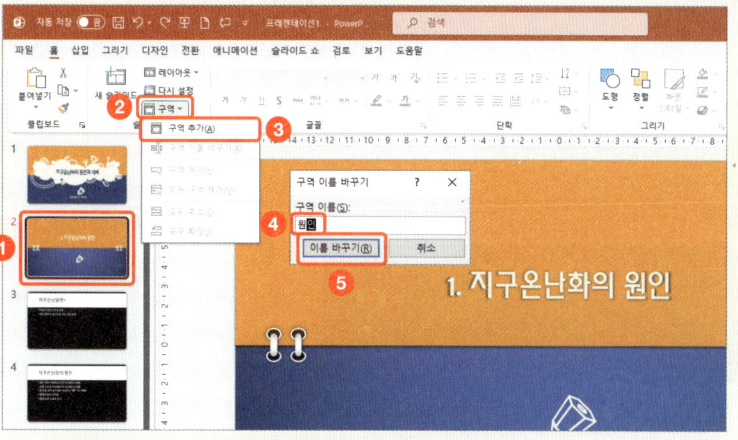

11 슬라이드 5를 선택하고 단계 **10**과 같은 방법으로 '대책' 구역을 추가한다.

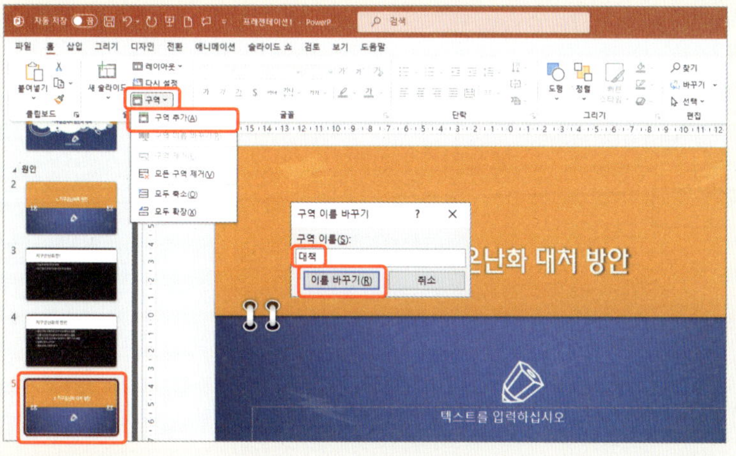

종합예제

12 작성한 프레젠테이션을 저장하기 위해 빠른 실행 도구 모음의 [저장] 단추를 누른다.

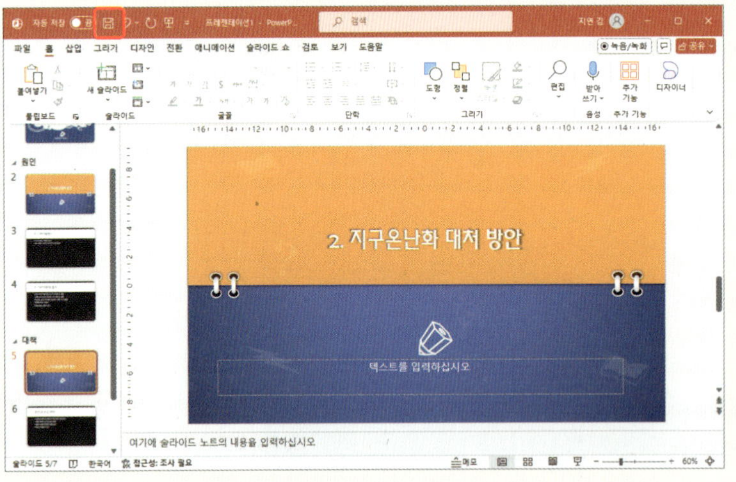

13 [이 파일 저장하기] 대화상자에서 [파일 이름]을 **지구온난화**로 입력하고 저장할 위치를 선택한 다음 [저장]을 누른다.

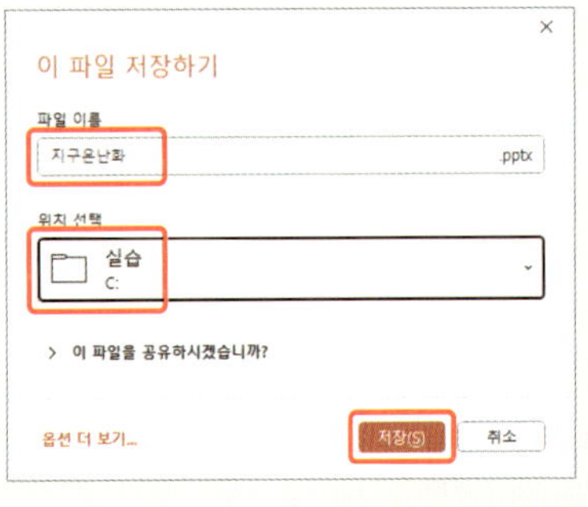

연습문제

1 파워포인트 테마를 적용하여 다음의 지시대로 프레젠테이션을 작성하시오.

❶ '8장_연습1.pptx' 파일을 열고 모든 슬라이드의 디자인을 [이온] 테마로 설정하시오.

❷ 그림과 같이 테마 색상이 변경되도록 [디자인] 탭–[적용] 그룹의 목록에서 항목을 선택하시오.

❸ 슬라이드 1에만 [갤러리] 테마를 설정하고, '정책발표.pptx' 파일로 저장하시오.

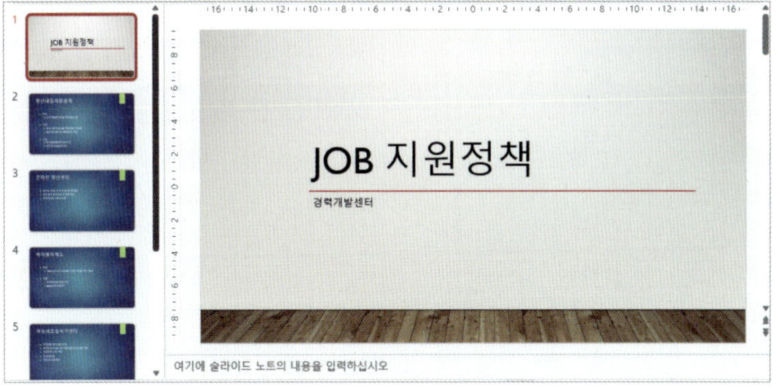

2 파워포인트 서식 파일을 이용하여 다음 지시대로 일정표를 만들어 이미지 파일로 저장하시오.

❶ '다이어그램'으로 검색하여 [행렬형 다이어그램]이라는 서식 파일을 선택하고 SWOT 분석 자료를 만드시오.

❷ [내보내기] 메뉴의 [파일 형식 변경]을 사용하여 현재 슬라이드를 이미지 파일('분석.jpg')로 저장하시오.

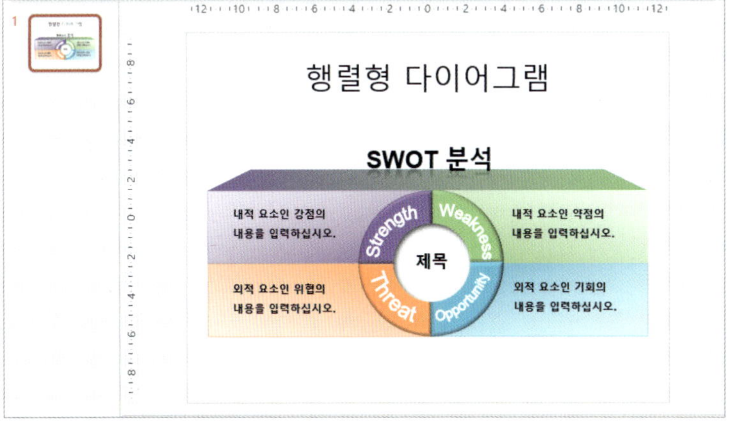

3 다음의 지시대로 프레젠테이션을 작성하시오.

❶ '8장_연습3.pptx' 파일을 열고 구역을 추가하시오. 슬라이드 1~2는 '도입' 구역, 슬라이드 3~6은 '전개' 구역으로 설정하시오.

❷ 모든 슬라이드에 [그물] 테마를 적용하시오.

❸ 슬라이드 2의 레이아웃을 [구역 머리글]로 변경하시오.

CHAPTER 09

텍스트 활용

학습목표

- 입력한 텍스트에 서식을 설정할 수 있다.
- 워드아트 기능을 활용하여 텍스트 효과를 설정할 수 있다.

SECTION 01

텍스트 다루기

파워포인트에서 슬라이드를 제작할 때 가장 많이 사용하는 정보 형태는 텍스트이다. 텍스트는 슬라이드의 개체 틀이나 텍스트 상자 혹은 도형 등을 삽입하여 입력할 수 있다. 전달할 내용의 가독성을 높이기 위해 텍스트의 양이나 글꼴 및 단락 서식 등을 목적에 맞게 디자인하는 것이 중요하다. 여기서는 문자, 기호, 한자 등 여러 형식의 텍스트를 입력하고 글꼴이나 단락의 서식 설정 방법을 알아본다.

1.1 개체 틀 활용

슬라이드에서 텍스트를 입력할 수 있는 개체 틀은 레이아웃에 따라 그 위치와 크기가 달라진다. 제목이나 본문 개체 틀에 텍스트를 입력하면 디자인 테마에 따라 미리 설정된 서식대로 글꼴 크기, 색상, 글머리 기호 등이 표시된다.

TIP 본문 개체 틀은 텍스트뿐 아니라 표나 차트 등 다른 개체를 삽입할 때도 사용할 수 있으며, 필요하지 않은 개체 틀은 삭제할 수 있다.

기본예제 9-1 제목 슬라이드 만들기

디자인 테마나 서식 파일을 설정하지 않고 새 프레젠테이션을 만들어 텍스트를 입력하고, 글꼴 크기나 글꼴 색 등의 서식을 설정해 보자.

01 파워포인트를 실행한 다음, 첫 화면에서 [새 프레젠테이션]을 선택한다.

TIP 서식 파일이나 디자인 테마를 선택하지 않고 새 프레젠테이션을 만들면 'Office 테마'가 적용된다.

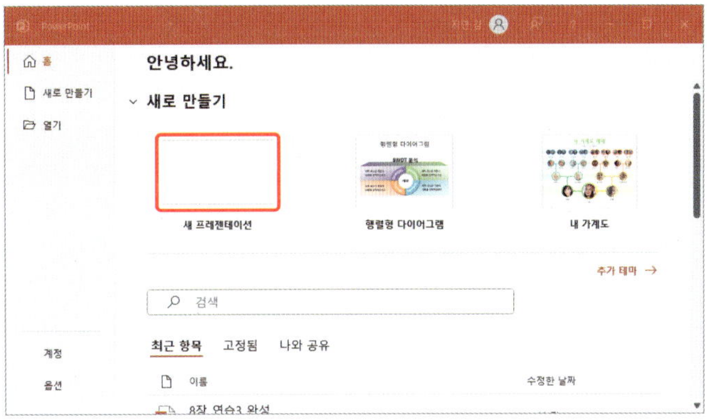

02 제목 슬라이드에서 제목 개체 틀을 선택하고 **교육 기획안**을 입력한 다음, 부제목 개체 틀에는 **인력관리팀**이라고 입력한다.

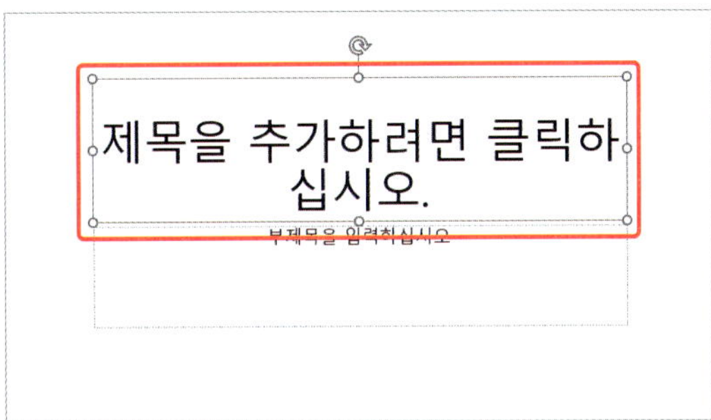

TIP 부제목 개체 틀을 클릭해서 선택해도 되지만, 제목을 입력한 후 단축키 Ctrl + Enter 를 누르면 다음 개체인 부제목이 선택된다.

03 부제목 개체 틀을 선택하고 [홈] 탭-[글꼴] 그룹에서 글꼴 크기를 [32]로 설정한다.

TIP 입력한 텍스트의 일부분만 서식을 변경할 때는 마우스로 드래그하여 범위를 설정한 후 서식을 지정한다.

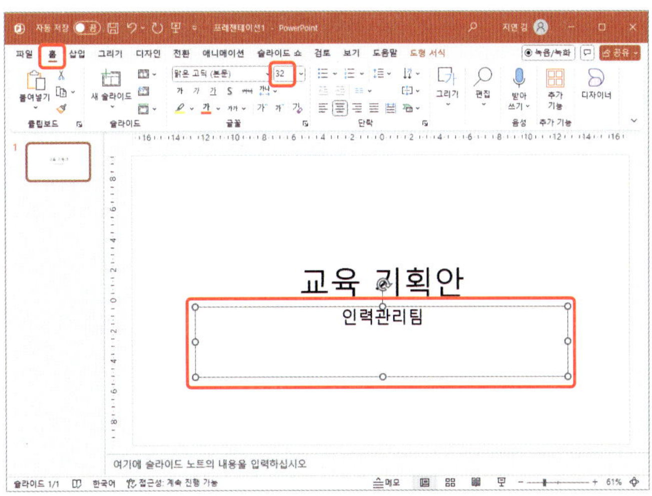

04 빠른 실행 도구 모음에서 [저장] 단추를 누른다. 저장할 위치를 선택하고 '교육 기획안.pptx'로 저장한다.

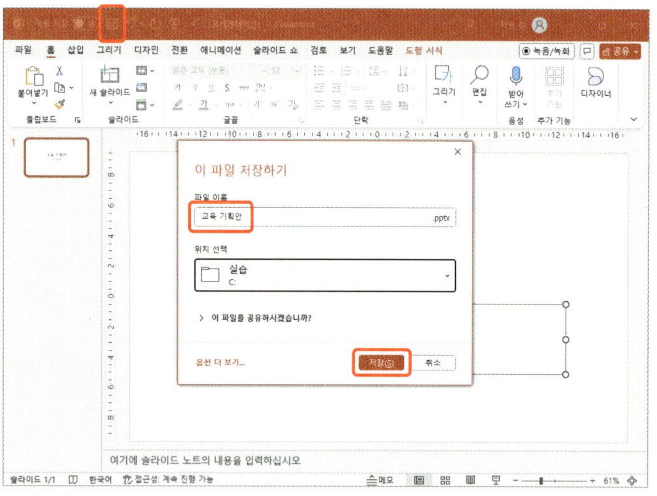

기본예제 9-2 번호 매기기와 줄 간격 설정하기

[기본예제 9-1]에서 작성한 '교육 기획안.pptx'에 슬라이드를 추가한 다음 텍스트를 입력하고 번호 매기기와 줄 간격을 설정해 보자.

01 '교육 기획안.pptx'를 열고 [홈] 탭-[슬라이드] 그룹-[새 슬라이드] 목록에서 [제목 및 내용]을 선택한다.

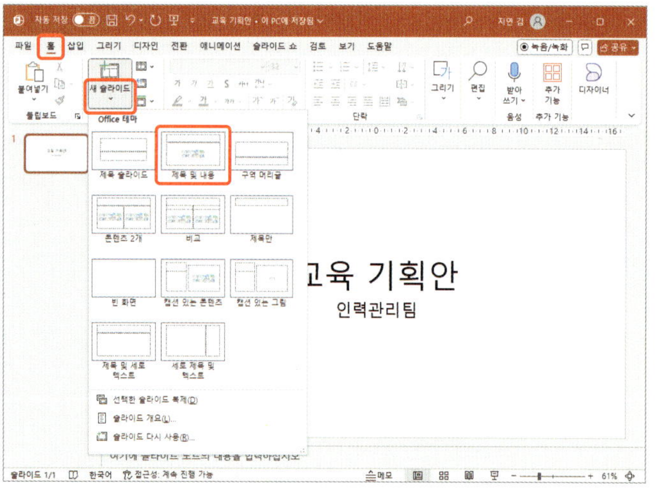

02 그림과 같이 제목과 본문 개체 틀에 텍스트를 입력한다.

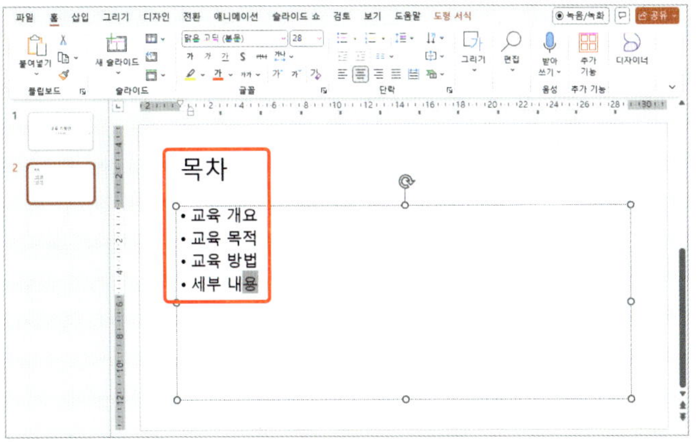

TIP 본문 개체 틀에 텍스트를 입력할 때 `Enter`를 눌러 다음 줄로 이동하면 'Office 테마'에 미리 설정된 글머리 기호 서식이 자동으로 적용된다.

03 번호 매기기를 설정할 텍스트를 모두 선택하고 [홈] 탭-[단락] 그룹-[글머리 기호] 목록에서 [글머리 기호 및 번호 매기기]를 선택한다.

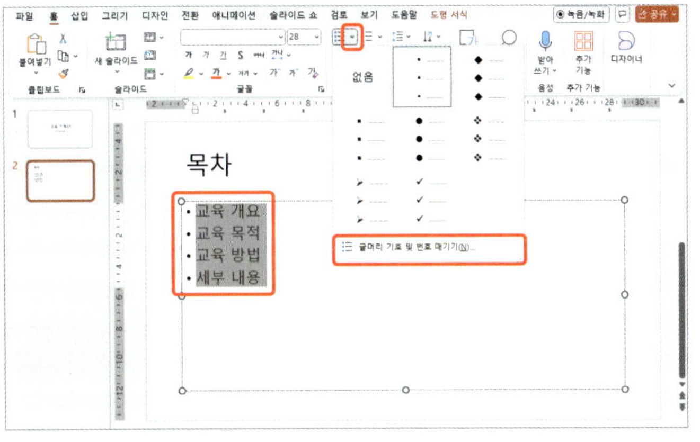

04 [글머리 기호 및 번호 매기기] 대화상자의 [번호 매기기] 탭에서 [Ⅰ.Ⅱ.Ⅲ]을 선택하고 [텍스트 크기]는 [120%], [색]은 [파랑]을 선택한 다음 [확인]을 누른다.

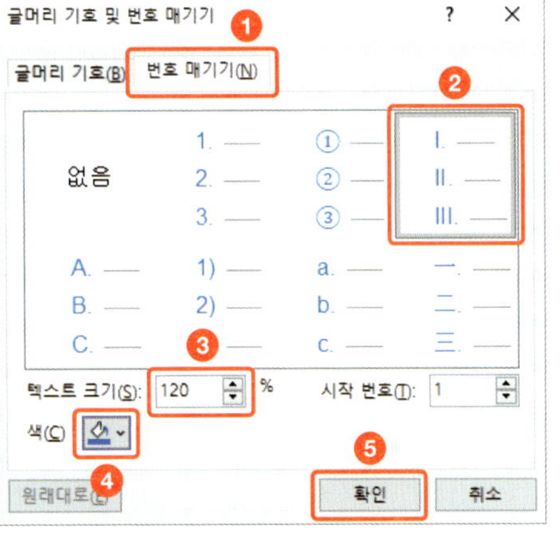

05 텍스트가 선택된 상태에서 [홈] 탭-[단락] 그룹-[줄 간격]-[2.0]을 선택한다.

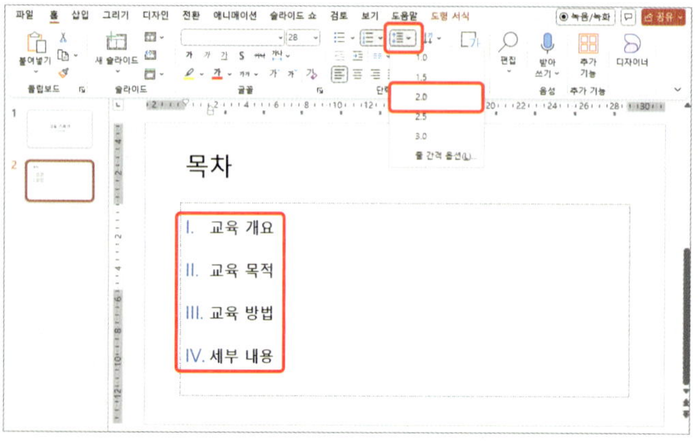

기본예제 9-3 글머리 기호와 수준 변경하기

텍스트를 요약할 때 [기본예제 9-2]와 같이 번호 매기기를 사용하여 목록으로 표시하기도 하지만, 순서가 중요하지 않을 때는 글머리 기호를 주로 사용한다. 목록 하위에 세부 목록이 필요한 경우에는 수준을 늘려 들여쓰기할 수 있고, 목록 수준에 따라 글꼴이나 글머리 기호의 크기 혹은 모양을 다르게 설정할 수 있다.

01 새 슬라이드를 추가하기 위해 슬라이드 보기 창에서 마지막 슬라이드를 선택하고 [홈] 탭-[슬라이드] 그룹-[새 슬라이드]를 누른다.

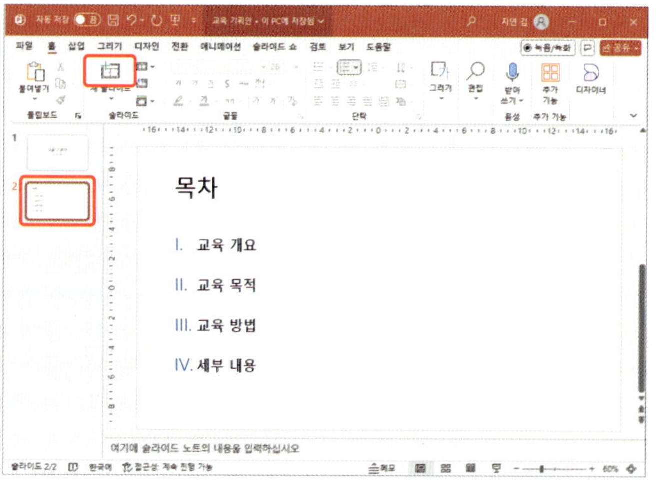

02 추가된 슬라이드의 제목으로 **교육 개요**를, 본문으로 **교육 목적**을 입력한 다음 [Enter]를 누른다.

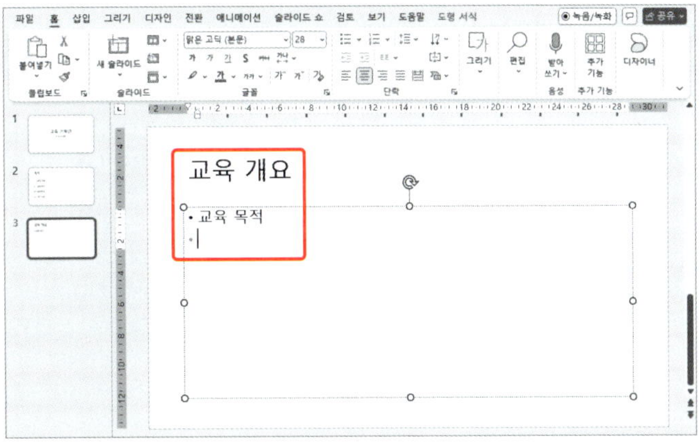

03 다음 단락 시작 위치에서 [홈] 탭–[단락] 그룹–[목록 수준 늘림]을 누른다. 다음과 같이 내용을 입력하고 [Enter]를 누른다.

TIP [목록 수준 늘림]을 누르는 대신 단락 시작 위치에서 [Tab]을 눌러도 된다.

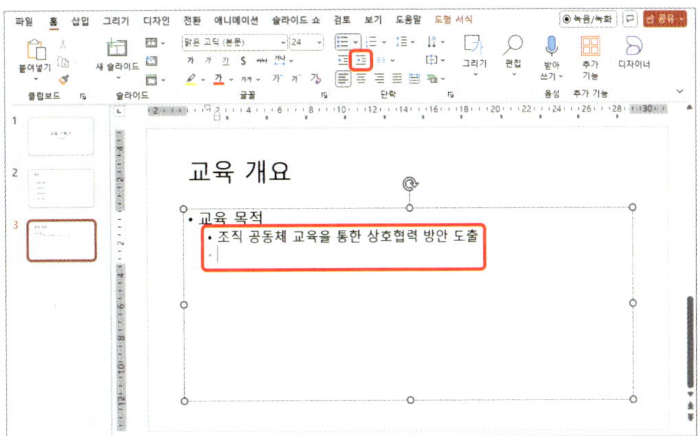

04 다음 단락 시작 위치에서 [홈] 탭–[단락] 그룹–[목록 수준 줄임]을 눌러 앞 단계로 이동한 후, **교육 대상**을 입력하고 [Enter]를 누른다.

TIP [목록 수준 줄임]을 누르는 대신 단락 시작 위치에서 [Shift]+[Tab]을 눌러도 된다.

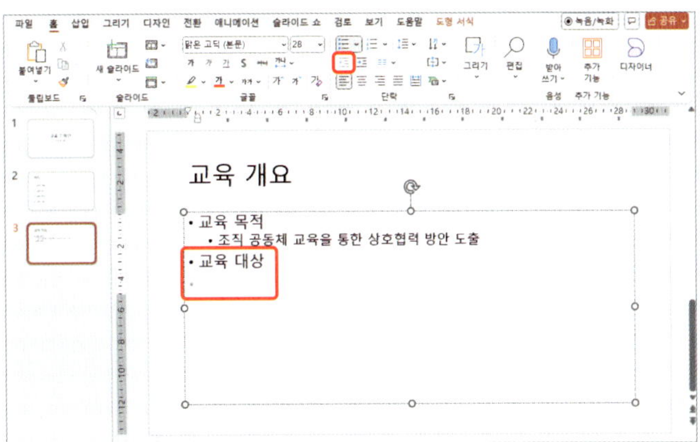

05 단계 **03~04**를 반복하여 그림과 같이 내용을 모두 입력한다.

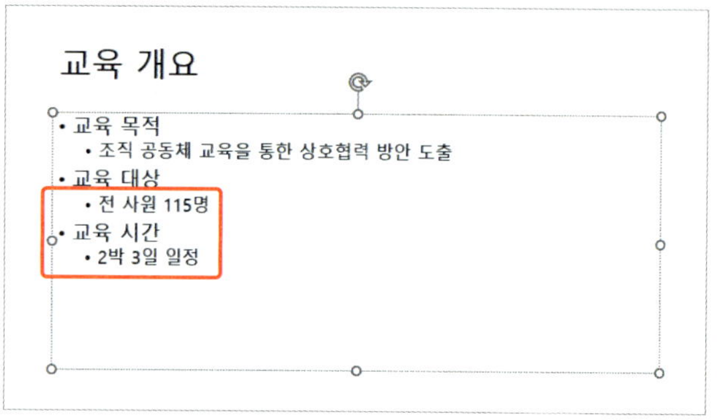

06 '2박 3일 일정' 뒤에 커서를 두고 Shift + Enter 를 누르면 줄 바꿈이 되고, 다음 줄에 이어서 입력할 수 있다. 이렇게 하면 글머리 기호가 표시되지 않는다.

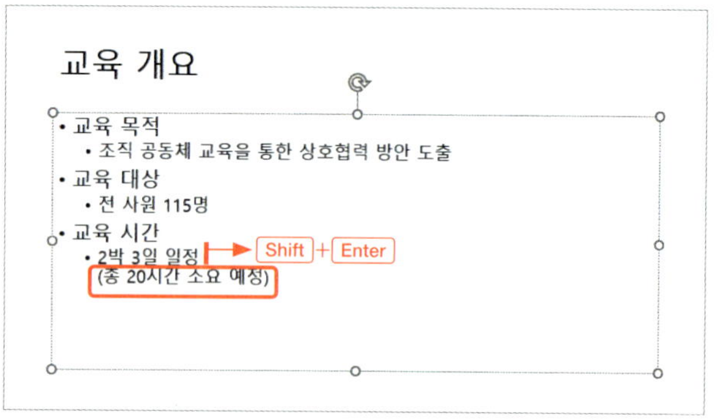

> **TIP** 문장이 길면 자동으로 다음 줄에 표시되지만, Shift + Enter 를 이용하면 원하는 위치에서 줄을 바꿀 수 있다.

07 줄 간격을 변경하기 위해 그림과 같이 텍스트를 선택하고 [홈] 탭–[단락] 그룹–[줄 간격]–[1.5]를 선택한다.

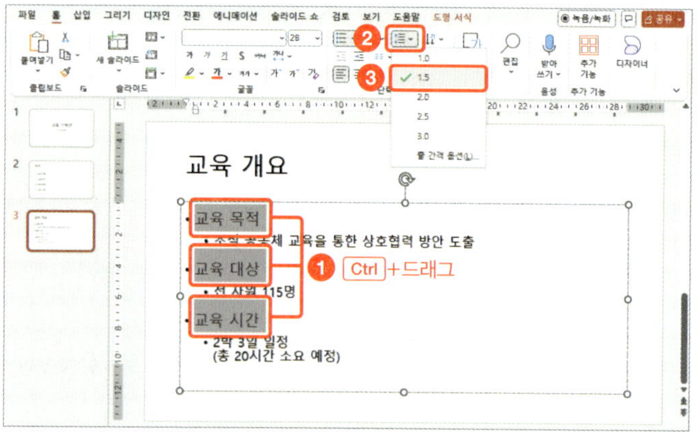

> **TIP** 불연속적인 여러 텍스트를 함께 선택하려면 Ctrl 을 누른 상태에서 각 텍스트를 드래그한다. 설정을 변경하려는 텍스트가 한 단락 전체라면 모두 선택할 필요 없이 단락 내 임의의 위치에 마우스를 두기만 해도 된다.

1.2 텍스트 상자 활용

슬라이드에 텍스트를 자유롭게 배치하려면 텍스트 상자를 활용한다. 텍스트 상자를 슬라이드에 삽입해 텍스트를 입력하고 서식을 설정하거나 기호, 한자, 수식 등을 입력하는 방법을 알아보자.

기본예제 9-4 텍스트 상자 삽입하기

텍스트 상자를 이용하여 텍스트를 입력할 때는 슬라이드의 빈 공간에 텍스트 상자를 먼저 삽입한다. 삽입된 텍스트 상자는 개체 틀처럼 글머리 기호 등의 서식이 정해져 있지 않으므로 필요한 경우 직접 설정해야 한다. 텍스트 상자를 삽입하고 내용을 입력해 보자.

01 [홈] 탭–[슬라이드] 그룹–[새 슬라이드] 목록에서 [제목만]을 선택해 새 슬라이드를 추가한다.

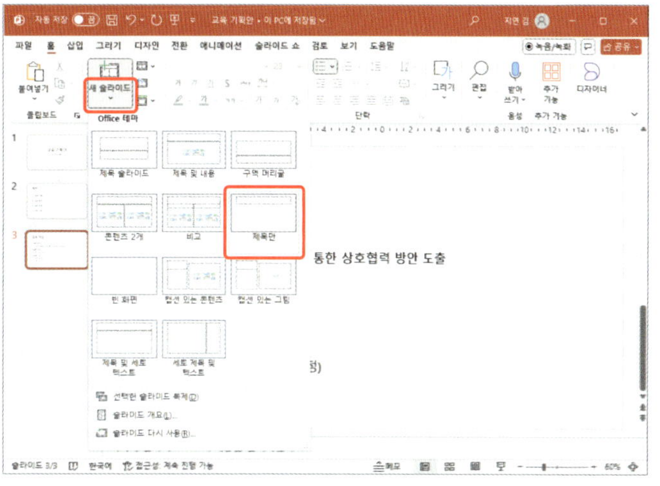

02 제목 개체 틀에 **교육 목적과 방법**을 입력하고 [삽입] 탭–[텍스트] 그룹–[텍스트 상자] 목록에서 [가로 텍스트 상자 그리기]를 선택한다. 텍스트 상자를 삽입할 위치를 클릭한 후 **교육 목적**이라고 입력하고 Esc를 누른다.

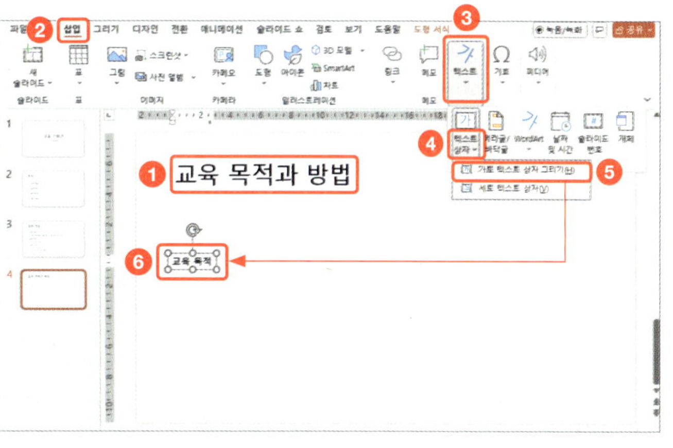

TIP [가로 텍스트 상자 그리기]를 선택한 뒤 슬라이드 내에서 원하는 크기만큼 드래그하여 텍스트 상자를 삽입해도 된다.

03 텍스트 상자가 선택된 상태로 [홈] 탭-[글꼴] 그룹에서 글꼴은 [HY중고딕], [굵게], 글꼴 크기는 [32]로 설정한다. 텍스트 상자를 마우스 오른쪽 단추로 클릭하고 [도형 서식]을 선택한다.

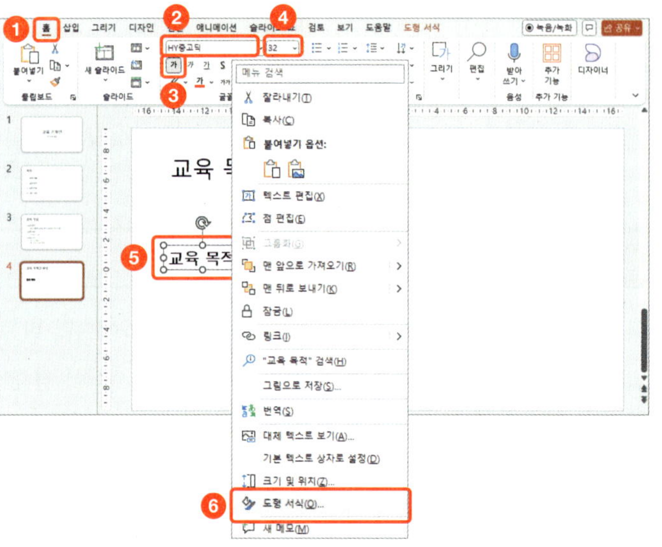

TIP 글꼴을 사용할 때는 미적 효과 못지않게 호환성도 고려해야 한다. 기본으로 제공되지 않는 글꼴을 프레젠테이션 제작에 사용하면 발표에 사용할 컴퓨터에도 글꼴을 설치해야 하므로 번거로울 수 있다. 이런 경우 파워포인트의 저장 방식을 설정하면 된다. [PowerPoint 옵션] 대화상자에서 [저장]의 [파일의 글꼴 포함]을 선택해서 글꼴을 포함하여 문서를 저장하도록 설정하면 다른 컴퓨터에서 파일을 열 때 글꼴을 설치하지 않아도 된다.

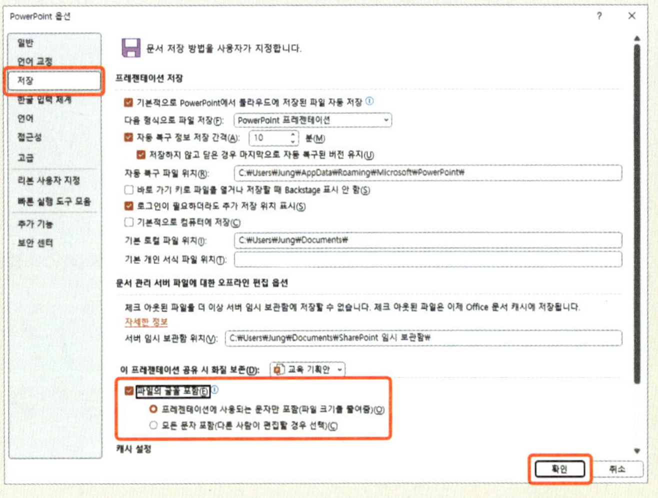

04 [도형 서식] 작업 창이 나타나면 [텍스트 옵션]–[텍스트 상자] 탭에서 [텍스트 상자]–[세로 맞춤]은 [정가운데]로 하고, [자동 맞춤 안 함]을 선택한다. [× 닫기] 단추를 눌러 [도형 서식] 작업 창을 닫는다.

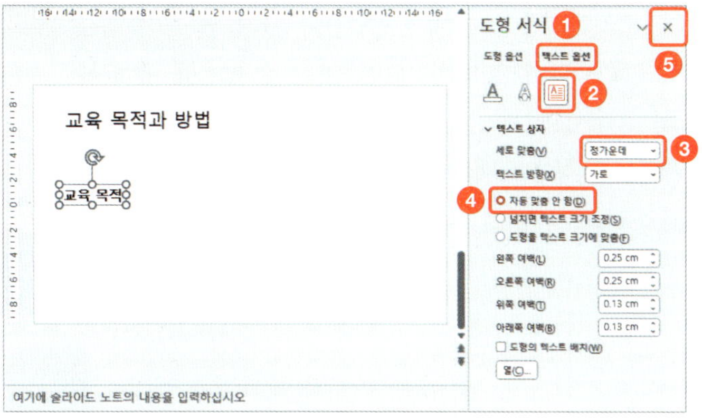

05 [도형 서식] 탭의 [도형 스타일] 목록에서 [색 채우기 – 파랑, 강조 1]을 선택한다.

TIP Office 365 버전에서는 [색 채우기 - 진한 청록, 강조 1]을 선택한다.

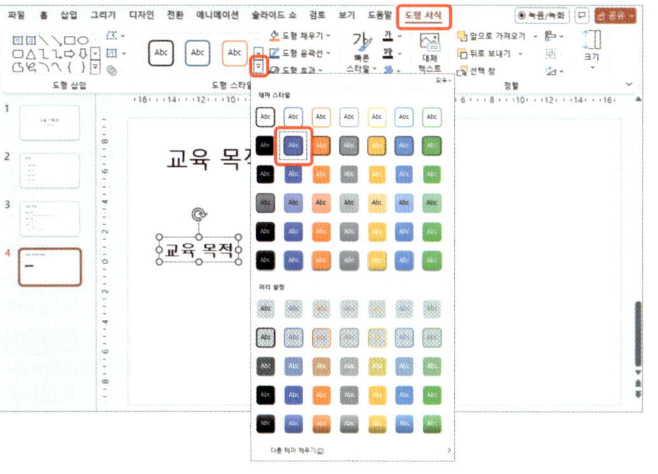

06 텍스트 상자의 크기를 조절하고 단축키 Ctrl+D를 눌러 복제한다. 복제한 도형을 아래쪽에 배치하고 텍스트를 **교육 방법**으로 수정한다.

기본예제 9-5 서식 복사와 한자 입력하기

텍스트 상자도 개체 틀과 같이 글머리 기호를 설정할 수 있고, 설정한 서식을 다른 텍스트에 복사하거나 한자로 변환할 수도 있다. 텍스트 상자에 글머리 기호와 단락을 설정하고 한글을 한자로 변환하는 방법을 알아보자.

01 [기본예제 9-4]에서 만든 마지막 슬라이드에서 [삽입] 탭-[텍스트] 그룹-[텍스트 상자]를 누른다. 슬라이드 창에 드래그해 필요한 크기의 텍스트 상자를 삽입한다.

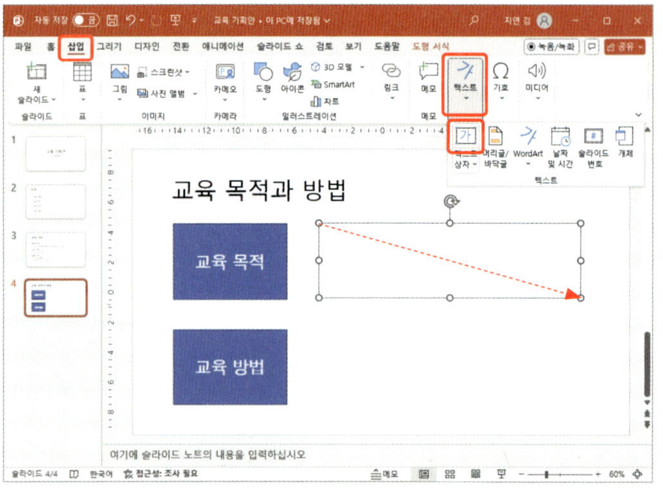

02 텍스트 상자에 **변화의 필요성 인식, 구성원간 단결력 강화, 유기적이고 도전적인 조직문화 함양**을 입력한다. 텍스트 상자를 선택하고 [홈] 탭-[글꼴] 그룹에서 [글꼴]은 [맑은 고딕]으로, [글꼴 크기]는 [28]로 설정한다.

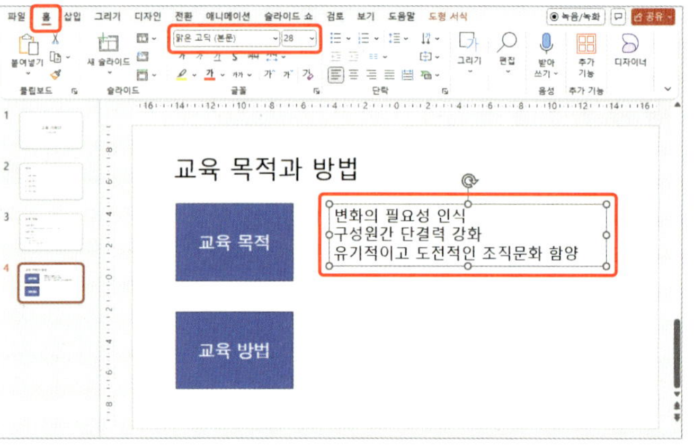

03 [홈] 탭-[단락] 그룹의 [글머리 기호] 목록에서 [속이 찬 정사각형 글머리 기호]를 선택하고, [줄 간격]은 [1.5]로 설정한다.

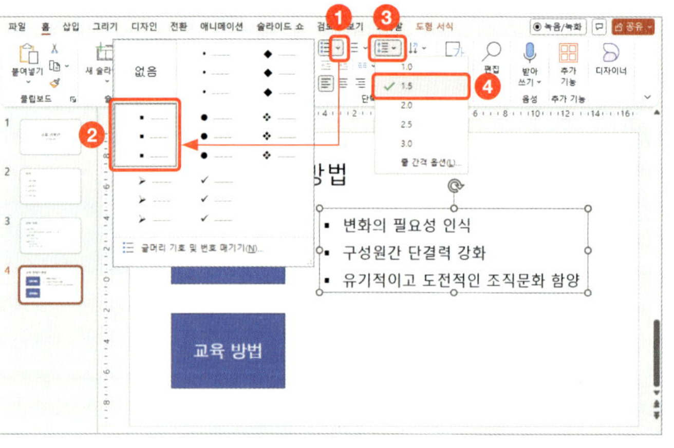

04 텍스트 상자를 하나 더 삽입하고 **외부강사 초빙특강, 소통과 팀워크 강의, 팀별 토의 및 발표**를 입력한다.

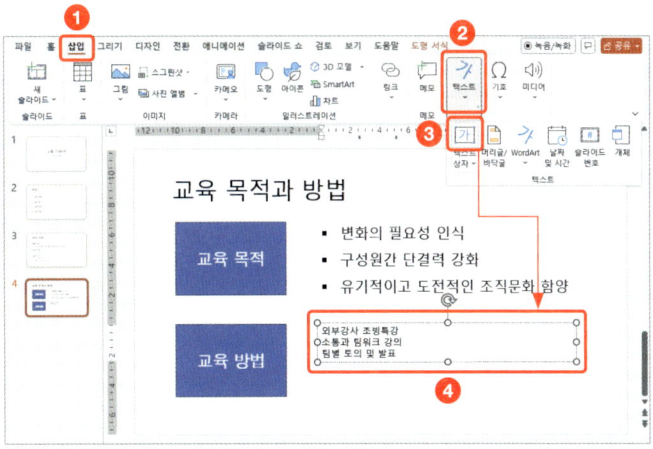

05 단계 **03**에서 완성한 위쪽 텍스트 상자를 선택하고 [홈] 탭–[클립보드] 그룹–[서식 복사]를 누른다.

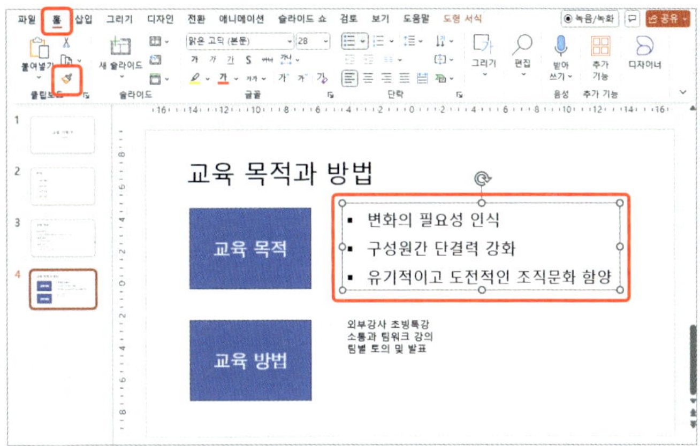

06 마우스 포인터가 모양으로 바뀌면 단계 **04**에서 만든 아래쪽 텍스트 상자를 클릭한다.

TIP 서식 복사 기능을 이용하는 대신 위쪽 텍스트 상자를 복제한 후 내용을 수정해도 된다.

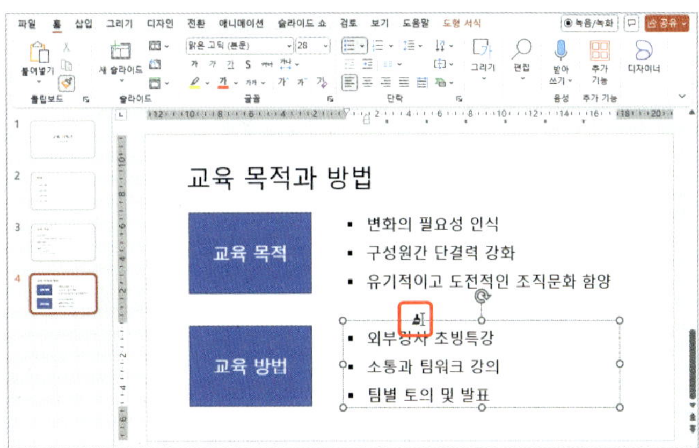

07 한자로 변환할 단어 '변화'를 드래그해 선택하고 [검토] 탭-[언어] 그룹-[한글/한자 변환]을 누른다. [한글/한자 변환] 대화상자에 등록된 단어가 표시되면 [變化]를 선택하고 [입력 형태]를 [한글(漢字)]로 설정한 후 [변환]을 클릭한다.

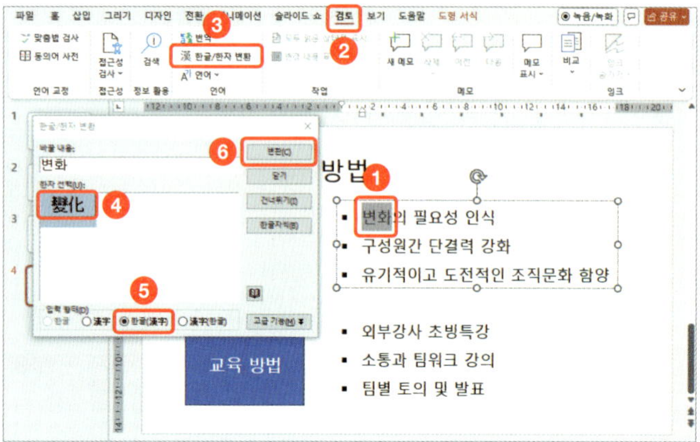

기본예제 9-6 기호와 수식 입력하기

개체 틀이나 텍스트 상자에는 기호를 입력할 수도 있다. 수식은 개체 틀이나 텍스트 상자 대신 수식 도구를 이용해 삽입한다. 슬라이드에 기호를 입력하고 수식을 삽입해 보자.

01 새 슬라이드를 추가하기 위해 [홈] 탭-[슬라이드] 그룹-[새 슬라이드] 목록에서 [제목만]을 선택한다.

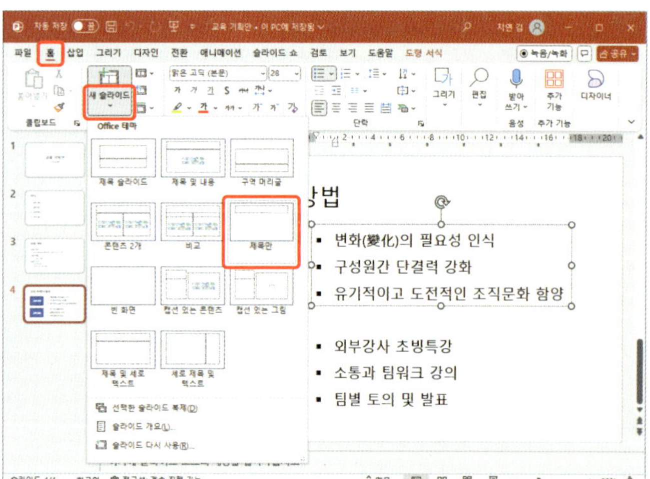

02 제목 개체 틀에 **세부 내용**이라고 입력하고, [삽입] 탭–[텍스트] 그룹–[텍스트 상자]를 선택하고 슬라이드 창에 드래그하여 텍스트 상자를 삽입한다.

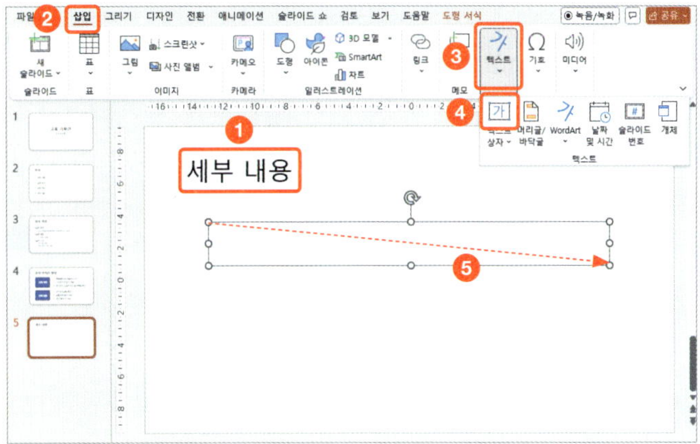

03 텍스트 상자에 **Open Change Challenge**라고 입력한다. 슬라이드 4에 있는 텍스트 상자를 선택하고 [홈] 탭–[클립보드] 그룹–[서식 복사]를 이용해 서식을 복사한다.

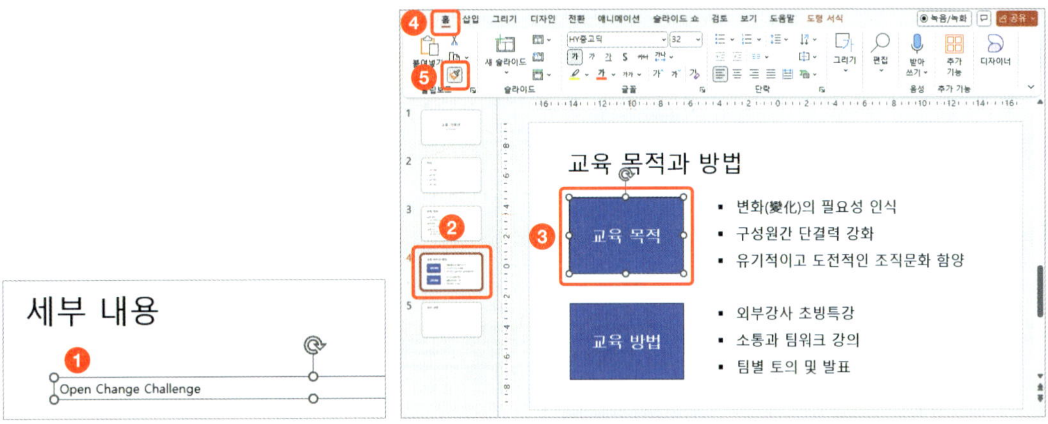

04 슬라이드 보기 창에서 슬라이드 5를 선택하고 복사한 서식을 적용할 텍스트 상자를 클릭한다.

TIP [서식 복사]를 사용하는 방법은 [기본예제 9–5]의 단계 **05~06**을 참고한다.

05 'Open' 뒤에 커서를 두고 [삽입] 탭–[기호] 그룹–[기호]를 누른다.

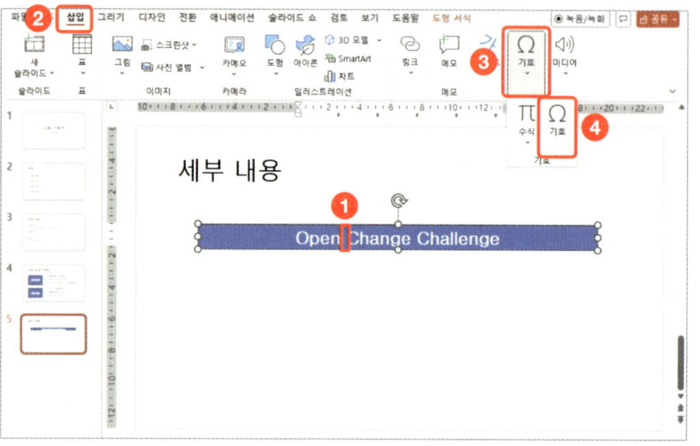

06 [기호] 대화상자의 [도형 기호] 목록에서 [▶]를 선택하고 [삽입]을 눌러 기호를 삽입한다. [닫기]를 눌러 [기호] 대화상자를 닫는다.

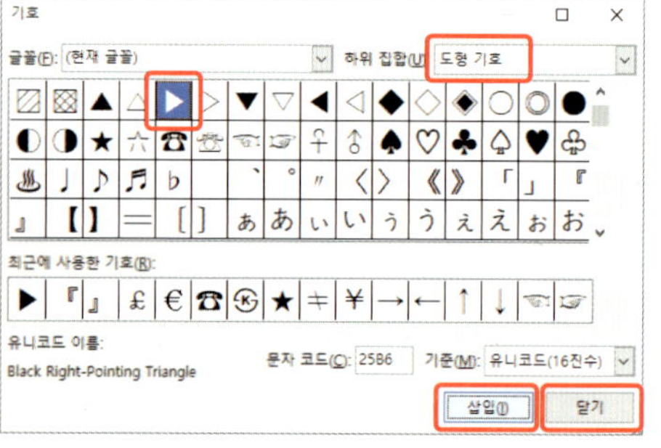

07 'Change' 뒤에도 동일한 기호를 삽입한다. 단어 뒤에 커서를 두고 한글 자음 ㅁ을 입력한 후 [한자]를 눌러 기호를 선택한다.

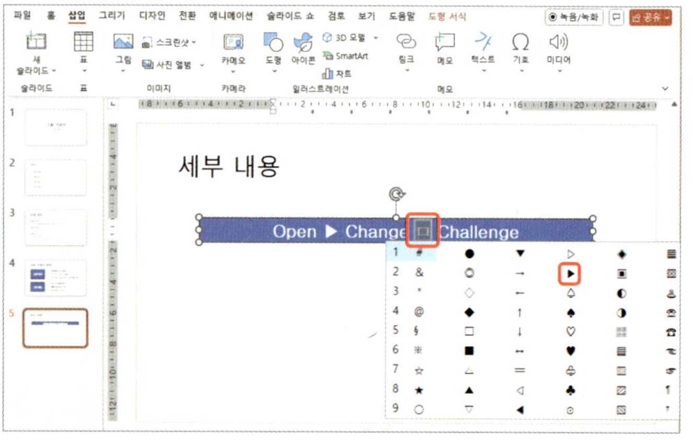

TIP [PowerPoint 옵션]의 자동 고침 목록에 자주 사용하는 기호를 등록해 두면 슬라이드에 기호를 간편하게 삽입할 수 있다. 가령, 자동 고침 목록에 등록되어 있는 ==>나 -->를 입력하면 ➔나 → 기호로 자동 변환된다.

08 슬라이드의 빈 영역을 클릭하고 [삽입] 탭-[기호] 그룹-[수식]을 눌러 수식 입력 상자를 만든다.

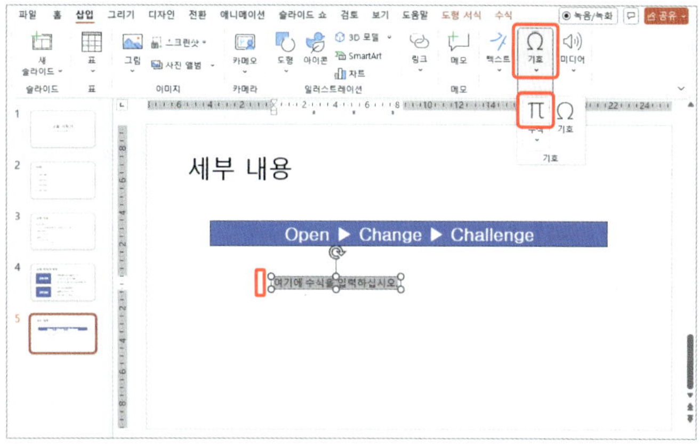

09 수식 입력 상자를 선택하면 리본 메뉴에 [수식] 탭이 표시된다. [수식] 탭의 [기호]와 [구조] 그룹에서 필요한 항목을 찾아 그림과 같이 작성한다.

TIP 작성한 수식을 수정하려면 [수식] 탭의 도구나 기호, 구조를 이용한다.

$$H = \sum_{i=1}^{n} P_j \log_2(\frac{1}{P_j})$$

10 작성한 수식을 선택하고 [홈] 탭-[글꼴] 그룹에서 [글꼴 크기]를 [32]로 변경한다.

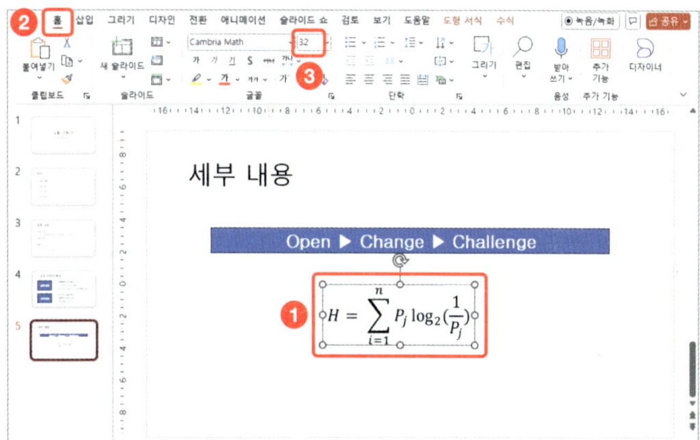

SECTION 02

워드아트 활용하기

파워포인트의 워드아트(WordArt)는 텍스트를 꾸미는 기능이다. 채우기 색이나 윤곽선, 다양한 효과 및 변환 설정으로 텍스트를 강조할 수 있어서 제목이나 핵심 내용에 활용하면 좋다. 청중에게 제공하는 텍스트 정보는 가독성이 가장 중요하다. 따라서 슬라이드 배경색과 밝기에 따라 텍스트가 잘 보이게 서식을 설정해야 한다. 그림자나 반사, 변환 등 다양한 효과를 텍스트에 적용하는 것도 좋지만, 과도한 효과는 오히려 가독성을 떨어뜨릴 수 있으니 유의한다.

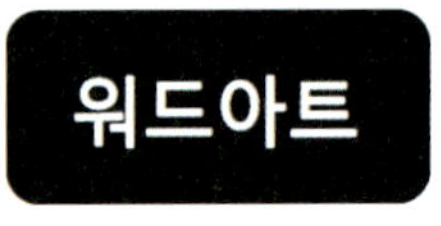

▲ 어두운 배경색

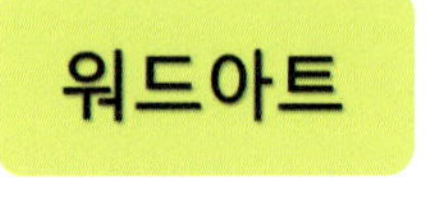

▲ 밝은 배경색

▲ 반사와 변환 효과

2.1 워드아트 스타일 서식

개체 틀, 텍스트 상자, 도형 등에 입력한 텍스트에 워드아트 스타일을 적용할 수 있고, 워드아트 개체를 슬라이드에 직접 삽입할 수도 있다. 슬라이드의 개체 틀에 입력된 텍스트를 워드아트 스타일로 설정하는 방법과 새 워드아트 개체를 삽입하는 방법을 알아보기로 한다.

기본예제 9-7 워드아트 스타일 설정하기

앞에서 작업한 '교육 기획안.pptx' 프레젠테이션에 디자인 테마를 설정하고, 워드아트 스타일로 텍스트에 서식을 설정해 보자.

01 [디자인] 탭–[테마] 그룹의 [자세히] 단추를 눌러 목록에서 [보기] 테마를 선택한다.

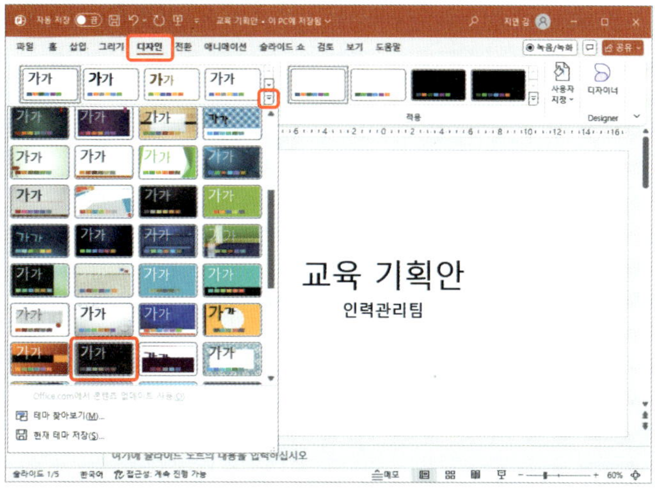

02 [디자인] 탭–[적용] 그룹에서 세 번째 항목을 선택하고, [자세히] 단추를 눌러 [색]–[Office]를 선택한다.

TIP Office 365 버전에서는 [색] 목록에서 [Office 2013 - 2022]를 선택해야 도서와 같은 결과물을 완성할 수 있다.

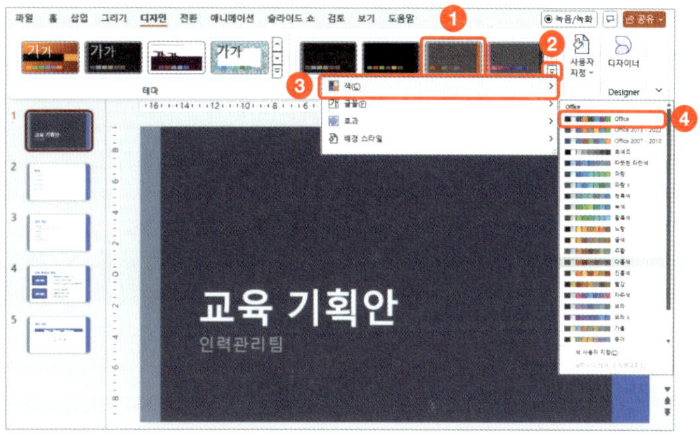

03 슬라이드 1에서 부제목 개체 틀을 선택하고 [도형 서식] 탭–[WordArt 스타일] 그룹–[빠른 스타일] 목록에서 [채우기: 황금색, 강조색 4, 부드러운 입체]를 선택한다.

TIP Office 버전에 따라 [빠른 스타일] 목록의 이름과 모양이 다를 수 있다. 비슷한 모양의 스타일을 선택해 적용해도 된다.

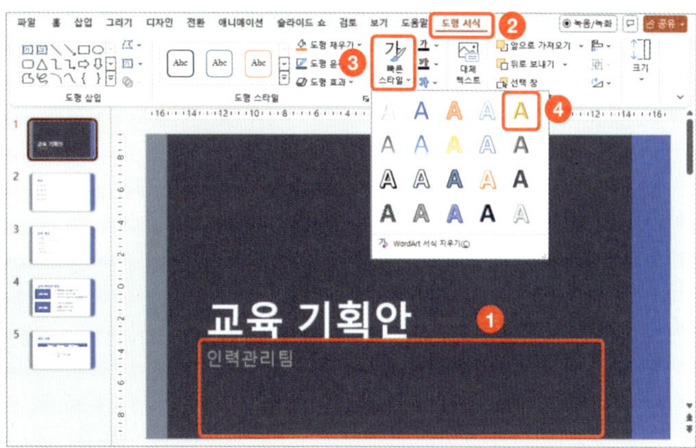

04 제목 개체 틀을 선택하고 [도형 서식] 탭-[WordArt 스타일] 그룹-[텍스트 효과] 목록에서 [네온]-[네온: 11pt, 황금색, 강조색 4]를 선택한다.

TIP [텍스트 효과] 목록이 제시된 모양과 다르면 비슷한 모양의 효과를 선택해 설정한다.

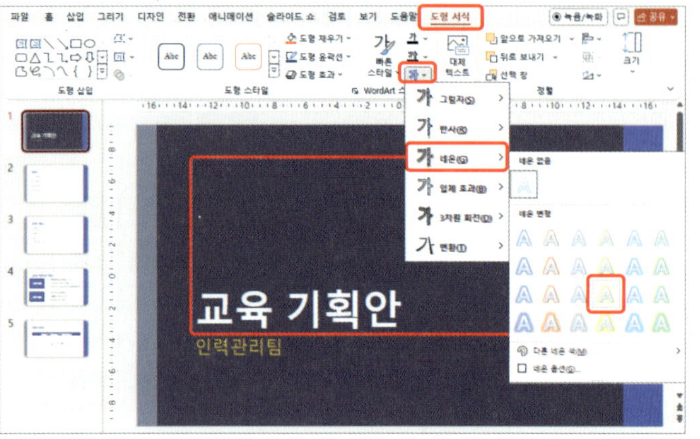

05 제목 개체 틀을 선택한 상태로 [WordArt 스타일] 그룹의 [⧉ 대화상자 표시] 단추를 누른다. [도형 서식] 작업 창의 [텍스트 옵션]-[텍스트 효과] 탭-[네온]-[크기]를 [15 pt]로 변경하고 작업 창을 닫는다.

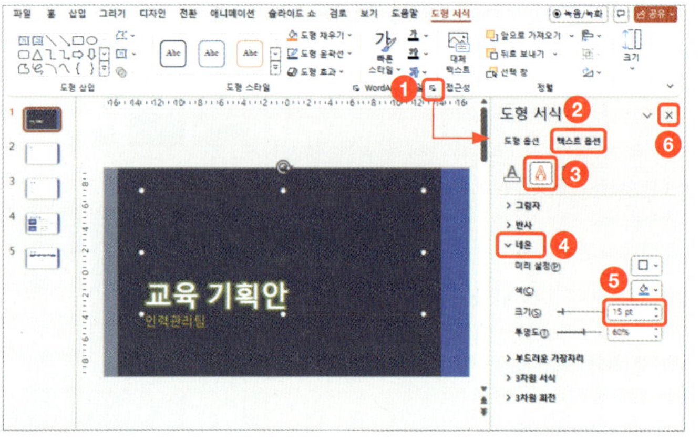

기본예제 9-8 워드아트 개체 삽입하기

슬라이드에 원하는 스타일의 워드아트 개체를 삽입하고 서식을 수정해 보자.

01 '교육 기획안' 프레젠테이션의 슬라이드 1에서 [삽입] 탭-[텍스트] 그룹-[WordArt] 목록에서 [채우기: 주황, 강조색 2, 윤곽선: 주황, 강조색 2]를 선택한다.

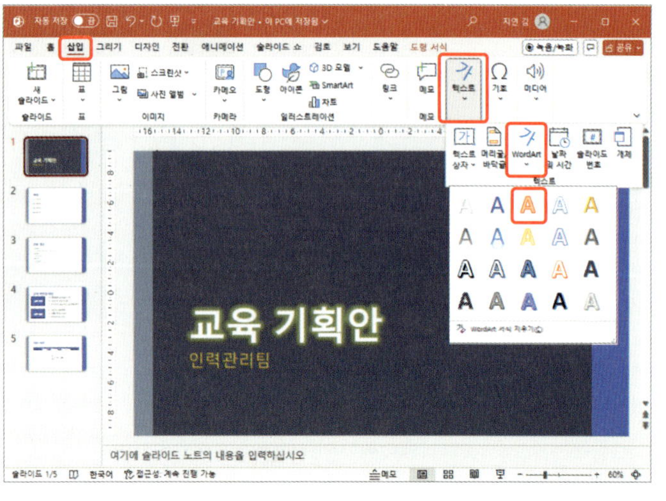

02 삽입된 워드아트에 **사내실무교육 5회차**라고 입력하고 드래그하여 위치를 이동한다.

TIP 텍스트를 두 줄로 나누어 쓰려면 줄바꿈 단축키 Shift+Enter를 이용한다.

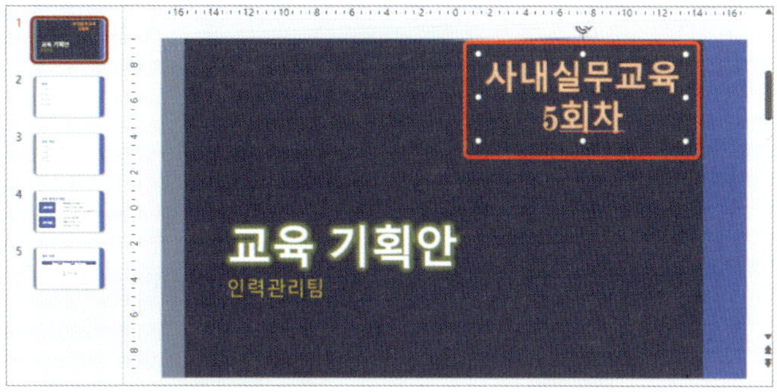

03 워드아트 상자가 선택된 상태로 [홈] 탭–[글꼴] 그룹에서 [글꼴 크기]를 [36]으로 설정한다.

04 워드아트 상자가 선택된 상태로 [도형 서식] 탭–[WordArt 스타일] 그룹–[텍스트 효과] 목록에서 [변환]–[휘기]의 [팽창: 위쪽]을 선택한다.

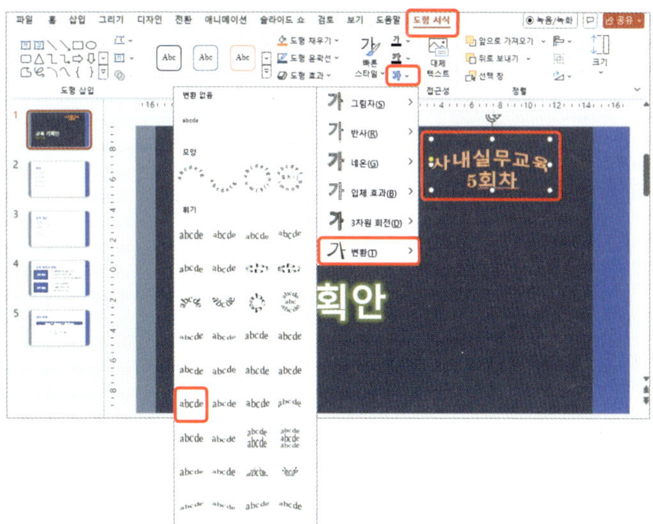

05 '5회차' 텍스트만 선택하고 [도형 서식] 탭–[WordArt 스타일] 그룹–[빠른 스타일] 목록에서 [그라데이션 채우기, 회색]을 선택한다.

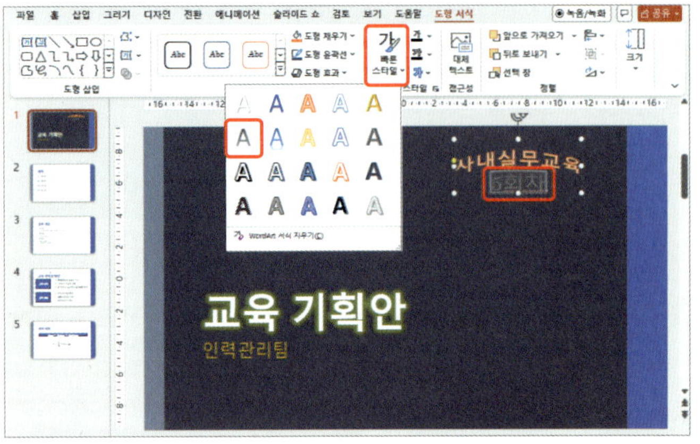

종합예제

파워포인트의 텍스트 관련 기능과 워드아트 도구를 활용하여 다음과 같은 프레젠테이션을 만들어 보자.

1 파워포인트를 실행하고 새 프레젠테이션을 만든 후, [디자인] 탭–[테마] 목록에서 [갤러리]를 선택한다.

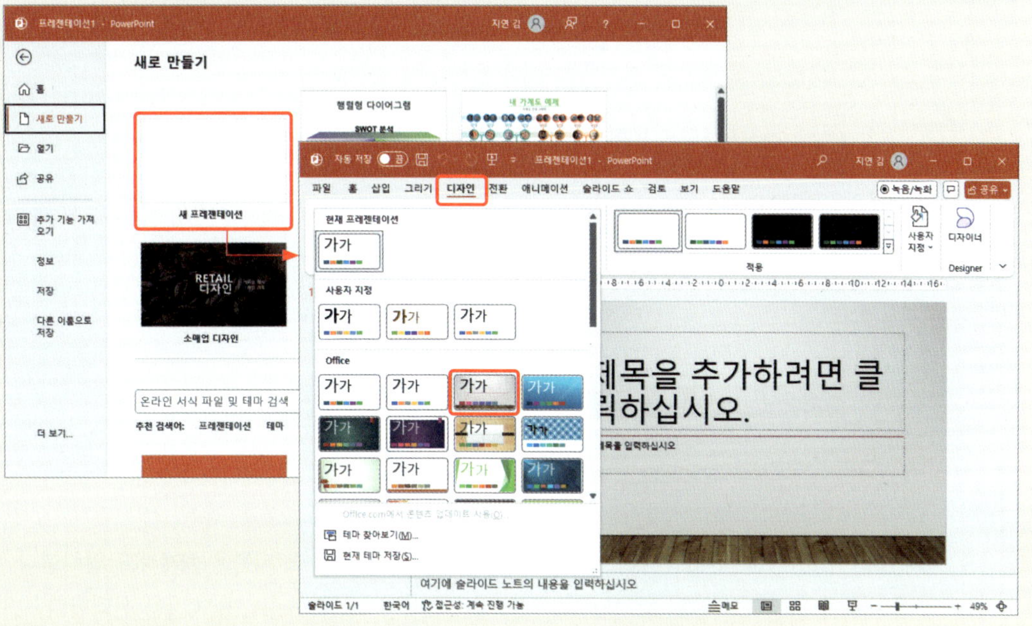

TIP 파워포인트 2021에서 새 프레젠테이션을 만들 때 디자인 아이디어가 자동으로 표시되지 않도록 하려면 [PowerPoint 옵션] 창의 [일반]–[PowerPoint Designer]의 [디자인 아이디어를 자동으로 표시] 항목의 선택을 해제한다.

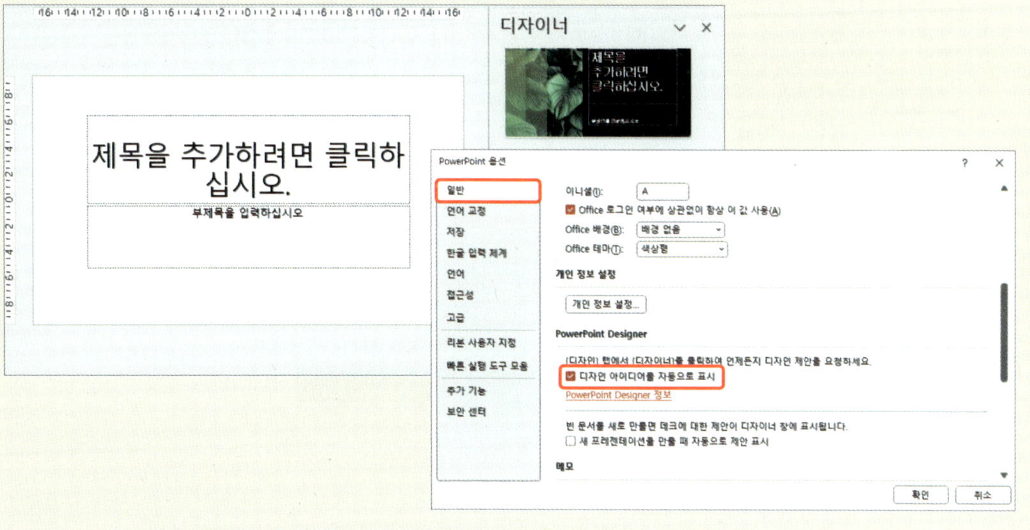

종합예제

2 슬라이드 1에서 제목과 부제목을 그림과 같이 입력하고, 부제목의 [글꼴 크기]는 [28]로 변경한다.

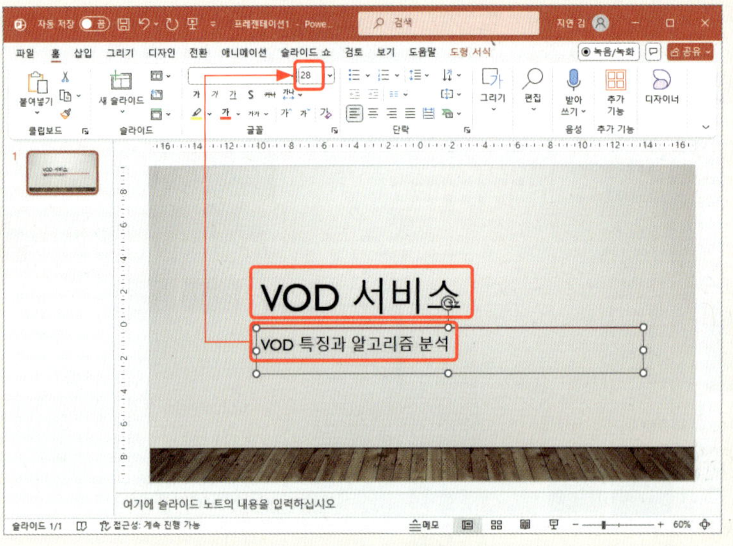

3 [홈] 탭-[슬라이드] 그룹-[새 슬라이드]를 눌러 슬라이드를 추가하고 제목은 **차례**라고 입력한다. 그림과 같이 내용을 입력하고, [홈] 탭-[단락] 그룹-[번호 매기기] 목록-[A. B. C.]를 선택한다.

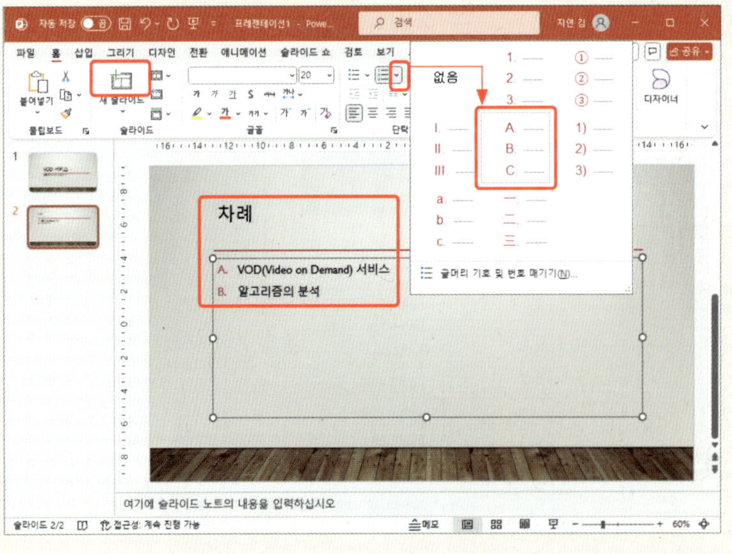

4 [홈] 탭–[슬라이드] 그룹–[새 슬라이드] 목록에서 [콘텐츠 2개]를 선택하여 새 슬라이드를 추가한다.

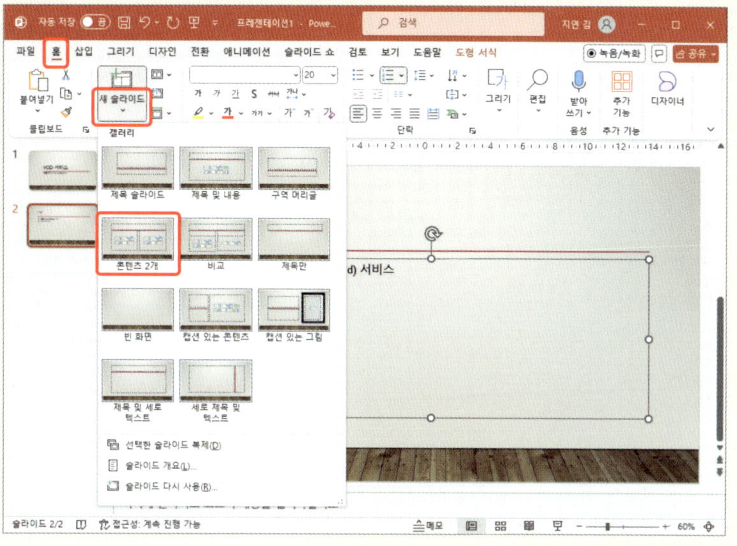

5 제목에 **VOD 서비스의 특징**이라고 입력한다. 왼쪽 개체 틀에 텍스트를 입력하고, [홈] 탭–[단락] 그룹–[글머리 기호] 목록에서 [글머리 기호 및 번호 매기기]를 선택하고 그림과 같이 설정한다.

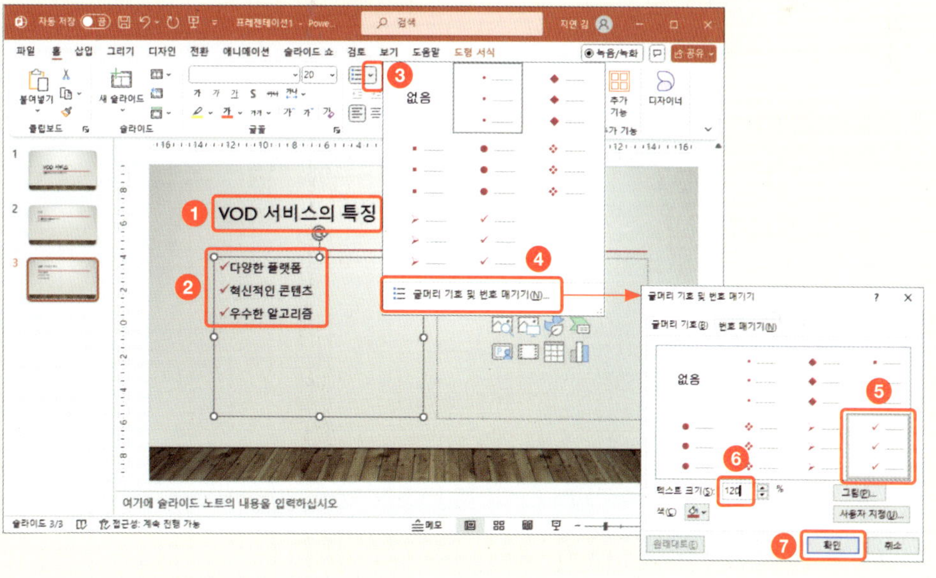

종합예제

6 오른쪽 개체 틀에 그림과 같이 텍스트를 입력한다. [홈] 탭-[단락] 그룹-[글머리 기호]를 눌러 글머리 기호를 해제하고 [줄 간격]을 [1.0]으로 설정한 다음, 입력한 텍스트의 길이에 맞게 개체 틀의 크기를 조절한다.

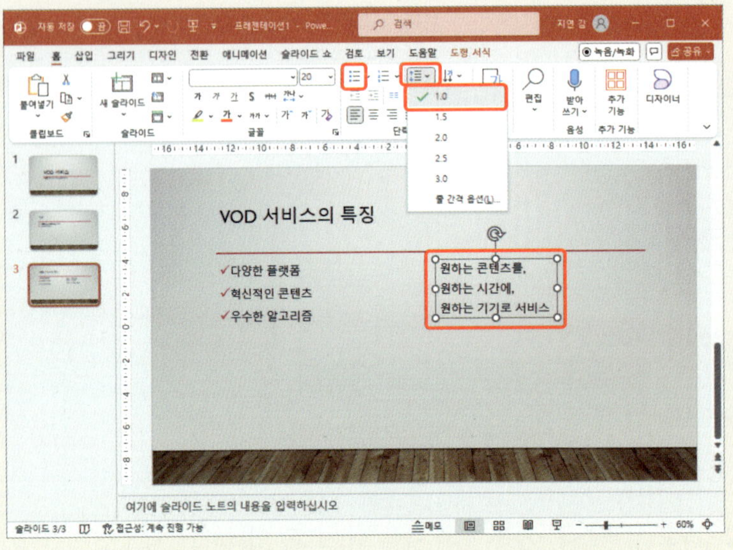

7 Ctrl을 누른 채로 드래그하여 그림과 같이 텍스트 범위를 설정하고 [도형 서식] 탭-[WordArt 스타일] 그룹-[빠른 스타일] 목록에서 [채우기: 빨강, 강조색 1, 그림자]를 선택한다.

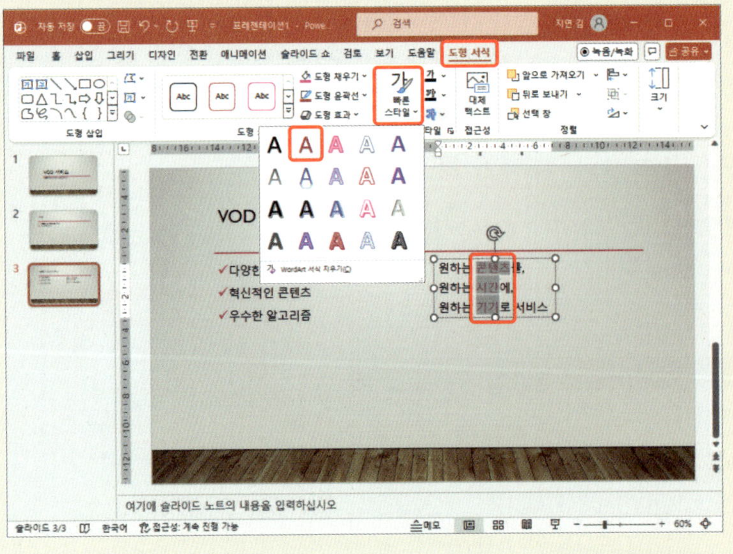

8 오른쪽 개체 틀을 선택하고 [도형 서식] 탭-[WordArt 스타일] 그룹-[텍스트 효과] 목록에서 [변환]-[휘기]의 [팽창]을 선택한다.

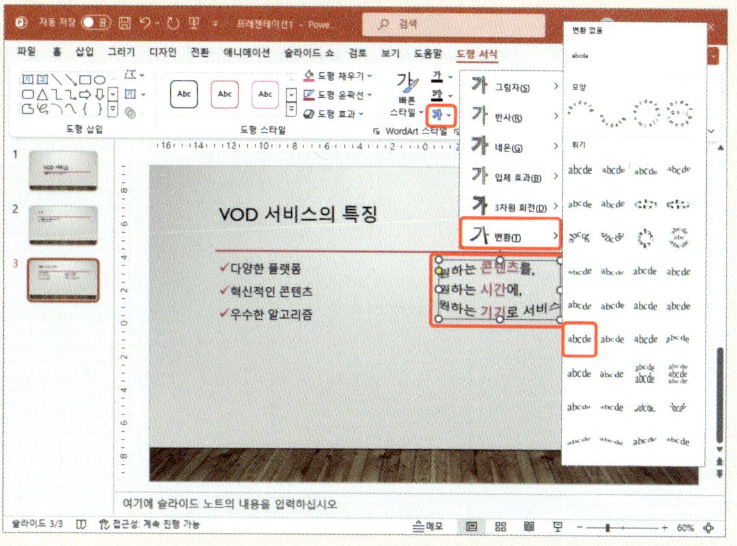

9 [홈] 탭-[슬라이드] 그룹-[새 슬라이드] 목록에서 [비교]를 선택하여 새 슬라이드를 추가한다.

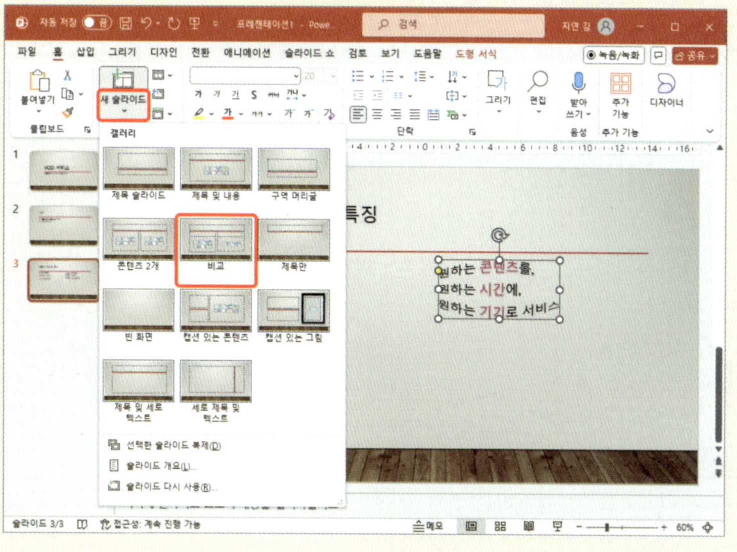

종합예제

10 슬라이드에 그림과 같이 제목과 내용을 입력한다. 슬라이드의 빈 영역을 클릭하고 [삽입] 탭-[기호] 그룹-[수식]을 누른다.

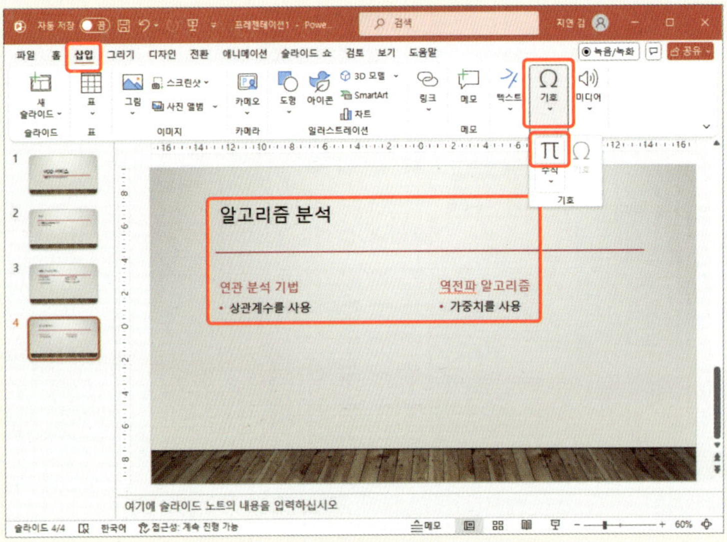

11 다음과 같이 수식을 입력하고 [글꼴 크기]를 [28]로 설정한다.

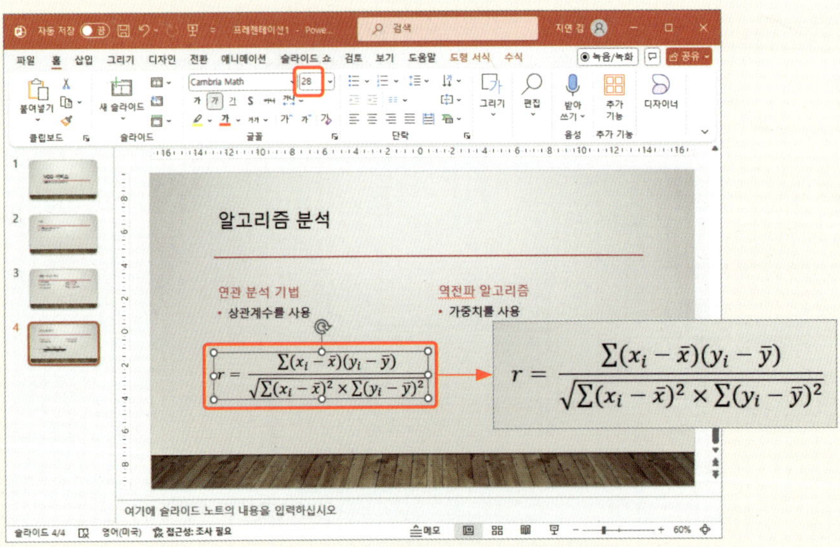

12 [홈] 탭–[슬라이드] 그룹–[새 슬라이드] 목록에서 [빈 화면]을 선택하여 새 슬라이드를 추가한다.

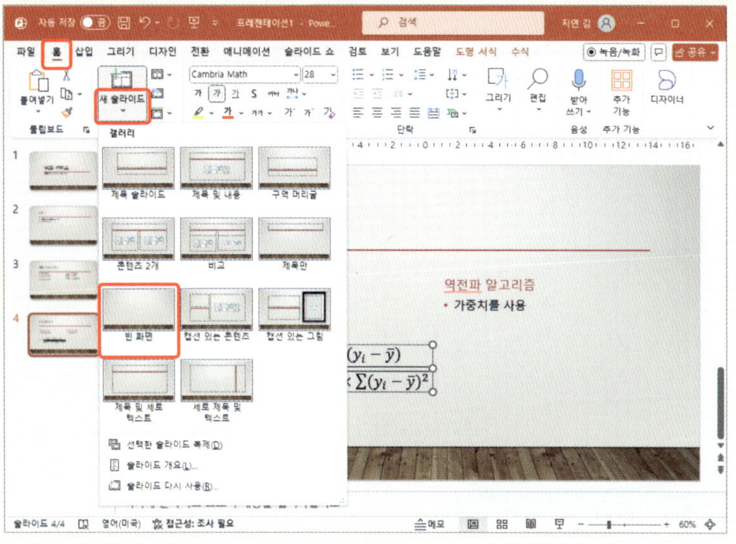

13 [삽입] 탭–[텍스트] 그룹–[WordArt 삽입] 목록에서 [무늬 채우기: 빨강, 강조색 1, 50%, 진한 그림자: 빨강, 강조색 1]을 선택한 다음 **NETFLIX**를 입력한다.

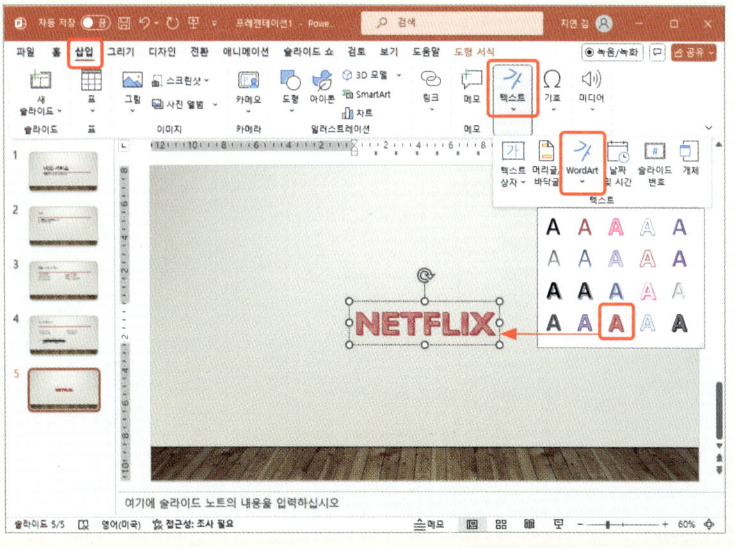

종합예제

14 삽입한 워드아트 개체를 선택한 상태에서 [도형 서식] 탭-[WordArt 스타일] 그룹-[텍스트 효과] 목록에서 [그림자]-[원근감: 오른쪽 아래]를 선택한다.

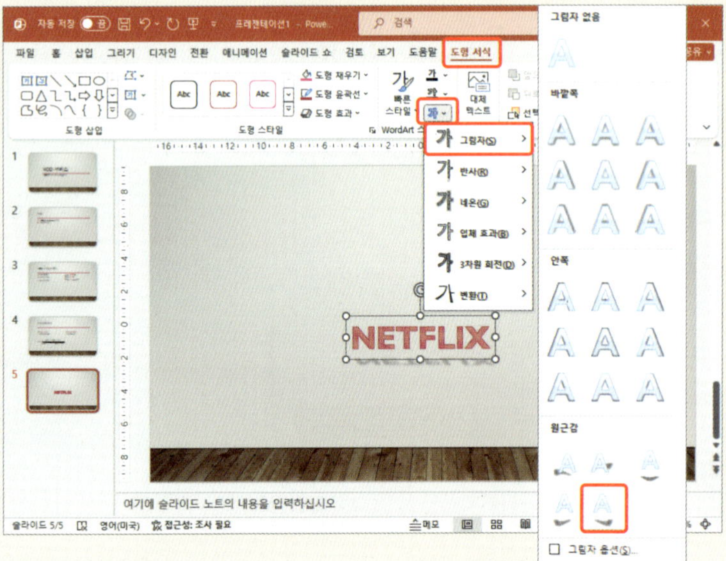

15 워드아트 개체를 선택한 상태에서 [도형 서식] 탭-[WordArt 스타일] 그룹-[텍스트 효과] 목록에서 [변환]-[휘기]-[수축]을 선택한다.

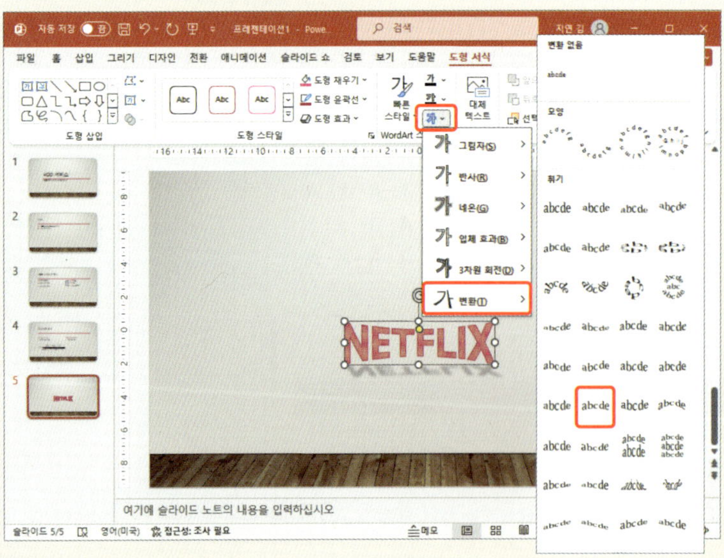

16 그림과 같이 다른 워드아트 개체도 만들고, 작성한 프레젠테이션을 '미디어기술.pptx'로 저장한다.

❶ [빠른 스타일]-[채우기: 검정, 텍스트 색 1, 윤곽선: 흰색, 배경색 1, 진한 그림자: 남색, 강조색 5]

❷ [텍스트 효과]-[변환]-[휘기]-[페이드: 오른쪽]

❶ [빠른 스타일]-[채우기: 남색, 강조색 5, 윤곽선: 흰색, 배경색 1, 진한 그림자: 남색, 강조색 5]

❷ [글꼴]-[Forte], [글꼴]-[80]

❸ [텍스트 효과]-[네온]-[네온: 8pt, 분홍, 강조색 2]

연습문제

1 다음의 지시대로 파워포인트 프레젠테이션을 작성하시오.

❶ '9장_연습.pptx' 파일을 열고 [주요 이벤트] 테마로 디자인을 설정하고, [디자인] 탭-[적용] 그룹-[색상]은 [주황]으로 변경하시오.

❷ 슬라이드 1의 제목 텍스트는 [텍스트 효과] 중에서 [네온: 11pt, 주황, 강조색 1]로 설정하시오.

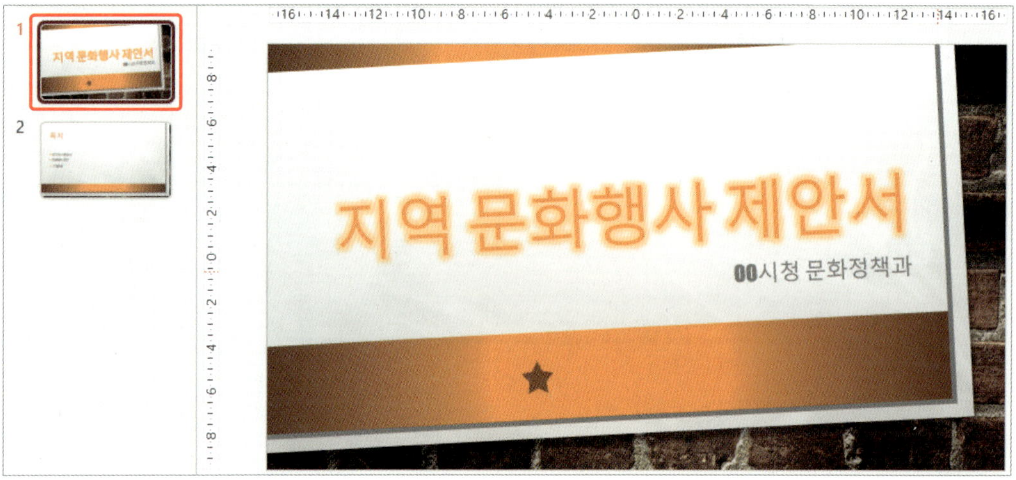

2 연습문제 1의 '9장_연습.pptx' 파일을 열고 다음의 지시대로 수정하시오.

❶ 슬라이드 2의 레이아웃은 [구역 머리글]로 설정하시오.

❷ 내용 개체 틀에 번호 매기기를 설정하시오. 번호 모양은 [원 숫자], 텍스트 크기는 [95%], 번호 색은 [파랑]으로 변경하시오.

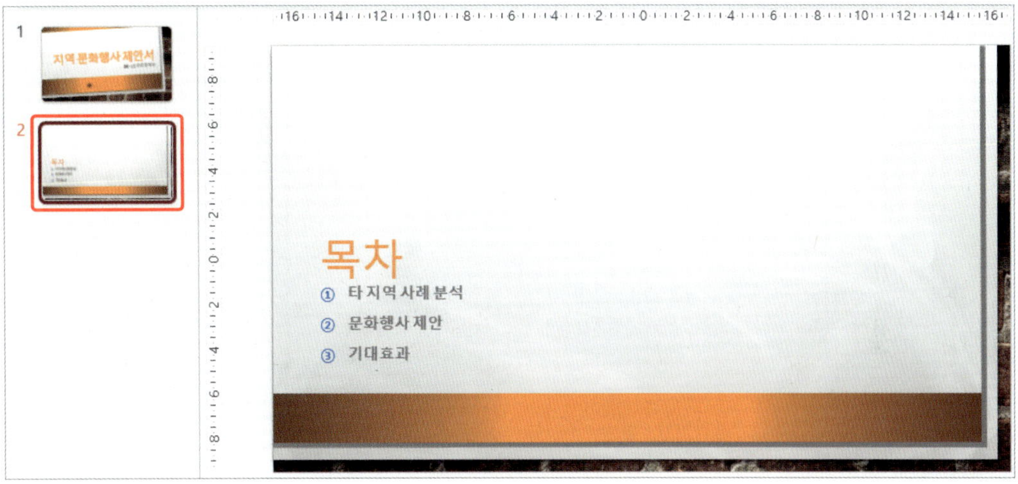

3 연습 2의 '9장_연습.pptx' 파일에 슬라이드를 추가하고 다음의 지시대로 작성하시오.

❶ [주요 이벤트] 테마의 [3열] 레이아웃으로 슬라이드 3을 추가하고 내용을 입력하시오.

❷ '지평선 축제', '머드 축제', '치즈 축제' 텍스트 개체 틀은 WordArt의 [빠른 스타일] 목록에서 [채우기: 황록색, 강조색 3, 선명한 입체]로 설정하시오.

❸ 각 축제에 대한 설명 텍스트의 [글꼴]은 [한컴 고딕], [글꼴 크기]는 [20]으로 설정하시오.

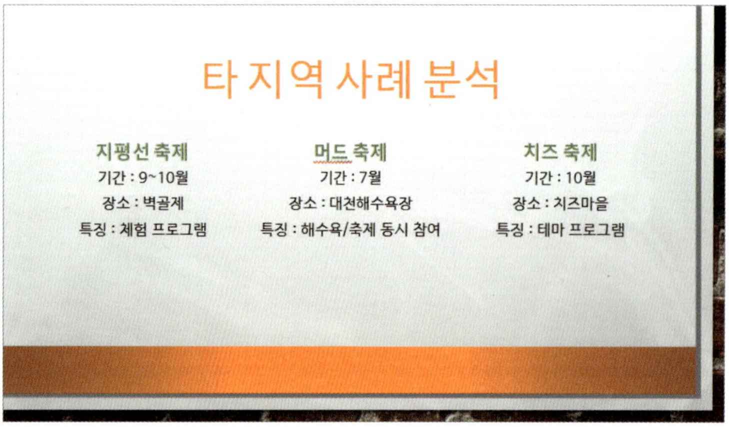

TIP Office 365 버전에서는 ❷에서 [채우기: 밤색, 강조색 3, 선명한 입체]를 선택한다.

CHAPTER

10

도형과 스마트아트

학습목표

- 도형을 삽입하고 서식을 설정할 수 있다.
- 스마트아트에 서식을 설정하여 슬라이드에 활용할 수 있다.

SECTION 01

도형과 아이콘 활용하기

프레젠테이션을 제작할 때 전달하고자 하는 내용을 텍스트로만 표현하지 않고 도형으로 시각화하면 정보 전달 효과를 더욱 높일 수 있다. 파워포인트에서는 도형뿐 아니라 아이콘이나 3D 모델을 슬라이드에 활용할 수 있어서 다채롭고 실감 나는 발표 자료를 만들 수 있다. 파워포인트에서 제공하는 다양한 도형과 아이콘, 3D 모델을 슬라이드에 삽입하고 모양을 변형하거나 서식을 설정하는 방법을 알아보기로 한다.

1.1 도형 삽입

파워포인트에서 사용할 수 있는 도형에는 원이나 삼각형 등의 기본 도형, 화살표, 자유형으로 직접 그린 도형 등이 있다. 도형을 편집할 때는 마우스를 사용하는 경우가 많지만 Ctrl이나 Shift를 함께 사용하면 작업 효율을 더욱 높일 수 있다. 도형을 삽입하고 위치나 크기를 조절하는 방법과 자주 활용되는 몇 가지 단축키 사용 방법을 알아본다.

기본예제 10-1 도형 삽입하고 복제하기

슬라이드에 타원을 삽입한 후 크기 조절, 위치 이동, 도형 복제, 도형에 텍스트 표시 등을 실습해 보자.

01 파워포인트를 실행하고 [새 프레젠테이션]을 만든다. [홈] 탭–[슬라이드] 그룹–[레이아웃] 목록에서 [빈 화면]을 선택해 슬라이드 1의 레이아웃을 변경한다.

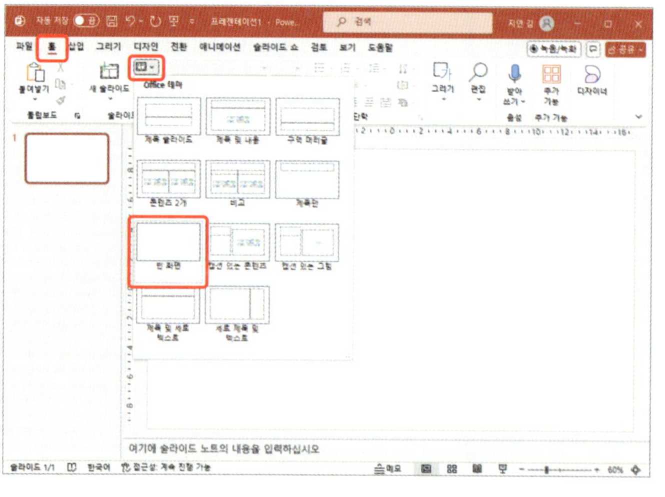

02 [삽입] 탭–[일러스트레이션] 그룹–[도형] 목록에서 [기본 도형]의 [타원]을 선택한다.

TIP [홈] 탭–[그리기] 그룹에 있는 [도형] 메뉴를 이용해도 된다.

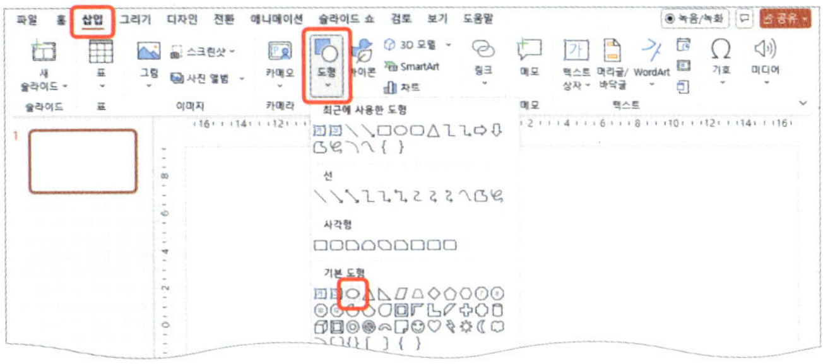

03 타원을 넣을 위치에서 드래그해 원하는 크기로 그린다.

TIP Ctrl을 누른 채 도형을 그리면 시작 위치가 도형의 중심이 된다. 또한 Shift를 누른 채 드래그하면 가로, 세로 비율이 같은 도형을 그릴 수 있다.

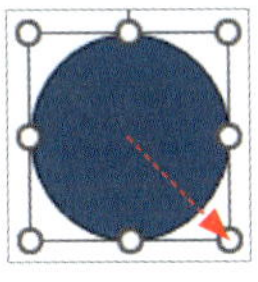

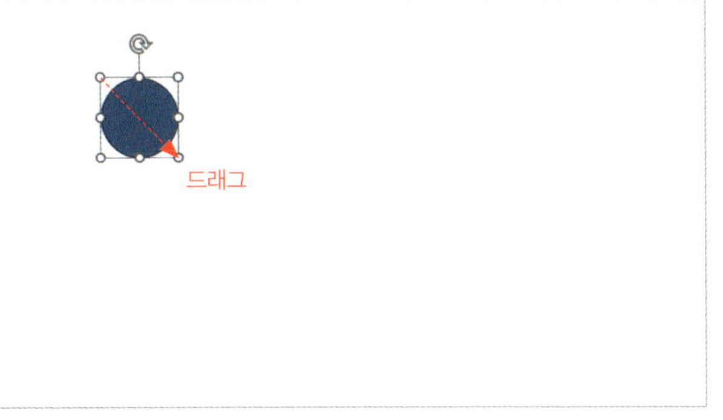

04 도형을 선택하고 드래그하여 다른 곳으로 이동할 수 있고, 크기 조절점을 드래그하면 도형의 크기를 변경할 수 있다.

TIP 도형을 선택하고 방향키(←, →, ↑, ↓)를 눌러 이동할 수도 있다. Ctrl과 방향키를 함께 누르면 위치를 미세하게 조정할 수 있다. 또, Shift를 누른 상태에서 대각선 방향으로 크기 조절점을 드래그하면 좌우 비율을 같게 유지할 수 있다.

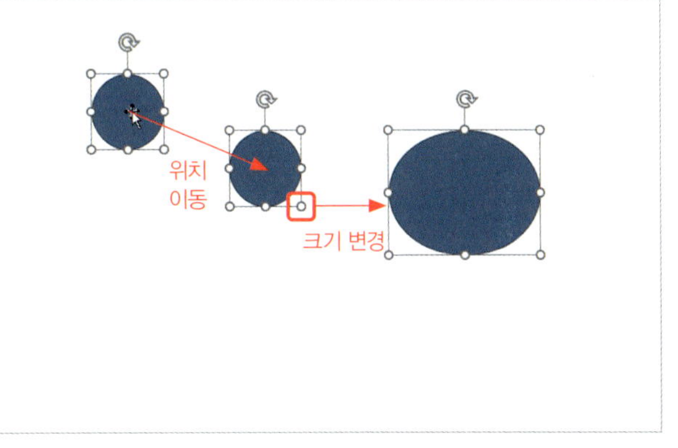

05 도형을 선택하고 단축키 Ctrl+D를 눌러 복제한 후, 복제한 도형을 드래그해 이동시킨다. 단축키 Ctrl+D를 다시 누르면 이동한 거리만큼 간격을 두고 도형이 복제된다.

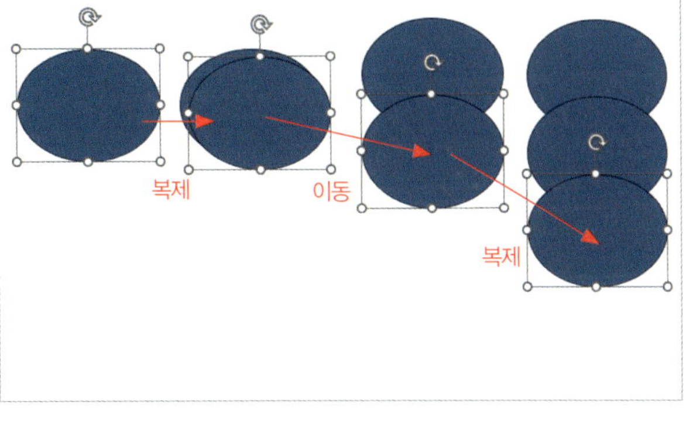

TIP 도형을 복제할 때 [홈] 탭–[클립보드] 그룹–[복사] 목록에서 [복제]를 선택하거나, Ctrl을 누른 상태에서 도형을 드래그해도 된다. 또 복제할 도형을 선택하고 Ctrl+Shift를 누른 상태에서 드래그하면 수평/수직 방향으로 복제할 수 있다.

06 텍스트를 표시할 도형을 선택하고 **서비스**라고 입력한다. 도형을 클릭하고 [홈] 탭–[글꼴] 그룹–[글꼴 크기]를 [40]으로 설정한다.

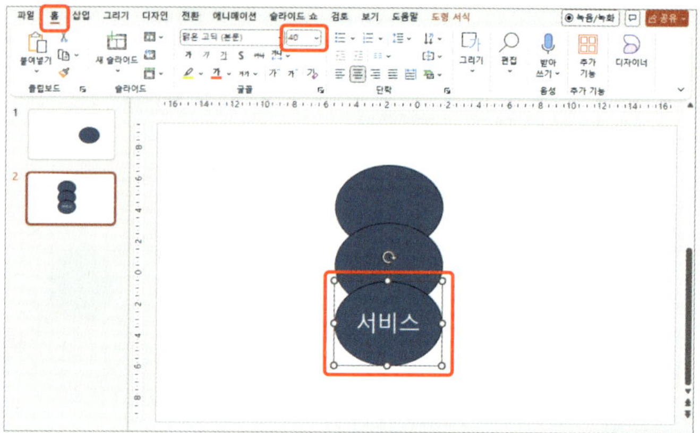

07 여러 도형을 선택하려면 도형을 모두 포함하는 범위를 드래그한다. 도형이 선택된 상태에서 Delete를 누르면 도형이 삭제된다.

TIP Shift를 누른 상태로 여러 도형을 하나씩 클릭해도 여러 도형을 선택할 수 있다.

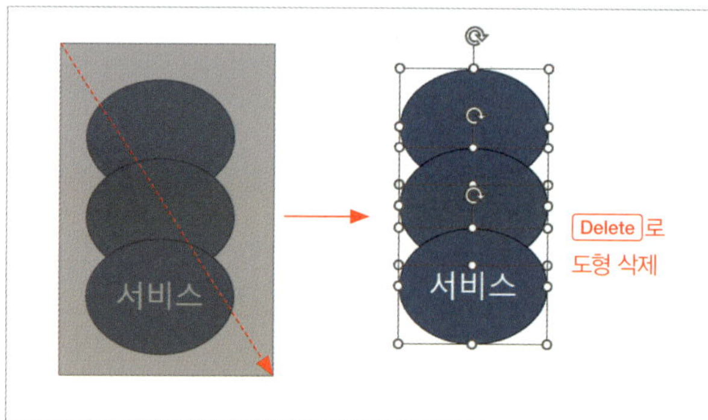

기본예제 10-2 도형 모양 변경과 회전하기

슬라이드에 그린 도형을 다른 모양으로 편집하거나 회전하여 다양한 형태로 바꿔 보자.

01 [삽입] 탭–[일러스트레이션] 그룹–[도형] 목록에서 [블록 화살표]의 [화살표: 위쪽]을 선택하고 슬라이드에 드래그하여 삽입한다.

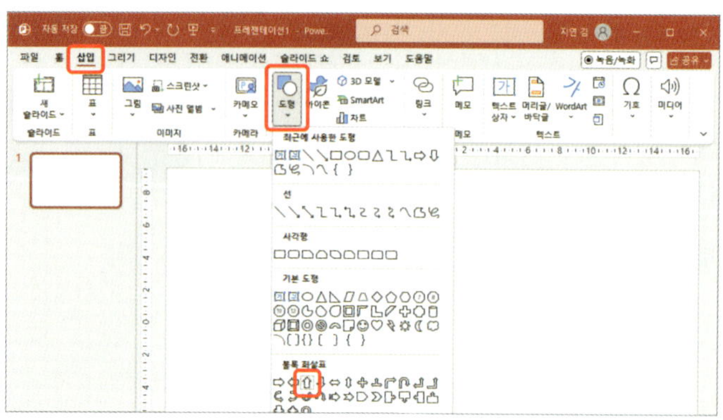

02 도형 위쪽에 있는 회전 핸들(⟳)을 드래그하여 화살표 도형을 회전한다.

TIP Alt와 방향키(←, →)를 함께 누르면 도형을 15°씩 회전시킬 수 있다.

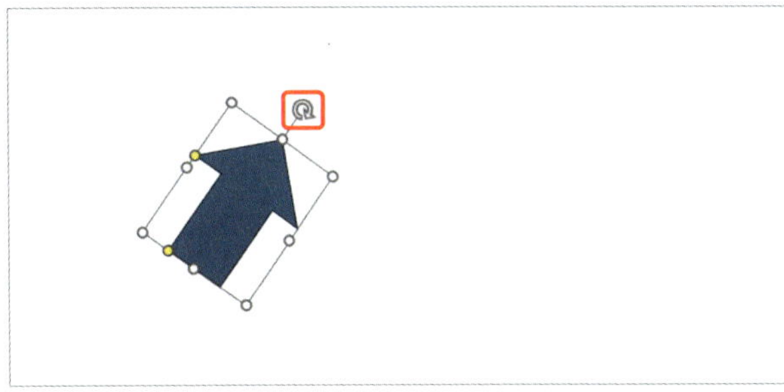

03 화살표를 선택하고 [도형 서식] 탭–[도형 삽입] 그룹–[도형 편집] 목록에서 [점 편집]을 선택한다.

TIP [도형 모양 변경]을 누르면 화살표를 다른 도형으로 변환할 수 있다.

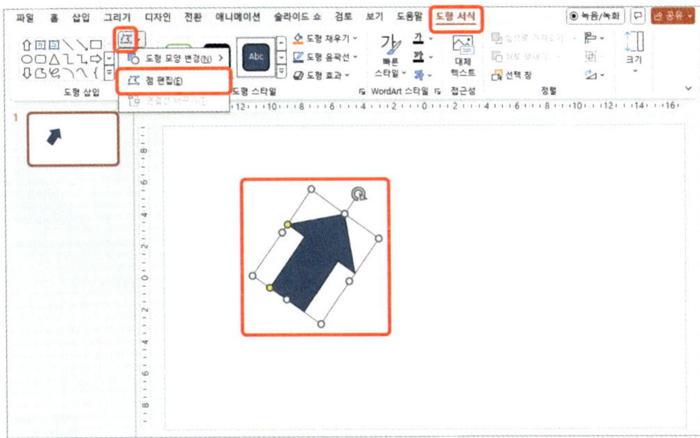

04 도형에 표시된 점과 연결선(세그먼트)을 마우스로 드래그하여 모양을 변경하고, Esc를 눌러 편집을 끝낸다.

TIP 점이나 연결선을 마우스 오른쪽 단추로 누르면 다양한 편집 메뉴를 이용할 수 있다. 메뉴를 이용하는 대신 연결선을 마우스로 길게 누르면서 움직이면 점이 추가된다. Esc를 누르는 대신 도형의 바깥 영역을 클릭해도 점 편집이 끝난다.

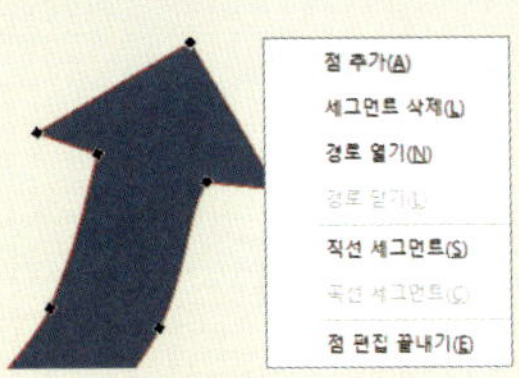

점이나 연결선을 마우스 오른쪽 단추로 눌러 편집 메뉴를 이용한다.

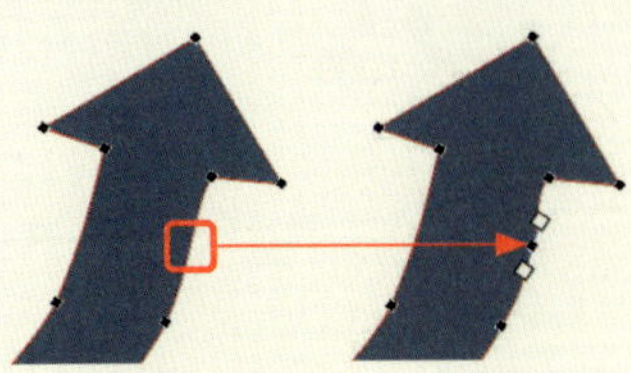

연결선을 길게 누르면서 움직이면 새로운 점이 만들어진다.

기본예제 10-3 도형 병합하기

여러 개의 도형을 병합하거나 결합 또는 교차해 새로운 모양의 도형을 만들어 보자.

01 [삽입] 탭–[일러스트레이션] 그룹–[도형] 목록에서 [타원]과 [직사각형]을 슬라이드에 삽입하여 겹치게 배치한다.

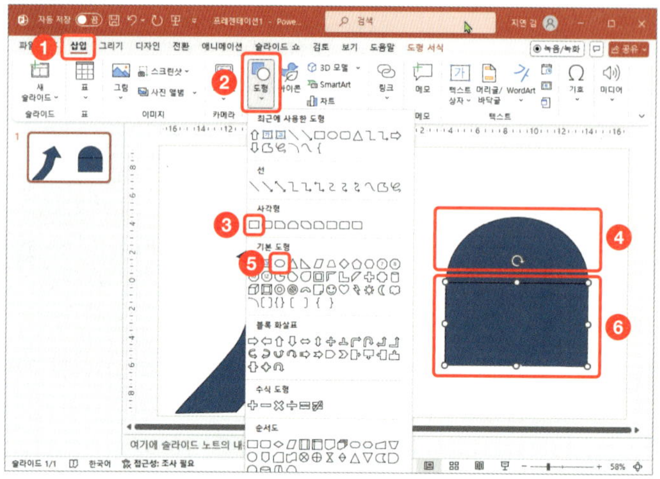

02 타원을 먼저 선택하고 Shift 를 누른 상태로 직사각형을 클릭하여 두 도형을 모두 선택한다. [도형 서식] 탭–[도형 삽입] 그룹–[도형 병합] 목록에서 [빼기]를 선택한다.

TIP 직사각형을 먼저 선택하고 [빼기]를 적용하면 다음과 같은 모양이 된다.

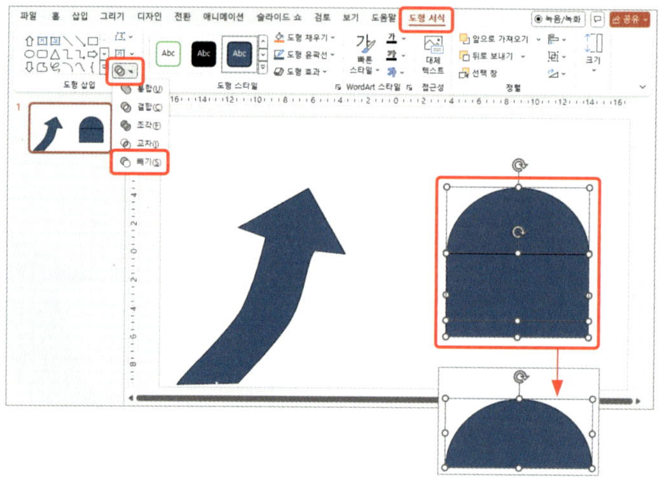

03 [삽입] 탭–[일러스트레이션] 그룹–[도형] 목록에서 [타원]과 [이등변 삼각형]을 슬라이드에 삽입하여 겹치도록 배치한다.

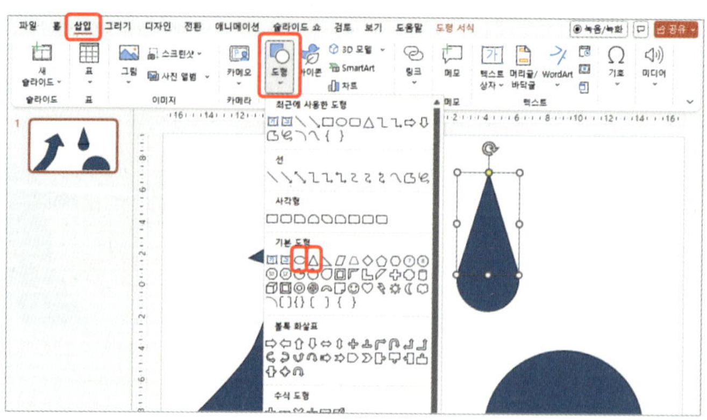

04 두 도형을 모두 선택하고 [도형 서식] 탭–[도형 삽입] 그룹–[도형 병합] 목록에서 [통합]을 선택한다.

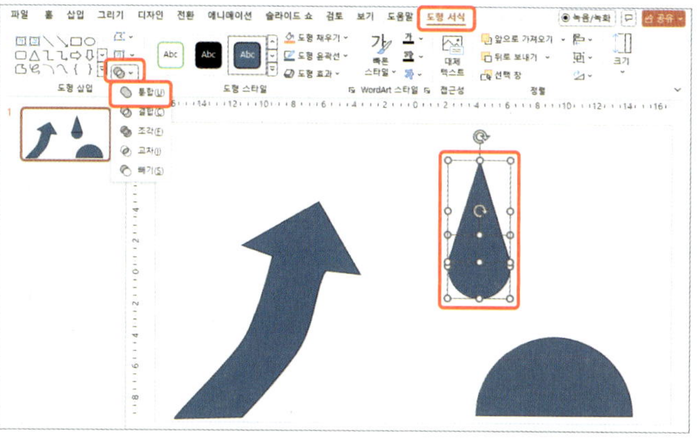

1.2 아이콘과 3D 모델 삽입

파워포인트에서는 아이콘이나 3D 모델을 프레젠테이션에 활용할 수 있다. 다양한 모양의 아이콘이나 3D 모델을 슬라이드에 삽입하고 원하는 색으로 설정하거나 회전, 크기 변경, 스타일 설정 등으로 다양하게 바꿀 수 있다.

기본예제 10-4 아이콘과 3D 모델 활용하기

슬라이드에 원하는 모양의 아이콘과 3D 모델을 찾아 삽입해 보자.

01 [삽입] 탭–[일러스트레이션] 그룹에서 [아이콘]을 누른다.

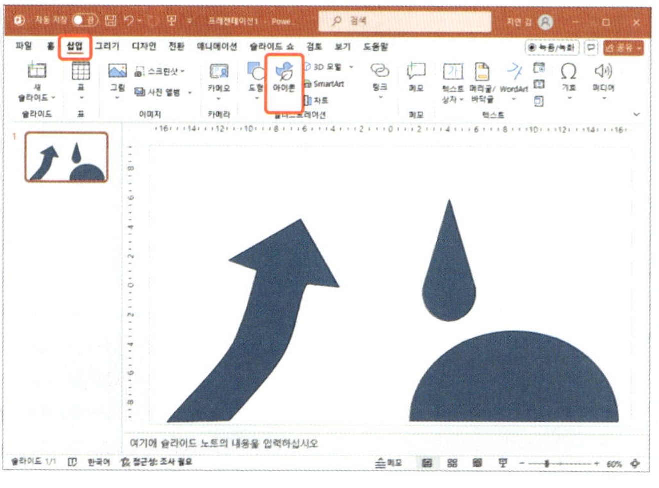

02 [스톡 이미지] 대화상자의 [아이콘] 탭이 선택된 상태에서 검색란에 **건물**을 입력한다. 필요한 아이콘을 선택하고 [삽입]을 클릭한다.

TIP 파워포인트 2021에서는 이미지와 비디오를 비롯해서 아이콘이나 일러스트레이션 등 다양한 콘텐츠를 프레젠테이션에 자유롭게 사용할 수 있는 스톡 이미지 기능을 지원하고 있다. 용도별로 미리 제작되어 제공되는 스톡 이미지 기능을 사용하면 여러 종류의 콘텐츠를 슬라이드에 간편하게 삽입할 수 있어서, 이전처럼 무료 콘텐츠를 별도로 검색해서 복사하거나 다운로드하지 않아도 된다.

03 삽입된 건물의 크기와 위치를 조정한다. [삽입] 탭–[일러스트레이션] 그룹–[3D 모델] 목록에서 [스톡 3D 모델...]을 선택한다.

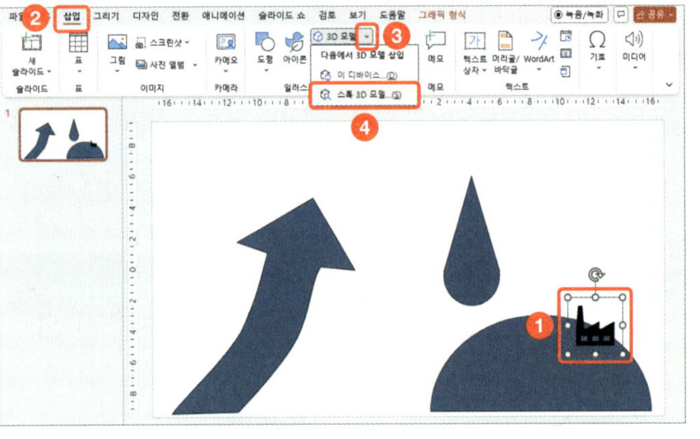

04 [온라인 3D 모델] 대화상자의 목록에서 [Chemistry]를 선택한다.

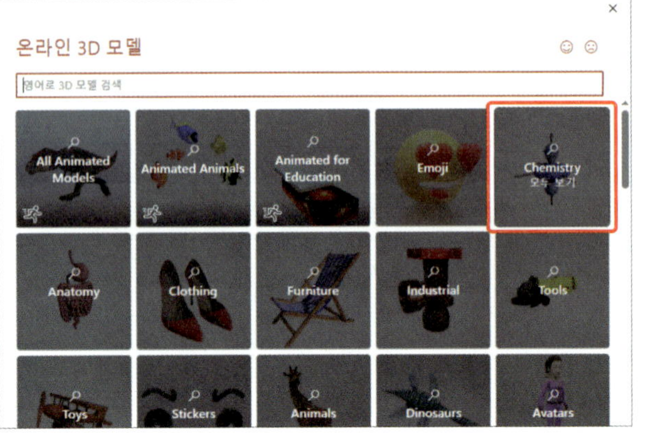

05 원하는 모양을 모두 선택하고 [삽입]을 누른다.

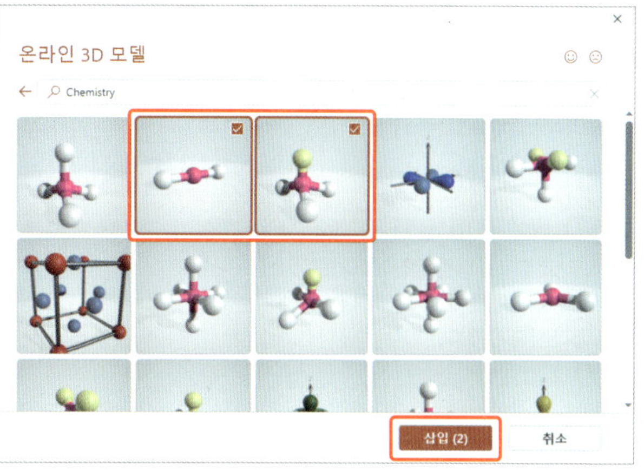

06 삽입된 3D 모델을 선택하면 3D 회전 핸들이 표시된다. 마우스를 드래그하여 기울이거나 회전하고 크기와 위치를 조정한다.

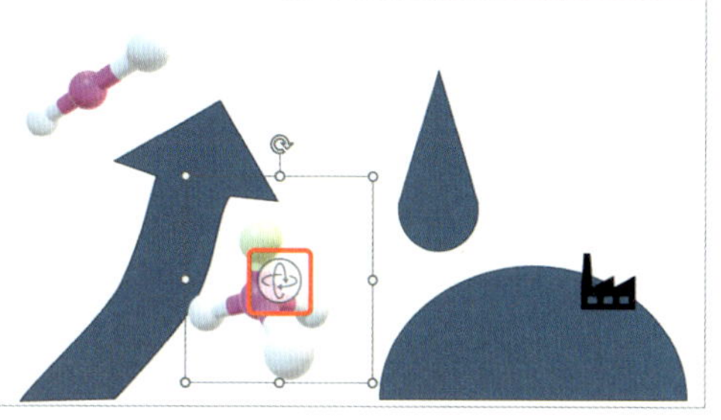

1.3 정렬과 그룹

슬라이드에 도형이나 그래픽 개체를 여러 개 삽입하면 가장 마지막에 만든 개체가 맨 앞에 표시되는데, 특정 개체를 앞이나 뒤로 보내 순서를 바꿀 수 있다. 또한, 여러 개체를 맞춤하거나 정렬할 수 있고 그룹으로 묶을 수도 있다. 그룹으로 묶은 개체들은 크기 조정이나 이동 또는 복제할 때 하나의 개체처럼 다룰 수 있어 편리하다.

기본예제 10-5 개체 순서, 맞춤과 그룹 만들기

슬라이드에 삽입된 개체의 표시 순서를 변경하고, 정렬하거나 그룹화하는 방법을 알아보자.

01 물방울 모양 도형을 선택하고 단축키 Ctrl + D를 눌러 복제한다.

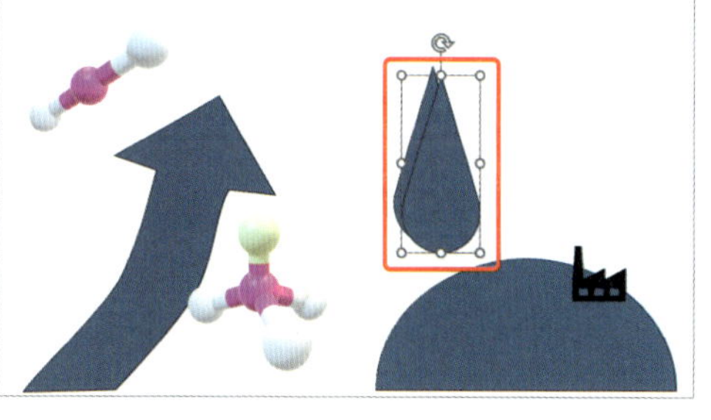

02 복제한 도형의 크기를 조절해 배치하고 [도형 서식] 탭–[정렬] 그룹–[뒤로 보내기] 목록에서 [맨 뒤로 보내기]를 선택한다.

TIP 도형을 배치할 때 슬라이드에 스마트 가이드라고 부르는 빨간 점선이 표시된다. 스마트 가이드를 활용해 도형의 크기나 위치를 다른 도형과 맞출 수 있다.

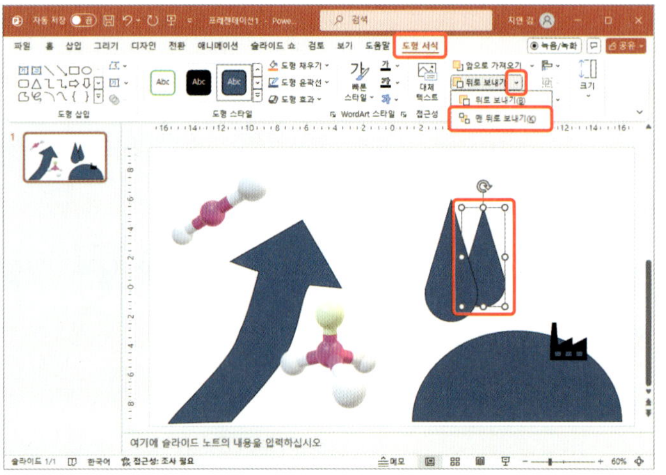

03 물방울 모양 도형 두 개를 모두 선택하고 [도형 서식] 탭–[정렬] 그룹–[개체 맞춤] 목록에서 [중간 맞춤]을 선택한다.

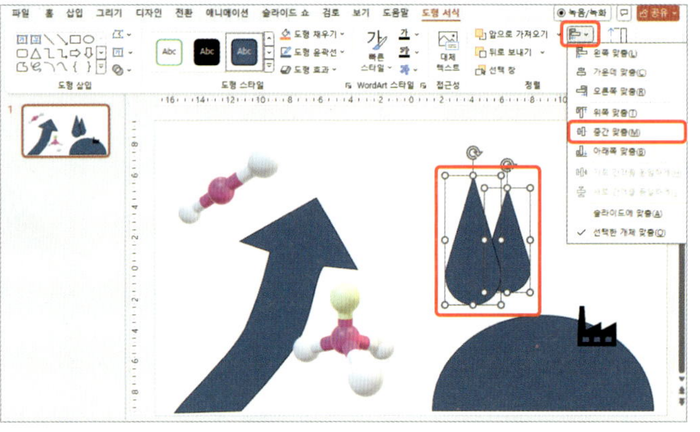

04 물방울 모양 도형 두 개가 선택된 상태에서 [도형 서식] 탭–[정렬] 그룹–[개체 그룹화] 목록에서 [그룹]을 선택한다.

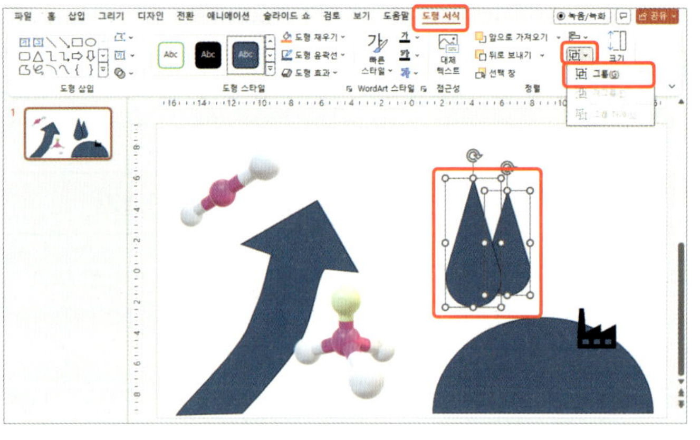

05 그룹화된 도형이 하나의 개체처럼 슬라이드에 표시된다. 크기 조절점을 드래그하면 두 도형이 하나의 개체처럼 조절된다.

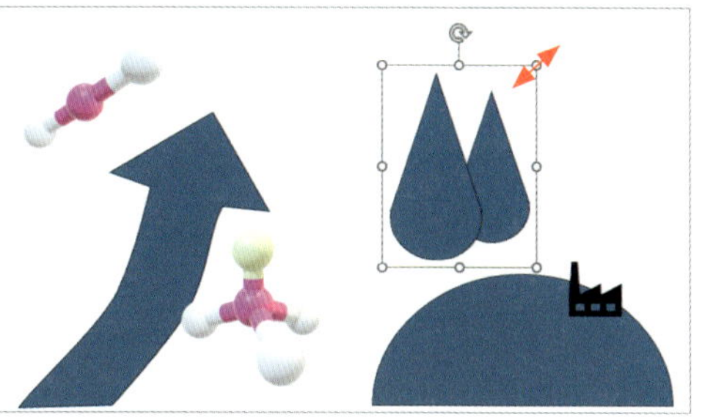

TIP 그룹화하지 않은 개체를 모두 선택하고 크기를 조절하면 도형의 간격이 원래의 모양으로 유지되지 않는다.

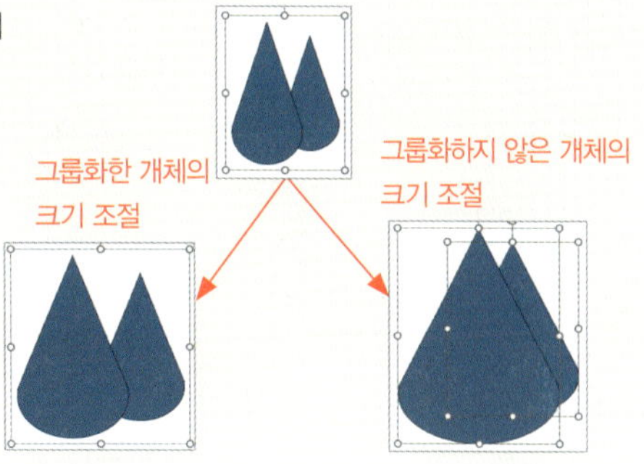

1.4 스타일과 서식 설정

슬라이드에 삽입된 도형이나 아이콘 등의 그래픽 개체에는 채우기 색이나 윤곽선 종류, 색, 그림자나 입체 효과 등 다양한 효과를 설정할 수 있다. [도형 서식]에서 제공하는 다양한 서식 설정 방법을 알아본다.

기본예제 10-6 빠른 스타일과 다양한 서식 설정하기

[빠른 스타일] 목록을 이용하면 채우기 색이나 윤곽선, 텍스트 모양 등을 간편하게 적용할 수 있다. 도형 스타일을 선택하고 여러 가지 서식 옵션을 도형이나 그래픽에 설정해 보자.

01 화살표 도형을 선택하고 [도형 서식] 탭–[도형 스타일] 그룹의 [빠른 스타일] 목록에서 [반투명 – 회색, 강조 3, 윤곽선 없음]을 선택한다.

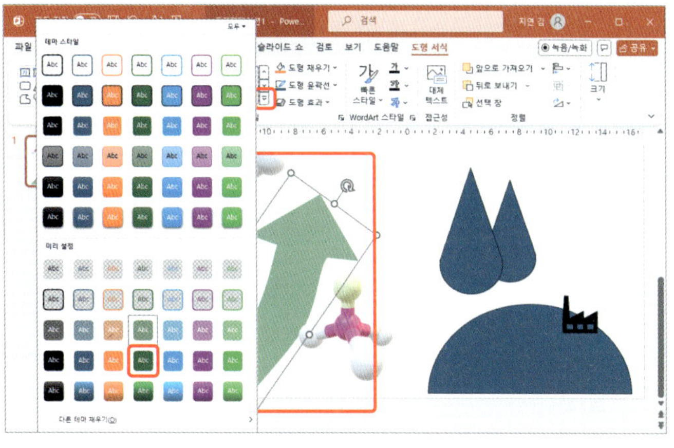

02 그룹화된 물방울 도형을 선택하고 [도형 서식] 탭–[도형 스타일] 그룹의 [빠른 스타일] 목록에서 [반투명 – 주황, 강조 2, 윤곽선 없음]으로 선택한다.

TIP 텍스트의 서식 복사처럼 도형에 설정한 서식도 다른 도형에 복사할 수 있다. 원본 도형을 선택하고 [홈] 탭–[클립보드] 그룹–[서식 복사]를 누른 후, 마우스 포인터가 ▷🖌 모양으로 바뀌었을 때 서식을 적용할 도형을 선택한다.

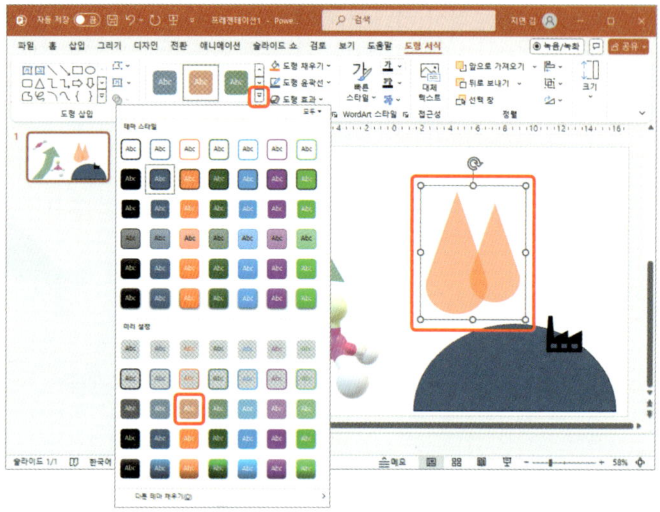

03 반원 모양 도형을 마우스 오른쪽으로 누르고 목록에서 [도형 서식]을 선택한다.

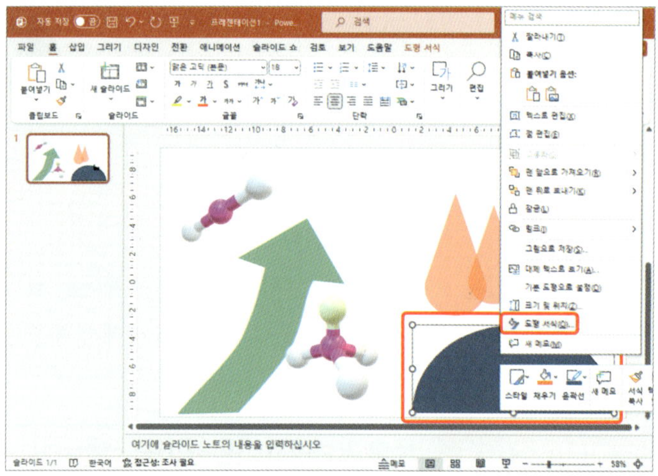

04 [도형 서식] 작업 창이 나타나면 [도형 옵션]–[채우기 및 선] 탭에서 [채우기]는 [그라데이션 채우기]로, [선]은 [선 없음]으로 설정한다.

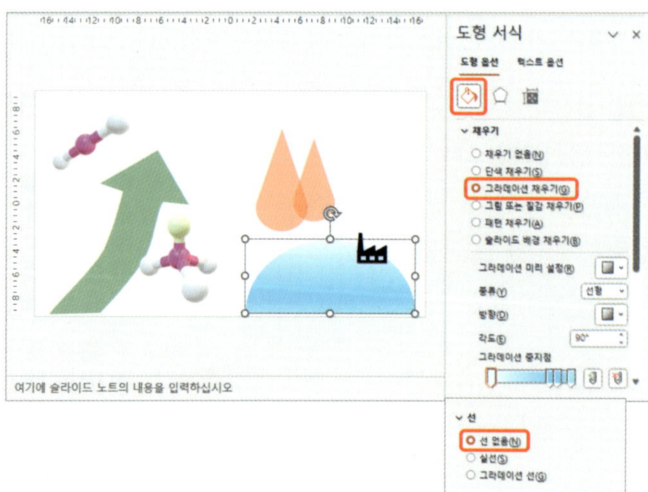

05 물방울 도형을 하나씩 선택하고 각각 **지구**와 **온난화**를 입력한다. [글꼴 크기]는 [32], [28]로 각각 설정한다. [도형 서식] 작업 창에서 [텍스트 옵션] 탭–[텍스트 상자]의 [텍스트 방향]은 [스택형]으로 설정한다.

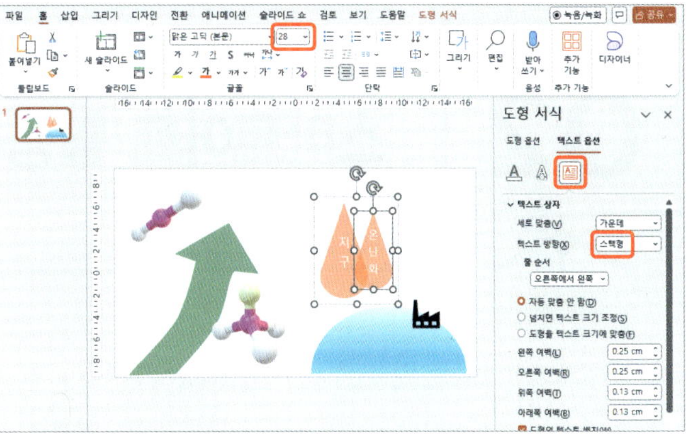

TIP 파워포인트에는 [그리기] 기능이 있어서 필요한 모양을 마우스나 펜으로 직접 그릴 수 있다. 파워포인트 2021 버전에서는 그린 순서대로 애니메이션으로 재생하는 [잉크 리플레이] 기능까지 제공한다. 강조하고 싶은 부분을 직접 표시하고 표시한 순서대로 다시 재생하여 인상적인 프레젠테이션을 만들 수 있다.

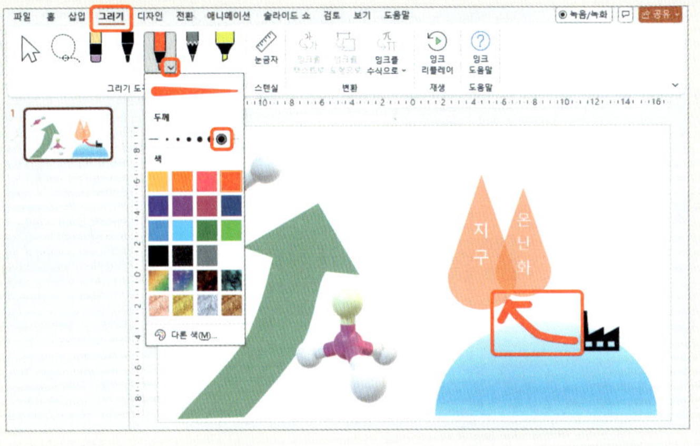

SECTION 02

스마트아트 활용하기

정보의 효과적인 전달을 목표로 하는 프레젠테이션에서는 도형을 많이 활용한다. 서술형 문장을 구조적으로 풀어서 도식화하면 설명을 많이 하지 않아도 정보를 직관적으로 전달할 수 있다. 스마트아트(SmartArt)는 정보를 도식화하여 시각적인 효과를 높이는 도구이다. 파워포인트에서는 필요한 모양을 골라 사용할 수 있도록 다양한 스마트아트 레이아웃을 제공한다. 목차를 구성할 때처럼 정보를 순서대로 나열하는 목록형이나 조직도와 같은 계층 정보를 표현하는 계층 구조형 등 여러 종류의 스마트아트를 활용해 프레젠테이션을 만들어 본다.

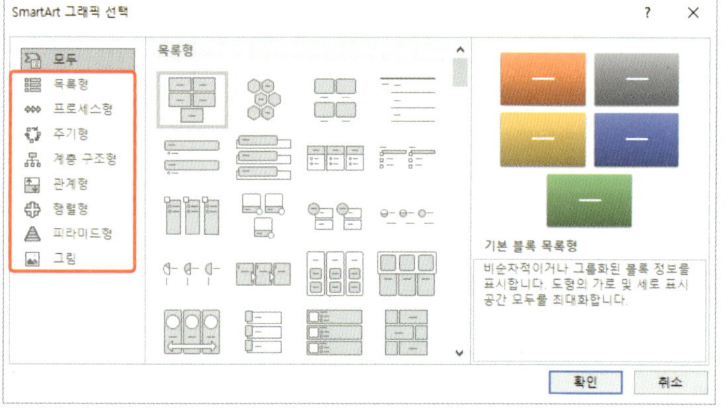

2.1 스마트아트 생성과 변환

파워포인트에서 스마트아트를 생성하는 방법에는 텍스트로 입력된 정보를 스마트아트로 변환하는 방법과 원하는 모양의 스마트아트를 먼저 삽입한 뒤 그 위에 텍스트를 추가하는 방법이 있다. 생성한 스마트아트를 다시 텍스트로 바꾸거나 그룹화된 도형으로 변환할 수도 있다.

기본예제 10-7 스마트아트 만들기

스마트아트 중에서 관계형 스마트아트를 슬라이드에 삽입하고 텍스트를 입력해 보자. 또한 스마트아트에 도형을 추가하거나 삭제하고 위치를 이동하는 방법도 알아보자.

01 프레젠테이션에 [제목 및 내용] 슬라이드를 추가하고 제목을 입력한 다음, 본문 개체 틀의 [SmartArt 그래픽 삽입] 단추를 누른다.

TIP [삽입] 탭-[일러스트레이션] 그룹에서 [SmartArt]를 선택해도 된다.

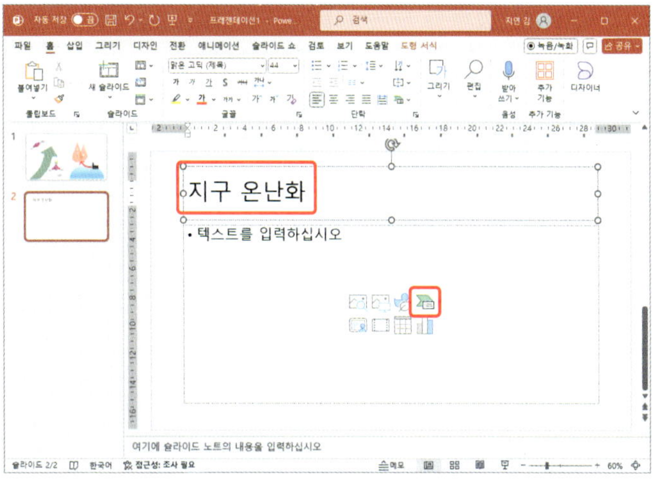

02 [SmartArt 그래픽 선택] 대화상자의 [관계형] 목록에서 [기본 벤형]을 선택하고 [확인]을 누른다.

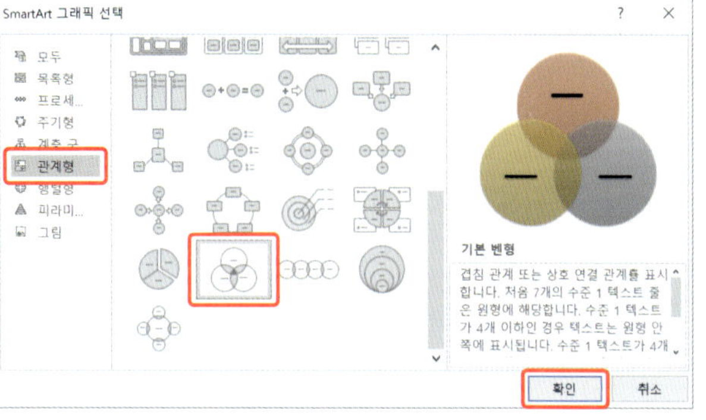

03 삽입된 스마트아트의 텍스트 입력 창에 **사막화**, **해수면 상승**, **기후 변화**를 차례로 입력한다. 다음 항목으로 이동할 때는 방향키 ↓를 이용한다.

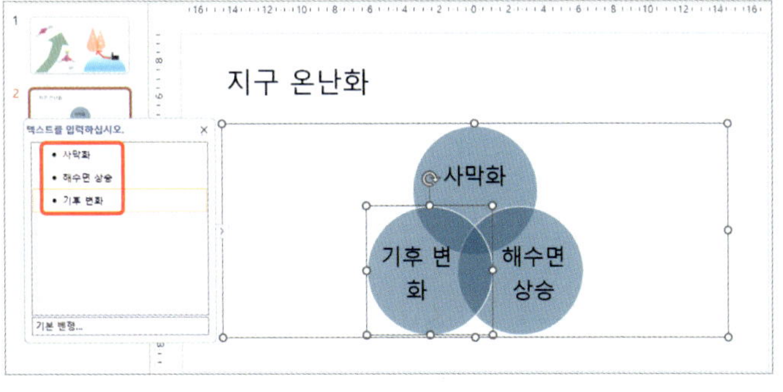

TIP 입력한 텍스트는 도형에 바로 표시된다. 텍스트 입력 창 대신 도형을 선택하고 내용을 직접 입력해도 된다.

04 '사막화' 도형을 선택하고 [SmartArt 디자인] 탭–[그래픽 만들기] 그룹–[도형 추가] 목록에서 [뒤에 도형 추가]를 선택한다.

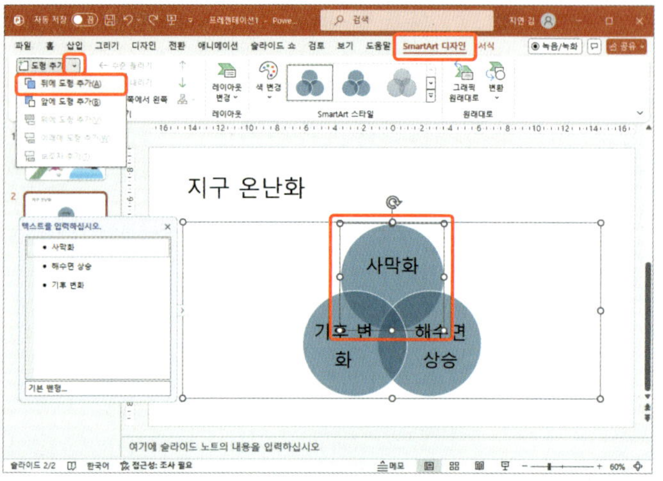

TIP 텍스트 입력 창의 '사막화' 뒤에 커서를 두고 Enter를 눌러도 도형이 추가된다.

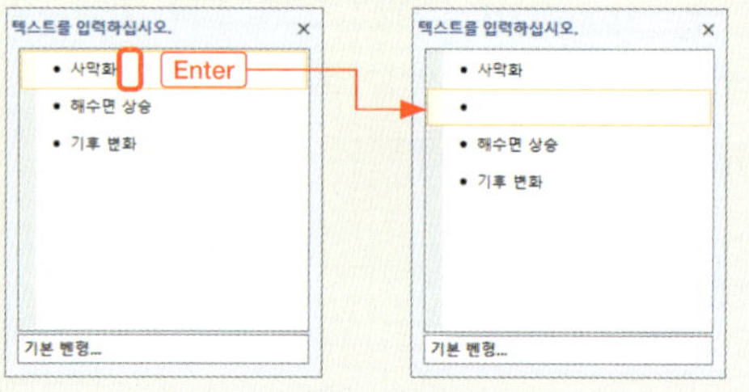

05 추가한 도형에 **식량 부족**이라고 입력한다. [SmartArt 디자인] 탭–[그래픽 만들기] 그룹–[위로 이동]을 눌러 도형의 위치를 바꾼다.

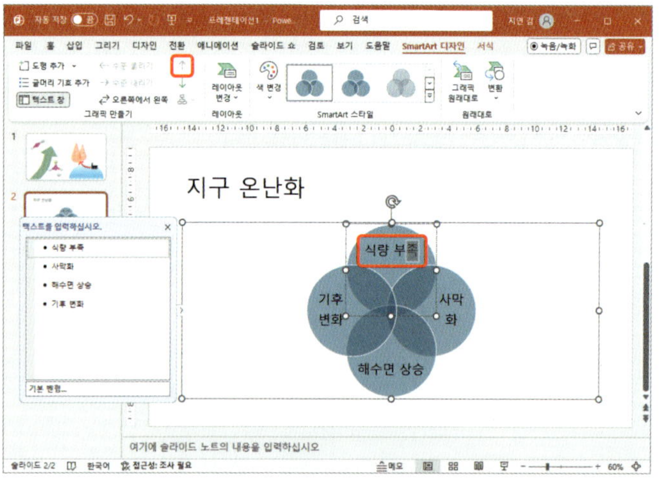

06 도형을 선택하고 마우스 오른쪽 단추를 눌러 [잘라내기]를 선택하면 도형이 삭제된다.

TIP 삭제할 도형을 선택하고 Delete를 눌러도 된다.

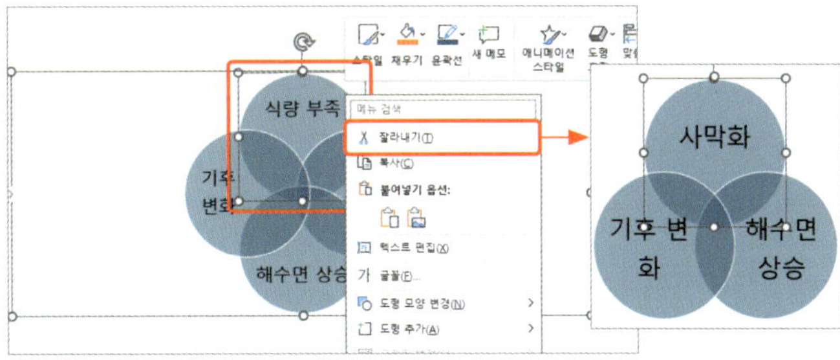

기본예제 10-8 스마트아트 변환하기

스마트아트에 입력한 내용은 텍스트 상자로 변환할 수 있고, 스마트아트 개체를 하나의 도형으로 변환할 수도 있다. 스마트아트를 텍스트나 도형으로 변환해 보자.

01 삽입한 스마트아트를 선택하고 [SmartArt 디자인] 탭-[원래대로] 그룹-[변환] 목록에서 [텍스트로 변환]을 선택한다.

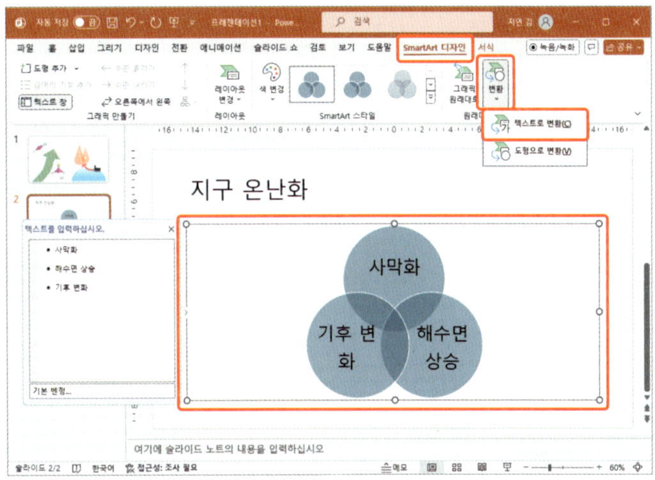

02 스마트아트가 있던 위치에 텍스트 상자가 만들어지고 내용이 표시된다. 텍스트를 다시 스마트아트로 변환하려면 텍스트 상자를 선택하고 [홈] 탭-[단락] 그룹-[SmartArt로 변환] 목록에서 원하는 형태를 선택하면 된다. 이번에는 [기본 주기형]으로 변환한다.

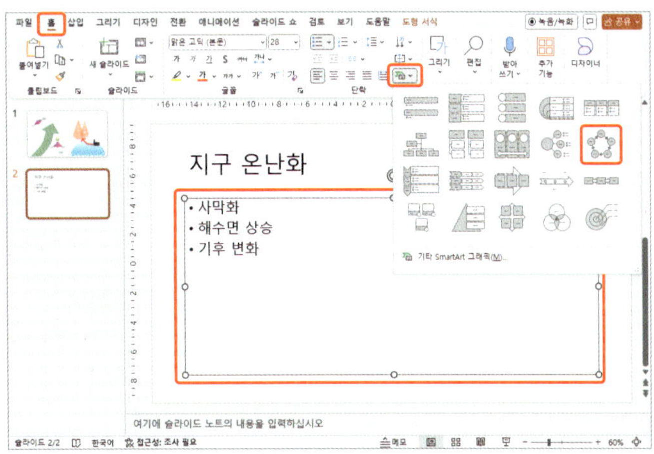

03 텍스트가 다시 스마트아트로 변경된다. 스마트아트가 선택된 상태로 [SmartArt 디자인] 탭–[원래대로] 그룹–[변환] 목록에서 [도형으로 변환]을 선택한다.

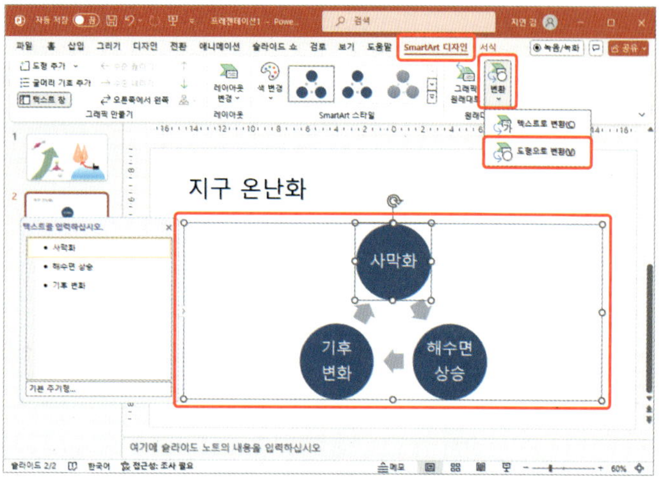

04 스마트아트가 그룹화된 하나의 도형으로 변환되고, 리본 메뉴에 [SmartArt 디자인] 탭과 [서식] 탭 대신에 [도형 서식] 탭이 표시된다.

TIP 변환된 도형을 다시 스마트아트로 바꾸는 메뉴는 없다. 빠른 실행 도구 모음에서 [되돌리기] 단추를 누르거나 단축키 Ctrl+Z를 이용하여 변환 작업을 취소해야 한다.

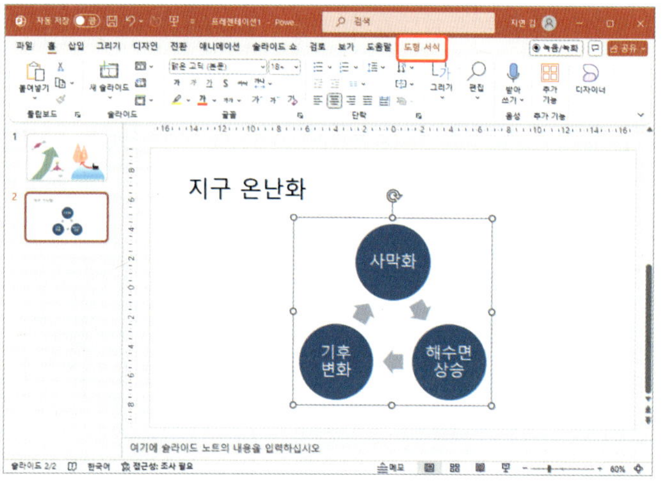

2.2 스마트아트 디자인과 서식 설정

스마트아트는 다양한 레이아웃을 적용할 수 있을 뿐 아니라 여러 가지 스타일과 색을 설정하여 프레젠테이션에 적합한 모양으로 꾸밀 수 있다. 또, 스마트아트를 구성하는 각 도형의 모양을 바꾸거나 채우기 색, 윤곽선, 텍스트 효과 등을 설정해 기본으로 제공되는 서식을 변경할 수도 있다.

기본예제 10-9 스마트아트 스타일과 색 설정하기

슬라이드에 텍스트를 입력한 후 스마트아트로 변환하고, SmartArt 도구를 이용해 스타일과 색을 설정해 보자.

01 프레젠테이션에 '제목 및 내용' 슬라이드를 추가하고 그림과 같이 제목과 내용을 입력한다.

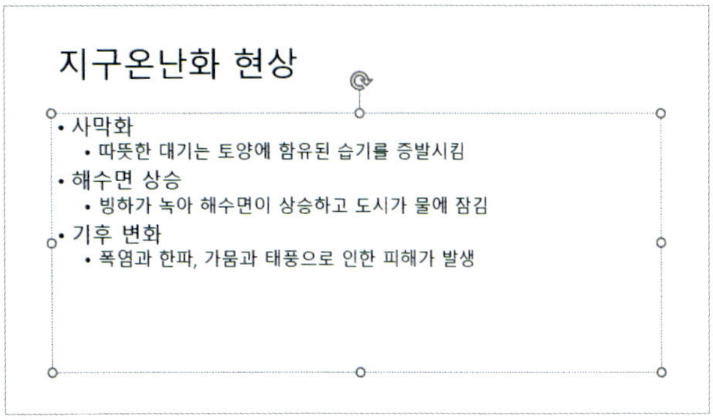

02 텍스트 개체 틀이 선택된 상태로 [홈] 탭–[단락] 그룹–[SmartArt로 변환] 목록에서 [그림 강조 벤딩 목록형]을 선택한다.

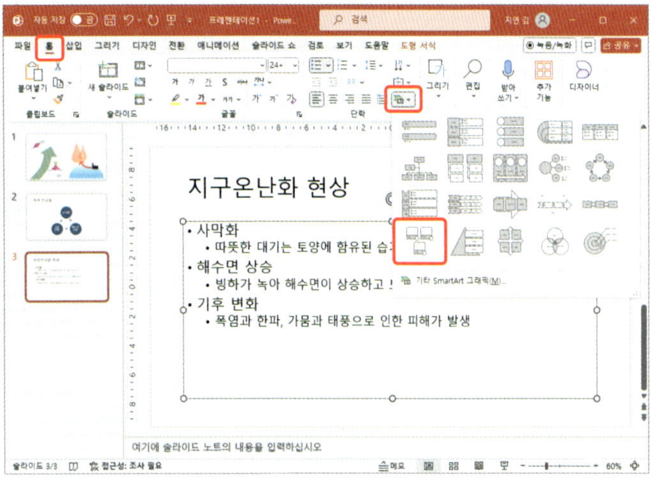

03 스마트아트의 텍스트 입력창은 닫고 [SmartArt 디자인] 탭–[SmartArt 스타일] 그룹–[색 변경] 목록에서 [색상형]의 [색상형 – 강조색]을 선택한다.

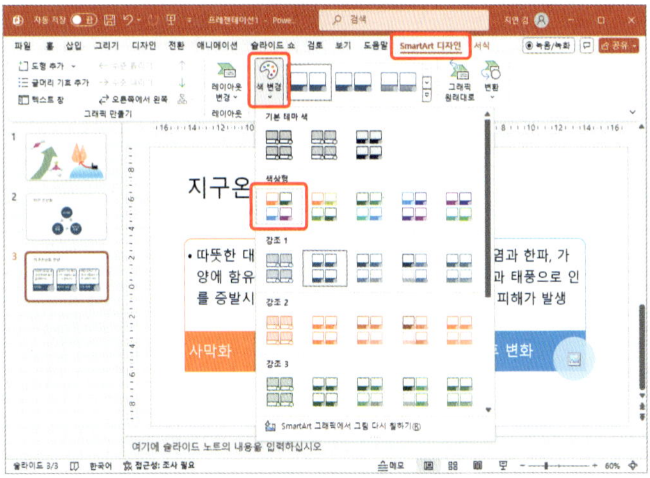

04 스마트아트가 선택된 상태로 [SmartArt 디자인] 탭-[SmartArt 스타일] 그룹-[빠른 스타일] 목록에서 [문서와 가장 일치하는 항목]의 [강한 효과]를 선택한다.

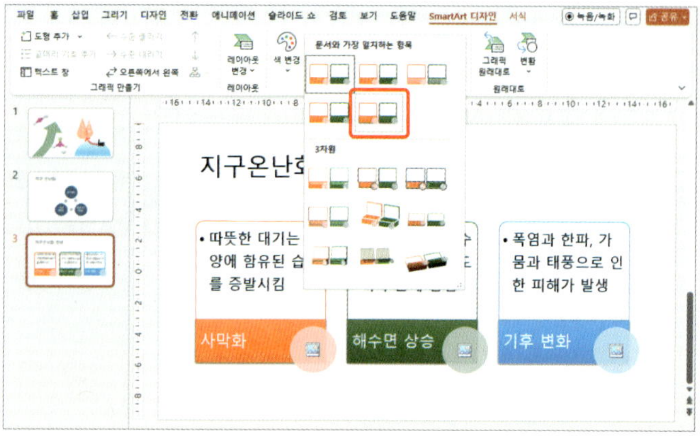

05 '사막화'의 그림 틀을 눌러 [그림 삽입] 대화상자가 나타나면 [아이콘에서]를 선택한다.

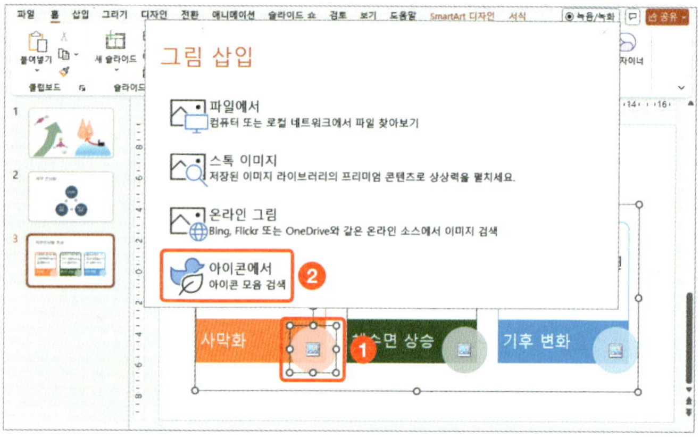

06 [아이콘] 탭의 검색란에 **사막**을 입력하고, 필요한 모양의 아이콘을 선택한 후 [삽입]을 누른다.

07 단계 **05~06**과 같은 방법으로 '해수면 상승'과 '기후 변화'의 그림 틀에도 아이콘을 삽입한다.

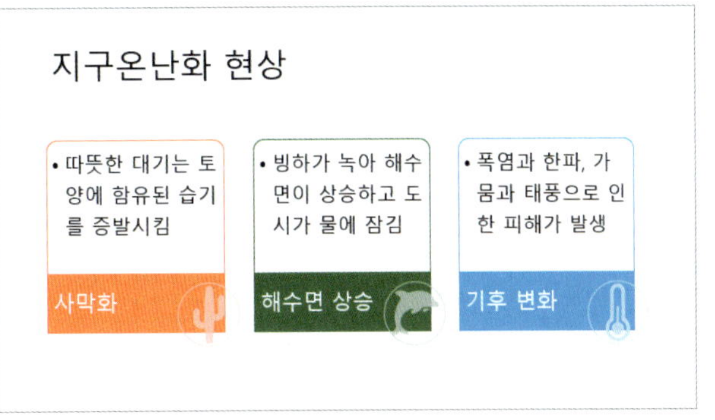

TIP **바다**와 **온도**를 검색어로 입력하면 그림과 같은 아이콘을 찾을 수 있다.

08 '기후 변화' 도형을 선택하고 [서식] 탭-[도형 스타일] 그룹-[빠른 스타일] 목록에서 [테마 스타일]의 [강한 효과 – 파랑, 강조 5]를 선택한다.

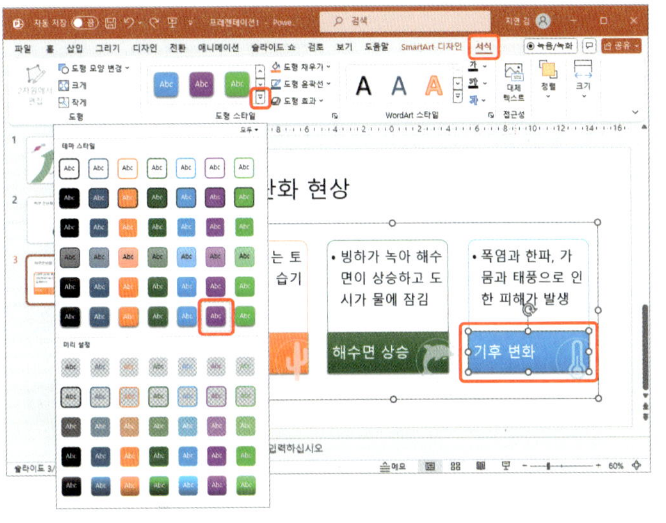

TIP 스마트아트를 구성하고 있는 각 도형은 [서식] 탭에서 제공하는 도구를 이용해 일반 도형처럼 모양이나 스타일 등을 다양하게 편집할 수 있다.

종합예제

도형과 아이콘 등의 일러스트레이션 개체와 스마트아트를 활용해 슬라이드의 정보 전달 효과를 높여 보자.

1 파워포인트를 실행해 [새 프레젠테이션]을 만들고, [홈] 탭-[슬라이드] 그룹-[레이아웃]을 [빈 화면]으로 설정한다.

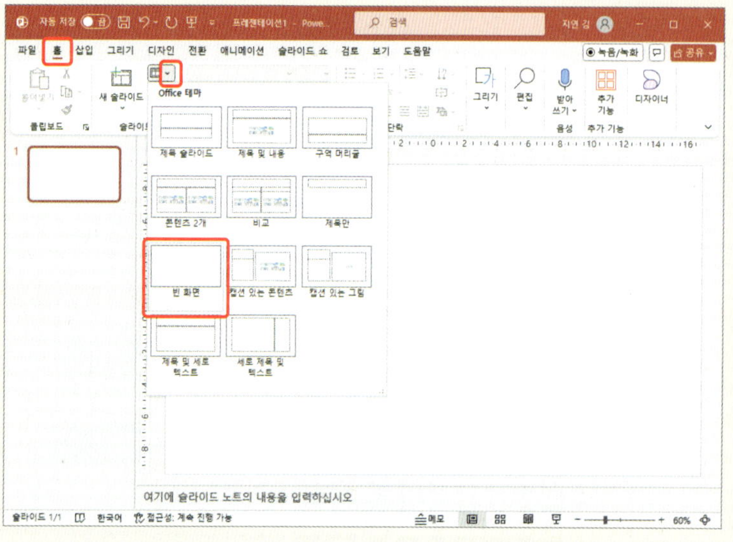

2 [삽입] 탭-[일러스트레이션] 그룹-[도형] 목록에서 [기본 도형]의 [이등변 삼각형]을 선택하고 슬라이드에서 드래그하여 도형을 삽입한다.

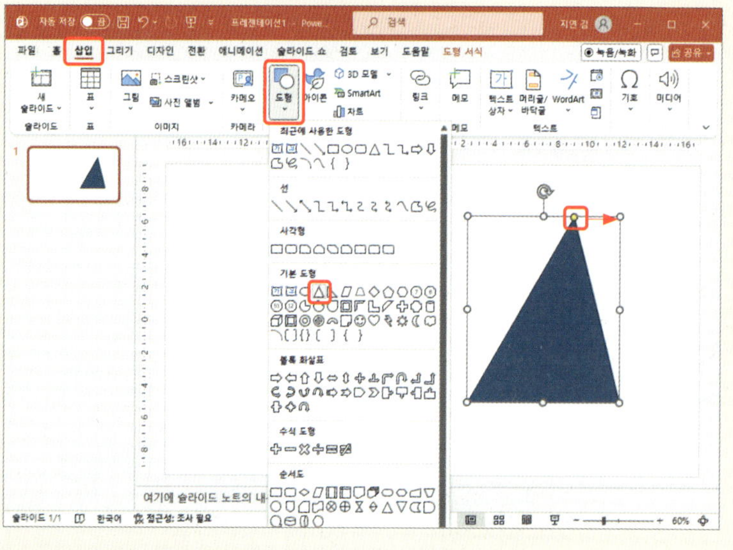

TIP 삼각형의 노란 조절점을 마우스로 드래그하면 모양을 변형할 수 있다.

3 도형을 회전시켜 슬라이드 왼쪽에 배치한다. [도형 서식] 작업 창에서 [도형 옵션]–[채우기 및 선] 탭–[채우기]–[색]은 [옥색, 강조 4, 80% 더 밝게]로, [투명도]는 [50%]로, [선]은 [선 없음]으로 설정한다. Office 버전에 따라 색상 이름이 다르게 나타날 수 있으므로 다른 색상을 적용해도 된다.

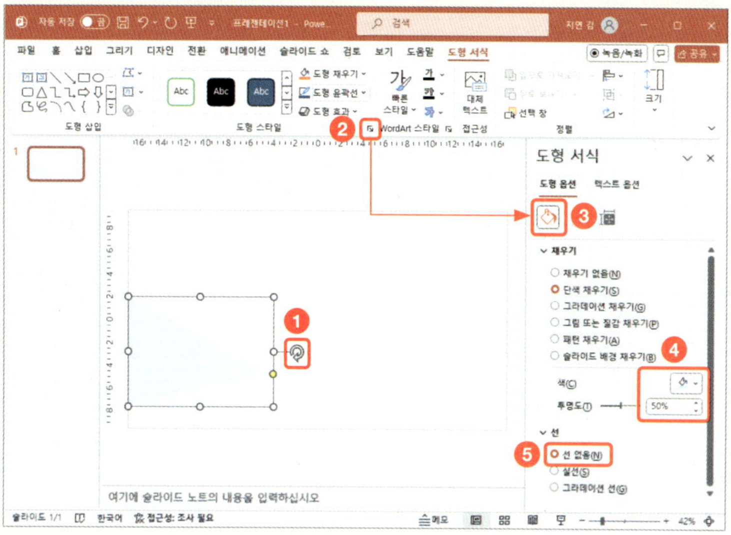

4 단축키 Ctrl+D를 눌러 삼각형을 복제한다. 노란 조절점과 회전 조절점을 이용해 모양을 변형한 후 슬라이드 오른쪽에 배치한다. [채우기]–[색]을 [진한 보라, 강조 4, 80% 더 밝게]로 변경한다.

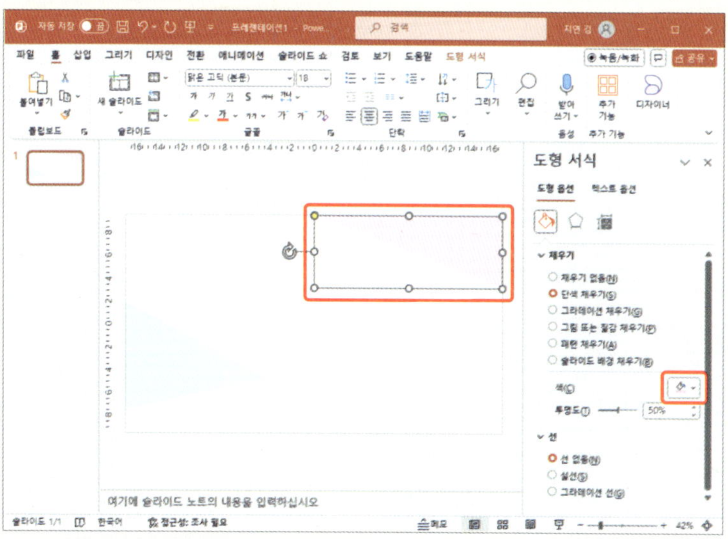

종합예제

5 단축키 Ctrl + D로 삼각형을 복제한 후, [도형 서식] 탭–[도형 삽입] 그룹–[도형 편집] 목록에서 [도형 모양 변경]–[기본 도형]의 [부분 원형]을 선택한다.

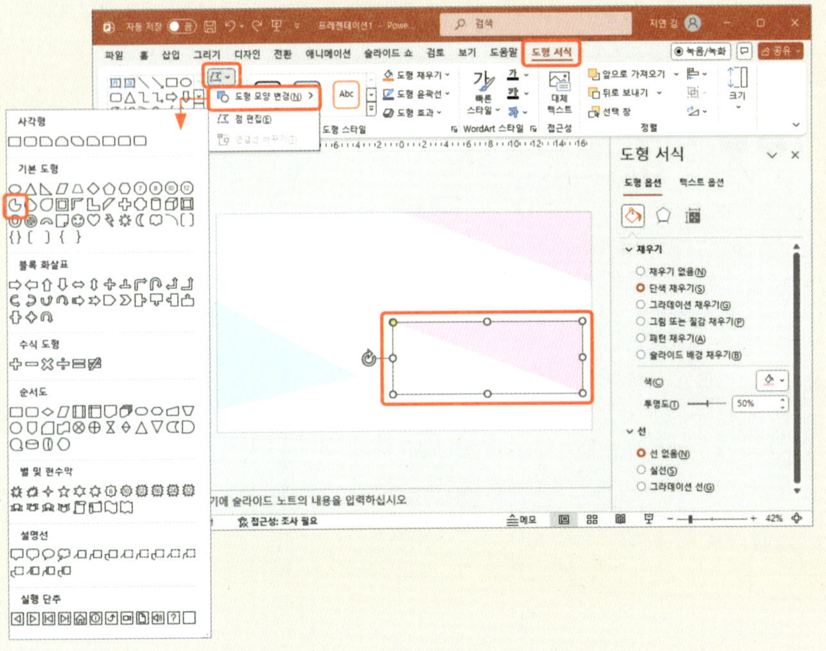

6 노란 조절점과 회전 조절점을 이용해 모양을 변형한 후 슬라이드 왼쪽 아래에 배치한다. [도형 서식] 작업 창에서 [채우기]–[색]을 [주황, 강조 4, 80% 더 밝게]로 변경한다.

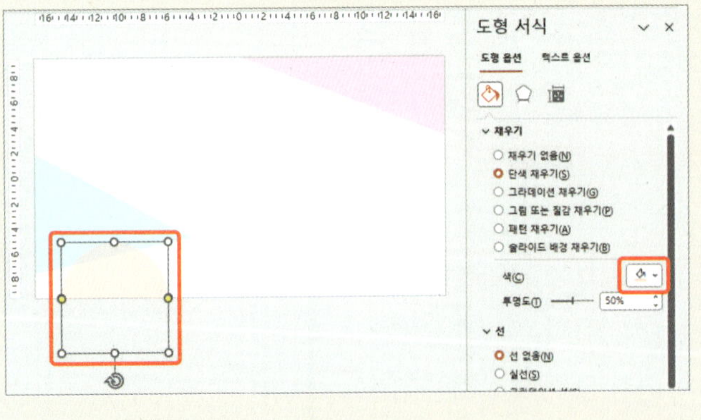

7 [삽입] 탭–[일러스트레이션] 그룹–[아이콘]을 눌러 [스톡 이미지] 대화상자가 나타나면 [사람 컷아웃] 탭의 검색란에 **보드**를 입력한다. 원하는 모양을 선택한 후 [삽입] 단추를 클릭한다.

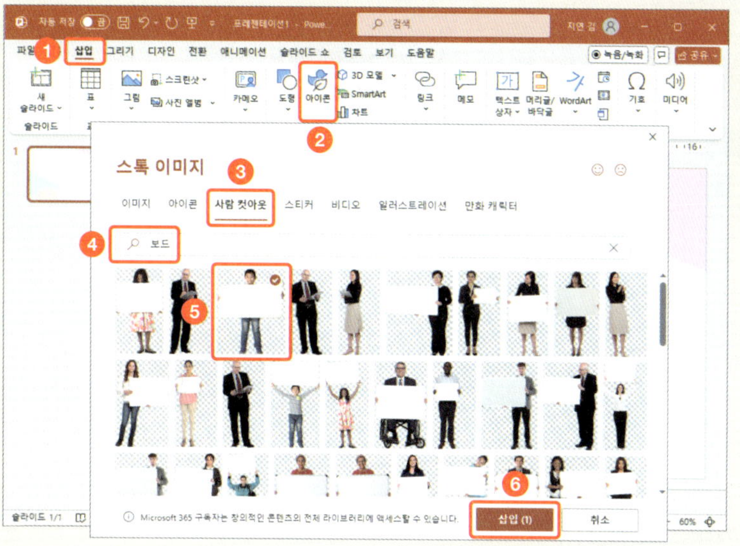

8 [홈] 탭–[그리기] 그룹–[텍스트 상자]를 슬라이드에 삽입하고 **지구 온난화 보고서**라고 입력한다. 텍스트 상자가 선택된 상태로 [글꼴]은 [HY헤드라인M]으로, [글꼴 크기]는 [40], [가운데 맞춤]으로 설정한다.

종합예제

9 [빈 화면] 레이아웃으로 새 슬라이드를 추가하고 [삽입] 탭–[일러스트레이션] 그룹–[도형] 목록에서 [직사각형]과 [타원]을 삽입한다. 두 도형을 모두 선택하고 [도형 서식] 탭–[도형 삽입] 그룹–[도형 병합] 목록에서 [빼기]를 선택한다.

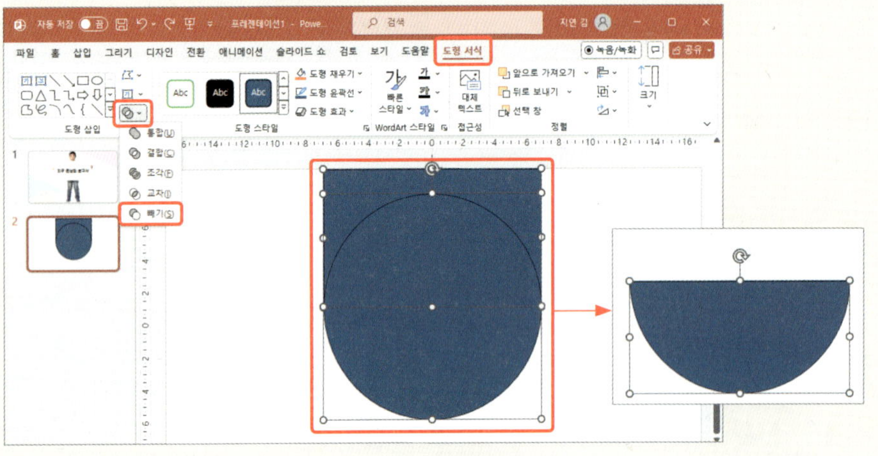

TIP 타원을 먼저 선택한 후 직사각형을 선택해야 [빼기]가 원하는 모양으로 동작한다. 도형을 여러 개 선택할 때는 Shift를 누른 상태에서 도형을 차례대로 클릭한다.

10 반원 모양 도형을 선택하고 [도형 서식] 탭–[도형 스타일] 그룹–[빠른 스타일] 목록에서 [강한 효과 – 녹색, 강조 6]을 선택한다. 도형을 선택한 상태로 **CONTENTS**를 입력한 후, [홈] 탭–[글꼴] 그룹에서 [글꼴]은 [Adobe 고딕 Std B]로, [글꼴 크기]는 [40]으로 설정한다.

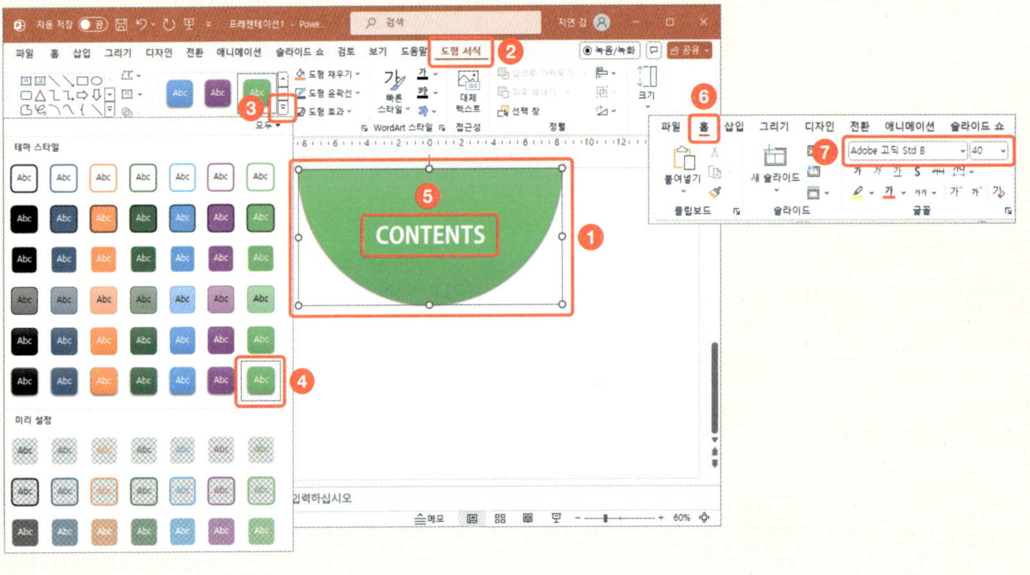

11 [삽입] 탭–[일러스트레이션] 그룹–[SmartArt]를 눌러 [SmartArt 그래픽 선택] 대화상자가 나타나면 [프로세스형]–[오름차순 화살표 프로세스형]을 선택하고 [확인]을 누른다.

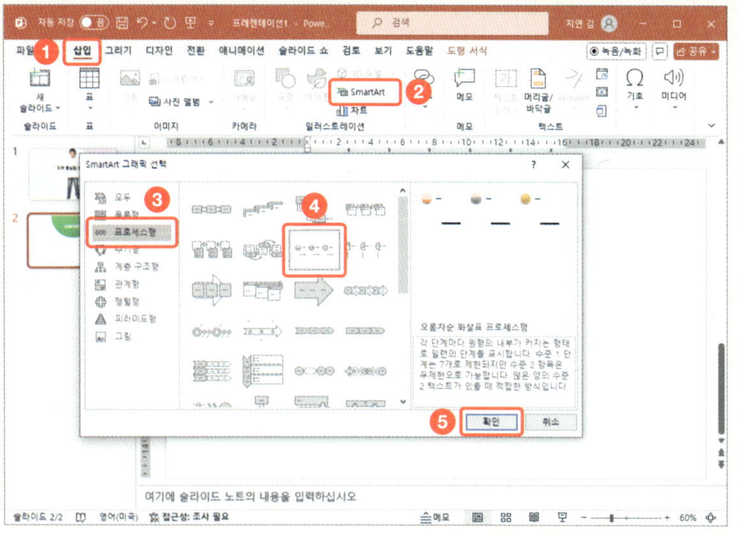

12 스마트아트에 그림과 같이 텍스트를 입력한다. [SmartArt 디자인] 탭–[SmartArt 스타일] 그룹–[색 변경]을 눌러 [강조 3]의 [색 채우기 – 강조 3]을 선택한다.

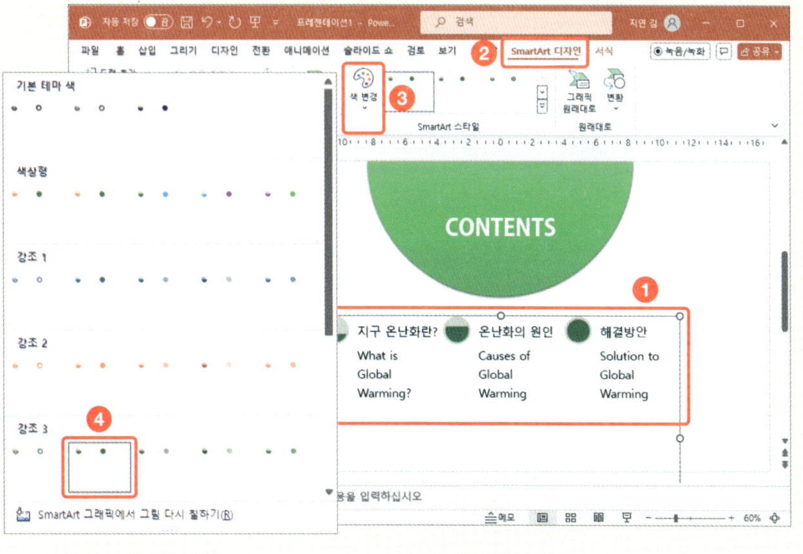

종합예제

13 [SmartArt 디자인] 탭-[원래대로] 그룹-[변환] 목록에서 [도형으로 변환]을 선택한다.

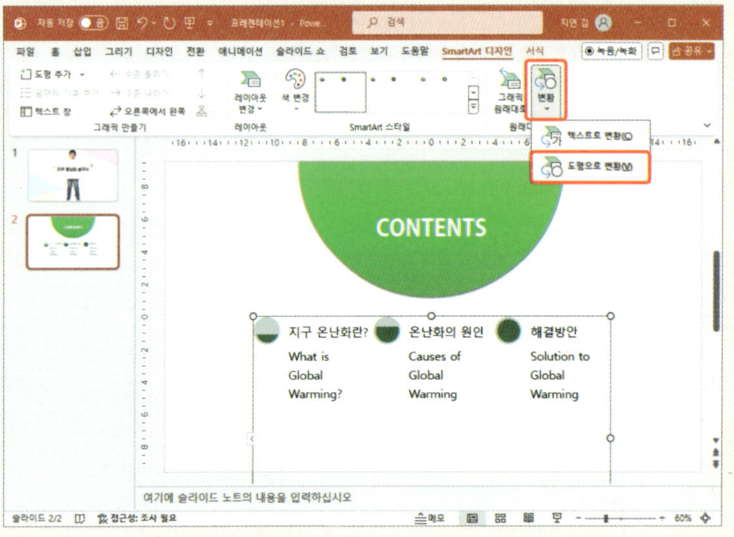

14 그룹화된 도형을 마우스 오른쪽 버튼으로 눌러 [그룹화]-[그룹 해제]를 선택한다.

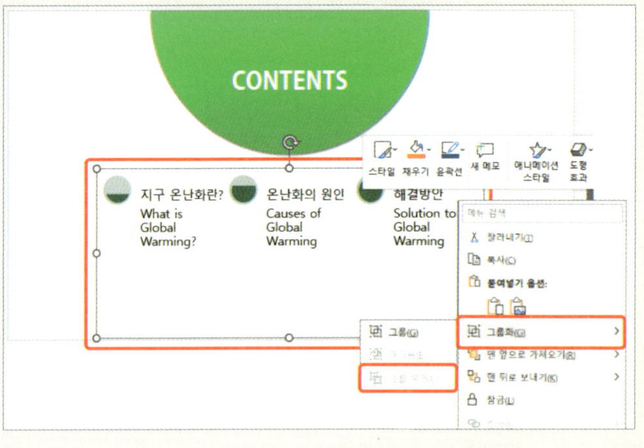

15 '지구 온난화란?', '온난화의 원인', '해결방안' 텍스트의 글꼴 모양은 [굵게]로 설정한다. 그룹 해제된 도형을 세 개의 그룹으로 각각 묶고 배치한다.

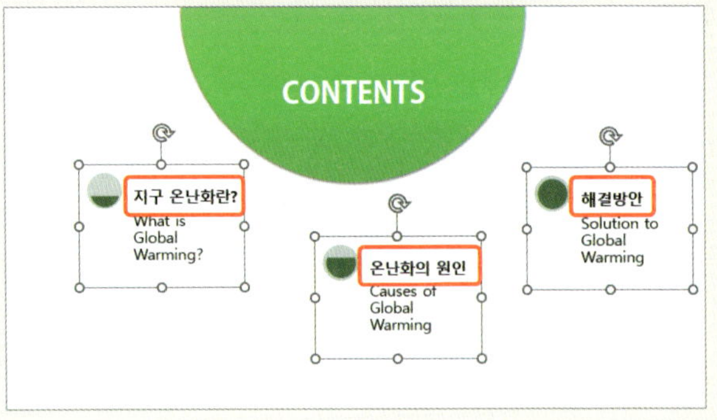

TIP 스마트아트를 도형으로 변환하면 스마트아트를 구성하는 도형의 서식 설정이나 배치를 더 자유롭게 할 수 있다.

연습문제

1 도형과 아이콘을 이용하여 다음 그림과 같이 슬라이드를 작성하시오.

❶ [빈 화면] 레이아웃의 슬라이드에 텍스트 상자를 추가하고 제목을 입력하시오. [글꼴]은 [HY견고딕], [글꼴 크기]는 [48], [글꼴 색]은 [검정, 텍스트 1, 50% 더 밝게]로 설정하시오.

❷ [선]을 제목 아래에 삽입하고 [도형 윤곽선]의 색상은 [밝은 회색, 배경 2], [너비]는 [10 pt]로 설정하시오.

❸ 내용을 입력할 텍스트 상자를 추가하고 그림과 같이 입력하시오. [글꼴]은 [HY견고딕], [글꼴 크기]는 [28], [줄 간격]은 [1.5]로 설정하시오.

❹ 제목 텍스트 상자, 선, 내용 텍스트 상자를 모두 선택하고 [가운데 맞춤]으로 설정하시오.

❺ 슬라이드 오른쪽에 [아이콘]을 삽입하시오. 아이콘 검색어로는 '지도'를 사용하고 [그래픽 채우기]의 색상은 [주황, 강조 2]로 설정하시오.

2 다음의 지시대로 도형과 스마트아트를 활용하여 슬라이드를 작성하시오.

❶ [온라인 3D 모델]을 **computer**로 검색하여 삽입하고, [맨 뒤로 보내기]로 맞춤을 설정하시오.

❷ [텍스트 상자]를 추가하고 **컴퓨터 활용의 변화**라고 입력하시오. [글꼴]은 [HY헤드라인M]으로 설정하시오. [WordArt 스타일]–[텍스트 효과]–[변환]에서 [휘기]–[페이드: 오른쪽]으로 설정하고 그림과 같이 배치하시오.

❸ [단계 상승 프로세스형] 스마트아트를 삽입하고 그림과 같이 내용을 입력하시오.

❹ [색 변경] 목록에서 [강조 1]의 [그라데이션 범위 – 강조 1]로 변경하시오.

❺ [SmartArt 스타일]을 [3차원]의 [일몰]로 설정하고, 그림과 같이 배치하시오.

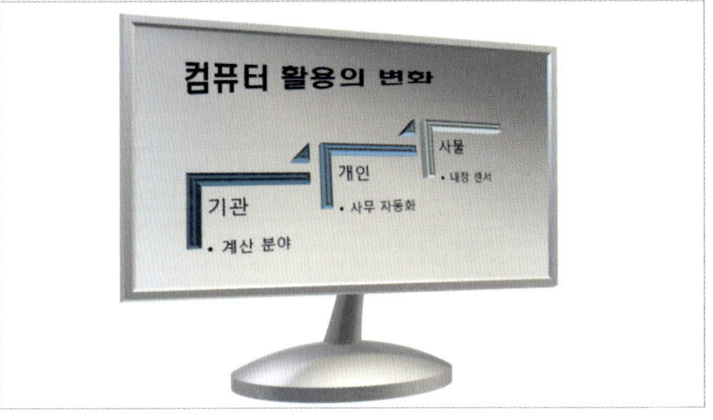

3 도형과 아이콘을 활용해 다음과 같이 슬라이드를 작성하시오.

❶ [모서리가 둥근 직사각형] 도형을 삽입하고 모서리 모양을 그림과 같이 변형하시오. [도형 스타일]은 [빠른 스타일] 목록에서 [보통 효과 – 검정, 어둡게 1]로 설정하시오. 도형에 **거점대학**이라고 입력하고 [글꼴]은 [HY헤드라인M], [글꼴 크기]는 [36]으로 설정하시오.

❷ [모서리가 둥근 직사각형] 도형을 하나 더 삽입하고 [도형 스타일]은 [빠른 스타일] 목록에서 [보통 효과 – 회색, 강조 3]으로 설정하시오. 도형에 **클라우드 기반 공용 LMS**를 입력하고 [글꼴]은 [HY헤드라인M], [글꼴 크기]는 [28]로 설정하시오.

❸ 건물 모양의 아이콘을 삽입하고 [그래픽 스타일]은 [빠른 스타일] 목록에서 [색 채우기 – 강조 3, 윤곽선 없음]으로 설정하시오. 아이콘을 복제하여 그림과 같이 슬라이드에 배치하고, [가로 간격을 동일하게]로 맞춤을 설정하시오.

❹ [화살표: 위쪽] 도형을 삽입하고 [그라데이션 채우기]의 [선형 위쪽]으로 방향을 설정하시오. [선]은 [선 없음]을 선택하시오. [점 편집] 도구를 사용해 화살표의 모양을 변형하고 그림과 같이 사각형 뒤로 배치하시오.

❺ [연결선: 꺾임] 선을 삽입하고 그림과 같이 사각형과 건물을 연결하시오. 선의 [색]은 [흰색, 배경 1, 50% 더 어둡게], [너비]는 [10 pt], [겹선 종류]는 [이중]으로 설정하시오.

❻ 모든 도형과 아이콘을 그룹으로 묶고 슬라이드 중간에 배치하시오.

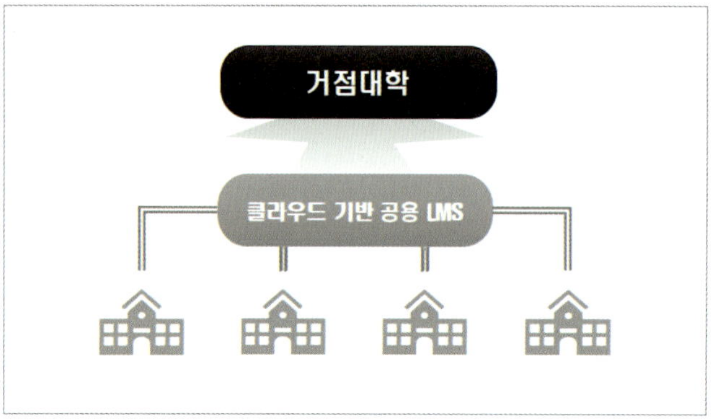

CHAPTER

11

표와 차트

학습목표

- 표를 사용하여 내용을 요약하고 구성할 수 있다.
- 다양한 표 도구 기능을 활용하여 표를 편집할 수 있다.
- 차트의 종류를 알고 차트를 이용해 슬라이드를 작성할 수 있다.
- 다양한 차트 도구 기능을 활용하여 차트를 편집할 수 있다.

SECTION 01

표 만들기

표는 숫자나 텍스트를 알아보기 쉽게 요약할 때 유용하다. 데이터를 종류별로 구분해 표로 정리하면 의미를 파악하기 쉽고 값을 비교하기 편리하다. 표 안에 숫자나 텍스트를 입력할 뿐 아니라 다양한 스타일과 서식을 설정할 수 있어서 프레젠테이션의 정보 전달력을 높일 수 있다.

1.1 표 구성 형식

표(table)는 사각형 모양의 셀(cell)이 하나 이상 모여서 이루어지며, 다음과 같이 열과 행 방향으로 셀 순서가 정해진다.

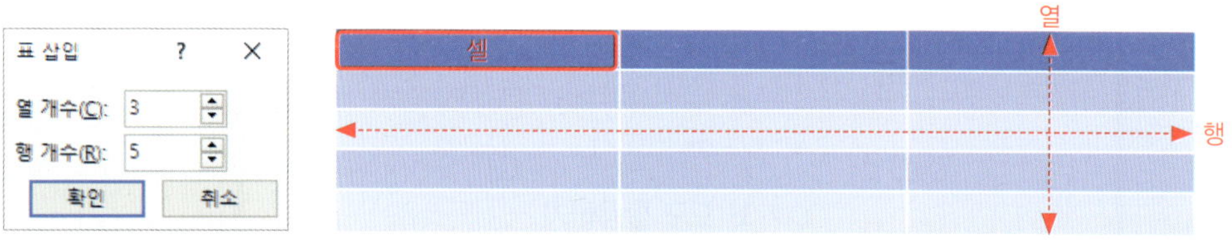

표를 만들려면 먼저 열과 행이 몇 개 필요한지 계산해야 한다. 다음 순서대로 만들면 더 효율적이다.

① 표의 열과 행 개수를 계산한다. 병합이 필요한 셀 모양을 염두에 두고 계산하는 것이 좋다. 일반적으로 셀을 적게 만들어 분할하기보다는 많이 만들어 병합하는 것이 더 편리하다.

② 표를 삽입하고 셀을 적절히 병합하여 원하는 형태로 만든다.

③ 표에 내용을 입력한다.

④ 셀 크기를 조절해 전체 표를 완성하고 테두리를 편집한다.

⑤ 스타일과 옵션, 서식을 설정하여 표를 꾸민다.

5 (열), 4 (행)

지역 / 월	금곡동		도농동	
	주간	야간	주간	야간
3월	23	10	43	31
6월	17	35	28	21

1.2 다양한 표 만들기

파워포인트에서는 표를 만드는 방법이 다양하다. [표 삽입] 단추나 표 그리기 도구 등 다양한 방법으로 표를 만들어 본다.

기본예제 11-1 개체 선택 단추와 표 도구 이용하기

프레젠테이션 본문에 주로 사용하는 '제목 및 내용' 슬라이드에는 글이나 그림 등의 콘텐츠를 삽입할 수 있는 개체 틀이 있다. 개체 틀 안에 있는 [표 삽입] 단추나 [삽입] 탭의 [표] 메뉴를 이용하여 슬라이드에 표를 삽입해 보자.

01 새 프레젠테이션을 만들고 [홈] 탭–[슬라이드] 그룹–[레이아웃] 목록에서 [제목 및 내용]을 선택해 슬라이드의 레이아웃을 변경한다.

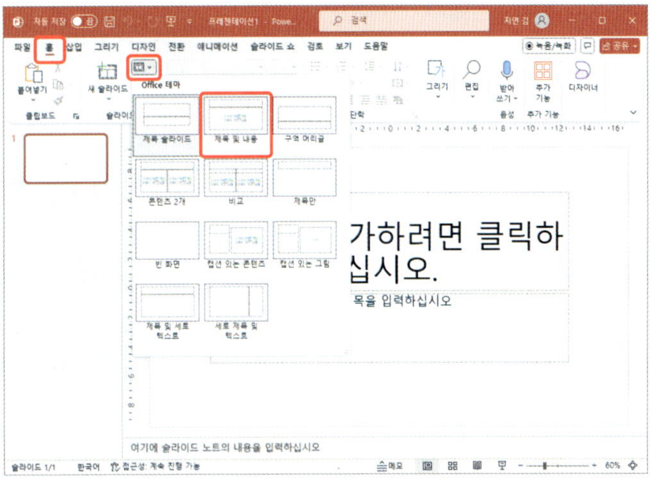

02 본문 개체 틀의 개체 선택 단추 중 [표 삽입] 단추를 누른다.

03 [표 삽입] 대화상자가 표시되면 열과 행 개수를 입력하고 [확인]을 누른다.

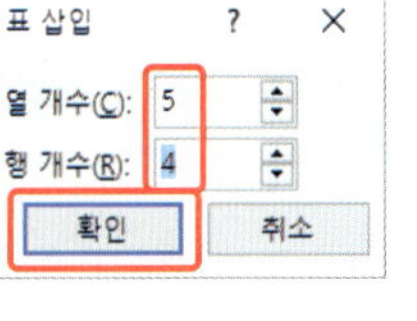

04 입력한 열과 행의 개수에 맞게 표가 만들어진다.

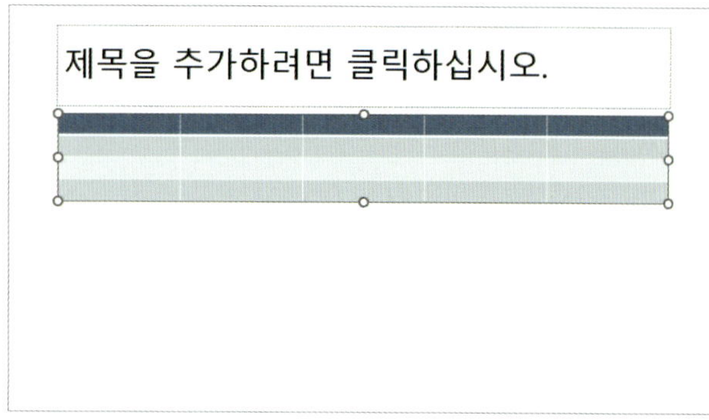

05 표를 선택한 상태에서는 [테이블 디자인]과 [레이아웃] 도구를 사용할 수 있다. 표를 삭제하려면 [레이아웃] 탭–[행 및 열] 그룹–[삭제]–[표 삭제]를 선택한다.

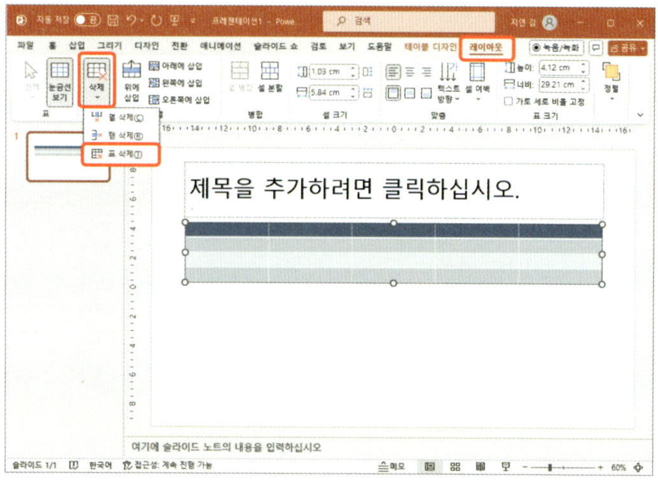

06 표 모양을 확인하면서 삽입하려면 [삽입] 탭–[표] 그룹–[표]를 클릭한다. [표 삽입] 창에서 마우스를 이용해 3×4 표를 만들어 클릭한다.

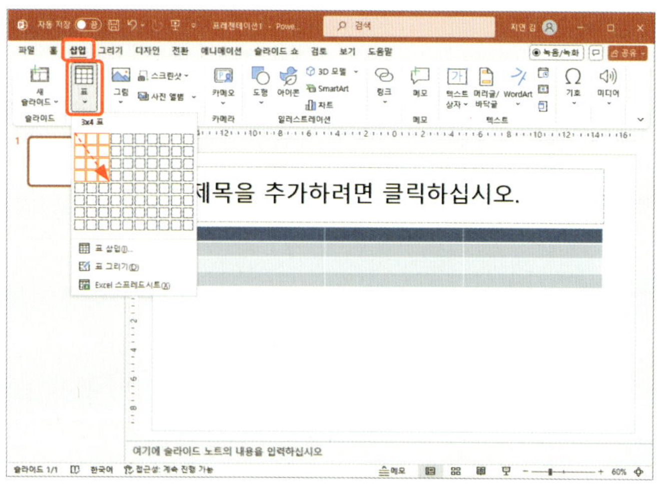

기본예제 11-2 표 그리기 도구 이용하기

표 삽입 메뉴 중에서 [표 그리기]를 이용하면 마우스를 이용하여 도형을 그리듯이 표를 만들고 자유롭게 셀을 분할하거나 병합할 수 있다. 표 그리기 도구를 이용해 표를 삽입하고 테두리도 설정해 보자.

01 [삽입] 탭-[표] 그룹-[표] 목록에서 [표 그리기]를 선택한다.

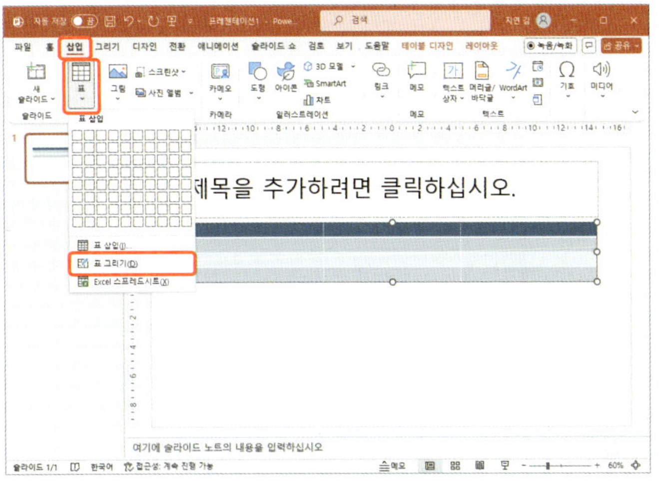

02 슬라이드에 마우스를 드래그해 큰 사각형을 그리면 1×1 표의 바깥쪽 테두리가 만들어진다.

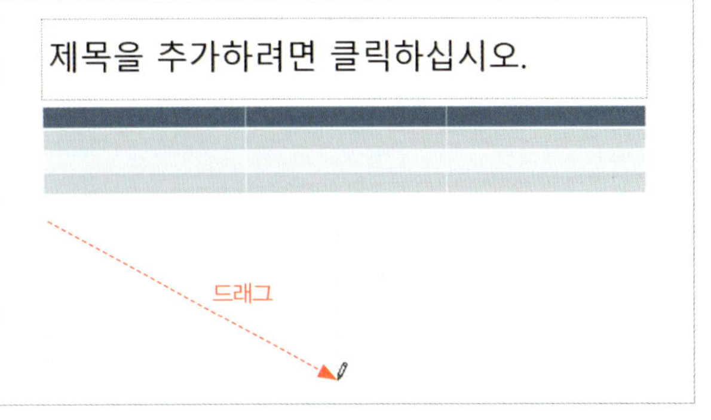

03 표를 선택한 상태로 [테이블 디자인] 탭-[테두리 그리기] 그룹-[표 그리기]를 누른다. 마우스 포인터가 연필 모양으로 바뀌면 표 내부에 선을 그려 셀을 분할한다.

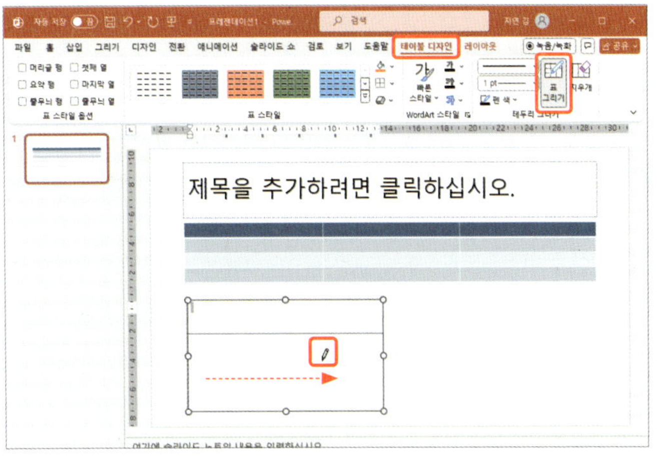

04 [테이블 디자인] 탭–[테두리 그리기] 그룹에서 [펜 스타일], [펜 두께], [펜 색]을 먼저 설정하면 표를 그릴 때 적용된다.

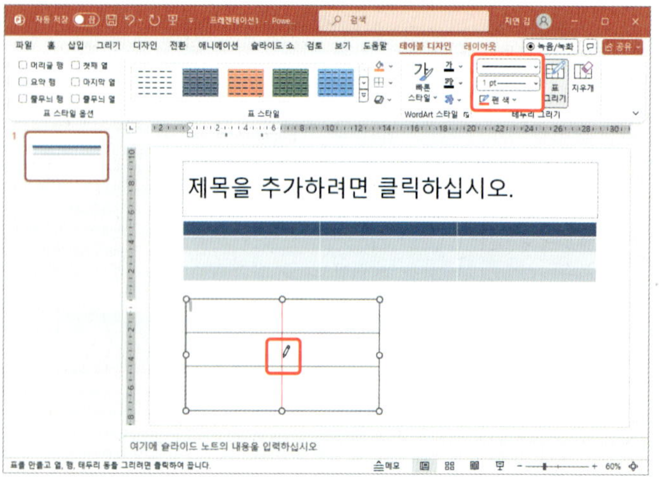

05 분할된 셀을 병합하려면 [지우개] 메뉴를 이용하여 선을 지우면 된다. [테이블 디자인] 탭–[테두리 그리기] 그룹–[지우개]를 누르고 지우려는 선을 마우스로 클릭한다.

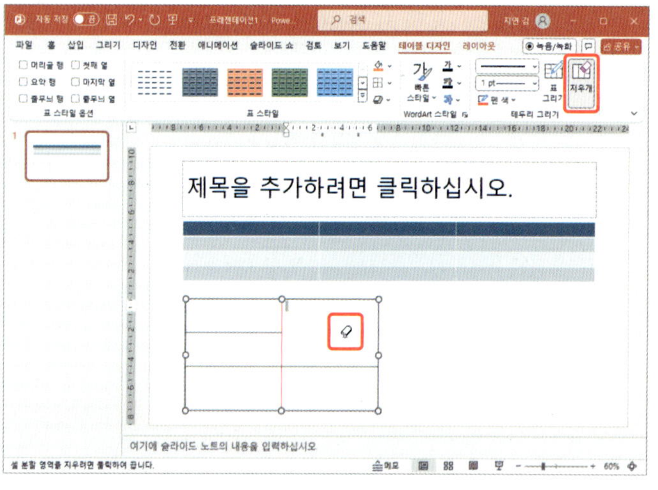

TIP Esc를 누르면 [표 그리기]와 [지우개] 작업을 종료할 수 있다.

기본예제 11-3 엑셀 데이터로 표 만들기

엑셀 스프레드시트에 저장해 둔 데이터를 파워포인트 슬라이드에 가져와 표로 만들 수도 있다. 수식이나 함수로 계산되어 엑셀 서식이 설정된 데이터를 그대로 가져올 수 있어 편리하다. 엑셀 데이터를 파워포인트 슬라이드에 표로 삽입해 보자.

01 가져올 데이터가 있는 엑셀 파일을 먼저 열고, 마우스로 필요한 범위를 드래그해 단축키 Ctrl+C로 복사한다.

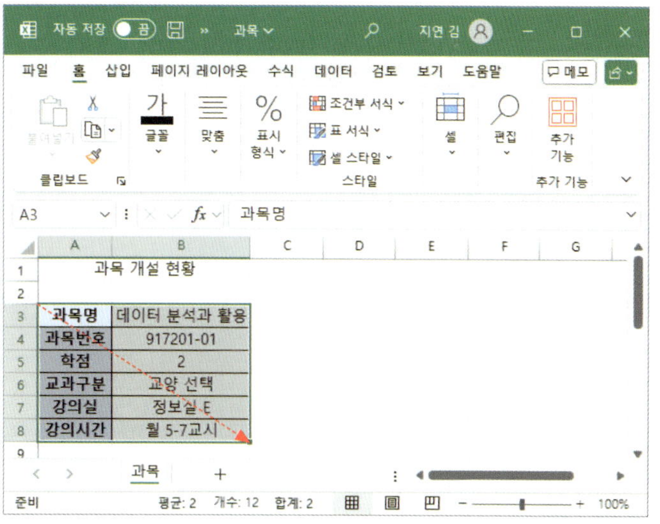

TIP 예제 소스로 제공하는 '과목.xlsx' 파일을 다운로드하여 사용한다.

02 파워포인트 슬라이드를 선택하고 단축키 Ctrl+V를 누르면 복사한 데이터가 표로 삽입된다. [붙여넣기 옵션] 목록에서 [원본 서식 유지]를 선택하면 엑셀에서 작성한 셀 서식이 유지된다.

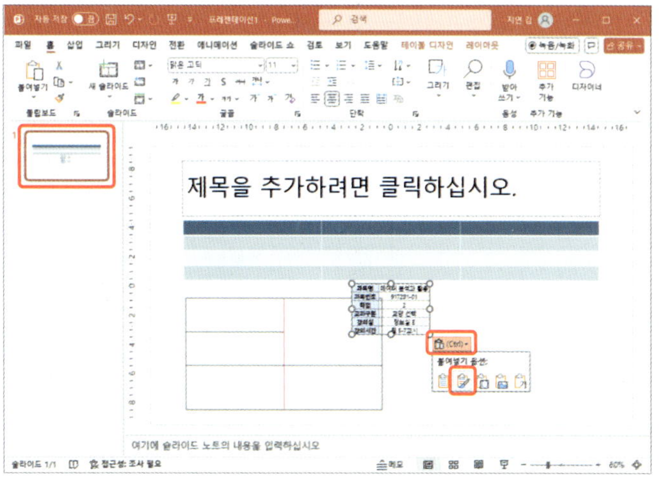

03 표의 조절점을 이용하여 크기를 조절하고 위치를 이동한다. 표 바깥쪽 테두리에 마우스를 올려놓고 드래그하면 원하는 위치로 이동할 수 있다. [홈] 탭-[글꼴] 그룹-[글꼴 크기]를 [20]으로 변경한다.

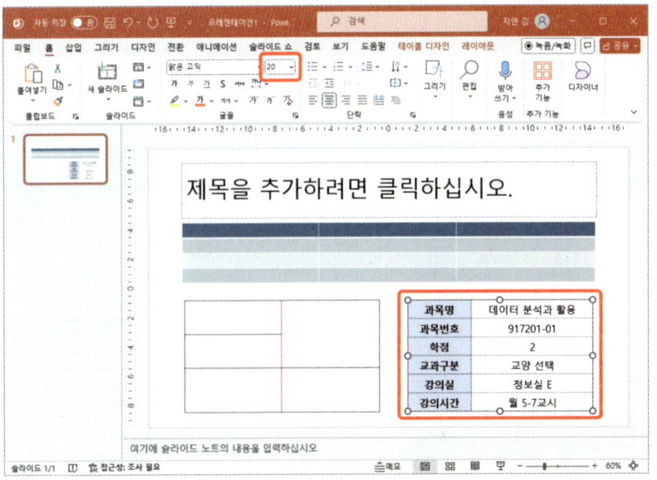

TIP [삽입] 탭-[표] 그룹-[표] 목록에서 [Excel 스프레드시트]를 선택하면 엑셀 창이 파워포인트 프로그램 안에 만들어진다. 엑셀 프로그램을 연결해 데이터 입력이나 함수 계산 등을 슬라이드에서 바로 사용할 수 있다.

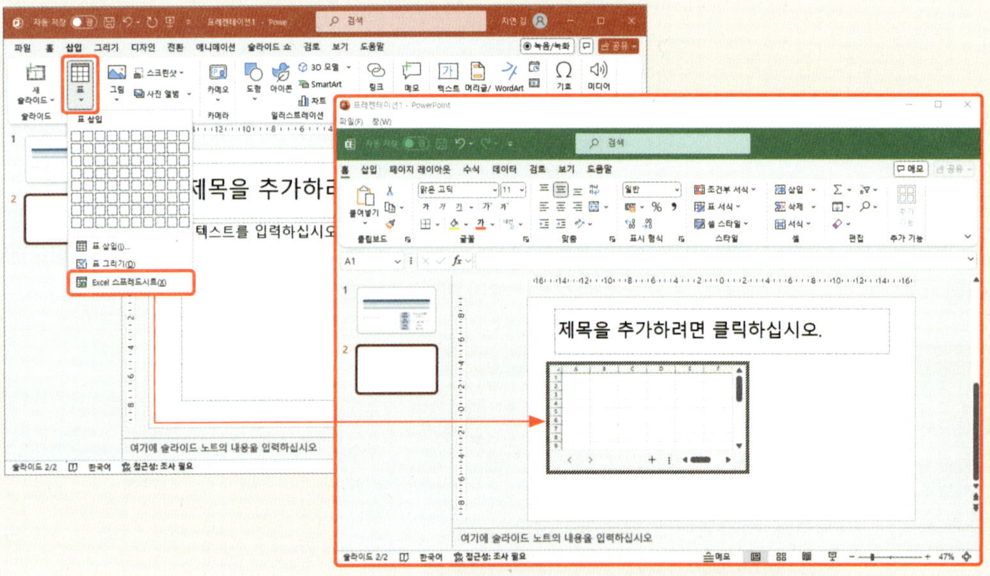

SECTION 02 표 도구 활용하기

슬라이드에 삽입한 표는 전체 크기나 위치뿐 아니라 각 셀의 크기나 셀에 입력된 데이터 맞춤 설정, 셀 병합이나 분할 등의 레이아웃을 설정할 수 있다. 또한 표 스타일이나 옵션, 효과 등을 이용해 시각적으로 보기 좋게 표 디자인을 설정할 수도 있다.

2.1 표 레이아웃 조정

[레이아웃] 탭에 있는 메뉴를 이용하면 셀 크기나 여백 조절, 텍스트 맞춤, 행과 열의 추가 또는 삭제, 셀 병합과 분할 등의 작업을 수행할 수 있다.

기본예제 11-4 셀 크기 조정하기

표에 내용을 입력하면 데이터 양과 글꼴 크기에 따라 표 전체 크기나 여백, 셀 너비와 높이를 조정할 필요가 있다. 표에 내용을 입력하고 크기를 조정해 보자.

01 [제목 및 내용] 슬라이드를 추가하고 제목은 **과목 개설 현황**이라고 입력한다. 3×4 표를 삽입하고, 각 셀에 그림과 같이 텍스트를 입력한다.

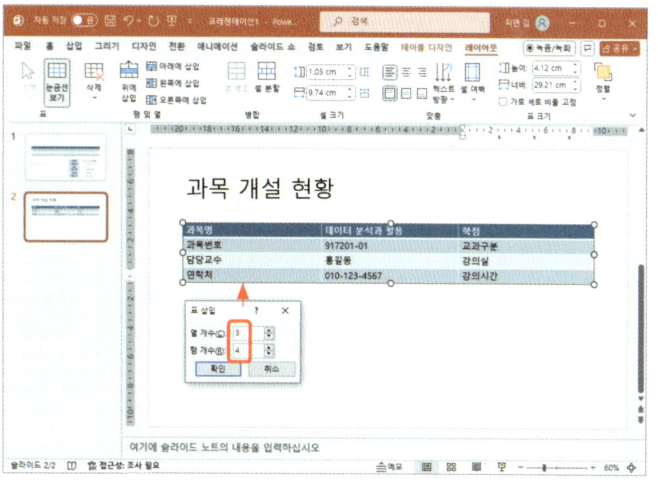

TIP 셀을 차례대로 이동하면서 텍스트를 입력할 때는 Tab 키를 누르면 편리하다. 키보드의 방향키를 누르거나 마우스로 클릭해서 입력할 셀을 선택해도 된다.

02 표를 선택했을 때 나타나는 상하좌우 및 대각선 방향의 크기 조절점을 드래그하여 표 전체 크기를 조절한다.

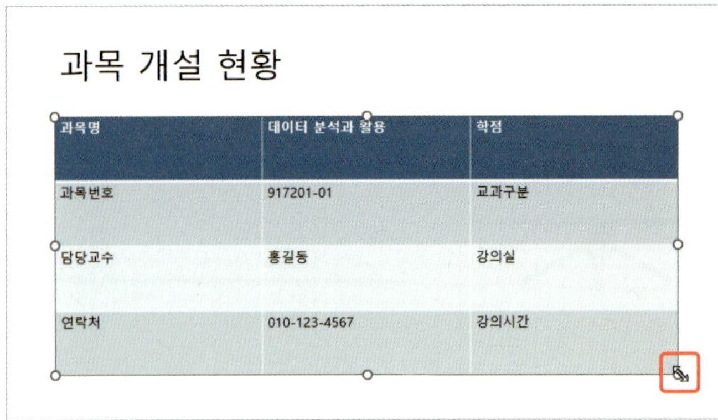

03 셀 사이의 테두리를 드래그하여 셀의 너비와 높이를 조절한다.

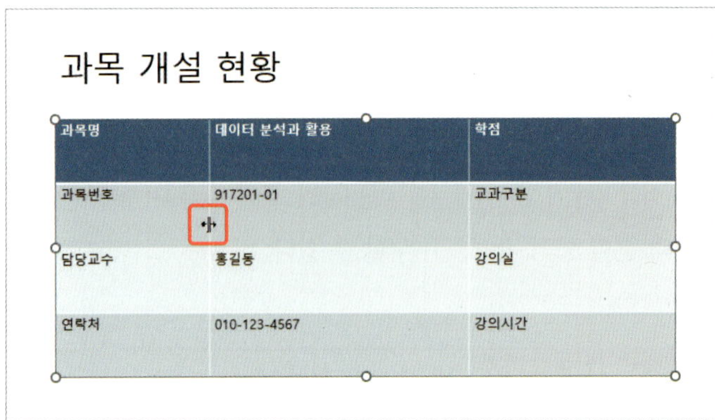

04 모든 셀의 높이와 너비를 균등하게 맞추려면 표를 선택한 상태에서 [레이아웃] 탭-[셀 크기] 그룹-[행 높이를 같게]와 [열 너비를 같게]를 누른다.

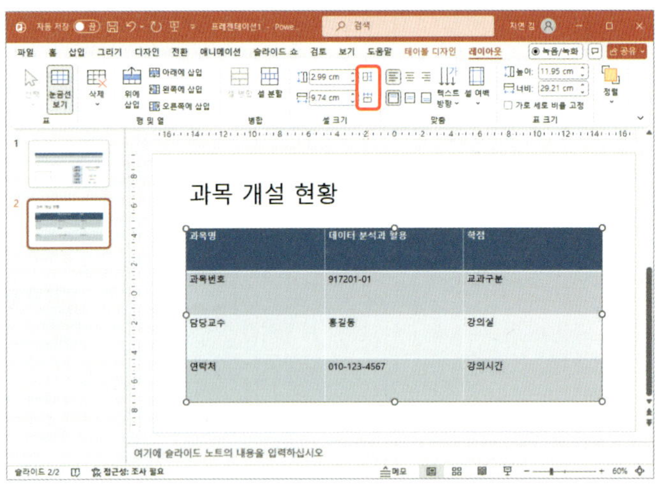

05 표에 입력한 텍스트를 정렬하기 위해 [레이아웃] 탭–[맞춤] 그룹–[가운데 맞춤]과 [세로 가운데 맞춤]을 누른다. 텍스트 양이 많으면 [셀 여백]을 [좁게]로 설정한다.

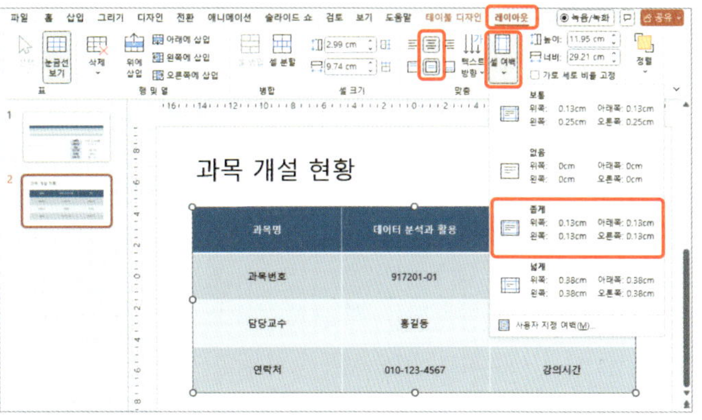

기본예제 11-5 행과 열 추가 및 셀 병합하기

표에 행이나 열을 추가하려면 추가할 위치를 선택한 후 [레이아웃] 탭에 있는 메뉴를 이용한다. 표에 행과 열을 추가해 보자.

01 표의 마지막 열에 커서를 두고 [레이아웃] 탭– [행 및 열] 그룹–[오른쪽에 삽입]을 누른다.

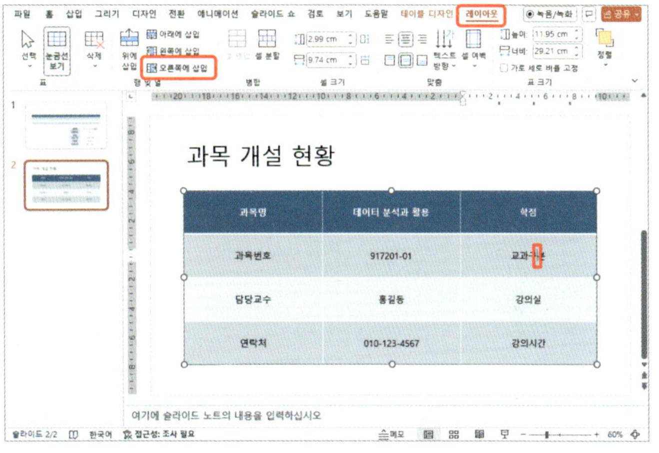

02 표의 마지막 행에 커서를 두고 [레이아웃] 탭–[행 및 열] 그룹–[아래에 삽입]을 누른다.

TIP 하나 이상의 열이나 행을 선택하고 삽입하면 선택한 범위만큼 추가된다.

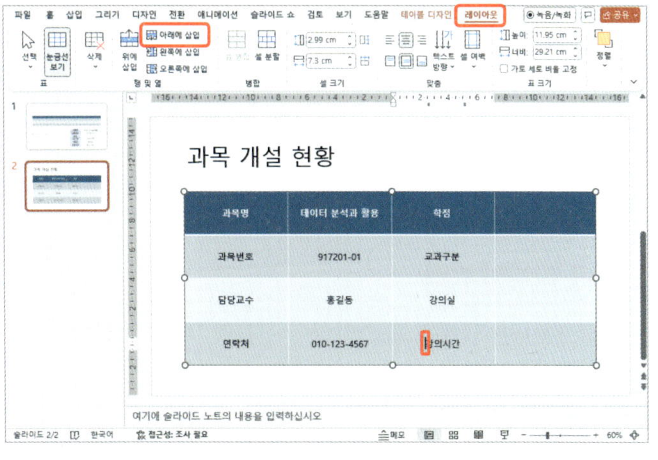

03 추가한 행과 열에 내용을 입력하고, 표 크기를 조정한다.

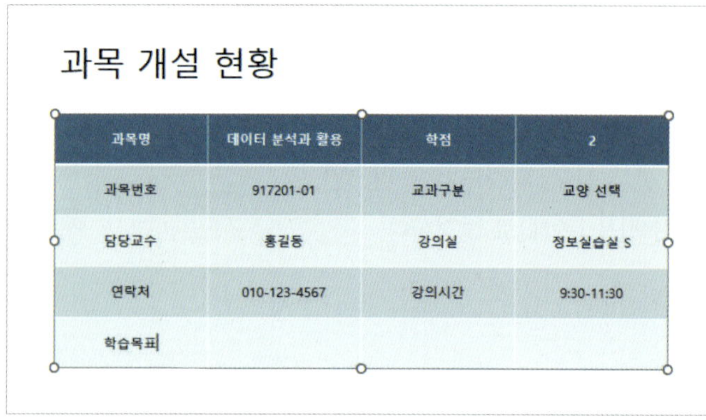

04 마지막 행의 빈 셀을 모두 선택하고 [레이아웃] 탭–[병합] 그룹–[셀 병합]을 누른다.

TIP 셀 병합은 [테이블 디자인] 탭–[테두리 그리기] 그룹의 [지우개] 메뉴를 이용해도 된다.

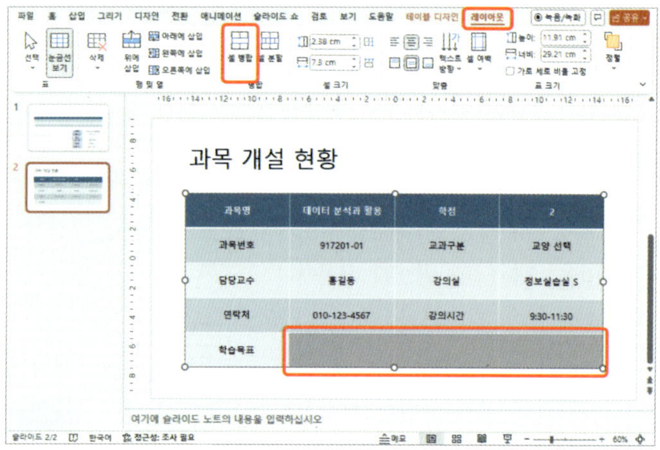

05 병합된 셀에 그림과 같이 내용을 입력한다.

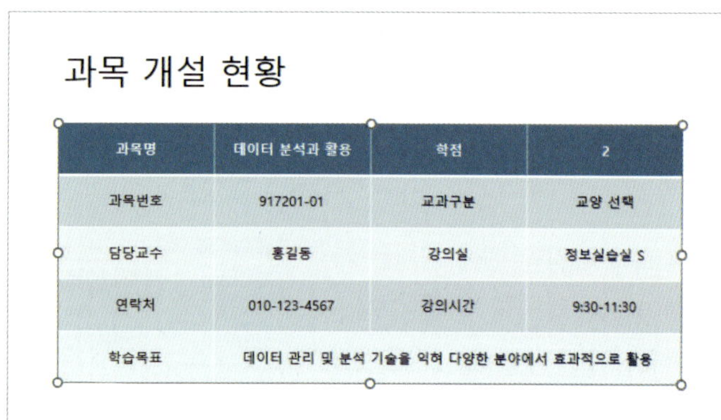

2.2 표 디자인 변경

[테이블 디자인] 탭에는 표 스타일이나 음영, 테두리, 그 외 여러 가지 효과를 적용할 수 있는 다양한 도구가 있다.

기본예제 11-6 표 스타일과 테두리 설정하기

표 스타일은 프레젠테이션의 테마 색과 관련된 다양한 서식 조합으로 구성된다. 표를 만들 때 자동으로 설정되는 기본 스타일을 변경해 보자.

01 '과목 개설 현황' 표 전체를 선택한다. [테이블 디자인] 탭-[표 스타일 옵션] 그룹에서 [줄무늬 열] 항목만 선택한다.

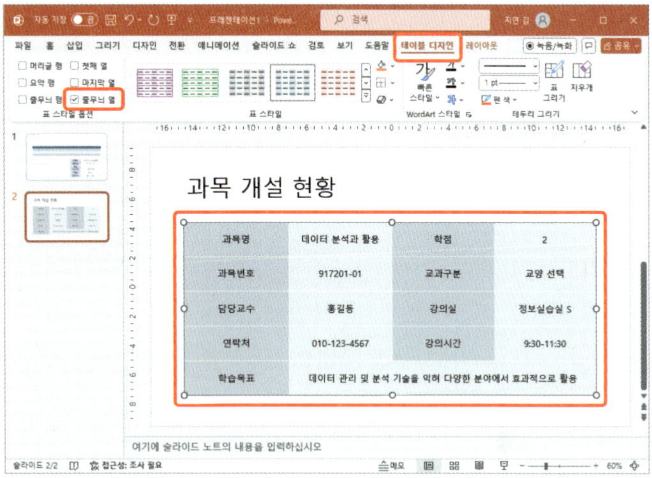

02 [테이블 디자인] 탭-[표 스타일] 그룹에서 [자세히] 단추를 누르고 [밝은 스타일 3-강조 1]을 선택한다.

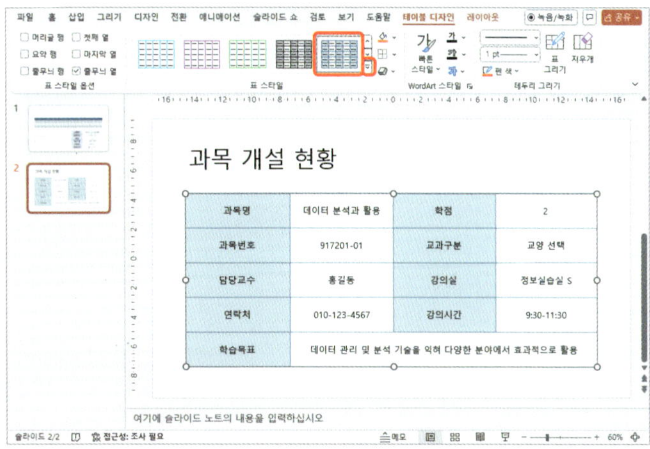

TIP 표 스타일은 프레젠테이션 테마와 관련된 다양한 서식 조합으로 구성되어 있다. 표가 삽입될 때 자동으로 설정되는 기본 스타일을 지정할 수도 있는데, 원하는 표 스타일을 마우스 오른쪽 단추로 누르고 [기본값으로 설정]을 선택하면 된다.

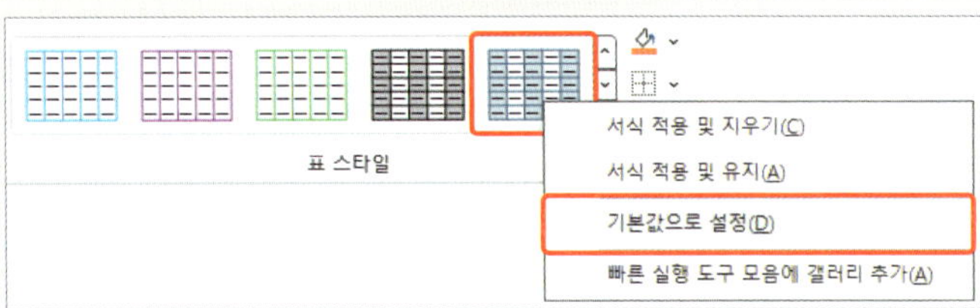

03 첫째 열을 선택하고 [홈] 탭–[글꼴] 그룹–[굵게]를 설정한다. 세 번째 열에도 동일하게 적용한다.

TIP 표를 구성하는 셀은 연속적으로만 드래그할 수 있어서, 첫째 열과 셋째 열을 동시에 선택할 수 없다.

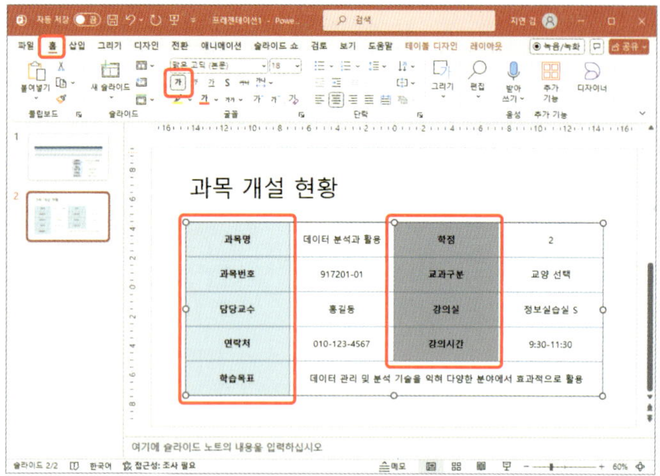

04 모든 셀을 드래그하여 선택한다. [테이블 디자인] 탭–[테두리 그리기] 그룹에서 [펜 두께]는 [3pt], [펜 색]은 [파랑]으로 설정한 후, [표 스타일] 그룹–[테두리] 목록에서 [바깥쪽 테두리]를 선택한다.

TIP 셀 범위를 선택하지 않고 테두리를 설정하면 현재 커서가 위치한 셀에만 테두리가 생긴다.

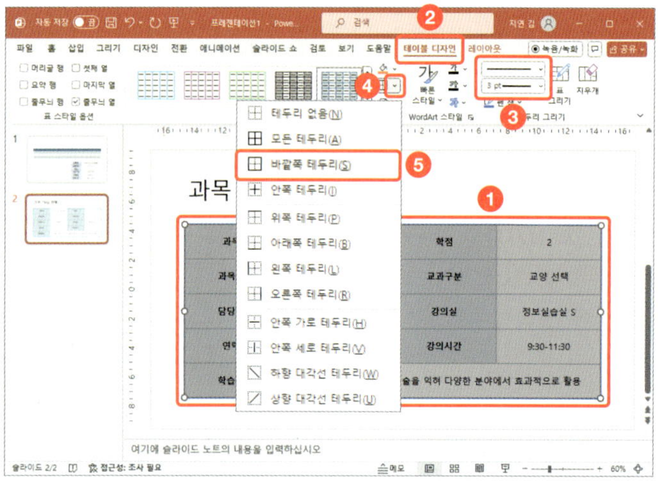

05 [테이블 디자인] 탭–[테두리 그리기] 그룹에서 [펜 스타일]은 [점선], [펜 두께]는 [1pt]로 변경한 후, [테두리] 목록에서 [안쪽 테두리]를 선택한다.

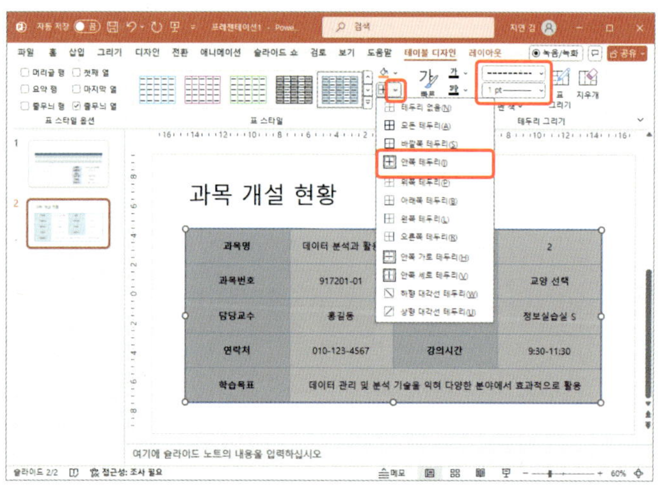

기본예제 11-7 음영과 입체 효과로 셀 강조하기

특정 셀을 강조해서 표시하려면 셀 테두리나 음영을 다르게 표시하거나 그림자, 반사 또는 입체 효과를 설정할 수도 있다. 셀에 강조 효과를 설정해 보자

01 강조하려는 셀에 커서를 두고 셀 테두리를 다르게 표시해 본다. [테이블 디자인] 탭-[테두리 그리기]의 [펜 스타일], [펜 두께], [펜 색]을 원하는 형태로 설정한 후 [바깥쪽 테두리]를 선택한다.

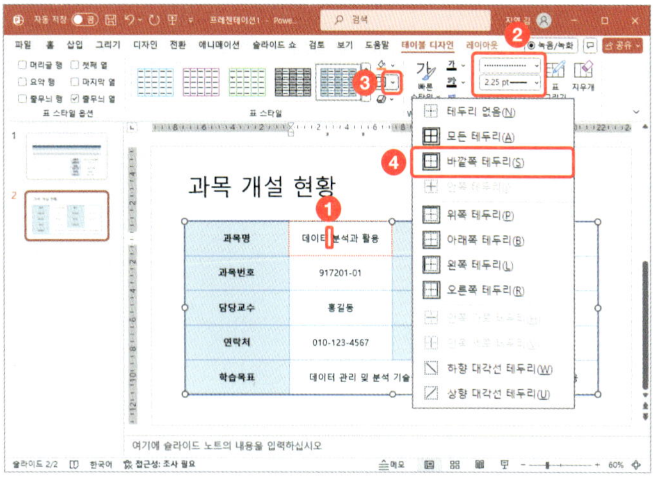

02 강조할 셀에 커서를 두고 [테이블 디자인] 탭-[표 스타일] 그룹-[음영] 목록에서 [노랑]을 선택한다.

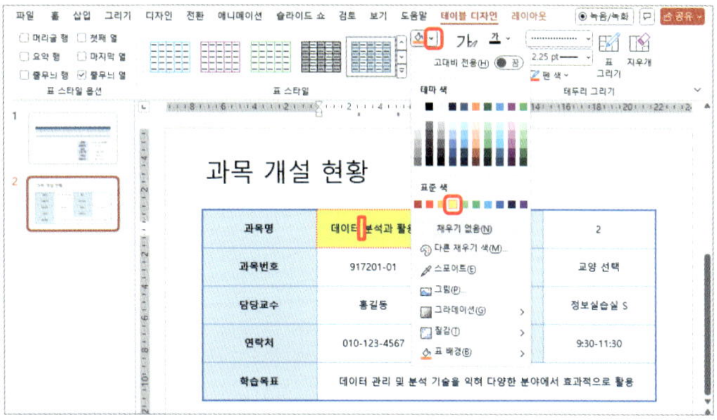

03 입체 효과를 설정할 셀에 커서를 두고 [테이블 디자인] 탭-[표 스타일] 그룹-[효과] 목록에서 [셀 입체 효과]-[둥글게]를 선택한다.

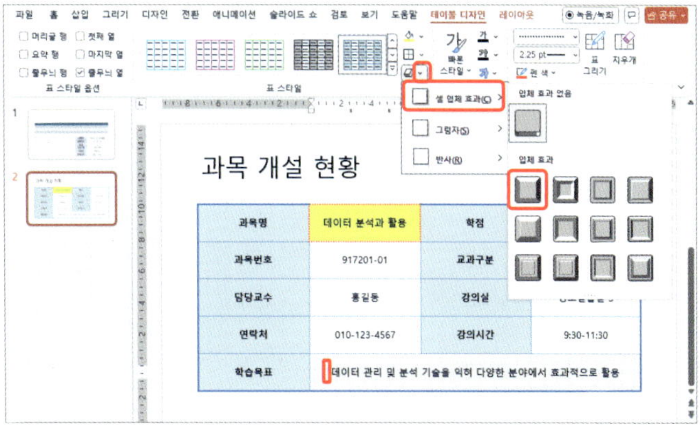

04 표 전체에 하나의 그림을 배경으로 설정하려면 표의 바깥 테두리를 클릭해 표 전체를 선택한 후 [테이블 디자인] 탭–[표 스타일] 그룹–[음영] 목록에서 [표 배경]–[그림]을 선택한다.

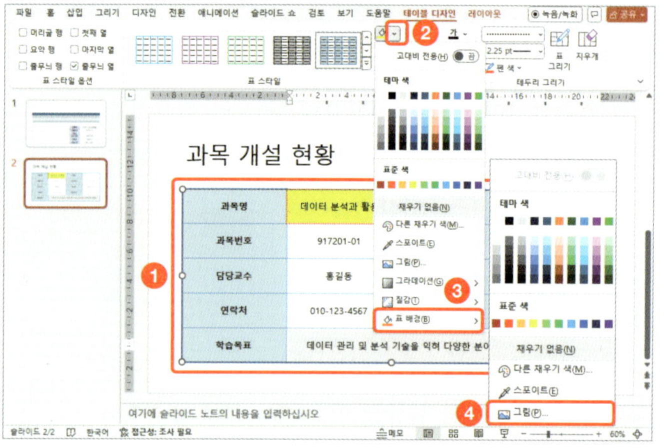

05 [그림 삽입] 대화상자에서 [스톡 이미지]를 선택한다. 검색란에 **차트**를 입력하고 검색된 목록에서 원하는 그림을 선택한 후 [삽입]을 누른다.

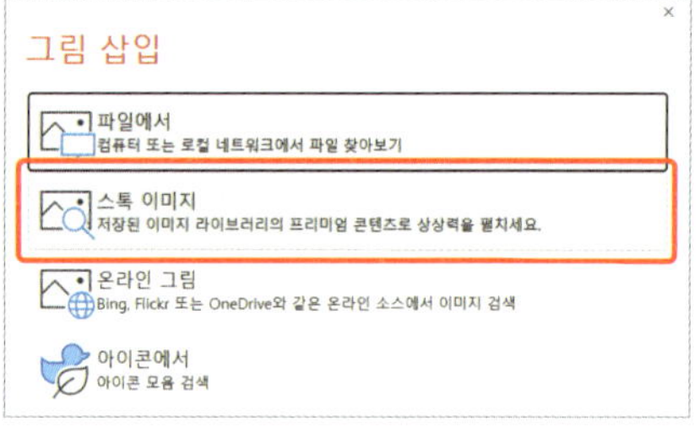

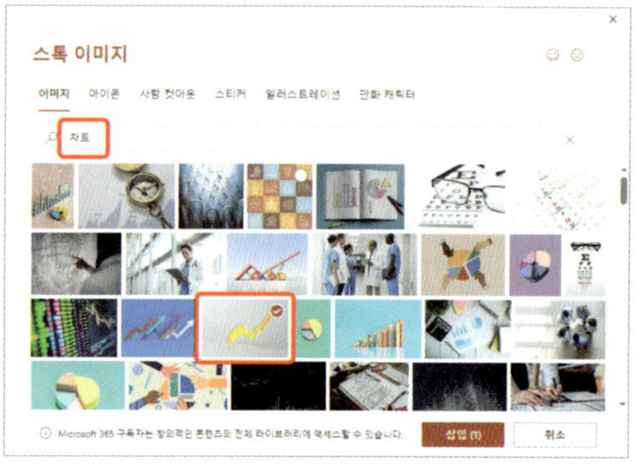

TIP 셀에 음영이 설정되어 있는 경우 표 배경이 표시되지 않는다. 해당 셀의 [음영]을 [채우기 없음]으로 변경하면 그림이 나타난다.

06 설정한 그림이 표의 배경으로 표시된다.

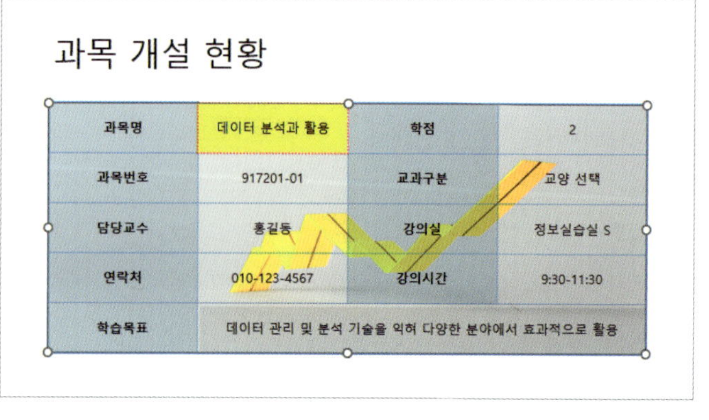

SECTION 03

차트 만들기

차트는 숫자 데이터를 그래프로 표시하고 데이터 레이블이나 범례 등 여러 가지 구성 요소를 활용해 알아보기 쉽게 표현한 시각화 도구이다. 파워포인트에서는 프레젠테이션 효과를 높일 수 있는 다양한 종류의 차트를 제공하고 있는데, 데이터 유형과 표현 의도에 따라 전달하려는 정보를 정확하게 비교, 분석할 수 있는 차트를 선택하면 된다. 파워포인트에서 사용하는 차트의 종류와 작성 방법은 엑셀과 동일하며 차트에서 사용하는 데이터를 입력하거나 편집하려면 엑셀 프로그램이 필요하다. 여기서는 엑셀에서 다룬 기본적인 차트 작성과 함께 차트의 종류별 특징과 다양한 서식 설정 방법에 대해 더 알아본다.

3.1 다양한 종류의 차트

파워포인트에서 제공하는 차트 종류는 막대형, 꺾은선형, 원형 등 17가지이다. 다음에 요약한 차트별 특징과 주로 활용되는 분야를 알아두면 데이터 유형과 목적에 알맞게 차트를 선택할 수 있다.

- **세로 막대형**: 일정 기간의 데이터 변화를 표시하거나 여러 항목의 데이터를 함께 표시하여 서로 비교할 수 있다.

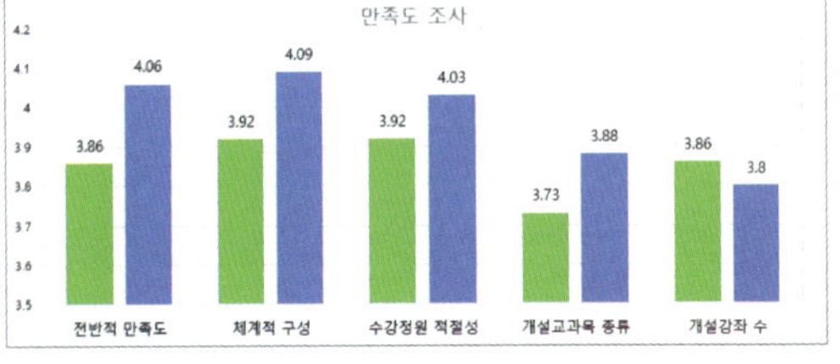

- **꺾은선형**: 일정 기간의 추세나 데이터 변화를 표시할 수 있다.

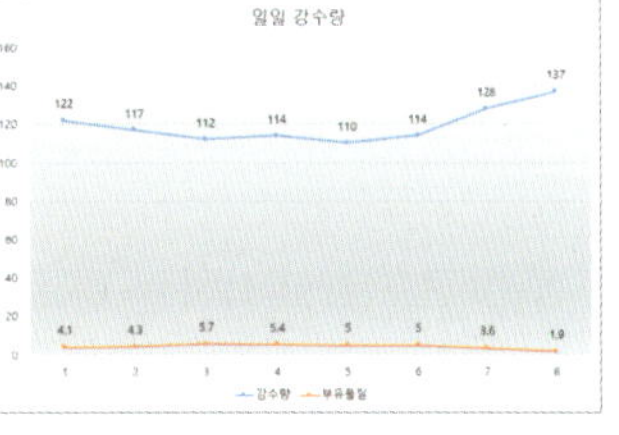

- **원형**: 데이터의 합계 비율을 표시하는 차트로, 하나의 데이터 계열만 강조할 때 유용하다.

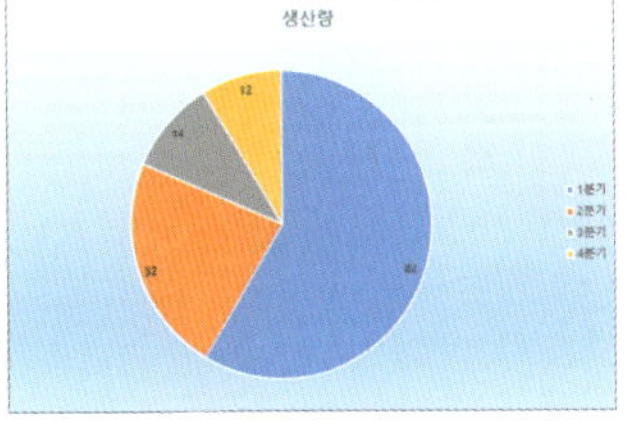

- **가로 막대형**: 축 레이블이 길거나 차트로 표시하는 값이 기간일 때 유용하다.

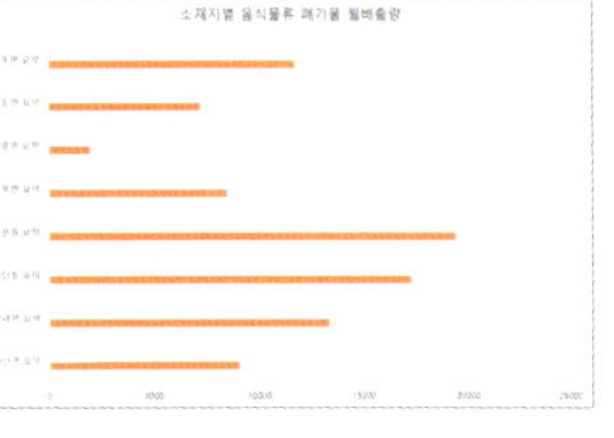

• **영역형**: 시간에 따른 변화를 보여주거나, 개별 값과 총합의 관계 변화를 확인할 때 유용하다.

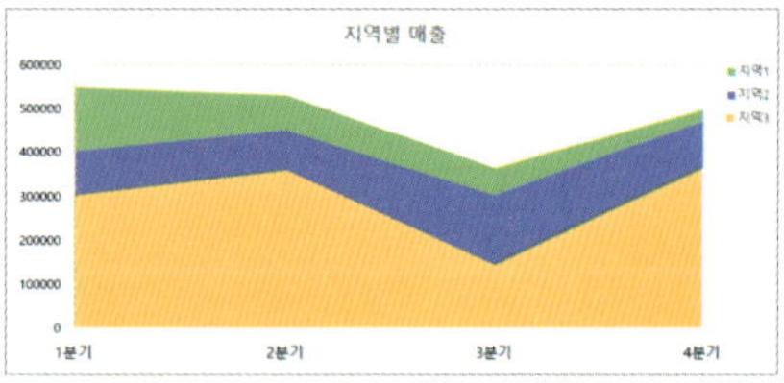

• **주식형**: 주가 변동이나 기온 변화와 같이 일정 기간 동안 증감하는 데이터 변화량을 표시할 수 있다.

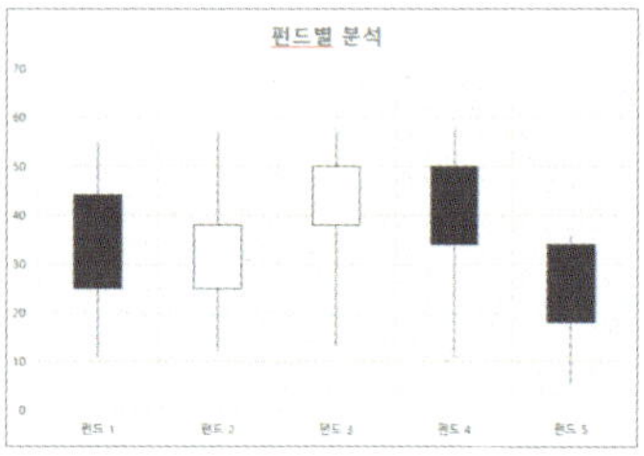

• **표면형**: 같은 값의 범위를 색과 무늬로 표시하여 두 데이터 집합에서 최적의 조합을 찾을 수 있다.

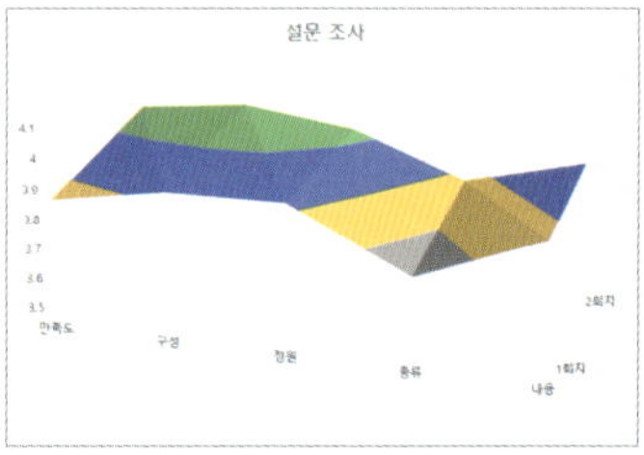

• **트리맵**: 데이터를 계층 구조로 표시하는 차트로, 서로 다른 데이터 계열 안에서 비율을 비교할 때 유용하다.

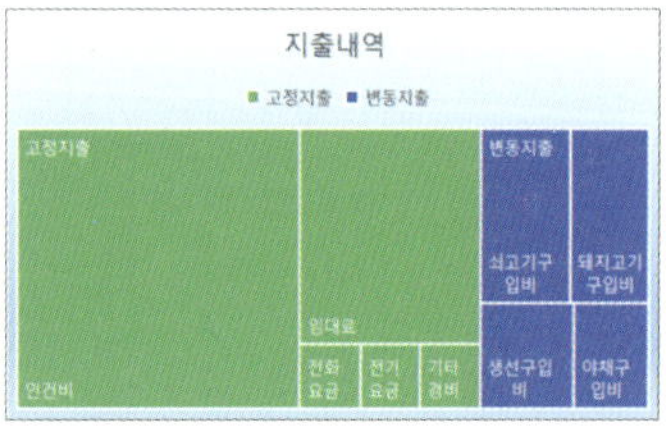

• **분산형 및 거품형**: 분산형은 두 숫자 그룹을 하나의 xy 좌표 계열로 그리는 차트로, 데이터의 불규칙한 간격이나 묶음을 표시할 수 있다. 거품형은 분산형 차트에 데이터 요소를 하나 더 추가하여 거품 크기로 그 값을 표시한다.

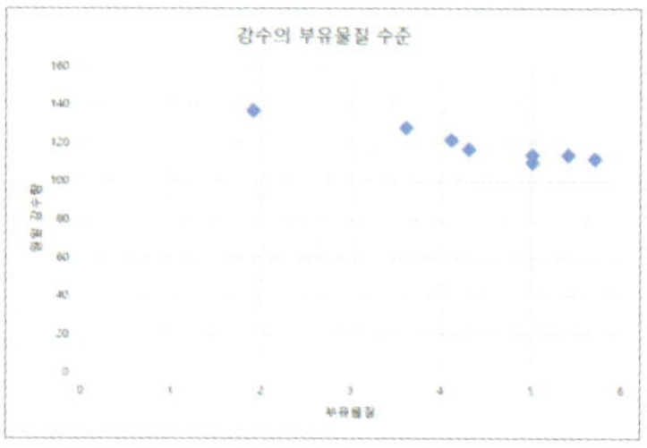

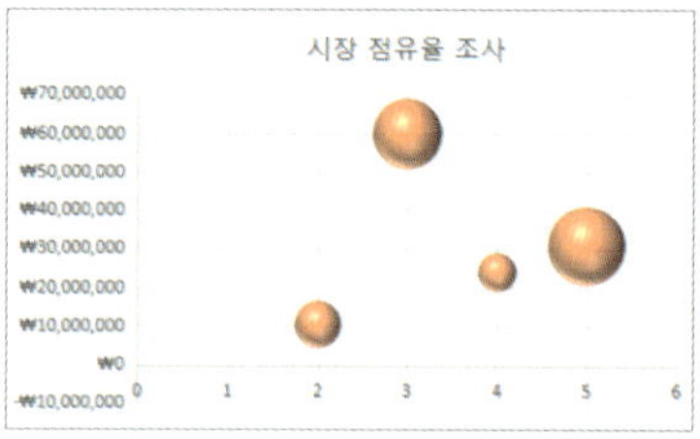

• **방사형**: 여러 데이터 계열의 값을 집계하고 한 차트에 나타내어 서로 비교할 때 유용하다.

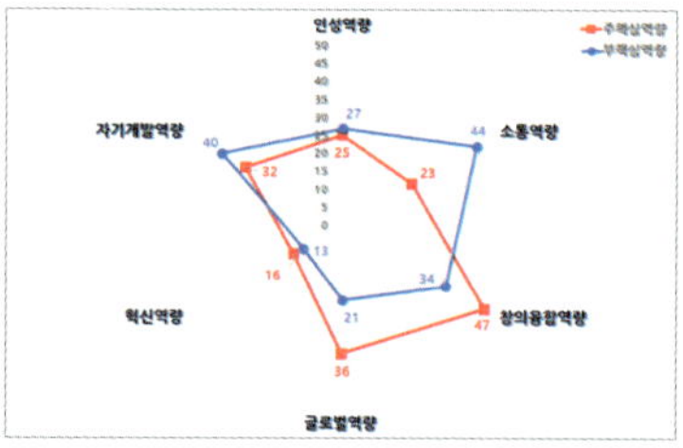

• **선버스트**: 계층 구조인 데이터를 여러 수준의 고리로 표시하는 차트로, 각 계층의 구성 요소를 나타낼 때 유용하다.

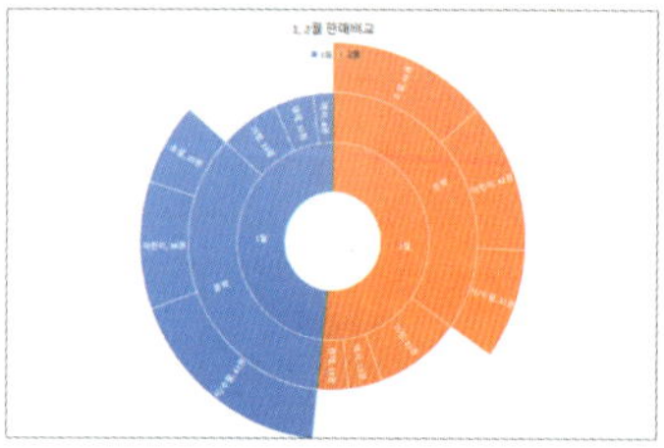

- **히스토그램**: 데이터의 분포와 빈도를 표시하는 차트로, 계급 구간을 변경해 데이터를 세부적으로 분석할 수 있다.

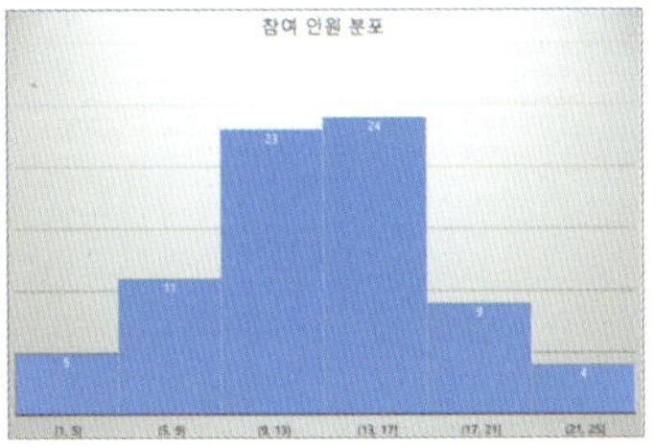

- **상자 수염 그림**: 데이터 분포를 사분위수로 표시하는 차트로, 평균값이나 이상값을 강조할 때 유용하다.

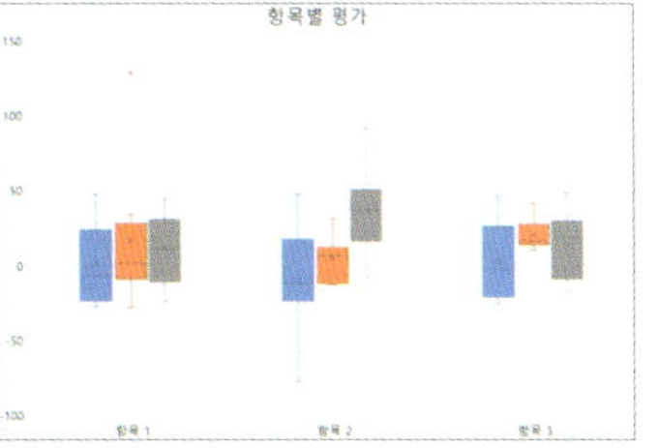

- **폭포**: 양수와 음수를 색이 다른 막대로 표시하는 차트로, 재무 데이터의 누계와 값의 변화에 따른 영향을 표시할 때 유용하다.

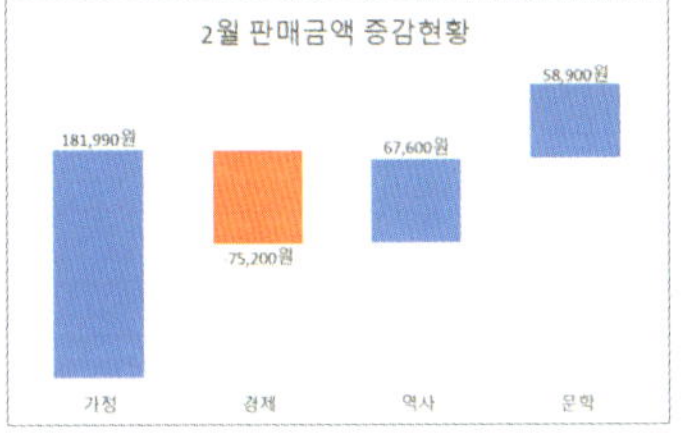

- **유입경로형**: 깔때기형 차트라고도 하며, 프로세스에 따른 여러 단계로 감소하는 값을 표시할 수 있다.

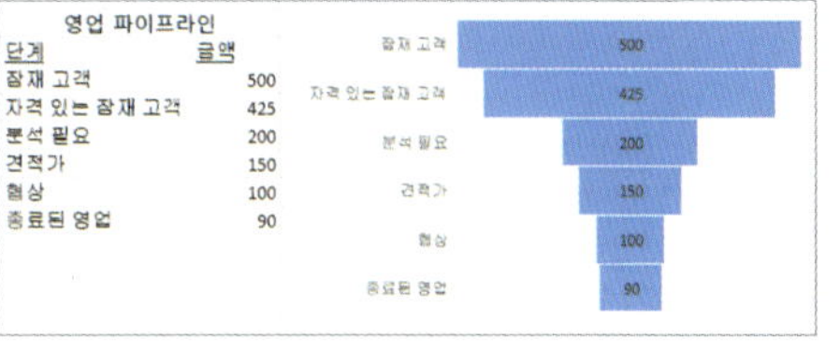

- **콤보**: 광범위한 데이터인 경우에 두 종류 이상의 차트를 결합하여 보조 축과 함께 표시할 수 있다.

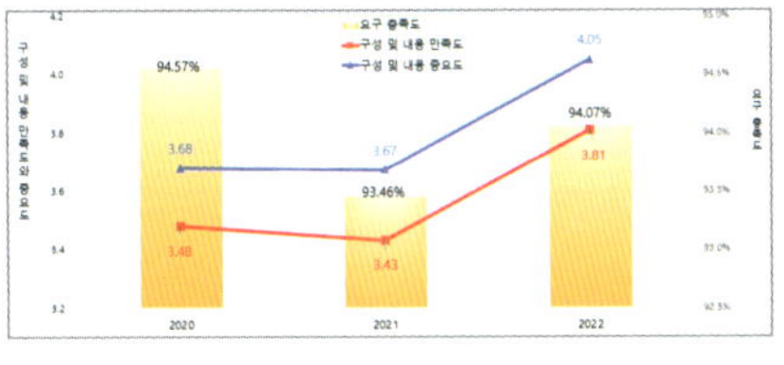

3.2 차트 삽입과 데이터 입력

프레젠테이션에 사용할 데이터 유형에 따라 적합한 차트를 선택해 슬라이드에 삽입하고 데이터를 입력한다. 데이터를 입력하거나 편집할 때는 엑셀 프로그램이 실행된다.

기본예제 11-8 차트 삽입하기

슬라이드에 차트를 삽입하려면 [삽입] 탭을 이용하거나 본문 개체 틀의 [차트 삽입] 단추를 클릭한다. 용도에 알맞은 차트를 선택하고 슬라이드에 삽입해 보자.

01 [제목 및 내용] 슬라이드를 추가하고 제목에 **인구 분석**이라고 입력한다. 본문 개체 틀의 [차트 삽입] 단추를 누른다.

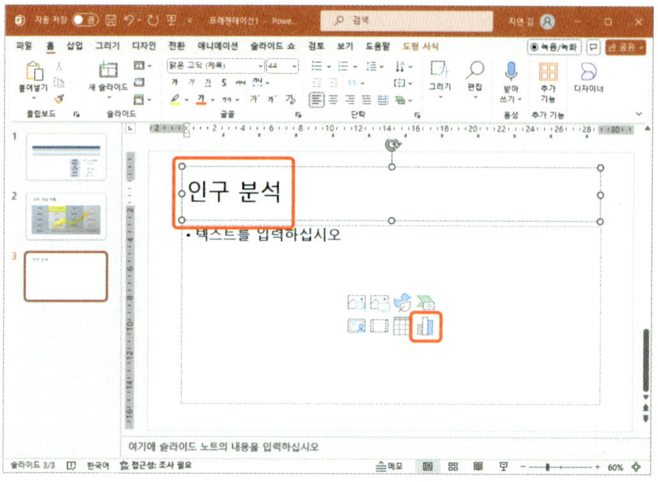

02 [차트 삽입] 대화상자가 나타나면 [세로 막대형] 중에서 [묶은 세로 막대형]을 선택하고 [확인]을 누른다.

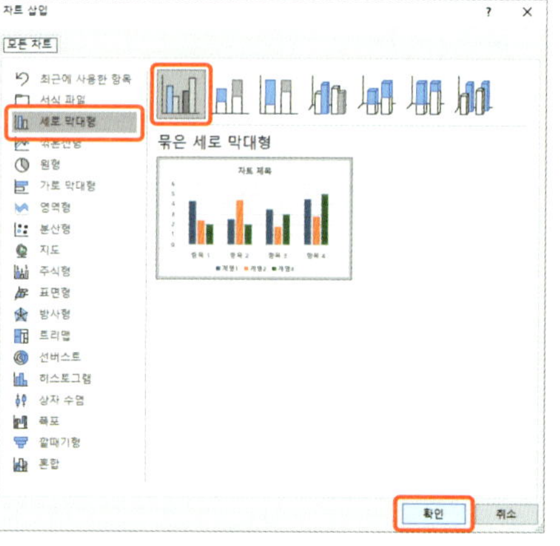

03 슬라이드에 차트가 만들어지고 데이터를 편집하기 위한 엑셀 창이 표시된다. 엑셀 창의 [☒ 닫기] 단추를 눌러 닫는다.

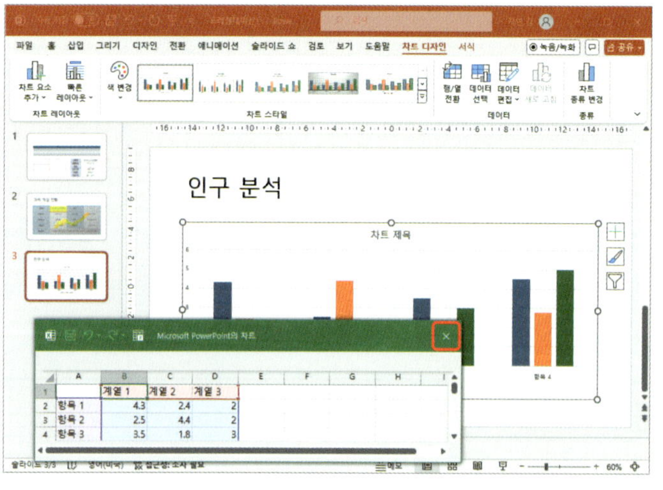

04 차트를 선택하면 표시되는 크기 조절점을 드래그해 크기를 조정한다. 차트 경계선을 드래그하면 원하는 위치로 이동할 수 있다.

TIP 삽입된 차트를 삭제하려면 차트를 선택한 상태에서 Delete 를 누른다.

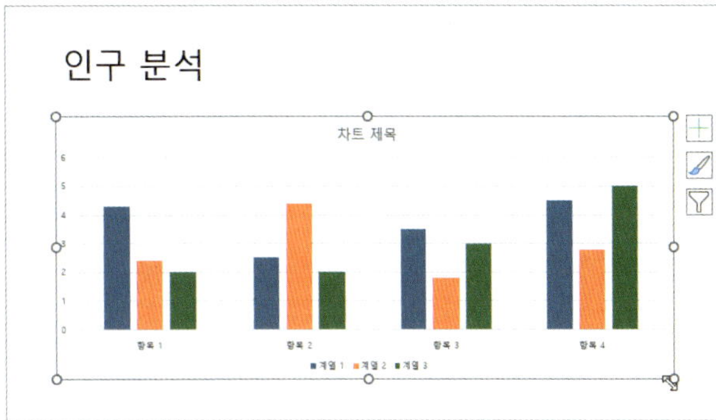

기본예제 11-9 차트 데이터 편집하기

슬라이드에 차트를 삽입하면 미리 입력된 예제 데이터가 차트에 표시된다. [차트 디자인] 탭의 [데이터 선택]이나 [데이터 편집] 메뉴를 이용해 원하는 형태로 데이터를 편집할 수 있고, [차트 필터] 단추를 이용해 차트에 표시할 데이터를 선택할 수 있다.

01 차트를 클릭하고 [차트 디자인] 탭–[데이터] 그룹–[데이터 편집]을 누른다.

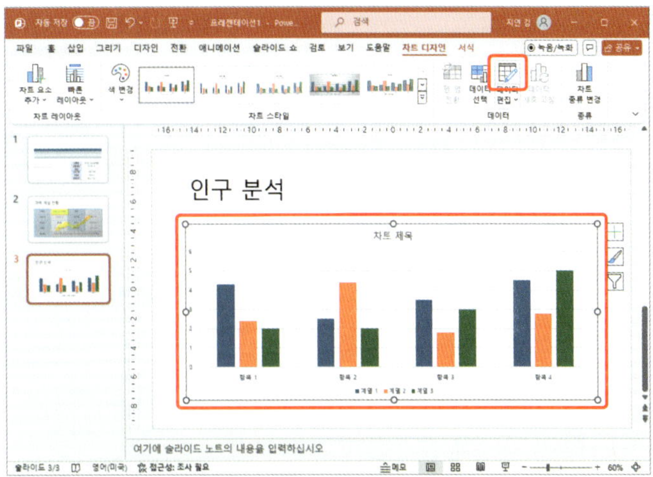

02 엑셀 창이 나타나면 '항목 4' 데이터는 삭제한다. 그림과 같이 데이터를 입력하고 [닫기] 단추를 누른다.

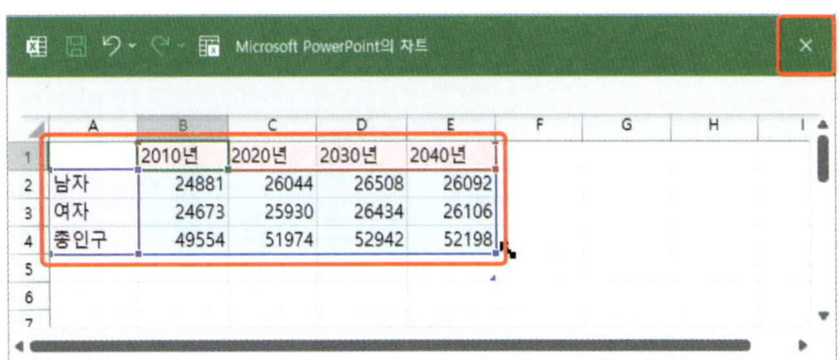

03 입력한 데이터의 행/열 방향을 바꾸려면 [차트 디자인] 탭-[데이터] 그룹-[데이터 선택]을 누른다.

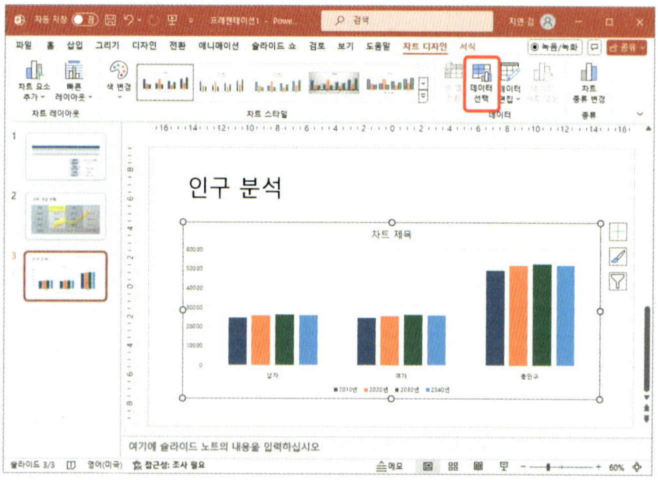

04 엑셀 창과 함께 [데이터 원본 선택] 대화상자가 나타나면 [행/열 전환] 단추를 누르고 [확인]을 선택한다.

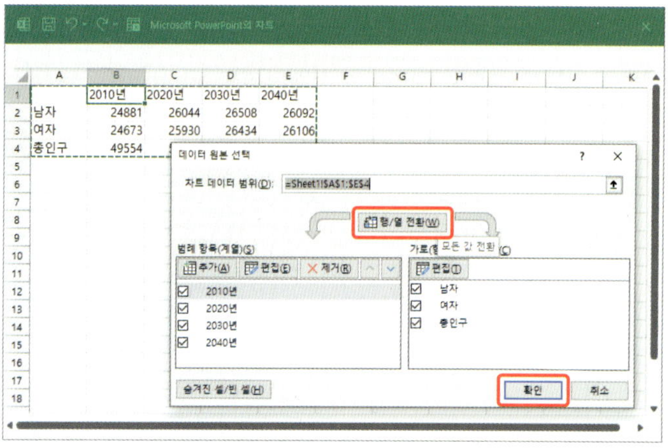

05 엑셀 창은 닫고, 차트 오른쪽 단추 중에서 [차트 필터]를 누른다. [범주] 목록에서 [2040년]의 선택을 해제하고 [적용]을 누른다.

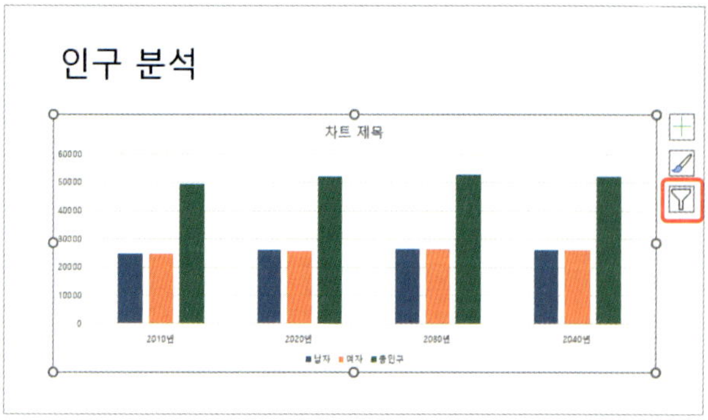

06 [데이터 편집] 창을 보면 '2040년' 데이터가 그대로 있지만, 차트에는 표시되지 않는 것을 알 수 있다.

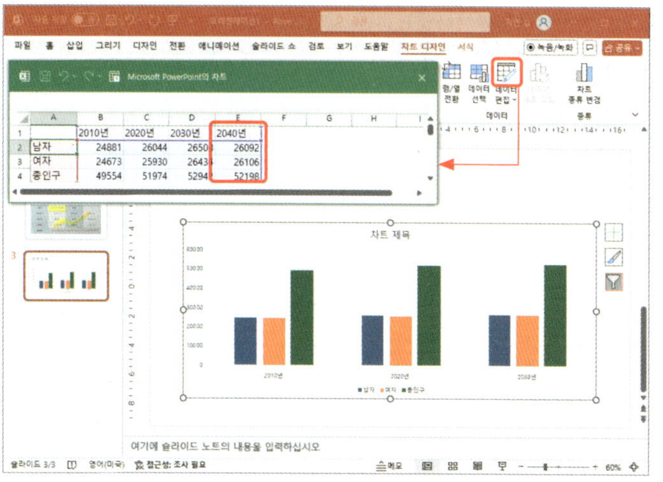

SECTION 04

차트 디자인 설정하기

파워포인트의 차트 디자인 도구를 활용하면 다양한 스타일의 차트를 손쉽게 만들고 보기 좋게 꾸밀 수 있다. 사용자가 직접 차트 서식을 설정하는 경우, 차트 구성 요소를 구분할 수 있으면 차트를 더 효과적으로 만들 수 있다. 가령, 불필요한 차트 구성 요소를 제거하거나 정보를 더 효과적으로 표시할 수 있게 모양을 바꾸는 식으로 각 구성 요소마다 세부 서식을 설정할 수 있다. 차트를 구성하는 여러 가지 요소들을 알아보고 원하는 모양으로 설정해 보자.

4.1 차트 요소

차트 영역 안에는 그래프가 표시되는 그림 영역 외에도 차트 제목, 축, 범례 등 여러 요소가 있다. 원하는 모양의 차트를 효과적으로 만들려면 차트의 구성 요소를 정확히 파악하고 각 요소의 속성을 설정하는 방법을 알아두는 것이 좋다. 차트 종류에 따라 구성 요소도 다르지만, 일반적으로 포함되는 차트 요소들은 다음과 같다.

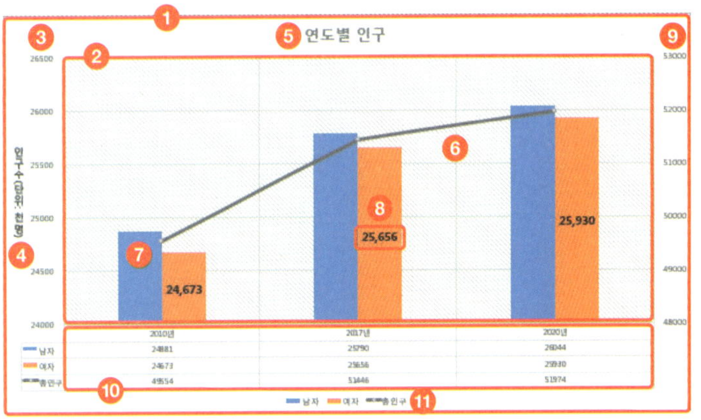

❶ 차트 영역
❷ 그림 영역
❸ 축
❹ 축 제목
❺ 차트 제목
❻ 눈금선
❼ 데이터 계열/요소
❽ 데이터 레이블
❾ 보조 축
❿ 데이터 표
⓫ 범례

4.2 차트 서식 설정

[차트 디자인] 탭에 있는 빠른 스타일이나 빠른 레이아웃으로 차트 모양을 변경하거나, [서식] 탭의 도구들로 각 차트 요소에 다양한 서식을 설정해 본다.

기본예제 11-10 차트 종류와 스타일 변경하기

[차트 디자인] 탭을 이용해 차트 종류나 레이아웃, 빠른 스타일과 색상을 간편하게 변경해 보자.

01 차트를 선택하고 [차트 디자인] 탭–[종류] 그룹–[차트 종류 변경]을 누른다.

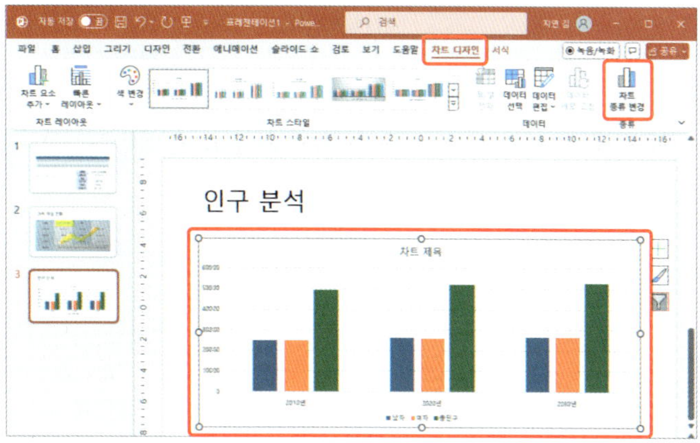

02 [차트 종류 변경] 대화상자에서 [혼합]–[사용자 지정 조합]을 선택한다. '총인구'의 [차트 종류]는 [표식이 있는 꺾은선형]으로 바꾸고 [보조 축]에 체크한 후 [확인]을 누른다.

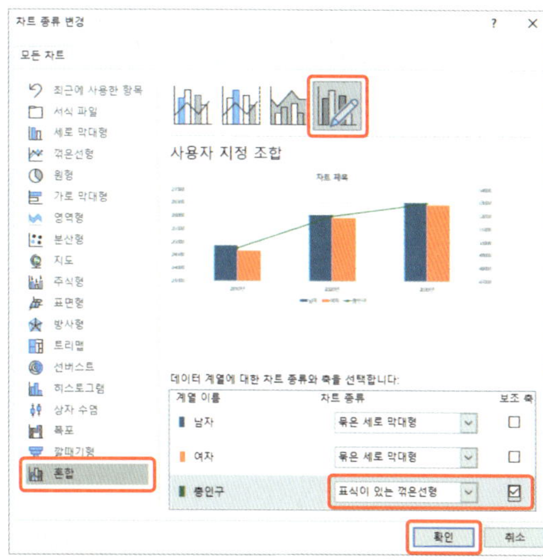

03 [차트 디자인] 탭–[차트 레이아웃] 그룹–[빠른 레이아웃] 목록에서 [레이아웃 5]를 선택한다.

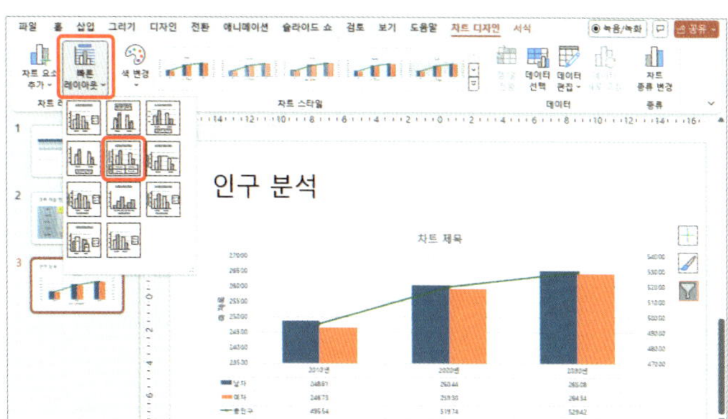

04 [차트 디자인] 탭–[차트 스타일] 그룹–[색 변경] 목록에서 [색상형]의 [다양한 색상표 4]를 선택한다.

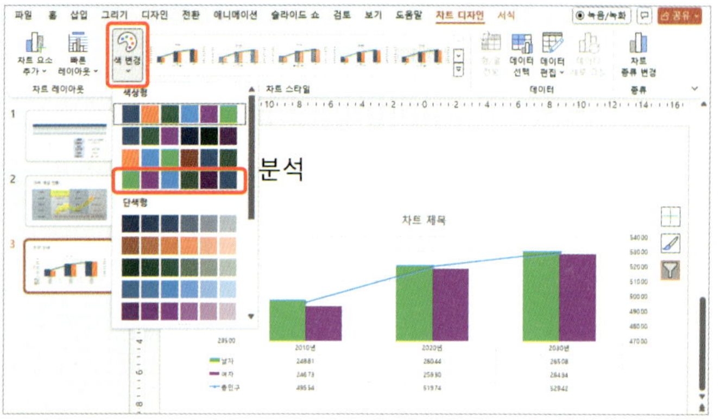

05 [차트 디자인] 탭–[차트 스타일] 그룹–[빠른 스타일] 목록에서 [스타일 5]를 선택한다.

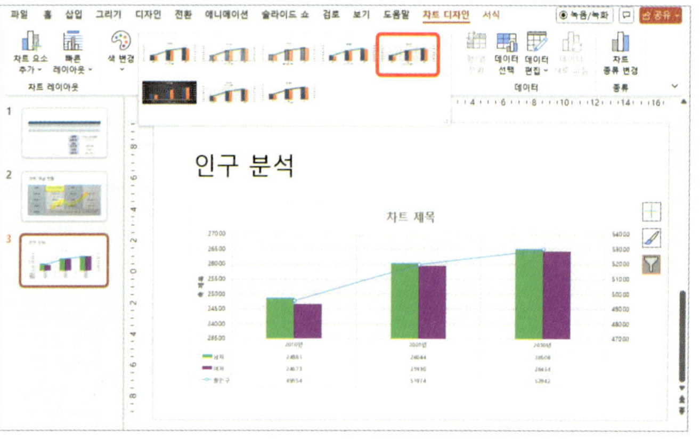

기본예제 11-11 차트 요소 변경하기

차트에 표시되는 요소의 위치나 속성을 원하는 모양으로 바꾸고, 차트에 표시되지 않은 요소를 추가해 보자.

01 [차트 디자인] 탭–[차트 레이아웃] 그룹–[차트 요소 추가] 목록에서 [데이터 테이블]–[없음]을 선택한다.

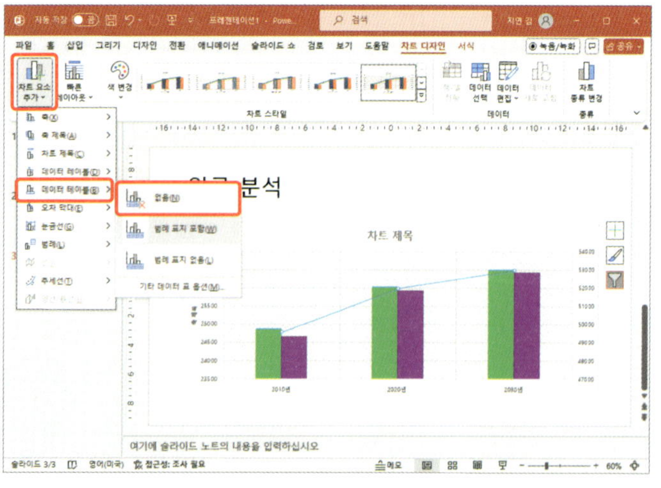

02 차트 구성 요소를 변경하려면 [차트 요소] 단추를 이용해도 된다. 차트 오른쪽의 [차트 요소] 단추를 누르고 [데이터 레이블] 목록의 [가운데 맞춤]을 선택한다.

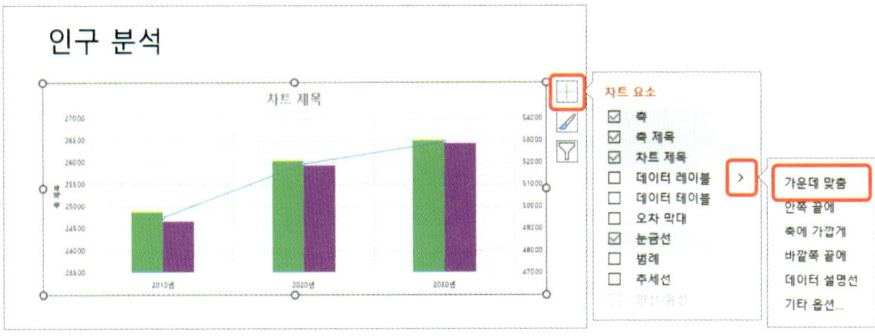

03 '총인구'를 표시하는 꺾은선형 그래프를 클릭하고 [차트 요소]에서 [데이터 레이블] 목록의 [위쪽]을 선택한다.

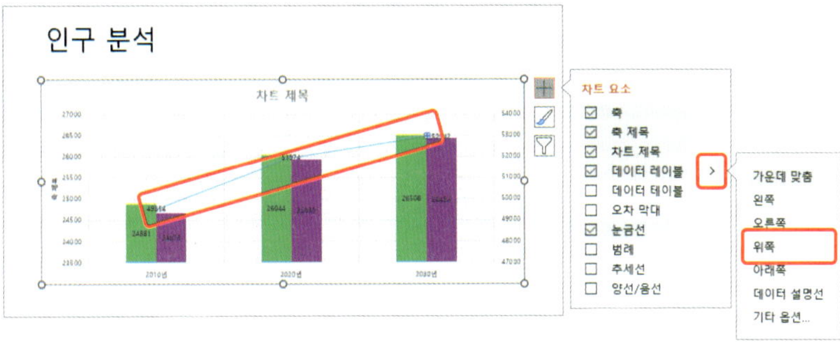

TIP 데이터 레이블의 가독성을 높이기 위해 막대 그래프는 표시 위치를 가운데로, 꺾은선형 그래프는 위쪽으로 설정한다.

04 차트에 범례를 표시하기 위해 이번에는 [차트 요소]에서 [범례] 목록의 [위쪽]을 선택한다.

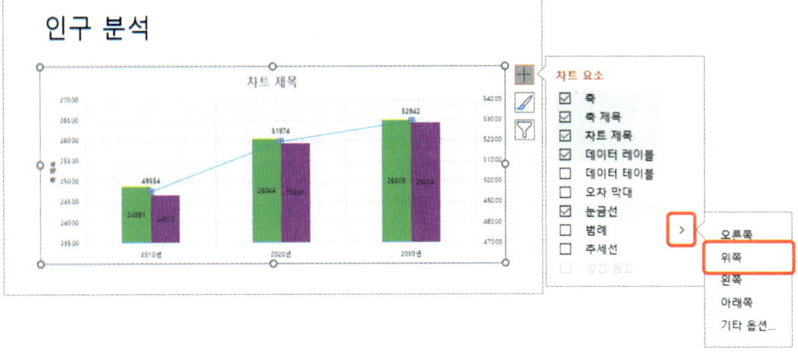

TIP [차트 요소] 단추를 한 번 더 클릭하면 차트 요소 목록이 사라진다.

기본예제 11-12 차트 요소의 서식 설정

차트에 표시되는 모든 요소는 각각의 특성에 따라 서식을 설정할 수 있다. 서식을 적절하게 설정하면 전달력을 높여 효과적인 차트를 만들 수 있다. 차트 요소의 서식을 다양하게 설정해 보자.

01 차트 제목을 선택하여 **연도별 인구**라고 수정한다. [서식] 탭-[WordArt 스타일] 그룹-[텍스트 효과] 목록에서 [네온]-[네온 변형]의 [네온: 5pt, 주황, 강조색 2]로 설정한다.

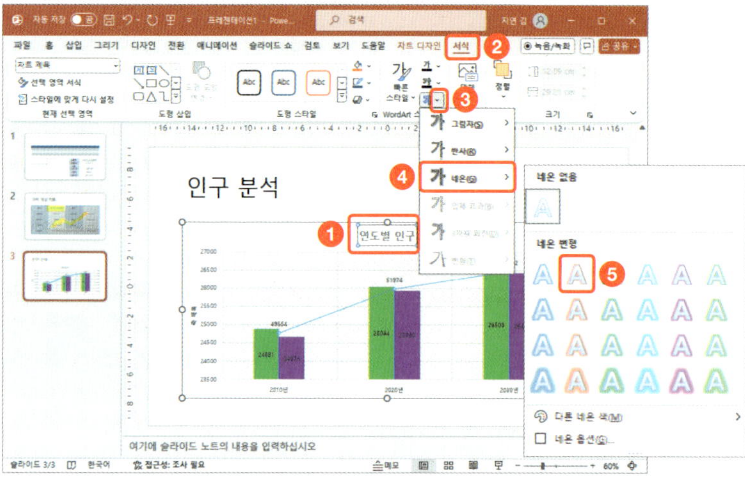

02 축 제목을 선택하고 **인구수(단위: 천명)**으로 수정한다. [서식] 탭-[현재 선택 영역] 그룹-[선택 영역 서식]을 클릭한다.

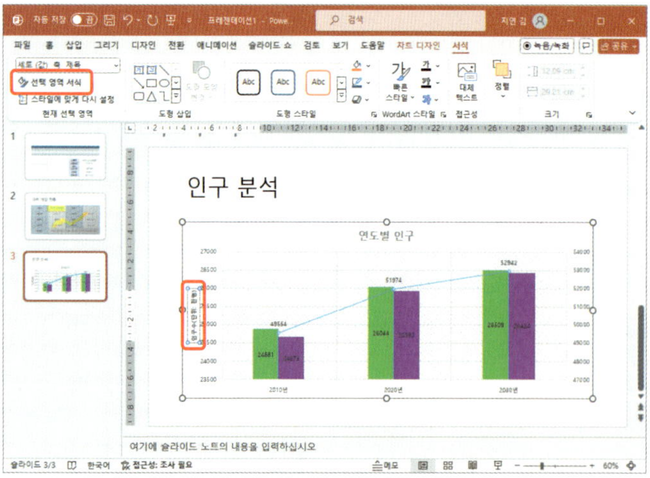

03 [축 제목 서식] 작업 창이 나타나면 [텍스트 옵션]–[텍스트 상자] 탭에서 [텍스트 상자]–[텍스트 방향]을 [스택형]으로 설정한다.

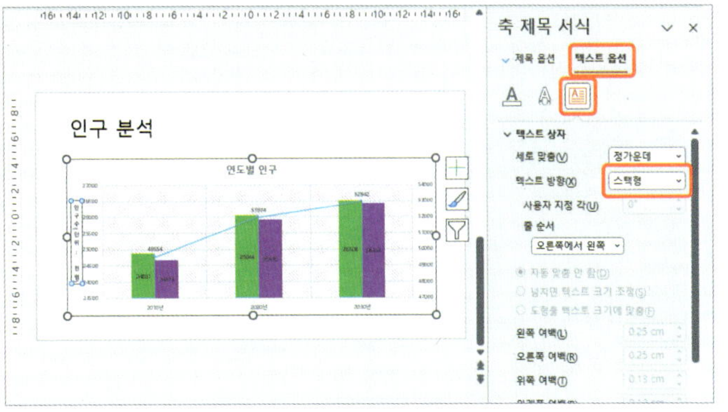

04 차트 왼쪽의 세로(값) 축을 클릭한다. [축 서식] 작업 창의 [축 옵션]–[축 옵션] 탭에서 [축 옵션]–[경계]의 [최소값]과 [최대값]을 각각 24000, 27000으로 설정하고, [단위]의 [기본]과 [보조]를 각각 600, 300으로 설정한다.

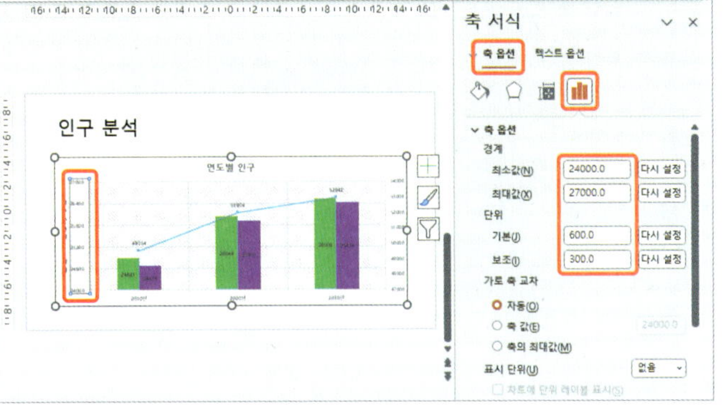

05 '총인구'를 표시하는 꺾은선형의 데이터 레이블을 하나 클릭하면 모든 값이 선택된다. [홈] 탭–[글꼴] 그룹에서 [글꼴 크기]–[16]으로, [글꼴 색]–[빨강], [굵게]로 설정해서 잘 보이게 한다.

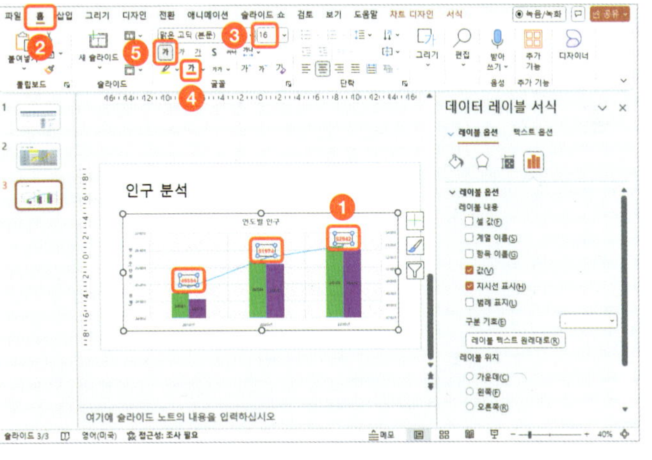

06 서식 작업 창의 [▼ 옵션] 단추를 눌러 [그림 영역]을 선택한다. [그림 영역 서식] 작업 창으로 바뀌면 [채우기 및 선] 탭–[채우기]에서 [그라데이션 채우기]를 선택한다.

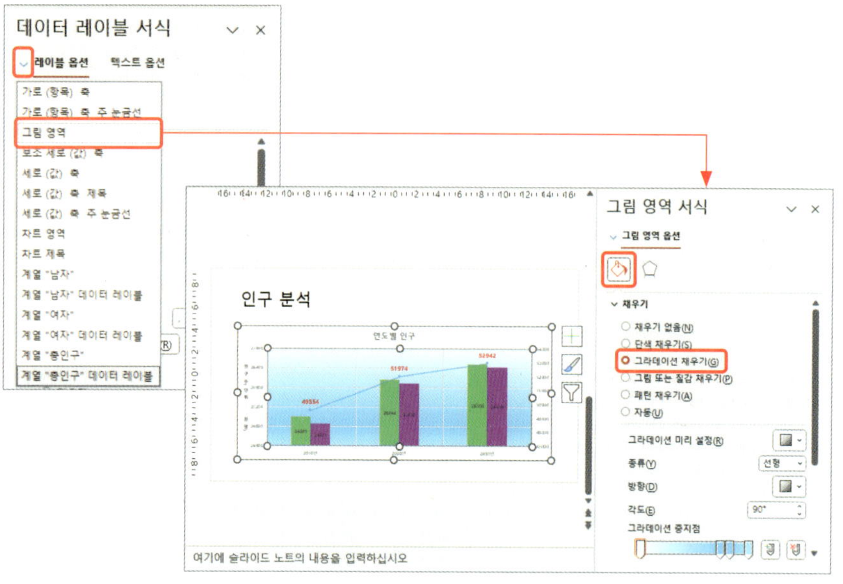

종합예제

학습한 표와 차트를 활용하여 다음과 같은 슬라이드를 만들어 보자.

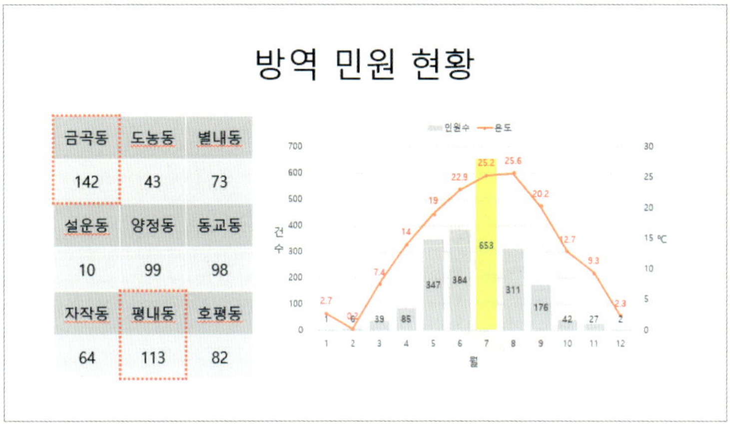

1 파워포인트를 실행하여 [새 프레젠테이션]을 누르고, 슬라이드 레이아웃을 [콘텐츠 2개]로 바꾼다. 제목에 **방역 민원 현황**을 입력하고, [홈] 탭–[단락] 그룹–[가운데 맞춤]을 클릭한다.

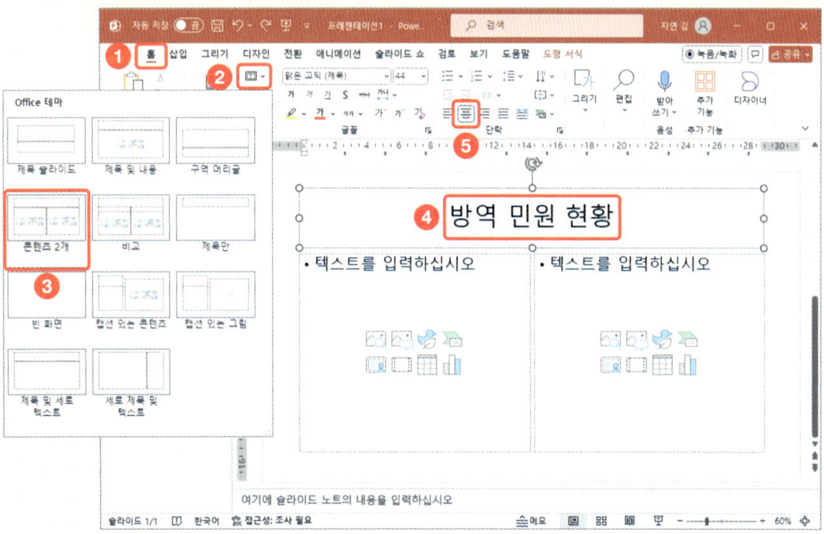

종합예제

2 왼쪽 개체 틀의 [표 삽입] 단추를 누른다. [표 삽입] 대화상자에서 열 개수는 3으로, 행 개수는 6으로 변경하고 [확인]을 누른다.

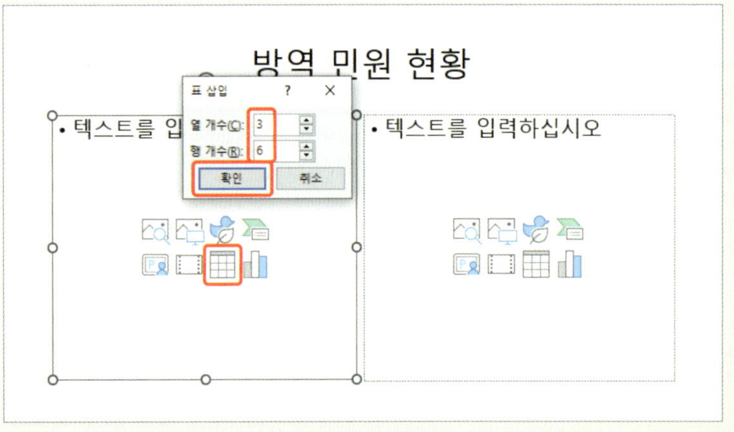

3 삽입된 표에 그림과 같이 내용을 입력하고 표의 조절점을 드래그하여 크기를 조절한다. 입력한 텍스트의 [글꼴]은 [맑은 고딕], [글꼴 크기]는 [20]으로 설정하고, [레이아웃] 탭-[맞춤] 그룹에서 [가운데 맞춤]과 [세로 가운데 맞춤]을 선택한다.

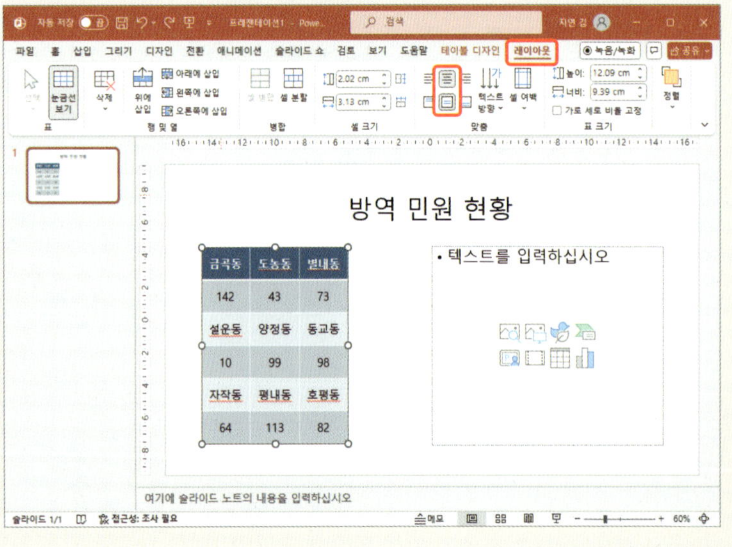

4 [테이블 디자인] 탭–[표 스타일 옵션] 그룹에서 [줄무늬 행]만 선택하고, [표 스타일] 그룹–[보통 스타일 2]를 선택한다.

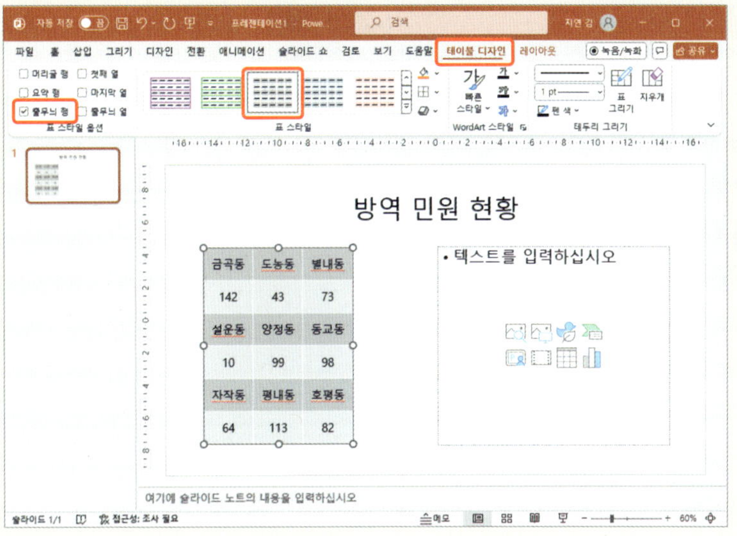

5 [테이블 디자인] 탭–[테두리 그리기] 그룹에서 [펜 스타일]은 [점선], [펜 두께]는 [3 pt], [펜 색]은 [빨강]으로 바꾼다. 그림에 표시한 셀 범위를 선택하고 [표 스타일] 그룹–[테두리] 목록에서 [바깥쪽 테두리]를 설정한다.

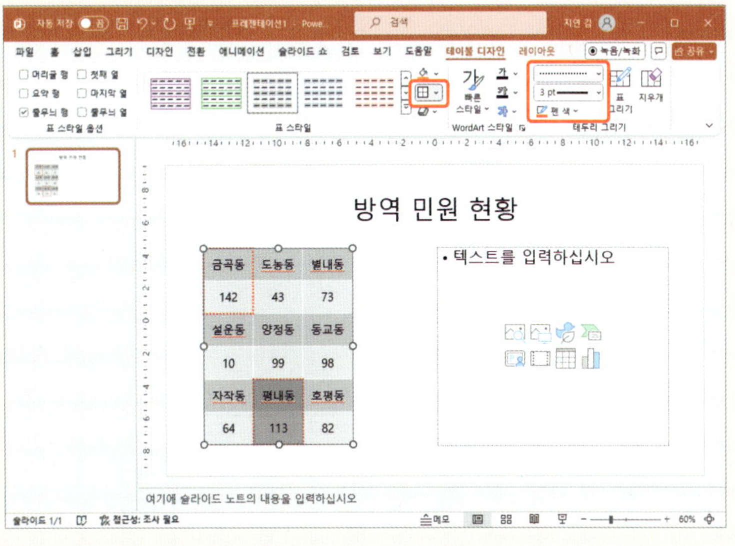

종합예제

6 오른쪽 텍스트 개체 틀의 [차트 삽입] 단추를 누른다. [차트 삽입] 대화상자에서 [세로 막대형]-[묶은 세로 막대형]을 선택하고 [확인]을 누른다.

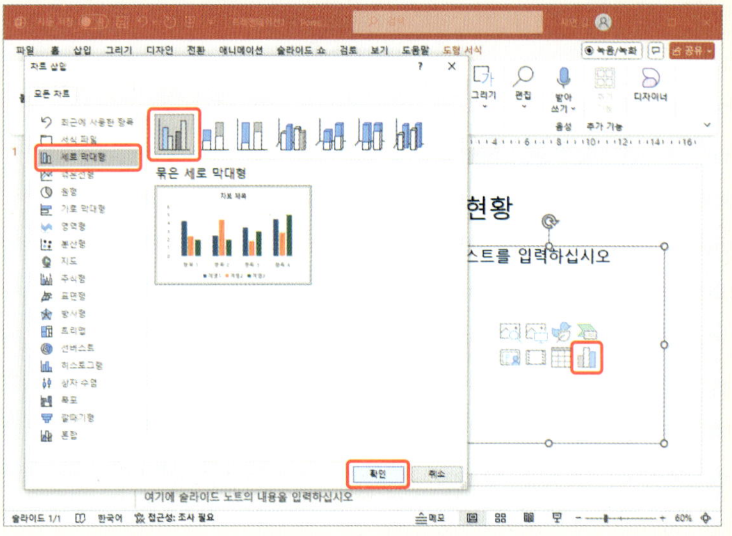

7 슬라이드에 차트가 삽입되고 엑셀 창이 표시되면 그림과 같이 데이터를 입력하고 엑셀 창을 닫는다.

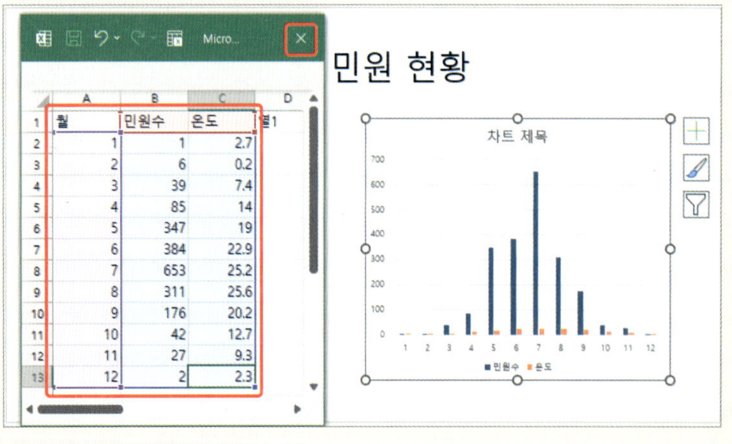

8 차트 크기를 조절한 뒤 [차트 디자인] 탭–[종류] 그룹–[차트 종류 변경]을 누른다.

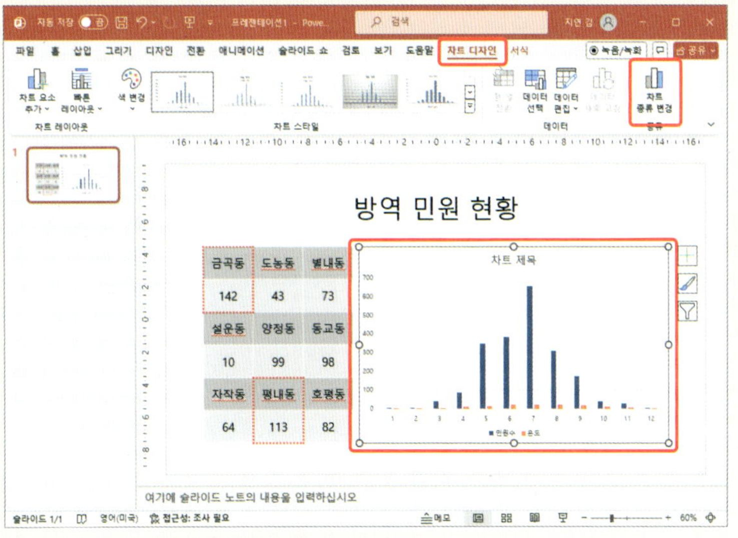

9 [차트 종류 변경] 대화상자에서 [혼합]을 선택한다. '온도' 계열의 [차트 종류]를 [표식이 있는 꺾은선형]으로 선택하고 [보조 축]에 체크한 후 [확인]을 누른다.

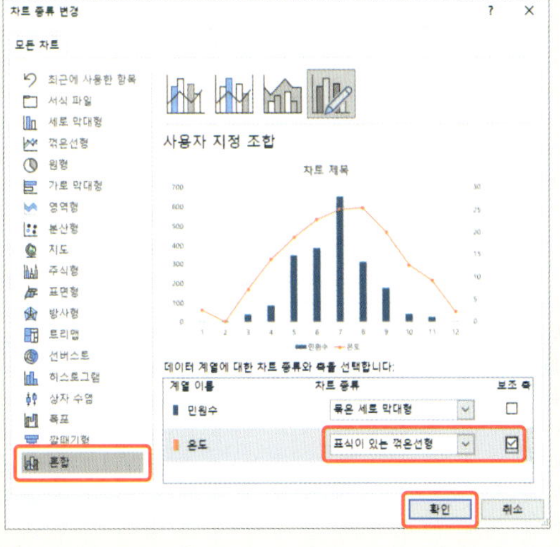

종합예제

10 차트 오른쪽의 [차트 요소] 단추를 누르고 [차트 제목]-[없음], [데이터 레이블]-[가운데 맞춤], [범례]-[위쪽]을 각각 선택한다.

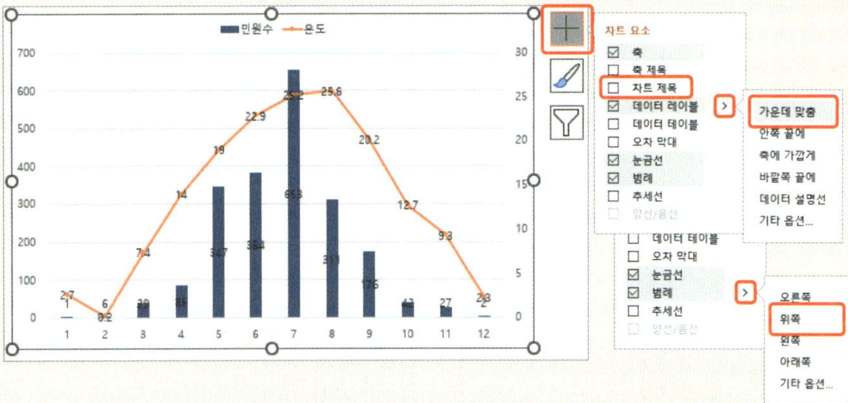

11 [축 제목]의 [기본 가로], [기본 세로], [보조 세로]를 선택한다. 축 제목으로 **월**, **건수**, **℃**를 각각 입력한다.

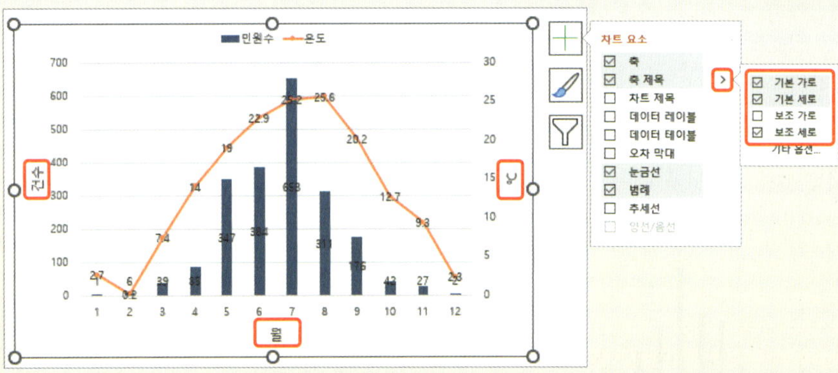

TIP 섭씨 기호(℃) 기호는 한글 자음 ㄹ을 입력하고 한자 키를 눌러 변환한다.

12 기본 세로축 제목 '건수'를 더블클릭하고 [축 제목 서식] 작업 창의 [텍스트 옵션]–[텍스트 상자] 탭에서 [텍스트 상자]–[텍스트 방향]을 [스택형]으로 설정한다. 보조 세로축 제목인 '℃'의 [텍스트 방향]은 [가로]로 설정한다.

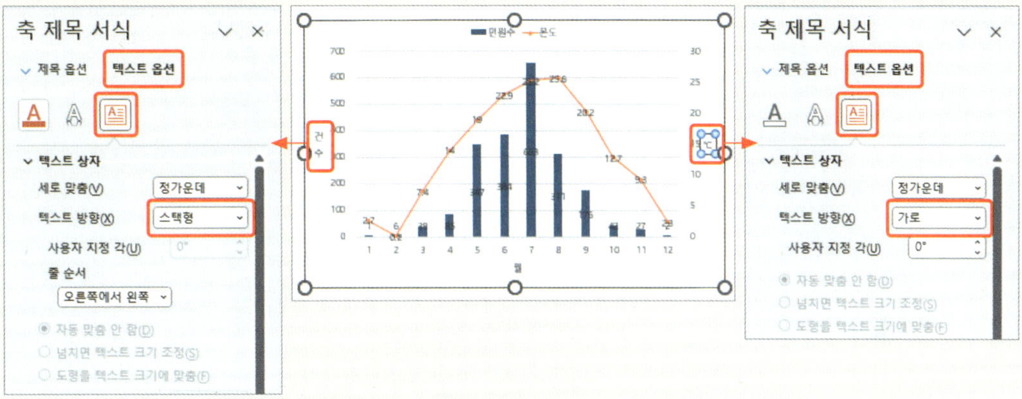

13 꺾은선형 위에 표시된 '온도' 데이터 레이블을 선택하고 [데이터 레이블 서식] 작업 창의 [레이블 옵션]–[레이블 옵션] 탭에서 [레이블 위치]를 [위쪽]으로 변경한다. [텍스트 옵션]–[텍스트 채우기 및 윤곽선] 탭에서 [텍스트 채우기]의 [색]을 [빨강]으로 설정한다.

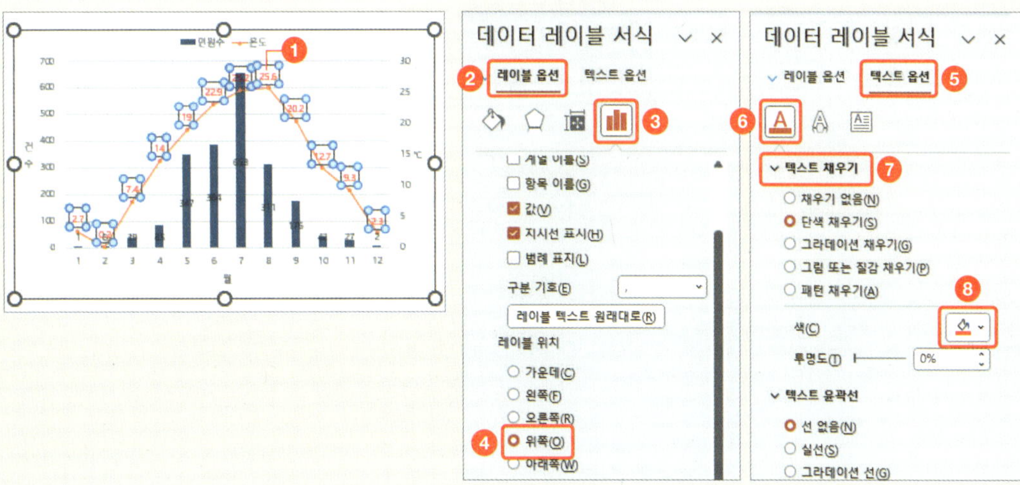

종합예제

14 '민원수' 막대를 클릭하고 [데이터 계열 서식] 작업 창에서 [채우기 및 선] 탭의 [채우기]-[색]을 [밝은 회색, 배경 2, 10% 더 어둡게]로 설정한다. [계열 옵션] 탭의 [간격 너비]는 [30%]로 해서 막대를 넓게 만든다.

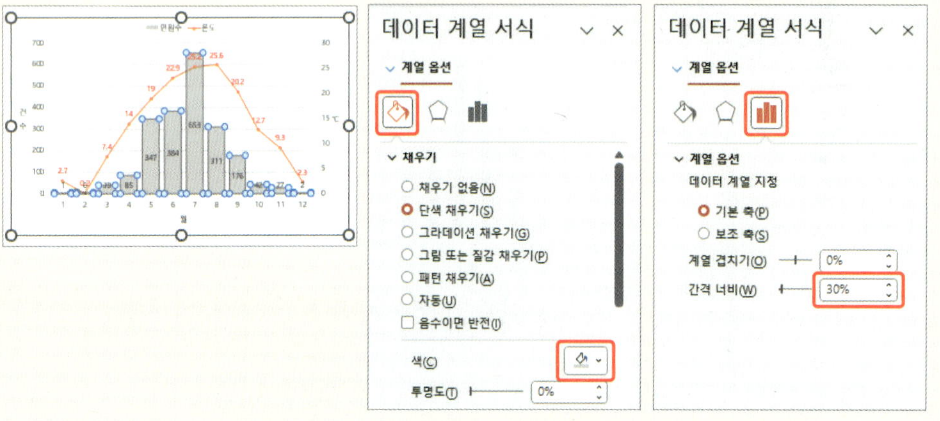

15 민원이 가장 많이 발생한 월을 강조하기 위해 '7'월 막대를 선택한다. [데이터 요소 서식] 작업 창에서 [채우기 및 선] 탭의 [채우기]-[색]을 [노랑]으로 설정한다.

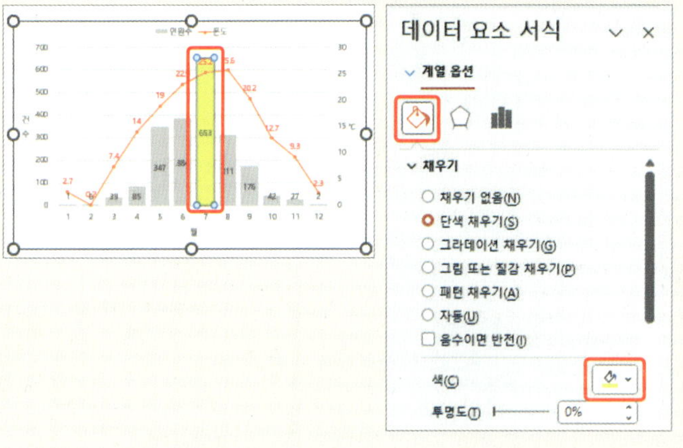

16 차트 배경을 그림으로 설정하기 위해 [차트 영역]을 선택한다. [차트 영역 서식] 작업 창의 [차트 옵션]–[채우기 및 선] 탭에서 [채우기]–[그림 또는 질감 채우기]를 선택하고 [삽입]을 누른다. [그림 삽입] 대화상자에서 [파일에서]를 선택한 다음 차트 배경으로 삽입할 그림 파일을 선택한다.

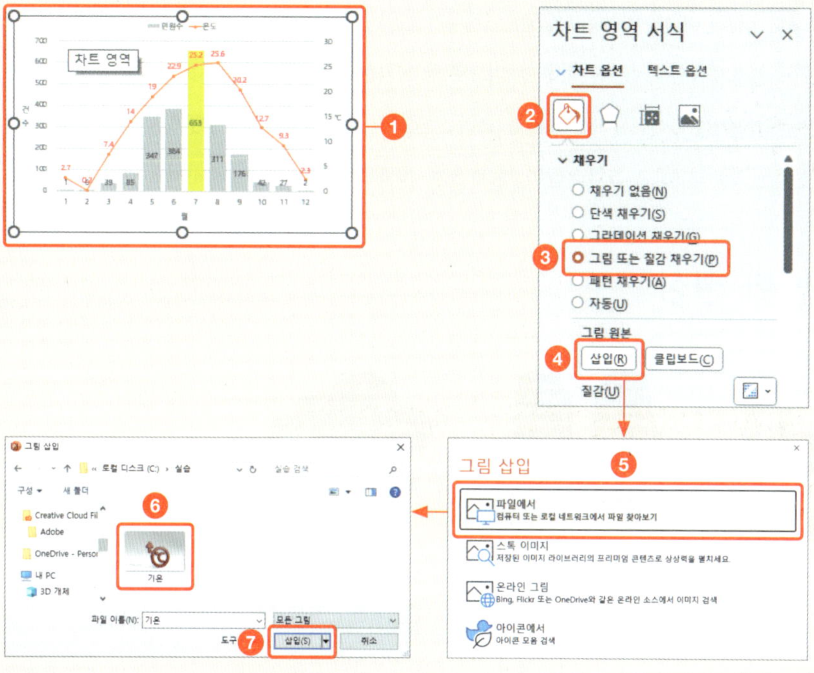

TIP 제공하는 '기온.bmp' 파일을 미리 다운로드하거나, [스톡 이미지]나 [온라인 그림]을 선택해 원하는 이미지를 검색해도 된다.

17 [차트 영역 서식] 작업 창에서 배경 그림의 [투명도]를 [90%]로 변경하여 그래프의 가독성을 높인다.

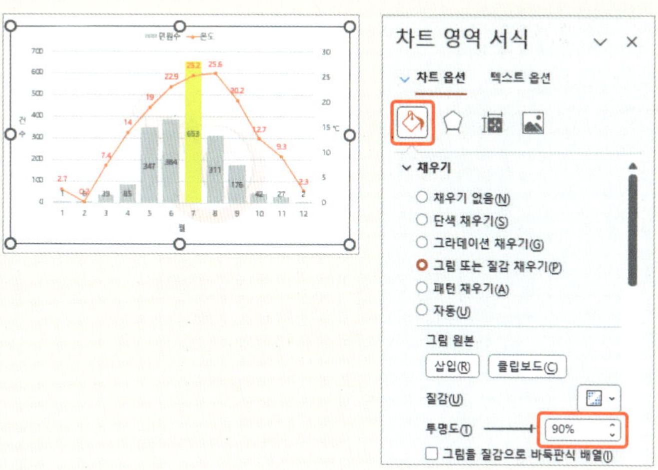

연습문제

1 다음의 지시대로 슬라이드에 표를 작성하시오.

❶ 슬라이드의 레이아웃을 [제목 및 내용]으로 하고, 제목으로 '지구 온난화 현상'을 입력하시오.

❷ 3×3 크기의 표를 삽입하고, 1행 각 셀에 아이콘('사막', '바다', '기후'로 검색)을 배경으로 넣으시오.

❸ 표의 2행과 3행에 그림과 같이 내용을 입력하고 [음영]은 [채우기 없음]으로 설정하시오.

❹ 표의 2행 텍스트는 [글꼴 크기]를 [24], [글꼴 색]을 [빨강]으로 하고 [가운데 맞춤]을 설정하시오.

❺ 표의 3행 텍스트는 [글꼴 크기]를 [20], [글머리 기호]를 [속이 찬 정사각형 글머리 기호]로 설정하시오.

❻ 표 스타일 옵션의 선택은 모두 해제하고, 그림과 같이 2행과 3행 사이에만 셀 테두리를 설정하시오.

2 다음의 지시대로 슬라이드에 차트를 작성하시오.

❶ 슬라이드에 [3차원 세로 막대형] 차트를 삽입하고 다음의 데이터를 입력하시오.

	6월	12월
페이스북	354	320
인스타그램	250	345
밴드	206	195
카카오스토리	190	175

❷ 차트 제목을 그림과 같이 입력하고 [글꼴]은 [HY헤드라인M], [글꼴 크기]는 [32]로 설정하시오. [차트 제목 서식] 작업 창을 열고 [텍스트 옵션]–[텍스트 효과] 탭–[반사] 항목에서 [근접 반사, 8pt 오프셋]으로 설정하시오.

❸ 차트 요소를 추가해 데이터 레이블을 표시("12월"의 값은 [빨강]으로 텍스트 채우기)하고, 범례는 차트 요소에서 제거하시오.

❹ [데이터 계열 서식] 작업 창에서 [세로 막대 모양]을 [원통형]으로 설정하시오.

❺ 옆면과 밑면의 [채우기]를 [그라데이션 채우기]로 설정하시오.

❻ [그림 영역 서식] 작업 창에서 [효과] 탭–[3차원 회전] 항목의 [직각으로 축 고정]은 선택을 해제하시오.

❼ [축 서식] 작업 창에서 [축 옵션] 탭–[축 옵션] 항목의 [경계]와 [단위]를 그림과 같이 표시되게 설정하시오.

❽ [축 서식] 작업 창에서 [축 옵션] 탭–[눈금] 항목의 [주 눈금]과 [보조 눈금]을 그림과 같이 설정하시오.

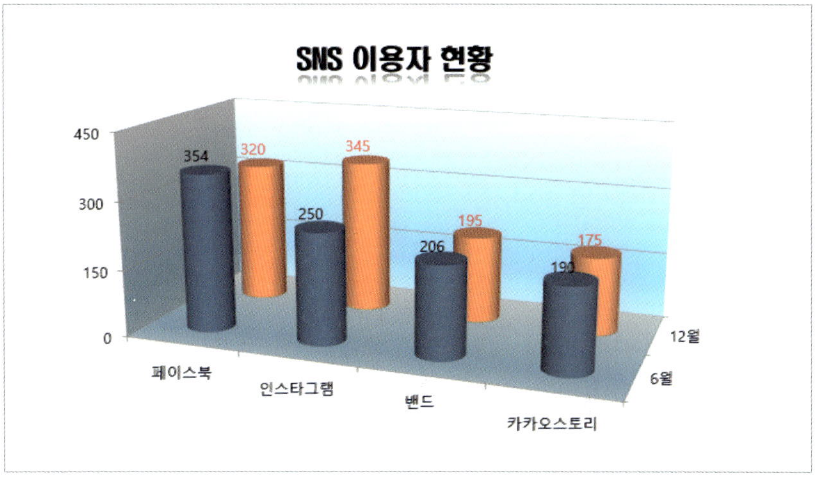

3 다음의 지시대로 슬라이드에 차트를 작성하시오(지도 차트는 파워포인트 2019 이상에서 가능).

① 슬라이드에 [등치 지역도] 차트를 삽입하고 다음의 데이터를 활용하시오.

국가명	국가별 GDP(단위: 십억 달러)
미국	22996
중국	17734
일본	4937
독일	4223
영국	3186
인도	3173
캐나다	1990
대한민국	1810
러시아	1775
브라질	1608
오스트레일리아	1542

② 차트 제목을 입력하고 [글꼴 크기]는 [28]로, [굵게]를 설정하시오. 차트 영역은 [패턴 채우기]를 선택해 임의의 패턴으로 설정하시오.

③ 범례 위치는 [왼쪽]으로 하고 [범례를 차트와 겹치지 않게 표시]의 선택을 해제하시오. 범례의 [채우기]는 [단색 채우기]로 하고, [글꼴 크기]는 [16], [굵게]로 설정하시오.

④ 데이터 계열 서식 작업 창에서 [계열 옵션]-[지도 레이블]을 [모두 표시]로 설정해서 국가명이 지도에 표시되게 하시오.

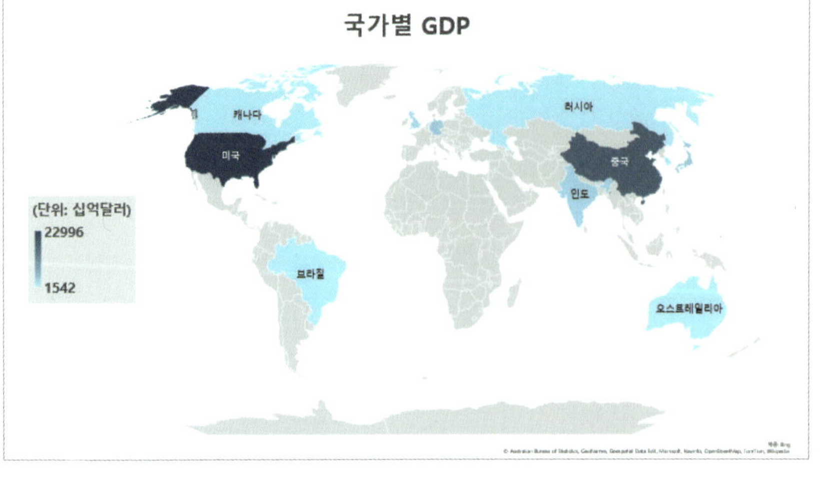

CHAPTER 12

멀티미디어

학습목표

- 그림을 삽입하고 그림 도구로 편집할 수 있다.
- 그림을 배경 서식으로 활용할 수 있다.
- 비디오와 오디오를 삽입하고 편집할 수 있다.

SECTION 01

그림 삽입과 편집하기

여러 문장으로 나타낼 내용을 강렬한 인상의 그림이나 사진 한 장으로 대신하면 정보 전달력을 더 높일 수 있다. 그래서 프레젠테이션에서는 텍스트 대신 이미지 정보를 종종 활용한다. 파워포인트에서는 손쉽게 그림을 삽입할 수 있을 뿐 아니라 다양한 그림 도구가 제공되므로 그림을 자르거나 밝기, 선명도, 색조와 채도 등을 조절하여 쉽게 편집할 수 있다.

1.1 그림 삽입

슬라이드에 그림을 삽입하거나 복제하고 크기를 조절하거나 위치를 이동하는 작업은 도형이나 스마트아트 개체 작업과 동일하다. 그림을 삽입할 때는 컴퓨터에 저장된 그림 파일을 이용해도 되고, 파워포인트에서 제공하는 스톡 이미지나 온라인 검색, 화면 캡처를 바로 사용할 수도 있다.

기본예제 12-1 다양한 방법으로 그림 삽입하기

파워포인트에서는 프레젠테이션의 시각화 효과를 높일 수 있는 그림을 간편하게 삽입할 수 있다. 슬라이드에 그림을 삽입해 보자.

01 파워포인트를 실행해 [새 프레젠테이션]을 만들고, [디자인] 탭–[테마] 목록에서 [자르기] 테마를 선택한다.

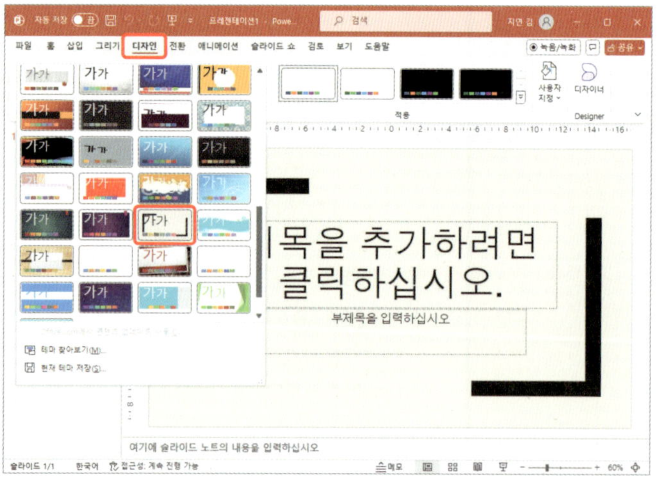

02 제목은 **COFFEE**, 부제목은 **푸드 스토리**라고 입력하고, [도형 서식] 탭–[WordArt 스타일] 그룹–[빠른 스타일] 목록에서 [무늬 채우기: 밤색, 강조색 3, 좁은 수평선 무늬, 안쪽 그림자]를 선택한다.

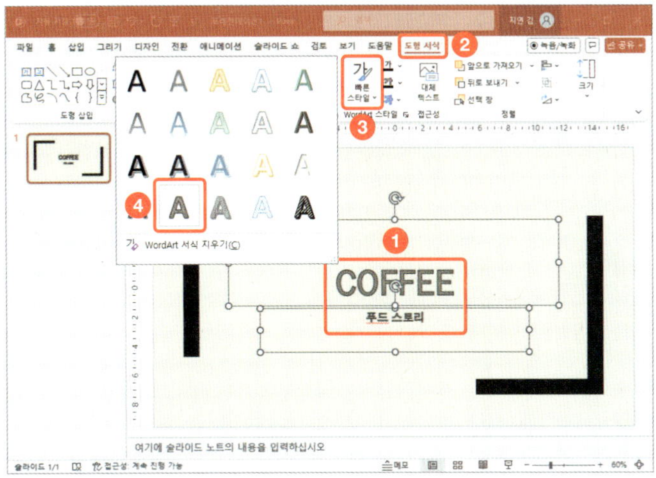

03 [삽입] 탭–[이미지] 그룹–[그림]을 눌러 [이 디바이스...]를 선택한다. [그림 삽입] 대화상자에서 '커피.jpg' 파일을 찾아 선택하고 [삽입]을 클릭한다.

TIP '커피.jpg' 파일은 이 책의 실습 자료가 담긴 'source' 폴더에서 찾을 수 있다. 'source' 폴더를 내려받는 자세한 방법은 6쪽을 참고한다.

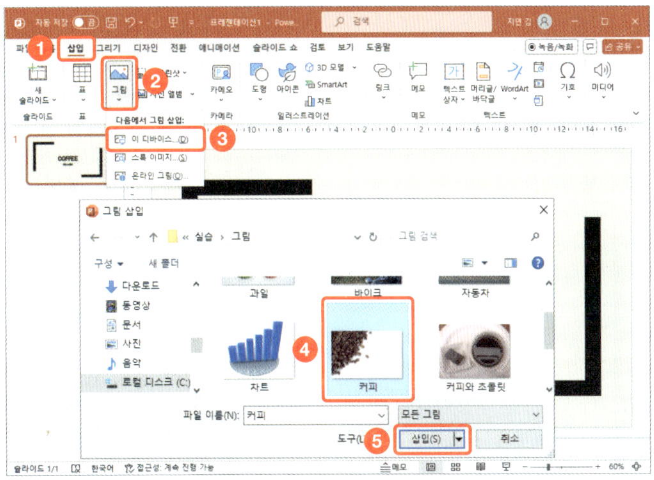

04 삽입된 그림을 드래그해 위치를 이동하고, 조절점을 드래그해 크기도 조절한다. [그림 서식] 탭–[정렬] 그룹–[뒤로 보내기] 목록에서 [맨 뒤로 보내기]를 선택해 그림이 텍스트를 가리지 않도록 한다.

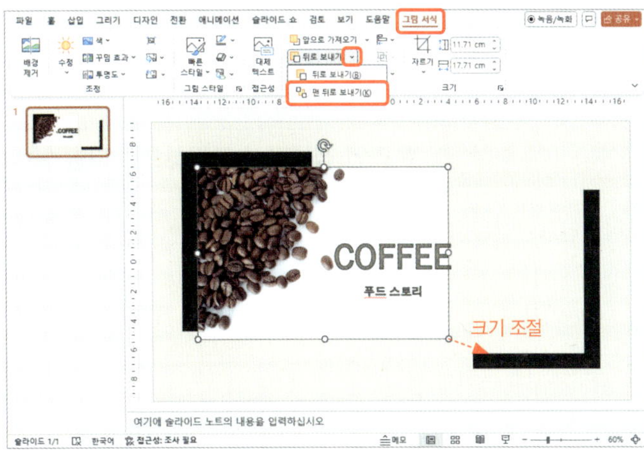

05 [홈] 탭-[슬라이드] 그룹-[새 슬라이드] 목록에서 [제목만]을 선택해 슬라이드를 추가한다. 슬라이드 제목에 **커피 생산지**를 입력한다.

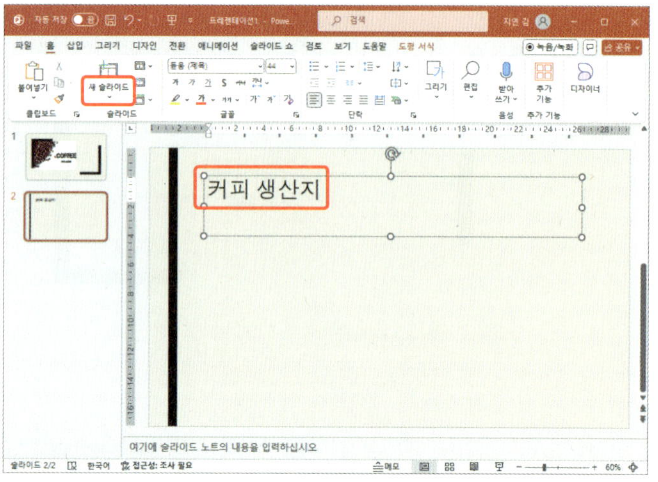

06 슬라이드에 그림을 삽입할 때 파일 탐색기를 이용해도 된다. 파일 탐색기에서 삽입할 그림('커피와 초콜릿.jpg')을 찾아 슬라이드로 드래그하고, 삽입된 그림의 크기와 위치를 조절한다.

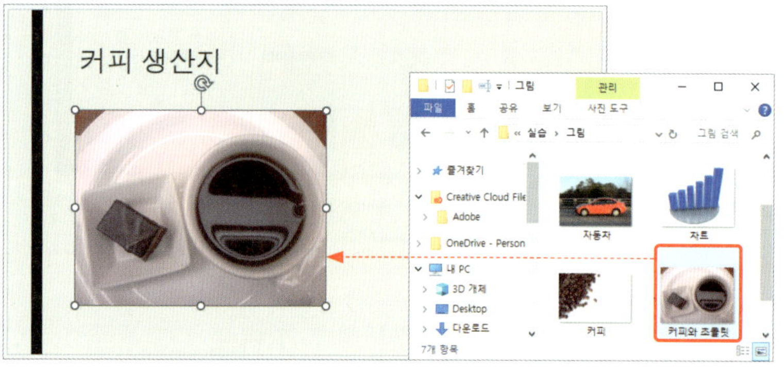

기본예제 12-2 온라인 검색과 스크린샷으로 그림 삽입하기

파워포인트에서는 주제별로 만들어 놓은 스톡 이미지를 무료로 제공할 뿐 아니라 인터넷으로 공유되는 다양한 온라인 그림을 검색해서 슬라이드에 바로 삽입할 수도 있다. 또한 실행 중인 프로그램 창이나 특정 영역을 캡처하는 스크린샷 기능을 사용해 슬라이드에 그림을 삽입할 수도 있다. 다양한 방법을 이용해 슬라이드에 그림을 삽입해 보자.

01 크롬(Chrome)이나 엣지(Edge) 등 웹 브라우저를 실행한다. 구글이나 네이버 등 포털 사이트에 접속해 **아라비카원두**로 이미지를 검색한다.

02 파워포인트로 돌아와 [삽입] 탭–[이미지] 그룹–[스크린샷] 목록에서 [화면 캡처]를 선택한다.

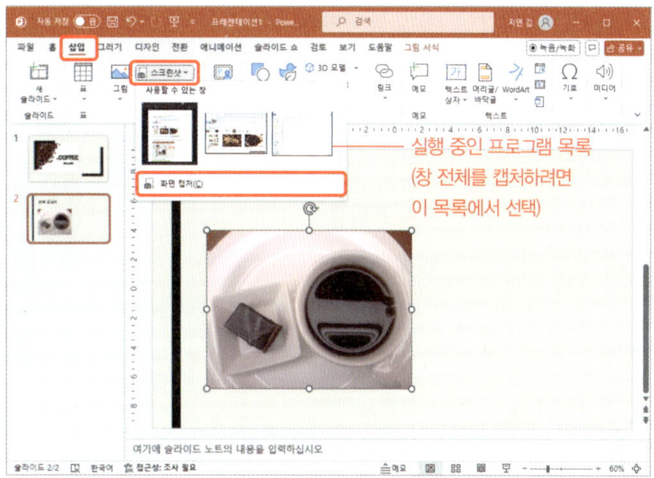

03 캡처할 영역을 드래그하여 선택한다.

TIP 01 단계처럼 캡처할 화면이 있는 작업 창을 미리 활성화해 놓아야 한다.

04 캡처한 영역이 슬라이드에 그림으로 추가되면 위치와 크기를 조절한다.

05 슬라이드 1을 선택하고 온라인 그림을 삽입해 본다. [삽입] 탭-[이미지] 그룹의 [그림] 목록에서 [온라인 그림]을 선택한다. 검색란에 **아이스커피**라고 입력하고 Enter 를 누른다.

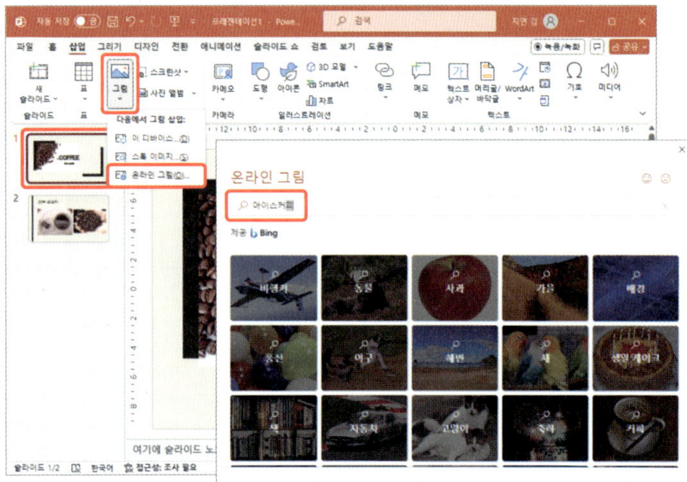

06 검색 결과 중에서 원하는 그림을 선택하고 [삽입]을 누르면 슬라이드에 그림이 삽입된다. 그림의 크기와 위치를 조절한다.

TIP 그림과 함께 저작권 관련 텍스트 상자가 추가되는 경우 Delete 를 눌러 삭제할 수 있고, Ctrl 키를 누른 채 클릭하면 세부 내용을 확인할 수 있다. 프레젠테이션을 배포할 때 이용 제한 조건에 위배되지 않도록 주의한다.

1.2 그림 효과와 그림 편집

슬라이드에 삽입한 그림을 선택하면 [그림 서식]이 메뉴에 나타나고, 그림을 편집할 수 있는 여러 가지 기능이 제공된다. 그림의 배경 제거나 자르기, 선명도나 밝기 조절하기, 꾸밈 효과와 같은 다양한 그림 도구를 사용하는 방법을 알아본다.

기본예제 12-3 그림의 배경 제거와 투명한 색 설정하기

파워포인트에서는 배경 제거와 투명한 색 설정하기 기능을 이용해 배경이나 그림의 특정 영역을 제거할 수 있다. 슬라이드에 삽입한 그림의 불필요한 배경이나 색을 제거해 보자.

01 슬라이드 1의 '커피' 그림을 선택하고 [그림 서식] 탭-[조정] 그룹-[배경 제거]를 누른다.

02 붉은색으로 표시된 부분이 배경에서 제거할 영역이다. [배경 제거] 탭-[미세 조정] 그룹에서 [보관할 영역 표시]나 [제거할 영역 표시]를 누르고 그림을 클릭하면 보관하거나 제거할 영역이 다시 정해진다. 작업이 모두 끝나면 [변경 내용 유지]를 누른다.

TIP 그림 바깥 영역을 클릭해도 배경 제거 작업이 종료된다.

03 '아이스커피' 그림을 선택하고 [그림 서식] 탭–[조정] 그룹–[색] 목록에서 [투명한 색 설정]을 선택한다.

04 마우스 포인터가 모양으로 변경되면 그림의 배경 영역을 클릭해 선택한다.

TIP 배경과 전경이 명확하게 구분되는 그림의 배경을 제거할 때는 [배경 제거]보다 [투명한 색 설정]이 더 간편하다.

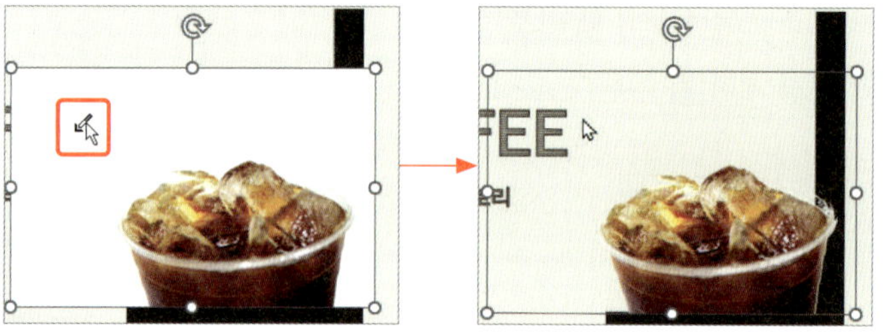

기본예제 12-4 그림 수정과 색, 효과 설정하기

파워포인트에서도 포토샵과 같은 이미지 편집 프로그램에서 수행하는 선명도나 밝기/대비 조절, 색 채도나 색조 변경 등의 기능을 지원한다. 이미지 편집 프로그램의 필터 효과와 비슷한 꾸밈 효과를 그림에 적용할 수 있고, 정해진 스타일로 테두리나 그림자 등을 설정할 수도 있다. 그림에 다양한 효과를 적용해 보자.

01 슬라이드 1의 '커피' 그림을 선택하고 [그림 서식] 탭–[조정] 그룹–[수정] 목록에서 [선명도 조절]의 [선명하게: 25%]를 선택한다.

TIP 선명도는 목록 가운데의 원본을 기준으로 25% 단위로 옵션이 달라진다. 슬라이드에 삽입한 그림의 화질이 낮을 때 선명도를 조금 높이면 화질 개선 효과를 얻을 수 있다. 반대로 선명도를 낮추면 그림을 부드럽게 표현할 수 있다.

02 슬라이드 1의 '아이스커피' 그림을 선택하고 밝기와 대비를 조정해 본다. [그림 서식] 탭–[조정] 그룹–[수정]의 [밝기/대비] 항목에서 그림이 잘 표현되는 단계를 선택한다.

TIP 밝기를 조절하면 그림을 밝게 또는 어둡게 수정할 수 있다. 대비는 밝은 부분과 어두운 부분의 차이를 의미하므로 대비를 높이면 밝은 부분과 어두운 부분에 경계가 생겨 그림이 또렷해진다. 선명도와 밝기/대비를 더 세밀하게 변경하려면 [그림 수정 옵션]을 눌러 조정한다.

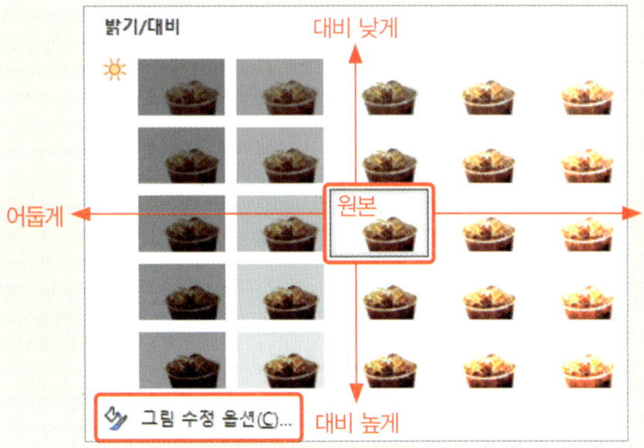

TIP 그림 서식의 [조정] 그룹에 있는 [색]은 색 채도와 색조, 다시 칠하기 기능을 제공한다. 색 채도와 색조를 조정해 그림의 색 농도나 온도를 변경할 수 있는데, 색 채도가 높을수록 색이 강해지고 색조가 높을수록 따뜻한 느낌이 든다.

TIP 그림의 전체적인 색상 톤을 변경하는 [다시 칠하기] 기능을 이용하면 원본 그림을 흑백이나 다홍처럼 다른 색으로 바꿀 수 있다. 다시 칠하기 목록에 없는 색상으로 바꾸려면 [기타 변형]을 누르고 색을 고른다.

TIP [꾸밈 효과]를 그림에 적용하면 파스텔이나 연필로 그린 것처럼 그림을 변형시킬 수 있고, 카메라 필터 기능 등의 특수 효과를 낼 수도 있다. 꾸밈 효과 적용을 취소하려면 맨 윗줄의 원본 그림을 선택한다. 꾸밈 효과의 세부 속성은 [꾸밈 효과 옵션]을 눌러 변경할 수 있다.

03 슬라이드 1의 '아이스커피' 그림을 선택하고 [그림 서식] 탭-[조정] 그룹의 [투명도]를 [투명도: 50%]로 설정한다.

TIP [그림 서식] 탭-[조정] 그룹에 있는 [그림 압축], [그림 바꾸기], [그림 원래대로] 도구는 다음과 같은 목적으로 사용할 수 있다.

- 그림 압축 — 그림을 압축 후 저장하여 전체 프레젠테이션 파일의 크기를 줄인다.
- 그림 바꾸기 — 선택한 그림의 서식과 크기를 유지하면서 다른 그림으로 변경한다.
- 그림 원래대로 — 선택한 그림에 설정했던 서식이나 크기 조정 작업을 취소하고 원본 그림으로 되돌린다.

04 슬라이드 2의 '아라비카원두' 그림을 선택하고 [그림 서식] 탭-[그림 스타일] 그룹-[빠른 스타일] 목록에서 [부드러운 가장자리 타원]을 선택한다.

TIP [그림 스타일] 그룹의 [빠른 스타일] 목록에서는 미리 설정된 그림 스타일을 선택할 수 있고, 스타일에 따라 그림 테두리나 그림 효과가 바로 적용된다.

기본예제 12-5 개체 회전과 자르기

도형이나 개체 틀에 그림을 삽입할 때 틀의 크기에 맞추려고 그림을 확대하거나 축소하면 가로, 세로 비율이 달라져 어색해질 수 있다. 이런 경우에는 이미지를 틀에 맞게 잘라 사용하는 것이 훨씬 보기 좋다. 파워포인트에서 제공하는 자르기 도구를 이용하면 이런 작업을 간편하게 수행할 수 있다. 그림에서 필요한 부분을 자르거나 회전해 보자.

▲ 원본 그림

▲ 그림 크기를 변경해 비율이 맞지 않는 경우

▲ 그림 자르기를 사용한 경우

01 슬라이드 2의 '커피와 초콜릿' 그림을 선택한다. [그림 서식] 탭–[크기] 그룹–[자르기] 목록에서 [도형에 맞춰 자르기]–[기본 도형]의 [타원]을 선택한다.

02 잘라낼 영역을 조정하기 위해 [그림 서식] 탭–[크기] 그룹의 [자르기] 목록에서 [자르기]를 누른다.

03 그림에 표시된 자르기 핸들이나 그림을 드래그하여 자르고 싶은 부분을 선택한다. 선명하게 표시되는 부분이 슬라이드에 남는다. 그림 바깥쪽을 클릭하면 자르기 작업이 끝난다.

04 '아라비카원두' 그림도 도형 모양에 맞춰 잘라 보자. [그림 서식] 탭–[크기] 그룹–[자르기] 목록에서 [도형에 맞춰 자르기]–[기본 도형]의 [눈물 방울]을 선택한다.

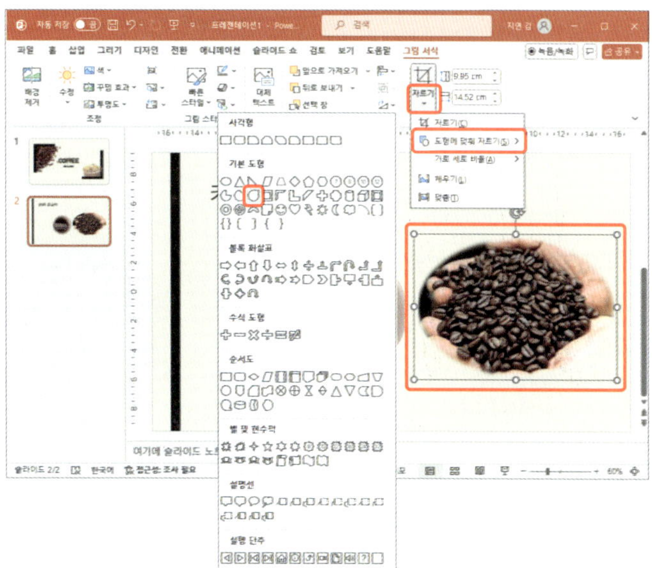

05 [그림 서식] 탭–[크기] 그룹–[자르기]를 눌러 잘라낼 영역을 조정한 후, 그림 바깥쪽을 클릭한다.

06 [그림 서식] 탭–[정렬] 그룹–[개체 회전] 목록에서 [좌우 대칭]을 선택한다.

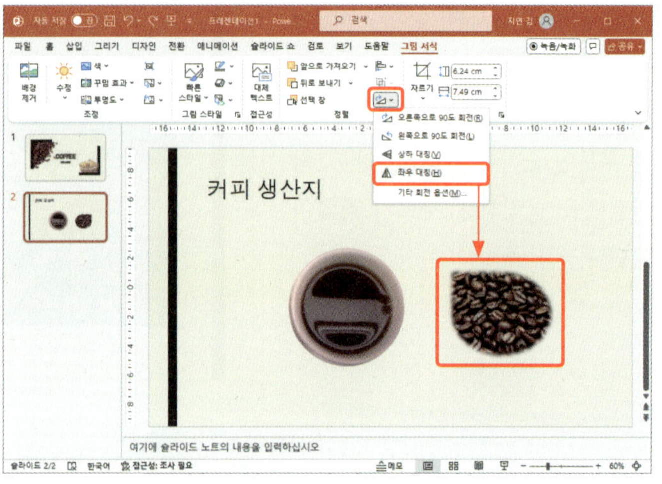

07 두 그림 모두 조절점을 드래그해 크기와 모양, 회전 각도를 조정한다. [텍스트 상자]를 그림 위에 삽입하고, 필요한 텍스트를 입력한다.

TIP 텍스트 가독성을 높이기 위해 '아라비카원두' 그림 위 텍스트 상자는 [도형 스타일]–[빠른 스타일] 목록에서 [반투명 - 검정, 어둡게 1, 윤곽선 없음]으로 설정한다.

SECTION 02 그림 활용하기

시각적 효과를 통해 프레젠테이션의 전달력을 높이고자 할 때 그림을 사용하는데, 그림만 보여주는 경우도 있지만 그림을 배경으로 텍스트를 표기하거나 그림과 텍스트를 함께 배치하기도 한다. 사용하는 그림 때문에 텍스트가 잘 보이지 않는다면 그림의 투명도를 조절하거나 그라데이션 효과를 적용해 가독성을 높일 수 있다.

2.1 투명도 효과

파워포인트에서는 도형이나 슬라이드의 배경을 그림으로 채우는 경우 투명도를 조절할 수 있다. 배경 그림의 투명도를 조절하면 도형이나 슬라이드에 함께 표시되는 텍스트의 가독성을 높일 수 있다.

기본예제 12-6 그림의 투명도 조절하기

배경으로 사용되는 그림의 투명도를 조절해 슬라이드에 보여줄 텍스트의 가독성을 높여 보자.

01 [홈] 탭–[슬라이드] 그룹–[새 슬라이드] 목록에서 [제목 및 내용]을 선택하여 새 슬라이드를 삽입한다.

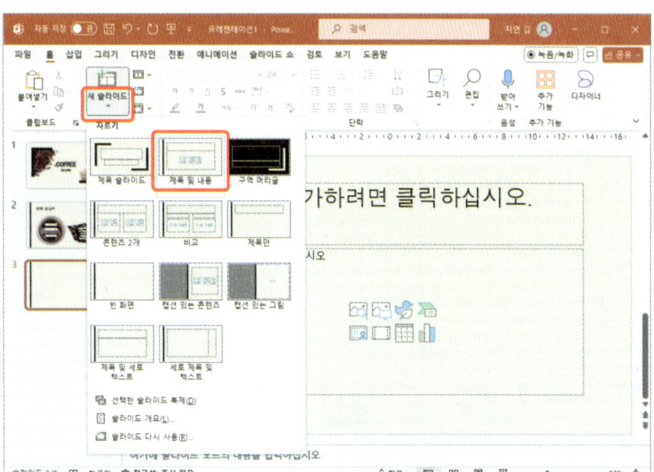

02 삽입한 슬라이드의 제목과 내용을 그림과 같이 입력하고, 내용 개체 틀의 [글꼴]은 [돋움], [굵게], [글꼴 크기]는 [32], [줄 간격]은 [1.5]로 설정한다.

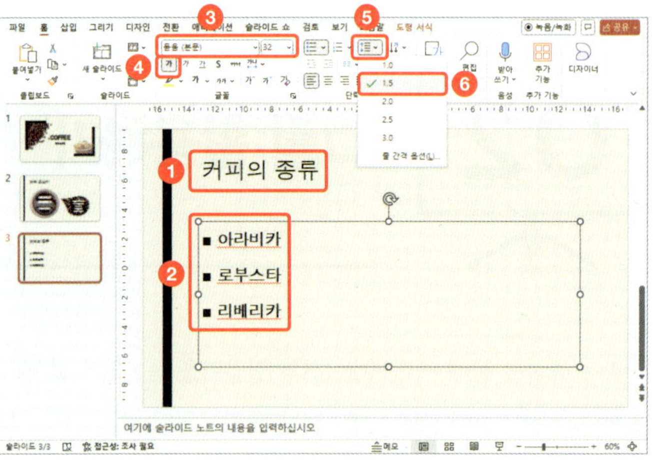

03 [디자인] 탭-[사용자 지정] 그룹에서 [배경 서식]을 클릭하면 [배경 서식] 작업 창이 오른쪽에 나타난다.

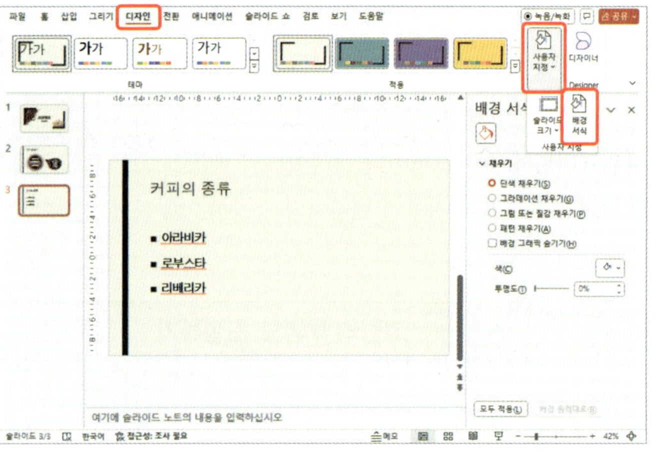

04 [배경 서식] 작업 창의 [채우기] 탭에서 [그림 또는 질감 채우기]를 선택하고 [삽입]을 누른다. [그림 삽입] 대화상자에서 [파일에서]를 선택하고 '커피' 그림을 찾아 선택한 후 [삽입]을 누른다.

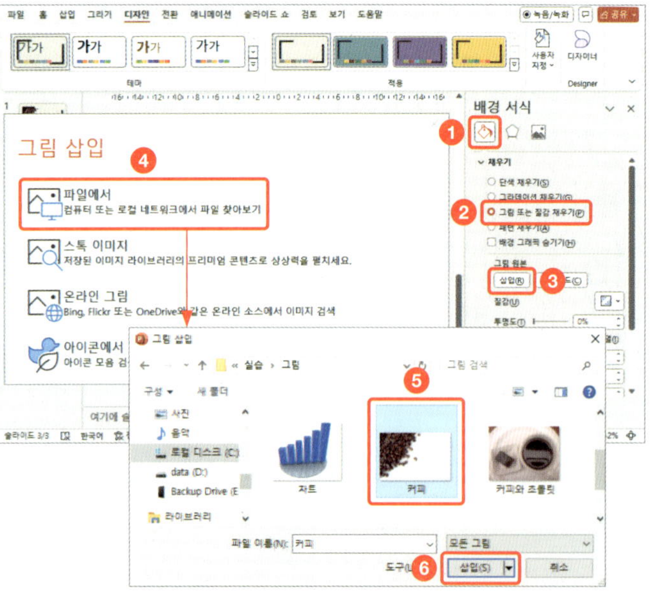

05 배경 그림의 투명도를 조절하기 위해 [배경 서식] 작업 창의 [채우기] 탭–[채우기]에서 [투명도]의 조절점을 드래그하거나 숫자를 입력해 [60%]로 설정한다.

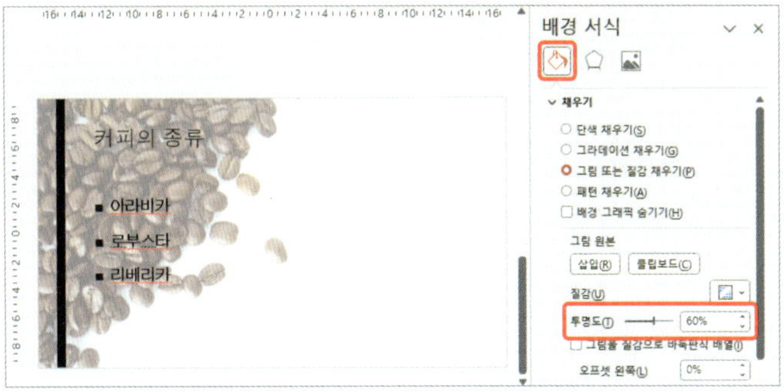

2.2 그라데이션 효과

그림 위에 배치되는 텍스트를 잘 보이게 하는 간단한 방법은 [기본예제 12–6]과 같이 그림의 투명도를 조절하는 것이다. 그런데 텍스트와 그림을 모두 선명하게 보여주고 싶다면, 다음과 같이 배경 그림과 텍스트 사이에 그라데이션 도형을 삽입하면 된다. 그라데이션(Gradation)이란 명도나 색상 혹은 채도에 단계적으로 변화를 주는 방식이다. 시작 부분은 밝게, 끝 부분은 어둡게 설정하여 명도에 변화를 주거나 한 색상에서 다른 색상으로 점차 변하게 만드는 것 등을 말한다.

기본예제 12-7 **그라데이션 효과 활용하기**

도형의 투명도와 그라데이션을 조절해 텍스트의 가독성을 높여 보자.

01 [기본예제 12–6]에서 만든 슬라이드 3을 단축키 Ctrl+D로 복제한다. 복제한 슬라이드의 [배경 서식] 작업 창에서 [채우기] 탭–[채우기]의 [투명도]를 [0%]로 변경하여 그림을 선명하게 표시한다.

02 [삽입] 탭-[일러스트레이션] 그룹-[도형] 목록에서 [직사각형]을 선택한다. 직사각형의 높이는 슬라이드 높이로, 너비는 슬라이드의 약 2/3 정도로 그린다.

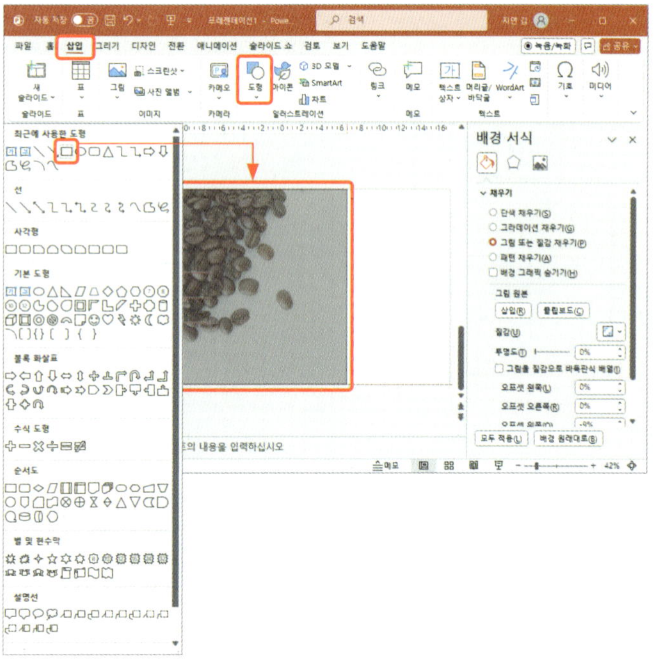

03 도형이 선택된 상태에서 [도형 서식] 탭-[정렬] 그룹-[뒤로 보내기] 목록에서 [맨 뒤로 보내기]를 선택한다.

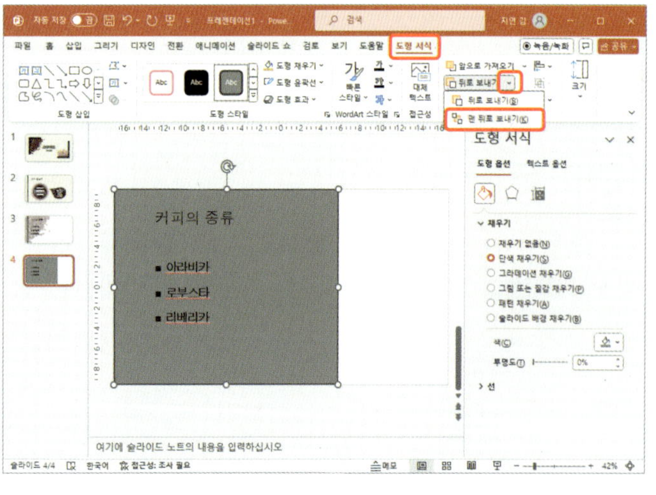

04 [도형 서식] 작업 창에서 [도형 옵션]-[채우기 및 선] 탭-[채우기]의 [그라데이션 채우기]를 선택하고, [종류]는 [선형], [방향]은 [선형 오른쪽]으로 설정한다.

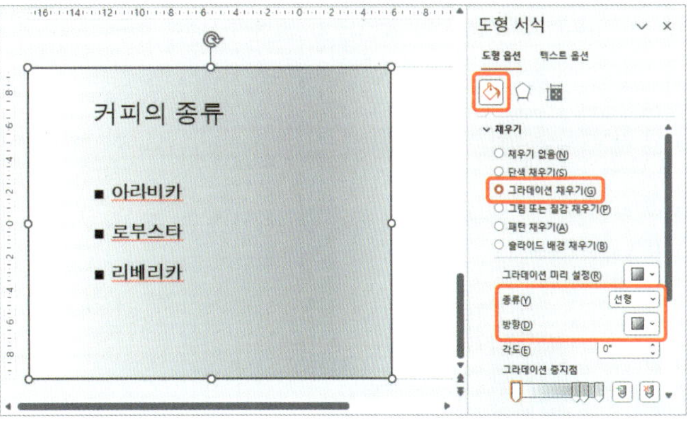

05 [도형 서식] 작업 창의 [그라데이션 중지점]에서 중지점을 하나 제거하고 세 개만 남긴다. 첫 번째와 두 번째 중지점의 [색]은 [밤색, 강조 3, 50% 더 어둡게], 세 번째는 [흰색, 배경 1]로 설정한다. 각 그라데이션 중지점의 위치와 투명도, 밝기는 그림과 같이 설정한다.

TIP 그라데이션 중지점 개수는 [그라데이션 중지점 추가] 단추나 [그라데이션 중지점 제거] 단추를 눌러 조정할 수 있다.

06 [도형 서식] 작업 창을 아래로 스크롤하여 [선]을 [선 없음]으로 설정한다.

07 텍스트 가독성을 더 높이려면 제목과 내용 개체 틀을 선택하고 [홈] 탭-[글꼴] 그룹에서 [글꼴 색]을 [흰색, 배경 1]로 설정한다.

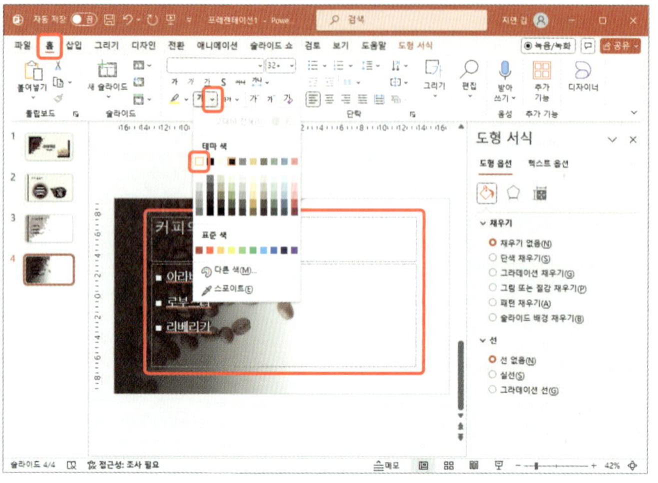

SECTION 03

미디어 활용하기

최근에는 프레젠테이션 자료를 만들 때 청중의 흥미를 유발하고 집중도를 높이기 위해 오디오나 비디오와 같은 멀티미디어를 사용하는 경우가 많아지고 있다. 파워포인트에서는 멀티미디어 파일을 슬라이드에 삽입하고 재생하는 기능 외에도 다양한 편집 도구를 지원한다. 오디오와 비디오를 활용하기 위한 파워포인트 도구의 종류와 사용법에 대해 알아본다.

TIP 프레젠테이션에 멀티미디어를 사용할 때는 파일 크기나 저작권 문제 등으로 웹 주소를 링크하여 보여주기도 한다. 이때 프레젠테이션 장소에 따라 통신 환경이 원활하지 않을 수 있으므로 미리 점검하여 대비해야 한다.

3.1 오디오와 비디오 도구

파워포인트에서는 오디오와 비디오 형식의 개체를 다루는 도구를 제공한다. 또한 재생과 볼륨 조절, 트리밍, 페이드 인/아웃 시간 지정과 같은 편집 기능도 갖추고 있다. 오디오와 비디오에도 도형이나 그림처럼 서식을 설정할 수 있는데, 화면의 색이나 테두리, 효과 및 스타일을 설정하여 재생 화면의 모양이나 색을 변경할 수 있다.

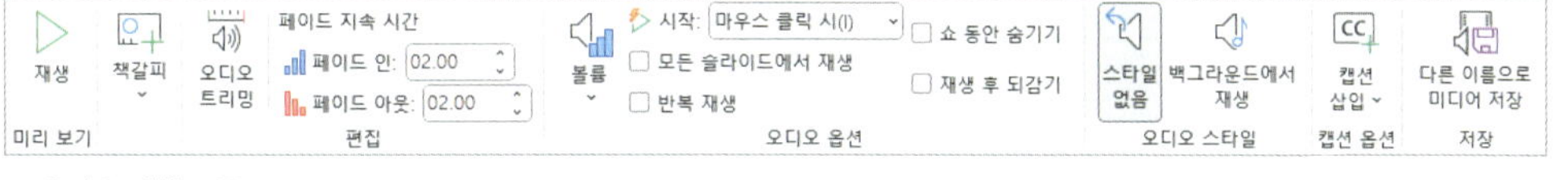

▲ 오디오 재생 도구

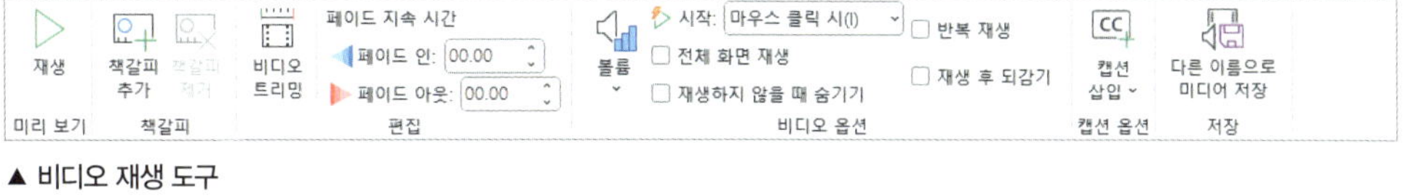

▲ 비디오 재생 도구

기본예제 12-8 슬라이드에 오디오 삽입하기

슬라이드에 오디오 파일을 삽입하고, 페이드 인/아웃이나 재생 옵션을 설정해 보자.

01 [홈] 탭-[슬라이드] 그룹-[새 슬라이드]를 눌러 [제목 및 내용] 레이아웃의 새 슬라이드를 삽입한다. 제목과 내용을 그림과 같이 입력하고, 내용 개체 틀의 [줄 간격]을 [1.5]로 설정한다.

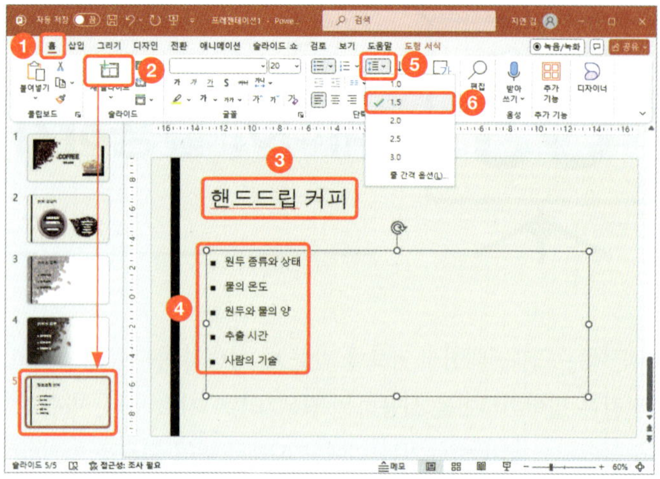

02 [삽입] 탭-[미디어] 그룹-[오디오] 목록에서 [내 PC의 오디오]를 선택한다. 오디오 파일이 위치한 폴더로 이동하여 '배경음악.mp3' 파일을 선택하고 [삽입]을 누른다.

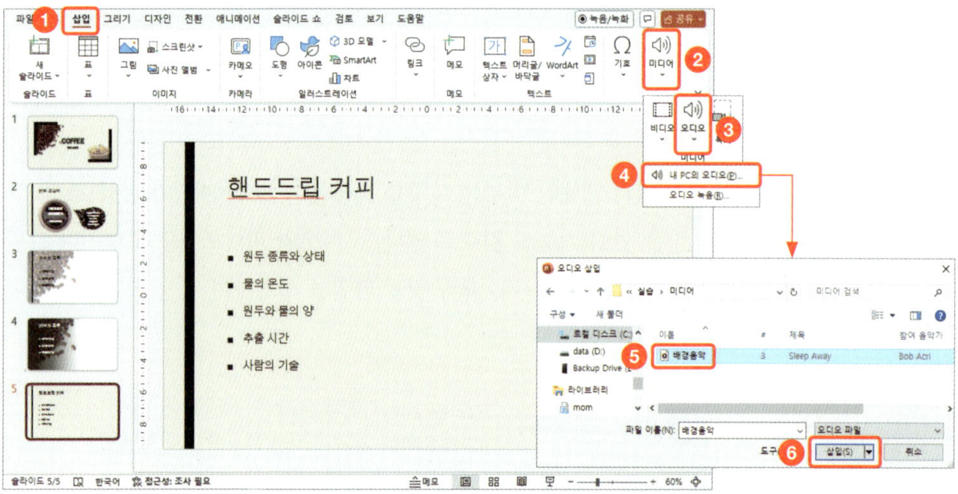

03 슬라이드에 오디오 클립이 삽입된다. 오디오 클립 아이콘을 선택하면 오디오 컨트롤 막대가 표시된다. 막대의 재생 단추를 눌러 오디오를 재생한다.

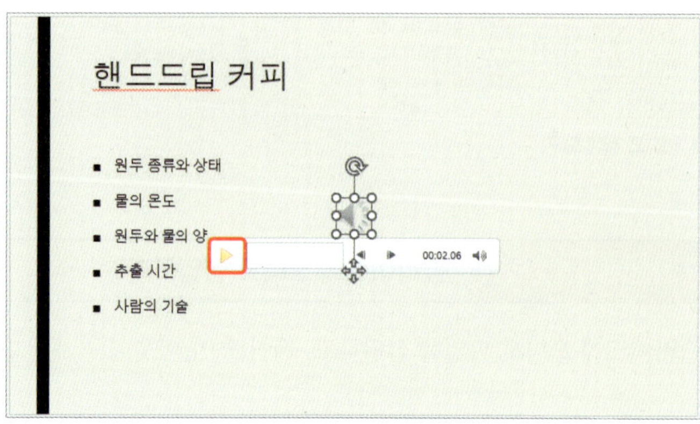

04 [재생] 탭-[편집] 그룹에서 [페이드 인]과 [페이드 아웃]을 모두 [02.00]초로, [오디오 옵션] 그룹의 [시작]은 [자동 실행]으로 변경한다.

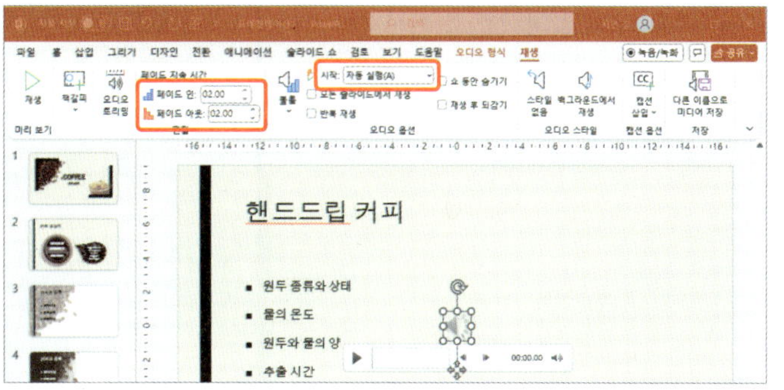

TIP [자동 실행]으로 설정한 오디오는 현재 슬라이드에서만 자동으로 재생되고, 다음 슬라이드로 넘어가면 정지된다. [오디오 스타일] 그룹의 [백그라운드에서 재생]으로 설정하면 [자동 실행], [쇼 동안 숨기기], [모든 슬라이드에서 재생], [반복 재생]이 모두 선택되어 마지막 슬라이드까지 오디오를 반복 재생할 수 있다. 주의할 점은 처음부터 끝까지 전체 프레젠테이션의 배경 음악으로 사용할 오디오는 첫 번째 슬라이드에 삽입해야 한다는 것이다.

기본예제 12-9 슬라이드에 비디오 삽입하기

슬라이드에 비디오 파일을 삽입하고 재생 구간 편집이나 스타일을 설정해 보자.

01 [삽입] 탭-[미디어] 그룹-[비디오] 목록에서 [이 디바이스...]를 선택한다. [비디오 삽입] 대화상자가 열리면 '커피영상.mov' 파일을 찾아 선택하고 [삽입]을 클릭한다.

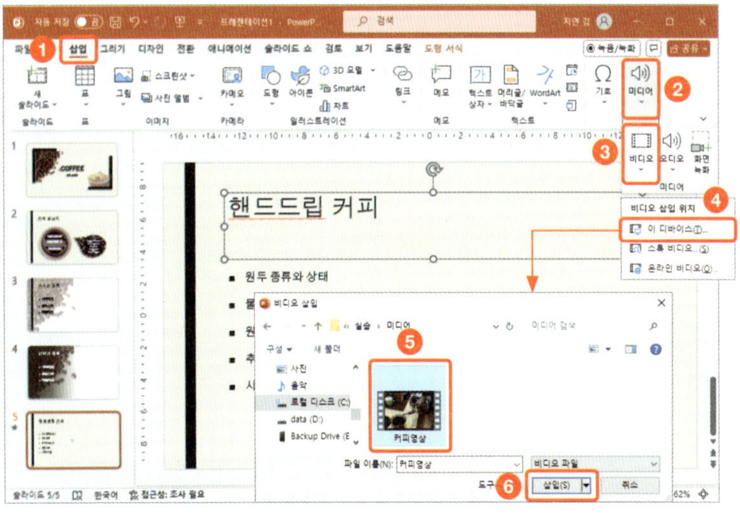

TIP [비디오 삽입] 대화상자에서 [삽입]의 [▾ 목록] 단추를 누르면 [파일에 연결] 메뉴를 선택할 수 있다. 비디오를 삽입하지 않고 연결하면 비디오가 슬라이드에 포함되지 않아 프레젠테이션 파일의 저장 용량을 줄일 수 있지만, 파일의 저장 위치가 바뀌면 재생할 수 없으므로 주의한다.

02 슬라이드에 비디오 클립이 삽입되면 크기와 위치를 그림과 같이 수정한다.

03 [재생] 탭-[편집] 그룹-[비디오 트리밍]을 누른다. [비디오 트리밍] 대화상자에서 [종료 시간]을 [00:10](10초)로 설정하고 [확인]을 누른다.

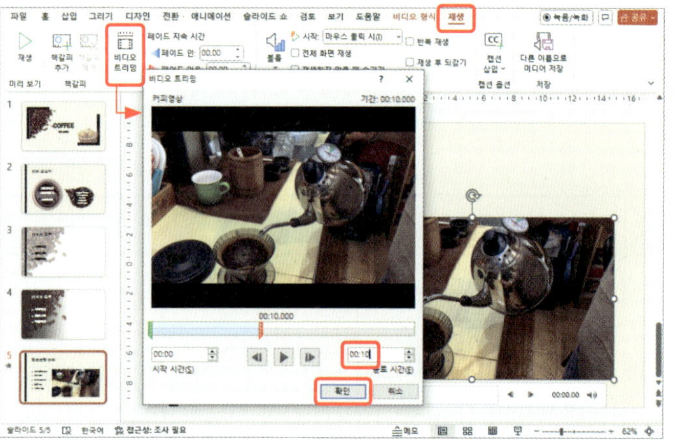

TIP 비디오 재생 시간을 설정하기 위해 영상 아래에 있는 바의 초록색과 빨간색 막대를 드래그해도 된다. 트리밍된 영역 바깥의 영상은 재생되지 않는다.

04 [재생] 탭-[편집] 그룹에서 [페이드 인]과 [페이드 아웃]을 모두 [02.00](2초)으로 설정하고, [비디오 옵션] 그룹에서 [볼륨]을 [음소거]로 설정하고, [전체 화면 재생]을 선택한다.

TIP [기본예제 12-8]에서 삽입한 오디오가 배경 음악으로 자동 재생되게 설정하였으므로 비디오 볼륨은 [음소거]로 설정한다. 또한 비디오를 전체 화면으로 재생하면 더 자세히 볼 수 있어 청중의 집중도를 높일 수 있다.

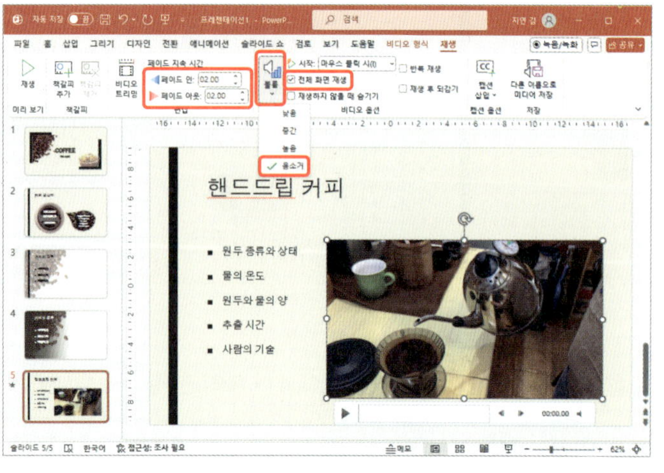

05 [비디오 형식] 탭–[비디오 스타일] 그룹의 [자세히] 단추를 누르고 [강함]의 [입체 원근감(왼쪽)]을 선택한다.

06 상태 표시줄의 [읽기용 보기]나 [슬라이드 쇼] 단추를 눌러 프레젠테이션을 실행해 보자. 비디오 화면을 클릭하면 전체 화면으로 재생된다.

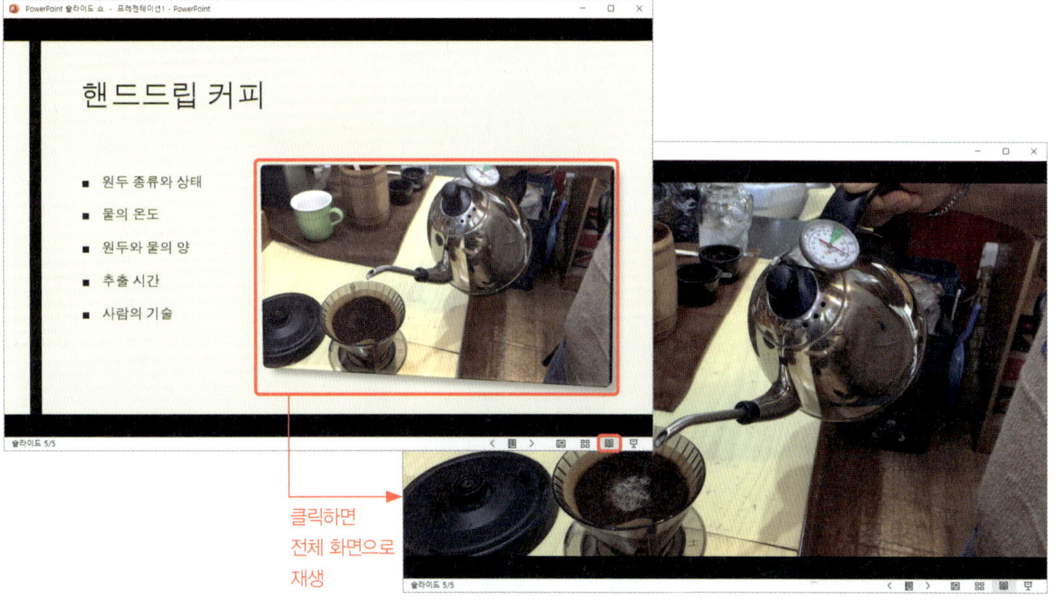

기본예제 12-10 오디오 녹음과 화면 녹화 활용하기

파워포인트에는 오디오 녹음과 화면 녹화 기능도 있어서 오디오나 비디오를 직접 만들 수도 있다. 마이크가 컴퓨터에 연결되어 있으면 오디오 녹음이 가능하며, 슬라이드 쇼나 실행 중인 프로그램 창, 혹은 화면의 특정 영역을 지정하고 동작을 녹화해 비디오를 만들 수 있다.

01 [빈 화면] 레이아웃의 슬라이드를 하나 추가한다.

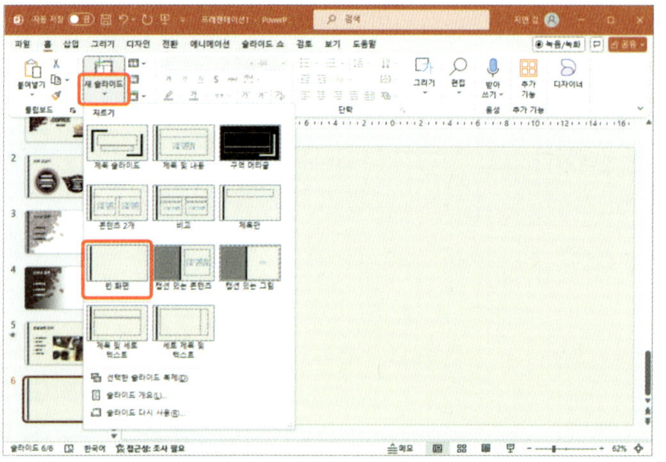

02 오디오 녹음을 하기 위해 [삽입] 탭–[미디어] 그룹에서 [오디오]–[오디오 녹음]을 선택한다.

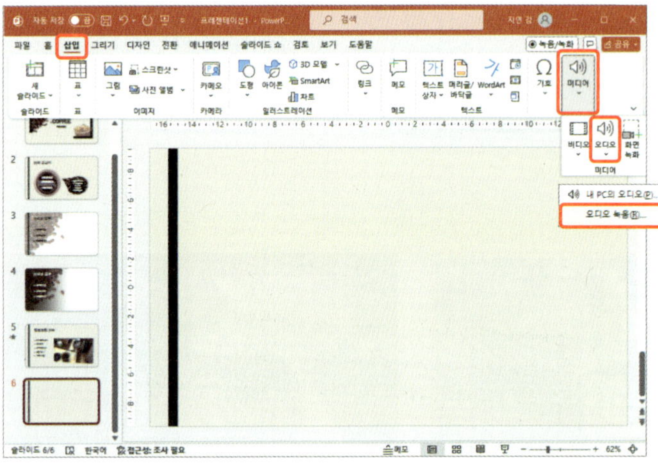

03 [소리 녹음] 대화상자에서 [◉ 녹음] 단추를 누르면 녹음이 시작된다. [□ 중지] 단추를 누른 후 [확인]을 누르면 오디오 파일이 슬라이드에 삽입된다.

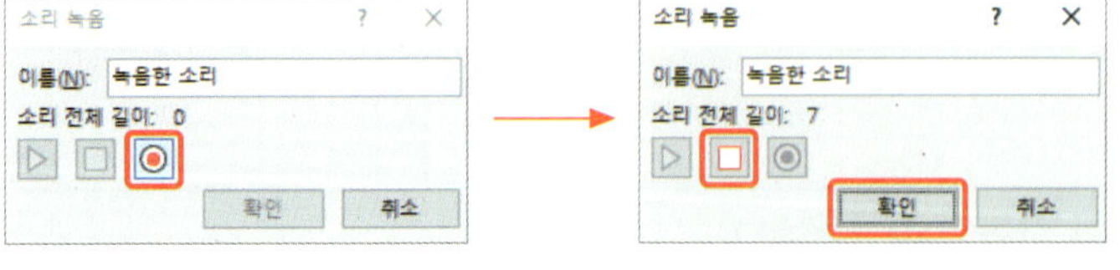

04 비디오를 만들려면 [삽입] 탭–[미디어] 그룹에서 [화면 녹화]를 선택한다.

TIP [파워포인트에서 화면을 녹화하려면 녹화할 프로그램을 미리 실행해 두어야 한다. 제공하는 '사진앨범.pptx' 파일을 [읽기용 보기]로 실행하고, 해당 영역을 녹화하기로 한다.

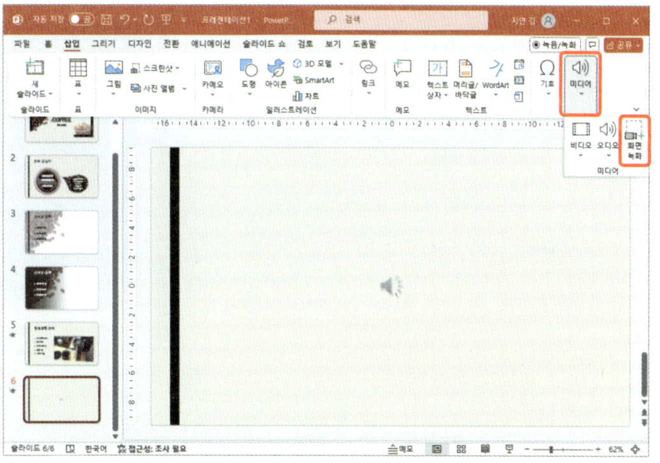

05 화면 녹화 메뉴 중 [영역 선택]을 누르고 화면의 녹화할 부분을 드래그하여 선택한다.

06 화면 녹화 메뉴에서 [기록]을 누르고 3초가 지나면 녹화가 시작된다. 녹화를 종료하려면 단축키 [⊞]+[Shift]+[Q]를 누른다.

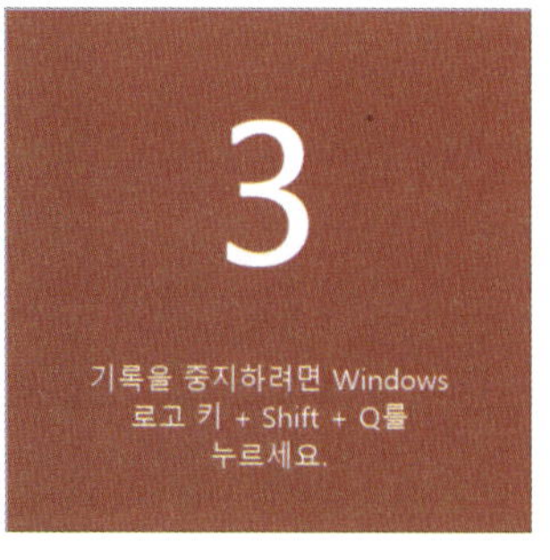

07 녹화가 종료되면 슬라이드에 비디오가 삽입된다. [▶ 재생] 단추를 누르면 녹화된 내용을 확인할 수 있다.

08 [재생] 탭–[저장] 그룹의 [다른 이름으로 미디어 저장]을 누르고 파일 이름을 입력하면 녹화 영상을 파일(.mp4)로 만들 수 있다.

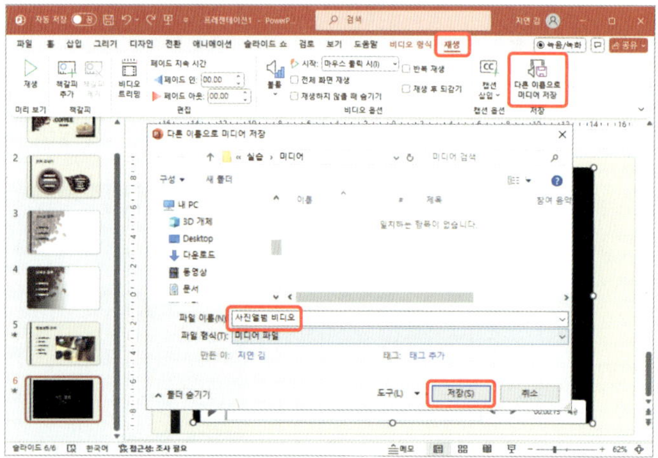

TIP Office 365 버전 파워포인트의 화면 오른쪽 상단에는 녹음과 녹화를 함께 실행하는 [녹음/녹화] 단추가 있다. 단추를 클릭하면 녹화가 진행되는데, 슬라이드에 만들어 놓은 노트가 있으면 화면 상단에 텍스트로 표시되므로 녹화할 때 텔레프롬프터처럼 활용할 수 있다. 녹화한 프레젠테이션은 [파일] 탭–[내보내기]를 이용해 동영상 파일로 저장할 수 있다.

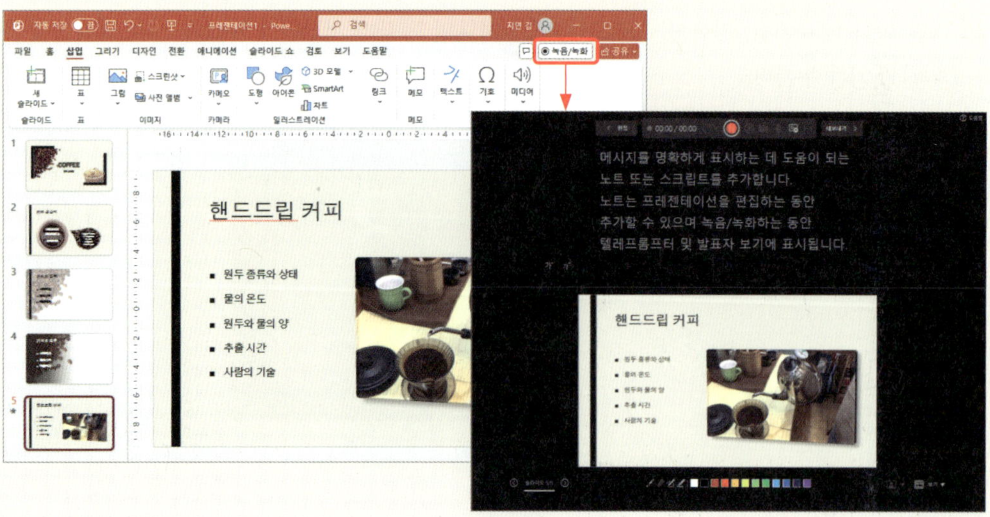

종합예제

이 장에서 학습한 그림과 비디오 도구를 활용해 프레젠테이션을 만들어 보자.

1 새 프레젠테이션을 만들고 슬라이드 레이아웃을 [빈 화면]으로 설정한다. 슬라이드 내에서 마우스 오른쪽 단추를 눌러 [배경 서식] 작업 창을 열고 [채우기 및 선] 탭–[채우기]에서 [단색 채우기]를 선택한 다음 [색]을 [녹색, 강조 6, 80% 더 밝게]로 설정한다.

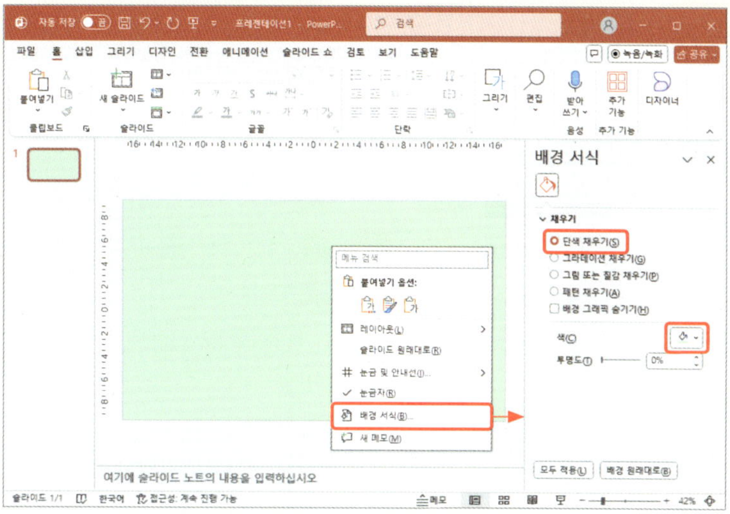

2 [삽입] 탭–[이미지] 그룹–[그림]–[이 디바이스...]를 선택하고 '과일.jpg' 그림을 찾아 슬라이드에 삽입한다.

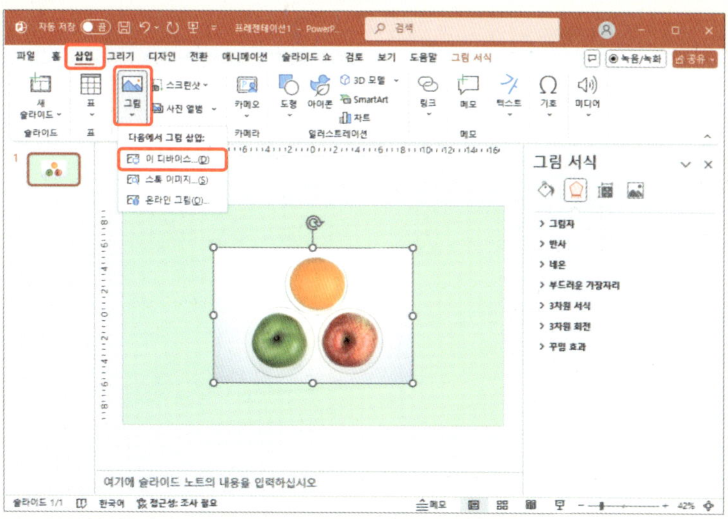

종합예제

3 [그림 서식] 작업 창에서 [효과] 탭-[꾸밈 효과]의 종류를 [질감 표현]으로 설정한다.

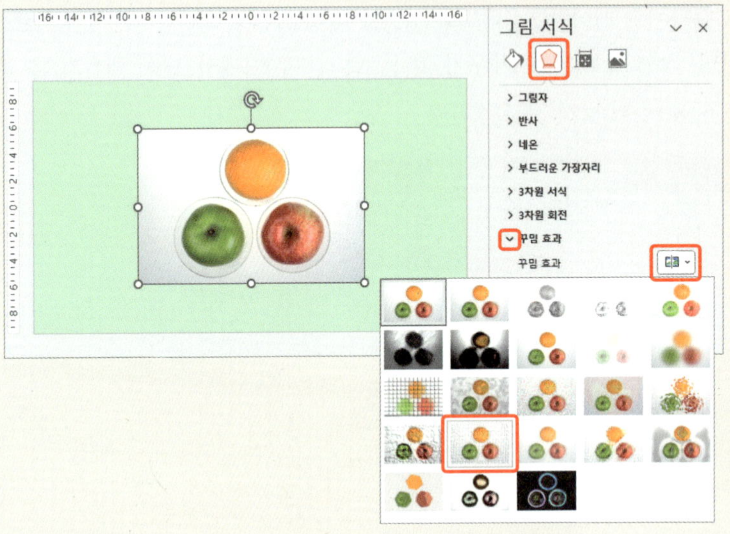

4 [그림 서식] 탭-[그림 스타일] 그룹-[빠른 스타일] 목록에서 [회전, 흰색]을 선택한다.

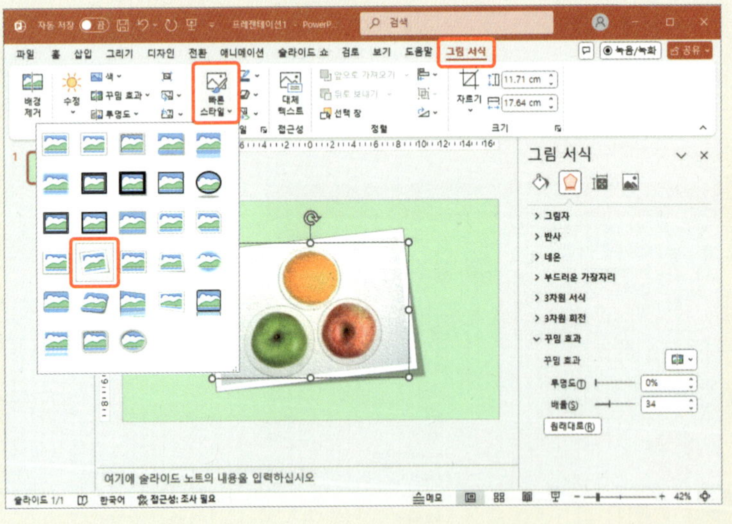

5 그림의 회전 조절 핸들과 조절점을 드래그해 회전 각도와 크기를 알맞게 조정한다. [삽입] 탭-[일러스트레이션] 그룹-[아이콘]을 누른다.

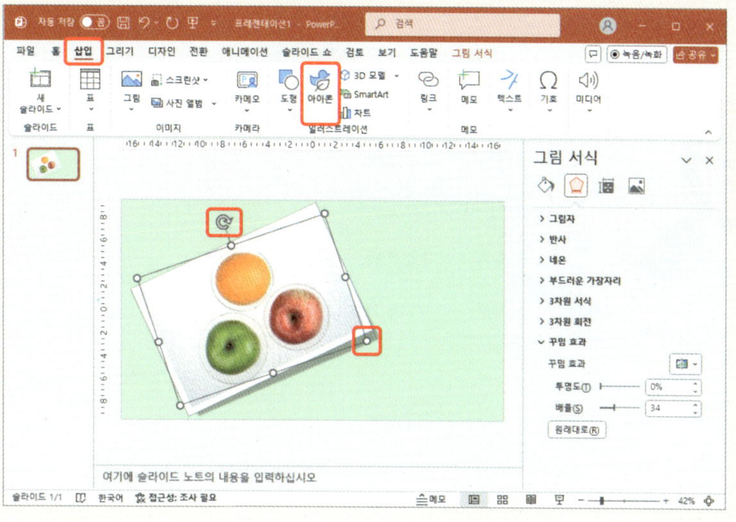

6 검색란에 **돋보기**를 입력해 아이콘을 선택하고 [삽입]을 누른다. 슬라이드에 삽입된 돋보기 그래픽의 크기와 위치를 조절한다.

종합예제

7 돋보기 안에 텍스트 상자를 삽입하고 그림과 같이 입력한다. 그림 오른쪽에는 표를 삽입하고 필요한 내용을 추가한다.

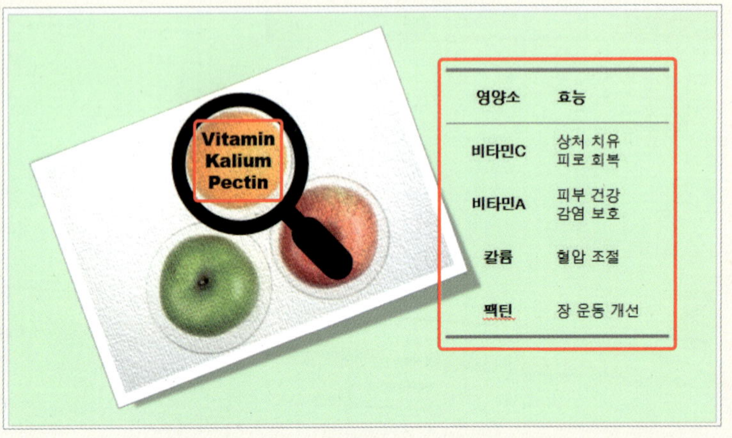

TIP 돋보기 안에 삽입한 텍스트 상자의 글꼴은 [Arial Black], [24], 표의 글꼴은 [HY중고딕], [20]으로 설정한다.

8 슬라이드에 비디오를 삽입하기 위해 [삽입] 탭–[미디어] 그룹–[비디오] 목록에서 [스톡 비디오]를 선택한다.

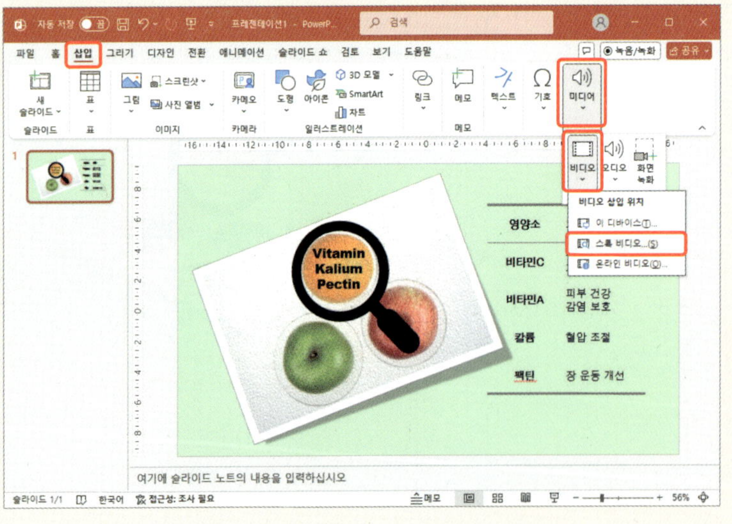

9 [스톡 이미지] 대화상자의 검색란에 **과일**을 입력하고 검색하여 비디오를 하나 선택하고 [삽입]을 누른다. 슬라이드에 비디오가 삽입되면 드래그하여 크기와 위치를 조정한다.

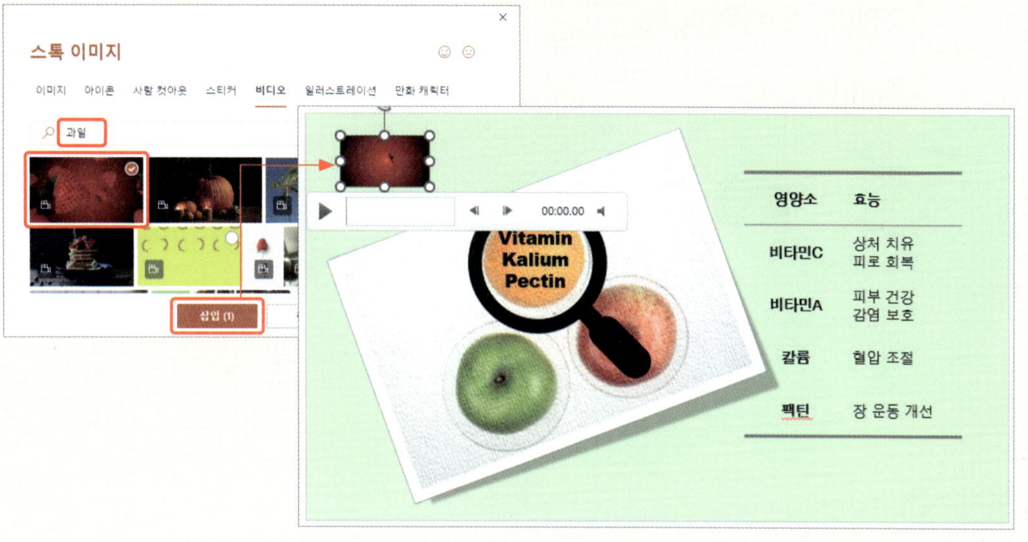

10 비디오를 선택하고 [재생] 탭-[편집] 그룹에서 [페이드 인]을 [02.00](2초)로, [비디오 옵션] 그룹에서 [시작]을 [마우스 클릭 시]로 변경하고, [전체 화면 재생]과 [재생하지 않을 때 숨기기]를 선택한다.

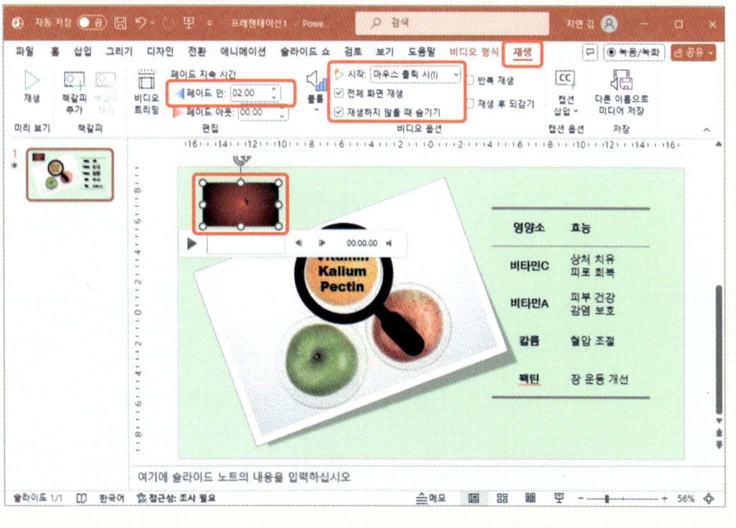

종합예제

11 비디오의 표지를 만들기 위해 [비디오 형식] 탭–[조정] 그룹에서 [포스터 프레임] 목록의 [파일의 이미지]를 선택한다.

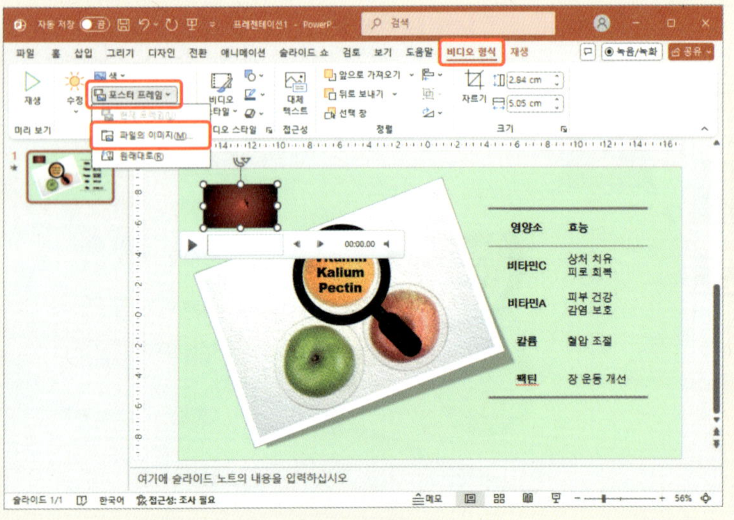

12 [그림 삽입] 대화상자에서 [파일에서]를 선택한다. '과일.jpg' 파일을 선택하고 [삽입]을 누르면 슬라이드의 비디오에 표지가 만들어져 '포스터 틀이 설정됨'으로 표시된다.

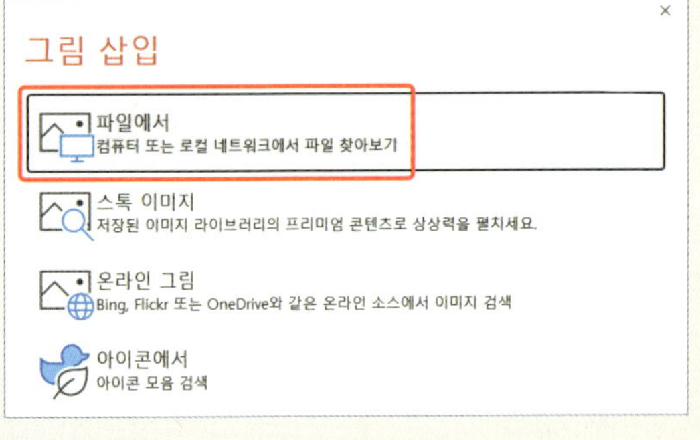

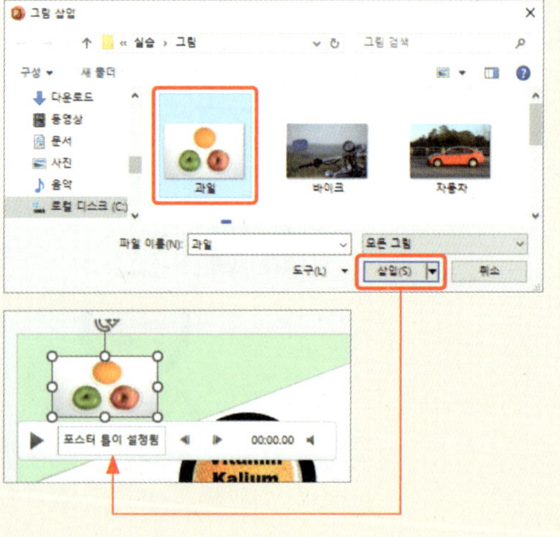

13 배경 음악을 설정하기 위해 [삽입] 탭-[미디어] 그룹-[오디오] 목록에서 [내 PC의 오디오]를 선택하고 '배경음악.mp3' 파일을 찾아 삽입한다.

14 삽입된 오디오 개체를 선택하고 [재생] 탭-[오디오 스타일] 그룹에서 [백그라운드에서 재생]을 누른다. 페이드 인과 페이드 아웃의 값은 2초(02.00)로 설정하여 음악이 부드럽게 시작하고 끝나도록 한다.

TIP [백그라운드에서 재생]을 누르면 [자동 실행], [모든 슬라이드에서 재생], [반복 재생], [쇼 동안 숨기기]가 자동으로 모두 선택된다.

종합예제

15 상태 표시줄의 [읽기용 보기]나 [슬라이드 쇼]를 눌러 프레젠테이션 모양을 확인한다. 슬라이드가 표시되면서 설정한 음악이 재생되고, 슬라이드를 클릭하면 표지가 설정된 비디오가 재생된다.

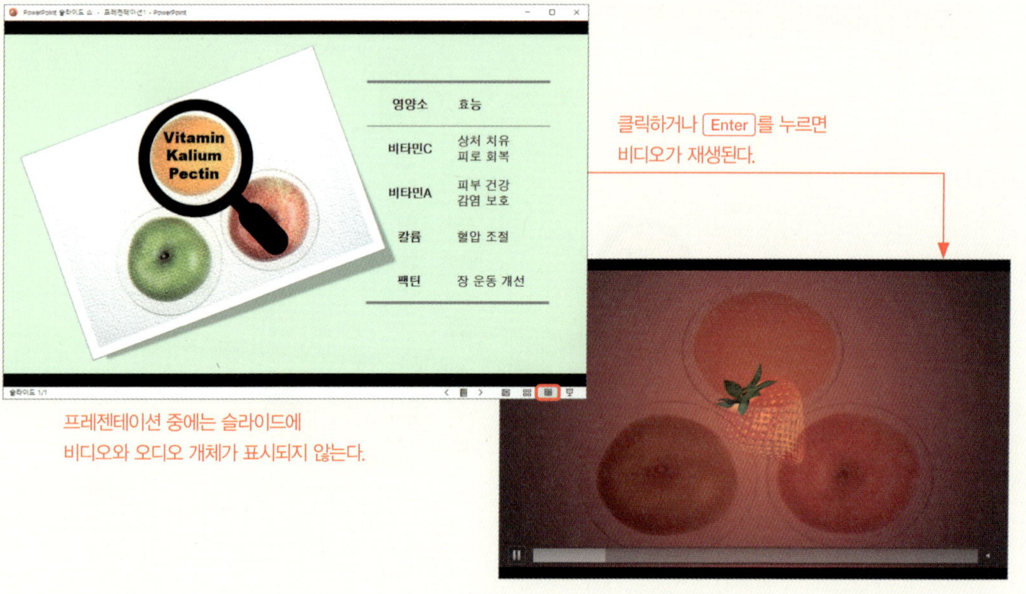

연습문제

1 다음과 같이 그림을 활용한 슬라이드를 작성하시오.

❶ [슬라이드 크기]는 [표준(4:3)]으로, [슬라이드 레이아웃]은 [빈 화면]으로 설정하시오.

❷ 슬라이드 왼쪽에 [직사각형] 도형을 삽입하고, [도형 채우기]를 [그림]으로 설정하시오. ([스톡 이미지]에서 '건물'을 검색어로 사용해 찾거나, 제공하는 '건물.jpg' 그림을 활용)

❸ [가로 텍스트 상자]를 슬라이드 오른쪽 위와 아래쪽에 각각 삽입하고 내용을 입력하시오. 텍스트 상자의 [채우기 색]은 [채우기 없음]으로 설정하시오.

❹ 텍스트의 [글꼴]은 모두 [HY헤드라인M]으로 하고, [글꼴 크기]는 각각 [40], [24], [18]로 설정하시오.

❺ 위쪽 텍스트 상자의 모양을 [사각형: 둥근 모서리]로 변경하고, 도형의 윤곽선 색상은 [검정, 텍스트 1, 50% 더 밝게]로, [너비]는 [2 pt]로 설정하시오. [스케치] 스타일은 [곡선]으로, [대시]는 [둥근 점선]으로 설정하시오.

2 다음 과정을 수행하여 슬라이드를 작성하시오.

❶ [슬라이드 크기]를 [표준(4:3)]으로, [슬라이드 레이아웃]은 [빈 화면]으로 설정하시오.

❷ 제공하는 '사과.jpg' 파일을 활용하거나, [스톡 이미지]에서 '사과' 그림을 검색해 슬라이드의 배경으로 채우시오.

❸ 슬라이드에 [직사각형]을 삽입하고, [단색 채우기]–[검정, 텍스트 1]과 [투명도]–[40%], [선 없음]을 설정하시오.

❹ 슬라이드에 1×1 크기의 [표]를 삽입하고 내용을 입력하시오. 그림과 같이 표의 음영은 [채우기 없음]으로 하고, [위쪽 테두리]와 [아래쪽 테두리]만 [실선]으로 설정하시오.

❺ 배경으로 사용한 '사과' 그림을 슬라이드에 삽입하고 사과 모양만 잘라 그림과 같이 배치하시오.

3 프레젠테이션 파일을 이용해 다음의 지시대로 비디오를 만드시오.

❶ 제공하는 '과일그림모음.pptx' 파일을 열고 '배경음악.mp3' 파일이 [백그라운드에서 재생]되도록 하시오.

❷ 배경 음악의 [페이드 인]과 [페이드 아웃]을 모두 [1초]로 설정하시오.

❸ [화면 녹화]나 [녹음/녹화] 기능을 이용해 '과일그림모음' 프레젠테이션을 비디오로 만들고, '과일영상.mp4' 파일로 저장하시오.

CHAPTER 13

애니메이션과 슬라이드 쇼

학습목표

- 애니메이션의 종류를 알고 효과를 설정할 수 있다.
- 하이퍼링크와 실행 도구를 활용할 수 있다.
- 슬라이드에 화면 전환 효과를 설정할 수 있다.
- 슬라이드 쇼 진행을 위한 도구를 사용할 수 있다.

SECTION 01

애니메이션 활용하기

텍스트, 도형, 스마트아트 등 슬라이드에 있는 개체에 애니메이션 효과를 설정할 수 있다. 애니메이션을 활용하면 개체가 나타났다가 사라지거나 이동하기도 하고 색이 바뀌는 등 프레젠테이션을 동적으로 만들어 청중의 이목을 집중시키고 분위기를 환기할 수 있다. 또한 애니메이션은 청중이 슬라이드의 내용을 더 쉽게 이해할 수 있도록 돕는다. 프레젠테이션의 목적과 상황에 잘 맞는 애니메이션 효과의 종류와 사용법을 알아본다.

1.1 애니메이션의 종류와 설정

파워포인트에서 제공하는 애니메이션은 무척 다양한데, 나타내기, 끝내기, 강조, 이동 경로의 네 가지 종류로 크게 구분할 수 있다. 이는 애니메이션 동작에 따른 구분이며 특징은 다음과 같다.

종류	효과 설정 후 동작	
나타내기	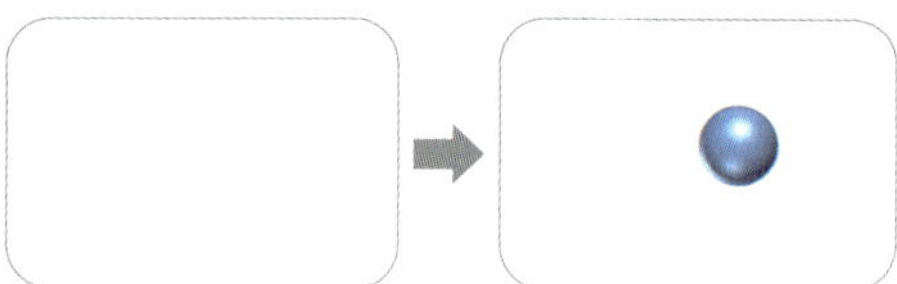	슬라이드에 없던 개체가 올라오기 등의 효과로 나타남
끝내기	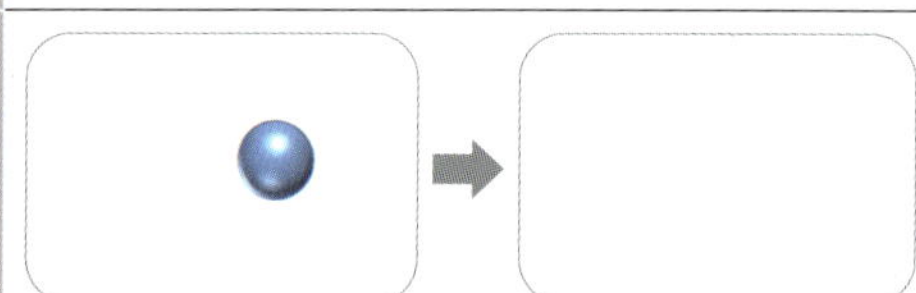	슬라이드에 있던 개체가 가라앉기 등의 효과로 사라짐
강조	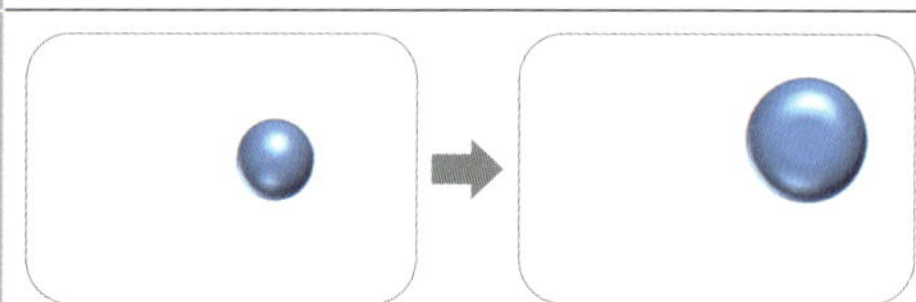	슬라이드에 있는 개체의 크기나 색 등을 변화시켜 강조함
이동 경로	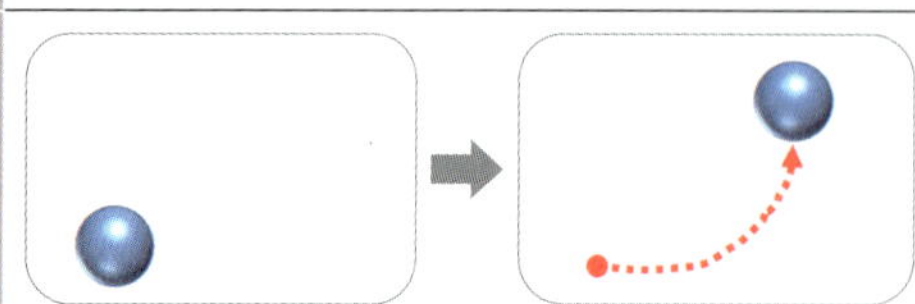	슬라이드에 있는 개체가 지정한 경로를 따라 이동함

자주 사용하는 몇 가지 애니메이션을 개체에 적용하고 효과 옵션이나 타이밍을 설정해 본다.

기본예제 13-1 애니메이션 설정하기와 지우기

제목이나 내용을 보여주는 텍스트 상자, 도형과 그림, 스마트아트 및 차트 등 슬라이드의 모든 개체에 애니메이션을 적용할 수 있다. 애니메이션 종류를 선택하고 재생 시간을 변경하거나 설정한 애니메이션을 제거하는 기본적인 방법을 알아보자.

01 '13장_실습.pptx' 파일을 열고 슬라이드 2를 선택한다.

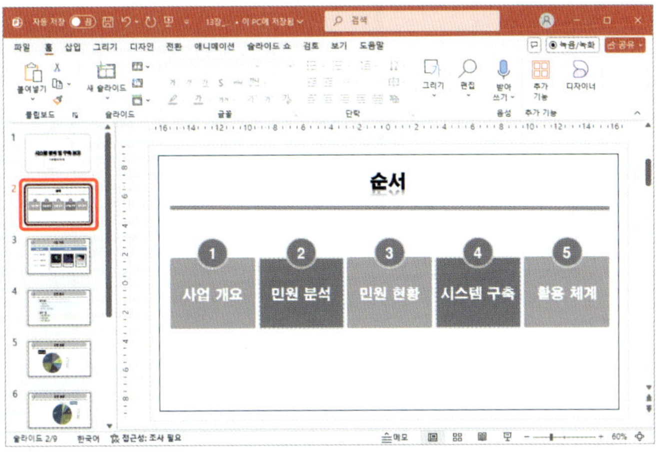

02 '❶ 사업 개요' 도형을 선택하고 [애니메이션] 탭–[애니메이션] 그룹의 [애니메이션 스타일] 목록에서 [밝기 변화]를 선택한다.

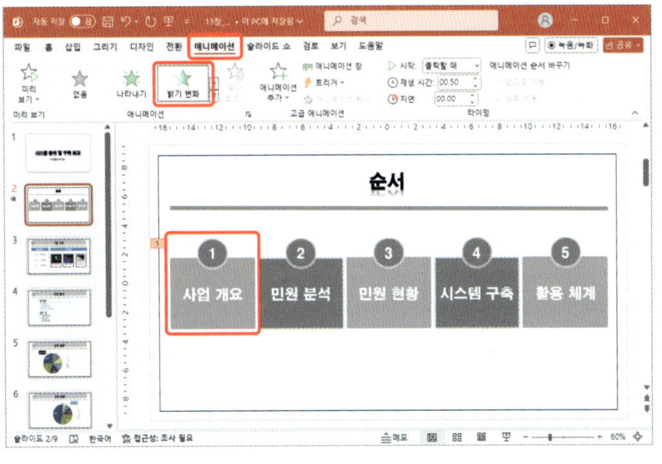

TIP [애니메이션] 그룹의 [자세히] 단추를 누르면 애니메이션 유형별 다양한 효과를 볼 수 있다. 목록 하단에 있는 [추가 나타내기 효과]를 선택하면 [기본 효과], [은은한 효과], [온화한 효과], [화려한 효과]로 분류된 더 많은 나타내기 효과를 사용할 수 있다.

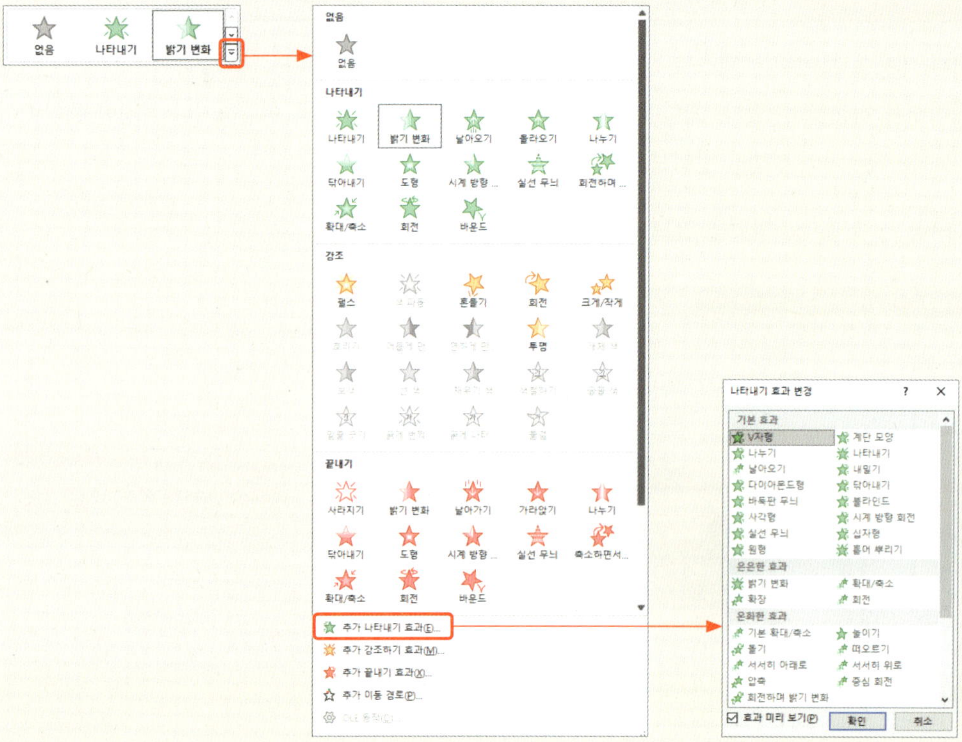

03 [애니메이션] 탭–[타이밍] 그룹에서 [재생 시간]을 [01.00](1초)로 변경하고 [미리 보기] 그룹–[미리 보기]를 눌러 설정한 애니메이션을 재생한다.

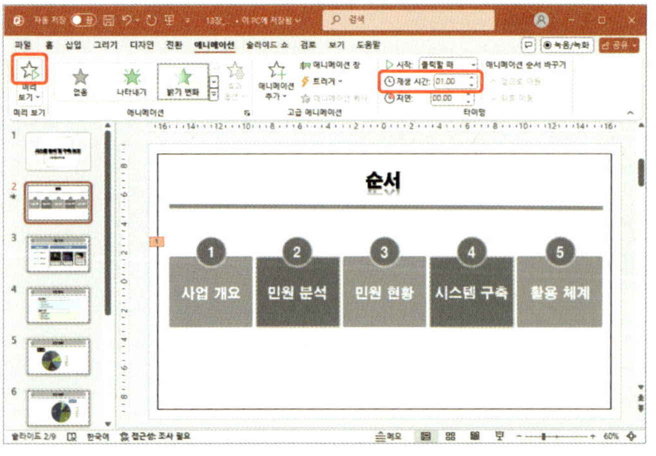

04 설정한 애니메이션을 제거하려면 개체를 선택하고 [애니메이션] 탭–[애니메이션] 그룹에서 [없음]을 선택한다.

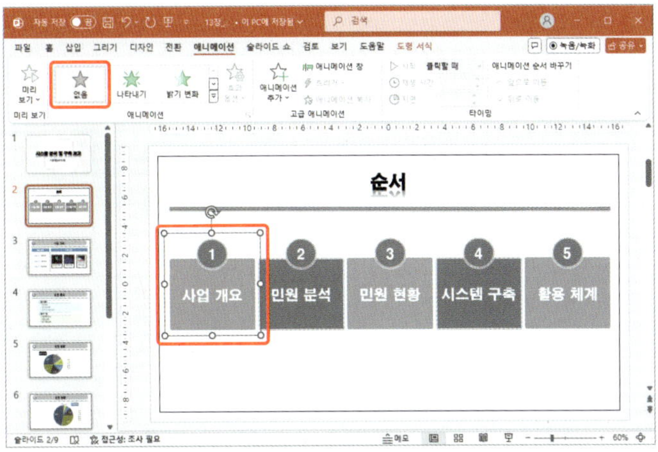

기본예제 13-2 효과 옵션 설정하기

텍스트나 스마트아트, 3D 모델과 같이 슬라이드에 삽입된 개체 종류에 따라 설정할 수 있는 애니메이션이 달라진다. 또, 설정한 애니메이션의 종류에 따라서도 각각 다른 효과 옵션이 제공된다. 가령 [기본예제 13–1]에서 사용한 [밝기 변화]에서는 효과 옵션이 제공되지 않지만 [닦아내기]에서는 '아래에서', '왼쪽에서','오른쪽에서', '위에서'와 같은 네 가지 효과 옵션을 선택할 수 있다. 다양한 효과 옵션을 활용해 애니메이션을 설정해 보자.

01 슬라이드 2의 '❶ 사업 개요' 도형을 선택하고 [애니메이션] 탭–[애니메이션] 그룹에서 [자세히] 단추를 눌러 [나타내기]의 [닦아내기]를 선택한다.

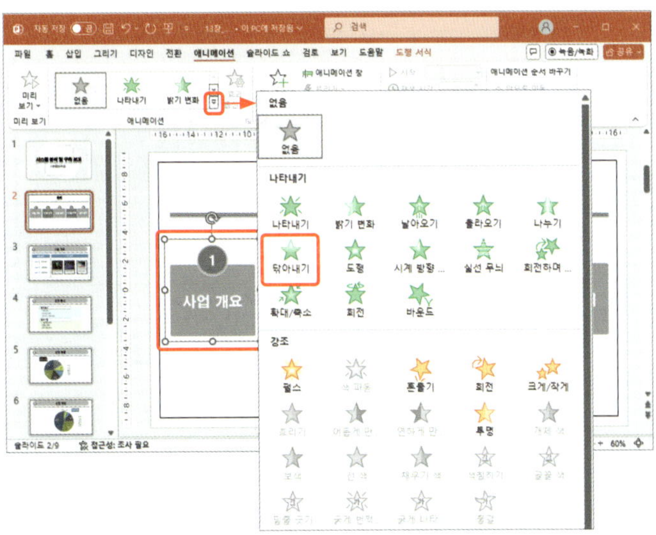

02 [애니메이션] 탭–[애니메이션] 그룹에서 [효과 옵션]–[위에서]를 선택한다.

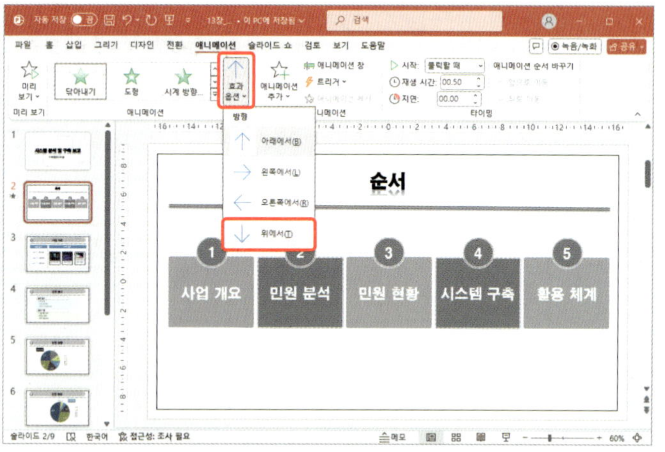

03 애니메이션이 설정된 '❶ 사업 개요'를 선택하고 [애니메이션] 탭–[고급 애니메이션] 그룹–[애니메이션 복사]를 누른다.

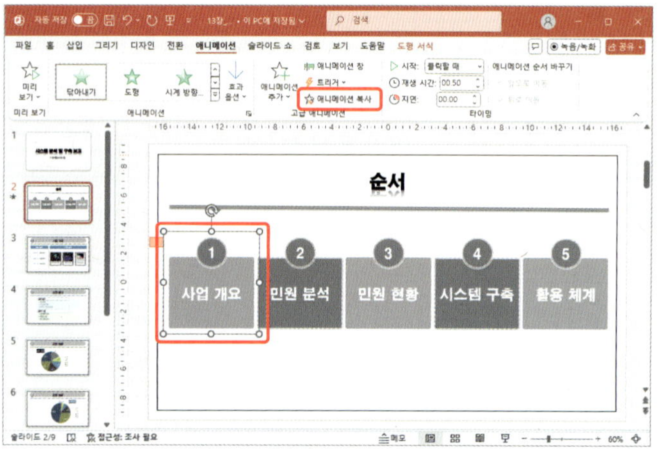

04 마우스 포인터가 모양으로 바뀌면 '❷ 민원 분석'을 선택한다.

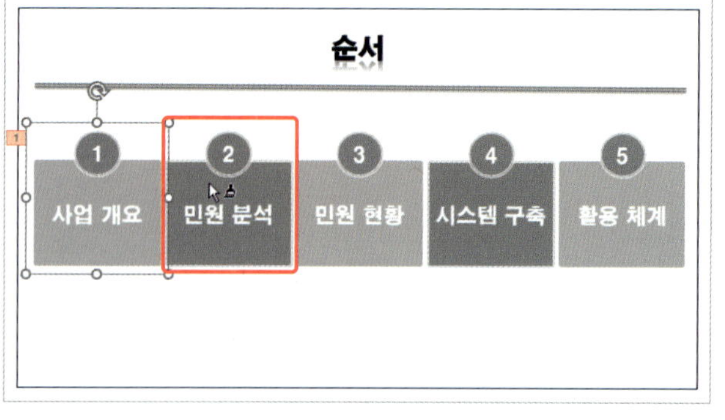

05 '❸ 민원 현황', '❹ 시스템 구축', '❺ 활용 체계' 도형을 모두 선택한다. [애니메이션] 목록에서 [나타내기]의 [나누기]를 선택하고, [효과 옵션]은 [가로 바깥쪽으로]로 설정한다.

TIP 여러 개체를 한꺼번에 선택하고 애니메이션을 설정하면 하나의 개체처럼 동시에 같은 동작을 한다. 따라서 애니메이션을 복사할 때와는 달리 개체의 애니메이션 순서 번호가 동일하다.

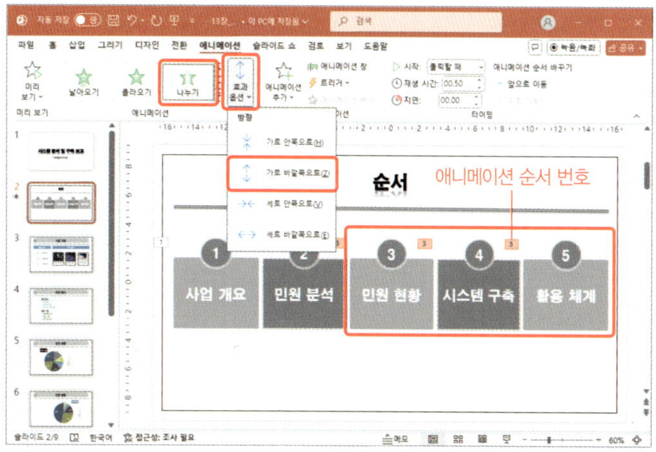

06 슬라이드 3으로 이동하여 '데이터 활용'의 3D 모델을 선택한다.

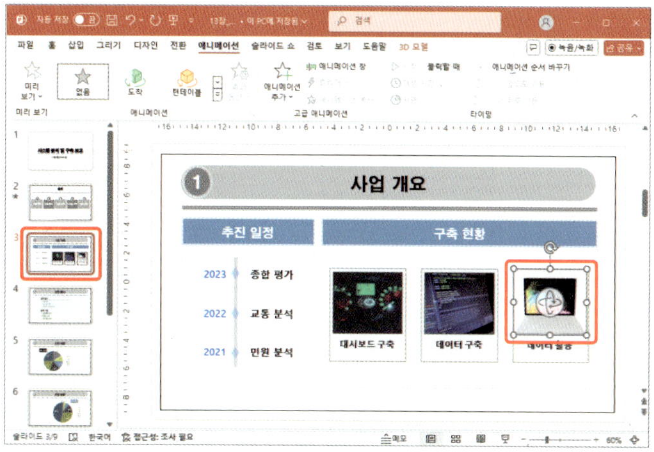

07 [애니메이션] 탭-[애니메이션] 그룹에서 [3D]-[스윙]을 선택한다. [효과 옵션]의 [강도]는 [강하게]로, [양]은 [두 번]으로 설정한다.

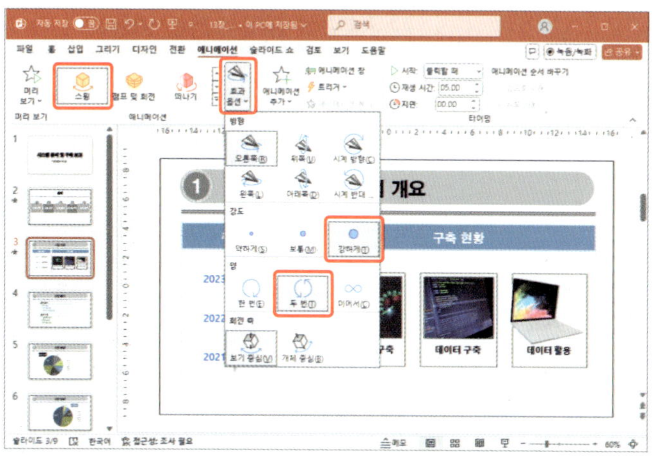

1.2 애니메이션 창

슬라이드에 애니메이션을 여러 개 설정할 때는 [애니메이션 창]을 이용하면 편리하다. 현재 슬라이드에 설정되어 있는 모든 애니메이션을 한눈에 보면서 순서를 바꾸거나 추가, 삭제를 쉽게 할 수 있고, 세부 효과 옵션이나 타이밍 메뉴도 바로 설정할 수 있다. [애니메이션 창]의 구성과 기능은 다음과 같다.

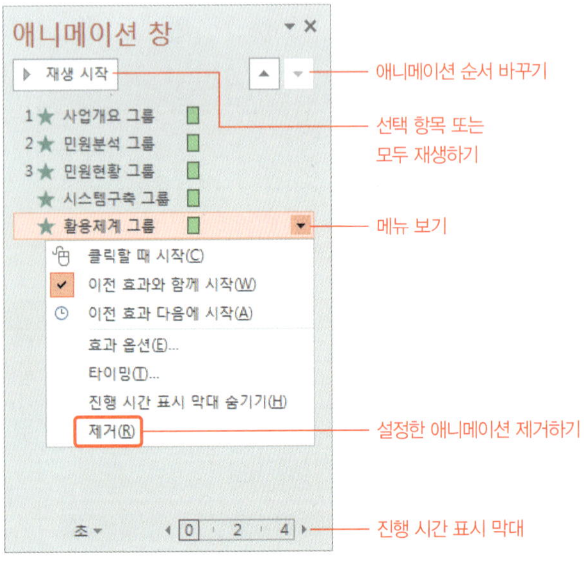

TIP 설정한 애니메이션을 제거하려면 [제거] 메뉴를 이용해도 되고, [애니메이션 창]에서 항목을 선택하고 Delete 키를 눌러도 된다.

기본예제 13-3 애니메이션 창에서 옵션 설정하기

[애니메이션 창]을 열어 설정된 애니메이션의 순서를 바꾸고 효과 옵션과 타이밍을 변경해 보자.

01 슬라이드 2를 선택하고 [애니메이션] 탭–[고급 애니메이션] 그룹–[애니메이션 창]을 누른다.

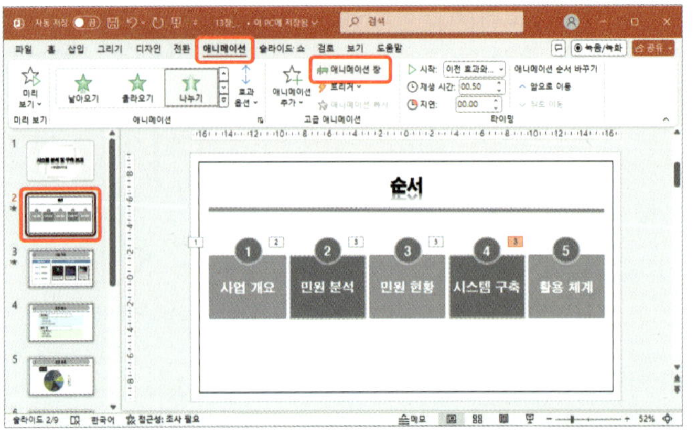

02 슬라이드 창에서 제목('순서')을 선택하고 [애니메이션] 탭–[애니메이션] 목록에서 [강조]의 [흔들기]를 선택한다.

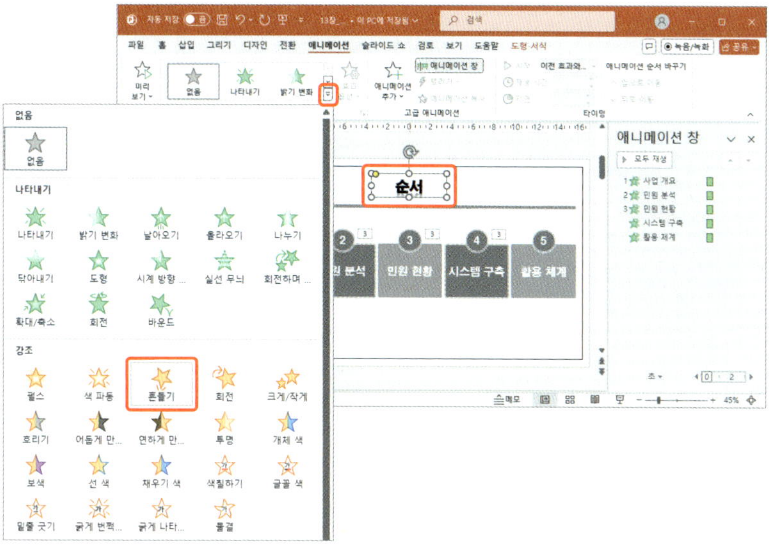

03 [애니메이션 창]의 마지막에 추가된 '제목: 순서' 항목을 선택하고 화살표(▲) 단추를 눌러 첫 번째 순서로 변경한다.

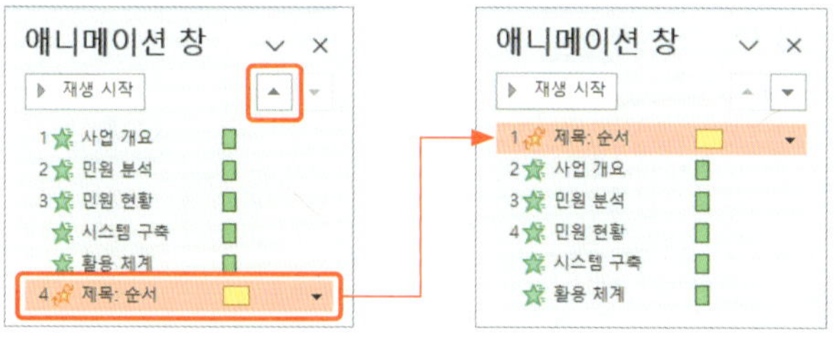

TIP 선택한 항목을 드래그하여 원하는 위치로 옮겨도 된다.

04 '제목: 순서' 항목의 재생 시간 막대를 드래그하여 0.5초로 변경한다.

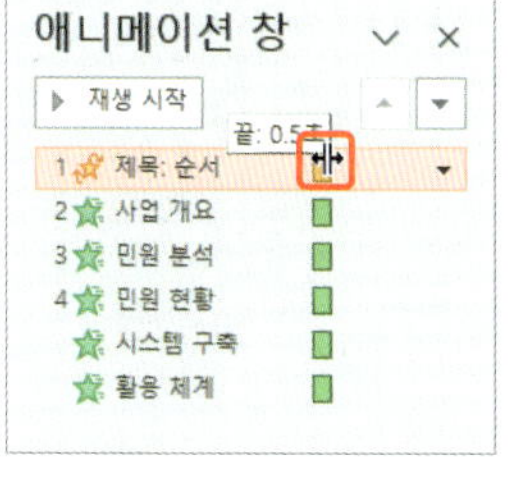

05 [애니메이션 창]의 2~4번 항목을 모두 선택하고 [▼ 목록] 단추를 눌러 [이전 효과 다음에 시작]으로 설정한다.

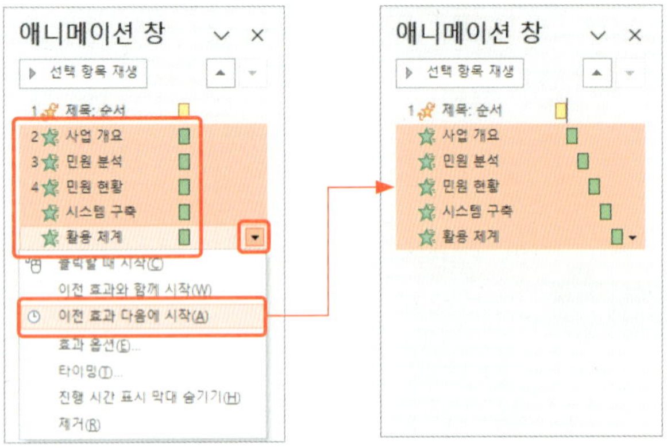

TIP 2번 항목을 선택하고 Shift를 누른 상태에서 마지막 항목을 클릭하면 해당 범위를 모두 선택할 수 있다.

기본예제 13-4 반복 재생과 색 변경하기

[애니메이션 창]에서는 애니메이션 종류에 따라 선택할 수 있는 효과 옵션이나 소리 추가, 반복 재생 등을 세부적으로 설정할 수 있다. 제목 텍스트에 설정한 애니메이션을 두 번 반복하고, 애니메이션이 끝나면 글꼴 색이 변경되도록 설정해 보자.

01 [애니메이션 창]에서 '제목: 순서'의 [▼ 목록] 단추를 누르고 [효과 옵션]을 선택한다.

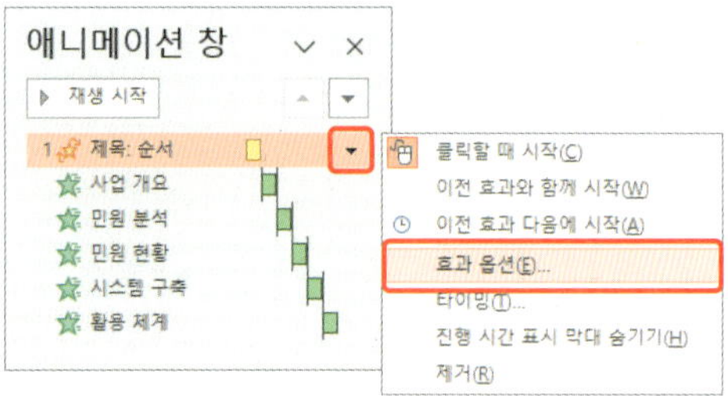

02 [흔들기] 대화상자가 나타나면 [효과] 탭에서 [애니메이션 후]의 [▼ 목록] 단추를 누르고 애니메이션이 끝난 후 변경할 글꼴 색을 선택한다.

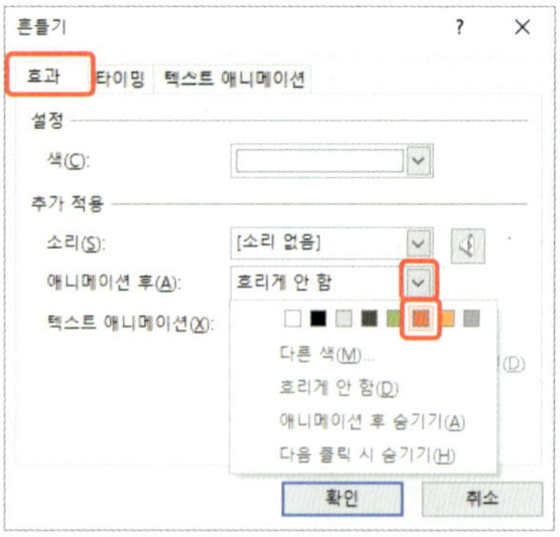

03 [효과] 탭의 [텍스트 애니메이션] 목록에서 [단어 단위로]를 선택한다.

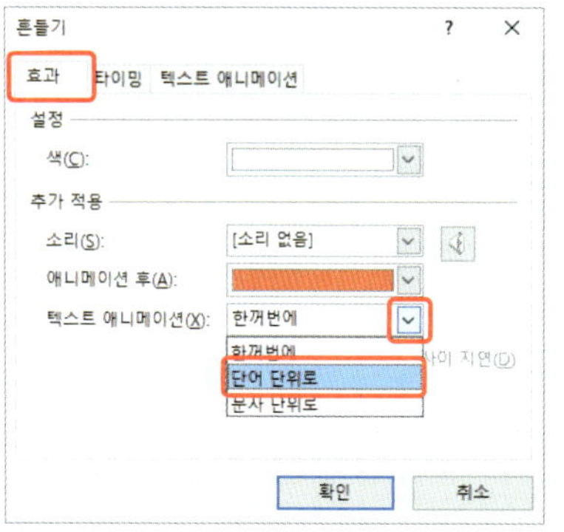

04 [타이밍] 탭에서 [반복]을 [2]로 설정하고 [확인]을 누른다.

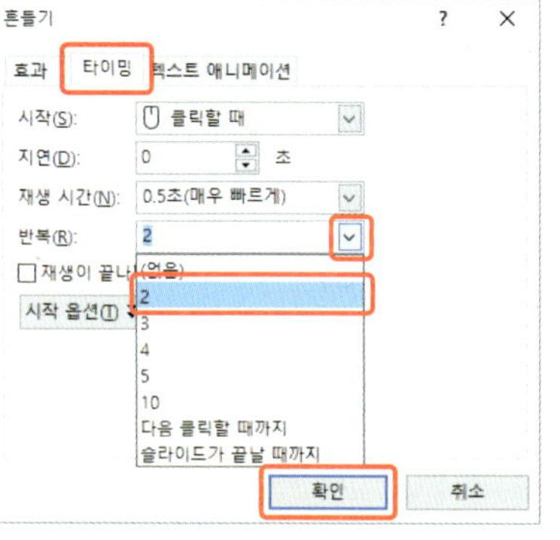

05 [애니메이션] 창의 [재생 시작]을 눌러 효과 옵션과 타이밍 설정 결과를 확인해 본다.

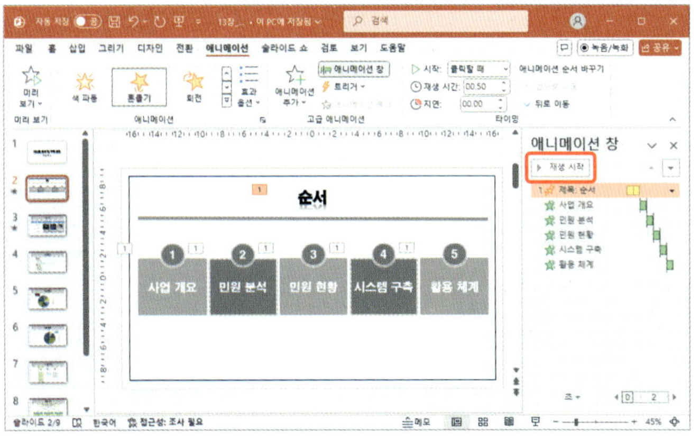

1.3 애니메이션 추가

슬라이드에 있는 개체가 하나 이상의 애니메이션 동작을 수행하도록 하려면 애니메이션 추가 기능을 이용한다. 가령 텍스트를 흔들어 강조한 후 사라지게 하거나, 도형이 회전하며 지정된 경로로 이동하도록 설정할 수 있다.

기본예제 13-5 애니메이션 추가하기

슬라이드에 있는 하나의 개체가 여러 동작을 하도록 애니메이션을 추가하는 방법을 알아보자.

01 슬라이드 2의 '❶ 사업 개요'를 선택하고 [애니메이션] 탭–[고급 애니메이션] 그룹–[애니메이션 추가]를 누른다.

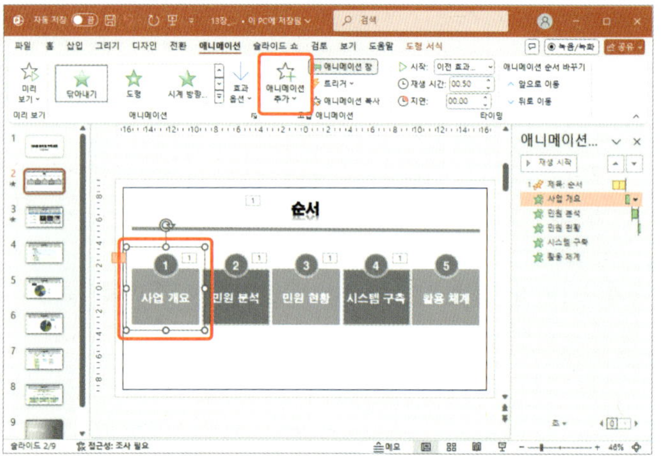

02 애니메이션 종류 중에서 [이동 경로]의 [선]을 선택한다.

03 [애니메이션] 탭–[애니메이션] 그룹–[효과 옵션] 목록에서 [방향]을 [오른쪽]으로 선택한다.

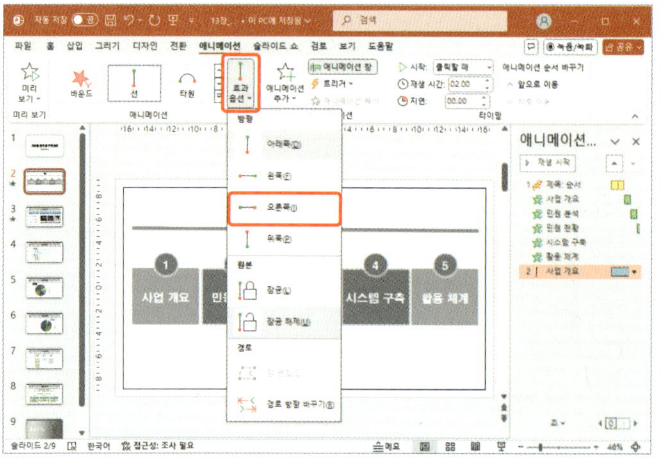

TIP 효과 옵션의 [원본]을 [잠금]으로 하면 다른 사용자가 애니메이션을 변경하지 못하게 할 수 있다. 또, [경로]의 [점 편집]과 [경로 방향 바꾸기]를 이용하면 이동 경로의 모양이나 방향을 직접 설정할 수 있다.

04 슬라이드에 이동 경로가 표시되면 종료 지점의 삼각형을 선택하고 드래그해 이동 경로를 조정한다.

TIP 시작과 종료 지점은 다음과 같이 표시되고, 삼각형을 클릭하면 작은 원형으로 바뀐다.

시작 종료

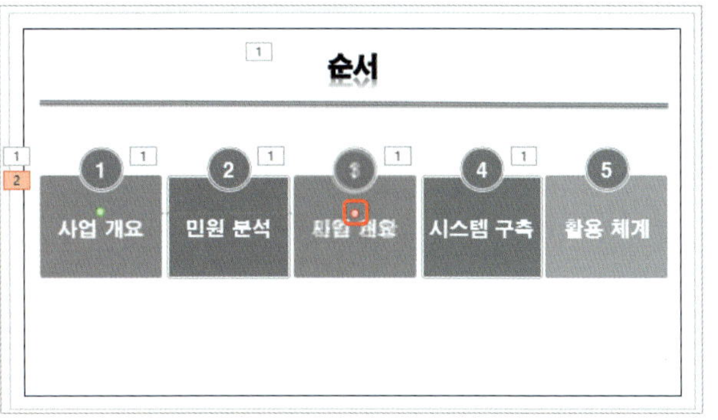

05 '❶ 사업 개요'를 선택한 상태에서 다시 [애니메이션 추가]를 누르고, [강조]의 [크게/작게]를 선택한다.

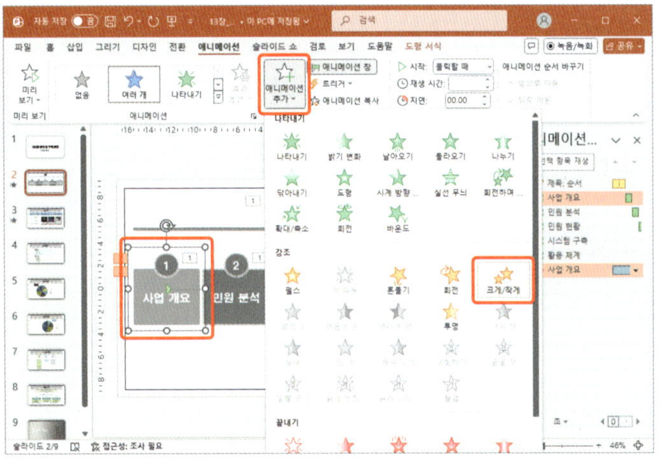

06 [애니메이션 창]에서 3번 '사업개요'의 [▼ 목록] 단추를 누른다. [이전 효과와 함께 시작]을 선택하고, 재생 시간 막대를 드래그해 2번과 3번 항목을 한꺼번에 0.5초로 설정한다.

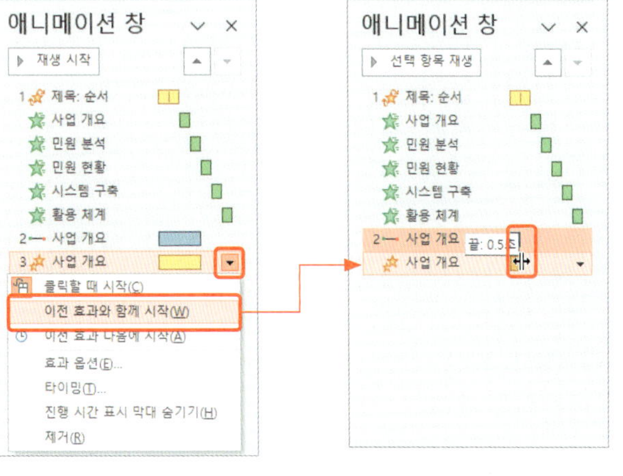

07 '❷ 민원 분석', '❸ 민원 현황', '❹ 시스템 구축', '❺ 활용 체계'를 모두 선택한다. [애니메이션] 탭–[고급 애니메이션] 그룹–[애니메이션 추가]를 누르고 [끝내기]의 [밝기 변화]를 선택한다.

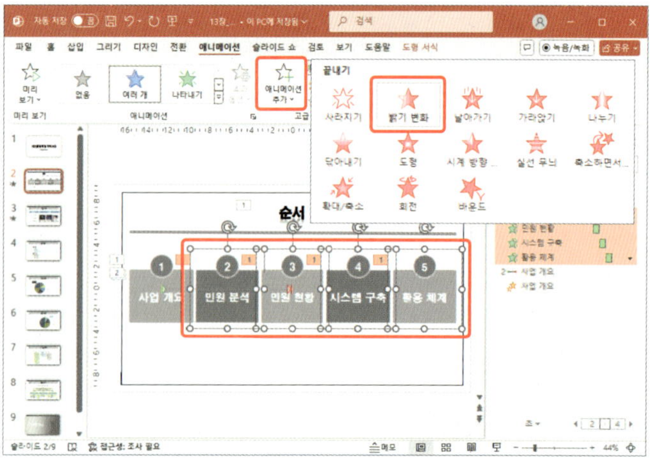

08 [애니메이션 창]에서 3번 그룹의 [▾ 목록] 단추를 눌러 [이전 효과와 함께 시작]으로 설정하고, [애니메이션] 탭에서 [미리 보기]를 눌러 설정한 애니메이션을 재생해 본다.

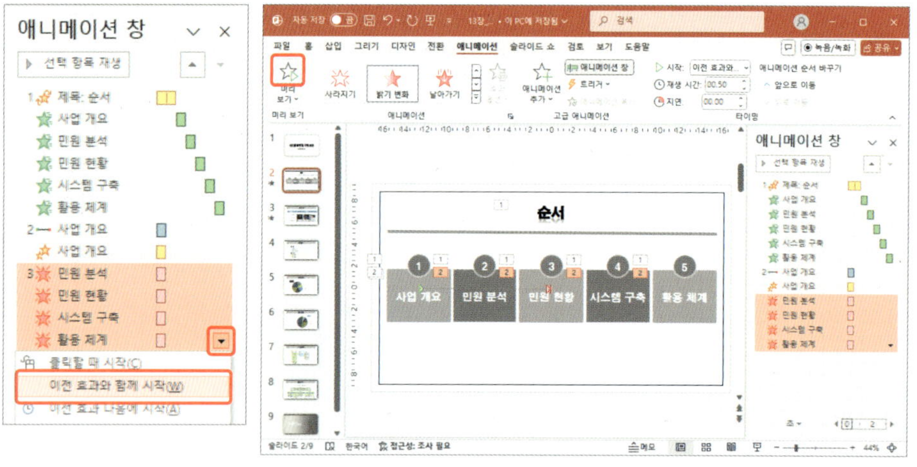

TIP ' ❶ 사업 개요'를 강조하며 다른 항목들을 사라지게 함으로써, 프레젠테이션 순서를 설명할 때 사용할 수 있다.

SECTION 02

링크 활용하기

인터넷에서 웹 서비스를 이용할 때 연관된 페이지를 연결하는 하이퍼링크 기능을 파워포인트에서도 활용할 수 있다. 슬라이드의 개체에 하이퍼링크를 설정하고 클릭하면 특정 웹 사이트로 연결되거나 특정 파일 혹은 다른 슬라이드로 바로 이동할 수 있다. 하이퍼링크뿐 아니라 쇼 마침 같은 특정 동작을 지정하는 실행 도구와 슬라이드 줌(zoom) 효과 등을 설정하는 확대/축소 도구를 이용하면 더욱 역동적인 프레젠테이션을 만들 수 있다.

2.1 하이퍼링크와 실행 도구 활용

프레젠테이션을 진행하다 보면 웹 사이트나 다른 파일에 있는 자료를 추가로 보여주면서 설명하거나, 다른 슬라이드로 이동할 때가 있다. 이럴 때 하이퍼링크를 활용해 도형이나 텍스트를 클릭했을 때 자료가 보이도록 설정하면 검색의 번거로움을 줄이고 프레젠테이션 흐름을 매끄럽게 하여 제한된 발표 시간을 낭비하지 않을 수 있다. 하지만 하이퍼링크를 지나치게 많이 사용하면 발표자가 링크를 기억하지 못할 수 있으니 주의해야 한다.

실행 도구는 하이퍼링크 기능이 확장된 형태이며, 마지막으로 본 슬라이드로 이동하거나 슬라이드 쇼 마침 등의 동작을 지정할 수 있다. 또한 링크할 때 마우스의 조작 방법, 소리나 색을 설정할 수 있다.

기본예제 13-6 웹 사이트 연결과 쇼 마침 동작 설정하기

슬라이드의 특정 개체를 클릭하면 지정한 웹 사이트로 바로 이동하거나 쇼 마침 동작을 실행하도록 설정해 보자.

01 '13장_실습.pptx' 파일의 슬라이드 1에서 로고 그림 ❶을 선택하고 [삽입] 탭-[링크] 그룹-[링크]를 누른다.

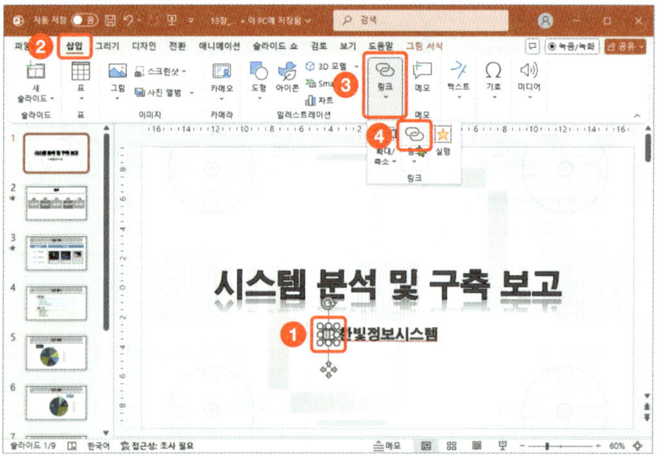

02 [하이퍼링크 편집] 대화상자에서 [주소]를 **http://www.hanbit.co.kr**이라고 입력하고 [화면 설명]을 누른다.

TIP 웹 주소의 'http://' 부분은 생략해도 자동으로 추가된다.

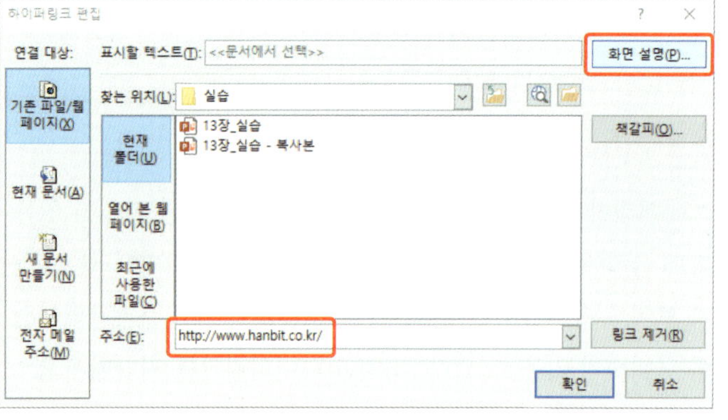

03 [하이퍼링크 화면 설명 설정]에 **홈페이지로 이동**이라고 입력하고 [확인]을 누른다. [하이퍼링크 삽입] 대화상자에서도 [확인]을 눌러 대화상자를 닫는다.

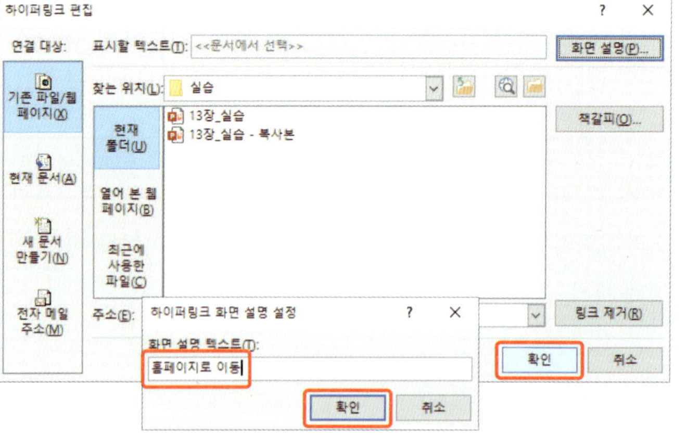

TIP 화면 설명을 설정하면 링크가 있는 개체 위에 마우스를 올려놓았을 때 주소 대신 입력한 텍스트가 표시된다.

04 작업 표시줄에서 [읽기용 보기] 단추를 눌러 슬라이드 쇼를 시작한다. 하이퍼링크가 설정된 그림에 마우스를 올리면 설명 텍스트가 보이고, 클릭하면 웹 브라우저가 실행되면서 입력한 주소로 연결된다.

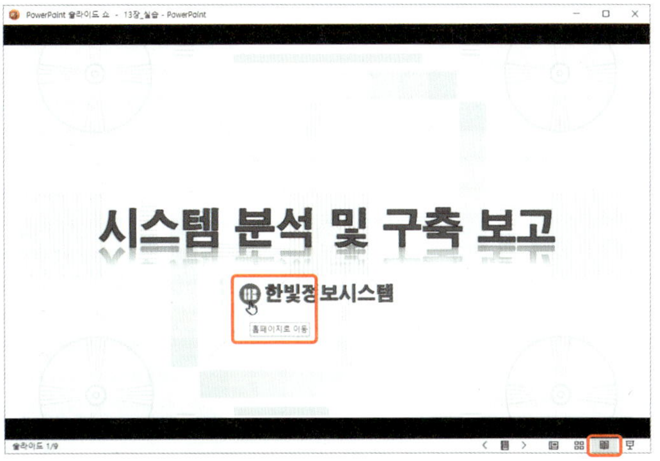

05 Esc 키를 눌러 [기본] 보기로 돌아온다. 슬라이드 2의 제목 텍스트 상자를 선택하고 [삽입] 탭–[링크] 그룹–[실행]을 누른다.

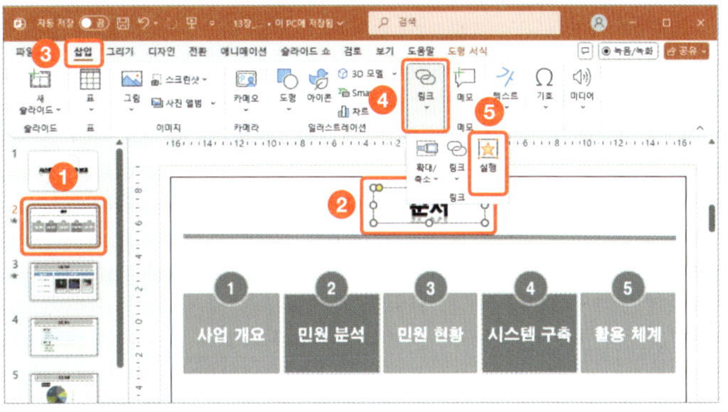

06 [실행 설정] 대화상자에서 [마우스를 위에 놓았을 때] 탭을 누르고 [하이퍼링크] 목록에서 [쇼 마침]을 선택한 다음 [확인]을 누른다.

TIP [슬라이드 쇼]나 [읽기용 보기]로 확인할 때, 제목 텍스트('순서')에 마우스를 가져가면 프레젠테이션이 종료된다.

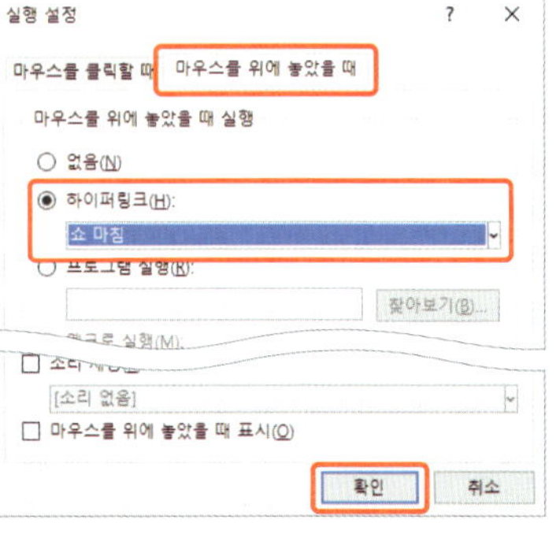

2.2 확대/축소 도구 활용

파워포인트의 확대/축소 도구는 프레지(Prezi) 프로그램처럼 슬라이드를 확대하거나 축소하며 전환하는 기능이다. 주요 슬라이드를 선택해서 전체 프레젠테이션을 요약할 때 활용하거나, 강조할 구역 혹은 특정 슬라이드에 동적 효과를 높이기 위해 설정할 수 있다. 프레젠테이션의 진행 흐름을 역동적으로 만들어 주는 확대/축소 기능을 슬라이드에 설정해 보자.

기본예제 13-7 슬라이드에 확대/축소 설정하기

프레젠테이션을 진행하며 특정 슬라이드를 확대해서 보여준 후 설명이 끝나면 원래 슬라이드로 다시 돌아오도록 확대/축소 기능을 활용해 보자.

01 슬라이드 2를 선택하고 [삽입] 탭–[링크] 그룹–[확대/축소]–[슬라이드 확대/축소]를 선택한다.

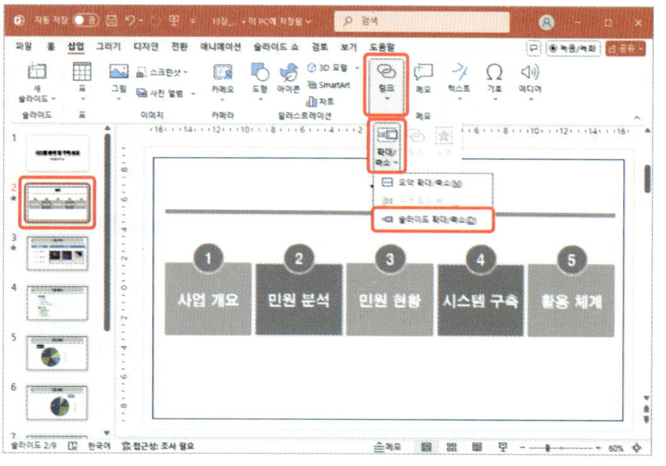

02 [슬라이드 확대/축소 삽입] 대화상자에서 [4. 슬라이드 4]를 선택하고 [삽입]을 누른다.

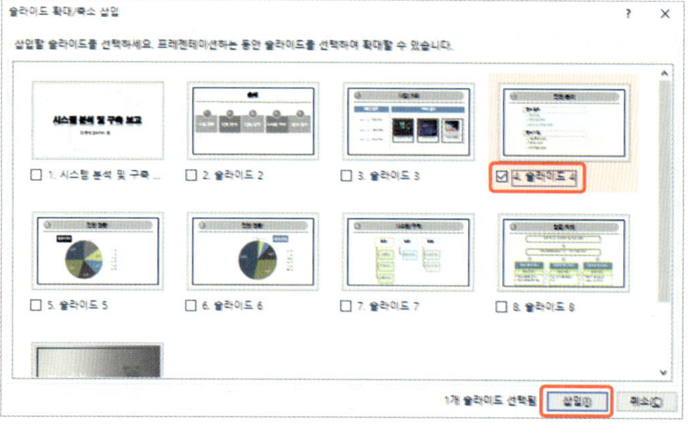

03 현재 슬라이드에 슬라이드 4가 작게 삽입된다. 조절점을 드래그해 크기와 위치를 그림과 같이 설정한다.

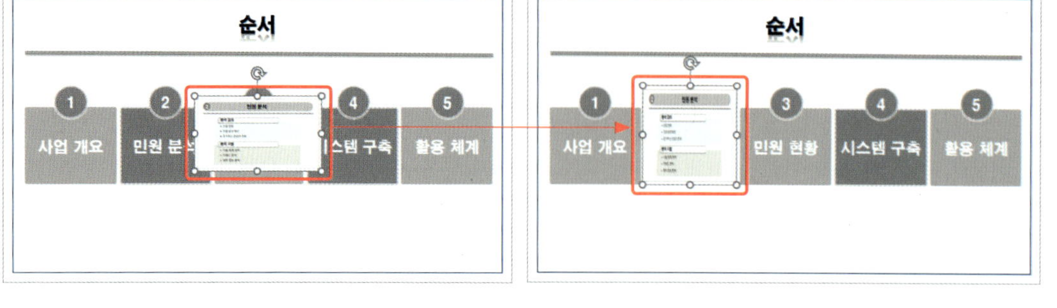

04 삽입된 확대/축소 개체를 선택한 상태에서 [확대/축소] 탭–[확대/축소 옵션] 그룹–[확대/축소로 돌아가기]를 선택하고 [기간]은 [02.00](2초)로 설정한다.

TIP [확대/축소로 돌아가기]를 선택하면 프레젠테이션을 진행할 때 슬라이드 4를 확대 표시한 후 현재 슬라이드로 돌아오지만, 그렇지 않으면 슬라이드 4 → 슬라이드 5로 이어진다.

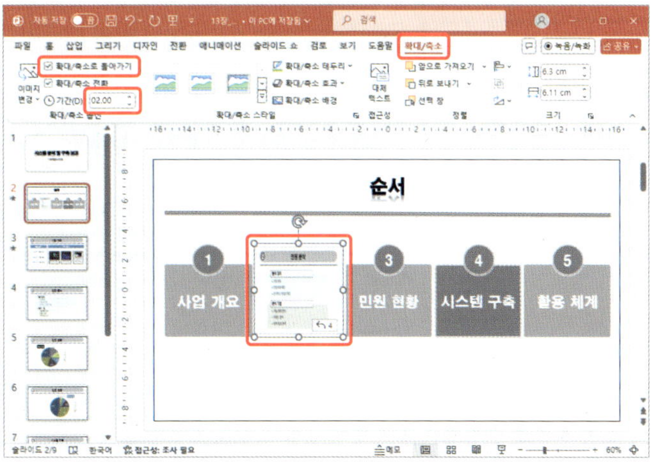

05 [확대/축소] 탭–[확대/축소 스타일] 그룹의 [도형 서식] 단추를 누르면 [슬라이드 확대/축소 서식 지정] 작업 창이 표시된다. [효과] 탭에서 [부드러운 가장자리]–[크기]를 [100pt]로 설정하면 확대/축소 개체가 투명해진다.

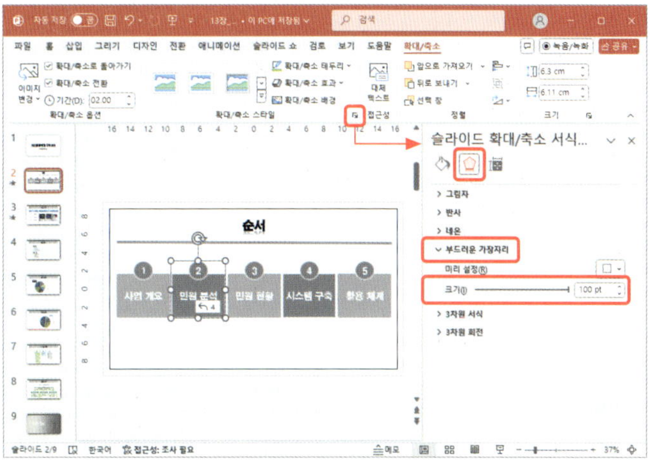

06 작업 표시줄에서 [읽기용 보기] 단추를 누르고 확대/축소 개체가 있는 '❷ 민원 분석' 도형을 클릭한다. 슬라이드 4가 확대 표시되고, 다시 클릭하면 현재 슬라이드로 돌아온다.

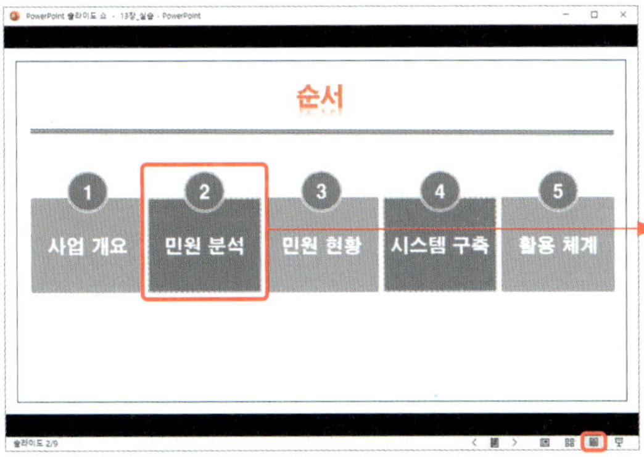

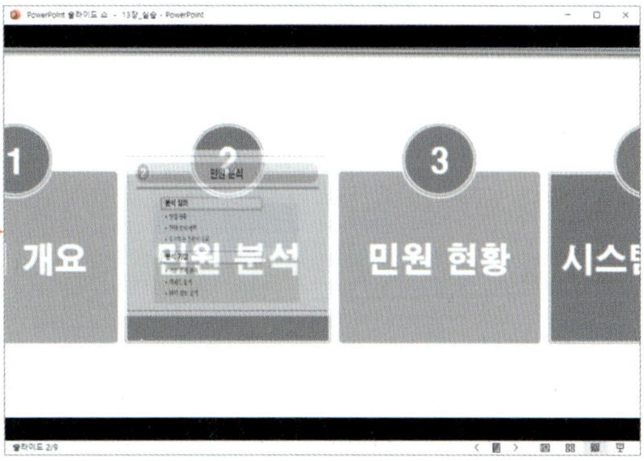

SECTION 03

화면 전환 활용하기

프레젠테이션 진행 중 각 슬라이드가 화면에 나타날 때 설정하는 동적 효과를 전환이라고 한다. 슬라이드 내에 있는 각 개체에 동적 효과를 설정하는 애니메이션과 달리, 전환은 슬라이드 단위로 동적 효과를 설정한다. 전환을 이용하면 슬라이드가 바뀔 때의 모양을 다양하게 설정할 수 있고, 애니메이션처럼 소리나 재생 시간을 적용할 수 있다. 프레젠테이션 주제가 바뀔 때 청중의 이목을 집중시키거나 분위기를 환기하는 효과가 있다.

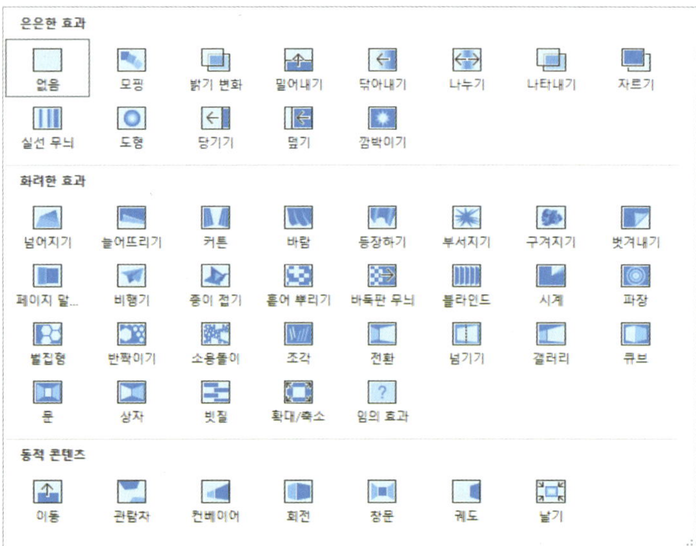

▲ 슬라이드 화면 전환 스타일

3.1 전환 효과 설정

애니메이션의 경우 하나의 개체에 여러 가지 효과를 추가할 수 있지만, 전환은 슬라이드마다 한 가지 효과만 설정할 수 있다. 전환 효과를 설정할 때 [여러 슬라이드] 보기로 모양을 바꾸면 효과를 설정하기 편리하다.

기본예제 13-8 슬라이드에 전환 효과 설정하기

전환 효과를 이용하여 슬라이드가 나타날 때 실행될 동적 효과를 다양하게 설정해 보자.

01 '13장_실습.pptx' 파일을 열고 [보기] 탭-[프레젠테이션 보기] 그룹-[여러 슬라이드]를 누른다.

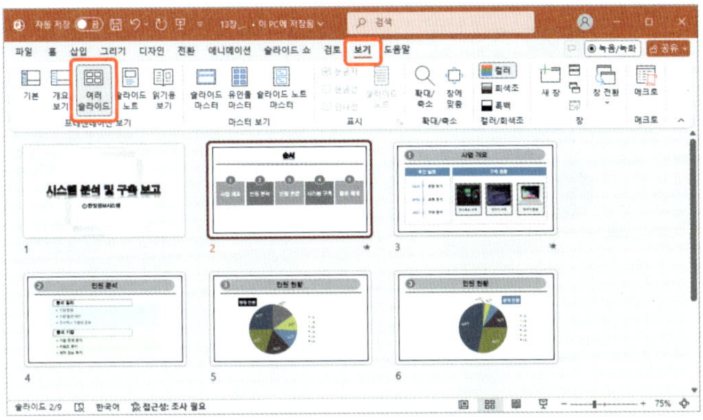

TIP 작업 표시줄에서 [여러 슬라이드] 단추를 눌러도 된다.

02 슬라이드 1을 선택하고 [전환] 탭-[슬라이드 화면 전환] 그룹에서 [자세히] 단추를 눌러 [은은한 효과]의 [밀어내기]를 선택한다.

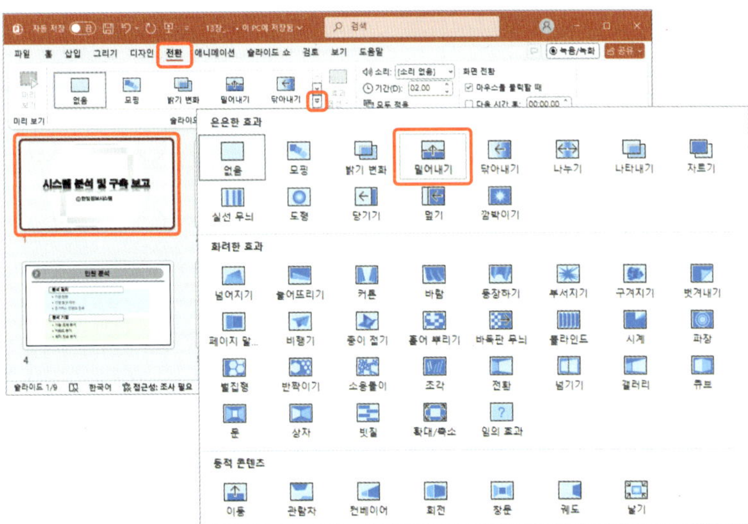

TIP 슬라이드 축소판 화면에 설정한 전환 효과가 미리 보기로 나타난다. 슬라이드 오른쪽 아래의 ★ 표시는 애니메이션이나 전환 같은 동적 효과가 설정되어 있다는 표시이다.

03 [전환] 탭-[타이밍] 그룹-[모두 적용]을 누르면 모든 슬라이드에 동일한 전환 효과가 적용된다.

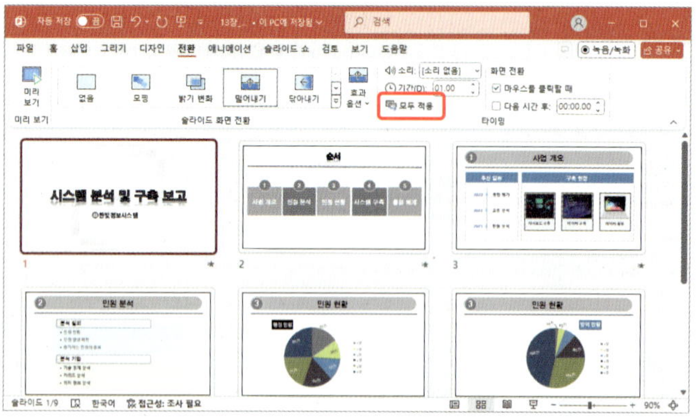

TIP 설정한 전환 효과를 제거하려면 슬라이드를 선택하고 [슬라이드 화면 전환] 스타일에서 [없음]을 선택한다.

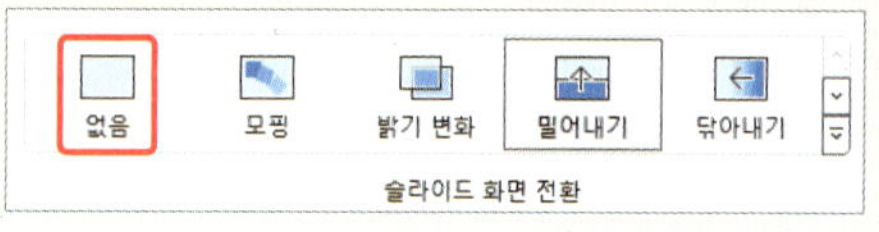

04 슬라이드 6을 선택하고 [슬라이드 화면 전환] 스타일을 [모핑]으로 설정한다. 슬라이드 쇼나 읽기용 보기로 확인해 보면 슬라이드 5에 있는 차트가 자연스럽게 연결되며 화면이 전환된다.

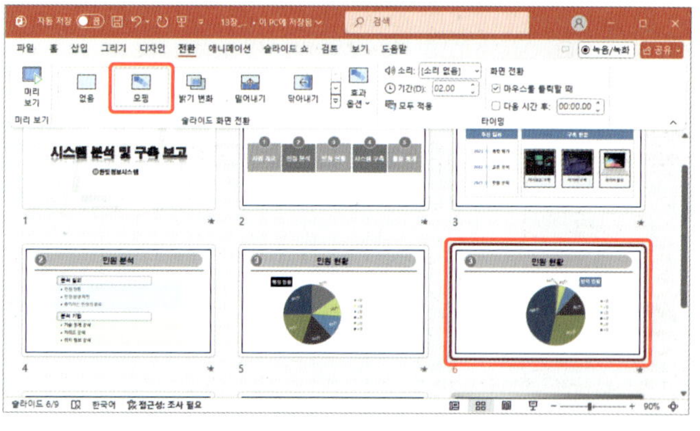

TIP 모핑(morphing) 전환은 하나의 이미지가 다른 이미지로 서서히 변화하는 전환 기능이다. 서로 다른 두 개의 슬라이드에 텍스트나 그림, 차트 등 공통된 개체가 있을 때 효과적으로 활용할 수 있다.

기본예제 13-9 전환 효과 속성 변경하기

애니메이션의 효과 옵션처럼 화면 전환에도 소리나 시간 옵션을 설정할 수 있다. 애니메이션에 비해 복잡하지 않지만 적절하게 사용하면 다채로운 전환 효과를 적용할 수 있다. 화면 전환 효과의 옵션을 변경해 보자.

01 슬라이드 1을 선택하고 [전환] 탭–[슬라이드 화면 전환] 그룹의 [효과 옵션] 목록에서 [왼쪽에서]를 선택한다.

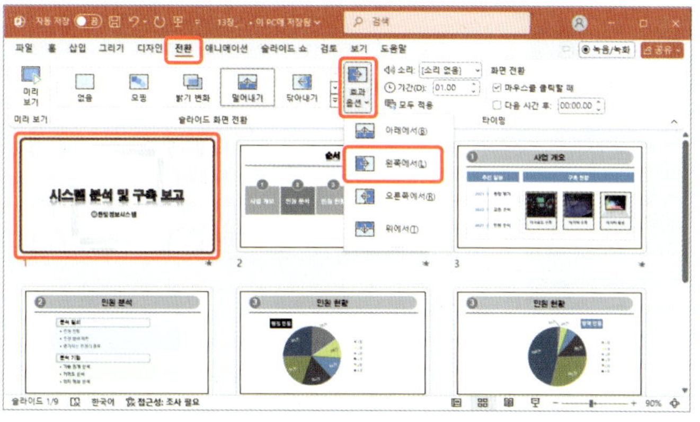

02 [전환] 탭–[타이밍] 그룹에서 [기간]을 [02.00](2초)으로 설정한다.

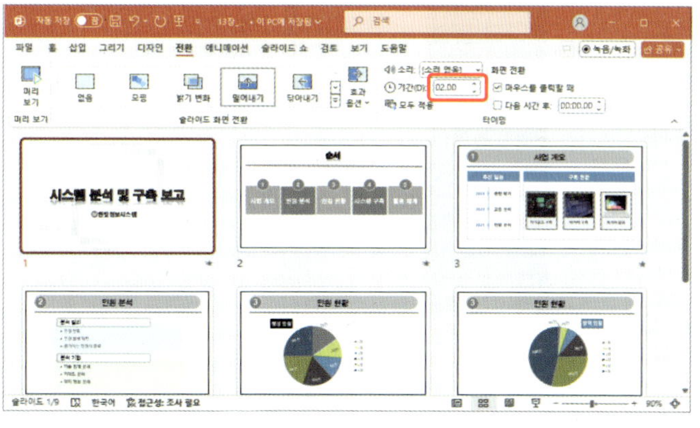

TIP 슬라이드 1에서 밀어내기 효과가 재생되는 시간이 2초라는 의미이다.

03 [전환] 탭-[타이밍] 그룹에서 [화면 전환]의 [다음 시간 후]를 [00:05.00](5초)으로 설정한다.

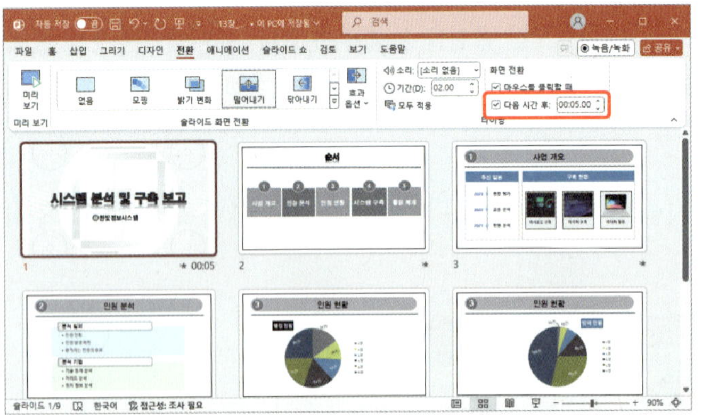

> **TIP** 슬라이드 1 아래에 '00:05'로 시간이 표시된다. 5초가 지나면 자동으로 슬라이드 2로 전환된다는 의미이다. [화면 전환]의 [마우스를 클릭할 때]가 함께 선택되어 있으면 5초가 지나지 않더라도 클릭해서 다음 슬라이드로 전환할 수 있다.

04 [읽기용 보기]나 [슬라이드 쇼]를 실행해 전환 효과가 재생되는 시간(2초)과 다음 슬라이드로 바꾸는 시간(5초)을 확인해 본다.

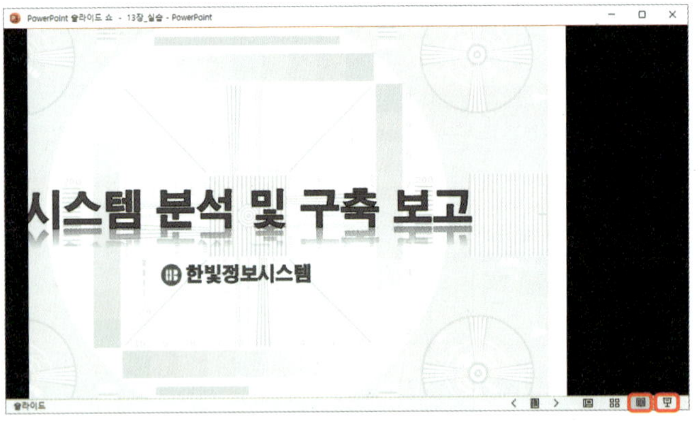

SECTION 04

슬라이드 쇼 진행하기

공들여 만든 프레젠테이션 자료를 청중 앞에서 발표하는 시간은 그 어떤 작업보다도 중요하다. 프레젠테이션 자료를 잘 만들기 위해 다양한 도구를 활용하듯이, 발표할 때도 슬라이드 쇼 도구를 제대로 익혀야 실수나 긴장감을 줄이고 자신감을 가질 수 있다. 또한 발표 현장이나 업무 보고 중에 예상치 못한 상황이 발생하더라도 유연하게 대처할 수 있다.

4.1 슬라이드 쇼 도구 활용

파워포인트의 [슬라이드 쇼] 탭에는 슬라이드 쇼 진행과 발표 연습에 필요한 도구들이 있고, 쇼를 재구성하거나 자동 반복하게 하는 등 슬라이드 쇼의 설정에도 활용할 수 있다.

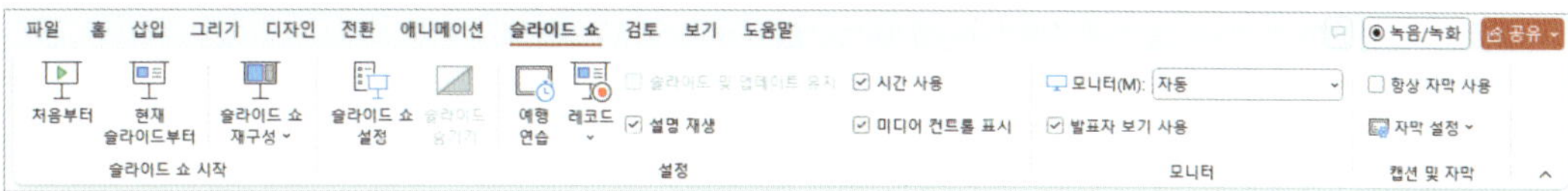

▲ [슬라이드 쇼] 탭

슬라이드 쇼를 진행할 때 화면 하단에 마우스를 위치시키면 펜, 레이저 포인터 등이 있는 컨트롤 도구가 표시된다. 컨트롤 도구를 이용하면 발표 도중에 펜으로 슬라이드에 글씨를 쓰거나, 레이저 포인터로 특정 위치를 가리키는 등의 동작을 할 수 있다.

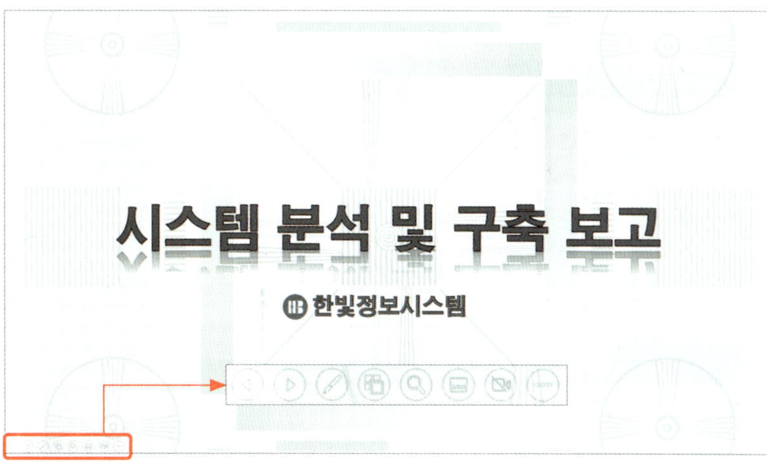

▲ 슬라이드 쇼에 사용할 수 있는 컨트롤 도구

기본예제 13-10 슬라이드 쇼 시작하기

슬라이드를 쇼를 시작하고 쇼를 진행하면서 컨트롤 도구를 활용해 보자.

01 '13장_실습.pptx' 파일을 열고 [슬라이드 쇼] 탭–[슬라이드 쇼 시작] 그룹–[처음부터]를 누른다.

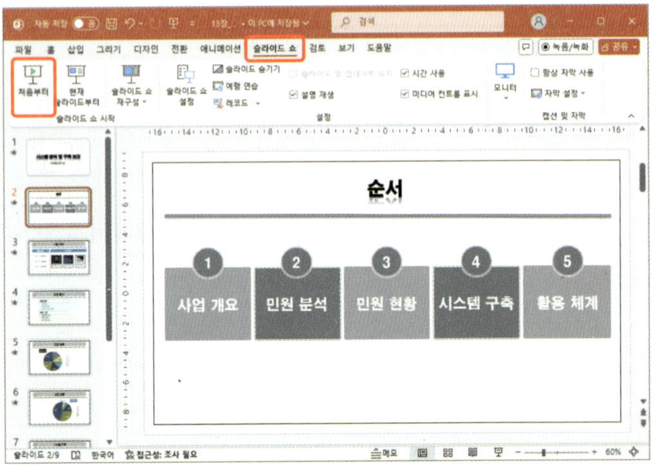

TIP 첫 번째 슬라이드부터 쇼를 진행하려면 F5를 눌러도 된다.

TIP 모니터가 두 개인 경우 [발표자 보기 사용]을 선택하면 청중에게 보이는 화면과 발표자 보기 화면을 따로 볼 수 있다. 발표자 보기 화면에서는 다음 슬라이드를 미리 보거나 발표자가 준비한 슬라이드 노트가 표시된다. 모니터가 하나라면 Alt+F5를 눌러 발표자 보기 모양을 확인할 수 있다.

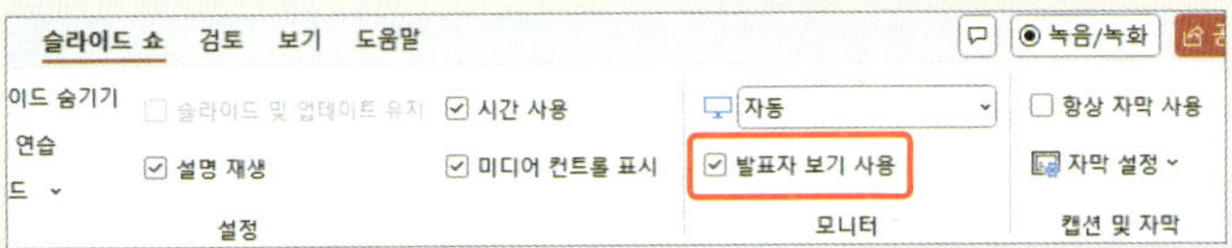

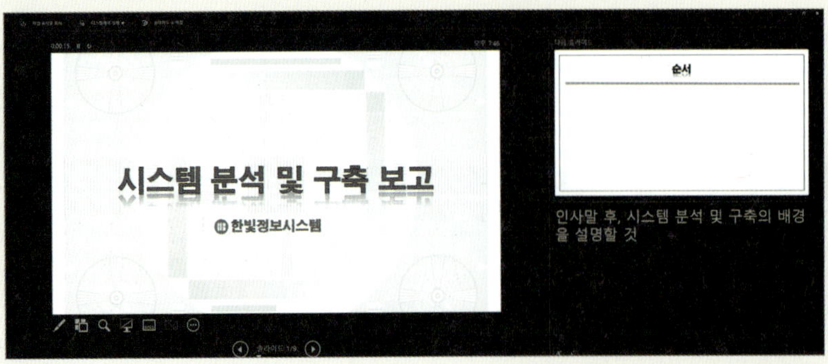

02 첫 번째 슬라이드부터 슬라이드 쇼가 진행된다. 쇼를 마치려면 Esc를 누르거나 화면 하단 컨트롤 도구에서 [⋯ 더 보기] 단추를 누르고 [쇼 마침]을 선택한다.

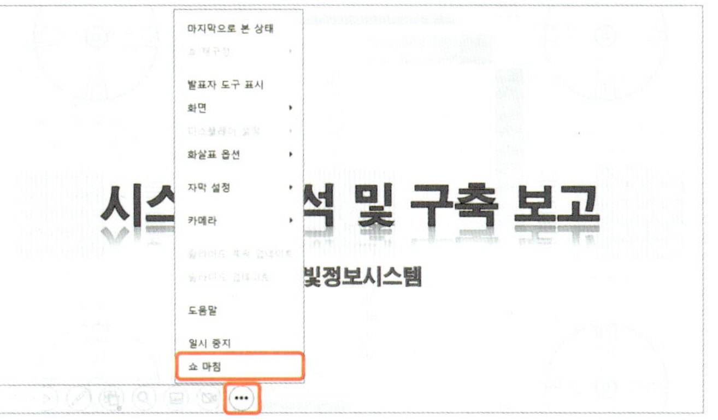

03 슬라이드 3을 선택하고 [슬라이드 쇼] 탭–[슬라이드 쇼 시작] 그룹–[현재 슬라이드부터]를 누르면 슬라이드 3부터 쇼가 진행된다.

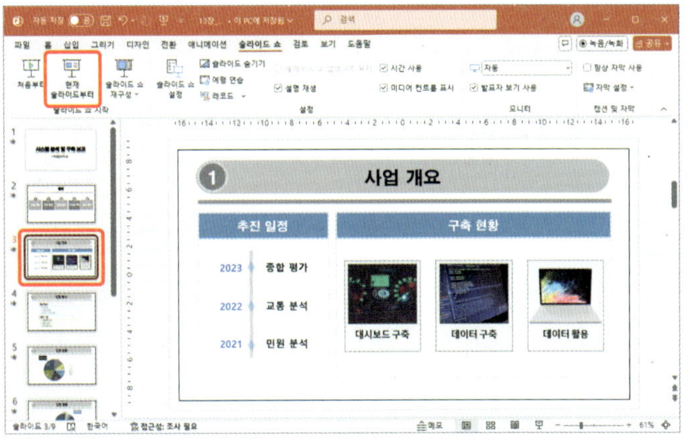

TIP 단축키 Shift+F5를 누르거나, 작업 표시줄에서 [슬라이드 쇼] 단추를 눌러도 된다.

04 마우스를 화면 아래쪽에 가져가 컨트롤 도구가 나타나면 ✐ 단추를 누르고 [펜]을 선택한다.

TIP 화면에 글씨를 쓸 때 사용하는 펜 도구는 단축키 Ctrl+P를 눌러도 선택된다.

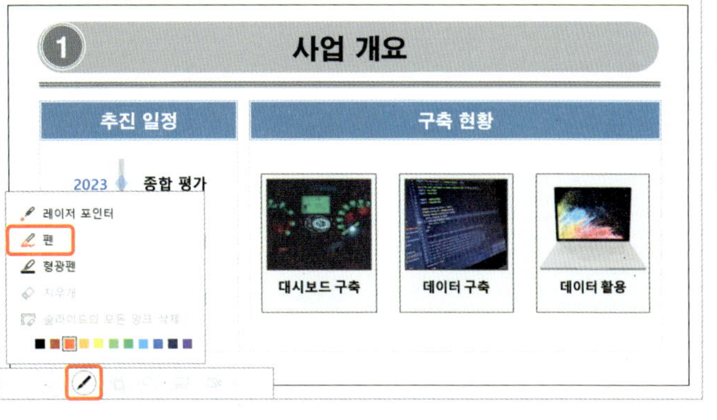

05 마우스 포인터가 빨간색 펜으로 바뀌면 화면에 직접 글씨를 쓰거나 줄을 그을 수 있다. 필기한 내용은 단축키 Ctrl+E를 눌러 지우개()로 지우거나 E를 눌러 한 번에 모두 지울 수 있다.

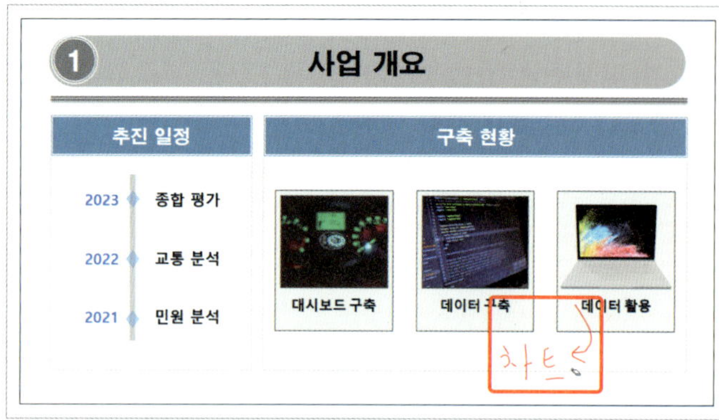

TIP 슬라이드 쇼를 마칠 때 필기한 내용을 프레젠테이션 파일에 포함시켜 저장할지 선택하는 대화상자가 나타난다.

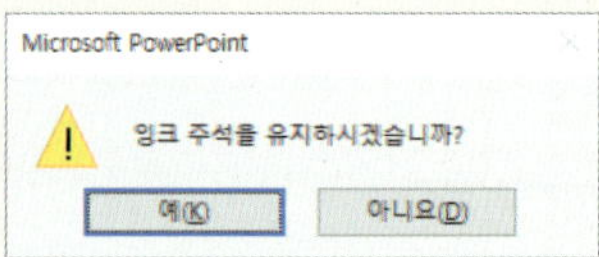

TIP 슬라이드 쇼를 진행할 때 자주 사용하는 기능은 단축키를 알아 두는 것이 좋다. 가령 레이저 포인터는 Ctrl+L, 형광펜은 Ctrl+I를 사용하면 편리하다. 더 많은 단축키 정보는 [슬라이드 쇼] 보기 화면에서 F1을 눌러 확인한다.

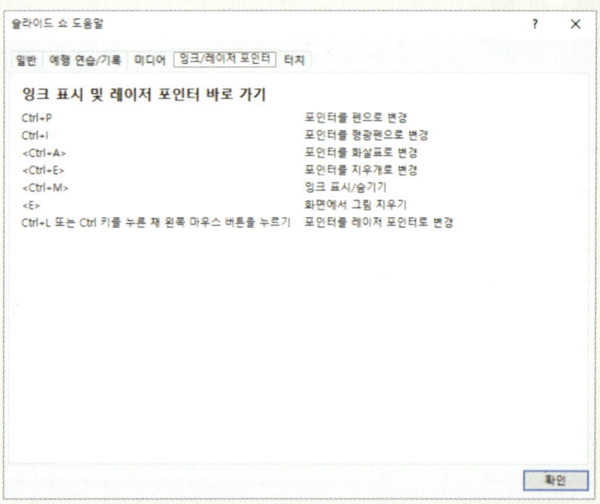

기본예제 13-11 슬라이드 쇼 녹화 활용하기

전시회처럼 사람들의 이동이 잦은 곳에서는 발표자 없이 프레젠테이션 자료를 계속해서 보여줄 수도 있다. 슬라이드 쇼를 녹화한 후 반복 재생하도록 설정하고 비디오 파일로도 저장해 보자.

01 [슬라이드 쇼] 탭–[설정] 그룹–[레코드] 목록에서 [처음부터]를 선택한다.

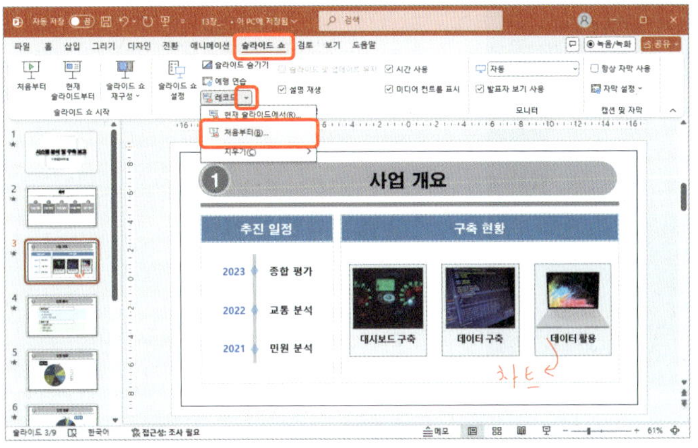

02 녹화 화면으로 바뀌면 [녹음/녹화] 단추를 클릭한 뒤 슬라이드 쇼를 진행한다.

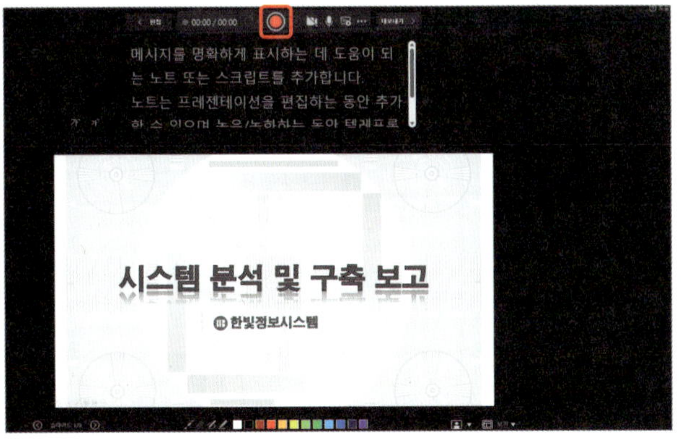

TIP [기본예제 13–8]에서 전환 효과를 설정한 경우 재생 시간이 기록되어 있어서 [비디오 재촬영] 단추를 누르고 [모든 슬라이드에서]를 선택해야 한다.

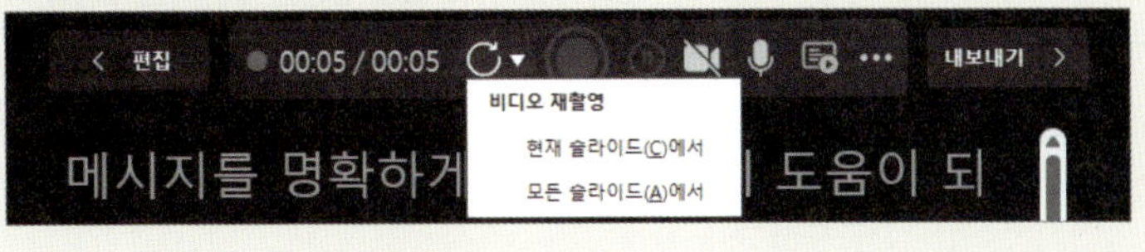

03 [중지] 단추를 누르거나 슬라이드 쇼가 끝나면 녹화가 중지된다. 편집 화면으로 돌아가려면 [편집] 단추나 Esc 키를 누른 후, 나타나는 대화상자에서 [끝내기]를 클릭한다.

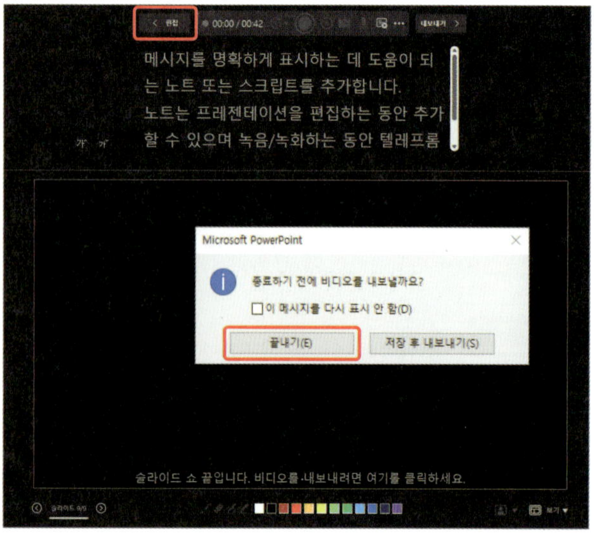

TIP [저장 후 내보내기] 단추를 누르면 녹화한 내용을 동영상 파일로 저장할 수 있다.

04 [여러 슬라이드] 보기 단추를 누르면 슬라이드 쇼를 녹화할 때 기록된 각 슬라이드의 재생 시간을 확인할 수 있다.

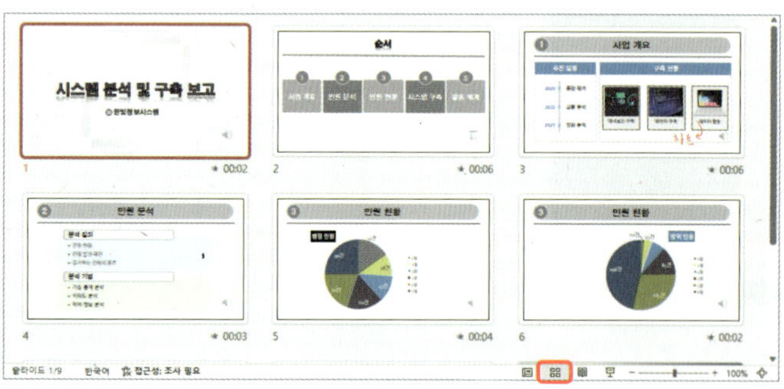

TIP [슬라이드 쇼] 탭–[설정] 그룹의 [설명 재생]과 [시간 사용]이 체크되어 있으면 슬라이드 쇼를 실행할 때 녹화한 내용이 기록된 시간에 따라 자동 재생된다. 슬라이드 쇼를 자동 재생하지 않고 발표자가 수동으로 진행하려면 이 항목의 선택을 해제한다.

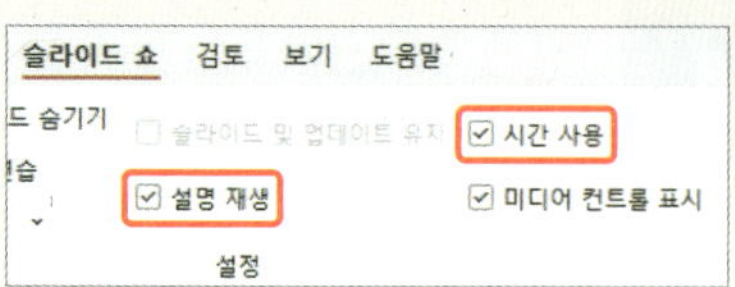

05 [슬라이드 쇼] 탭-[설정] 그룹-[슬라이드 쇼 설정]을 누른다. [쇼 설정] 대화상자에서 [보기 옵션]-[Esc 키를 누를 때까지 계속 실행]과 [화면 전환]-[설정된 시간 사용]을 선택하고 [확인]을 누른다. F5를 눌러 슬라이드 쇼를 진행하면 Esc를 누를 때까지 녹화된 내용이 계속 반복된다.

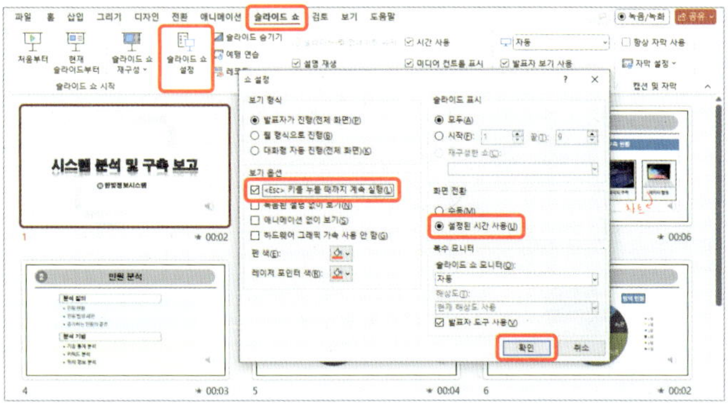

TIP [쇼 설정] 대화상자의 [보기 형식] 옵션은 각각 다음과 같이 활용할 수 있다.

- **발표자가 진행(전체 화면):** 슬라이드 쇼를 진행하는 사람이 슬라이드를 클릭해 전환할 수 있는 일반적인 발표 상황에서 사용한다.
- **웹 형식으로 진행:** 슬라이드 전환을 제어할 수 없는 상황에서 슬라이드 쇼를 발표하는 경우 활용하는 옵션으로, 모니터나 펜 색을 설정할 수 없다.
- **대화형 자동 진행(전체 화면):** 키오스크와 같은 화면에서 슬라이드 쇼를 보여줄 때 활용할 수 있다. 슬라이드를 보는 사람이 Esc를 누를 때까지 무한 반복된다.

기본예제 13-12 슬라이드 숨기기와 쇼 재구성하기

발표 시간이 줄어들거나 발표 대상이 변경되는 등 상황이 여의치 않아 준비한 슬라이드를 모두 설명하지 못할 때가 있다. 이런 경우 발표 자료를 재편집하지 않고 일부 슬라이드를 숨겨 발표에서 제외하거나, '10분 발표', '20분 발표' 혹은 '재학생 대상', '졸업생 대상' 등 상황에 맞게 슬라이드 쇼를 재구성하여 미리 준비할 수 있다.

01 [여러 슬라이드] 보기에서 슬라이드 5를 선택하고 [슬라이드 쇼] 탭-[설정] 그룹-[슬라이드 숨기기]를 누른다. 이제부터 슬라이드 쇼를 진행할 때 슬라이드 5는 제외된다.

TIP 제외한 슬라이드를 다시 포함하려면 [슬라이드 숨기기]를 한 번 더 클릭한다.

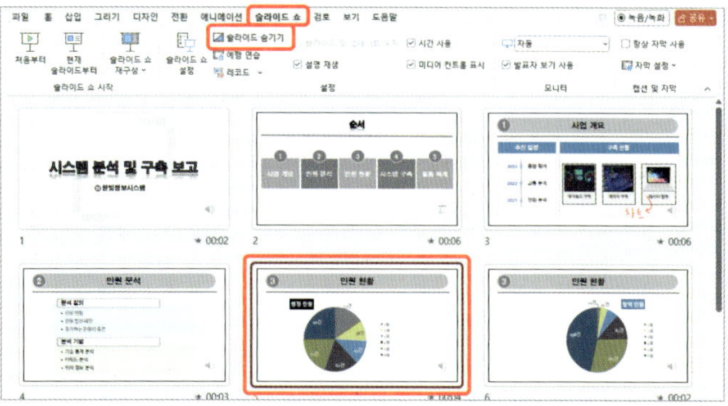

02 [슬라이드 쇼] 탭–[슬라이드 쇼 시작] 그룹–[슬라이드 쇼 재구성]을 누르고 [쇼 재구성]을 선택한다. [쇼 재구성] 대화상자가 열리면 [새로 만들기]를 누른다.

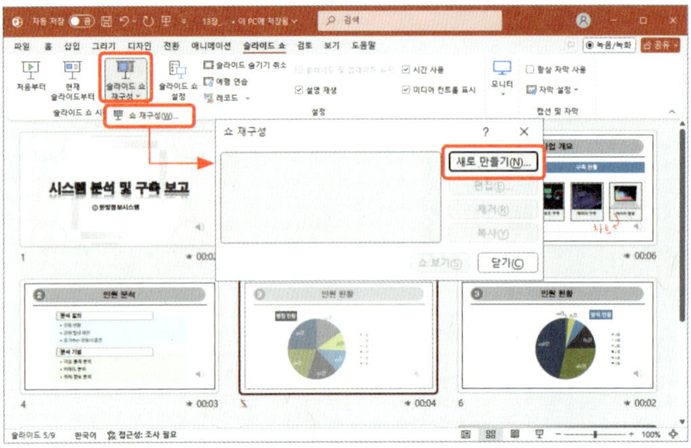

03 [쇼 재구성하기] 대화상자에서 [슬라이드 쇼 이름]을 **10분 발표**로 바꾼 다음, 쇼에 보여줄 슬라이드를 선택하고 [추가]를 눌러 [재구성한 쇼에 있는 슬라이드] 목록으로 이동시킨다. [확인]을 눌러 [쇼 재구성 하기] 대화상자를 닫는다.

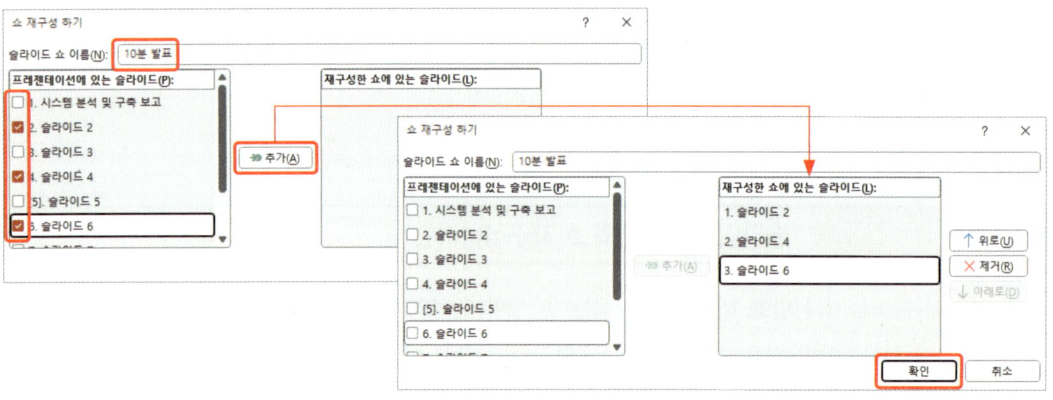

04 [쇼 재구성] 대화상자 목록에 '10분 발표'가 표시된다. [쇼 보기]를 눌러 슬라이드 쇼를 확인한다.

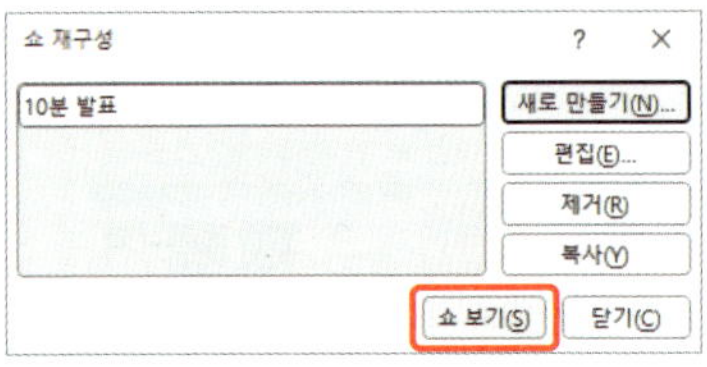

TIP [쇼 재구성] 대화상자에서 재구성한 쇼를 다시 편집하거나 제거, 복사할 수 있다.

05 재구성한 쇼로 프레젠테이션을 진행하려면 [슬라이드 쇼] 탭–[슬라이드 쇼 시작] 그룹–[슬라이드 쇼 재구성] 목록에서 [10분 발표]를 선택한다.

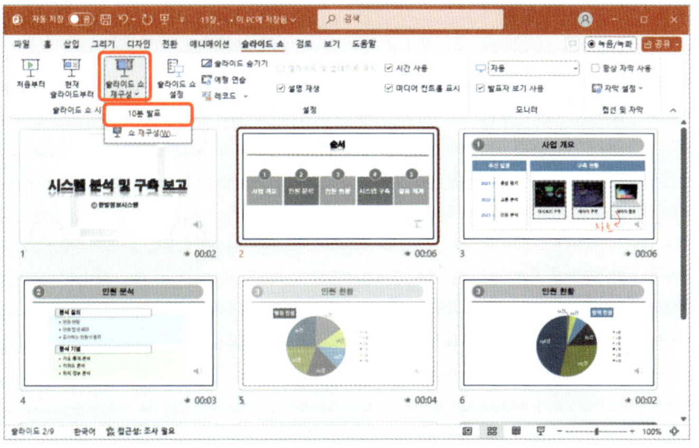

TIP [슬라이드 쇼] 탭–[슬라이드 쇼 시작] 그룹의 [처음부터]나 [현재 슬라이드부터]를 눌러 슬라이드 쇼를 시작하면 재구성한 쇼가 아닌 전체 슬라이드로 쇼가 진행된다. 재구성한 쇼를 기본으로 설정하려면 [슬라이드 쇼 설정]을 눌러 [슬라이드 표시]를 [재구성한 쇼]로 변경해야 한다.

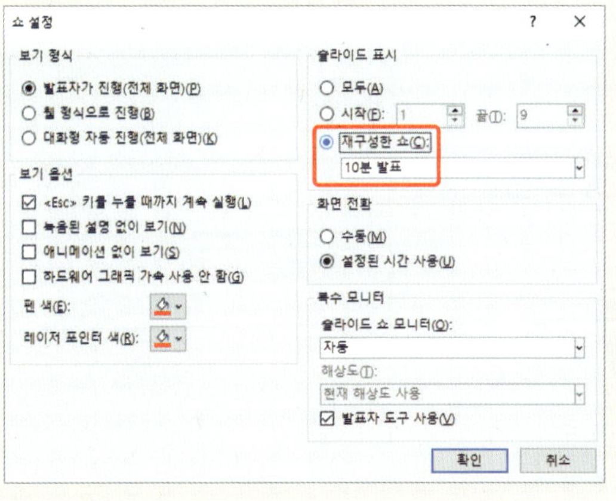

종합예제

다음과 같이 차트와 스마트아트 혹은 여러 가지 도형으로 이루어진 슬라이드에 애니메이션과 화면 전환을 적용해 보자.

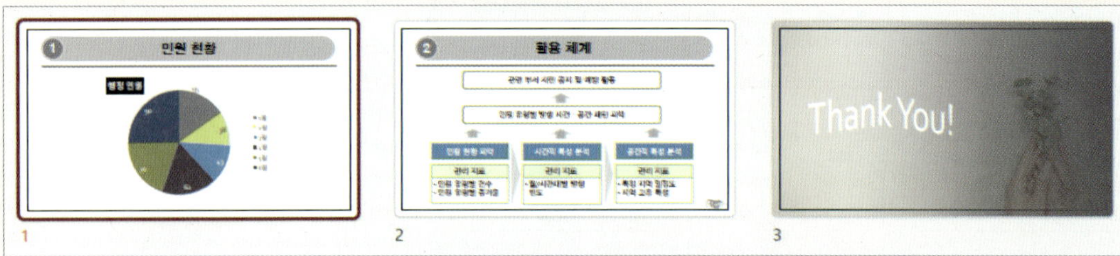

1 '13장_종합.pptx' 파일을 열고 슬라이드 1에 있는 원형 차트를 선택한다. [애니메이션] 탭–[애니메이션] 그룹에서 [나타내기]의 [시계 방향 회전]을 선택한다.

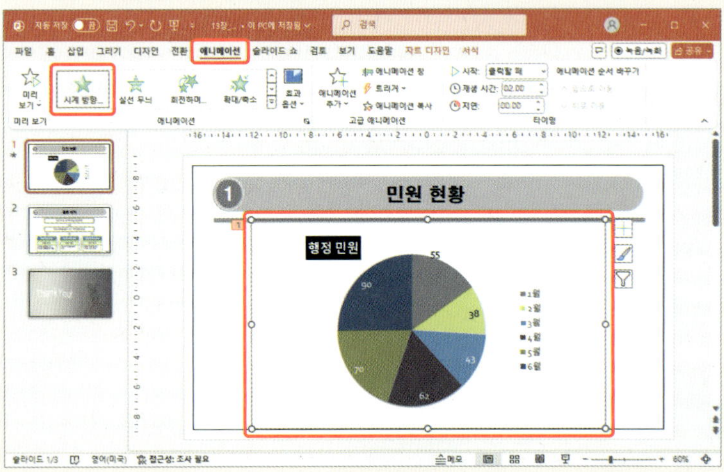

TIP [미리 보기]로 애니메이션을 재생해 보면 회전 중심이 원형 차트의 중심과 일치하지 않아 부자연스럽다.

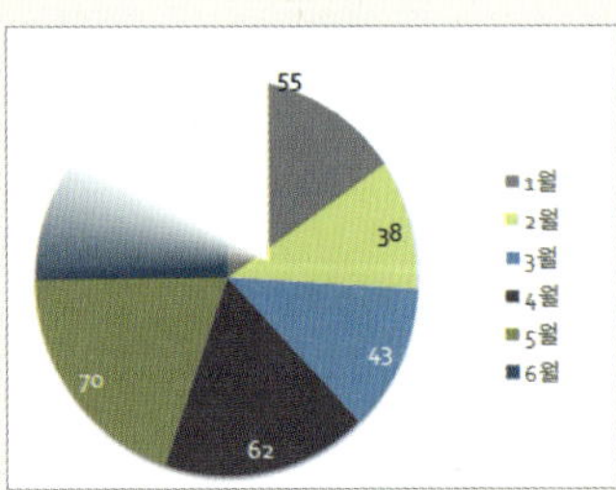

2 원형 차트가 선택된 상태에서 [애니메이션] 탭–[애니메이션] 그룹–[효과 옵션] 목록에서 [시퀀스]의 [항목별로]를 선택하고, [타이밍] 그룹에서 [시작]을 [이전 효과와 함께]로 설정한다. [미리 보기]를 클릭해 차트가 나타나는 애니메이션을 확인한다.

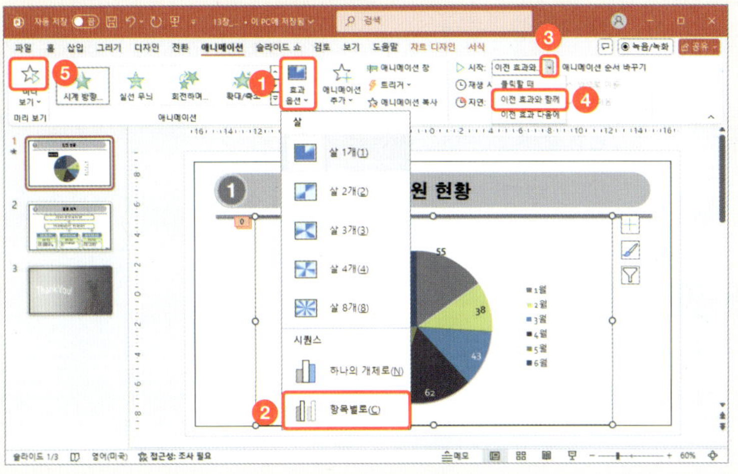

TIP 원형 차트의 항목별로 회전하며 나타나도록 설정하고, 재생 속도가 느려지지 않도록 모든 항목이 한꺼번에 재생되도록 한다.

3 슬라이드 2에서 '그룹 1~3' 도형을 모두 선택한다. [애니메이션] 탭–[애니메이션] 그룹에서 [나타내기]의 [밝기 변화]를 선택한다.

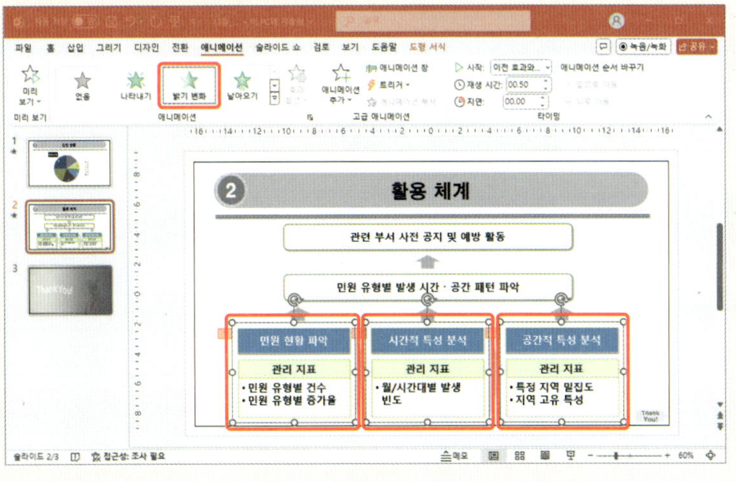

종합예제

4 '오른쪽 화살표 1~2' 도형을 모두 선택한다. [애니메이션] 탭-[애니메이션] 그룹에서 [나타내기]의 [닦아내기]를 선택한 다음, [효과 옵션]은 [왼쪽에서]로 변경한다.

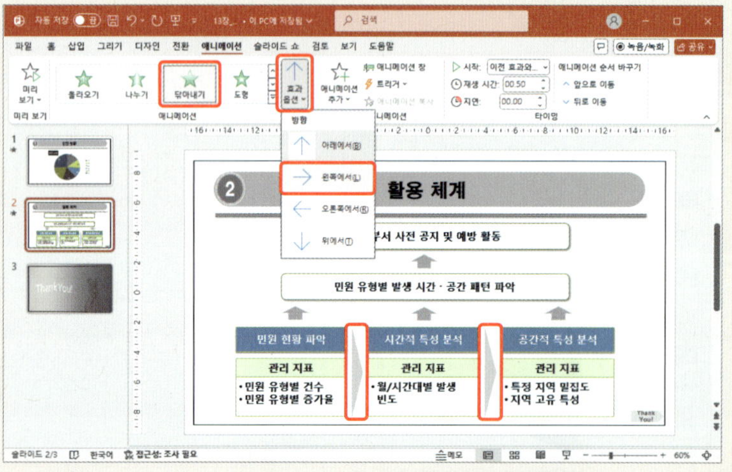

5 [애니메이션 창]을 열어 애니메이션 순서를 그림과 같이 변경한다. '그룹 1'의 [시작] 옵션은 [클릭할 때]로, 나머지는 모두 [이전 효과 다음에 시작]으로 설정한다.

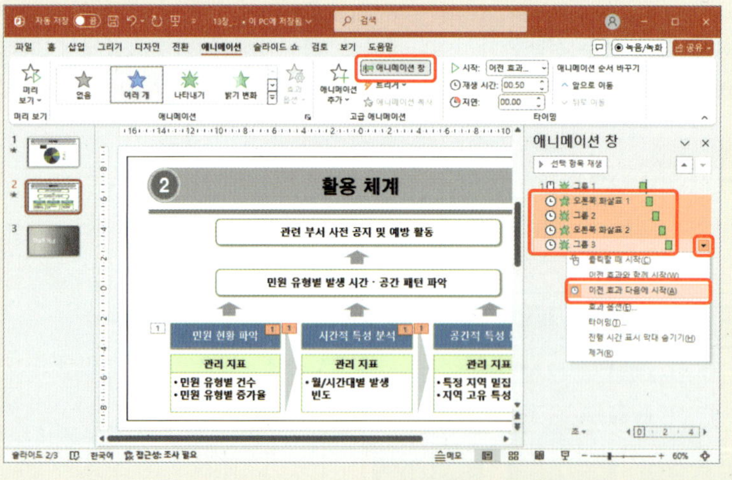

6 '위쪽 화살표 1~4'를 모두 선택하고 애니메이션 스타일을 [나타내기]의 [닦아내기]로 설정한다.

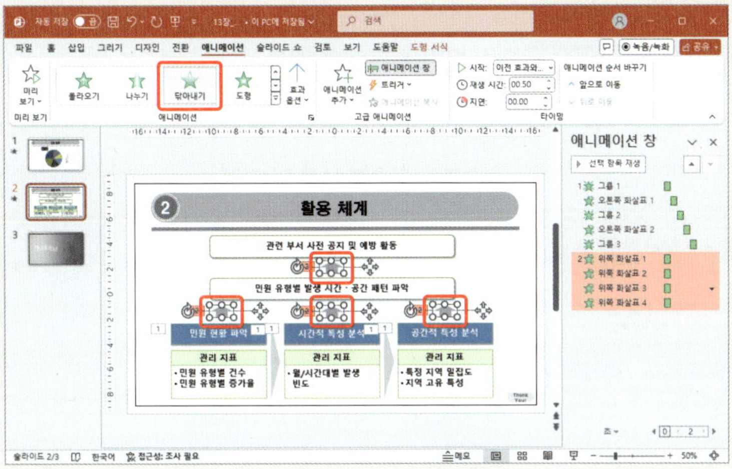

7 [애니메이션] 창에서 '위쪽 화살표 1'의 시작 옵션을 [이전 효과 다음에 시작]으로 설정하여 그림과 같이 동작하도록 한다.

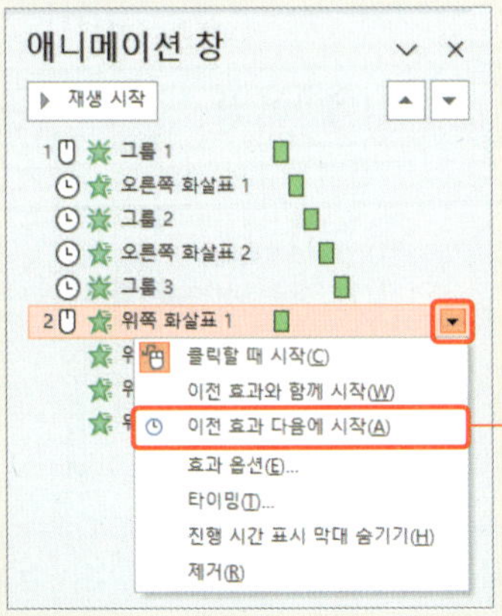

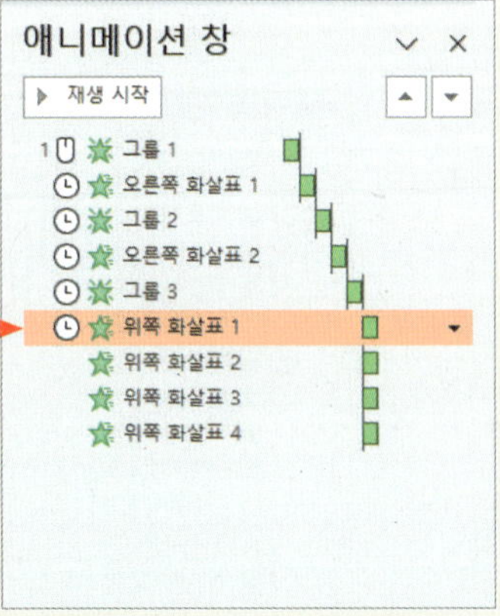

종합예제

8 '사각형 1~2' 도형을 선택하고 애니메이션 스타일을 [나타내기]의 [밝기 변화]로 설정한 다음, [이전 효과 다음에 시작]으로 시작 옵션을 수정한다.

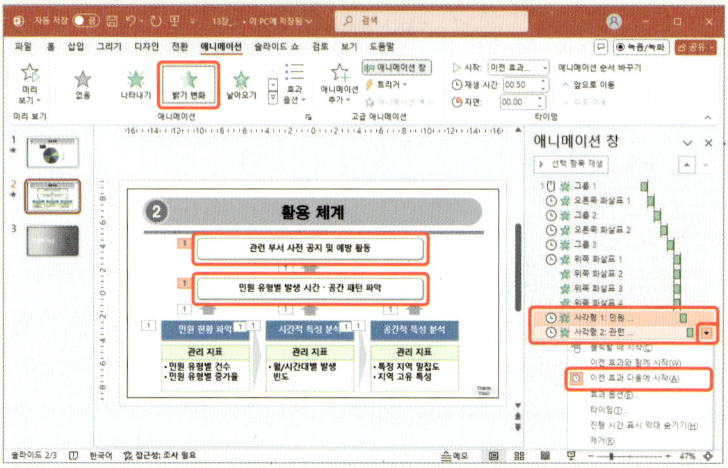

9 [애니메이션 창]에서 '위쪽 화살표 4'의 애니메이션 순서를 그림과 같이 변경하고 [이전 효과 다음에 시작]으로 설정한다.

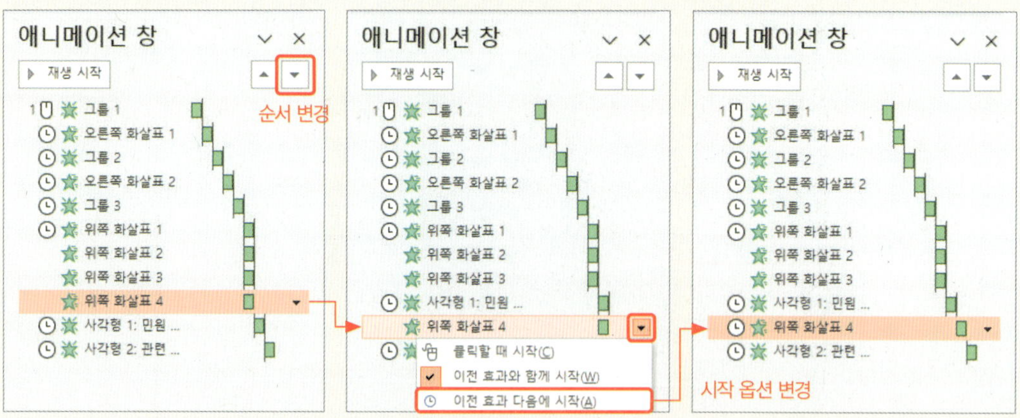

10 '사각형 2' 도형을 선택하고 [애니메이션] 탭–[고급 애니메이션] 그룹–[애니메이션 추가]를 눌러 [강조]의 [크게/작게]를 선택한다.

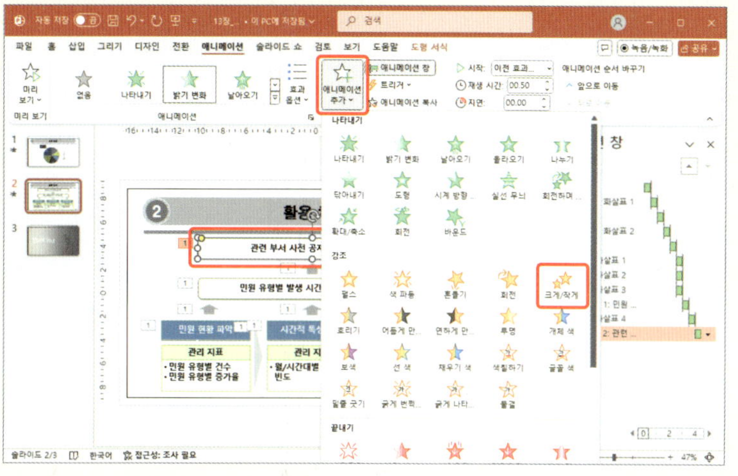

11 [애니메이션 창]에서 '사각형 2'의 [효과 옵션]을 선택한다.

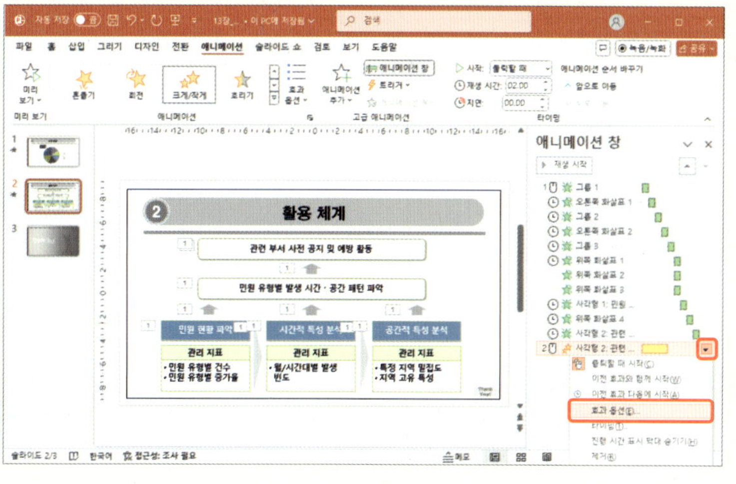

종합예제

12 [크게/작게] 대화상자의 [효과] 탭에서 [크기]의 목록 단추를 눌러 [사용자 지정]-[120%]로 변경한다. [타이밍] 탭에서 [시작]은 [이전 효과 다음에]로, [재생 시간]은 [0.5초(매우 빠르게)]로 설정한 후 [확인]을 누른다.

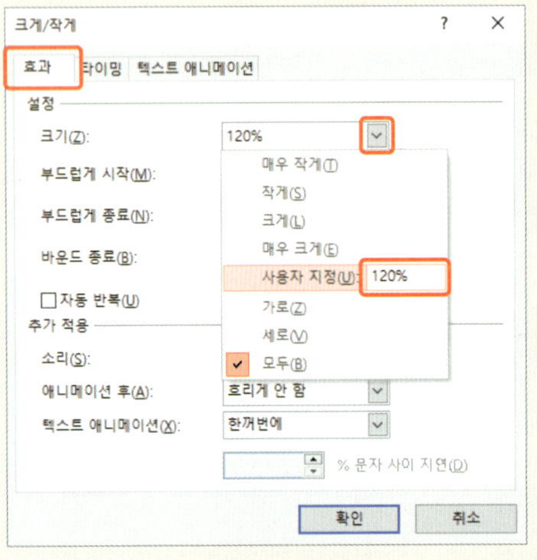

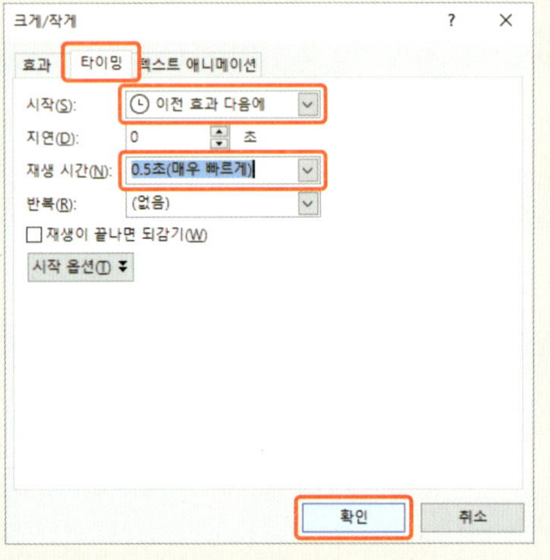

13 [미리 보기]를 눌러 설정한 애니메이션의 동작을 확인해 보고, [애니메이션 창]을 닫는다.

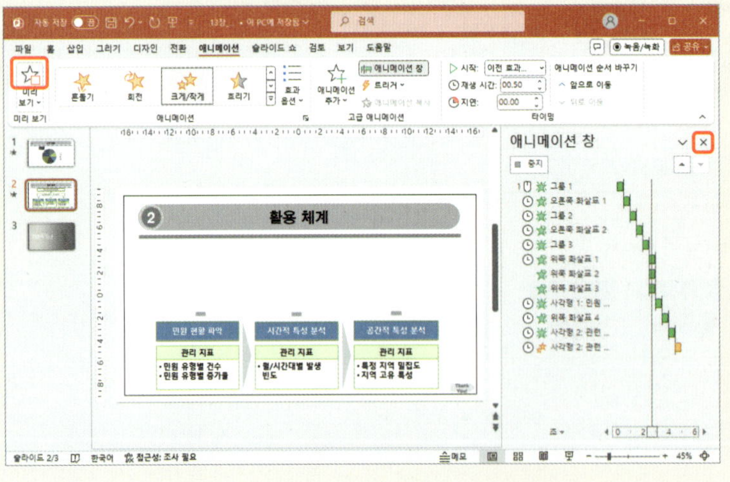

14 슬라이드 3을 선택하고, [전환] 탭–[슬라이드 화면 전환] 그룹에서 [은은한 효과]의 [모핑]을 선택한다. [효과 옵션]을 눌러 [문자]로 옵션을 변경한다.

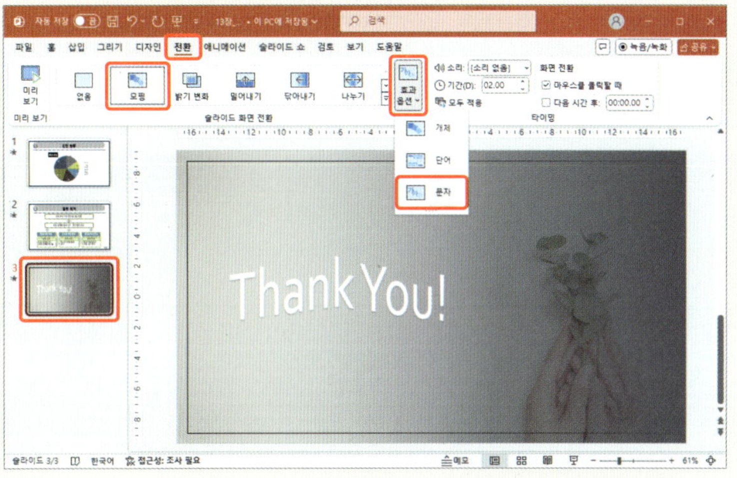

TIP 슬라이드 2와 슬라이드 3에 공통으로 들어 있는 문자('Thank You!')를 모핑 효과로 설정한다.

15 [미리 보기]를 눌러 설정한 화면 전환 동작을 확인해 본다. 슬라이드 2의 'Thank You!' 텍스트가 점차 변하면서 슬라이드 3으로 전환된다.

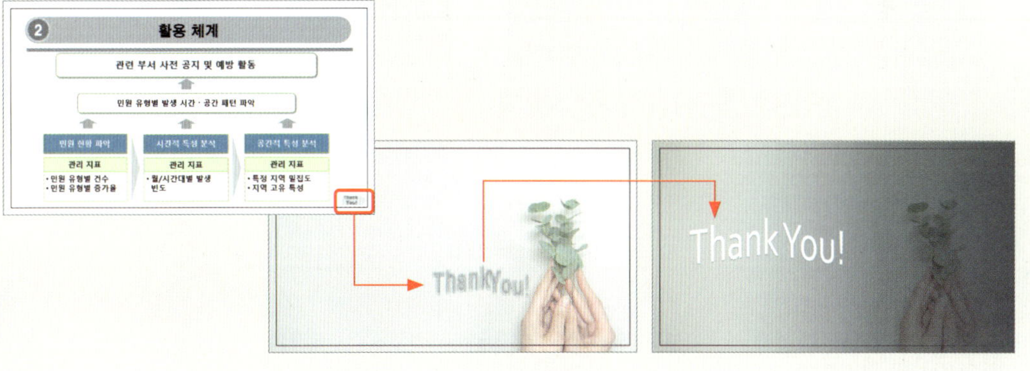

연습 문제

1 다음 지시대로 차트의 계열이 차례대로 나타나도록 애니메이션을 설정하시오.

❶ '13장_연습.pptx' 파일을 열고 슬라이드 6에 있는 차트에 [나타내기]-[올라오기]로 애니메이션 효과를 설정하시오.

❷ [효과 옵션]의 [방향]은 [서서히 위로], [시퀀스]는 [계열별로]로 설정하고 [재생 시간]은 [0.5초]로 변경하시오.

❸ 애니메이션의 시작 옵션은 처음 한 번만 클릭하면 나머지 항목이 순서대로 나타나도록 [이전 효과 다음에 시작]으로 설정하시오.

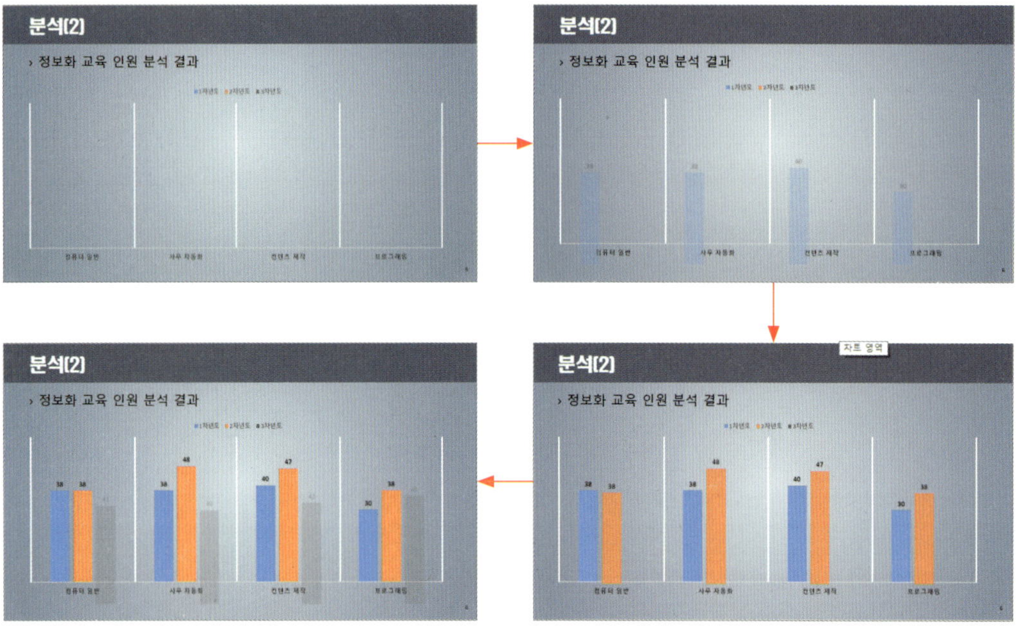

2 다음 지시대로 전환과 슬라이드 쇼 옵션을 설정하시오.

❶ '13장_연습.pptx' 파일을 열고 모든 슬라이드에 화면 전환 효과는 [당기기]로, [효과 옵션]은 [오른쪽 위에서]로, [기간]은 0.5초로 설정하시오.

❷ 모든 슬라이드의 재생 시간을 [10초]로 설정하고, Esc 키를 누를 때까지 슬라이드 쇼가 계속 실행되도록 설정하시오.

❸ 슬라이드 쇼를 진행할 때 사용하는 펜 색은 [검정]으로, 레이저 포인터 색은 [녹색]으로 설정하시오.

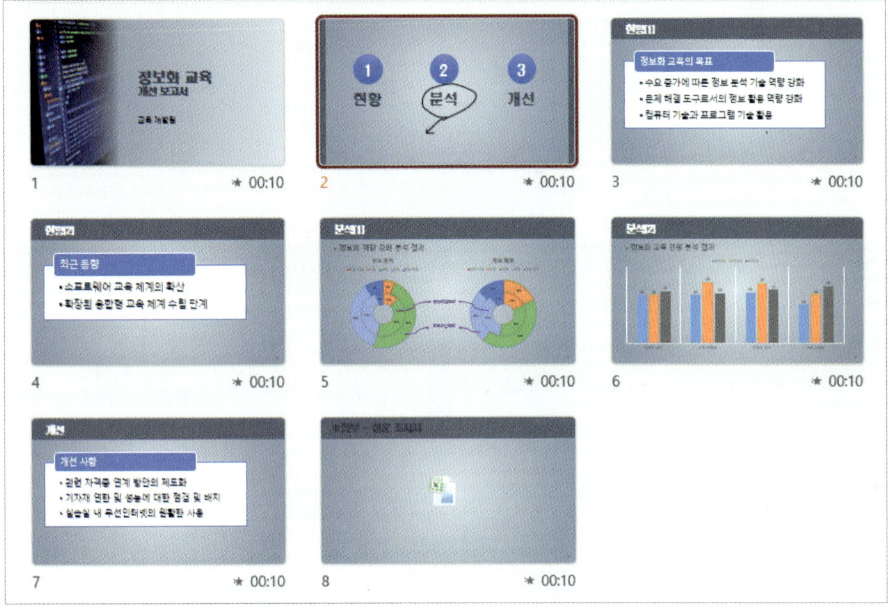

3 다음 지시대로 재구성한 슬라이드 쇼를 만드시오.

❶ '13장_연습.pptx' 파일을 열고 번호가 홀수인 슬라이드(슬라이드 1, 3, 5, 7)를 '요약 발표'라는 이름의 쇼로 재구성하시오.

❷ F5 를 눌러 슬라이드 쇼를 진행하면 재구성한 쇼인 '요약 발표'가 기본으로 재생되도록 설정하시오.

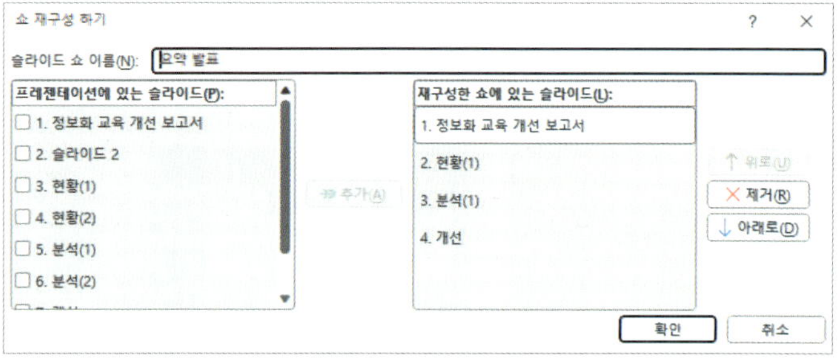

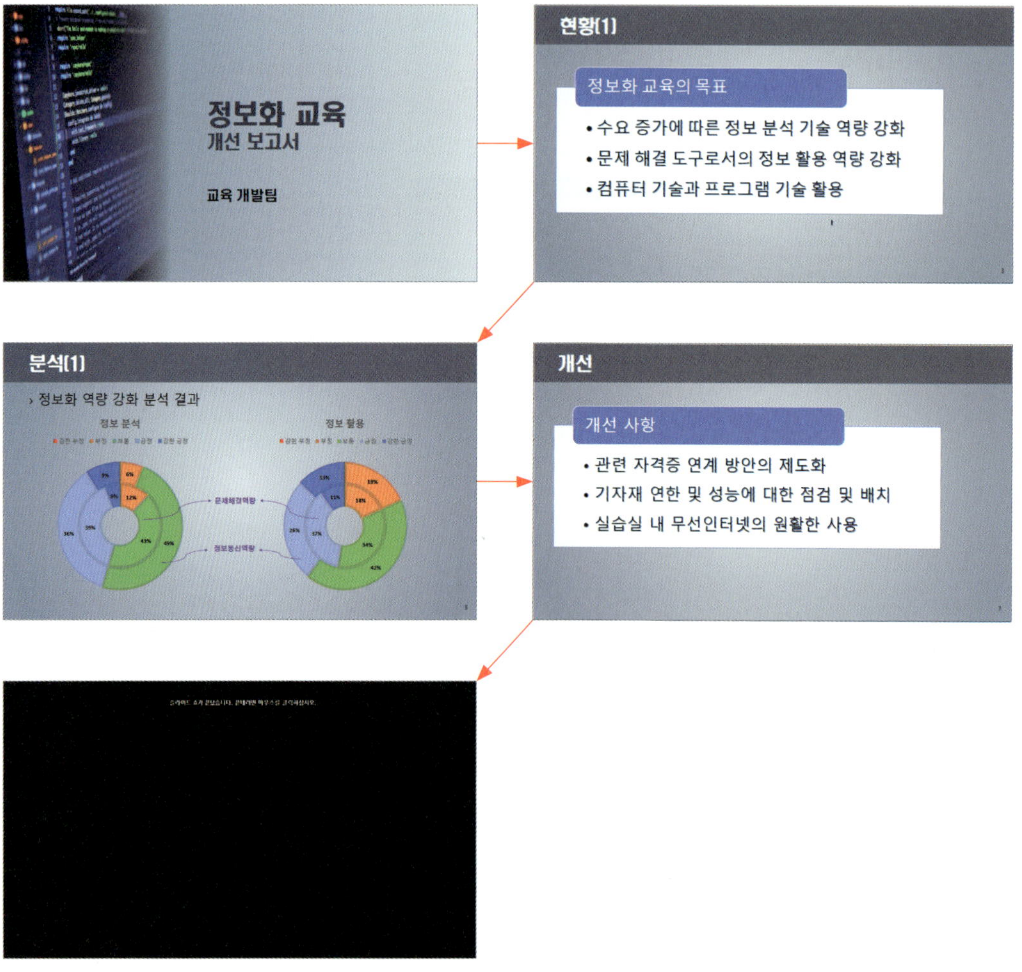

CHAPTER

14

슬라이드 마스터와 인쇄 설정

학습목표

- 슬라이드 마스터를 만들고 활용할 수 있다.
- 유인물 마스터를 작성할 수 있다.
- 인쇄 옵션을 설정해 슬라이드를 인쇄할 수 있다.

SECTION 01

슬라이드 마스터 활용하기

슬라이드를 제작할 때 슬라이드마다 모양을 다르게 디자인하면, 작업 시간이 오래 걸려 비효율적이고 일관성이 떨어져 공들여 만든 결과물이 오히려 역효과를 낼 수도 있다. 많은 양의 슬라이드를 제작하거나 회사의 대표 색상이나 로고를 프레젠테이션에 공통으로 사용해야 하는 경우, 슬라이드 마스터를 활용하면 작업 효율성을 높이고 일관성 있는 슬라이드를 만들 수 있다.

1.1 슬라이드 마스터와 레이아웃

식빵을 만들 때 준비된 빵틀에 원하는 재료를 넣어 구우면 재료 종류에 따라 잡곡식빵, 초코식빵, 단호박식빵 등을 일정한 모양으로 만들 수 있다. 이렇게 일상에서 흔히 볼 수 있는 틀은 같은 모양으로 많은 양의 작업을 할 때 아주 유용하다.

슬라이드 마스터는 슬라이드를 같은 모양으로 만들기 위해 사용하는 틀이라고 할 수 있다. 슬라이드에 공통으로 사용할 제목이나 본문 텍스트, 도형 등을 필요한 위치에 미리 배치하고 글꼴이나 배경 서식 등을 미리 설정해 두면, 내용만 바꾸어 여러 장의 슬라이드를 빠르게 만들 수 있다.

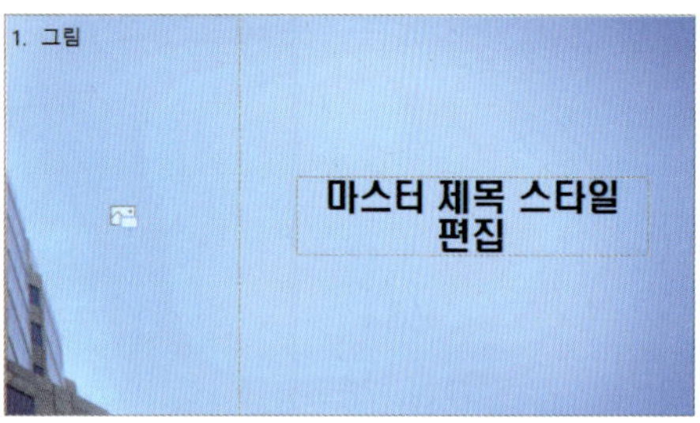

▲ 슬라이드 마스터

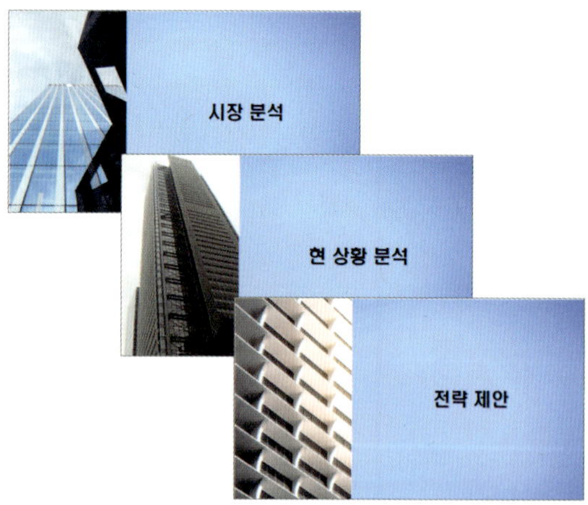

▲ 슬라이드 1, 슬라이드 2, 슬라이드 3

슬라이드 마스터는 여러 개의 레이아웃으로 구성된다. 제목, 제목 및 내용, 빈 화면, 간지 등 레이아웃마다 이름을 붙이고 용도에 따라 배치나 서식을 다르게 설정해서 슬라이드 마스터 하위에 만들어 둔다. 마치 역할이 다른 여러 명의 팀원이 하나의 팀을 구성하는 것과 같다.

또, 하나의 프레젠테이션 파일 안에서 여러 종류의 슬라이드 마스터를 사용할 수 있다. 그리고, 슬라이드 마스터를 테마 파일 형식으로 저장해 두면 새 프레젠테이션을 만들 때 파워포인트에서 제공하는 디자인 테마처럼 사용할 수 있다.

슬라이드 마스터와 하위 레이아웃

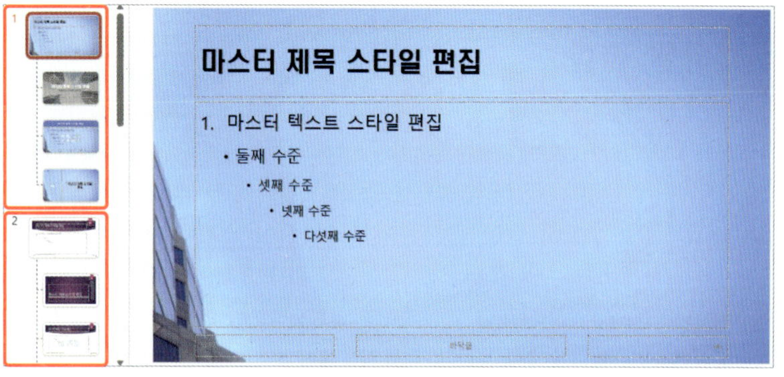

▲ 두 종류의 슬라이드 마스터로 구성된 프레젠테이션

기본예제 14-1 슬라이드 마스터와 레이아웃 추가, 삭제하기

슬라이드 마스터 도구를 사용하여 슬라이드 마스터와 레이아웃을 만드는 방법을 알아보자.

01 파워포인트를 실행하고 새 프레젠테이션을 만든 다음 [보기] 탭-[마스터 보기] 그룹-[슬라이드 마스터]를 누른다.

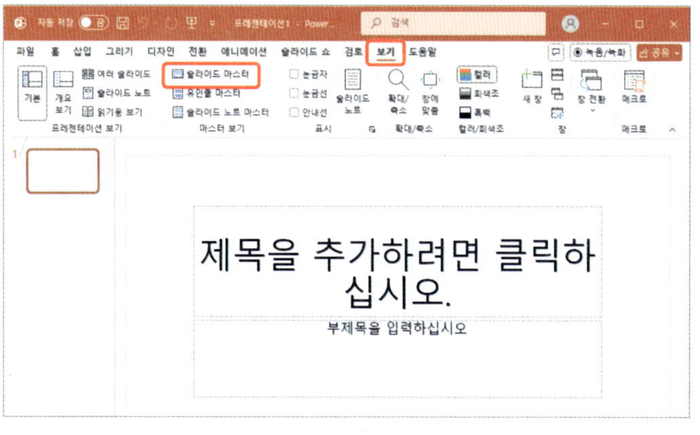

TIP Shift 단추와 작업 표시줄의 [기본] 단추를 함께 눌러 슬라이드 마스터 보기를 실행할 수도 있다.

02 제목 슬라이드 레이아웃과 제목 및 내용 레이아웃을 제외한 나머지를 모두 선택하고 [슬라이드 마스터] 탭-[마스터 편집] 그룹-[삭제]를 누른다.

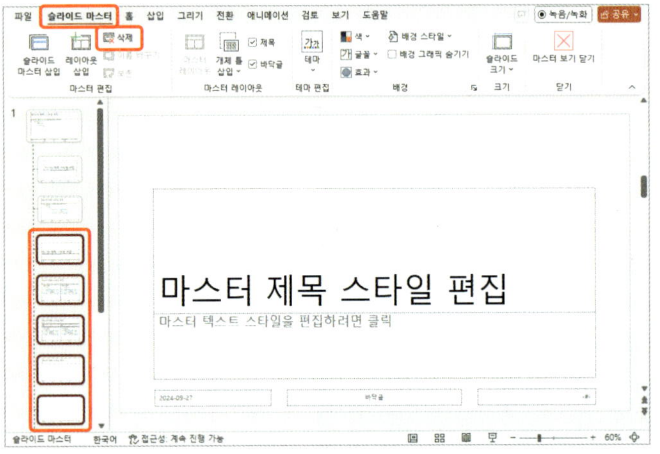

TIP 기본으로 제공되는 'Office 테마' 슬라이드 마스터는 11개의 하위 레이아웃으로 구성된다. 레이아웃에 마우스를 올리면 레이아웃 이름과 해당 레이아웃이 적용된 슬라이드 번호를 알 수 있다. 슬라이드에서 사용 중인 레이아웃은 삭제할 수 없다.

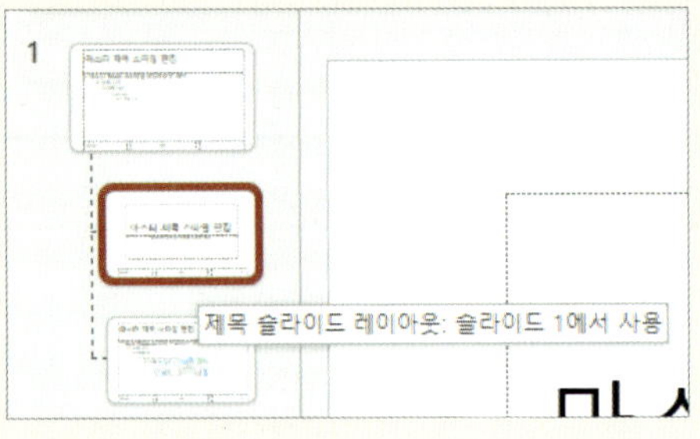

03 [슬라이드 마스터] 탭-[마스터 편집] 그룹-[레이아웃 삽입]을 눌러 레이아웃을 하나 추가한다.

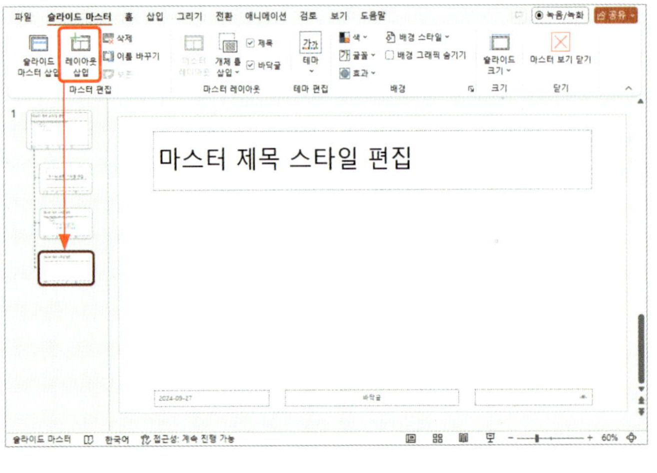

TIP [슬라이드 마스터 삽입]을 클릭하면 새로운 슬라이드 마스터와 레이아웃 그룹이 만들어진다.

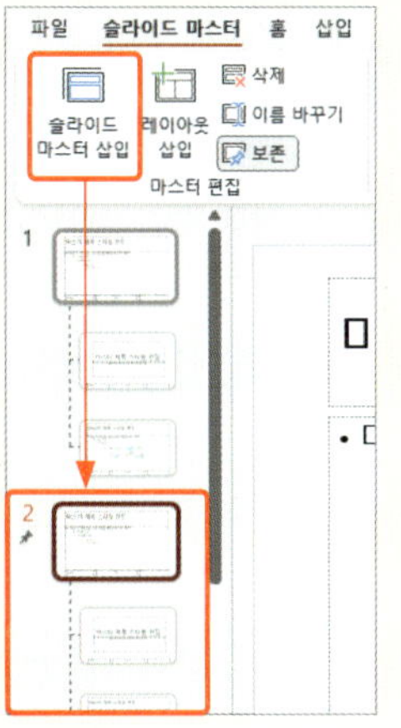

04 추가한 레이아웃을 선택하고 [슬라이드 마스터] 탭–[마스터 편집] 그룹–[이름 바꾸기]를 누른다. [레이아웃 이름 바꾸기] 대화상자의 [레이아웃 이름]에 **간지**라고 입력하고 [이름 바꾸기]를 누른다.

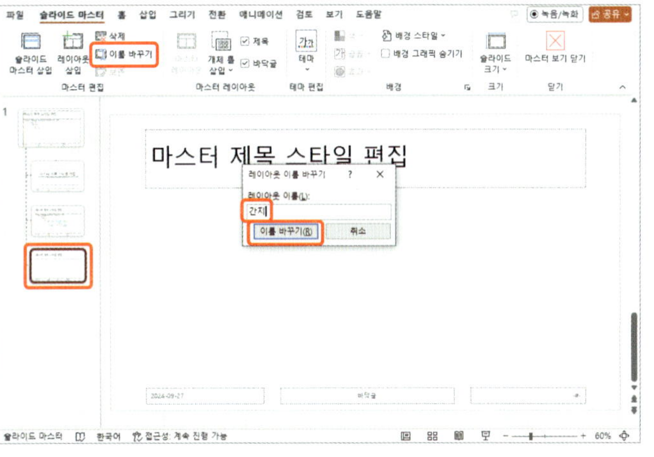

05 이번에는 맨 위의 슬라이드 마스터를 선택하고 [이름 바꾸기]를 눌러 이름을 **제안서 테마**로 변경한다.

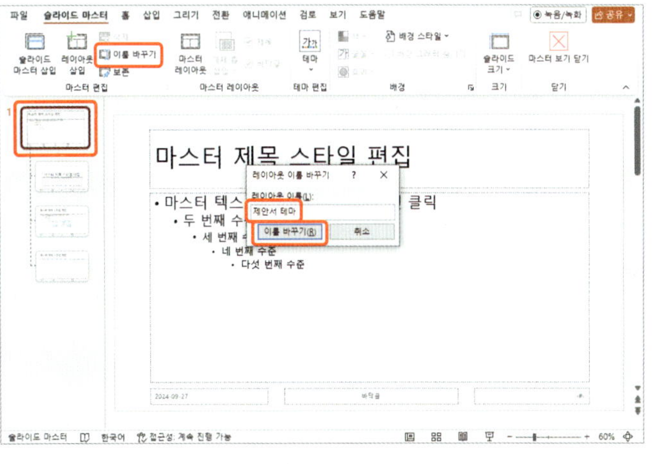

06 [슬라이드 마스터] 탭-[닫기] 그룹-[마스터 보기 닫기] 또는 작업 표시줄의 [기본] 단추를 눌러 기본 보기 화면으로 돌아간다.

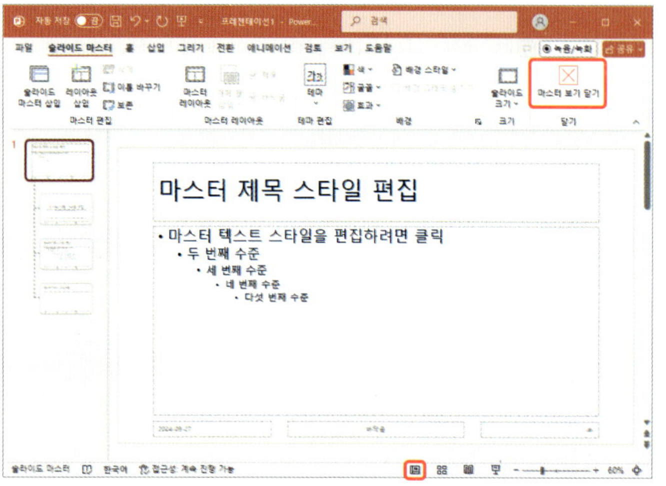

07 [홈] 탭-[슬라이드] 그룹-[새 슬라이드] 목록 버튼을 누르면 '제안서 테마'의 레이아웃들이 표시된다.

TIP 현재 프레젠테이션에서 슬라이드를 만들 때 어떤 레이아웃을 사용할 수 있는지 알 수 있다.

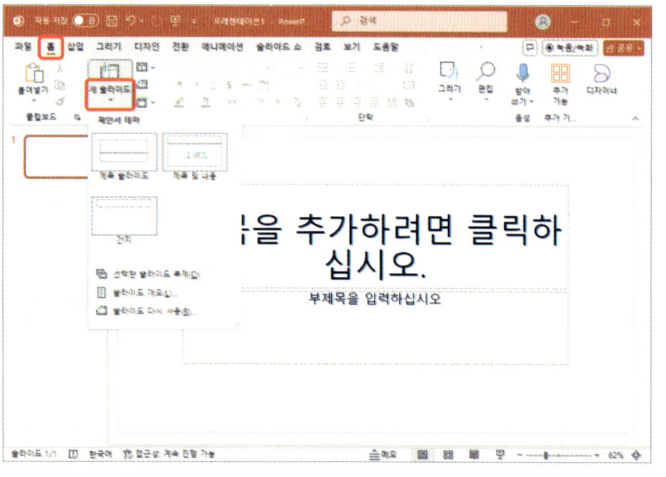

1.2 슬라이드 마스터와 레이아웃 편집

슬라이드 마스터를 구성하는 각 레이아웃에는 텍스트나 그림 등 개체 틀을 삽입할 수 있고, 개체 틀의 크기나 위치 또는 서식을 원하는 모양으로 설정할 수 있다. 마찬가지로 레이아웃 상위에 있는 슬라이드 마스터 자체도 개체 틀과 서식을 변경할 수 있다. 이때 상위의 슬라이드 마스터를 편집하면 하위의 모든 레이아웃에도 영향을 주게 된다.

모든 레이아웃에 공통으로 사용하는 글꼴, 도형, 배경 서식 등이 있다면 상위의 슬라이드 마스터에서 편집하고, 그 외에는 해당 레이아웃을 선택한 뒤 개별적으로 설정한다.

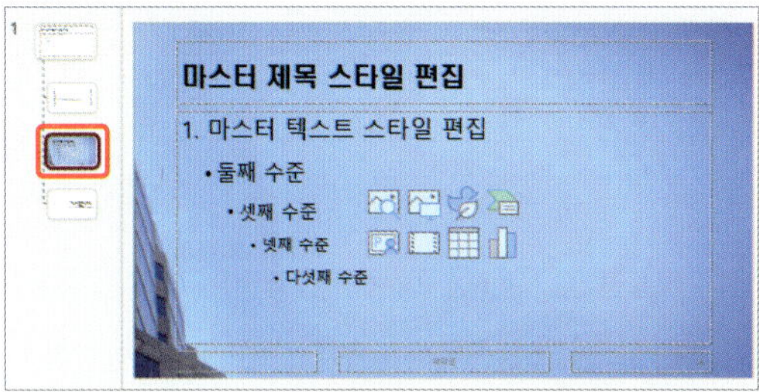

▲ [제목 및 내용] 레이아웃에 배경 서식을 개별적으로 설정한 경우

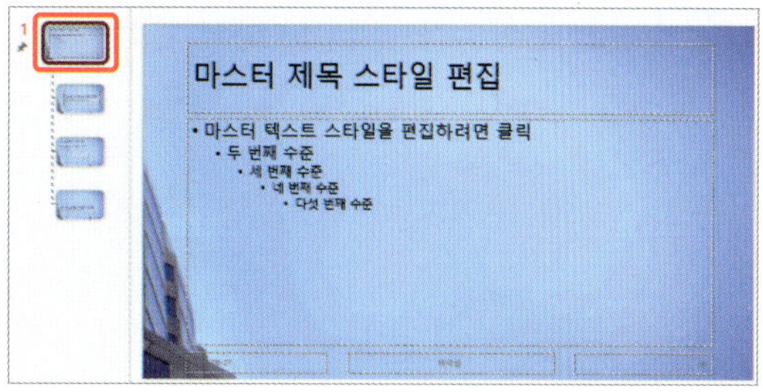

▲ [슬라이드 마스터]에 배경 서식을 설정하여 모든 레이아웃에 적용한 경우

기본예제 14-2 슬라이드 마스터 편집하기

일반적인 슬라이드 편집과 같이 슬라이드 마스터에도 배경이나 글꼴 등의 서식을 설정할 수 있다. 슬라이드 마스터를 이용하여 전체 레이아웃에 동일하게 사용할 모양을 만들어 보자.

01 기본 보기 화면에서 Shift를 누른 상태로 작업 표시줄의 [기본] 단추를 눌러 슬라이드 마스터 보기로 전환한다.

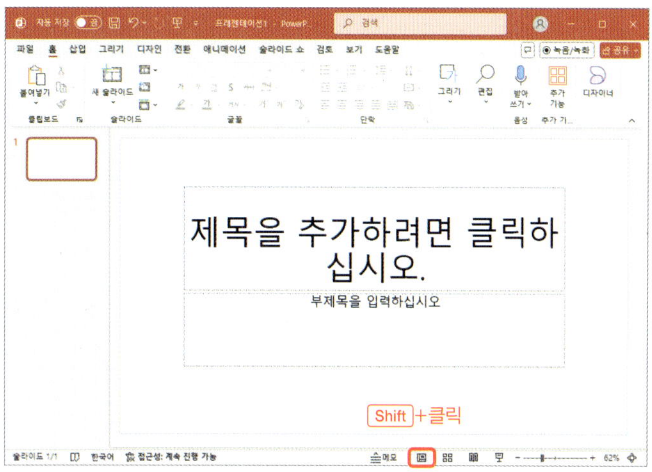

02 맨 위의 슬라이드 마스터를 선택하고 [슬라이드 마스터] 탭–[배경] 그룹–[배경 스타일] 목록에서 [배경 서식]을 선택한다.

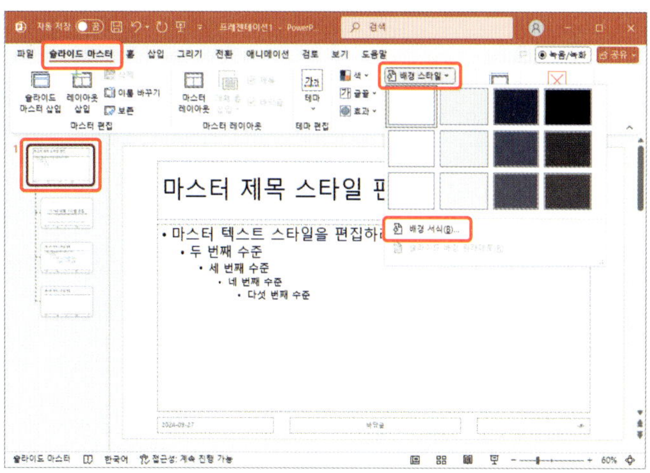

03 [배경 서식] 작업 창의 [채우기] 탭에서 [채우기]-[그림 또는 질감 채우기]를 선택하고 [그림 원본]의 [삽입]을 누른다.

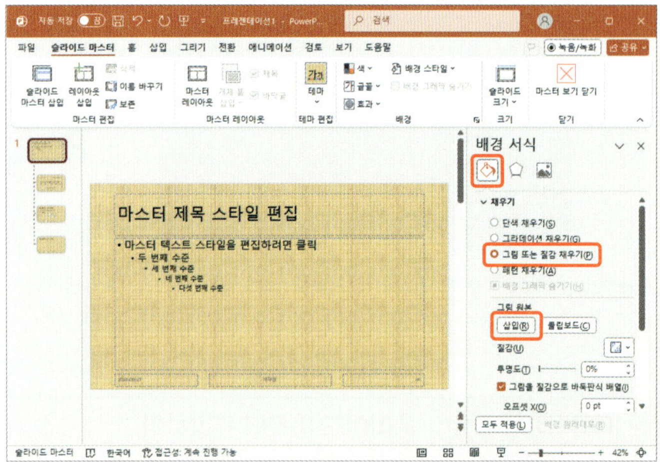

04 [그림 삽입] 대화상자에서 [파일에서]를 선택한 다음 '배경1.jpg' 파일을 찾아 선택하고 [삽입]을 누른다.

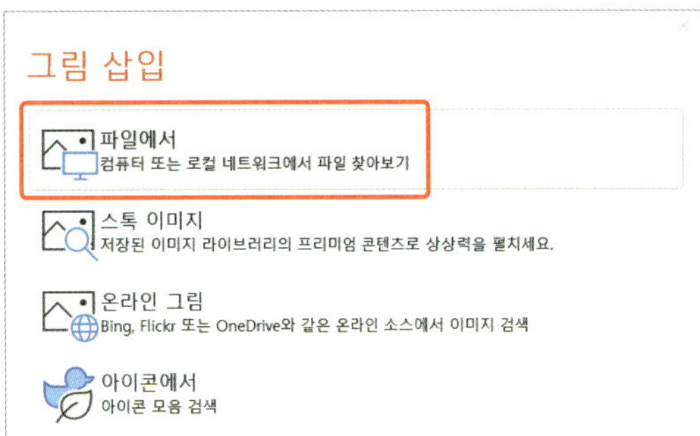

05 [배경 서식] 작업 창을 닫고 제목 개체 틀을 선택한다. [홈] 탭-[글꼴] 그룹에서 [글꼴]을 [HY헤드라인M]으로 설정하고 [단락] 그룹에서 [가운데 맞춤]을 설정한다.

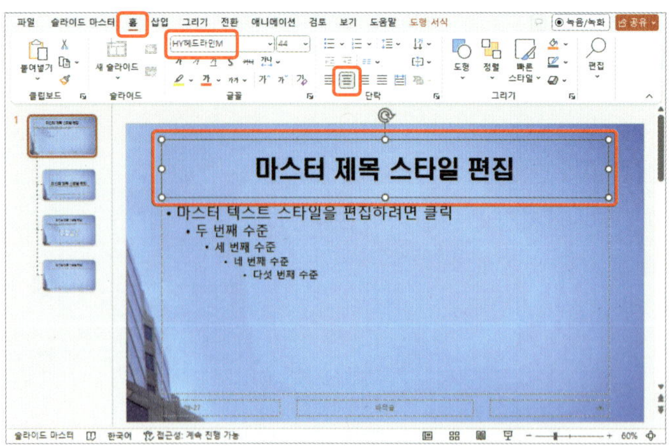

06 내용 개체 틀의 첫 단락에 커서를 두고 [홈] 탭–[단락] 그룹–[번호 매기기]를 선택한다.

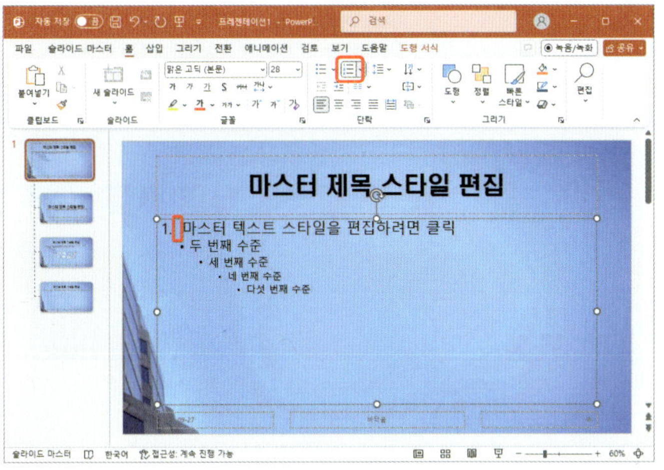

07 내용 개체 틀의 단락 전체를 드래그해 선택하고 [홈] 탭–[단락] 그룹–[줄 간격]–[1.5]를 선택한다.

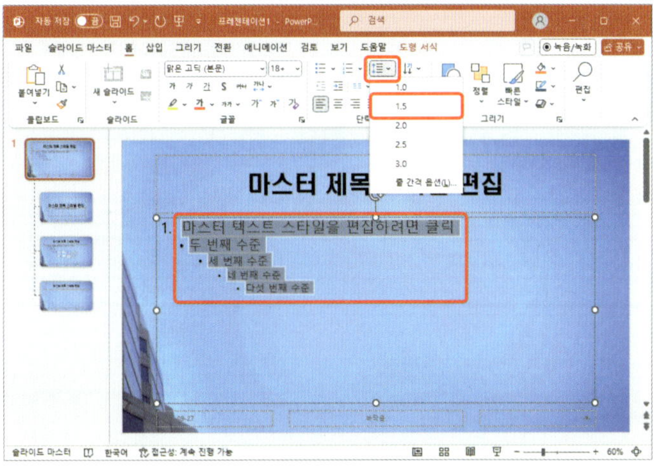

TIP 하위에 있는 레이아웃에 설정한 모양이 적용되어 배경 그림과 제목 글꼴, 줄 간격이 모두 변경된다.

기본예제 14-3 레이아웃 편집과 개체 틀 삽입하기

슬라이드 마스터를 구성하고 있는 개별 레이아웃의 모양을 바꾸면 슬라이드 마스터와는 달리 다른 레이아웃에 영향을 주지 않는다. 해당 레이아웃에만 적용할 배경 그림이나 도형을 배치하고 글꼴 등의 서식을 설정해 보자.

01 [제목 슬라이드] 레이아웃을 마우스 오른쪽 단추로 누르고 [배경 서식]을 선택한다.

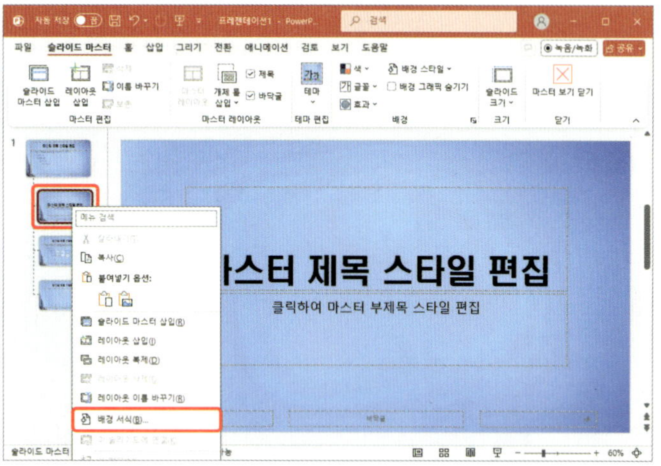

02 [배경 서식] 작업 창에서 [그림 원본]의 [삽입]을 누르고 [그림 삽입] 대화상자에서 [파일에서]를 선택한다. '배경2.jpg' 파일을 찾아 선택하고 [삽입]을 누른다.

TIP [배경 서식] 작업 창 하단의 [모두 적용]을 누르면 현재 설정한 배경 서식이 모든 레이아웃에 적용된다. 그 옆의 [배경 원래대로]를 클릭하면 상위의 슬라이드 마스터에서 공통으로 설정한 배경 서식 모양으로 돌아간다.

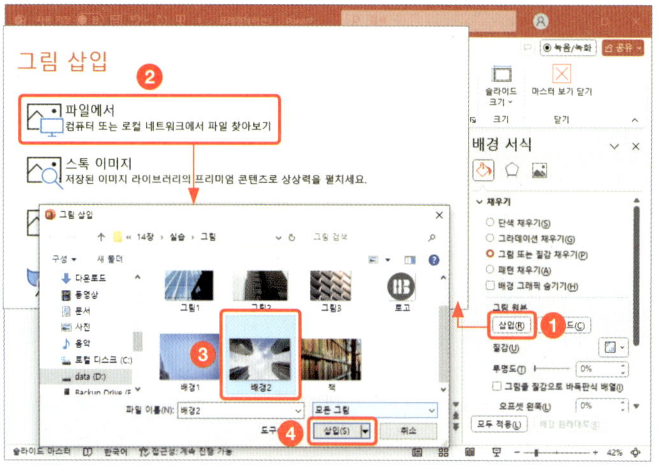

03 [삽입] 탭–[일러스트레이션] 그룹–[도형]–[직사각형]을 선택해 슬라이드 크기로 삽입한다. 직사각형을 마우스 오른쪽 단추로 눌러 [맨 뒤로 보내기]를 선택한다.

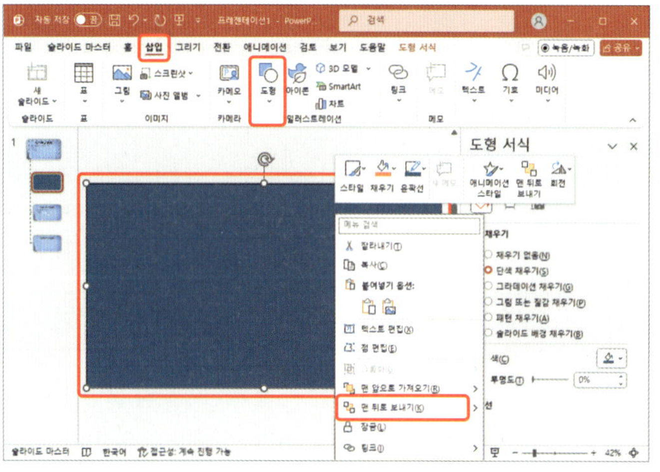

04 직사각형을 선택한 상태로 [도형 서식] 작업 창의 [도형 옵션]-[채우기] 탭에서 [채우기]의 [색]은 [검정, 텍스트 1]로, [투명도]는 [60%]로 설정하고 [선]-[선 없음]을 선택한다.

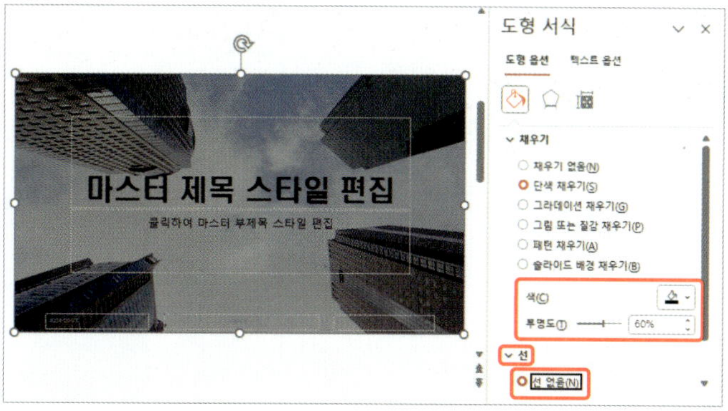

05 [도형 서식] 작업 창은 닫고, [슬라이드 마스터] 탭-[마스터 레이아웃] 그룹-[바닥글]을 클릭해 선택을 해제한다.

TIP 제목 슬라이드에는 날짜나 슬라이드 번호와 같은 바닥글을 표시하지 않는 것이 더 좋다.

06 가독성을 높이기 위해 제목과 부제목을 모두 선택하고 [홈] 탭-[글꼴] 그룹에서 [글꼴 색]-[흰색, 배경 1]과 [굵게]를 설정한다.

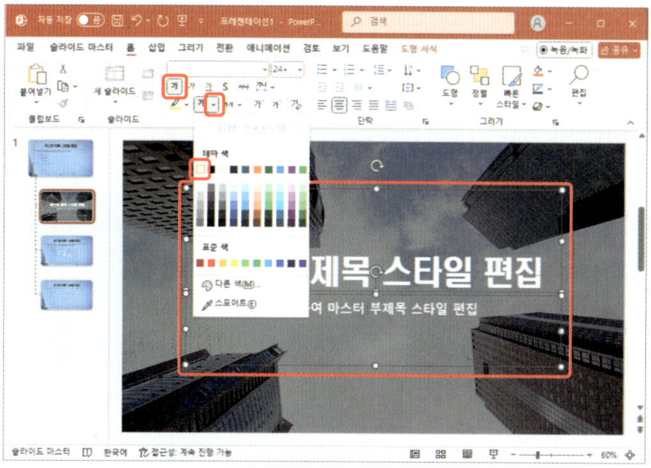

07 [제목 및 내용] 레이아웃의 제목 틀을 선택하고, [도형 서식] 탭–[도형 스타일] 그룹–[도형 채우기] 목록에서 [파랑, 강조 5]를 선택한다.

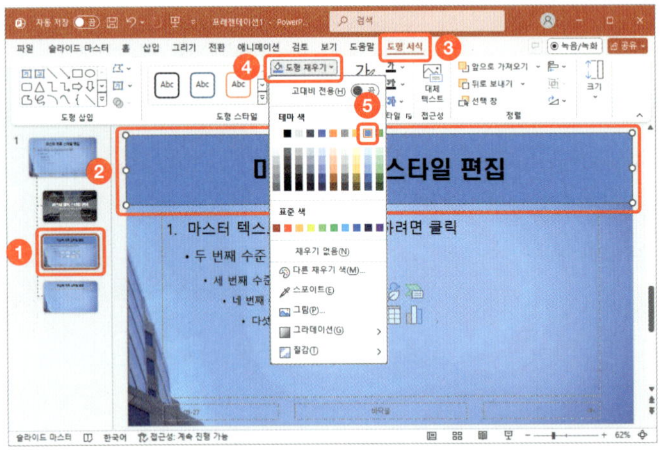

08 [제목 및 내용] 레이아웃의 본문 틀을 선택하고, [홈] 탭–[글꼴] 그룹에서 [굵게]와 [글꼴 크기 크게]를 설정한다.

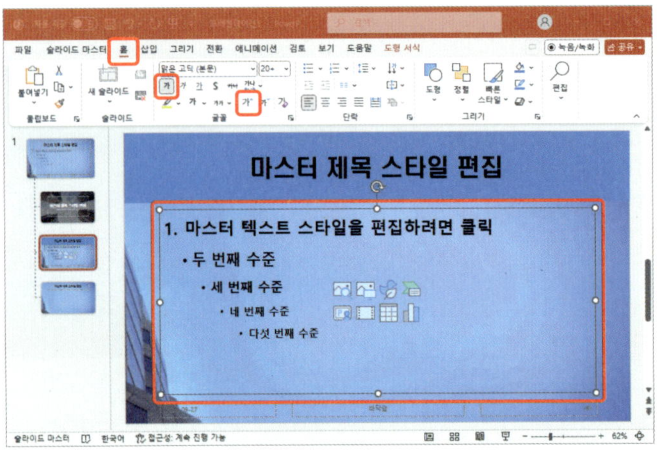

09 [간지] 레이아웃을 선택하고 [슬라이드 마스터] 탭–[마스터 레이아웃] 그룹에서 [바닥글]을 해제한 후, [개체 틀 삽입] 목록에서 [그림]을 선택한다.

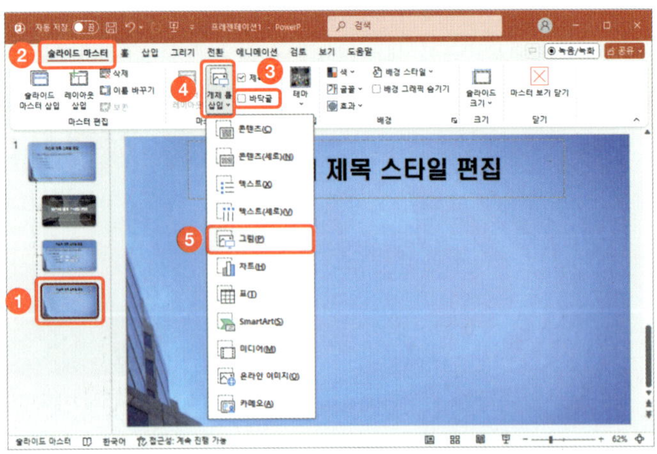

10 제목 틀과 그림 틀의 크기를 마우스로 조정해 그림과 같이 배치한다. 제목의 [글꼴 크기]는 [54]로 설정하고 [가운데 맞춤]을 선택한다.

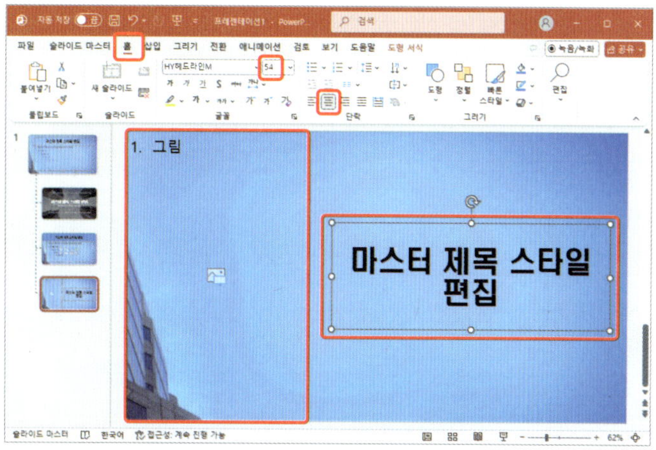

11 슬라이드 마스터의 편집을 끝내려면 [슬라이드 마스터] 탭–[닫기] 그룹–[마스터 보기 닫기]를 누른다.

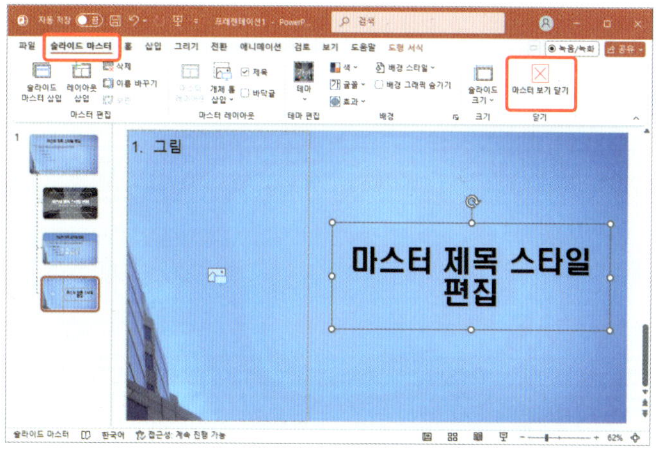

12 기본 보기 화면으로 전환되면 슬라이드에 제목과 부제목을 입력한다. 다음 슬라이드를 추가하기 위해 [홈] 탭–[새 슬라이드] 목록에서 [제목 및 내용] 레이아웃을 선택한다.

TIP [슬라이드 마스터] 보기 화면에서 발표할 내용을 입력하지 않도록 주의한다. 만약 슬라이드 마스터에 있는 텍스트 틀에 제목이나 내용을 입력하면 슬라이드에 표시되지 않아 발표 자료로 사용할 수 없다.

13 만들어둔 레이아웃 중 필요한 모양의 슬라이드를 더 추가해 내용을 입력하고, '마케팅 제안서.pptx' 파일로 저장한다.

TIP 작성한 슬라이드 마스터를 테마 형식으로 저장해 두면 다른 발표 자료를 만들 때 양식으로 사용할 수 있다. 슬라이드 마스터를 테마로 저장하는 방법은 종합예제에서 실습해 본다.

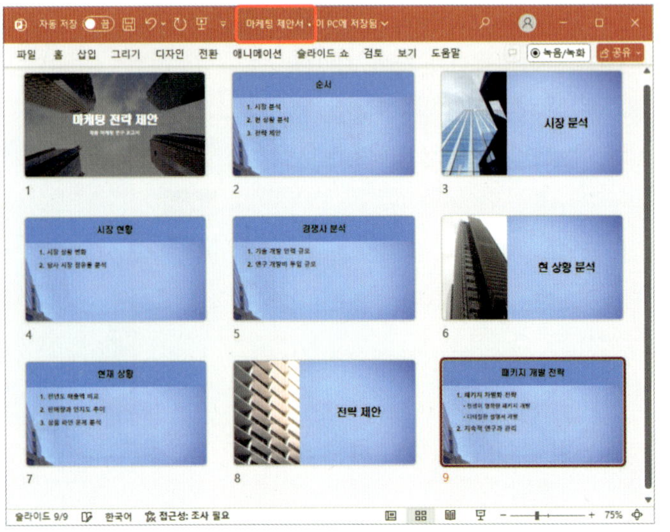

SECTION 02

유인물 마스터 활용하기

유인물은 프레젠테이션의 효과를 높이기 위해 청중에게 배포하는 인쇄물을 말한다. 화면에 표시되는 슬라이드 모양을 그대로 출력할 수도 있지만 회사 로고나 발표자 정보, 날짜 등을 표시하면 프레젠테이션이 끝난 후에도 자료로 활용하기 좋다. 또한 한 면에 여러 슬라이드를 인쇄하도록 설정하면 용지 낭비를 줄일 수 있다.

2.1 유인물 마스터 도구

유인물 마스터에서는 인쇄할 때의 용지 방향, 인쇄할 슬라이드 개수, 크기 등을 설정할 수 있다. 또한 머리글과 바닥글에 필요한 정보를 추가하고 날짜와 페이지 번호를 표시하거나 배경 스타일을 설정할 수 있다.

기본예제 14-4 유인물 마스터로 인쇄 형식 설정하기

유인물을 효과적으로 인쇄하기 위해 유인물 마스터를 활용하는 방법을 알아보자.

01 [기본예제 14-3]에서 작성한 '마케팅 제안서.pptx' 파일을 열고 [보기] 탭-[마스터 보기] 그룹-[유인물 마스터]를 누른다.

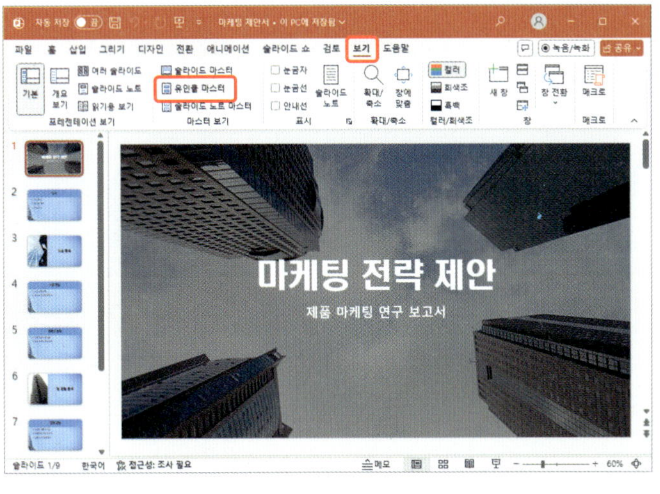

02 [유인물 마스터] 탭–[페이지 설정] 그룹–[유인물 방향]–[가로]를 선택한다.

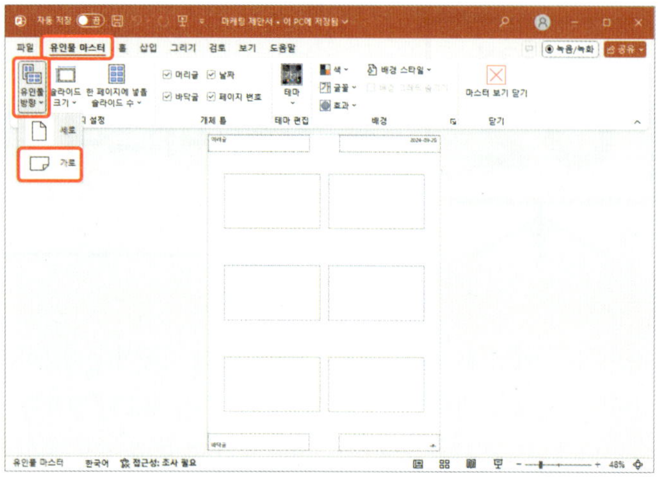

03 [유인물 마스터] 탭–[페이지 설정] 그룹–[한 페이지에 넣을 슬라이드 수] 목록에서 [4슬라이드]를 선택한다.

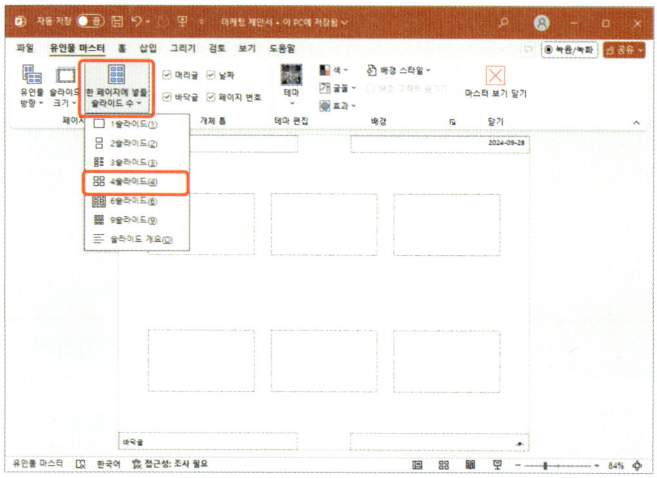

04 머리글을 눌러 **마케팅 전략 제안서**라고 입력하고 [홈] 탭–[글꼴] 그룹에서 [글꼴 크기]를 [16]으로 설정한다.

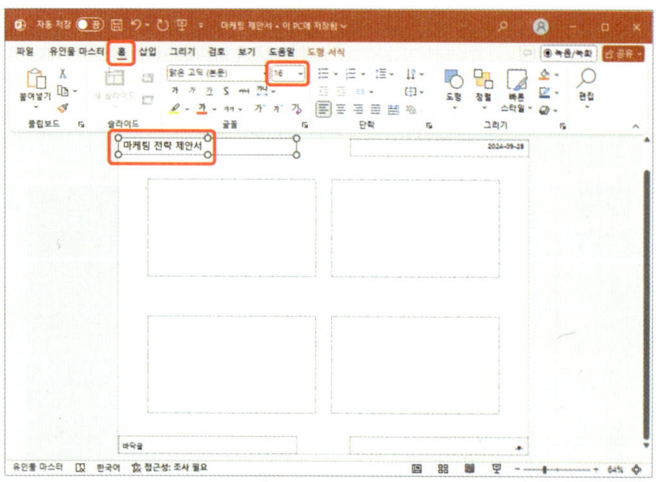

05 [삽입] 탭-[이미지] 그룹-[그림] 목록-[이 디바이스...]를 선택한다. [그림 삽입] 대화상자에서 '로고.png' 파일을 찾아 선택하고 [삽입]을 누른 후, 삽입된 그림을 드래그하여 바닥글 영역에 위치시킨다.

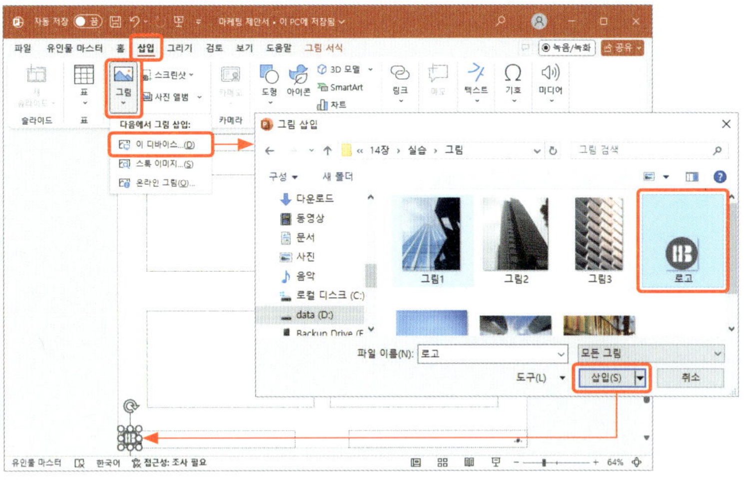

06 바닥글을 눌러 **한빛정보시스템**이라고 입력한다. 입력한 바닥글과 날짜 및 시간, 페이지 번호 영역을 모두 선택하고 [홈] 탭에서 [글꼴 크기]를 [16]으로 설정한다.

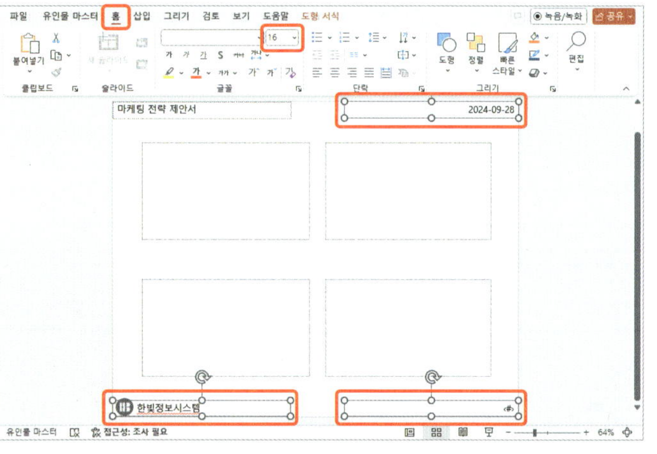

07 유인물 설정이 끝나면 [유인물 마스터] 탭-[닫기] 그룹-[마스터 보기 닫기]를 누른다.

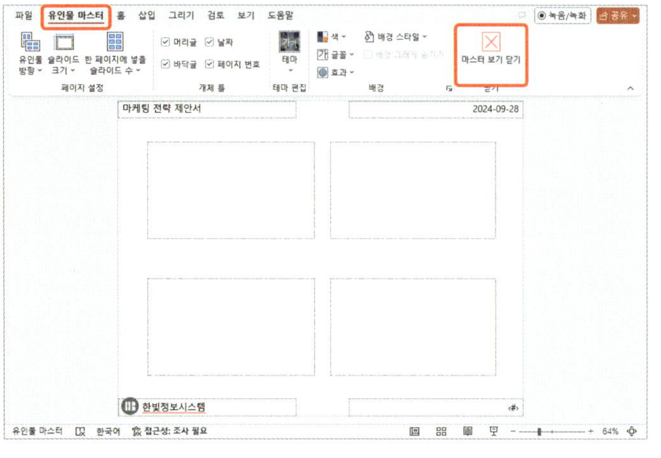

08 인쇄 모양을 확인하기 위해 [파일] 탭–[인쇄]를 선택한다. [전체 페이지 슬라이드]를 눌러 [유인물]의 [4 슬라이드 가로]를 선택하고 [용지에 맞게 크기 조정] 선택은 해제한다.

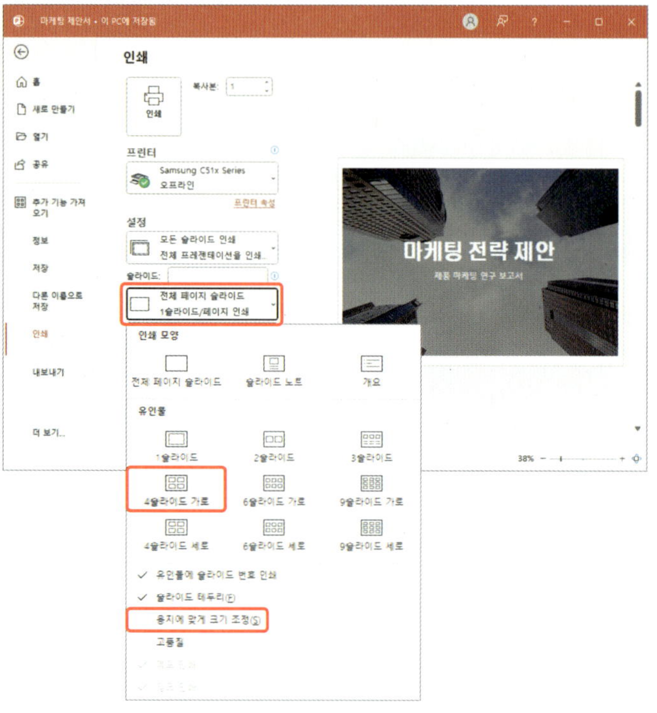

TIP 인쇄될 슬라이드 수나 방향을 다르게 선택해도 유인물 마스터에서 설정한 머리글이나 바닥글 모양이 적용된다.

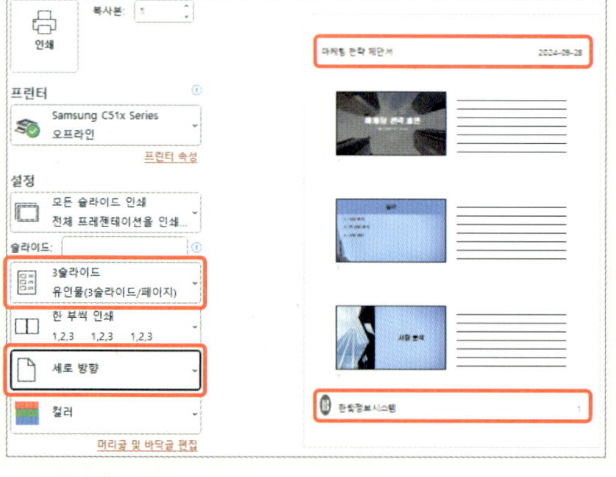

▲ 유인물을 [3슬라이드], [세로 방향]으로 설정한 경우

09 머리글, 바닥글 등 유인물 마스터에서 설정한 내용과 인쇄 옵션에 따른 인쇄 모양을 미리 보기 영역에서 확인할 수 있다.

TIP [보기] 탭-[마스터 보기] 그룹의 [슬라이드 노트 마스터]는 슬라이드 노트의 인쇄 형식을 설정하는 도구이다. 슬라이드 노트는 각 슬라이드에 대한 설명을 적는 곳으로, 발표자 보기 화면의 프롬프트처럼 사용한다. 단축키 Alt+F5를 눌러 발표자 보기 화면을 볼 수 있다.

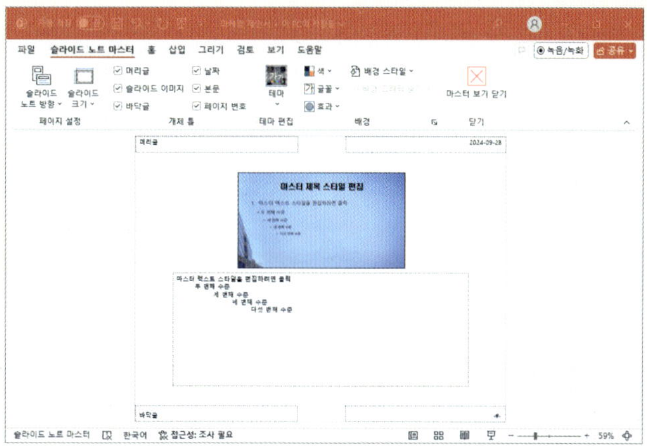

TIP 슬라이드 노트 마스터로 설정한 인쇄 형식은 [파일] 탭-[인쇄]의 [설정] 메뉴에서 [슬라이드 노트]를 선택하면 사용할 수 있다.

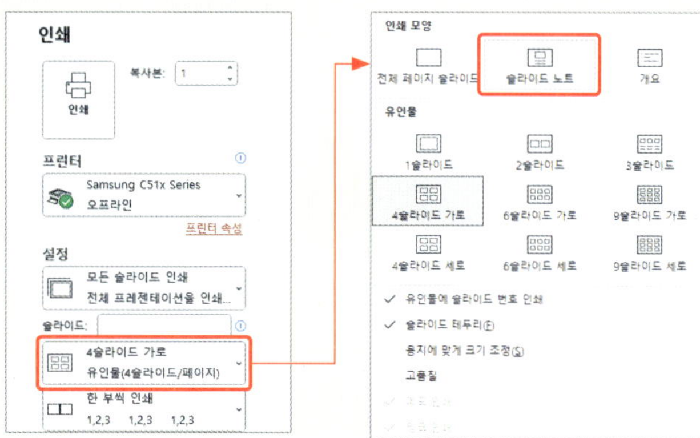

SECTION 03

인쇄 옵션 설정하기

청중에게 배포할 유인물을 인쇄할 때 유인물 마스터에서 모양을 미리 설정할 수 있지만, 인쇄 화면에서 제공되는 여러 가지 옵션을 이용할 수도 있다. 필요한 슬라이드만 골라 인쇄하거나 유인물 형식으로 여러 슬라이드를 한 페이지에 인쇄할 수도 있다. 여러 가지 인쇄 옵션에 대해 알아본다.

3.1 인쇄 옵션 설정

[파일] 탭의 [인쇄]를 선택하면 다음 그림과 같이 여러 가지 인쇄 옵션을 선택할 수 있다. 인쇄할 슬라이드 범위나 인쇄 부수, 흑백이나 회색조 인쇄, 머리글이나 바닥글 편집 등을 설정할 수 있고, 인쇄 모양을 미리 보기로 확인할 수 있다.

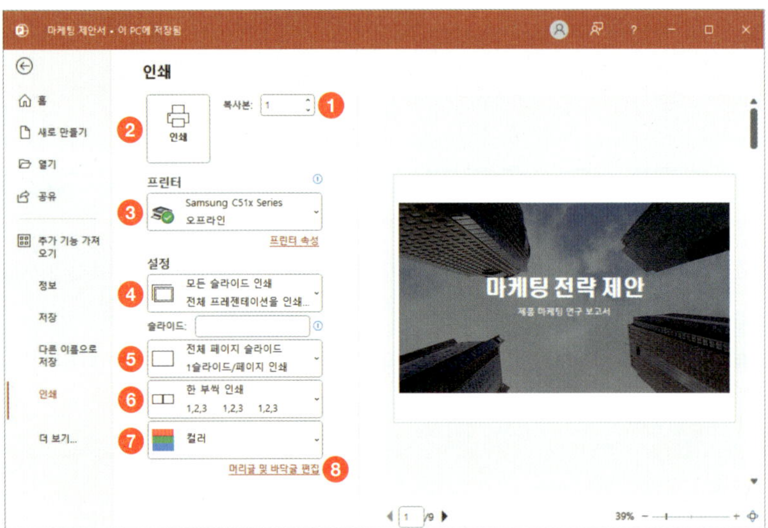

❶ 인쇄 부수 ❷ 인쇄하기 ❸ 프린터 설정
❹ 슬라이드 범위 선택 ❺ 인쇄 모양 선택 ❻ 인쇄 순서
❼ 인쇄 색상 선택 ❽ 머리글/바닥글 모양 선택

기본예제 14-5 인쇄 옵션을 설정하여 슬라이드 인쇄하기

용도에 따라 원하는 형태로 슬라이드를 인쇄하기 위해 옵션을 설정하고 미리 보기로 확인해 보자.

01 인쇄할 파일을 열고 [파일] 탭 –[인쇄]를 선택한다. [설정]의 [모든 슬라이드 인쇄] 목록–[범위 지정]을 선택하고, [슬라이드]에 **2, 5–9**를 입력한다.

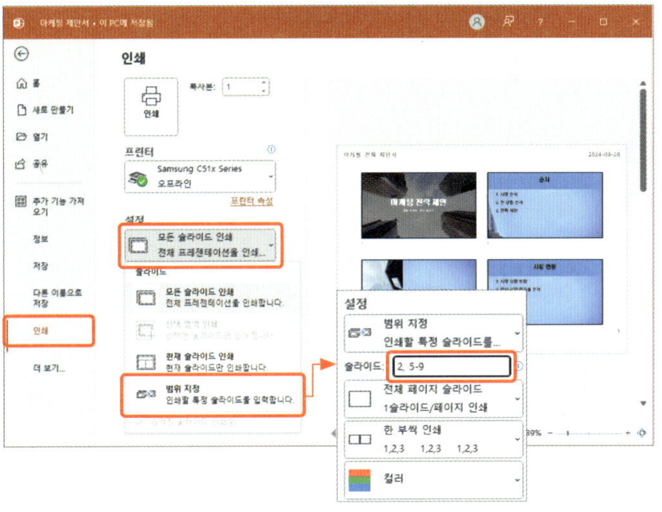

TIP 슬라이드 2 및 슬라이드 5부터 9까지 인쇄하기 위한 범위 지정 옵션이다.

02 한 페이지에 인쇄할 슬라이드를 [유인물] 목록–[3슬라이드]로 하고, [슬라이드 테두리]와 [용지에 맞게 크기 조정]은 선택을 해제한다.

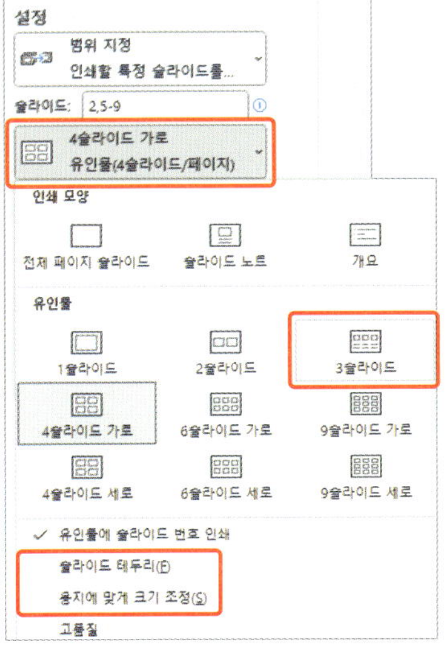

03 용지 방향은 [세로 방향]으로, 인쇄 색상은 [회색조]로 설정한다.

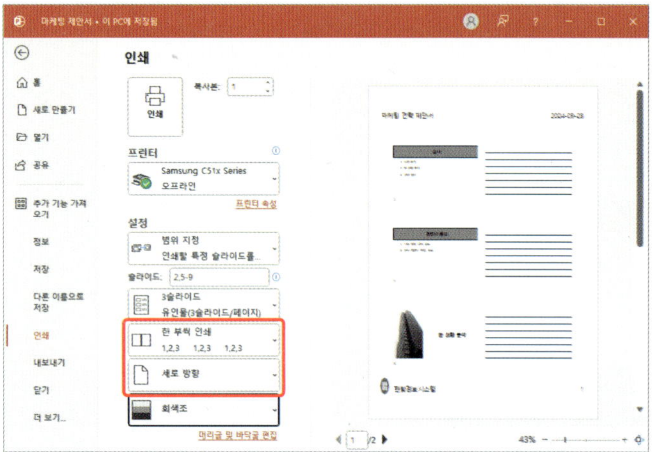

TIP 흰색과 검정으로만 표현되는 [흑백]보다는 자연스러운 형태로 그림이 인쇄되는 회색조를 많이 사용한다.

04 미리 보기 화면에서 인쇄될 모양을 확인한다. [복사본]을 변경해서 필요한 유인물의 부수를 설정하고 [인쇄]를 누르면 인쇄가 시작된다.

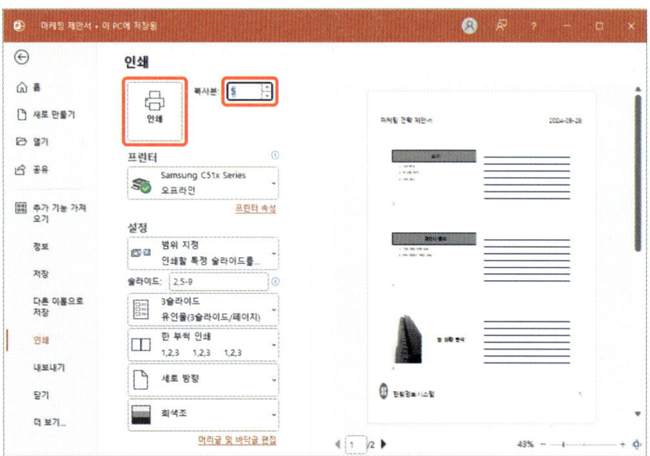

종합예제

이 장에서 학습한 슬라이드 마스터 도구로 다음과 같은 도서 테마를 만들고, 프레젠테이션 제작에 레이아웃을 활용해 보자.

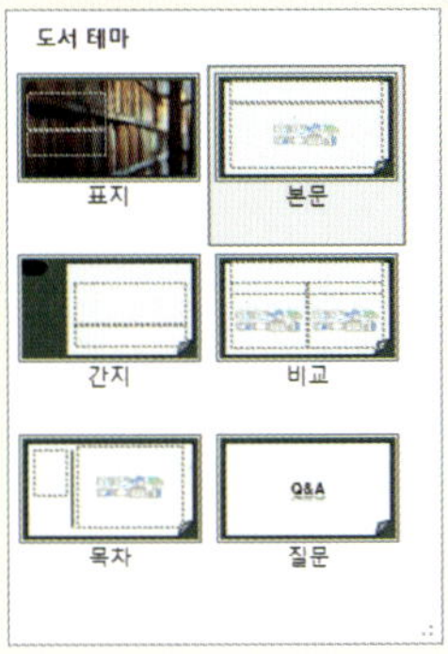

▲ 도서 테마의 레이아웃

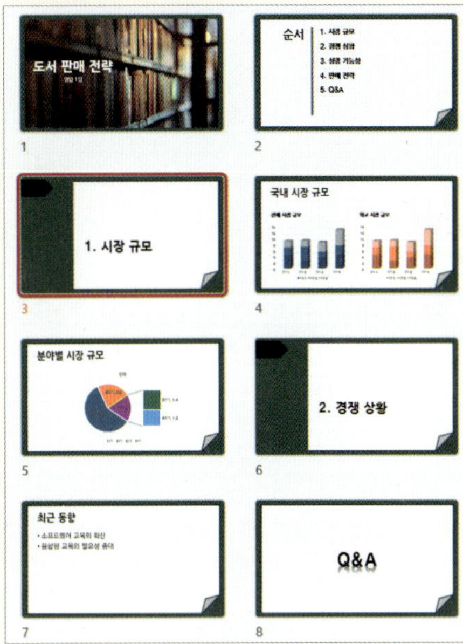

▲ 레이아웃을 사용해 만든 슬라이드

1 새 프레젠테이션을 만들고 [보기] 탭–[마스터 보기] 그룹–[슬라이드 마스터]를 누른다.

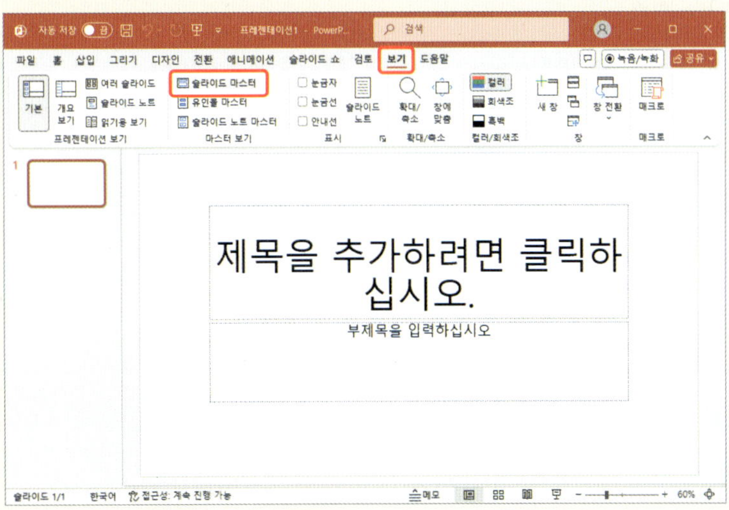

종합예제

2 맨 위의 슬라이드 마스터를 선택하고 [슬라이드 마스터] 탭-[마스터 편집] 그룹-[이름 바꾸기]를 눌러 **도서 테마**로 이름을 변경한다.

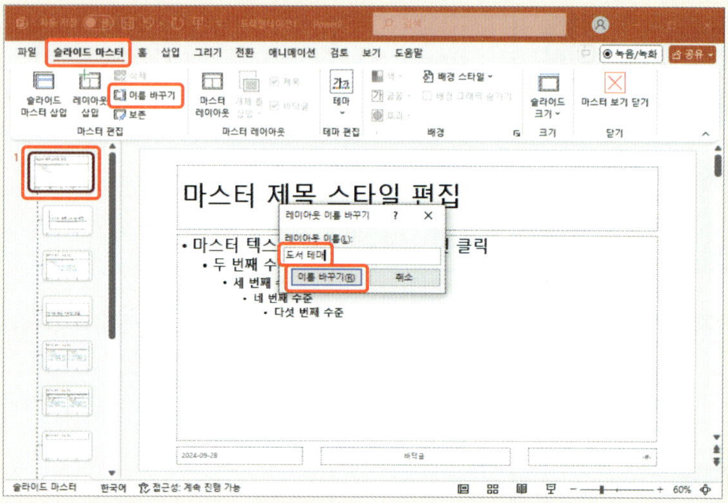

3 슬라이드 마스터를 마우스 오른쪽 단추로 누르고 [배경 서식]을 선택한다.

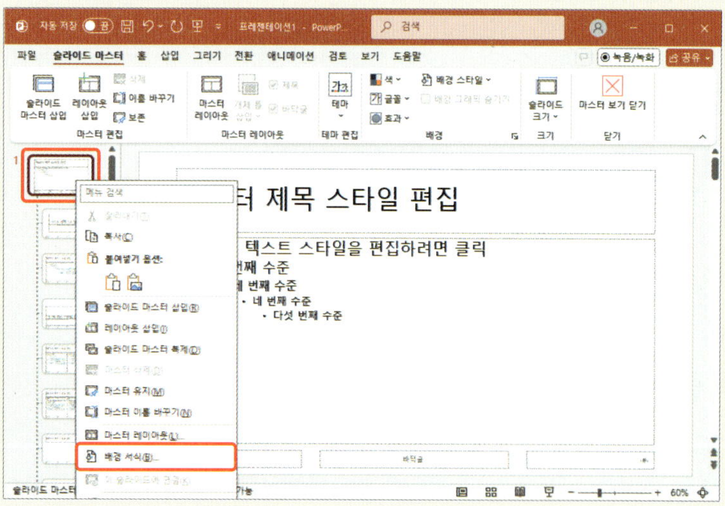

4 [배경 서식] 작업 창에서 [채우기]의 [색]을 [녹색, 강조 6, 50% 더 어둡게]로 설정한다.

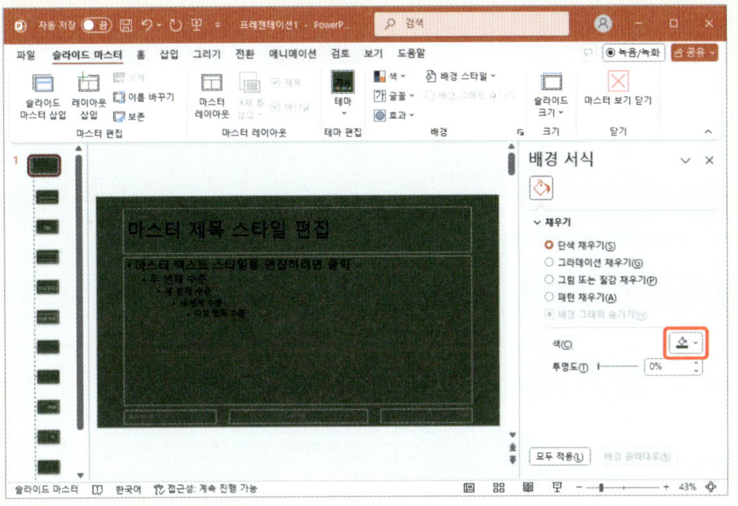

5 [홈] 탭-[그리기] 그룹-[도형] 목록에서 [기본 도형]의 [사각형: 모서리가 접힌 도형]을 선택하여 그림과 같이 슬라이드보다 조금 작은 크기로 삽입한다.

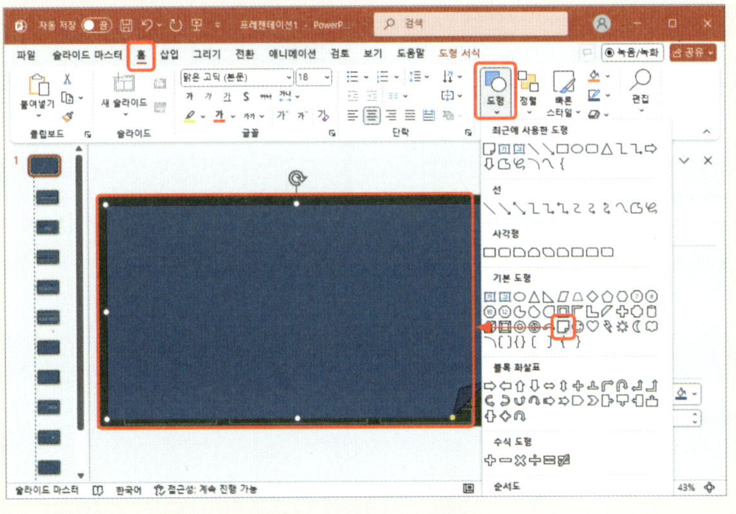

종합예제

6 [도형 서식] 작업 창의 [도형 옵션]–[채우기 및 선] 탭에서 [채우기]의 [색]을 [흰색, 배경 1, 5% 더 어둡게]로 설정하고, [도형 서식] 탭–[정렬] 그룹–[뒤로 보내기] 목록에서 [맨 뒤로 보내기]를 선택한다.

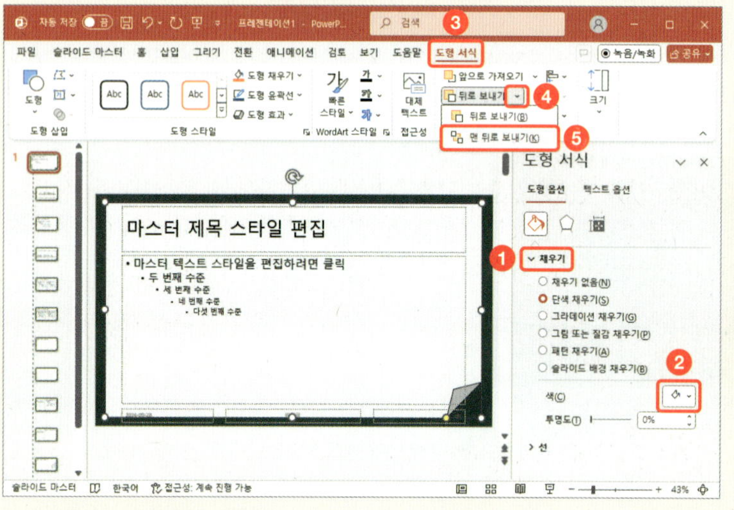

7 [슬라이드 마스터] 탭–[배경] 그룹–[글꼴] 목록에서 [글꼴 사용자 지정]을 선택한다.

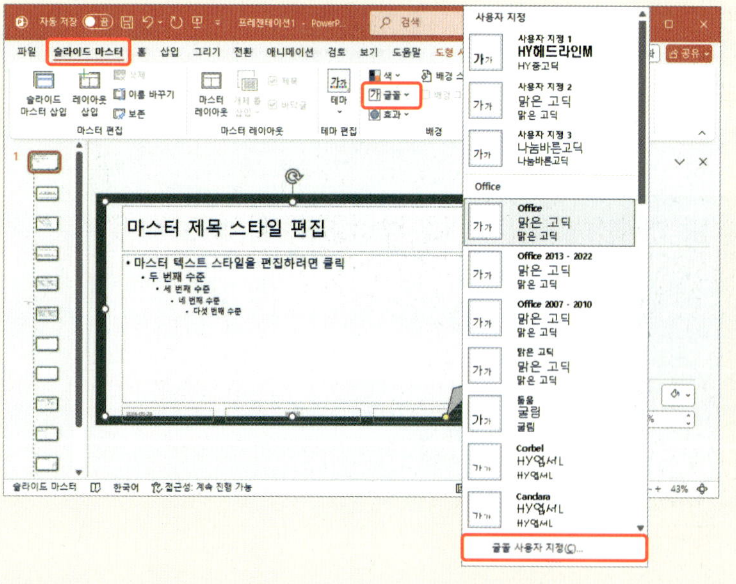

TIP 새 테마 글꼴을 설정해 슬라이드 마스터의 테마 글꼴로 사용할 수 있다.

8 [새 테마 글꼴 만들기] 대화상자에서 그림과 같이 글꼴을 설정하고, [이름]은 **도서 테마 글꼴**로 입력한 다음 [저장]을 누른다.

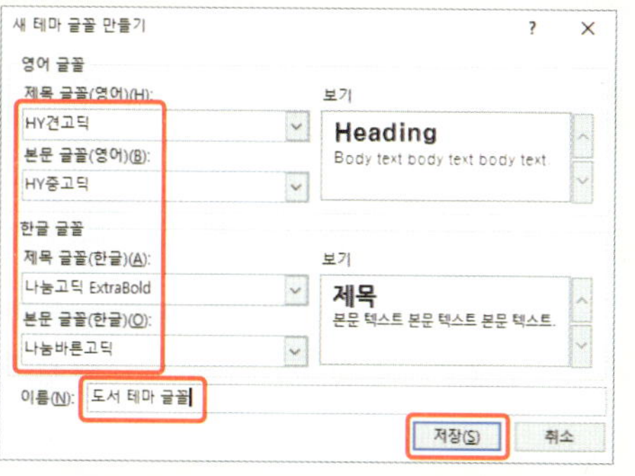

9 제목 슬라이드 레이아웃을 선택하고 다음과 같이 설정한다.

❶ '책.jpg' 그림을 삽입하고 자르기를 이용해 크기를 조정한 후 [맨 뒤로 보내기]로 설정한다.

❷ [직사각형] 도형을 삽입하고 [도형 서식] 작업 창에서 [단색 채우기]-[검정, 텍스트 1], [투명도]-[50%], [선 없음]으로 설정한다.

❸ 제목과 부제목을 [맨 앞으로 가져오기]로 정렬하고 위치를 조정한 후 [글꼴 색]을 [흰색, 배경 1]로 설정한다.

❹ [슬라이드 마스터] 탭에서 [바닥글]은 숨기고, [이름 바꾸기]를 눌러 레이아웃 이름을 '표지'로 변경한다.

▲ 그림 삽입

▲ 직사각형 도형 삽입

▲ 텍스트 설정

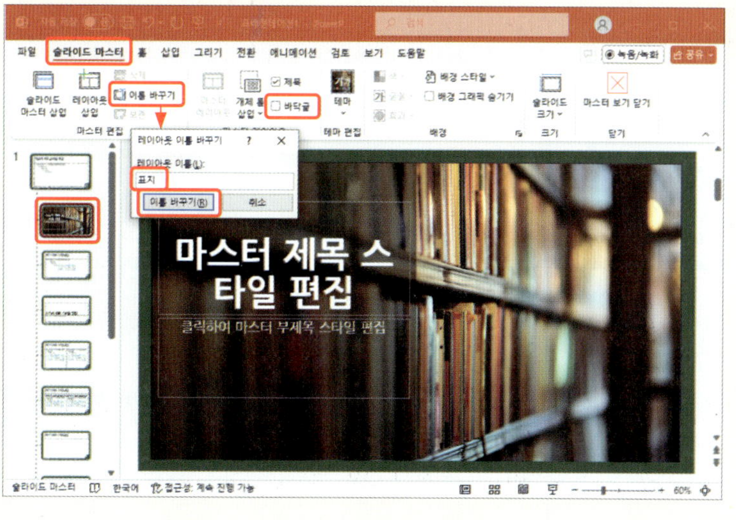

종합예제

10 제목 및 내용 레이아웃을 선택하고 [이름 바꾸기]를 눌러 [레이아웃 이름]을 **본문**으로 변경한다.

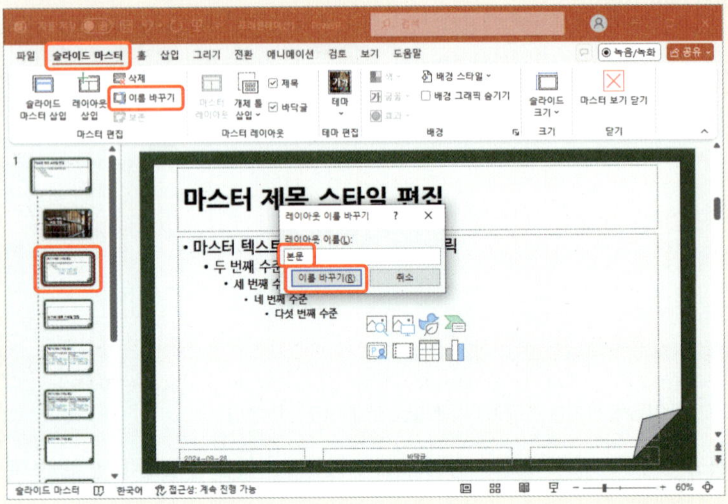

11 구역 머리글 레이아웃을 선택한다.

❶ 슬라이드 너비의 1/4 정도 크기로 [직사각형]을 삽입하고, 도형 채우기 색은 [녹색, 강조 6, 50% 더 어둡게]로, 도형 윤곽선은 [윤곽선 없음]으로 설정한다.

❷ 슬라이드 왼쪽 상단에 [블록 화살표]의 [화살표: 오각형]을 삽입하고 도형 채우기 색은 [검정, 텍스트 1]로, 도형 윤곽선은 [윤곽선 없음]으로 설정한다.

❸ 텍스트 개체 틀의 크기와 위치를 조정한다. [보기] 탭–[표시] 그룹–[눈금선]을 선택하면 조정하기 편리하다.

❹ [슬라이드 마스터] 탭–[이름 바꾸기]를 눌러 레이아웃 이름을 '간지'로 변경하고 [바닥글]은 숨긴다.

▲ 직사각형 삽입

▲ 오각형 삽입

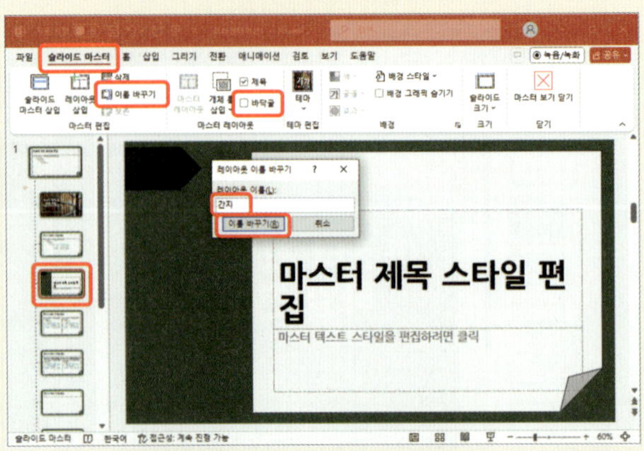

12 제목만 레이아웃을 선택하고 다음과 같이 변경한다.

❶ 제목의 [글꼴 크기]는 [54], [단락]은 [오른쪽 맞춤]과 [텍스트 맞춤]–[위쪽]으로 설정하고, 크기와 위치를 조정한다.

❷ [선]을 세로로 길게 삽입하고 [색]은 [녹색, 강조 6, 50% 더 어둡게]로, [두께]는 [6pt]로 설정한다.

❸ [슬라이드 마스터] 탭–[개체 틀 삽입] 목록–[콘텐츠]를 추가하고 첫째 수준을 [번호 매기기]로, [줄 간격]은 [1.5]로 변경한다. [홈] 탭–[글꼴] 그룹–[글꼴 크기 크게]와 [굵게]를 눌러 텍스트 가독성을 더 높여도 좋다.

❹ 레이아웃 이름을 '목차'로 변경하고 [바닥글]은 숨긴다.

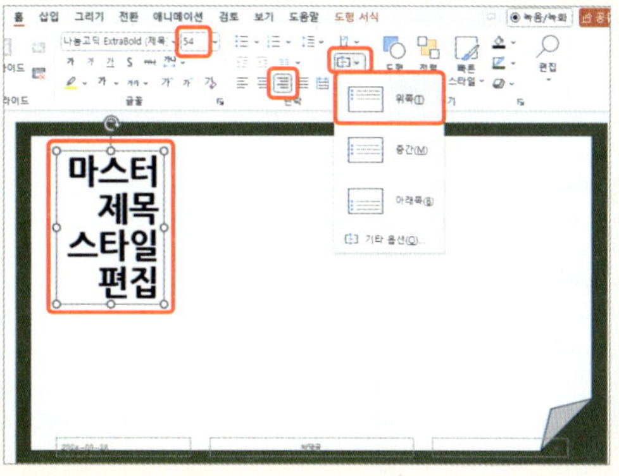

▲ 제목 설정과 위치 이동

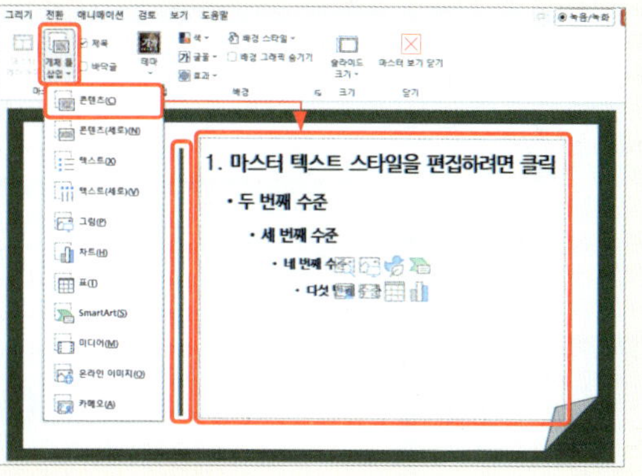

▲ 선과 콘텐츠 틀 삽입

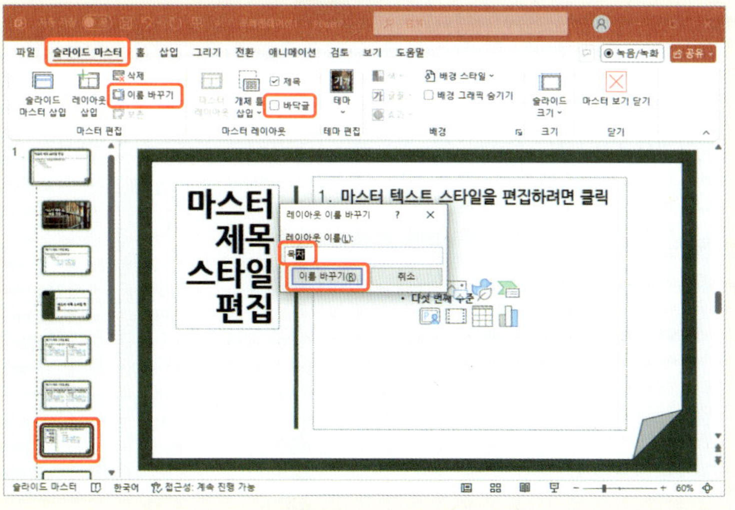

종합예제

13 빈 화면 레이아웃을 선택하고 다음과 같이 설정한다.

❶ [가로 텍스트 상자]를 삽입하고 'Q&A'라고 입력한 후, [글꼴]은 [HY견고딕], [글꼴 크기]는 [80]으로 설정한다. 슬라이드를 기준으로 [가운데 맞춤]이 되도록 설정한다.

❷ 텍스트에 반사 효과를 주기 위해 [도형 서식] 탭–[WordArt 스타일] 그룹–[텍스트 효과]에서 [반사]–[근접 반사: 터치]를 선택한다.

❸ 레이아웃 이름을 '질문'으로 변경하고 [바닥글]은 숨긴다.

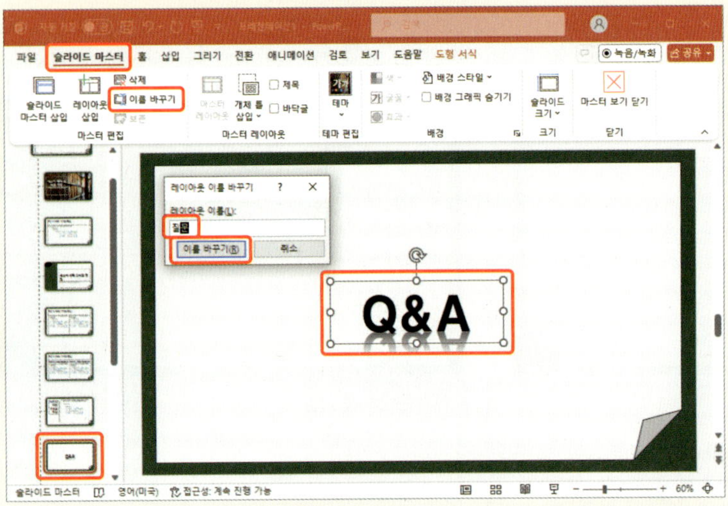

14 불필요한 레이아웃을 모두 선택하고 마우스 오른쪽 단추로 눌러 [레이아웃 삭제]를 선택한다.

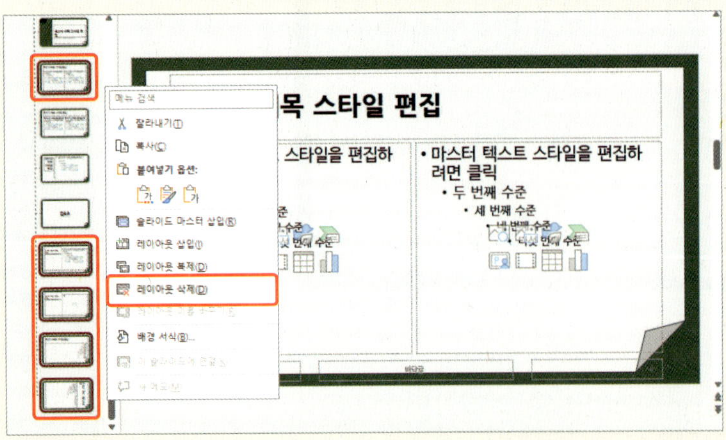

TIP 정해진 용도에 맞게 이름을 변경한 레이아웃들만 남기고 삭제한다.

15 [슬라이드 마스터] 탭–[테마 편집] 그룹–[테마] 목록에서 [현재 테마 저장]을 선택한다. [현재 테마 저장] 대화상자의 [파일 이름]에 **도서 테마**라고 입력하고 [저장]을 누른다.

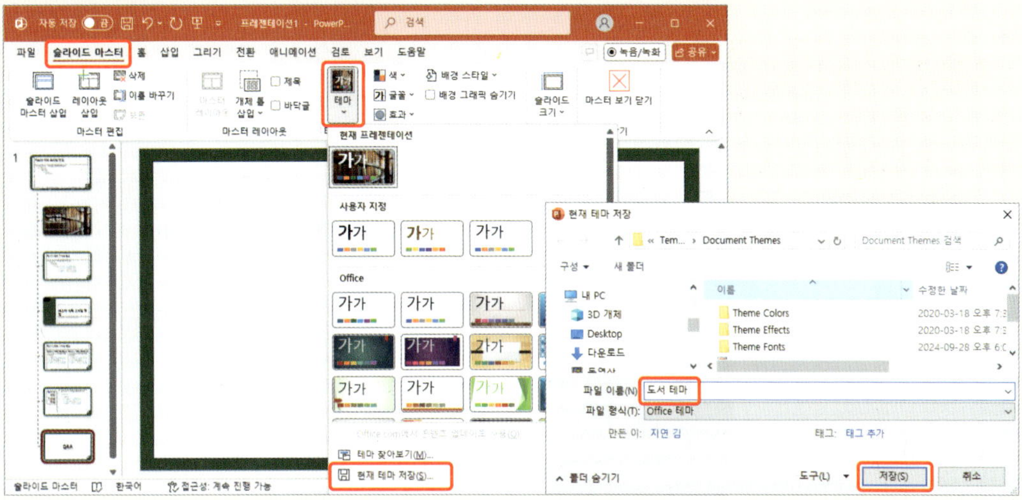

TIP 작성한 슬라이드 마스터를 테마로 저장하면 다른 프레젠테이션 파일을 만들 때 사용할 수 있다. [기본] 보기 화면의 [디자인] 탭–[테마] 목록에서 [사용자 지정]–[도서 테마]를 선택하면 된다.

종합예제

16 작업 표시줄에서 [기본]을 눌러 기본 보기 화면으로 전환한다. [홈] 탭-[새 슬라이드]를 눌러 필요한 모양의 슬라이드들을 추가하고 내용을 입력한다. 작성한 프레젠테이션을 '도서 판매 전략.pptx' 파일로 저장한다.

TIP 슬라이드 마스터에 배치된 바닥글을 슬라이드에 표시하려면 [삽입] 탭-[텍스트] 그룹-[머리글/바닥글]을 눌러 필요한 항목을 선택하고 [모두 적용]을 눌러야 한다. 가령 표지를 제외한 모든 슬라이드에 번호를 붙이고 싶다면 아래 그림처럼 설정하면 된다.

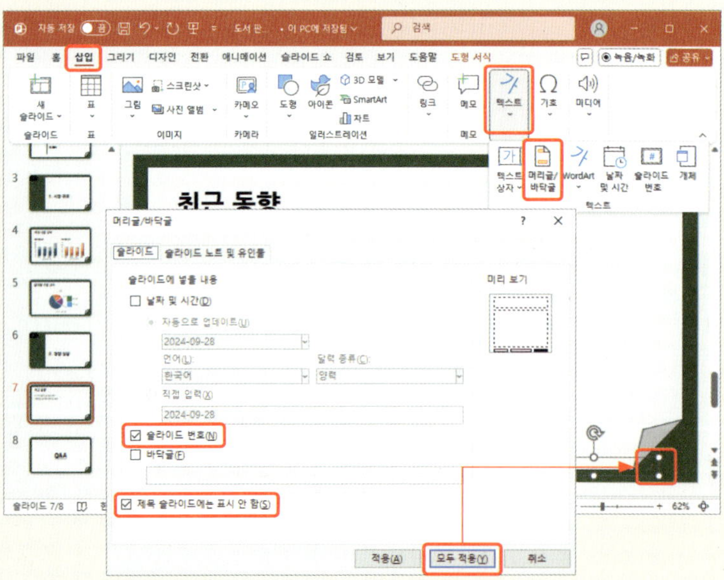

연습문제

1 다음의 순서에 따라 '세로 노트' 슬라이드 마스터를 제작하시오.

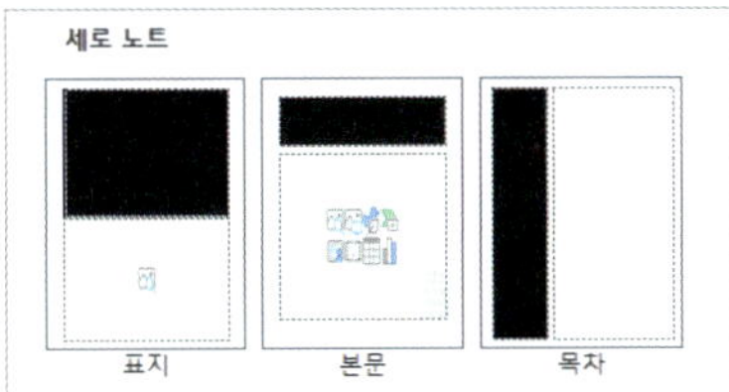

❶ 슬라이드 마스터

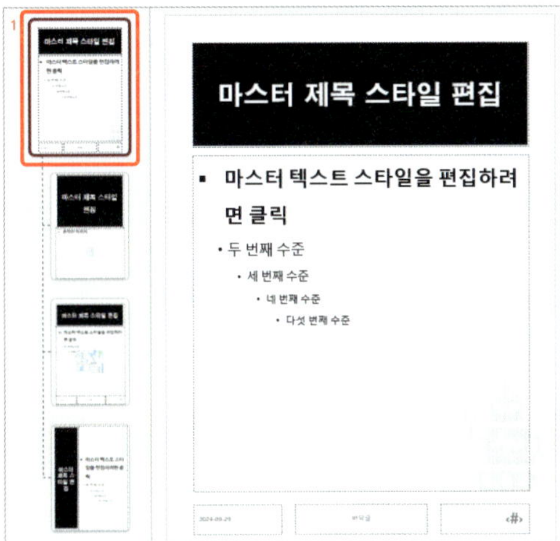

– 슬라이드 마스터의 이름을 **세로 노트**로 변경하시오.

– [슬라이드 크기]는 [Letter 용지(8×11in)]로 설정하고 슬라이드의 [방향]은 [세로]로 설정하시오.

– 제목 틀의 [채우기 색]은 [검정, 텍스트 1], [도형 윤곽선]은 [윤곽선 없음], [글꼴 색]은 [흰색, 배경 1], [글꼴]은 [HY견고딕], [글꼴 크기]는 [36], [가운데 맞춤]으로 설정하시오.

– 내용 틀의 첫 번째 수준은 [속이 찬 정사각형 글머리 기호]로 변경하고, 글꼴에 [굵게]를 적용하시오.

– [글꼴 크기 크게]를 이용해 내용 틀의 전체 단락 글꼴을 크게 하고, [줄 간격]은 [1.5]로 설정하시오.

– '로봇' 아이콘을 슬라이드에 삽입하시오. 크기를 조절해 [맨 뒤로 보내기]로 정렬하고, [채우기 색]은 [밝은 회색, 배경 2]로 설정하시오.

– 바닥글에 있는 슬라이드 번호의 [글꼴 색]은 [검정, 텍스트 1, 50% 더 밝게]로 하고, [글꼴 크기]는 [24], [굵게]로 설정하시오.

❷ 표지 레이아웃

– '제목 슬라이드' 레이아웃의 이름을 **표지**로 바꾸시오.

– 제목 틀의 텍스트 맞춤을 [중간]으로 하고 [줄 간격]은 [1.5]로 설정하시오.

– 부제목 틀은 삭제하고, [온라인 이미지] 개체 틀을 삽입하시오.

– [배경 그래픽 숨기기]로 '로봇' 아이콘이 표시되지 않도록 하시오.

– 바닥글은 표시되지 않도록 설정하시오.

❸ 본문 레이아웃

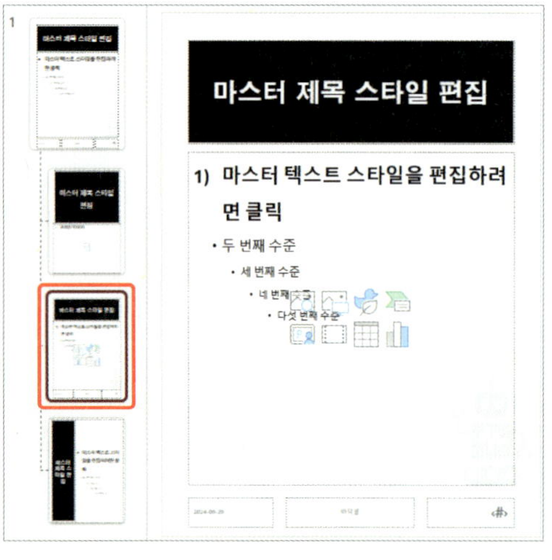

– '제목 및 내용' 레이아웃의 이름을 **본문**으로 바꾸시오.

– 내용 틀의 첫 번째 수준에 [번호 매기기]–[1) 2) 3)]을 설정하시오.

❹ 목차 레이아웃

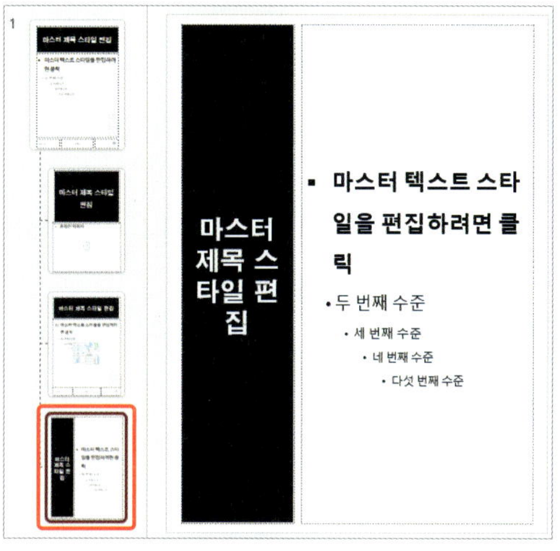

– '제목만' 레이아웃의 이름을 목차로 바꾸고, 기본으로 제공된 나머지 레이아웃들은 모두 삭제하시오.

– 슬라이드 왼쪽에 제목 개체 틀을 배치하시오.

– 슬라이드 오른쪽에 텍스트 개체 틀을 삽입하고, 텍스트 맞춤은 [중간]으로 설정하시오. [글꼴 크기 크게]를 눌러 전체 단락 글꼴을 크게 하시오.

– [배경 그래픽 숨기기]를 설정하고, 바닥글이 표시되지 않도록 하시오.

2 연습문제 **1**에서 작성한 '세로 노트' 슬라이드 마스터를 이용하여 아래와 같은 프레젠테이션 파일을 만드시오. 슬라이드의 그림과 내용은 임의로 입력하고 'AI 활용.pptx' 파일로 저장하시오.

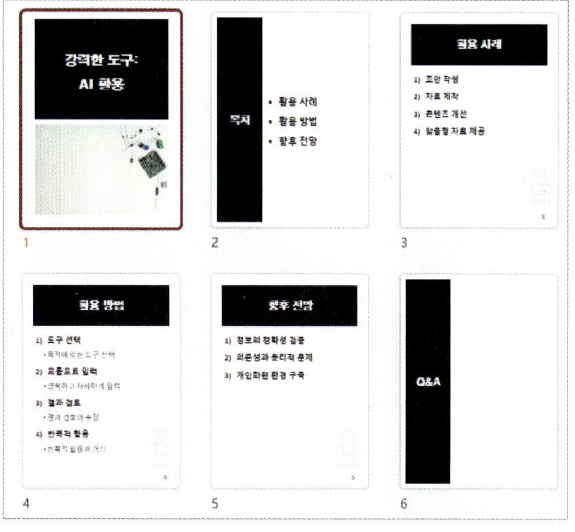

3 연습문제 **2**에서 작성한 'AI 활용.pptx' 파일에 다음과 같이 유인물 마스터와 인쇄 옵션을 설정하시오.

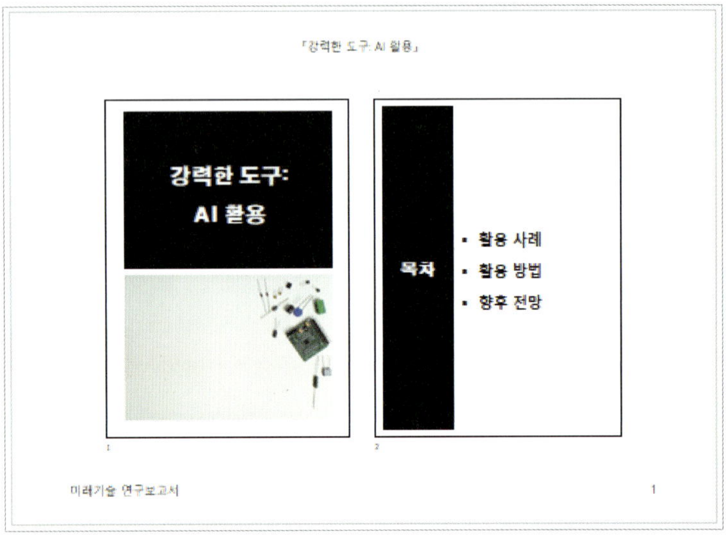

❶ 유인물 마스터에서 [유인물 방향]–[가로], [한 페이지에 넣을 슬라이드 수]–[2슬라이드]로 설정하시오. [머리글], [바닥글], [페이지 번호]의 [글꼴 크기]가 [14]로 표시되게 하고, 머리글과 바닥글에는 각각 **『강력한 도구: AI 활용』, 미래기술 연구보고서**를 입력하시오.

❷ 인쇄 옵션에서 [유인물에 슬라이드 번호 인쇄]를 설정하고, [용지에 맞게 크기 조정]을 이용하여 유인물 마스터에서 설정한 머리글, 바닥글, 페이지 번호가 표시되게 하시오.

[엑셀 찾아보기]

[기호/숫자]

[알파벳]

[파워포인트 찾아보기]

[기호/숫자]

[알파벳]

[한글]